# 国際疾病分類
## 腫瘍学 (NCC監修)
### 第 3.1 版

# ICD-O

International Classification of
Diseases for Oncology,
Third Edition. First Revision

厚生労働省政策統括官(統計・情報政策担当)　編集
国立研究開発法人　国立がん研究センター　監修
一般財団法人　厚 生 労 働 統 計 協 会　発行

本書は2013年発刊の「国際疾病分類 腫瘍学 第3.1版」（ＷＨＯ刊行の"International Classification of Diseases for Oncology（ＩＣＤ−Ｏ）Third Edition. First Revision"の日本語版）を翻訳し，2018年1月から適用するものとして国立がん研究センターが監修したものである。

日本語翻訳権は，世界保健機関の事務局により日本国政府厚生労働省政策統括官（統計・情報政策担当）に対し与えられており，翻訳については同政策統括官がその責を負うものである。


ＩＣＤ−Ｏ

International Classification of Disease for Oncology, Third Edition


編集委員

April Fritz
National Cancer Institute, Bethesda, MD, USA


Constance Percy
National Cancer Institute, Bethesda, MD, USA


Andrew Jack
Leeds Teaching Hospitals, Leeds, England


Kanagaratnam Shanmugaratnam
National University of Singapore, Singapore


Leslie Sobin
Armed Forces Institute of Pathology, Washington, DC, USA


D. Max Parkin
International Agency for Research on Cancer, Lyon, France


Sharon Whelan
International Agency for Research on Cancer, Lyon, France


World Health Organization
世界保健機関
2000年

# 目　　次

NCC（国立がん研究センター）監修版ＩＣＤ－Ｏの出版にあたって………………………… 3頁

使用上の注意……………………………………………………………………………………… 5

Dr Calum Muir（1930－1995）に捧げる ……………………………………………………… 7

謝　辞 ……………………………………………………………………………………………… 8

緒　言 ……………………………………………………………………………………………… 10
　　歴史的背景……………………………………………………………………………………… 12

ＩＣＤ－ＯとＩＣＤ－10との違い ……………………………………………………………… 15

ＩＣＤ－Ｏ第3版の形式と構成………………………………………………………………… 19

局在と形態に対するコーディングガイドライン………………………………………………… 35
　　ＩＣＤ－Ｏ第3版使用上の主要ルールの概要……………………………………………… 36
　　局在に対するコーディングガイドライン…………………………………………………… 40
　　形態に対するコーディングガイドライン…………………………………………………… 46
　　多発原発性新生物……………………………………………………………………………… 55
　　診断の根拠……………………………………………………………………………………… 58
　　中枢神経系腫瘍に対するWHOのグレーディングシステム及びＩＣＤ－Ｏの異型度コード… 60
　　参考文献………………………………………………………………………………………… 63

ＩＣＤ－Ｏ第3版の追加説明…………………………………………………………………… 66

局在，番号順リスト……………………………………………………………………………… 71
　　局在……………………………………………………………………………………………… 73
　　新生物〈腫瘍〉の性状を表す第5桁コード………………………………………………… 110
　　組織学的異型度及び分化度を表す第6桁コード…………………………………………… 112
　　リンパ腫及び白血病の免疫学的表現型（Immunophenotype）由来の別を表す第6桁コード… 112

形態，番号順リスト……………………………………………………………………………… 115
　　形態……………………………………………………………………………………………… 117

－ 1 －

索引

局在用語索引‥‥‥‥‥‥‥‥‥‥‥‥‥‥‥‥‥‥‥‥‥‥‥‥‥‥‥‥‥‥ 205

形態用語索引‥‥‥‥‥‥‥‥‥‥‥‥‥‥‥‥‥‥‥‥‥‥‥‥‥‥‥‥‥‥ 249

ALPHABETIC INDEX‥‥‥‥‥‥‥‥‥‥‥‥‥‥‥‥‥‥‥‥‥‥‥‥‥‥ 335


付録

　　1　：　ＩＣＤ－Ｏ第３版で新しく設けられたコード‥‥‥‥‥‥‥‥‥‥‥ 471

　　2　：　新しい形態用語及び類義語‥‥‥‥‥‥‥‥‥‥‥‥‥‥‥‥‥‥ 486

　　3　：　形態コードが変更された用語‥‥‥‥‥‥‥‥‥‥‥‥‥‥‥‥‥ 500

　　4　：　腫瘍様病変から新生物に変更された用語‥‥‥‥‥‥‥‥‥‥‥‥ 505

　　5　：　ＩＣＤ－Ｏ第３版から削除された用語‥‥‥‥‥‥‥‥‥‥‥‥‥ 506

　　6　：　性状コードが変更された用語‥‥‥‥‥‥‥‥‥‥‥‥‥‥‥‥‥ 508

　　7　：　ＩＣＤ－Ｏ第３版（一部改正2012）で新しく設けられたコード‥‥‥‥‥‥ 511

　　8　：　ＩＣＤ－Ｏ第３版（一部改正2012）で新しい形態用語及び類義語‥‥‥‥ 514

　　9　：　ＩＣＤ－Ｏ第３版（一部改正2012）で形態コードが変更された用語‥‥‥‥ 520

　10　：　ＩＣＤ－Ｏ第３版（一部改正2012）から削除された用語‥‥‥‥‥‥‥ 521

　11　：　ＩＣＤ－Ｏ第３版（一部改正2012）で性状コードが変更された用語‥‥‥‥ 522

　12　：　ＩＣＤ－Ｏ第３版（一部改正2012）で第一選択用語から同義語に変更された用語‥‥ 523

# NCC（国立がん研究センター）監修版 ICD－O の出版にあたって

　平成28年から「がん登録等の推進に関する法律」が施行される予定となりました。同法に基づく全国がん登録、院内がん登録では、この国際疾病分類－腫瘍学（ICD－O）の改正版が使用される予定であり、わが国のがん登録でのデータの取扱い方を踏まえたICD－O改正版はまさに時宜を得た出版であるといえます。

　この改正版を上梓するにあたっては、厚生労働省の許可のもと、翻訳およびわが国のがん登録固有ルールの追加など行う形で、独立行政法人国立がん研究センターがん対策情報センターがん統計研究部（現：国立研究開発法人国立がん研究センターがん対策情報センターがん登録センター）が本書を監修しております。同部（現：同センター）は、厚生労働省統計情報部の企画課国際分類情報管理室（現：政策統括官（統計・情報政策担当）付参事官付国際分類情報管理室）と共同して、ICDに関連したWHO国際統計分類協力センター（WHO－FIC協力センター）の一員として、ICD－Oのみならず、ICD－10などの改正にも携わっていますが、このICD－O改正版は同部の活動の大きな成果です。

　国立がん研究センターとしては、今後もこうした国際疾病分類の改善活動とその普及に協力していきますが、この国立がん研究センター（National Cancer Center ： NCC）監修版ICD－Oがわが国のがん登録の標準化と普及にとって必要な役割を果たし、また、がん登録に携わる全ての方の役に立つことを願ってやみません。

　最後に、NCC監修版の発行にあたって、日本のがん登録ルール等を追加記述した出版に許可いただいたWHOのICD division、および翻訳権を有する厚生労働省のご協力に深謝いたします。


平成26年７月　　　　　　　　　　　　　　独立行政法人国立がん研究センター　理事長

　　　　　　　　　　　　　　　　　　　　　　　堀　田　知　光

# 使用上の注意

1．※印について

　　番号順リストの用語の冠頭に※印が付されている場合は，日本で必要と思われる用語を追加または移動したことを示してある。

2．和文索引の配列について

　　原則として番号順リストの1語（，で区切られていない範囲）を単位として配列した。索引項目は数字，アルファベット，カタカナ，ひらがな，漢字の順に並べてある。

3．WHO原書と同じ略号等については使用説明を参照されたい。

4．ICD－O第3版の使用にあたっての用語の解説

　　使用説明等の文章の日本語訳を作成する際に，初めて本書を使用する者にとって，また原本（英語版）と比較しながら使用する専門家にとって，原本の意味するところを正しく理解することを目的に，いくつかの用語については解説を加えることとした。

　　以下に，それらの用語を，原本中の英語表記，本書で使用した日本語表記及びその解説を順に示す。

（1）cancer，がん（癌）

　　悪性腫瘍一般。包括的な用語。本文中においては，「がん登録機関」や「がん登録者」等の訳語として使用している。

（2）carcinoma，癌腫（用語の語尾で用いられる場合は癌。例：胃癌，肺癌）

　　消化管や呼吸器粘膜・肝・腎などに発生する上皮性悪性腫瘍。運動器や軟部組織などの非上皮性悪性腫瘍を肉腫と呼ぶのに対する言葉。

（3）tumor，腫瘍

　　生体内において，その個体自身に由来する細胞でありながら，その個体全体としての調和を破り，時に他から何らの制御を受けることなく，又自らの規律に従い，過剰の発育をとげる組織をいう。

（4）sarcoma，肉腫

　　結合組織，脈管組織，骨・軟骨・筋・神経など，中胚葉や神経芽胚葉に由来する非上皮性組織を発生母地にする悪性腫瘍。

（5）neoplasm，新生物

　　腫瘍と同義に用いられる。細胞増殖によって正常細胞より速く成長する異常組織で，時に成長を開始させた刺激が終わった後にも成長し続ける。新生物は構造機構の部分的あるいは完全な欠如や，正常細胞との機能的な協調の欠如がみられ，通常，はっきりした組織の塊をつくる。良性

と悪性の両方があり，悪性新生物は，癌，癌腫及び肉腫を意味する。


（6）histology，組織学

　細胞及び器官の微細な構造を機能との関連において研究する学問。本文中においては，単に細胞及び器官の微細な構造を意味する“組織”もしくは“組織型”の意味で使用している箇所もある。


（7）topography，局在，部位

　解剖学において，身体の部分の記述，特に表面から明確に限定された領域に関する場所を意味する。


（8）morphology，形態，組織型

　細胞及び器官の微細な構造機能を表す用語を指す。


（9）differentiation，分化度

　腫瘍がその起源となった正常な組織にどの程度似ているか否かを意味する。


（10）grade，異型度

　正常な組織，細胞と比べて個々に形態学的に異なる程度，度合いを意味する。また，ICD－O以外の分類で独自に採用している腫瘍の様々な段階を，単に“grade”と表現している場合がある。


（11）behavior，性状

　腫瘍が生体内で示す悪性の度合いを意味する。


（12）immunophenotype，免疫表現型

　特に，血液腫瘍細胞において特異的な抗体を使用する等して示された，その腫瘍細胞が本来起源とする細胞を示す。


（13）section，章，節，記述

　ICD－10の第1巻（「疾病，傷害および死因分類提要」の第1巻）の各章を指している場合と，章を構成している節を指している場合がある。さらには，部分的な記述箇所を指している場合がある。また，ICD及びICD－Oを作成する際に基となった他の分類に関する文献中の，ある記述範囲を示している場合がある。

# Dr Calum Muir(1930-1995)に捧げる

　国際疾病分類-腫瘍学［the International Classification of Diseases for Oncology］（ＩＣＤ-Ｏ）第3版は，Dr Calum Muirを偲び，これを捧ぐ。

　ＩＣＤ-Ｏ第2版の編集者の1人であったDr Calum Muirは，病理学者として，新しい形態学的用語と，リンパ腫，白血病，脳腫瘍の最新の分類を統合させることに大きく貢献した。彼自身が世界中の登録機関と連絡をとり，ＩＣＤ-Ｏを世界に通用するものとした。

　Dr Calum Muirは，はじめ疫学部門長として，次いで副所長として勤務した国際がん研究機関（International Agency for Research on Cancer, ＩＡＲＣ）を退職後，スコットランドのがん登録所（ＣＲＳ）の所長に就任した。彼は，1966年に国際がん登録協会（International Association of Cancer Registries, ＩＡＣＲ）を創設し，1972年から1990年までは幹事として，1992年から亡くなるまで会長として尽力した。

　新生物の正確かつ完全な分類を目指したDr Muirの精神と献身はこの版に息づいている。

# 謝　　辞

ＩＣＤ－Ｏ第３版の編集に貢献した，以下の研究者及び研究者が所属する研究機関に感謝する。

Dr Timothy Coté, National Cancer Institute, Bethesda, MD, USA

Mme Catherine Exbrayat, Registre des Cancers de l'Isère, Isère, France

Professor Ekkehard Grundmann, Gerhard Domagk Institut für Pathologie, Münster Universität, Münster, Germany

Professor Paul Hermanek, Chirurgische Klinik mit Poliklinik der Universität Erlangen-Nürnberg, Erlangen, Germany

Dr Elaine Jaffe, National Cancer Institute, Bethesda, MD, USA

Dr Paul Kleihues, International Agency for Research on Cancer, Lyon, France

Dr Franco Rilke, Società Italiana di Cancerologia, Milan, Italy

Dr James Vardiman, University of Chicago, IL, USA

Mrs Annette Hurlbut, Fulton, NY, USA

第３版の刊行に有益な基礎資料を提供し，現場試用版（field-trial edition）について編集者に助言いただいた以下の専門家グループらに深く感謝する。

がん登録ヨーロッパネットワーク（European Network of Cancer Registries, ENCR）
血液悪性腫瘍及びリンパ腫のコード化作業グループ

Dr Renée Otter, Comprehensive Cancer Centre North, Groningen, The Netherlands

Dr Aurora Astudillo, Hospital General de Asturias, Oviedo, Spain

Professor Paule Marie Carli, Registre des Hémopathies Malignes en Côte d'Or, Dijon, France

Dr Andrew Jack, Leukaemia Research Fund, University of Leeds, Leeds, England

Dr Han Van Krieken, The Academic Hospital, Leiden, The Netherlands

国際小児がん学会（International Society of Pediatric Oncology, SIOP）作業グループ

Professor Jillian M.Birch, CRC Paediatric and Familial Cancer Reseach Group, Manchester, Englnad

Dr James Ironside, National Creutzfeldt-Jakob Disease Surveillance Unit, Western General Hospital, Edinburgh, Scotland

Dr Anna M.Kelsey, Royal Manchester Children's Hospital, Manchester,

Englnad

Professor Dietmar Schmidt, Institut für Pathologie, Mannheim, Germany

ICD−O第3版の現場試用版（field-trial edition）について，膨大かつ慎重な作業を行った以下のがん登録機関，関係する病理学者及び資料収集に協力した全ての関係者に感謝する。

| | | |
|---|---|---|
| Australia, New South Wales | Italy, Ferrara | Uganda, Kampala |
| Australia, South | Italy, Macerata | United Kingdom, East Aglia |
| Australia, Victoria | Italy, Ragusa | United Kingdom, Northern and |
| Belarus | Italy, Romagna | Yorkshire |
| Belgium | Japan, Hiroshima | United Kingdom, Oxford, |
| Brazil, Campinas | Japan, Nagasaki | National Childhood |
| Brasil, Porto Alegre | Japan, Osaka | USA, Florida, Flagler Hospital |
| Canada, British Columbia | Lithuania | USA, Georgia, Medical Center |
| Canada, Manitoba | Malta | of Central Georgia |
| Canada, Ontario | Netherlands, Amsterdam | USA, Missouri, Liberty |
| Canada, Ontario, Princess | New Zealand | Hospital |
| Margaret Hospital | Pakistan, Karachi | USA, Ohio, Upper Valley |
| Canada, Nova Scotia | Peru, Lima | Medical Center |
| China, Beijing | Peru, Trujillo | USA (SEER), Atlanta |
| China, Qidong | Philippines, Manila | USA (SEER), Connecticut |
| Cuba | Philippines, Rizal | USA (SEER), Detroit |
| Czech Republic | Poland, Kielce | USA (SEER), Hawaii |
| Ecuador, Quito | Saudi Arabia | USA (SEER), Iowa |
| Egypt, Alexandria | Singapore | USA (SEER), Los Angeles |
| France, Haut-Rhin | Slovenia | USA (SEER), New Mexico |
| France, Hémopathies | South Africa | USA (SEER), Northern |
| Malignes en Côte d'Or | Spain, Asturias | California |
| France, Hérault | Spain, Granada | USA (SEER), Seattle/Puget |
| France, Tarn | Spain, Mallorca | Sound |
| Germany, Baden-Württemberg | Spain, Murcia | USA (SEER), Utah |
| Germany, Federal States of | Sweden, Gothenburg | USA, Texas, College Station |
| Berlin | Thailnad, Bangkok | Medical Center |
| Germany, National Childhood | Thailand, Chiang Mai | Viet Narm, Ho Chi Minh |
| Guinea, Conakry | Trinidad and Tobago | |
| Indonesia | | |

　第3版の改訂のための国際がん登録協会（IACR）のアンケートに協力された多くの研究者，施設，登録機関に深く感謝します。特に第3版の改訂作業の中で，その試用に参加した多くの登録機関に深く感謝を申し上げたい。

# 緒　　言

　国際疾病分類－腫瘍学［the International Classification of Diseases for Oncology］（ICD－O）(1)は，通常病理検査報告書から得られる新生物の部位（局在）や組織型（形態）をコード化するために，主として腫瘍もしくはがんの登録に，25年近く使われてきた。米国病理学会（College of American Pathologists）との協定により，ICD－Oの形態に関する章が，Systematized Nomenclature of Medicine（SNOMED）(2,3)に取り入れられ，新生物の形態に関する章として整理された。

　国際疾病分類－腫瘍学第2版［the International Classification of Diseases for Oncology, Second Edition］(4)は，Constance Percy, Valerie Van Holten及びCalum Muir博士らの編集によって1990年に刊行された。第3版の腫瘍の部位に関する章は，第2版と同一であり，ICD－10(5)の新生物の章に基づいている。しかし，形態に関する章は改訂がなされている。新しい分類では，特にリンパ腫と白血病の分類が改訂され，新分類に適合する新しいコードが割り当てられた。何年か前に，非ホジキンリンパ腫＜non－Hodgkin＞の新分類であるREAL（Revised European－American Lymphoma）分類(6)が導入され，これらの腫瘍に対するICD－Oコードが必要となった。白血病のFAB（French－American－British）分類(7)も追加された。1998年にICD－Oの作業グループが召集されたとき，これら2つの章の改訂のみが考えられていたが，最終的に，本書全般の見直しが決定された。ICD－O第3版は，1999年に臨床現場で形態の章が試用されたが，世界各国の関係者のさらなる意見を望むものである。

　編集委員の基本方針として，用語の変更は最小限にとどめ，採用された新しい用語は，使用されていない空きコードを使用して追加することとし，すでに用いられているコード番号は再度使用しないよう心がけたが，すべてがその原則に従ってはいない。例えば互いに類似する疾病単位をグループ化するためにコードの変更を余儀なくされることがあった。また，利用出来るコード番号が制限されているために，用語の順序やグループ化が全て論理的に行われたわけではない。

　既版の作成においては，WHO International Histological Classification of Tumoursシリーズ，いわゆるWHO Blue Book(8)に用いられている用語を使用するよう特に努めてきた。このWHO Blue Bookシリーズは，がんのすべての主要部位と，ICD－O第2版の新生物に対する形態コードを網羅している。

　ICD－O第2版の出版以降に新しく加えられた形態用語を本書の最後に一括して記載してある。不応性貧血及びその他の骨髄異形成症候群は，現在悪性とみなされる。そのためこれらの症候群の性状コードは／1（良性又は悪性の別不詳）から／3へと変更された。また，ICD－O第2版では悪性としてコードされていた境界悪性の卵巣のう胞腺腫は，第3版では，／1に戻された。データベースの一貫性を保つためにすべての境界悪性領域の卵巣のう胞腺腫は，コード／1に改めるか，データベースから削除することを推奨する。

－ 10 －

表1．1946〜2000年の新生物コード：ＩＣＤ－Ｏ時系列

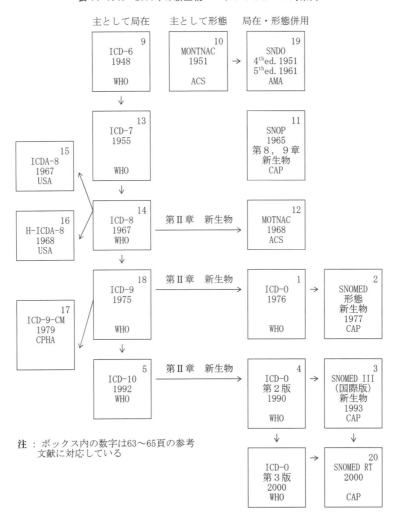

# 歴 史 的 背 景

死亡をコーディングするための国際分類は1893年から存在していた。第二次世界大戦後に国連が組織され，世界保健機関（WHO）の創立に際しWHOがこの分類の刊行を担当することになった。1948年にＩＣＤ－６(9)が刊行されて後，ＩＣＤ－６は死亡データだけでなく疾病データのコード化及び集計にすみやかに使用されはじめた。

新生物の命名法や分類法の初期（1950年代から1960年代）のものにおいては，疾病分類の基本体系となるものは，WHOより刊行された一連のＩＣＤシリーズであった。ＩＣＤは，診療録に記載された数々の病名の蓄積，検索のためのコード化及びそれらの集計に使用されることとなり，その第２章は常に新生物にだけ割り当てられてきた。

1948年のＩＣＤ－６の刊行以来，新生物の分類は，主に腫瘍の局在部位と性状（悪性，良性，性状不明）を基本としていた。リンパ性新生物及び造血性新生物，絨毛癌，悪性黒色腫及びある種の良性新生物を除けば，他の組織型の用語に対するコードは全く存在しなかった。

新生物の形態に関する初めてのコードマニュアルは，1951年にManual of Tumor Nomenclature and coding（MOTNAC）(10)として米国がん学会（American Cancer Society）（ACS）が出版した。このコードは２桁の形態コードと３桁目に表示される新生物の性状から構成され，1956年にWHOが提案した腫瘍形態の統計コードの基となった。

1960年代に米国病理学会（College of American Pathologists）（CAP）は，すべての病理の疾患単位を一つの分類法でコード化することを決定した。同学会は，ACSの支援を得てSystematized Nomenclature of Pathology（SNOP）(11)を刊行した。SNOPでは，新生物に関する二つの章（第８，９章）を含む形態コードと全身各部を網羅する全く新しい詳細な局在コードが提供されている。ACSとの協定により，ACSは，SNOPの新生物の形態に関する第８，９章を利用し，これをACS自体の局在コードと併用して公表できることになった。がん登録では，局在部位についてはICDの悪性新生物の章を常に用いてきたため，ACSでも局在の根拠としてＩＣＤ－８の悪性新生物の章を用いた。MOTNACの1968年に出版された版(12)は，がん登録担当者の間で広く利用された。

1968年，WHOは，国際がん研究機関（IARC）に対し，WHOのがん及びICD担当の部局並びに各国の機関と協議して，ＩＣＤ－９の新生物に関する章（第Ⅱ章）の内容や構成についての勧告を行うよう依頼した。医師の間からは形態分類をも含む補助分類を望む声があがっていた。世界各国の専門家は，ＩＣＤ－９の新生物の章に対して提案を行い，腫瘍の形態と組織型に対するコードの必要性を強調した。そしてMOTNACの1968年版を形態の章の基盤として用いることを提案した。MOTNACの形態の章は，CAPが1965年に出版したSNOPの新生物の章に基づいている。MOTNACは広く受け入れられ，多くの言語に翻訳された。

また，ＩＣＤ－９のワーキンググループは，腫瘍の形態を記録しコード化する必要性について言及した。腫瘍学者たちは単に腫瘍の部位や局在を知るだけでは，治療計画を立てたり研究を行った

－ 12 －

りするには充分でないことを以前から認識していた。例えば，腫瘍の組織型によって罹患率や生存率が異なるからである。

　ICD－9のワーキンググループは，さらに，詳細な組織型分類を必要とする腫瘍学の専門家の利用を目的としてICD－O(1)と名付ける特殊分類をMOTNACの改訂版として作成するよう勧告した。この勧告は1971年にWHOによって招集された"疾病分類についての研究グループ"によって承認された。

　検討された原案には，定評のある1968年版のMOTNACが含まれていた。WHOは1976年に国際疾病分類－腫瘍学（International Classification of Diseases for Oncology）第１版を刊行したが，その局在の章はICD－9の悪性新生物の章に基づいており，その形態の章はMOTNAC形態コードを１桁追加し，拡大したものであった。米国病理学会は，Systematized Nomenclatute of Medicine（SNOMED）(2)と呼ばれるSNOPの改訂版にICD－Oの形態分類を採用した。SNOMEDの局在分類はICD－Oと，全く異なるものであったが，SNOMEDが採用した新生物でない腫瘍様病変及び前癌病態の形態に関する用語の一部は，ICD－Oにも例示されている。これらの用語がICD－Oにも使用されることにより，真の新生物との区別が容易になった。SNOMEDのコードは，頻繁にコード変更を行ったため本書では言及されていない。現在では，基本的にインターネット上に示されている。ICD－Oユーザーは，単にコードがSNOMEDに掲載されているからといって，そのコードが必ずしも腫瘍（新生物）を示しているとは限らないということを念頭に置かなければならない。

　国際疾病分類－腫瘍学（International Classification of Diseases for Oncology）第２版は，WHO／IARCの作業班によって作られ，Constance Percy, Valerie Van Holten, Calum Muir博士らにより編集された。この第２版は，がん登録機関やがん専門機関の病理学部門及び（関連する）他の部門が利用することを目的として，1990年にWHOより刊行された。局在と形態の両方に対して二重の分類とコード化が体系づけられている。局在コードはICD－10の悪性新生物（C00－C80）と同じ３桁及び４桁分類項目が使われ，ICD－10よりさらに詳細に非悪性新生物の局在を明示することが可能となっている。ICD－O第２版は広く世界中で使われ，中国語，チェコ語，フランス語，ドイツ語，ギリシャ語，イタリア語，日本語，ポルトガル語，ロシア語，スロバキア語，スペイン語など多くの言語に訳されている。

　本ICD－O第３版は，IARC／WHOによって招集された作業班によって作成された。リンパ腫及び白血病に対応する新生物の形態コードが，新たに表示されているのが特徴である。各コードは，WHO分類(21, 22)として採用され，リンパ腫に対するREAL（Revised European－American Lymphoma）分類(6)や白血病に対するFAB（French－American－British）分類(7)に取って代わることとなった。ICD－O第３版は，骨髄性白血病のWHO分類といえるだろう。なぜなら，たとえば，M－9875/3が，「慢性骨髄性白血病，フィラデルフィア染色体（Ph1）陽性」を示し，又「慢性骨髄性白血病，t（9;22）（q34;q11）」もしくは「慢性骨髄性白血病，BCR／ABL」を参照できることなど，形態学と細胞遺伝学的異常が明確に組み合わされた構造を有しているからである。

－ 13 －

## 変　換

　ＩＣＤ－Ｏ第３版から他のコーディングシステムへの変換アルゴリズム（比較対応コード）が将来利用可能になると期待される。ＩＣＤ－10への基本的なツールは，印刷物と同様に電子媒体の形でも将来的に入手出来るようになるであろう。ＩＣＤ－Ｏの第２版と第３版では局在の章においての違いはないが形態の章では違いが見られる。形態の章での主な変更点は，リンパ腫と白血病に関する部分である。

# ＩＣＤ－ＯとＩＣＤ－10との違い

　ＩＣＤ－ＯとＩＣＤ－10の構成には根本的な相違がある。ＩＣＤ－10の第Ⅱ章（新生物）は基本的には局在コードであり，その中で新生物〈腫瘍〉の性状（悪性，良性，上皮内あるいは悪性・良性の別不詳）などを考慮し，それぞれの性状を示す特定の分類区分を用いている。結果として，ＩＣＤ－10では，たとえば肺のすべての新生物〈腫瘍〉を記述するためには，それぞれ4桁分類項で示す，表2のような5種類の分類が必要となる（表2を参照）。ＩＣＤ－10においては，組織型を同定するコードはごくわずかしかない。たとえば肺の腺癌と扁平上皮癌は，ＩＣＤ－10においては区別出来ず，いずれもＣ34.9としてコードされる。

　ＩＣＤ－10の索引（第3巻）には，「新生物」の項目の下に悪性，続発性又は転移性，上皮内，良性ならびに性状不詳，そして不明の5項目を小見出しとする表がある。身体の各部位に該当するＩＣＤ－10の項目が，アルファベット順（日本語版は，加えて五十音順）に並べられている。表2は，肺の新生物〈腫瘍〉に関するコードを示している。

| 表2．ＩＣＤ－10の索引における肺の新生物〈腫瘍〉の記載 | | | | |
|---|---|---|---|---|
| | 悪性 | 続発性又は転移性 | 上皮内 | 良性 | 不詳及び不明 |
| 肺 | Ｃ34.9 | Ｃ78.0 | Ｄ02.2 | Ｄ14.3 | Ｄ38.1 |

　ＩＣＤ－10とは対照的に，ＩＣＤ－Ｏでは4桁分類項1組だけで局在を示している（ＩＣＤ－10の悪性新生物の章参照）。すなわち，同じ部位にできた新生物〈腫瘍〉はすべて同一の局在コード（Ｃ34.9，肺）となる。一方，性状コードは，形態の場合5桁目に組み込まれ，新生物〈腫瘍〉が良性か悪性かの区別を示し（性状コード47頁を参照），さらにＩＣＤ－Ｏでは第3表で示しているように新生物〈腫瘍〉の型や形態も記述している。すなわち，肺の腺癌，はＣ34.9，8140/3とコードし，肺の扁平上皮癌，はＣ34.9，8070/3とコードする。

| 表3．ＩＣＤ－Ｏにおける肺の新生物〈腫瘍〉の分類 | | |
|---|---|---|
| 肺の悪性新生物（癌腫など） | Ｃ34.9 | 8010/3 |
| 肺の転移性新生物（精巣からの転移性セミノーマなど） | | |
| | Ｃ34.9 | 9061/6 |
| 肺の上皮内新生物（上皮内扁平上皮癌など） | Ｃ34.9 | 8070/2 |
| 肺の良性新生物（腺腫など） | Ｃ34.9 | 8140/0 |
| 肺の性状不詳の新生物（性状不詳のカルチノイドなど） | | |
| | Ｃ34.9 | 8240/1 |

第4表はICD-Oの性状コードとICD-10第Ⅱ章の各節との対応を示している。

ICD-10が発行されるまでは、悪性腫瘍の組織型については、リンパ腫、白血病、皮膚の黒色腫の3項目しかなく、それぞれ別の分類になっていた。ICD-10では、組織型に基づくいくつかの分類項目が追加された。その中の主なものは中皮腫（C45）及びカポジ肉腫（C46）である。さらに肝臓のがん（C22）については、形態上のいくつかの"亜型"に分けられている。

**表4. ICD-Oの形態とICD-10第Ⅱ章との対応**

| 性状コード | 分類項目 | 用　　語 |
|---|---|---|
| ／0 | D10-D36 | 良性新生物 |
| ／1 | D37-D48 | 性状不詳及び不明の新生物 |
| ／2 | D00-D09 | 上皮内癌 |
| ／3 | C00-C76, C80-C97 | 原発性と記載又はその疑いのある悪性新生物 |
| ／6 | C77-C79 | 続発性と記載又はその疑いのある悪性新生物 |

### ICD-O第3版で採用されなかったICD-10分類項目

上記のようにICD-10の項目C00からC97には、形態にもとづく分類項目や転移性又は続発性新生物を示す分類項目が少数ながらも含まれているが、ICD-Oではこれらには性状コードで対応している。ICD-10の分類項目のうちICD-Oの局在の記述が省略されたものの一覧を表5に示す。

**表5. ICD-O第3版で採用されなかったICD-10分類項目**

| ICD-10 分類項目 | 用　語 | 対応するICD-O第3版コード 部位 | 形態 | 性状 |
|---|---|---|---|---|
| C43 | 皮膚の黒色腫 | C44._ | M-872～879 | ／3 |
| C45 | 中皮腫 | C__._ | M-905 | ／3 |
| C46 | カポジ肉腫 | C__._ | M-9140 | ／3 |
| C81-C96 | リンパ組織，造血組織及び関連組織の悪性新生物 | C00-C80 | M-959～998 | ／3 |
| C78 | 呼吸器系及び消化器系の続発悪性新生物 | C15-C39 | M-_____ | ／6 |
| C79 | その他の明示された部位の続発性悪性新生物 | C00-C14, C40-C80 | M-_____ | ／6 |
| D00-D09 | 上皮内新生物 | C00-C80 | M-_____ | ／2 |
| D10-D36 | 良性新生物 | C00-C80 | M-_____ | ／0 |
| D37-D48 | 性状不詳及び不明の新生物 | C00-C80 | M-_____ | ／1 |
| C97 | 独立した（原発性）多部位の悪性新生物 | それぞれのコード | | ／3 |

ICD－10のC81－C96の節は，リンパ組織，造血組織及び関連組織の悪性新生物に対して用いられる。ICD－O第3版では，特定の形態コード番号及び性状コード／3が与えられ，その形態コードと，C00－C80の範囲の適切な局在コードを組み合せることにより，診断名と完全に一致する。たとえば，胃のリンパ球性リンパ腫はICD－10ではC83.0とコードされるが，ICD－O第3版では，胃の小リンパ球性悪性リンパ腫（「リンパ球性リンパ腫」と同意語）は，局在コードは「胃C16.9」，形態コードは「9670/3」となる。

ICD－10の項目C97については，それぞれの原発部位は別々にコードされることが多いので，ICD－Oには含まれていない。また，原発部位が多発性である場合の決定ルールは，各国で異なる。

**リンパ節（C77），造血系及び細網内皮系（C42）の局在部位を示すICD－Oの特別コード**

ICD－10の分類項目C77はリンパ節の続発性及び部位不明の悪性新生物に使用される。ICD－Oでは，C77はリンパ節の局在コードを示している。したがって，ICD－10おいては，悪性リンパ腫（C81～C85）の多くは，ICD－Oでは局在コード番号のC77にコードされることになる。

ICD－10では使用されていないが，ICD－Oでは，造血系及び細網内皮系のいくつかの局在部位を示すためのコードとしてC42が用いられている。この分類項目は，主としてほとんどの白血病とその関連疾患の局在部位として用いられ，ICD－10においてはC90～C95としてコードされるものである。表6はICD－OにおけるC42の下位項目の一覧である。

| 表6．ICD－10にはないICD－Oの局在コード | |
|---|---|
| C42 | 造血系及び細網内皮系 |
| C42.0 | 血液 |
| C42.1 | 骨髄 |
| C42.2 | 脾 |
| C42.3 | 細網内皮系，NOS |
| C42.4 | 造血系，NOS |

たとえば，慢性リンパ球性白血病は，ICD－10ではC91.1とコードされるが，ICD－OではC42.1（骨髄を表す局在コード），9823/3（形態コードは，B細胞慢性リンパ球性白血病／小リンパ球性リンパ腫）とコードされる。

ICD－10の脾の悪性新生物（C26.1）の分類項目は，ICD－O第3版の消化器の項目に含まれていない。ICD－O第1版の前例にしたがって，脾臓は造血系及び細網内皮系の項目中，コード番号C42.2が与えられる。

**胞状奇胎及び神経線維腫症（骨を除くレックリングハウゼン病）**

ICD－OとICD－10第Ⅱ章との違いの最後は胞状奇胎とレックリングハウゼン病である。ICD－Oの「胞状奇胎，NOS」（ICD－O中ではC58.9，9100/0）は，ICD－10では第Ⅱ章（新生物）にコードされているのではなく，第XV章「妊娠，分娩及び産じょく＜褥＞」（分類項目

－ 17 －

O01.9, 胞状奇胎) 中にある。また，骨を除くレックリングハウゼン病を含む神経線維腫症（ICD−Oでは9540/1）がICD−10では第XVII章「先天奇形，変形及び染色体異常」の中に分類項目Q85.0として記載されていることである。

## HIV病及びAIDS

ヒト免疫不全ウィルス（HIV）病に関連した悪性新生物についての関心は大きくなってきたが，これらの新生物も，この手順のルールに従ってコードされ，関連する病態である後天性免疫不全症候群（AIDS）は別の分野でコード化される。

## 新生物の機能

ICD−Oでは，腫瘍の機能，たとえば，悪性褐色細胞腫（C74.1，8700/3）によるカテコールアルミン産生に対するコードは設けられていない。新生物の機能の種別を記録するためには，ICD−10の第IV章「内分泌，栄養及び代謝疾患」に示すような別個のコード，（上記の例ではE27.5）を利用する。

# ＩＣＤ－Ｏ第３版の形式と構成

　ＩＣＤ－Ｏでは，局在及び形態の両方に分類する二重コーディングシステムをとっている。局在コードは新生物〈腫瘍〉の原発部位を表し，ＩＣＤ－10の悪性新生物（Ｃ00～Ｃ80）と同様の３桁及び４桁分類項目を使用している。これにより，ＩＣＤ－10と対応して非悪性新生物の部位を的確に示せるようになった。形態コードは腫瘍の細胞の形態を表し，その生物学的活動，つまり腫瘍そのものの性質を表す。

　ＩＣＤ－Ｏは下記の５つの主な章から構成されている。番号順リスト及び索引については以下に詳細を示す。

　Ⅰ．使用説明
　　この章の内容は熟知する必要がある。ＩＣＤ－Ｏを腫瘍（がん）登録や病理検査で導入する際の使用説明及びルールが説明されている。
　Ⅱ．局在（Topography）－番号順リスト　以下の記述を参照のこと。
　Ⅲ．形態（Morphology）－番号順リスト　以下の記述を参照のこと。
　Ⅳ．索引　以下の記述を参照のこと。
　Ⅴ．形態コードにおける第２版と第３版の違い
　　この章は，現在悪性とみなされている用語の一覧表，すべての新しい形態コード番号の一覧表及び既存のコード定義に追加されたすべての用語と類義語の一覧表で構成されている。
　　なお本日本語版においては，これらに加えてＩＣＤ－Ｏ第３版の使用にあたっての用語の解説が加えられている。

## 略　号

　下記の略号が使用されている：

| | | |
|---|---|---|
| Ｍ | － | 形態 |
| ＮＯＳ | － | 他に何らの説明や記載のないもの，詳細不明 |
| | | （25頁を参照） |
| ＩＣＤ－Ｏ | － | 国際疾病分類－腫瘍学（第３版） |

## 米語と英語の綴り

　英語版では，英文綴りの違いによって起こる重複を避けるため，米語表示を用いている。たとえば "leukaemia" や "tumour" でなく "leukemia" や "tumor" を用いる。これらの２例では，アメリカ英語，イギリス英語の間でアルファベット順にする際に重大な問題は生じない。
　しかし，たとえば，"esophagus" と "oesophagus" のような綴りの違いがあれば，英文索引中では明らかに離れてしまうので，英国語の綴りで探す者が同じ米語を参照できるようにＯの項で

－ 19 －

"Oesophagus(see Esophagus)参照"としている。

局在（Topography）－番号順リスト

この章は，ＩＣＤ－10の第Ⅱ章の悪性新生物の章を修正したものである。局在の用語は4桁コードで表し，Ｃ00.0からＣ80.9までである。小数点（．）以下は3桁分類のさらに細分類までを示している。（第7表）

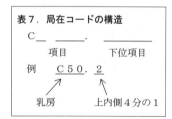

形態（Morphology）－番号順リスト

この章は，ＩＣＤ－Ｏ第1版，第2版を修正したものである。新しい用語を追加し，造血系及びリンパ球性疾患のＷＨＯ分類（21,22）に基づいて非ホジキンリンパ腫と白血病に関する記述の修正を行った。この番号順リストは，コード化された形態用語の構成を示し，検索又は解読に際して最初に参照する基本となるものである。

形態の章の改訂に際して，最近の文献に記された新しい用語を出来るだけ含めるよう努めた。新生物が複数の分類体系から定義されている場合がある（たとえば，悪性リンパ腫（M-959からM-971まで））。ＩＣＤ－Ｏは，新生物をコード化した用語集であって，新生物の分類体系ではない。また，ある1つの疾病分類からある用語が採用された場合でも，その分類全体を積極的に支持していることを示すものではない。

形態の用語は5桁コードで表し，M-8000/0からM-9989/3までである。初めの4桁は特定された組織用語を示す（第8表）。斜線（／）の後の5桁目は性状コードであり，腫瘍が悪性，良性，上皮内，又は悪性・良性の別不詳のいずれであるかを示す（47頁参照）。

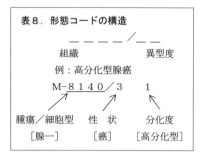

組織学的異型度や分化度を表すために独立した1桁コードが設けられている（51頁異型度及び分化度参照）。リンパ腫や白血病については，この欄を使用してＴ細胞由来か，Ｂ細胞由来か，ヌル細胞由来か又はＮＫ細胞由来かを示す。

従って，局在（4桁），形態（4桁），性状（1桁）及び新生物の異型度あるいは分化度，又それに相当する白血病とリンパ腫の関連事項（1桁）をＩＣＤ－Ｏコードですべて明示するためには，10桁数字又は10文字が必要となる。表9に例を示す。

表9．完全なコードの構造
診断名：
低分化型類表皮腺腫，肺の上葉
　　Ｃ34.1　M-8070/33

**番号順リストにおけるＩＣＤ－Ｏの配列**

　表10の例示のように，局在用語も形態用語も番号順リストにはそれぞれ一度しか出てこない。それぞれのコードの最初の行にある用語が第一選択される用語であり，強調字体（ボールド）で印刷されている。

---

**表10．番号順リストの配列例**

C07.9　　**耳下腺**
　　　　　　耳下腺，ＮＯＳ
　　　　　ステンセン管
　　　　　耳下腺管


M-8290/3　**好酸性腺癌**
　　　　　　　オンコサイト癌
　　　　　　　オンコサイト性腺癌
　　　　　　　ヒュルトル細胞癌（C73.9）
　　　　　　　ヒュルトル細胞腺癌（C73.9）
　　　　　　　ろ〈濾〉胞癌，好酸性細胞型（C73.9）

---

　この例示のように，「耳下腺」はC07.9としてコードされたすべての例の総称として用いられる。強調字体で印刷されている場合は，その語句が第一選択用語であることを示している。同義語の「耳下腺，ＮＯＳ」は一字下げて表示されている。「ステンセン管」と「耳下腺管」のように一字下げずに表記されている用語は，同等語と呼ばれる。これらは，優先用語（耳下腺）と同義語ではない。なぜならばステンセン管，耳下腺管は，コード番号の最初の用語である「耳下腺」の局在の細分類に他ならず，固有のコードを持つほど充分な差異は無いからである。索引では，これらの用語すべてにC07.9のコード番号を付してある。同様に，形態では，「好酸性腺癌」はすべて形態コードM-8290/3と記述される。「オンコサイト癌」と「オンコサイト性腺癌」は「好酸性腺癌」の別名（同義語）であるが，「ヒュルトル細胞癌」，「ヒュルトル細胞腺癌」や「ろ胞癌，好酸性細胞型」（同等語）は好酸性細胞を含む癌腫の別の型である。

**索　引**

　索引は，局在（解剖学的部位），形態（組織学的用語）の両方をコードするために使用される。索引は又，特定の腫瘍様病変と病態も含んでいる。局在コードはCという文字で表され，これはＩＣＤ－10の第Ⅱ章と一致する。Mではじまるものは，形態コードを表している。それぞれの用語は，名詞形と形容詞形の両方の項目に記載されている。たとえば，好塩基性細胞腺癌は，コの項目の中に「好塩基性細胞腺癌」として，セの項目の中に「腺癌，好塩基性細胞」として記載されている。

－ 21 －

## 索引の形式と使用方法

### 1．日本語版の索引

　日本語の索引では，局在と形態が分けられている。番号順リストに現れる部位ごとにグループがあり，その下に細かく分かれた臓器・組織の項目が並んでいる。また形態においては病理組織の形態ごとのグループがあり，その下にさらに部位，性状等の項目が並んでいる。

＜局在用語索引＞
－フ－

**腹部：**

| | |
|---|---|
| ・ＮＯＳ | C 76.2 |
| ・リンパ節 | C 77.2 |
| ・筋 | C 49.4 |
| ・結合組織 | C 49.4 |
| ・自律神経系 | C 47.4 |
| ・食道 | C 15.2 |
| ・大静脈 | C 49.4 |
| ・大動脈 | C 49.4 |
| ・皮下組織 | C 49.4 |
| ・皮膚 | C 44.5 |
| ・抹消神経 | C 47.4 |

＜形態用語索引＞
－ア－

**アンドロブラストーマ**

| | |
|---|---|
| ・ＮＯＳ | 8630/1 |
| ・悪性 | 8630/3 |
| ・管状，ＮＯＳ | 8640/1 |
| ・脂質蓄積を伴う管状（C 56.9） | 8641/0 |
| ・良性 | 8630/0 |

### 2．英語版の索引

　表11は索引の用語の最初の段を示している。英語の索引では，三つ以上の用語として現れる単語は，強調字体（「Abdomen（腹部）」，「Abdominal（腹部の）」及び「Abdominal wall（腹壁）」のように）で表している。この言葉に含まれる用語は，その下に語頭を下げ（インデントし）て示してある。局在と形態のグループの前後には必ずスペース（空白部分）を設けているため局在用語（C）と形態用語（M）は同一グループ内で混同して示されることはない。

　「Abdomen（腹部）」が第1の見出しの用語である。修飾用語が三つ以上あるので，見出しの

－ 22 －

Abdomen（腹部）は強調字体である。ＮＯＳの用語があれば，必ず索引の最初に記載される。（むしろ，アルファベット順ではＮの項にしたいところであるが。）

「Abdomen（腹部）」のグループと「Abdominal（腹部の）」を含む次の二つのグループは，スペース（空白部分）で分けられている。「Abdominal（腹部の）」で始まる形態の用語は二つしかないので見出しはないが，その次の四つの局在の用語は「Abdominal（腹部の）」という強調字体の見出しが付く。

索引中ではスペース（空白部分）は以下の事を意味する。
１．局在の用語から形態の用語への移行，又はその逆への移行
２．グループの終わり

**腫瘍様病変・病態**

第11表の最下段には，腫瘍様病変・病態がアルファベット順に記載されている。これらの病変，病態は，新生物と混同されやすいもので，たとえば，語尾に「腫＜oma＞」が付くもの，前癌病態のものなどが含まれる。これらのＩＣＤ－Ｏの形態コードで，M以下のコード番号が与えられていないものは，（M－－－－－－）のように７つのダッシュで記載されている。なぜならばこのような表記がされているものは新生物とはみなされないからである。そのかわりに，「（ＳＮＯＭＥＤ Systematized Nomenclature of Medicine（2,3）参照）」と記している。

ＩＣＤ－Ｏの第２版には，ＳＮＯＭＥＤコードが付記されていた。しかしながら，現在少なくとも２つの異なった版のＳＮＯＭＥＤ使用されており，両者中で非新生物の病変部と病態のコードに微妙な差が存在するので，ＳＮＯＭＥＤコード表はＩＣＤ－Ｏ第３版からは除外した。

## 第11表. 英文索引 第1節

### － A －

| | **Abdomen** | 腹部 |
|---|---|---|
| C 76.2 | NOS | ＮＯＳ |
| C 47.4 | autonomic nervous system | 自律神経系 |
| C 49.4 | connective tissue | 結合組織 |
| C 49.4 | muscle | 筋 |
| C 47.4 | peripheral nerve | 末梢神経 |
| C 44.5 | skin | 皮膚 |
| C 49.4 | subcutaneous tissue | 皮下組織 |

| | | |
|---|---|---|
| M-8822/1 | Abdominal desmoid | 腹部デスモイド |
| M-8822/1 | Abdominal fibromatosis | 腹部線維腫症 |

| | **Abdominal** | 腹部の |
|---|---|---|
| C 49.4 | aorta | 大動脈 |
| C 15.2 | esophagus | 食道 |
| C 77.2 | lymph node | リンパ節 |
| C 49.4 | vena cava | 大静脈 |

| | **Abdominal wall** | 腹壁 |
|---|---|---|
| C 76.2 | NOS | ＮＯＳ |
| C 44.5 | NOS(carcinoma,melanoma, nevus) | ＮＯＳ(癌，黒色腫，母斑) |
| C 49.4 | NOS(sarcoma, lipoma) | ＮＯＳ(肉腫，脂肪腫) |
| C 49.4 | adipose tissue | 脂肪組織 |
| C 47.4 | autonomic nervous system | 自律神経系 |
| C 49.4 | connective tissue | 結合組織 |
| C 49.4 | fatty tissue | 脂肪組織 |
| C 49.4 | fibrous tissue | 線維組織 |
| C 49.4 | muscle | 筋 |
| C 47.4 | peripheral nerve | 末梢神経 |
| C 49.4 | skeletal muscle | 骨格筋 |
| C 44.5 | skin | 皮膚 |
| C 49.4 | soft tissue | 軟部組織 |
| C 49.4 | subcutaneous tissue | 皮下組織 |

| | | |
|---|---|---|
| C 72.5 | Abducens nerve | 外転神経 |
| M-9871/3 | Abnomal marrow eosinophils, acute myeloid leukemia with (includes all variants) | 異常骨髄好酸球を伴う急性骨髄性白血病(すべての異型を含む) |
| M-9871/3 | Abnomal marrow eosinophils, acute myelomonocytic leukemia with (includes all variants) | 異常骨髄好酸球を伴う急性骨髄単球性白血病(すべての異型を含む) |
| M-8075/3 | Acantholytic squamous cell carcinoma | 棘融解性扁平上皮癌 |
| M------- | Acanthoma, clear cell (*see SNOMED*) | 棘細胞腫, 明細胞 (SNOMED参照) |
| M------- | Acanthosis nigricans (*see SNOMED*) | 黒色表皮腫 (SNOMED参照) |

## リンパ腫及び白血病の記載

　リンパ腫及び白血病に対しては，表記ルールの例外とする。白血病とリンパ腫は，用語の細分類・組合せが非常に多く，索引が長大になってしまうからである。リンパ腫及び白血病については，"悪性リンパ腫""白血病"の１記載のみである。

## ＮＯＳ（Not Otherwise Specified）の意味及び使用法

　ＮＯＳは，修飾語もしくは短い説明（phrase）を伴って，ＩＣＤ－Ｏに掲載されているいくつかの局在の用語及び形態の用語の後に表記される。索引中では，ＮＯＳは最初に掲載され，その後に修飾語が掲載されている。ＮＯＳの付く用語のコードは以下の場合に使用する。

　　1．局在又は形態の用語が修飾語を伴っていない
　　2．局在又は形態の用語がどこにも現れていない形容詞を伴っている
　　3．用語が広い意味で使われている

　たとえば表12は，索引中の「Adenocarcinoma（腺癌），ＮＯＳ」は後に多数の形容詞的記載がなされていて，それぞれ特有のコードを伴っていることを示している。

　診断が「Adenocarcinoma（腺癌）」であれば，正しいコードは8140/3「Adenocarcinoma（腺癌）ＮＯＳ」である。また，「Atypical adenocarcinoma（異型性腺癌）」のような診断名が用いられている場合，形容詞のAtypical（異型性）は，「Adenocarcinoma（腺癌）」を修飾する用語一覧表の中に現れて来ないので，コード番号は同じく8140/3である。このようにＮＯＳは，他の修飾語がどこかに記載されていることをコーダーやコード解読者に明示するために番号順リスト及び索引の両方に記されている。

---

### 表12．ＮＯＳコードの配置例

| Adenocarcinoma | (see also Carcinoma) | 腺癌(癌腫も参照) |
|---|---|---|
| M-8140/3 | NOS | ＮＯＳ |
| M-8140/6 | NOS, metastatic | ＮＯＳ，転移性 |
| M-8280/3 | acidophil | 好酸性 |
| M-8550/3 | acinar | 腺房 |
| M-8550/3 | acinic cell | 腺房細胞 |
| M-8370/3 | adrenal cortical | 副腎皮質 |
| M-8251/3 | alveolar | 肺胞 |
| M-8244/3 | and carcinoid, combined | カルチノイドとの複合癌 |
| M-8560/3 | and epidermoid carcinoma, mixed | 類表皮癌との混合癌 |
| M-8560/3 | and squamous cell carcinoma, mixed | 扁平上皮癌との混合癌 |
| M-8401/3 | apocrine | アポクリン |
| M-8147/3 | basal cell | 基底細胞 |
| M-8300/3 | basophil | 好塩基性 |
| M-8160/3 | bile duct | 胆管 |
| M-8250/3 | bronchiolar | 細気管支 |

---

－ 25 －

数少ない例ではあるが，ＮＯＳは又，特殊な用語が一般的な意味に使われていることを示すためにも使用されている。たとえば，「内分泌腺」の後にＮＯＳが付してあるが（Ｃ75.9　内分泌腺，ＮＯＳ），これは，「松果体」「下垂体」のようなその他の明示された内分泌腺はそれぞれ特有のコード番号とともに別に記載されていることを示すためである。

**血液の悪性新生物**

ＩＣＤ－Ｏ第３版では，すべての新生物の分類が再検討され，改訂された。なかでも，血液の悪性新生物に関しては，大幅な改訂が行われた。実際，血液病理学の診断名に対する新しいコードの必要性は，新版において最も緊急を要し，且つ避けられないものであった。

過去50年以上にわたって多くの白血病及びリンパ腫の分類についての提案がなされてきた。臨床の場に大きな影響を与えたものもあるが，今日そのほとんどは使用されていない。しかしながらこの50年間は，リンパ腫と白血病の区分は，重要な根本問題と認識されたため，両者の分類は別々に発展してきた。

リンパ腫のほとんどは２つの大きなグループに分類される。さらに，純粋に細胞の大きさや形状などの形態学的性質と，リンパ節や他の組織内での腫瘍の発育形式とに従って細分されることもある。

この方法は，1955年に初版が刊行されたRappaport分類で使用されたアプローチの仕方で，リンパ腫研究における画期的な出来事であり，この分類により，10年はかかるとされていた正常なリンパ球の機能の理解が早まることとなった。対照的にKiel分類及びLukes－Collins分類は，悪性リンパ腫はリンパ球の成熟過程が停止したもので，リンパ球の正常な分化過程（stage）の比較で分類可能だという考えに基づいていた。米国では，国立がん研究所が作成した「組織分類比較のための共通基準」＜国際分類＞（Working Formulation）（ＷＦ）を作成し，臨床データを共通のフォーマットに変換するためのツールを備える試みがなされていた。実際，ＷＦはRappaport分類の様に，主に形態学に基づいた基本的な分類であった。

米国では国立がん研究所のgrading system：（悪性度分類）は，多くの腫瘍の型をいくつかの型に単純分類することを目的とし，主として臨床の場で使われてきた。この分類システムはほとんどのリンパ腫に対して適用できる。だが，この分類システムが他の分類システムと相互に比較が可能ではないことを覚えておかねばならない。Kiel分類中では，gradeの高低は腫瘍細胞の大きさを表している。「組織分類比較のための共通基準」＜国際分類＞（Working Formulation）で使用されているgrade（悪性度）は，この分類を作成する際に行われたオリジナルの研究の段階で集められた予後データから取られたgradeを意味する。また，医学用語では，high gradeは化学療法に積極的に反応して治癒しえる腫瘍，low gradeリンパ腫はより化学療法に対して反応が乏しく，しばしば治癒不能である。

ＦＡＢ（French－American－British）システム(7)は，伝統的な染色体標本を基にして，リンパ性・骨髄性白血病と骨髄異形成症に関して，それぞれ独立した明確な体系付けを行っている。

1990年代の初めから，白血病とリンパ腫の分類システムには多くの問題があることが解ってきた。免疫学的表現型及び分子生物学の技法の導入により，分類方法それぞれが異質なものであることがわかった。臨床試験や疫学研究を行う際にリンパ腫の悪性度を使用することは，潜在的に大きな間違いであることも解ってきた。定義が明確になるにつれ，リンパ性白血病とリンパ腫の違いも非常に不自然なものであることが益々明白となった。2者の違いは，基本的に細胞の違いや臨床所見の違いというよりも，個々の患者における病気の広がりを反映するものといえる。従来ホジキン病と非ホジキンリンパ腫を分けることは，リンパ腫の分類の土台研究となるものであった。しかし，多くの研究結果から，ホジキン病の腫瘍細胞は，胚中心性B細胞から由来していることが示され，それゆえホジキン病は，完全に別の疾患群というよりB細胞リンパ腫の特別な型であるということが解ってきた。細胞遺伝学における研究では，腫瘍の発生メカニズムを完全に理解するには，明らかに長いプロセスを要するものの，白血病やリンパ腫のいくつかのタイプでは，その病気の発生メカニズムや臨床像に対して個々の遺伝子の調節異常を伴う染色体転座が重要な意味をもっていることが明らかにされている。

上述した出来事は，1994年に刊行されたthe Revised European－American Lymphoma（REAL）分類(6)の基礎となっている。ここで使用されている多くの用語はKiel分類のものと同じであるが，基本的なコンセプトは異なっている。REAL分類においては，臨床病理の実体を決定づけるものは，形態，免疫学的表現型，遺伝子異常及び臨床所見の組合せに基づいている。これら要素の膨大な組合せの可能性にもかかわらず，実際には比較的少数カテゴリーに分類され，リンパ性悪性腫瘍の90％以上がこのカテゴリーに分類可能である。血液の悪性新生物のWHO分類（21, 22）は，このやり方に準じており，リンパ増殖性疾患の部分は，Kiel分類とほとんど同じものである。急性骨髄性白血病（AML）の細分類へのアプローチでは，細胞遺伝学上の異常並びに，"de novo" AMLと骨髄異形成症に関連した「AML」との違いを重要課題としてとり扱っている。

WHO分類（表13）は最終的な完成品ではなく，将来的に改訂の余地を残している。びまん性大細胞性B細胞リンパ腫に代表されるように，大項目の多くは，臨床病態や治療反応性の観点からみて，多くの意味を包含している。将来的には細胞学的及び分子学的な基準に従ってさらに細かく分類されるだろうが，現在はどのように分類すべきかのコンセンサスは得られていない。ICD-Oの次の版においては，血液の悪性新生物の章は第2版と第3版間の違いよりも少なからず違ったものになるだろう。

**ICD-Oのリンパ腫と白血病の章の使用説明**

**類義語の使い方**

ICD-O第2版においては，新しい分類から取られた用語を使っても，古い分類からの用語を使っても，同様のコード化が可能であった。このため一連のデータ比較が困難であった。特にその用語が複数の分類から採択され，同一のデータデータセットに入れられているという場合が問題だった。この問題を鑑みて第3版では血液の悪性新生物のために，より適切な用語として選ばれた

WHOシステムからの用語を使用している。だが，旧システムの用語は統一コードを設け，過去のデータを解析可能にするために付記されている。類義語はより適切な用語として採択された（WHO）分類の用語と厳密に同等ではない症例もあり得るが，たとえそうだとしても，この分野の専門家の判断によりコード化されているため，正しい位置にコーディングされているケースが大多数であると考えられる。

## ＩＣＤ－10との整合性

ＩＣＤ－10と整合性を保つために，ＩＣＤ－Ｏ第3版の血液の悪性新生物の章は，WHO分類の体系と異なる点がいくつかある。例えば従来慢性リンパ球性白血病Ｂ細胞由来と小リンパ球性リンパ腫Ｂ細胞由来には別々のコードが割り当てられていたが，現在ではこれらは同一のものであるということが判明しており，同じものとして記載される。リンパ芽球性リンパ腫と急性リンパ芽球性白血病についても同様である。

## 免疫学的表現型データ

細胞マーカーを使用した研究により，血液病理学は大きく変貌した。特筆すべきことは，診断精度が高水準に達したことである。WHO分類では，腫瘍の由来が使用する診断用語に自動的に取り入れられた。たとえば，ろ〈濾〉胞性リンパ腫はＢ細胞悪性腫瘍として記述している。これが適用されていない唯一の例はリンパ芽球性白血球とリンパ芽球性リンパ腫である。この両者については由来細胞（Ｔ細胞又はＢ細胞）名が示されるべきである。ＩＣＤ－Ｏ第2版では，多くの用語は細胞の由来表示が曖昧になされてきた。また第3版では，細胞の系統は4桁の形態コードで表され，追加の桁（第6桁）は要求されていない。しかしながら，診断が免疫学的表現型データに裏付けられ，表現型を明確に示すためには，追加コードが将来必要になるかもしれない。

## 細胞遺伝学データ

今日，細胞遺伝学及び分子生物学データは，血液組織悪性新生物の類型診断となり，その重要性も大きくなっている。細胞遺伝学上の異常に従って記述された急性骨髄性白血病の細分類が示されたことはＩＣＤ－Ｏ第3版の大きな特徴である。もし，疾患にこのような検査データが明記されている場合は，従来のＦＡＢ分類に優先して，これらの検査データに基づく分類がなされている。

表13. 造血性及びリンパ性新生物のＷＨＯ分類とＩＣＤ－Ｏのコードの対応
　　注：主要疾患項目のみリストした
　｛　｝は新生物のどちらか一方の型を表している

| | MYELOID NEOPLASMS | | 骨髄性新生物 |
|---|---|---|---|
| ICD-O | WHO TERM<br>Myeloproliferative diseases | ＩＣＤ－Ｏ | ＷＨＯ用語<br>骨髄増殖性疾患 |
| 9875/3 | Chronic myelogenous leukemia,<br>Philadelphia chromosome<br>positive {t(9;22)(q34;q11)},<br>{BCR/ABL} | 9875/3 | 慢性骨髄性白血病, フィラデルフィ<br>ア染色体陽性<br>{t(9;22)(q34;q11),<br>{BCR/ABL} |
| 9963/3 | Chronic neutrophilic leukemia | 9963/3 | 慢性好中球性白血病 |
| 9964/3 | Chronic eosinophilic leukemia<br>/hypereosinophilic syndrome | 9964/3 | 慢性好酸球性白血病／好酸球増多症<br>候群 |
| 9961/3 | Chronic idiopathic myelofibrosis | 9961/3 | 慢性特発性骨髄線維症 |
| 9950/3 | Polycythemia vera | 9950/3 | 真性赤血球増加症 |
| 9962/3 | Essential thrombocythemia | 9962/3 | 本態性血小板血症 |
| 9975/1 | Myeloproliferative disease,<br>unclassifiable | 9975/1 | 骨髄増殖性疾患, 分類できないもの |
| | Myelodysplastic/myeloproliferative<br>diseases | | 骨髄異形成／骨髄増殖性疾患 |
| 9945/3 | Chronic myelmonocytic leukemia | 9945/3 | 慢性骨髄単球性白血病 |
| 9876/3 | Atypical chronic myelogenous<br>leukemia | 9876/3 | 異型性慢性骨髄原性白血病 |
| 9946/3 | Juvenile myelomonocytic<br>leukemia | 9946/3 | 若年性骨髄単球性白血病 |
| | Myelodysplastic syndromes | | 骨髄異形成症候群 |
| 9980/3 | Refractory anemia | 9980/3 | 不応性貧血 |
| 9982/3 | With ringed sinderoblasts | 9982/3 | 環状鉄芽球を伴う |
| 9980/3 | Without ringed sideroblasts | 9980/3 | 環状鉄芽球を伴わない |
| 9985/3 | Refractory cytopenia<br>(myelodysplastic syndrome) with<br>multilineage dysplasia | 9985/3 | 多系統形成異常を伴う不応性血球減<br>少症（骨髄異形成症候群） |
| 9983/3 | Refractory anemia<br>(myelodysplastic syndrome) with<br>excess blasts | 9983/3 | 芽球増加を伴う不応性貧血（骨髄異<br>形成症候群） |
| 9986/3 | 5q-(5q deletion) syndrome | 9986/3 | 5 q⁻（5 q欠失）症候群 |

表13. （続き）
## MYELOID NEOPLASMS(CONT.)　　　　　骨髄性新生物（続き）

| ICD-O | WHO TERM<br>Myelodysplastic syndromes<br>(CONT.) | ＩＣＤ−Ｏ | ＷＨＯ用語<br>骨髄異形成症候群（続き） |
|---|---|---|---|
| 9989/3 | Myelodysplastic syndrome,<br>unclassifiable | 9989/3 | 骨髄異形成症候群，分類出来ないも<br>の |
| | **Acute myeloid leukemias (AMLs)** | | **急性骨髄性白血病（AMLs）** |
| | AMLs with recurrent cytogenetic<br>translocations | | 反復性細胞遺伝学的転座を伴う急性<br>骨髄性白血病 |
| 9896/3 | AML with{t(8;21)(q22;q22)},<br>{AML1(CBF-alpha/ETO)} | 9896/3 | {t(8;21)(q22;q22)} を伴う急性<br>骨髄性白血病，{AML1(CBF-<br>alpha/ETO)} |
| 9866/3 | Acute promyelocytic leukemia<br>{AMLwith t(15;17)(q22;q11-<br>12)}and variants, {PML/RAR-<br>alpha} | 9866/3 | 急性前骨髄球性白血病<br>{t(15;17)(q22;q11-12)}を伴<br>う急性骨髄性白血病} と変異<br>体，{PML/RAR-alpha} |
| 9871/3 | AML with abnormal bone<br>marrow eosinophils {inv(16)<br>(p13q22)} or {t(16;16)<br>(p13;q11)}, {CBFb/MYH11} | 9871/3 | 異常骨髄好酸球を伴う急性骨髄性<br>白血病{inv(16)(p13;q22)}又は<br>{t(16;16)(p13;q11)}，<br>{CBFb/MYH11} |
| 9897/3 | AML with 11q23 abnormalities<br>{MLL} | 9897/3 | 11q23異常を伴う急性骨髄性白血<br>病，{MLL} |
| 9895/3 | AML with multilineage dysplasia | 9895/3 | 多系統形成異常を伴う急性骨髄性白<br>血病 |
| 9895/3 | With prior myelodysplastic<br>syndrome | 9895/3 | 既往に骨髄異形成症候群を伴う |
| 9895/3 | Without prior myelodysplastic<br>syndrome | 9895/3 | 既往に骨髄異形成症候群を伴わな<br>い |
| 9920/3 | AML and myelodysplastic<br>syndromes, therapy-related | 9920/3 | 急性骨髄性白血病及び骨髄異形成症<br>候群，治療に関連したもの |
| 9920/3 | Alkylating agent-related | 9920/3 | アルキル化剤に関連したもの |
| 9920/3 | Epipodophyllotoxin-related<br>(some may be lymphoid) | 9920/3 | エピポドフィロトキシンに関連し<br>たもの（リンパ球様も有り） |
| 9920/3 | Other types | 9920/3 | 他の型 |
| 9861/3 | **AML not otherwise categorized** | 9861/3 | **他に分類されない急性骨髄性白血病** |
| 9872/3 | AML minimally differentiated | 9872/3 | 最少分化型急性骨髄性白血病 |
| 9873/3 | AML without maturation | 9873/3 | 成熟を伴わない急性骨髄性白血病 |

表13. （続き）

## MYELOID NEOPLASMS(CONT.) 骨髄性新生物（続き）

| ICD-O | WHO TERM AML not otherwise categorized (CONT.) | ICD-O | WHO用語 他に分類されない急性骨髄性白血病 （続き） |
|---|---|---|---|
| 9874/3 | AML with maturation | 9874/3 | 成熟を伴う急性骨髄性白血病 |
| 9867/3 | Acute myelomonocytic leukemia | 9867/3 | 急性骨髄単球性白血病 |
| 9891/3 | Acute monocytic leukemia | 9891/3 | 急性単球性白血病 |
| 9840/3 | Acute erythroid leukemia | 9840/3 | 急性赤血性白血病 |
| 9910/3 | Acute megakaryocytic leukemia | 9910/3 | 急性巨核球性白血病 |
| 9870/3 | Acute basophilic leukemia | 9870/3 | 急性好塩基球性白血病 |
| 9931/3 | Acute panmyelosis with myelofibrosis | 9931/3 | 骨髄線維症を伴う急性汎骨髄症 |
| 9805/3 | **Acute biphenotypic leukemias** | 9805/3 | **急性多形質白血病** |

## LYMPHOID NEOPLASMS リンパ性新生物

### B-CELL NEOPLASMS B細胞新生物

#### Precursor B-cell neoplasm 前駆B細胞新生物

| 9728/3 | Precursor B-lymphoblastic leukemia /lymphoma | 9728/3 | 前駆B細胞リンパ芽球性白血病／リンパ腫 |
|---|---|---|---|
| 9836/3 | Precursor B-cell acute lymphoblastic leukemia | 9836/3 | 前駆B細胞急性リンパ球芽性白血病 |

#### Mature (peripheral) B-cell neoplasms 成熟（末梢）B細胞新生物

| 9823/3, 9670/3 | B-cell chronic lymphocytic leukemia/small lymphocytic lymphoma | 9823/3, 9670/3 | B細胞慢性リンパ球性白血病／小リンパ球性リンパ腫 |
|---|---|---|---|
| 9833/3 | B-cell prolymphocytic leukemia | 9833/3 | B細胞前リンパ球性白血病 |
| 9671/3 | Lymphoplasmacytic lymphoma | 9671/3 | リンパ形質細胞性リンパ腫 |
| 9689/3 | Splenic marginal zone B-cell lymphoma (with/without villous lymphocytes) | 9689/3 | 脾性辺縁層B細胞リンパ腫（絨毛リンパ球を伴う／伴わない） |
| 9940/3 | Hairy cell leukemia | 9940/3 | 有毛細胞白血病 |
| 9732/3, 9731/3 | Plasma cell myeloma/ plasmacytoma | 9732/3, 9731/3 | 形質細胞性骨髄腫／形質細胞腫 |

表13. （続き）

## LYMPHOID NEOPLASMS (CONT.)　　リンパ性新生物（続き）

| ICD-O | WHO TERM<br>Mature (peripheral) B-cell<br>neoplasms (CONT.) | ICD-O | WHO用語<br>成熟（末梢）B細胞新生物（続き） |
|---|---|---|---|
| 9699/3 | Extranodal marginal zone B-cell lymphoma of MALT type | 9699/3 | MALT型の節外性辺縁層B細胞リンパ腫 |
| 9699/3 | Nodal marginal zone B-cell lymphoma (with/without monocytoid B cells) | 9699/3 | 節内性辺縁層B細胞リンパ腫（単球様B細胞を伴う／伴わない） |
| 9690/3,<br>9691/3,<br>9695/3,<br>9698/3 | Follicular lymphoma | 9690/3,<br>9691/3,<br>9695/3,<br>9698/3 | ろ胞性リンパ腫 |
| 9673/3 | Mantle-cell lymphoma | 9673/3 | マントル細胞リンパ腫 |
| 9680/3 | Diffuse large B-cell lymphoma | 9680/3 | びまん性大細胞性B細胞リンパ腫 |
| 9679/3 | Mediastinal large B-cell lymphoma | 9679/3 | 縦隔大細胞性B細胞リンパ腫 |
| 9678/3 | Primary effusion lymphoma | 9678/3 | 原発性滲出性リンパ腫 |
| 9687/3,<br>9826/3 | Burkitt lymphoma/Burkitt cell leukemia | 9687/3,<br>9826/3 | バーキットリンパ腫／バーキット細胞性白血病 |

### T-CELL AND NK-CELL NEOPLASMS　　T細胞及びNK細胞新生物

| | Precursor T-cell neoplasm | | 前駆T細胞新生物 |
|---|---|---|---|
| 9729/3 | Precursor T-lymphoblastic lymphoma/ leukemia | 9729/3 | 前駆T細胞リンパ芽球性リンパ腫／白血病 |
| 9837/3 | Precursor T-cell lymphoblastic leukemia | 9837/3 | 前駆T細胞リンパ芽球性白血病 |
| | Mature (peripheral) T-cell neoplasms | | 成熟（末梢性）T細胞新生物 |
| 9834/3 | T-cell prolymphocytic leukemia | 9834/3 | T細胞型前リンパ球性白血病 |
| 9831/1 | T-cell large granular lymphocytic leukemia | 9831/1 | T細胞型大顆粒リンパ球性白血病 |
| 9948/3 | Aggressive NK-cell leukemia | 9948/3 | 侵襲性NK細胞白血病 |
| 9827/3 | Adult T-cell lymphoma/ leukemia (HTLV-1 positive) | 9827/3 | 成人T細胞性リンパ腫／白血病（HTLV－1陽性） |

表13. （続き）

## LYMPHOID NEOPLASMS (CONT.)

## リンパ性新生物（続き）

| ICD-O | WHO TERM | ICD-O | WHO用語 |
|---|---|---|---|
| | Mature (peripheral) T-cell neoplasms (CONT.) | | 成熟（末梢性）T細胞新生物（続き） |
| 9719/3 | Extranodal NK/T-cell lymphoma, nasal type | 9719/3 | 節外性NK／T細胞リンパ腫，鼻腔型 |
| 9717/3 | Enteropathy-type T-cell lymphoma | 9717/3 | 腸症型T細胞リンパ腫 |
| 9716/3 | Hepatosplenic gamma-delta T-cell lymphoma | 9716/3 | 肝脾型γ−δ（ガンマー・デルタ）T細胞リンパ腫 |
| 9708/3 | Subcutaneous panniculitis-like T-cell lymphoma | 9708/3 | 皮下脂肪組織炎様T細胞リンパ腫 |
| 9700/3, 9701/3 | Mycosis fungoides/Sézary syndrome | 9700/3, 9701/3 | 菌状息肉症／セザリー症候群 |
| 9714/3 | Anaplastic large-cell lymphoma, T/null cell, primary cutaneous type | 9714/3 | 未分化大細胞リンパ腫，T細胞及びヌル細胞型 |
| 9702/3 | Peripheral T-cell lymphoma, not otherwise characterized | 9702/3 | 末梢性T細胞リンパ腫，他に分類されないもの |
| 9705/3 | Angioimmunoblastic T-cell lymphoma | 9705/3 | 血管性免疫芽球性T細胞リンパ腫 |
| 9714/3 | Anaplastic large-cell lymphoma, T/null cell, primary cutaneous type | 9714/3 | 未分化型大細胞リンパ腫，T／ヌル細胞，原発性皮膚型 |
| | **Hodgkin Lymphoma (Hodgkin Disease)** | | **ホジキンリンパ腫（ホジキン病）** |
| 9659/3 | Nodular lymphocyte-predominant Hodgkin lymphoma | 9659/3 | 結節性リンパ球優勢型ホジキンリンパ腫 |
| 9650/3 | Classical Hodgkin lymphoma | 9650/3 | 古典的ホジキンリンパ腫 |
| 9665/3, 9667/3 | Nodular sclerosis Hodgkin lymphoma (grades 1 and 2) | 9665/3, 9667/3 | 結節硬化型ホジキンリンパ腫（悪性度1及び2） |
| 9651/3 | Lymphocyte-rich classical Hodgkin lymphoma | 9651/3 | 高リンパ球型古典的ホジキンリンパ腫 |
| 9652/3 | Mixed cellularity Hodgkin lymphoma | 9652/3 | 混合細胞型ホジキンリンパ腫 |
| 9653/3 | Lymphocyte depletion Hodgkin lymphoma | 9653/3 | リンパ球減少型ホジキンリンパ腫 |

表13. （続き）

## LYMPHOID NEOPLASMS (CONT.)

## リンパ性新生物（続き）

| ICD-O | WHO TERM<br>MAST CELL DISEASE | ICD-O | WHO用語<br>肥満細胞疾患 |
|---|---|---|---|
| 9741/3 | Cutaneous mastocytosis | 9741/3 | 皮膚肥満細胞症 |
| 9741/3 | Systemic mast cell disease | 9741/3 | 全身性肥満細胞症 |
| 9742/3,<br>9740/3 | Mast cell leukemia/sarcoma | 9742/3,<br>9740/3 | 肥満細胞白血病／肉腫 |

### HISTIOCYTIC AND DENDRITIC CELL NEOPLASMS

### 組織球及び樹状細胞新生物

| | **Macrophage/histiocytic neoplasm** | | **大食細胞／組織球新生物** |
|---|---|---|---|
| 9755/3 | Histiocytic sarcoma | 9755/3 | 組織球肉腫 |
| | **Dendritic cell neoplasms** | | **樹状細胞新生物** |
| 9751/1 | Langerhans cell histiocytosis | 9751/1 | ランゲルハンス細胞組織球症 |
| 9756/3 | Langerhans cell sarcoma | 9756/3 | ランゲルハンス細胞肉腫 |
| 9757/3 | Interdigitating dendritic cell sarcoma /tumor | 9757/3 | 指間樹状細胞肉腫／腫瘍 |
| 9758/3 | Follicular dentritic cell sarcoma/tumor | 9758/3 | ろ胞性樹状細胞肉腫／腫瘍 |
| 9757/3 | Dendritic cell sarcoma, not otherwise specified | 9757/3 | 樹状細胞肉腫，他に明示されないもの |

# 局在と形態に対する
# コーディングガイドライン

# ＩCD-O第３版使用上の主要ルールの概要
ＩCD-O第２版と対応するルール番号は表14を参照

### ルールＡ．局在領域と不明確な部位（身体領域に関連した部位）について

　診断名が腫瘍の発生した組織を特定していない場合、『ＮＯＳ』分類を用いるのではなく、不明確に表示された部位（身体領域に関連した部位）として索引で示されている適切な部位をコードする。

　不明確な部位（身体領域に関連した部位）、たとえば「arm（腕）」は、皮膚、皮下組織、筋肉や骨などのいくつかの組織（tissue）から構成されている。「squamous cell carcinoma of the arm（腕の扁平上皮癌）」は、C76.4（腕、NOS）と『ＮＯＳ』分類を用いてコードするよりも、むしろ腫瘍の発生した組織として考えられるC44.6（腕の皮膚）にコードされるべきである。詳細は、コーディングガイドライン41頁を参照すること。

　また、このルールには、「chin（おとがい）」や「forehead（前頭部）」のような例外がある。その理由として、これらの部位を構成する組織は、ほとんどが皮膚であるため、索引で示されているこれらのNOS分類に対してはすでに皮膚（局在細分類も対応）の分類があてられている。

### ルールＢ．接頭語について

　周囲（peri-）や傍（para-）などの接頭語[注]によって修飾された局在部位や、ＩCD-Oに例示されていないような部位については、腫瘍の形態（組織型）が特定の原発部位を指し示さない限り、診断不明確な部位を表すC76（身体領域に関連した部位）の細分類にコードする。

　この一般ルールは、「範囲」（area of）又は「領域」（region of）というような不明瞭な表現についても適用される。コーディングガイドライン43頁を参照。

　訳注：ルールＢにおける接頭語とは、英語で表現した場合の接頭語である。日本語の場合、英語のように必ずしも"接頭"語とならず、"接尾"語や"接中"語などの形で修飾することも多い。

### ルールＣ．複数の局在分類又は細分類にまたがっている腫瘍について

　腫瘍が２つ又はそれ以上の局在分類又は局在細分類にまたがって存在しており、さらに腫瘍がどちらから発生したかを特定出来ない場合、局在細分類「．８」を用いてコードする。

　（コーディングガイドライン43頁及び73頁の注を参照。）

　ＩCD-10においては、ＩCD-9よりも多くの分類が新生物〈腫瘍〉の局在に対してあててあるため、ＩCD-9では１つの３桁分類項だったものが、ＩCD-10においては２つの３桁分類項に分割されるようになっている。コーディングガイドライン44頁第17表に「．８」に分類される局在コードが示されている。

### ルールＤ．リンパ腫の局在コードについて

　リンパ腫がリンパ節から発生したと考えられる場合は、C77.＿[注]にコードする。複数のリンパ節領域にリンパ腫の病変が及んでおり、発生したリンパ節領域が特定できない場合は、C77.8（複数領域のリンパ節）をコードする。リンパ節外性組織（臓器）が原発と考えられる場合で、原発と考えられるリンパ節外性組織（臓器）ではなくリンパ節から生検を行って診断された時は、生検部位であるリンパ節ではなく、原発と考えられるリンパ節外性組織（部位）をコードする。リンパ腫の原発部位がリンパ節に特定されておらず、さらにリンパ節外性組織からの発生が疑わしい場合は、C80.9（原発部位不明）にコードする。

リンパ腫は、一つもしくはそれ以上のリンパ節に発生する場合以外にも、特定の部位たとえば胃など
にも発生するので、部位特異的な局在コードを割り当てられていない。特定の部位に発生するリンパ腫
は、リンパ節外性リンパ腫と呼ばれる。コーディングガイドライン44頁及び悪性リンパ腫の節26頁を参
照すること。

訳注：「_」（アンダーバー）は、その部分に何らかのコードが割り当てられる場合に用いられる表現で、C77._はC77.0～C77.9のいずれかが
該当することを表している。

## ルールE．白血病に対する局在コードについて

骨髄性肉腫（M-9930/3）を除くすべての白血病はC42.1（骨髄）にコードする。

コーディングガイドライン45頁を参照すること。

## ルールF．形態（組織型）における性状コードについて

ICD-Oに該当する用語が記載されていなくとも、適切な性状コードを5桁目に割り当てる。

5桁目に性状コードを用いることは，コーディングガイドライン49頁と50頁（マトリックス）第20表
で説明している。たとえ該当する用語がICD-Oの番号順リストに記載されていなくとも、適切な5
桁目のコードを用いることは可能である（ただし、必ず病理学者に確認をとって判断すること）。たとえ
ば「良性脊索腫」という診断名に対しては、M-9370／0をコードする。もし、その腫瘍の性状に対する
病理学者の見解が、ICD-Oに記載されている性状と異なっている場合、病理学者の見解に基づいた
性状をコードする（注）。

訳注：わが国のがん登録では、このルールFを採用していない。

## ルールG．異型度又は分化度を表すコードについて

形態（組織型）の診断に記載されている形態のうち、異型度又は分化度に関して最も大きいコードを
6桁目にコードする。

固形腫瘍の異型度もしくは分化度を表す第6桁コードの利用方法（第21表、51頁）については、コー
ディングガイドライン51頁で説明されている。診断名が異型度もしくは分化度について二つの異なる程
度を示している場合（「高分化ならびに低分化型」や「異型度II－III」といった記載）は、コードの大き
い方を用いることにする（注）。

訳注：わが国のがん登録では、分化度の異なる病変の占拠範囲の広さが分かる場合、占拠範囲の広い病変の分化度を優先してコードするという
ルールを採用しており、占拠範囲が不明の場合のみ、このルールGを採用することとなっている。

白血病及びリンパ腫などの血液腫瘍では、第6桁は細胞の由来を明らかにするために用いる（第22表，
52頁）。血液腫瘍では、T細胞（コード5）、B細胞（コード6）、ヌル細胞（コード7）、NK細胞（コ
ード8）は、1～4（分化度を表す）までの性状コードより優先度が高く、分化度の記載があっても細
胞の由来を示す5～8のコードを優先する。

## ルールH．部位に関連した形態用語について

診断名に局在部位が記載されていない時は、コードリストにある局在コードを使用する。腫瘍が他の
部位に発生したことが明らかな場合は、この局在コードは無視する。

ある特定した部位や組織に発生することが多い新生物〈腫瘍〉については、その部位に関するコード
が、網膜芽腫（C69.2）のように形態用語の後の括弧内に記載してある。診断名に部位が表記されてい
ない場合はこの（ ）で示された局在コードを用いる。

－ 37 －

診断に記載された部位が、形態コード側において括弧で指定された部位（局在コード）と異なる場合は、診断に記載されている部位を採用する。ただし、その新生物〈腫瘍〉が、転移したものではないことを十分に確認・検討したうえで、行うようにする。

いくつかの部位では、C44.＿（皮膚）のように4桁目を「＿」として、3桁文字コードのみが与えられる場合がある。これは、それに続く適切な4桁目を前もって決めることができないからである（皮膚に多く発生するということはあらかじめ決められるが、どの部位の皮膚か？ということは、診断情報を用いて決定する必要がある）。詳細はコーディングガイドライン52頁を参照すること。

新生物〈腫瘍〉の中には，局在部位を意味していると解されるような名称がついているものがある（局在の紛らわしい形態用語［(O－2の日本語版46頁参照)]）。しかし、これらが必ずしもその部位にコードされる必要はない。たとえば、「胆管癌」は、肝外胆管のみならず、しばしば肝内胆管（C22.1）に見られる。コーディングガイドライン53頁を参照すること。

## ルールJ．複合形態的診断
**診断に用いられている用語がICD-Oに記載されていない場合は、複合語の語順を変えてみる。**
ICD-Oでは、すべての複合語が掲載されているわけではない。たとえば、「粘液線維肉腫」はICD-Oに掲載されていないが、「線維粘膜肉腫」は掲載されている。複合語の語頭に該当するものが見つからない場合は、複合語の中で用いられている用語をさまざまに組み替えたものを調べてみる。コーディングガイドライン54頁を参照すること。

## ルールK．複数の形態診断について
**2つの異なる形態コードに割り当てることができる形容修飾語を含む診断がなされており、それが一つの形態コードで表現できない場合、異なる形態コードのうち、大きい方の形態コード番号を採用する。**
診断に2つ又はそれ以上の形態コードに割り当てることができる形容修飾語を含んでいる場合、大きい形態コード番号の方がより特異的となるよう配置されているので、最も大きい形態コード番号を用いる。コーディングガイドライン54頁を参照すること。

| 表14　ＩＣＤ－Ｏ第３版のルール及びそれに対応するＩＣＤ－Ｏ第２版のルール番号 | | |
|---|---|---|
| 項　　目 | ＩＣＤ－Ｏ第３版 | ＩＣＤ－Ｏ第２版＊ |
| 局在領域及び不明確な部位 | A | 2 |
| 接頭語 | B | 3 |
| １つ以上の局在項目又は細分類 | C | 4 |
| リンパ腫の局在コード | D | 12 |
| 白血病に対する局在コード | E | 13 |
| 形態学的性状コード | F | 5 |
| 異型度又は分化度 | G | 6 |
| 部位に関連した形態用語 | H | 8, 9 |
| 複合形態的診断 | J | 10 |
| 複数の形態用語のコーディング | K | 11 |

＊注：第２版ルール１は，10桁コードの構成を述べている。

　　　第２版ルール７は，がん＜Cancer＞及び癌腫＜Carcinoma＞の用語の意味の違いを述べている。

　　　第２版ルール14は，多発新生物のコーディングについて述べている。

　　　第３版ルールＩは，ルール１との混乱を避けるために除いている。

# 局在に対するコーディングガイドライン

## 局　在

## 緒　言

　局在コードは新生物〈腫瘍〉の原発部位を示している。言い換えれば、局在コードをみれば、腫瘍がどこから発生したかを把握することができる。ＩＣＤ－Ｏ第３版はＩＣＤ－Ｏ第２版と比べて、局在コードについての変更も追加もなされていない。Ｃ00からＣ80までの局在コードはＩＣＤ－ＯとＩＣＤ－10の違いに関する記述（15頁参照）で言及している通り、ＩＣＤ－10第Ⅱ章の悪性新生物に関する章にもとづいている。すべての新生物〈腫瘍〉は、悪性、良性、上皮内、良性・悪性の別不詳であることを問わず、一つのＩＣＤ－Ｏ局在コードリストによるコード化が可能である。

## 形容詞形

　新生物〈腫瘍〉の局在部位は、名詞及びそれに関連する形容詞によって表現される。たとえば、橋のグリオーマ＜glioma of pons＞や橋グリオーマ＜pontine glioma＞というようにである。ＩＣＤ－Ｏの番号順リストと索引 [注] には、原則として名詞形が記載されている。たとえば"橋"＜pons＞は載っているが、橋（の）＜pontine＞は載っていない。汎用されるいくつかの形容詞、たとえば子宮（の）＜uterine＞や胃（の）＜gastric＞などは、コーディングを行うものにとって便利なようにＩＣＤ－Ｏの中に記載されている。不確かな場合には、正しい名詞形を決める際に医学辞書を参照する必要がある。

　　訳注：日本語版ＩＣＤ－Ｏ第３版では、索引が局在用語索引と形態索引とで分かれているが、英語版では、日本語版におけるAlphabetic index
　　　　　でわかる通り、局在と形態とが一緒になっており、検索の作業が効率よく行えるようになっている。

## 特殊な局在コード

### 食道の区分

食道の細分類として二つの違う分類方式が広く使用されているので、ＩＣＤ－ＯとＩＣＤ－10にはその両者が存在する [注]（表15参照）。
頸部、胸部、腹部という用語はレントゲン所見上や手術中での記述であり、上部、中部、下部３分の１という用語は内視鏡や臨床上での記述である。

　　訳注：わが国では、いずれの分類を使用するかの明確な定めがない。
　　　　　このため、がん登録では、原則として、食道をＣ15.0－Ｃ15.2の頸部・胸部・腹部食道の３区分でコードする。ただし、コメント等の記載が可能であれば、胸部上部（Ut）、胸部中部（Mt）、胸部下部（Lt）等の食道癌取扱い規約の表現も併記することが望ましい。

| 表15.　食道に対するコードの構成 | |
|---|---|
| C15　食道 | |
| C15.0 | 頸部食道 |
| C15.1 | 胸部食道 |
| C15.2 | 腹部食道 |
| C15.3 | 上部食道 |
| | 食道近位3分の1 |
| C15.4 | 中部食道 |
| C15.5 | 下部食道 |
| | 食道遠位3分の1 |
| C15.8 | 食道の境界部病巣 |
| | （73頁の注を参照） |
| C15.9 | 食道，ＮＯＳ |

－ 40 －

### 新生物〈腫瘍〉の部位としての鰓裂及びメッケル憩室

　「鰓裂」と「メッケル憩室」はいずれも先天異常であり、ＩＣＤ－10においては、それぞれＱ18.0と
Ｑ43.0とにコードされる。一方、これらの先天異常は、新生物〈腫瘍〉が発生しうる組織であるがため、
ＩＣＤ－ＯではコードＣ10.4（鰓裂）ならびにＣ17.3（メッケル憩室）として局在の章に掲載されてい
る。
　このコードは新生物〈腫瘍〉の原発部位となったときにのみ用いられるため、これらの用語に続いて
括弧内に「新生物〈腫瘍〉の部位」という語句を付け加えている。そこに新生物〈腫瘍〉が発生してい
ない限り、ＩＣＤ－Ｏの局在コードをこれらの先天異常に用いてはならない。

　　訳注：「鰓裂」「メッケル憩室」の他に、「停留精巣」でも括弧内に「新生物の部位」という語句が付加されている。精巣も本来は「下降精巣」が
　　　　　正常な状況であるため、精巣腫瘍が停留精巣という異常のない状況で発生した場合はＣ62.1「下降精巣」にコードする。

### 原発部位及び不確定な部位

<u>ルールＡ．</u>　局在領域と不明確な部位（身体領域に関連した部位）について：
　　**診断名が腫瘍の発生した組織を特定していない場合、『ＮＯＳ』分類を用いるのではなく、不明確に表
示された部位（身体領域に関連した部位）として索引で示されている適切な部位をコードする。**

　身体の領域に関連した診断名や部位不明確な診断名のコーディングには問題がある。原発部位不確定
なもののほとんどについては、ＩＣＤ－Ｏでは、Ｃ76にコードするが、たとえば「腕」などは、いくつ
かの組織から構成されている（表16参照）が、診断名には腫瘍が発生した組織（tissue）が明示されて
いないことがある。たとえば、「arm（腕）」が意味するところは、「skin of arm（腕の皮膚）」である
こともあるし、「soft tissues of the arm（腕の軟部組織）」であることもある。さらには、「bones of the arm
（腕の骨）」さえ意味することがある。原発部位としてそれ以上に特定されるものがないとする「arm（腕）、
ＮＯＳ」には、局在コードＣ76.4が与えられてはいるが、「Arm（腕）」の腫瘍の部位コードをより易し
く、正確にコードするため、索引中の「Arm（腕）」には、それぞれの組織（tissues）名が列挙されて
いる。

　その索引において、通常見られる良性又は悪性新生物の例が括弧内に記載されており、その腫瘍が通
常発生する部位組織がリストされている。腕の「Carcinoma、Melanoma、Nevus（癌腫、黒色腫及び
母斑）」は、「skin of arm（腕の皮膚）」を含む局在コードＣ44.6があてられる。この括弧内の記載はコー
ディングの手助けとするために記載されており、たとえば、扁平上皮癌や類表皮癌など、腕に発生す
る様々な癌腫（carcinoma）は、Ｃ76.4「arm（腕）、ＮＯＳ」にコードするのではなく、「skin of arm（腕
の皮膚）」を意味するＣ44.6にコードすることを示している。

　同様に、sarcoma（肉腫）やlipoma（脂肪腫）の局在コードは、腕の様々な軟部組織を指し示すＣ49.1
にコードされる。線維肉腫、脂肪肉腫、血管肉腫など、ほとんどの肉腫は、通常、軟部組織に発生する。

　腕以外の不明確な部位及び領域（局在コードＣ76）注についても、上述の腕の場合と同様に索引中に
局在コードの記載がある。しかし、「chin（おとがい）」や「forehead（前頭部）」は、ほとんどが皮膚で
あるため、ＮＯＳ分類はＣ76ではなく、皮膚（Ｃ44）にあてがわれる。

－ 41 －

訳注：ＩＣＤ－Ｏ第３版日本語版で、不明確な部位（身体領域に関連した部位）と邦訳している英単語は、"ill-defined site"であり、臓器（部位）に関する明確な記載の代わりに、「腕（わん）」、「腹部」、「胸部」等、身体上の領域を用いて、部位を表現している場合である。
英語版ＩＣＤ－Ｏでは、Armで表16のように引くことができる。日本語版では、"上肢"で局在用語索引を引くことにより、同じようなリストをみることができる。

なお、骨腫瘍には特別の注意が必要である。骨肉腫や軟骨肉腫は通常、骨を原発とする。「Bone of arm（腕の骨）」には、「上肢の長骨、肩甲骨及びその関節」を示すC40.0のコードがあてられる。従って、骨肉腫や軟骨肉腫が腕の骨の一つに生じた場合、このコードを使用する。

訳注：英語では、骨肉腫や軟骨肉腫は、それぞれ "osteosarcoma"、"chondrosarcoma" といい、boneという単語が無く、わかりにくいため、このような説明が入れられている。

### 表16．索引における局在部位の例

| Arm | | 腕（わん） |
|---|---|---|
| C76.4 | NOS | ＮＯＳ |
| C44.6 | NOS（carcinoma, melanoma, nevus） | ＮＯＳ（癌腫、黒色腫、母斑） |
| C49.1 | NOS（sarcoma, lipoma） | ＮＯＳ（肉腫、脂肪腫） |
| C49.1 | adipose tissue | 脂肪組織 |
| C47.1 | automotic nervous system | 自律神経系 |
| C40.0 | bone | 骨 |
| C49.1 | connective tissue | 結合組織 |
| C49.1 | fatty tissue | 脂肪組織 |
| C49.1 | fibrous tissue | 線維組織 |
| C77.3 | lymph node | リンパ節 |
| C49.1 | muscle | 筋肉 |
| C47.1 | peripheral nerve | 末梢神経 |
| C49.1 | skeletal muscle | 骨格筋 |
| C44.6 | skin | 皮膚 |
| C49.1 | soft tissue | 軟部組織 |
| C49.1 | subcutaneous tissue | 皮下組織 |
| C49.1 | tendon | 腱 |
| C49.1 | tendon sheath | 腱鞘 |

## 末梢神経及び結合組織

「末梢神経」（C47.＿）及び「結合組織」（C49.＿）にはさまざまな組織（tissue）が含まれている（記載された組織のリストについては、局在番号順リストを参照(注)）。

訳注：たとえば、末梢神経はC47（P91）に「自律神経系、神経節、神経、副交感神経系、末梢神経、脊髄神経、交感神経系を含む」、結合組織はC49（P94）に「脂肪組織、腱膜、動脈、血管、滑液嚢、結合組織、筋膜、線維組織、靱帯、リンパ管、筋、骨格筋、皮下脂肪、滑膜、腱、腱鞘、静脈、脈管を含む」というように、両者共に様々な組織が含まれている。

これらの組織すべてが、索引の身体のあらゆる部分に項目として記載されているわけではない。たとえば、脂肪組織（Adipose tissue）は結合組織に含まれるが、原発不確定部位（身体領域に関連した部位）全てに項目として記載されているわけではない(注)。

訳注：たとえば、P24の索引の例では、腹壁（Abdominal wall）には脂肪組織（adipose tissue）が掲載されているが、腹部（Abdomen）には結合組織（connective tissue）などが掲載されているにも関わらず、脂肪組織（adipose tissue）は掲載されていない。もし、原発部位が「腹部脂肪組織」というような表現しかされていない場合は、索引で脂肪組織が見つからなくても、他の部位を参考に「結合組織」と同等と解釈してC49.4をコードすれば良い。

接頭語

ルールB．接頭語について：
　周囲（peri-）や傍（para-）などの接頭語<sup>(注)</sup>によって修飾された局在部位や、ＩＣＤ－Ｏに例示されていないような部位については、腫瘍の形態（組織型）が特定の原発部位を指し示さない限り、診断不明確な部位を表すＣ76（身体領域に関連した部位）の細分類にコードする。

　　訳注：ルールBにおける接頭語とは、英語で表現した場合の接頭語である。日本語の場合、英語のように必ずしも"接頭"語とならず、"接尾"
　　　　　語や"接中"語となることも多い。

　接頭語の周囲（peri-）、傍（para-）、前（pre-）、上（supra-）、下（infra-）などは、しばしば局在部位名や各種臓器名に付されて使われる。このような接頭語で修飾された局在部位のいくつかは、ＩＣＤ－Ｏに記載されており、特定のコードが与えられている。たとえば、「副腎周囲組織」、「膵周囲組織」、「盲腸後組織」には、Ｃ48.0（後腹膜）のコードが与えられている。また、「傍大動脈リンパ節」には、「大動脈リンパ節」と同じコードＣ77.2が与えられている。しかし、このような接頭語で修飾されたすべての局在部位をＩＣＤ－Ｏに記載することは不可能であり、実際、このような接頭語が用いられている場合は局在部位が不明確であることが多い。従って、ＩＣＤ－Ｏに記載されていない不確定な部位については、Ｃ76を用いてコードする。ある特定の局在部位の「周辺」（"in the area of" a specific site）もしくは「領域」（"in the region of" a specific site）というような表現が用いられている場合も、このルールに従うこととする。

境界部病巣の悪性新生物

ルールC．複数の局在分類又は細分類にまたがっている腫瘍について：
　腫瘍が２つ又はそれ以上の局在分類又は局在細分類にまたがって存在しており、さらに腫瘍がどちらから発生したかを特定出来ない場合、局在細分類「．8」を用いてコードする。
　局在分類Ｃ00－Ｃ76は、原発性悪性新生物の発生起源の臓器もしくは組織（tissue）に従って分類される。多くの局在分類は、さらに臓器の部分もしくは臓器の細分類に分けられている。3桁分類内で二つ以上の隣接した部位にまたがっており、原発部位が決定出来ない新生物〈腫瘍〉については、その組み合わせが別途特に索引項目として割り当てられていない限り、「境界部病巣：．8」として細分類する。「境界部（overlapping）」とは、隣接している（隣同士）ことを意味している。

　連続した番号を持つ細分類項目は、解剖学的に隣接した部位であることが多いが、100％そうであるとは限らない（たとえば、膀胱Ｃ67）。従って、コーディングにあたっては、解剖学書を調べて局在関係を決定することが望ましい。たとえば、「食道及び胃の癌腫」は、Ｃ16.0（噴門）に特定されているが、「舌尖及び舌下面の癌腫」はＣ02.8に割り当てられる。他方、「舌下面に進展する舌尖の癌腫」は、原発部位が舌尖であることが明らかであるのでＣ02.1としてコードする。

　新生物〈腫瘍〉が同一器官系の中で複数の3桁分類項目によって表される部位に及ぶことがある。表17に同一器官系の複数の局在細分類にまたがる場合の一覧を示す。たとえば、「胃及び小腸の癌腫」は「消化器系の境界部病巣」Ｃ26.8に割り当てられる。

－ 43 －

表17. 局在３桁分類で複数部位にまたがる新生物の局在コード

| | |
|---|---|
| C 02.8 | 舌の境界部病巣 |
| C 08.8 | 大唾液腺の境界部病巣 |
| C 14.8 | 口唇，口腔及び咽頭の境界部病巣 |
| C 21.8 | 直腸，肛門及び肛門管の境界部病巣 |
| C 24.8 | 胆道の境界部病巣 |
| C 26.8 | 消化器系の境界部病巣 |
| C 39.8 | 呼吸器系及び胸腔内臓器の境界部病巣 |
| C 41.8 | 骨，関節及び関節軟骨の境界部病巣 |
| C 49.8 | 結合組織，皮下組織及びその他の軟部組織の境界部病巣 |
| C 57.8 | 女性性器の境界部病巣 |
| C 63.8 | 男性性器の境界部病巣 |
| C 68.8 | 泌尿器の境界部病巣 |
| C 72.8 | 脳及び中枢神経系の境界部病巣 |

### リンパ腫の局在コード

ルールD. リンパ腫の局在コードについて：

　リンパ腫がリンパ節から発生したと考えられる場合は、C77._ (注) にコードする。複数のリンパ節領域にリンパ腫の病変が及んでおり、発生したリンパ節領域が特定できない場合は、C77.8（複数領域のリンパ節）をコードする。リンパ節外性組織（臓器）が原発と考えられる場合で、原発と考えられるリンパ節外性組織（臓器）ではなくリンパ節から生検を行って診断された時は、生検部位であるリンパ節ではなく、原発と考えられるリンパ節外性組織（部位）をコードする。リンパ腫の原発部位がリンパ節に特定されておらず、さらにリンパ節外性組織からの発生が疑わしい場合は、C80.9（原発部位不明）にコードする (注)。

　　訳注：リンパ腫の原発部位が特定されておらず、リンパ節からの発生が疑わしい場合で、原発するリンパ節が特定できない時は、C77.9（リンパ節，NOS）を用いる（単に「リンパ腫」という情報しかない場合などが相当する）。

　リンパ腫は、乳癌や胃癌などの固形腫瘍（solid tumors）とは異なり、全身病と考えられている。そのほとんどは、リンパ節（局在コードC77._ で与えられる）、もしくは、扁桃、脾臓、ワルダイヤー輪、小腸のパイエル板、胸腺などのリンパ組織に発生し、これらは "リンパ節性" (注) リンパ腫とも呼ばれる。

　　訳注：本文は"nodal"で「リンパ節性」と訳したが、ここでいう「リンパ節性」は広い範囲を意味しており、上記の扁桃などのリンパ組織に発生したものを含むことから「リンパ性」と考える方が良い。以下で述べられる「～外性」という表現と矛盾する部分があるので、注意すること。

　リンパ腫は、胃や腸などの臓器のリンパ系細胞からも発生し、これらの特定の部位 (注) に発生するリンパ腫はリンパ節外性またはリンパ外性と呼ばれる。従って、リンパ腫には（白血病が骨髄C42.1のみの局在コードが与えられているのと異なり）、一つの特別な局在コードが与えられていない（つまり、いろいろな局在部位で発生しうる）。また、リンパ節外性とリンパ外性という用語は、しばしば混同して用いられている。そもそも、リンパ節外性とはリンパ腫がリンパ節以外のリンパ組織（扁桃、脾臓、ワルダイヤー輪、小腸パイエル板、胸腺）の一部に生じるものを意味し、リンパ外性とは、非リンパ系臓器又は組織（リンパ節や上記リンパ組織以外）に発生したリンパ腫を意味する。

— 44 —

訳注：リンパ腫の発生しやすいリンパ節外性の臓器は、胃、小腸、子宮、骨、脳、乳房、大腸である。リンパ節外性リンパ腫の予後はよいといわれている。また、リンパ節外性ホジキンリンパ腫は少ないといわれている。
この部分で述べられている表現をまとめると、リンパ節から発生：リンパ節性、リンパ節以外のリンパ組織から発生：「リンパ節外性」、リンパ組織以外から発生：「リンパ外性」となるが、実際にはリンパ節から発生：リンパ節性、リンパ節以外から発生（リンパ組織からの発生を含む）：リンパ節外性と表現されることが多い。

リンパ節性リンパ腫とリンパ節外性リンパ腫 [注] の別を記載する場合、腫瘍の原発部位（生検部位や進展・転移部位ではない）を特定することが重要である。たとえば、びまん性大細胞型B細胞リンパ腫は、リンパ節性の場合もあり、またリンパ節外性の場合もある。生検はリンパ節に対して行われるかもしれないが、原発巣はリンパ節外の臓器にあるかもしれない。画像診断による病期情報が、この区別を行う上での唯一の信頼できる手段であるが、必ずしも、がん登録で入手できるとは限らない。もし、ある特定のリンパ節が原発部位であることがはっきりすれば、特定部位のリンパ節性（C77.0〜C77.5）にコードすることは可能ではあるが、それがはっきりしない場合、「リンパ節、ＮＯＳ」（C77.9）が適切である。もし、原発部位がリンパ節性でないことが明らかで、原発部位が明らかではない場合、原発不詳（C80.9）を割り当てるのが適当である。この区別は非常に重要である。なぜならば、リンパ節外性リンパ腫はリンパ節性リンパ腫に比べて予後が良いからである。（「血液の悪性新生物」26頁参照）

訳注：この部分では、リンパ節から発生：リンパ節性、リンパ節以外から発生（リンパ組織からの発生を含む）：リンパ節外性と表現されている。

## 白血病の局在コード

### ルールＥ. 白血病に対する局在コードについて：

骨髄性肉腫（M.9930/3）を除くすべての白血病はC42.1（骨髄）[注] にコードする。

訳注：局在コードのC42.1は<u>全身の</u>骨髄を意味している。

骨髄性肉腫は、臓器や組織に白血病細胞が蓄積（Leukemic deposit）したものであり、発生部位 [注] にコードする。

訳注：骨髄性肉腫は、特定の骨の骨髄などだけで白血病細胞が増殖している状態であり、C40._、C41._（骨）のコードを用いることが多い。

# 形態に対するコーディングガイドライン

## 形態コード

　形態コードは、新生物〈腫瘍〉となった細胞の型とその生物学的活動性の記録であり、いいかえれば、どのような種類の腫瘍が増殖し、どのような性状を有しているかを示しているものである。形態コードは3つの部分から成っている。

　　4桁　　細胞型（組織型）
　　1桁　　性状
　　1桁　　異型度、分化度又は表現型

　ICD-Oの形態コードでは、最初に腫瘍の細胞型（組織型）をコードし、次の1桁で性状をコードする。さらに付け加わる異型度、分化度又は表現型コードでは、腫瘍についての補足的な情報が提供される[注]。

　　　訳注：番号順リストや索引では、4桁＋「/」＋1桁の5桁目までが作表されており、6桁を含んだ表記は、一部の例外を除き、採用されていない。
　　　　　　しかし、形態コードは6桁で成り立っており、実際に使用する際には、6桁目を付けた形で用いる点に留意すること。

## がん＜Cancer＞及び癌（腫）＜Carcinoma＞

　がん＜Cancer＞及び癌腫＜Carcinoma＞の用語はしばしば不正確に混同されて使用されている。たとえば、扁平上皮がん＜squamous cell cancer＞は、扁平上皮癌＜squamous cell carcinoma＞としても用いられている。従って、前者を後者としてコードすることは、合理的である。しかしながら、紡錘形細胞がん＜spindle cell cancer＞は、紡錘形細胞肉腫＜spindle cell sarcoma＞と紡錘形細胞癌＜spindle cell carcinoma＞の両者を示しうる可能性があるので注意を要する。ICD-Oの中でがん＜Cancer＞という用語は、一回だけリスト（記載）されており、特定した意味合いを持たない非特異的な用語であるところの「悪性新生物」8000/3と同義として用いられる。よって、ICD-Oでは、組織診断名の一部として「がん」＜cancer＞という語が曖昧かつ不正確に用いられている場合には、これらのすべてに特異的なコードを与えることはできない。

性状コード

　ある腫瘍の性状とは、体内での腫瘍がどのように振る舞っているかを指し示すものである。病理学者らは、腫瘍の性状を決定するために様々な観察を行っている。表18に性状の一覧を示す。腫瘍には、ある一定の場所で成長し、拡がらないもの（／０、良性）、悪性ではあるがまだ同じ場所で生育するもの（／２、非浸潤性又は上皮内）、周りの組織へ直接的に浸潤するもの（／３、悪性、原発部位）、さらには、原発の場所から播種（飛び散り）し、他の部位で発育するもの（／６、転移）がある。

　多くのがん登録では、悪性及び上皮内新生物、すなわち性状コード／３もしくは／２の腫瘍のみを収集している(注)。転移性悪性新生物（性状コード／６）や原発性・転移性の別不詳の悪

| 表18. 新生物の性状を表す５桁目コード | |
|---|---|
| コード | |
| ／０ | 良性 |
| ／１ | 良性又は悪性の別不詳 |
| | 境界悪性 |
| | 低悪性度 |
| | 悪性度不明 |
| ／２ | 上皮内癌 |
| | 上皮内 |
| | 非浸潤性 |
| | 非侵襲性 |
| ／３ | 悪性、原発部位 |
| ／６＊ | 悪性、転移部位 |
| | 悪性、続発部位 |
| ／９＊ | 悪性、原発部位又は転移部位の別不詳 |
| ＊　がん登録では通常は使用しない。 | |

性新生物（／９）のコードは、通常、がん登録では、使用されない。たとえば、肺に転移した原発部位不明の癌腫の場合、適切なコードはC80.9（原発部位不明）M-8010/3（癌腫）となる。／３は、どこかにある原発部位の悪性新生物の存在を示している。

　　訳注：「／３もしくは／２…のみを」の意味は、転移巣で発見された腫瘍を登録しないという意味ではなく、転移部位の情報ではなく、原発部位の情報で登録するという意味である。このため、転移と考えられる病変のみが判明しており、原発した部位が決定できない場合は、C80.9（原発部位不明）という局在コードを用いる。

## 上皮内癌及びＣＩＮ Ⅲ

　多くのがん登録において、発生部位に関係なく上皮内癌の登録を行っている。上皮内癌で最も多く発生するのは子宮頸部である。近年、上皮内癌に関連したいくつかの用語が細胞学者や病理学者によって使用されるようになってきた。子宮頸部では、子宮頸部上皮内腫瘍、異型度Ⅲ（ＣＩＮ Ⅲ）という用語がしばしば用いられている。しかしながら、この用語は上皮内癌と高度異形成の双方が含まれている。

　いくつかの異なる国の専門家との協議の結果、子宮頸部上皮内腫瘍、異型度Ⅲ（ＣＩＮ Ⅲ）は、高度異形成の有無にかかわらず、上皮内癌とほぼ同じであるとの見解が多数を占めた。ＣＩＮ Ⅲの記載のない子宮頸部の高度異形成は、SNOMEDに従い、その他すべての部位の高度異形成と同様にコードされる。膣（ＶＡＩＮ Ⅲ）、外陰（ＶＩＮ Ⅲ）及び肛門（ＡＩＮ Ⅲ）についての類似の用語もこれと同様に扱われる必要がある。

　ＣＩＮ Ⅲ（別に記載のない場合）を上皮内癌と同意義と考えない病理学者はmatrix systemを適用して、性状コードを／１（悪性又は良性の別不詳）に変更することが出来る。

－ 47 －

「ベセスダ＜Bethesda＞」細胞診検査報告システム（23）では、低異型度扁平上皮内病変と高異型度扁平上皮内病変の2群しか認めていない。高異型度群には、中等度異形成（ＣＩＮ Ⅱ）ならびに、高度異形成及び上皮内癌（ＣＩＮ Ⅲ）が含まれている。

> 訳注：ＩＣＤ-Ｏにない形態コードと性状コードの組み合わせ（「matrix（行列）」のように見えるためこう呼ばれている）であっても、病理医の意見を尊重し、その組み合わせでコードするべきという記述であるが、実際のがん登録ではマスターファイルに存在しないコードを登録することになるため、原則としてルールＦは採用しないことも多い。詳細は、ルールＦを参照。

## 病理学検査室における性状コードの使用

これまで説明してきたほとんどの部分は、情報をコード化する担当者（coder）と登録実務者[注]を対象としているが、このセクションにおいては、分類に関する病理学者（病理医）の見解も考慮することとする。両者（がん登録実務者と病理学者（病理医））の間の根本的な相違点は、性状コードの利用法にある。病理学者の興味は、通常

> 表19．病理検査室における病理標本のコーディング例
> 　a．生検診断：鎖骨上リンパ節からの生検。転移性印環細胞腺癌。胃からの転移の可能性
> 　　　　　　　　　　　　　C77.0　8490／6
> ＊b．原発部位：胃底部，印環細胞腺癌
> 　　　　　　　　　　　　　C16.1　8490／3
> 　c．転移部位：上葉主気管支，転移性印環細胞腺癌
> 　　　　　　　　　　　　　C34.1　8490／6
> ＊　がん登録において用いられるこの症例のコード

"標本を正確にコードすること"であり、一方、がん登録実務者にとって重要なことは、原発部位をきちんと同定することである。病理学者（病理医）は、同一患者に関して、異なる複数の標本を入手することがある。すなわち、(a) 生検材料、(b) 原発巣の手術切除標本、(c) 転移巣の情報などである（表19）。病理学者（病理医）は、それらの標本すべてについて正確に記録したいと考えるが、一方、がん登録実務者は、原発部位についてだけに関心をよせる。各標本に対して、病理学者（病理医）は、それぞれに対し、局在及び形態の適切なコードを採用する。性状コードは、(b) で／3、(a) と (c) では／6（転移性）で、局在コードも原発部位ではないといった具合である。一方がん登録実務者は、(b) だけ、すなわち原発部位と性状コード／3を付けた形態コードのみをがん登録として登録することになる。

> 訳注：原文は「cancer registrars」。わが国では一般に「がん登録実務者」と呼ばれるが、アメリカでは、「Certified Tumor Registrar : CTR」（認定腫瘍登録士）の資格を持つ者が地域がん登録や院内がん登録を行っている。

－ 48 －

## 形態コードマトリックスの概念

### ルールＦ. 形態（組織型）における性状について：
**ＩＣＤ－Ｏに該当する診断用語が記載されていなくとも、適切な性状コードを５桁目に割り当てる。**

　ＩＣＤ－Ｏの診断用語に対する形態コードの構造及び概念について、表20にマトリックス図として示している。最初の例（A）では、５つの診断用語とそれぞれに対応した形態コードが示してある。この５つの診断用語は、いずれも同じ４桁の形態コードM-8140で表され、腺組織原発の新生物〈腫瘍〉であることを示している。「腺腫、ＮＯＳ」の場合、良性腫瘍であることから、その性状コードは「／０」となる。「腺癌、ＮＯＳ」は、悪性の「腺腫、ＮＯＳ」に相当し、性状コードが「／３」となり、「上皮内腺癌」は、性状コードが「／２」となる。「気管支腺腫」は、当初、良性腫瘍と認識されていたが、その後に悪性もしくは悪性化の可能性があると認識されるようになったため、「気管支腺腫、ＮＯＳ」は、良性・悪性が不確定であることを示す「／１」が性状コードとなる。「転移性腺癌、ＮＯＳ」は、転移を表す性状コード「／６」が用いられ、M-8140/6となる。形態コード8140/9は、ＩＣＤ－Ｏの形態番号順リストや索引には載っていないが、表20のマトリックスには記載した。もし、「肺腺癌、原発性・転移性の別不詳」という診断が臨床記録や病理記録に記載されていた場合、この8140/9を使用する。しかし、この性状コードは、前述したようにがん登録では、通常使用しない。登録で用いられる形態コードは、／２（上皮内）及び／３（原発性悪性新生物）のみである。

　２番目の例（B）では、４桁の形態コード9000の下に三つの診断用語が記載されている。「ブレンナー腫瘍、ＮＯＳ」は通常良性であるので、コード番号9000/0となる。しかし、診断名が「悪性ブレンナー腫瘍」とされている場合、正しいコードは9000/3となり、さらに診断名が「ブレンナー腫瘍、悪性境界」とされている場合、9000/1とコードする。コード9000/2、9000/6、9000/9に関しては、ＩＣＤ－Ｏには記載されていないが、該当する場合には、利用できる。たとえば、「上皮内ブレンナー腫瘍」のような例が確認された場合には、9000/2をコードしてもよい。

　３番目の例（C）では「脊索腫」の１診断用語のみが記載されている。「脊索腫」は通常悪性新生物と考えられているので、形態コード番号9370/3となる。しかし、診断用語が実際にＩＣＤ－Ｏに記載されていなくとも、その他の9370マトリックスコードも使用可能であり、たとえば「良性脊索腫」という診断に対して9370/0をコードすることは可能である。しかしながら、組み合わせ可能な用語の中には、実際存在しないものもあろうし、これまでに確認・定義されたことのないものがあると考えられる。たとえば、「良性肉腫」などは、概念及び用法的にも矛盾している。

　組織診断に関わる用語には通常、悪性・良性等の性状に関わる情報が含まれており、ＩＣＤ－Ｏの内容例示表において割り当てられている性状コードにすでに反映されている。いくつかの上皮内新生物の組織型に対してはＩＣＤ－Ｏ内に既にリストされているが、どの形態であれ、上皮内新生物と診断された場合は、性状コード「／２」をＩＣＤ－Ｏの４桁コードに付けることができる。

　このマトリックスシステムは、腫瘍が良性・悪性、上皮内又は悪性・良性の別不詳かについて病理学者（病理医）の最終的な決定を反映できるようにデザインされたものであることを強調しておく。

－ 49 －

ここで使われている性状コードは、病理学者の一般見解に基づいた腫瘍の特性について呈示してある。付けられたコード番号について異議がある場合や特定の症例について意見の相違がある場合には、性状コードを変更可能である。たとえば、乳房のPaget病はＩＣＤ－Ｏでは悪性疾患とみなされているが、最近では、明らかに悪性と証明できない場合は「上皮内」とみなすべきであるとする病理学者（病理医）も出てきている。その場合、腫瘍を「上皮内」と記述し、それにもとづいてコードする。

| 表20.　形態及び性状コードのマトリックス | | | |
|---|---|---|---|
| | 例　　Ａ | 例　　Ｂ | 例　　Ｃ |
| 基本となる細胞型 | ８１４０ | ９０００ | ９３７０ |
| 第5桁性状コード | | | |
| ／０　良性 | 8140/0<br>腺腫，ＮＯＳ | 9000/0<br>ブレンナー腫瘍，<br>ＮＯＳ（Ｃ56.9） | 9370/0 |
| ／１　良性・悪性の<br>　　　別不詳 | 8140/1<br>気管支腺腫　　（C34._） | 9000/1<br>ブレンナー腫瘍，境界<br>領域（Ｃ56.9） | 9370/1 |
| ／２　上皮内；非浸潤<br>　　　性 | 8140/2<br>上皮内腺癌 | 9000/2 | 9370/2 |
| ／３　悪性，原発 | 8140/3<br>腺癌，ＮＯＳ | 9000/3<br>悪性ブレンナー腫瘍<br>（Ｃ56.9） | 9370/3<br>脊索腫 |
| ／６　悪性、転移＊ | 8140/6<br>腺癌，転移性 | 9000/6 | 9370/6 |
| ／９　悪性，原発・<br>　　　転移の別不詳＊ | 8140/9 | 9000/9 | 9570/9 |
| ＊がん登録では使用しない。 | | | |

　ＩＣＤ－Ｏは局在及び形態コードのシステム（いいかえれば、コード化された用語集）であり、疾患の進行度あるいは程度をコードするシステムではない。また、International Union Against Cancer（ＵＩＣＣ）やAmerican Joint CommitteeのＴＮＭ分類とは無関係である。コード化は、病理学者（病理医）の記述に基づいて行われる。しかし、性状コードが不明確であったり、明示されていなかったりする場合は、ＩＣＤ－Ｏで付与されている性状をコードする[注]。

　　　訳注：このルールＦについては、わが国のがん登録では採用していない。
　　　　　　また、ＴＮＭ分類とも関連づけられて院内がん登録が行われており、ＩＣＤ－Ｏそのもののルールと異なる部分もあるので、注意されたい。

－ 50 －

**組織学的異型度及び分化度を表すコード（第6桁）**

ルールG. 異型度又は分化度を表すコードについて：

　形態（組織型）の診断に記載されている形態のうち、異型度又は分化度に関して最も大きいコードを6桁目にコードする。

　ＩＣＤ−Ｏでは、形態コードの第6桁目の一桁を悪性新生物の異型度や分化度を示すためのコードとして持っている（表21）。悪性腫瘍のみが、異型度で分類される<sup>注</sup>。

　　訳注：ここでいう悪性腫瘍には、上皮内癌を含まない。このため、上皮内癌には分化度を表すコードは用いられず、第5−6桁目は／29となる。

　組織学的異型度の概念は、世界中の病理学者（病理医）間で著しく異なっており、また、悪性腫瘍は、ルーチン的に異型度を割り振られてはいないのが現状である。表21に異型度コードⅠ〜Ⅳを示し、それに対応して用いられる分化度コード1〜4を示した。
　分化度は、腫瘍が発生の起源となった正常の組織にどの程度似ているか否かを表すが、表示方法は病理学者によって著しく異なっている。一般に「高」、「中」、「低」の副詞が分化度を表すことに用いられ、それは異型度Ⅰ、Ⅱ、Ⅲにほぼ近いものである。「未分化」及び「退形成」は、通常異型度Ⅳに相当する。このように「扁平上皮癌、異型度Ⅱ」及び「中分化型扁平上皮癌」は両方とも形態コード番号8070/32にコ

**表21. 組織学的異型度及び分化度を表す第6桁目コード**

| コード | | |
|---|---|---|
| 1 | 異型度Ⅰ | 高分化型 |
| | | (Well differentiated) |
| | | 分化型、NOS |
| | | (Differentiated, NOS) |
| 2 | 異型度Ⅱ | 中分化型 |
| | | (Moderately differentiated) |
| | | 中等度分化型 |
| | | (Moderately well differentiated) |
| | | 中程度の分化 |
| | | (Intermadiate differentiation) |
| 3 | 異型度Ⅲ | 低分化型 |
| | | (Poorly differentiated) |
| 4 | 異型度Ⅳ | 未分化型 |
| | | (Undifferentiated) |
| | | 退形成 |
| | | (Anaplastic) |
| 9 | | 異型度もしくは分化度が未定、未記載、もしくは適応外 |

ードされる。診断名が2つの異なる異型度や分化度を示している場合には、コード番号の大きい方を採用する。すなわち、「低分化病変を伴う中分化型扁平上皮癌」は、異型度コード番号「3」を用い、その完全な形態コードは8070/33となる。<sup>(注)</sup>

　　訳注：わが国のがん登録では、分化度の異なる病変の占拠範囲の広さが分かる場合、占拠範囲の広い病変の分化度を優先してコードするというルールを採用しており、占拠範囲が不明の場合のみ、このルールGを採用することとなっている。

　診断名が異型度又は分化度についての情報を含んでいれば、ＩＣＤ−Ｏに記載されている悪性新生物すべてに対し、異型度コード番号を適用することが出来る。たとえば、「退形成扁平上皮癌」という診断名については、形態コード番号8070/3に異型度コード番号"4"を付け加えてM-8070/34とする。この診断名に対し、異型度を示さない形態番号8070/39をコードするのは誤りである。

　ＩＣＤ−Ｏでは、約15種の新生物〈腫瘍〉（リンパ腫も含め）の組織型用語の一部として、「退形成（anaplastic）」、「高分化（well differentiated）」、「未分化（undifferentiated）」などの用語が添えられて

− 51 −

いる。例を挙げると、「悪性奇形腫、退形成性（malignant teratoma, anaplastic）」（M-9082/34）、「網膜芽腫、分化型（retinoblastoma, differentiated）」（M-9511/31）、「ろ〈濾〉胞腺癌、高分化型（follicular adenocarcinoma, well differentiated）」（M-8331/31）などである。コーディングを行うものは、例に挙げたように、適切な異型度を指し示す形態コードを選択する必要がある。

この第6桁目は、同時に、白血病並びにリンパ腫の細胞の由来を示すためにも用いられる（表22）。この情報は、ＩＣＤ-Ｏ第2版と第3版を比較する上で有用である。リンパ腫の章（27頁）でも記述した通り、第3版では細胞の由来は、4桁の組織学的コード情報に含まれており、追加の異型度又は分化度を第6桁目でコードする必要としない。しかし、診断が免疫学的表現型（Immunophenotype）に関するデータによって裏付けられてかどうかを把握するために、第6桁目を残すことを必要としているがん登録がいくつか存在する[注]。また、免疫学的表現

| 表22. | リンパ腫ならびに白血病の免疫学的表現型を示す第6桁目コード |
|---|---|
| コード | |
| 5 | Ｔ細胞 |
| 6 | Ｂ細胞<br>前Ｂ細胞<br>Ｂ前駆細胞 |
| 7 | ヌル細胞（Null cell）<br>非Ｔ・非Ｂ細胞 |
| 8 | ＮＫ細胞<br>ナチュラルキラー細胞 |
| 9 | 細胞型が未決定、未記載または適応外 |

型に関するコードは、"高分化"又は"異型度Ⅲ"といったような異型度又は分化度に優先してコードする。

訳注：わが国のがん登録でも、リンパ系の血液がんに対しては、第6桁目を表22の免疫学的表現型を用いることになっている。

## 部位に関連した形態用語

ルールH. 部位に関連した形態用語について：

**診断名に局在部位が記載されていない時は、コードリストにある局在コードを使用する。腫瘍が他の部位に発生していることが明らかな場合は、この局在コードは無視する。**

新生物〈腫瘍〉の用語の中には、原発部位や組織型に関する情報が含まれているものがある。例を表23に示す。このような用語のコード付けを容易にするため、形態の番号順リスト及び索引の両方で各用語に続いて適切な局在コード番号を括弧内に入れて付け加えてある。局在コードが3桁表示となっている場合は、4桁目に関係なく、3桁に見合うすべての局在に対し適応される。

表23の「基底細胞癌」の場合、皮膚の局在コード（Ｃ44._ ）の4桁目は空欄となっている。小数点の後の下線（_ ）は腫瘍の存在する細い部位のコードを示すことになっているので、診断に記載されている局在コードの4桁目を適切にここに加える。4桁目のコーディングを行う際には、番号順リストや索引を参照する。例：「顔面の基底細胞癌」の場合、局在コードはＣ44.3（顔面の皮膚）；腕の場合、Ｃ44.6（腕の皮膚）とコードされる。同様に「髄膜腫」では、病変部位は、「脳髄膜」（Ｃ70.0）、「脊髄膜」（Ｃ70.1）、「髄膜、ＮＯＳ」（Ｃ70.9）のいずれにもなりうるため、局在コード（Ｃ70._ ）の4桁目は空欄となっている。

**診断名に局在部位が記載されていない場合、形態用語に割り当てられた局在コードを用いる。**多くの形態用語には局在コードは割り当てられていない。その理由として、これらの組織型には複数の臓器又は局

－ 52 －

在部位が対応するからである。たとえば、「腺癌、ＮＯＳ」は多くの異なる臓器に発生しうる。従って、局在コードは、割り当てられていない。

<table>
<tr><td colspan="6" align="center">表23. 部位に関連する形態コードの例</td></tr>
<tr><td>形態コード</td><td>形態用語</td><td colspan="4" align="center">ＩＣＤ－Ｏ局在</td></tr>
<tr><td></td><td></td><td colspan="2">（通常、原発となる部位）</td><td colspan="2">他に原発となる部位</td></tr>
<tr><td>9510／3</td><td>網膜芽腫</td><td>C69.2</td><td>網膜</td><td></td><td></td></tr>
<tr><td>8170／3</td><td>肝細胞癌</td><td>C22.0</td><td>肝</td><td></td><td></td></tr>
<tr><td>8090／3</td><td>基底細胞癌</td><td>C44._</td><td>皮膚</td><td>C51._</td><td>外陰</td></tr>
<tr><td></td><td></td><td></td><td></td><td>C60._</td><td>陰茎</td></tr>
<tr><td></td><td></td><td></td><td></td><td>C63.2</td><td>陰嚢</td></tr>
<tr><td></td><td></td><td></td><td></td><td>C61.9</td><td>前立腺</td></tr>
<tr><td>9530／0</td><td>髄膜腫</td><td>C70__</td><td>髄膜</td><td></td><td></td></tr>
<tr><td>938*〜948*</td><td>グリオーマ</td><td>C71._</td><td>脳</td><td>C72.0</td><td>脊髄</td></tr>
<tr><td>8500／3</td><td>浸潤性導管癌、ＮＯＳ</td><td>C50._</td><td>乳房</td><td>C07.9</td><td>耳下腺</td></tr>
<tr><td></td><td></td><td></td><td></td><td>C08._</td><td>顎下腺</td></tr>
<tr><td></td><td></td><td></td><td></td><td>C25._</td><td>膵</td></tr>
<tr><td></td><td></td><td></td><td></td><td>C61.9</td><td>前立腺</td></tr>
<tr><td>8470／3</td><td>粘液性のう〈嚢〉胞腺癌、ＮＯＳ</td><td>C56.9</td><td>卵巣</td><td>C25._</td><td>膵</td></tr>
<tr><td></td><td></td><td></td><td></td><td>C34._</td><td>肺</td></tr>
</table>

診断に書かれている部位が、形態コードの後ろに指定されている部位と異なっていることがある。たとえば、基底細胞癌は皮膚以外の部位にも発生しうる。**ＩＣＤ－Ｏで指定された原発部位と異なる部位診断に記載されている場合、ＩＣＤ－Ｏで指定している局在コードは無視し、診断に含まれている部位に対する適切な局在コードを使用する。**たとえば、局在コードC50._（乳房）が形態用語「浸潤性導管癌」に対する部位とされている。この形態用語が、乳房に発生する癌に対して使用されることが多いからである。しかし、「浸潤性導管癌」という用語が膵に原発した癌腫に用いられている場合（「膵の浸潤性導管癌」）、乳房の局在コードの指示は無視し、診断に対応した適切な局在コードであるC25.9（膵、ＮＯＳ）を割り当てる。

再度強調するが、形態用語に指定されている局在コードは、ある特定の新生物〈腫瘍〉が通常、発生するとおもわれる部位を示しているにすぎない。通常あまりみられないが、あり得る例として、「腎の骨肉腫」がある。この場合、診療録を調べて骨がんの腎への転移でないことを確認した上で、腎の局在コード（C64.9）を割り振る必要がある（「骨、ＮＯＳ（C41.9）」とはしない）。ちなみに、骨がん（骨肉腫）の腎転移のコーディングはC41.9（骨）M-9180/39（骨肉腫）となる。

## 局在の紛らわしい形態用語

新生物〈腫瘍〉の中には、部位に特異的とも解される名称がついているものがあるが、必ずしも、その部位にコードされるとは限らない。たとえば、「胆管癌」（M-8160/3）は、肝内胆管（C22.1）と肝外胆管（C24.0）の両者にしばしば見られる特殊な組織型であり、"胆管"癌だからといって、機械的にC24.0とコードしてはならない。

— 53 —

小唾液腺の新生物〈腫瘍〉は、口腔内や隣接する臓器のどこにでも見られ、「腺様のう〈嚢〉胞癌」、「悪性混合腫瘍」、「腺癌、ＮＯＳ」などのいくつかの組織型が発生する。従って、「小唾液腺癌」という診断名がついた場合、ある特定の形態コードを割り当てることができない（いくつもの組織型が発生しうるため）。口腔内に発生しうるすべてのタイプの腺癌は、小唾液腺起源と考えられるので、「硬口蓋の小唾液腺様のう〈嚢〉胞癌」といった診断名中の「小唾液腺」という用語は無視し、「腺様のう〈嚢〉胞癌」（M-8200/3）局在部位「硬口蓋」（Ｃ05.0）とコードすべきである。もし「小唾液腺癌」という診断名のみで、原発の部位が記載されていなければ、局在コードは「小唾液腺、ＮＯＳ」を含む口腔、ＮＯＳ（Ｃ06.9）とする。

## 複合形態的診断

### ルールＪ．複合形態的診断：
　ＩＣＤ－Ｏに記載されていない複合語からなる診断名が用いられている場合、複合語で用いられている単語の語順を変えてみる。

　腫瘍によっては複数の組織形の組み合わせをもっているものがある。ＩＣＤ－Ｏにおいては、その最も一般的な組み合わせが記載されている。たとえば、「腺癌・扁平上皮癌混合癌」（8560/3）、「乳頭状・ろ〈濾〉胞腺癌」（8340/3）、「基底・扁平上皮細胞混合癌」（8094/3）などである。

　複合用語「線維粘液肉腫」は形態コード8811/3としてＩＣＤ－Ｏに記載されている。しかし、「粘液線維肉腫」はＩＣＤ－Ｏにはない。「粘液線維肉腫」は、「線維粘液肉腫」の語源となった単語（「線維」「粘液」）の語順を単に逆転させただけで、同一のものである。従って、8811/3にコードすることになる。複合語の組合せや変換のすべてを記載することは不可能なので、ＩＣＤ－Ｏに記載されていない場合は複合語を構成する各語について様々な語順の組合せを調べてみなければならない[注]。

　　訳注：索引を用いて検索する場合は、複合語の最後の単語を見出し語として検索し、その前に付された単語の語順を変えて、該当するものがあるかを調べるという手順をとることになる。

## 複数の形態用語を持つ診断名のコーディング

### ルールＫ．複数の形態用語について：
　２つの異なる形態コードに割り当てることができる形容修飾語を含む診断がなされており、それが一つの形態コードで表現できない場合、異なる形態コードのうち、大きい方のコード番号を採用する。

　ある一つの新生物〈腫瘍〉がコード番号を異にする二つの修飾語を含んでいる場合、コードを付ける際にさらに別の困難が生じる。「移行上皮類表皮癌」がその一例であるが、それは異なる２種類の癌腫を示しているのではなく、むしろ一つの新生物〈腫瘍〉が両方の細胞型の要素を含んでいるということである。「移行上皮癌、ＮＯＳ」は8120/3に、「類表皮癌、ＮＯＳ」は8070/3にコードされる。診断名の要素のすべてが一つのコードで表せない場合は、普通は大きいコード番号の方がより特異的であるので、この例では、大きい番号の8120/3を用いる。

－ 54 －

# 多発原発性新生物

多発新生物のコーディングには、多くの困難が生ずる。それは、以下のような場合である。

1. 2つ以上の別々の腫瘍が異なる局在部位に発生した場合
2. 複数の腫瘍によって特徴づけられる病態がある場合
3. 複数のリンパ節領域や臓器に発生するリンパ腫の場合
4. 同じ局在部位に異なる形態を示す複数の新生物〈腫瘍〉が発生した場合
5. 多部位にまたがる一つの新生物〈腫瘍〉で、その発生臓器が特定できない場合

多発新生物は、様々ながん登録によって異なる定義がなされており、すべての問題に対する明確な解決法を提示することは出来ない。

IARCのワーキンググループは、罹患率の国際比較を行うことを目的として、多発新生物の定義についての勧告を以下のように行った。

1. 2つ以上の原発腫瘍の認識に関しては、時間の関係を問わない。
   （多重がんか否かの判定に際して、同時性と異時性との区別をしない）

2. 原発腫瘍とは、原発部位又は原発組織に発生したものであり、他方の進展、再発、転移によるものでない。

3. 一つの腫瘍は、一つの臓器もしくは、一対の臓器もしくは組織から発生したものに限る。
   腫瘍は、ICD-O第1版（もしくは、ICD-9）によりコードされる3桁局在部位をもって、1つの臓器あるいは組織と定義する。

   ICD-10やICD-O第2版、第3版では、局在コードがより細かく分類されるようになった。しかし、多重がんの判定においては、いくつかの局在コードをグループ化し、それぞれ1つの部位として考慮する。局在コードグループを表24に示す。

   多発性の腫瘍（multifocal tumors）-すなわち、同じ原発部位もしくは組織に発生した連続性を欠き、明らかに別個の病変-については、単一の腫瘍として、数える。たとえば、膀胱腫瘍などはこのようなことがよく起こる。

   皮膚癌については、一生の間にいくつもの腫瘍に罹患しうる。IARC/IACRのルールでは、どの身体部位に皮膚癌が発生したとしても、最初に組織型が明らかにされた癌のみを罹患癌として数えることとしている。たとえば、一つが悪性黒色腫で他の癌が基底細胞癌であったとしても最初に組織型が明らかになった方が癌罹患としてカウントされる。

— 55 —

4. 上記3は、以下の2つの条件下では適用されない。

4.1 全身性もしくは多中心性のがんで、多くの異なる臓器に発生しうる以下の4つの組織型グループについては、1患者につき、生涯1腫瘍としてカウントする。そのグループとは、リンパ腫、白血病、カポジ肉腫、ならびに中皮腫（表25の7、8、9、10群）である。

4.2 表25の1、2、3、4、6及び11群の組織型グループは、多発新生物を定義する際には、組織学的に異なったものと考える。すなわち、一つの臓器に異なる組織型グループの腫瘍があった場合、新たな腫瘍としてカウントする。5群ならびに12群は、組織学的に分類が明確になされていない腫瘍を含んでおり、他のグループと異なるとはいえない。従って、他の群と異なるとはしない。

| 表24. 多発がんの定義の中で単発部位と見なされる. ICD-O第2版及び第3版における局在コードの群 | |  |
|---|---|---|
| 第2/第3版 | | 第1版 |
| C01 | 舌根部 | |
| C02 | その他及び部位不明の舌 | 141 |
| C05 | 口蓋 | |
| C06 | その他及び部位不明の口腔 | 145 |
| C07 | 耳下腺 | |
| C08 | その他及び部位不明の大唾液腺 | 142 |
| C09 | 扁桃 | |
| C10 | 中咽頭 | 146 |
| C12 | 梨状陥凹 | |
| C13 | 下咽頭 | 148 |
| C19 | 直腸S状結腸移行部 | |
| C20 | 直腸 | 154 |
| C23 | 胆のう | |
| C24 | その他及び部位不明の胆道 | 156 |
| C30 | 鼻腔及び中耳 | |
| C31 | 副鼻腔 | 160 |
| C33 | 気管 | |
| C34 | 気管及び肺 | 162 |
| C37 | 胸膜 | 164 |
| C38.0-3 | 心臓及び縦隔 | 164 |
| C38.8 | 心臓, 縦隔及び胸膜の境界部病巣 | 165.8 |
| C40 | 肢の骨, 関節及び関節軟骨 | |
| C41 | その他及び部位不明の骨, 関節及び関節軟骨 | 170 |
| C51 | 外陰 | 184.4 |
| C52 | 腟 | 184 |
| C57.7 | その他の明示された女性性器 | 184.9 |
| C57.8-9 | 境界部病巣及び女性性器, NOS | 184.8, 184.9 |
| C60 | 陰茎 | |
| C63 | その他及び部位不明の男性性器 | 187 |
| C64 | 腎 | |
| C65 | 腎盂 | |
| C66 | 尿管 | |
| C68 | その他及び部位不明の泌尿器 | 189 |
| C74 | 副腎 | 194.0 |
| C75 | その他の内分泌腺及び関連組織 | 194 |

| 表25. 多重がんの定義に際して、組織学的に"異なる"と考えられる悪性腫瘍群 |
|---|
| （ベルグ（Berg）〈1994〉の分類《参考文献24》に準拠） |

| 癌腫（carcinoma） | 形態コード |
|---|---|
| 1．扁平上皮がん | M-805〜808, M-812, M-813 |
| 2．基底細胞がん | M-809〜811 |
| 3．腺がん | M-814, M-816, M-818〜822, M-826〜833, M-835〜855, M-857, M-894 |
| 4．その他の明示された癌腫 | M-803, M-804, M-815, M-817, M-818, M-823〜825, M-834, M-856, M-858〜867 |
| 5．詳細不詳のがん（NOS） | M-801, M-802 |
| 癌腫以外の悪性腫瘍 | |
| 6．肉腫及びその他の軟部組織の腫瘍 | M-868〜871, M-880〜892, M-899, M-904, M-912, M-913, M-915〜925, M-937, M-954〜958 |
| 7．リンパ腫 | M-959〜972 |
| 8．白血病 | M-980〜994, M-995, M-996, M-998 |
| 9．カポジ肉腫 | M-914 |
| 10．中皮腫 | M-905 |
| 11．その他特定の組織型の悪性新生物 | M-872〜879, M-893, M-895〜898, M-900〜903, M-906〜911, M-926〜936, M-938〜953, M-973〜975, M-976 |
| 12．詳細不明の悪性新生物 | M-800, M-997 |

　多重がんの取り決めに関しては、異なったルールで行っているがん登録もある。例えば、米国においては、ほとんどのがん登録がSEER（Surveillance, Epidemiology and End Results Program）のルールに従っている。その詳細については、SEER programコードマニュアル（参考文献25）に述べられている。SEERでは、多重がんの判定に診断の時期ならびに、結腸のそれぞれの部分を独立した部位として考慮するようにしている（この点、国際がん研究機関IARCは、結腸は一つの部位としている）。組織型については、SEERでは、一つの部位に発生した腫瘍で、形態コード3桁目内で異なっていれば、独立した一つの腫瘍と数えるが、IARCガイドラインでは、異なった"組織型"を定義するために表25のような大まかなグループ分けを行っている。さらにSEER programコードマニュアルには、リンパ腫並びに白血病の多発組み合わせの定義とコード化について25ページにも及ぶ説明を作成している。

　それぞれの登録室は、多重がんの取扱について、どのルールを用いるのかを決定し、データを発表する際には、使用したルールを記載する必要がある。

# 診 断 の 根 拠

　ＩＣＤ－Ｏ第１版では，顕微鏡的診断がなされていない腫瘍の診断を記録するため，9990／_として一連のコード番号が用意されていた。だが，これらの番号はほとんど使用されなかったので削除された。組織学的な検討を行うことなく合理的に形態学的な性状を決定出来るようになった腫瘍がいくつかある（たとえば，網膜芽腫又はカポジ肉腫）。どのような診断がなされたかを見分けることができるそれぞれに異なった形態コードの利用が推奨されている<sup>(注)</sup>。

> 訳注：がん登録では，顕微鏡的に診断・確認が行われていなくても，用いてよい形態コードが定められている。ＮＣＣ監修版では表26−2として掲載した。

　一般に使用されている「診断の根拠」コードは多種類ある。ＩＡＲＣ(26)及びＩＡＣＲが提案するのは，以下の「最も確かな診断の根拠」を記録するためのコードである（表26−1）。

## 表26−1．ＩＡＲＣ-ＩＡＣＲ　診断の根拠コード（日本の地域がん登録でのコードを付した）

| | 診断根拠のコード | | 根拠となるもの | 基　　準 |
|---|---|---|---|---|
| | IARC−IACR | 日本の地域がん登録 | | |
| 顕微鏡的な確認なし | 0 | − | 死亡診断書のみ | 情報が死亡診断書からのみ得られた場合 |
| | 1 | 6 | 臨床所見 | 死亡の前に診断がなされたが，以下の検査（ＩＡＲＣコード2−7）は実施していない |
| | 2 | 5 | 臨床検査 | すべての診断技術，レントゲン検査，内視鏡検査，画像診断，超音波診断，試験的手術（開腹術等），剖検を含む。組織診断は行われていない。 |
| | 4 | 4 | 特殊な腫瘍マーカー | 特殊な腫瘍部位に対する生化学的かつ／又は免疫学的マーカー |
| 顕微鏡的に確認 | 5 | 3 | 細胞診 | 原発部位又は転移部位からの細胞検査で診断された。内視鏡又は穿刺針による吸引液検査，末梢血および骨髄穿刺による顕微鏡検査も含む。 |
| | 6 | 2 | 転移巣の組織検査 | 転移巣からの組織検査で診断された。剖検時に採取された転移病巣の検体も含む。 |
| | 7 | 1 | 原発腫瘍の組織検査 | 採取方法を問わず、原発腫瘍から得られた組織検査で診断された。すべての切離術および骨髄生検，剖検時に採取された原発腫瘍の検体も含む。 |
| | 9 | 9 | 不明 | |

— 58 —

このコーディング体系においては，腫瘍，組織型に基づいて、転移巣性，すなわち原発部位から転移したものであるかどうか，の区別が明確になされているので，がん登録時に性状コード／6（及び／9）を使う必要がない（47頁「性状」の議論を参照）。

米国では，北米中央がん登録協会（North American Association of Central Cancer Registries）の「診断根拠（diagnostic confirmation）ITEM #490」のコードを使ってがん登録を行っている。これには，診断が顕微鏡検査に基づいたものか，もしくは細胞診やレントゲン検査や臨床所見のいずれに基づいたものかが明確に示されている[注]。

訳注：NAACCRでは，1：組織診陽性，2：細胞診陽性，3：血液腫瘍に関しての免疫表現型検査陽性and/or遺伝子検査陽性，4：顕微鏡学的検査陽性（組織診／細胞診の別不詳），5：その他の検体検査陽性，6：顕微鏡以外の直接目視検査で陽性，7：放射線学的検査and/orその他の画像診断陽性，8：臨床診断のみ，9：不明（死亡診断書のみを含む）に分類しており，わが国の「がん診療連携拠点病院院内がん登録標準登録様式（2006年修正版）」は，この分類にほぼ準拠している。

## 表26－2. 診断根拠が病理組織学的でない（顕微鏡的確認がない）時に用いてよい形態コード＊
### （日本のがん登録でのルール）

| 形態コード | 組織診断名 | 形態コード | 組織診断名 |
|---|---|---|---|
| 8000 | 新生物・腫瘍，NOS | 9350 | 頭蓋咽頭腫 |
| 8150 | 膵内分泌腫瘍 | 9380 | グリオーマ |
| 8151 | インスリノーマ | 9384／1 | 上衣下巨細胞性アストロサイトーマ |
| 8152 | 腸グルカゴン腫瘍 | 9500 | 神経芽腫〈神経芽細胞腫〉 |
| 8153 | ガストリノーマ | 9510 | 網膜芽腫〈網膜芽細胞腫〉 |
| 8154 | 膵内分泌・外分泌細胞混合腫，悪性 | 9530 | 髄膜腫，NOS |
| 8160／3 | 胆管細胞癌（／3）※ | 9531 | 髄膜皮性髄膜腫 |
| 8170 | 肝細胞癌 | 9532 | 線維性髄膜腫 |
| 8270 | 嫌色素性腺腫／癌（下垂体腫瘍） | 9533 | 砂粒腫性髄膜腫 |
| 8271 | プロラクチノーマ（下垂体腫瘍） | 9534 | 血管腫性髄膜腫 |
| 8272 | 下垂体腺腫／癌，NOS | 9535 | 血管芽腫性髄膜腫［obs］ |
| 8280 | 好酸性腺腫／癌（下垂体腫瘍） | 9537 | 移行型髄膜腫 |
| 8281 | 好酸性・好塩基性混合腺腫／癌（下垂体腫瘍） | 9538 | 明細胞髄膜腫／乳頭状髄膜腫 |
| 8720 | 黒色腫（眼に原発：C69._） | 9539 | 異型髄膜腫 |
| 8720 | 黒色腫（皮膚に原発：C44._） | 9590 | 悪性リンパ腫，NOS |
| 8800 | 肉腫，NOS | 9732 | 多発性骨髄腫 |
| 8960 | 腎芽腫 | 9761 | ワルデンストレームマクログロブリン血症 |
| 9100 | 絨毛癌 | 9800 | 白血病，NOS |
| 9140 | カポジ肉腫 | | |

＊IARCのチェックツールで診断根拠が病理組織学的根拠以外で形態コードを付けることが認められる組織診断名
※ 胆管細胞癌は日本独自のルール

# 中枢神経系腫瘍に対するWHOのグレーディングシステム 及びICD-Oの異型度コード

WHOは1993年中枢神経系腫瘍の悪性度スケール（グレーディングシステム）を作成した[注] (28, 29)。悪性度が最も低いものがⅠ度（grade Ⅰ）、高いものがⅣ度（grade Ⅳ）となる（表27）が、ICD-Oの組織学的及び性状コードが適切に割り当てられるようになった。WHO悪性度スケールは、ICD-Oの分化度及び異型度コード（第6桁）と異なり、病気の予後を評価するためにあり、病理医による腫瘍の悪性度表記がない時に腫瘍の進行度（stage）として利用できる。

訳注：旧ICD-O第3版では1993年中枢神経系の悪性度スケールが収載されていたが、2007年にWHOからBluebookの形で新しい悪性度スケールが提示されたため、これに合わせて表27を改訂した。

中枢神経系腫瘍については、低分化又は退形成といった診断名を優先して、ICD-Oの異型度／分化度コード（第6桁）をコード化するが、これがない場合はWHO悪性度スケールを用いて良い（悪性度スケールに該当する診断名がない場合は、9とコードされる）。

また、良性性状（／0）及び良性又は悪性の別不詳（／1）では、9とコードする。

### 表27. 中枢神経系腫瘍に対するWHOグレーディングシステム（悪性度スケール）

| コードされる腫瘍の型 | | WHO グレード (1993) | WHO グレード (2007) | ICD-O コード |
|---|---|---|---|---|
| 星状細胞腫瘍（アストロサイトーマ）Astrocytic tumors | | | | |
| 上衣下巨細胞性～ | Subependymal giant cell astrocytoma | Ⅰ | Ⅰ | 9384／1 |
| 毛細胞性～ | Pilocystic astrocytoma | Ⅰ | Ⅰ | 9421／1 |
| 毛様細胞性星細胞腫★ | Pilomyxoid astrocytoma★ | | Ⅱ | 9425／3★ |
| びまん性～ | Diffuse astrocytoma | | Ⅱ | 9400／3 |
| 低悪性度～ | Low grade astrocytoma | Ⅱ | | 9400／3 |
| 多形性黄色～ | Pleomorphic xanthoastrocytoma | Ⅱ－Ⅲ | Ⅱ | 9424／3 |
| 退形成性～ | Anaplastic astrocytoma | Ⅲ | Ⅲ | 9401／3 |
| 膠芽腫 | Glioblastoma | Ⅳ | Ⅳ | 9440／3 |
| 巨細胞性膠芽腫 | Giant cell glioblastoma | | Ⅳ | 9441／3 |
| 神経膠肉腫 | Gliosarcoma | | Ⅳ | 9442／3 |
| 希突起膠腫 | Oligodendroglioma | | | |
| 希突起膠腫 | Oligoastrocytoma | | Ⅱ | 9450／3 |
| 低悪性度希突起膠腫 | Low grade oligodendroglioma | Ⅱ | | 9450／3 |
| 退形成性希突起膠腫 | Anaplastic oligodendroglioma | Ⅲ | | 9451／3 |
| 希突起アストロサイトーマ | Oligoastrocytic tumors | | | |
| 低悪性度 | Oligoastrocytoma | Ⅱ | Ⅱ | 9382／3 |
| 退形成性 | Anaplastic Oligoastrocytoma | Ⅲ | Ⅲ | 9382／3 |

－ 60 －

| 表27. つづき　中枢神経系腫瘍に対するWHOグレーディングシステム（悪性度スケール） | | | | |
|---|---|---|---|---|
| コードされる腫瘍の型 | | WHO グレード (1993) | WHO グレード (2007) | ICD−O コード |
| 上衣腫瘍（上衣腫） | Ependymal tumor | | | |
| 上衣下腫 | Subependymoma | I | I | 9383／1 |
| 粘液乳頭状上衣腫 | Myxopapillary ependymoma | I | I | 9394／1 |
| 低悪性度上衣腫 | Ependymoma | II | II | 9391／3 |
| 退形成性上衣腫 | Anaplastic ependymoma | III | III | 9392／3 |
| 脈絡そう腫瘍 | Ependymal tumors | | | |
| 脈絡そう乳頭腫 | Choroid plexus papilloma | I | I | 9390／0 |
| 異型脈絡そう乳頭腫 | Atypical choroid plexus papilloma | | II | 9390／1 |
| 脈絡そう癌 | Choroid plexus carcinoma | III−IV | III | 9390／3 |
| その他の神経上皮腫瘍 | Other neuroepithelial tumors | | | |
| 血管中心性膠腫★ | Angiocentric glioma★ | | I | 9431／1★ |
| 第三脳室脈絡そう グリオーマ | Chordoid glioma of the 3rd ventricle | | II | 9444／1 |
| 神経細胞／神経膠腫瘍 | Neuronal and neuronal-glial tumors | | | |
| 神経節細胞腫 | Gangliocytoma | I | I | 9492／0 |
| 神経節膠腫 | Ganglioglioma | I−II | I | 9505／1 |
| 退形成性神経節膠腫 | Anaplastic ganglioglioma | III | III | 9505／3 |
| 線維形成性乳児 神経節膠腫 | Desmoplastic infantile astrocytoma and ganglioglioma | I | I | 9412／1 |
| 胎生期発育不全性 神経上皮腫瘍 | Dysembryoplastic neuroepithelial tumor | I | I | 9413／0 |
| 中枢神経細胞腫 | Central neurocytoma | I | II | 9506／1 |
| 脳室外神経細胞腫★ | Extraventricular neurocytoma★ | | II | 9506／1 |
| 小脳脂肪神経細胞腫 | Cerebellar liponeurocytoma | | II | 9506／1 |
| 脊髄傍神経節腫 | Paraganglioma of the spinal cord | | I | 8680／1 |
| 乳頭状 グリア神経細胞腫瘍★ | Papillary glioneuronial tumor★ | | I | 9509／1★ |
| ロゼット形成性 グリア神経細胞腫瘍★ | Rosette-forming glioneuronal tumor★ | | I | 9509／1★ |
| 松果体腫瘍 | Pineal tumors | | | |
| 松果体細胞腫 | Pineocytoma | II | I | 9361／1 |
| 中程度分化型 松果体間質性腫瘍 | Pineal parenchymal tumor of intermediate differentiation | III−IV | II−III | 9362／3 |
| 松果体芽腫 | Pineoblastoma | III | IV | 9362／3 |
| 松果体部乳頭腫★ | Papillary tumor of the pineal region★ | | II−III | 9395／3★ |

| 表27. つづき　中枢神経系腫瘍に対するWHOグレーディングシステム（悪性度スケール） | | | |
|---|---|---|---|
| コードされる腫瘍の型 | WHO グレード (1993) | WHO グレード (2007) | ICD-O コード |
| 胎児性腫瘍　　　　　　　Embryonal tumors | | | |
| 髄芽腫　Medulloblastoma | Ⅲ | Ⅳ | 9470／3 |
| その他のPNET　CNS primitive neuroectodermal tumor (PNET) | Ⅲ | Ⅳ | 9473／3 |
| 髄上皮腫　Medulloepithelioma | Ⅲ | | 9501／3 |
| 神経芽腫　Neurofibroma | Ⅲ | | 9500／3 |
| 上衣芽腫　Ependymoblastoma | Ⅲ | | 9392／3 |
| 異型奇形腫瘍／ラブドイド腫瘍　Atypical teratoid / rhabdoid tumor | | Ⅳ | 9508／3 |
| 脳及び脊椎神経腫瘍　　　Tumors of the cranial and paraspinal nerves | | | |
| 神経鞘腫，NOS〈シュワン鞘腫〉　Schwannoma | Ⅰ | | 9560／0 |
| 神経線維腫　Neurofibroma | | Ⅰ | 9540／0 |
| 神経周膜腫　Perineurioma | | Ⅰ－Ⅲ | 9571／0 |
| 悪性末梢神経鞘性腫瘍　Malignant peripheral nerve sheath tumor (MPNST) | Ⅲ－Ⅳ | Ⅲ－Ⅳ | 9540／3 |
| 髄膜腫瘍　　　　　　　Meningeal tumors | | | |
| 髄膜腫　Meninngioma | Ⅰ | Ⅰ | 9530／0 |
| 異型髄膜腫　Atypical meningioma | Ⅱ | Ⅱ | 9539／1 |
| 乳頭状髄膜腫　Papillary meningioma | Ⅱ－Ⅲ | | 9538／3 |
| 未分化型髄膜腫　Anaplastic / malignant meningioma | Ⅲ | Ⅲ | 9530／3 |
| 血管外皮腫　Hemangiopericytoma | Ⅱ－Ⅲ | Ⅱ | 9150／1 |
| 未分化型血管外皮腫　Anaplastic hemangiopericytoma | | Ⅲ | 9150／3 |
| 血管芽腫　Hemangioblastoma | | Ⅰ | 9161／1 |
| トルコ鞍部腫瘍　　　　Tumors of the sellar region | | | |
| 頭蓋咽頭腫　Craniopharyngioma | | Ⅰ | 9350／1 |
| 神経下垂体部顆粒細胞腫瘍　Granular cell tumor of the neurohypophysis | | Ⅰ | 9582／0 |
| 下垂体細胞腫★　Pituicytoma★ | | Ⅰ | 9432／1★ |
| 腺性下垂体部紡錘細胞膨大細胞腫　Spindle cell oncocytoma of the adenohypophysis | | Ⅰ | 8290／0 |

# 参 考 文 献

1. *International Classification of Diseases for Oncology, First Edition.* Geneva, World Health Organization, 1976.

2. Cote RA, ed. *Systematized nomenclature of medicine.* Vols I and II. Skokie, IL, College of American Pathologists, 1977.

3. Cote RA et al., eds. *SNOMED International: the systematized nomenclature of human and veterinary medicine,* Vols I-IV. Northfield, IL, College of American Phathologists, 1993.

4. Percy C, Van Holten V, Muir C, eds. *International Classification of Disease for Oncology, Second Edition.* Geneva, World Health Organization, 1990.

5. *International Statistical Classification of Diseases and Related Health Problems, Tenth Revision.* Vols 1−3. Geneva, World Health Organization, 1992−1994.

6. Harris NL et al. *A revised European-American classification of lymphoid neoplasms: a proposal from the International Lymphoma Study Group.* Blood, 1994, 84(5): 1361−1392.

7. Bennett JM et al. *Proposals for the classification of the acute leukaemias.* British Journal of Hematology, 1976, 33(4): 451−458.

8. *International histological classificaion of tumours, Second Edition* Geneva, World Health Organiztion, 1981−2000.

9. *International Statistical Classification of Disease, Injuries, and Causes of Death. Sixth Revision.* Geneva, World Health Organiztion, 1948.

10. *Manual of tumor nomenclature and coding.* New York, NY, American Cancer Society, 1951.

11. *Systematized nomenclature of pathology.* Chicago, IL, College of American Pathologists, 1965.

12. *Manual of tumor nomenclature and coding.* New York, NY, American Cancer Society, 1968.

13. *International Statstical Classification of Diseases, Injuries and Causes of Death. Seventh Revision.* Geneva, World Health Organiztion, 1957.

14. *International Statistical Classification of Diseases, Injuries and Causes of Death. Eighth Revision.* Geneva, World Health Organiztion, 1967.

15. *International Classification of Diseases. Eighth Revision. Adapted for use in the United States.* Washington, DC, US Department of Health, Education and Welfare, 1967 (Public Health Service Publication, No.1693).

16. *Hospital Adaptation of International Classification of Diseases. Adapted.* Ann Arbor, MI, Commission on Professional and Hospital Activities, 1968 (Library of Congress Card No.68-56602).

17. *International Statistical Classification of Diseases, Injuries and Causes of Death. Ninth Revision. Clinical Modification.* Washington, DC, US Department of Health and Human Services, 1979 (DHHS No.(PHS)80-1260).

18. *International Statistical Classification of Diseases, Injuries and Causes of Death. Ninth Revision.* Geneva, World Health Organization, 1977.

19. Thompson ET, Hayden AC, eds. *Standard Nomenclature of Diseases and Operations, 5th ed.* New York, McGraw-Hill, 1961.

20. Spackman KA, Campbell KE, Cote RA. *SNOMED RT: A reference terminology for health care.* Northfield, IL, College of American Pathologists, 2000.

21. Harris NL et al. *World Health Organization classification of neoplastic disease of the hematopoietic and lymphoid tissues: report of the Clinical Advisory Committee meeting, Airlie House, Virginia, November 1997.* Annals of Oncology, 1999, 17(12): 3835−3849.

22. Harris NL et al. *World Health Organization classification of neoplastic disease of the hematopoietic and lymphoid tissues: report of the Clinical Advisory Committee meeting, Airlie House, Virginia, November 1997.* Annals of Oncology, 1999, 10(12): 1419−1432.

23. *The 1988 Bethesda System for reporting cervical/vaginal cytological diagnoses.* Journal of the American Medical Association, 1989, 262(7): 931−934.

24. Berg JW. Morphologic classification of human cancer. In: Shottenfeld D, Fraumeni J., Jr., eds. *Cancer epidemiology and prevention, 2nd ed.* New York, Oxford University Press, 1996 (Chapter 3).

25. *SEER Program code manual, 3rd ed.* Bethesda, MD, National Cancer Institute, 1998 (NIH Publication No. 98-2313).

26. Jensen OM et al., eds. *Cancer registration: principles and methods.* Lyon, International Agency for Research on Cancer, 1989 (IARC Scientific Publications, No.95).

27. Sciffert JE, ed. *Standards for cancer registries, Vol.II: Data standards and data dictionary.* Springfield, IL, North American Association of Cancer Registries, 1998.

28. Kleihues P, Burger PC, Scheithauer BW. *Histological typing of tumours of the central nervous system (International Histological Classification of Tumours).* Berlin, Springer Verlag, 1993.

29. Kleihues P, Cavenee WK, eds. *Pathology and genetics of tumours of the nervous system.* Lyon, International Agency for Research on Cancer, 1997.

# ＩＣＤ-Ｏ第３版の追加説明

## 1．[obs] (注)

訳注：[obs] は、obsoleteの略であり、和英辞典によると "廃れた、もはや用いられない、旧式の" という形容詞である。ＩＣＤ-Ｏでは、過去
において用いられていたが、現在は用いないようになっているもの、一部の医師らによっては引き続き使用されていると考えられるも
しくは、過去との照合に必要な診断用語に対し、[obs]を付けている。

　[obs] の使い方について、ＩＣＤ-Ｏ第３版では、明確に記述されていない。[obs] は、その疾患
に対して、より適切な診断用語が他にあり、その用語をなるべく用いないようにという事を意図して、
付けられている。しかし、[obs] が附記された用語が診断名に用いられているとしても、その診断名に
コードを振ることは可能である。ただし、最近用いられているさらに適切な診断用語が存在している
ことを意味している。従って、仮に、[obs] と付されている用語が診断名に用いられていたとしても、そ
れが悪性（性状コードが／２もしくは／３）である限り、がん登録に登録することになる。診断名が古
い用語であることは、登録の可否には関係がない。さらに、[obs] は、過去の資料を用いて研究する際
のリファレンスとしての役目もする。また、[obs] が付けられたいくつかの用語は、その腫瘍をより特
異的に表しているかつての診断名である。たとえば、argentaffinoma [obs] は、現在ではカルチノイ
ド腫瘍と表現され、いくつかの種類が存在するため、ＩＣＤ-Ｏ第３版では複数の形態コードが与えら
れている。リンパ肉腫 lymphosarcoma（1890年に最初に記述された用語で、獣医学では、現在も使用
されている）も同様に歴史的診断用語である。多くの場合、[obs] の付く特異的な診断用語は、ＩＣＤ
-Ｏ第２版において、それぞれの疾患の「ＮＯＳ」（Not Otherwise Specified）の分類に変更されてい
る。

## 2．ルールＩは欠番

　ＩＣＤ-Ｏ第３版においては、ルール番号 "Ｉ" は存在せず、故意的に欠番としている。その理由は以
下のとおりである。ＩＣＤ-Ｏ第２版ではルール番号は数字で表しており、ＩＣＤ-Ｏ第３版ではルー
ル番号は、アルファベットで表している。ＩＣＤ-Ｏ第３版の編集者は、ＩＣＤ-Ｏ第２版におけるル
ール１（いち）とＩＣＤ-Ｏ第３版におけるルールＩ（アイ）との混乱を避けるためにＩＣＤ-Ｏ第３
版からルールＩを除くこととした。

## 3．ルールＤ：リンパ節外性リンパ腫のコーディング

　印刷ミスにより、ハードカバー版 (注1) 20頁におけるルールＤの記述は、ハードカバー版の26頁のルー
ルＤの記述と異なっている（ペーパーバック版 (注1) における20頁と26頁）。本文の表２で示しているよ
うに、ハードカバー版の20頁に掲載されているルールＤの文章を26頁に掲載されているルールＤの文章
に置き換えること。ペーパーバック版については印刷の際に既に、修正されている。これは、ＩＣＤ-
Ｏ第３版の編集の最終段階で、以下の一文をルールに追加しようとした際に生じた誤りである：「リンパ
腫の部位が特定されてなく、さらにリンパ節外性が疑わしい場合は、C80.9（原発部位不明）にコード
する。」この一文は、原発部位が不明のリンパ節外性リンパ腫が、「リンパ腫、ＮＯＳ（C77.9）」とコー
ドされる例を減らすために挿入され、しかもC80.9が非常に限られた条件が揃った場合にのみコードさ
れるように限定することを目的としている。多くの場合、リンパ節外性リンパ腫の原発部位は明らかと
されるので、局在コードを割り当てることができる（例：胃原発のリンパ腫）。しかし、原発部位が不明
で、しかもリンパ節が原発でないことが明らかな場合は、原発部位不明とコードするのが適切である。

— 66 —

たとえば、リンパ節の関与のない、肺と傍脊椎軟部組織に見られる大きなリンパ腫病巣があった場合、どちらの部位が原発部位であるかを決定するのは不可能である。従って、この場合、C80.9とコードすることは正しい。もう一つの例とし、ＤＣＯ（death certificate only）症例 (注2) の場合や他の医療機関で診断され、しかも原発部位が明示されずに「リンパ節外性リンパ腫」のみの診断名で報告がなされているような場合である。この場合もC80.9とコードするのが正しい。再度確認のため明記するが、ここのコーディングルールの一文により、リンパ節もしくはリンパ組織を起源とするリンパ腫に対するコーディングガイドラインが変更されたわけではない。原発部位不明のリンパ腫に対するコーディングが新たに付け加わっただけである。コンピュータチェックプログラムＥＤＩＴＳ (注3) については、この問題に対応できるよう改訂作業中である。

訳注1：米国の国立がん研究所（ＮＣＩ）では、WHOから出版されたＩＣＤ－Ｏ第3版（ハードカバー版）の誤植を修正した「U.S. Interim Version 2000」というペーパーバックのＩＣＤ－Ｏ第3版を作成し、米国内のがん登録関係者に配布している。

訳注2：ＩＣＤ－Ｏは、基本的にがん登録関係者が利用するものであるという前提から、がん登録に関連する用語が説明無く用いられていることがある。Death Certificate only（ＤＣＯ）もその例であり、がん登録において、がん罹患の報告が無く、死亡診断書に記載されている死亡診断名により、はじめてがんの診断が付いていたことが明らかになった症例をＤＣＯ症例という。

訳注3：米国ＣＤＣでは、がん登録のエラーチェックプログラムを配布して、登録内容の間違いを修正する事を奨励している。そのチェックプログラムをeditsという。

## 4．gradeを第6桁目の分化度に割り当てて使用することについて

「grade」という用語は分化度（differentiation）を意味しない場合があり、形態コードの第6桁目用いるべきではないことがある。たとえば、ある疾患を表現する際に、病理学者は「grade」を"腫瘍型"や"分類"の同義語として用いていることがある。一方、がん登録士は、「grade」をＩＣＤ－Ｏの形態コード6桁目にコードする細胞の分化度を指し示す「異型度grade」と理解している事が多い。「grade」が分類を指しているのか？それとも生物学的活性（つまりは異型度）を指し示しているのかを認識することは非常に重要である。たとえば、結節硬化性ホジキンリンパ腫や ろ〈濾〉胞性リンパ腫の「grade」は、実際にはリンパ腫の型や分類を意味しており、形態コード第6桁目にこの"grade"の1、2、3をコードすることは誤りである。これに対し、低分化型と明記されたリンパ球性リンパ腫、B細胞性リンパ腫やT細胞性リンパ腫は、形態コードの第6桁目を分化度をコードすることに用いる。

同様に、膣の上皮内新生物、異型度Ⅲ（ＶＡＩＮ Ⅲ）は、ベセスダ分類によると、非浸潤性病変としては異型度の最高位に属する。しかし、この異型度を上皮内新生物についての形態コードの第6桁目に記載してはならない。他にも診断用語としてhigh grade（高異型度）やlow grade（低異型度）といった言葉が用いられることがある。例えば、低異型度子宮内膜間質癌肉腫や高異型度表在性骨肉腫のような場合である。このような場合、その分化度を形態コードの第6桁をコードに用いてもよい。

## 5．第6桁コードの免疫学的表現型の割り当て

リンパ腫や白血病におけるT細胞、B細胞、NK細胞の免疫学的表現型に対する第6桁目のコードは、病理診断に基づいてコードする。形態番号順リストの太字の診断名（the boldface header）に、T細胞またはB細胞由来という単語が含まれていても、第6桁目の免疫学的表現型コードには、コードを行わない。言い換えると、病理報告書の中に、T細胞またはB細胞由来という記載が無い場合、ＩＣＤ－Ｏ第3版の形態コードにT細胞もしくはB細胞由来とあっても、ＩＣＤ－Ｏの記載を元に第6桁目をコードしてはならない。たとえば、びまん性大細胞性B細胞型リンパ腫と病理診断に記載があれば、9680/36とコードするし、病理診断にびまん性胚中心芽型リンパ腫と記載があり、細胞由来に関する記載が無い場合、9680/39とコードする。症例を良く分析すれば、形態番号順リストのリンパ腫・白血病の診断名に

－ 67 －

より細胞系列に基づくグループ化を行うことも可能である。

## 6．造血性疾患に対する局在コードの割り当て

　世界保健機関（WHO）の造血性新生物の分類によれば、ある種のリンパ腫及び白血病は異なった表現形を持った同一の疾患であるとされている。たとえば、WHO分類では、B細胞慢性リンパ球性白血病と小リンパ球性リンパ腫（BCCLL／SLL）は同質のもので、ステージの異なった同一の疾患であるとしている。ICD-O第3版の作成検討委員会において血液病理学者たちは、この疾患を単一コードとするよう勧告した。しかし、ICD-OはICD-10の派生分類であり、世界的には死亡の分類にICD-10が使われている。ここで仮にICD-O第3版において、これらの疾患に単一のコードがふられたとすると、ICD-10では2つの別々のコードが振られているリンパ腫と白血病を区別できなくなる。そのため、ICD-Oとしてははじめて、一つの疾病体系に2つの異なる分類を割り当てて、「M-9＿＿＿＿を参照」といった注書きを付けて相互に参照する形式を採用した。BCCLL／SLLというような診断名に対する局在コードもしくは原発部位コードは、どの部位により診断されたかによって決定される。もし、血液や骨髄像をより診断されたならば、原発部位はC42.1（骨髄）とコードし、白血病の形態コードを割り当てる。一方、その他の組織（典型的にはリンパ節、リンパ系組織、乳房及び胃）標本で診断されたならば、その局在部位をコードし、リンパ腫の形態コードを割り当てる。仮に、血液・骨髄並びに組織生検の両方で診断がなされた場合は、生検組織を局在部位としてコードし、リンパ腫の形態コードを割り当てる。生検の行われた順番（血液／骨髄生検が組織生検の前にされようが後にされようが、）は、どの原発部位と形態コードを使用するかを決定する要因とはならない。WHO分類に従った分析をするためには、両方の形態コードが付いた症例を集計することが必要である。

## 7．「より高い形態コードへのコード」

　異なるコード番号を持つ2つの語を含む単一の腫瘍の診断において、数字的により高い形態コード番号を使うというICD-O第3版のガイドライン（ルールK）の原則は、分離又は独立した単独の腫瘍や、造血器の疾患（M-9590-9989）には適用されない。造血器疾患については、より明確な形態コード（それが明らかな場合は）を付ける。それは、大きい形態コード番号がそうであるとは限らない。たとえば、病理部門の報告が「びまん性大細胞性B細胞リンパ腫」（9680/3）で、同じ組織に対しての別の病理報告が「マントル細胞リンパ腫」（9673/3）となっていた場合、9673/3にコードする。9680/3に対する主要用語は"NOS"（他に明示されないもの）を含み、27の同義語をも含んでいる。従って9680/3は非特異的な診断名とみなされる。一方、9673/3に対する主要な用語は、"NOS"を含んでおらず、より特異的なコードと考えられる。どちらのコードにすべきか決定が困難な場合は、医学アドバイザーか病理学者に相談のうえ決定することが望まれる。

## 8．乳房の組織コードの組合せ

　ICD-O第3版においては、多数のサブタイプを持つ乳癌に対して、8523/3（他の型の癌を伴う浸潤性導管癌）と8524/3（他の型の癌を伴う浸潤性小葉癌）という2つの新しいコード体系が設定されている。他の癌腫もしくは一つ以上のサブタイプが混ざった導管性乳癌は、8523/3とコードする。例えば、篩状、粘液、管状癌の3要素を有する導管性乳癌や粘液癌の成分を伴う導管性乳癌などである。一方、組織学的所見の1つに小葉癌がある場合、コード8524/3を割り当てる。8522/3（浸潤性導管内癌及び小葉癌）や8523/3（他の型の癌を伴う浸潤性導管癌）が、はっきりとした診断用語を、第一選択語の後に

— 68 —

同義語や同意語として表示しているのと異なり、8524/3は、特定された診断用語が第一選択語の後に同義語や同意語として表示されていないで、粘液性癌、管状癌、篩状癌もしくは固形癌のような“その他の型の癌”に小葉癌が混在している場合にコードする。なお、上皮内腫瘍は、どこに発生しても、性状コードは／2（上皮内）であり、腫瘍の一部分であっても、浸潤像がみられれば性状コードは／3（浸潤）とする。

## 9．クルケンベルグ腫瘍（145ページ）

　卵巣の転移性腫瘍[※1]は頻度の高いものではないが、時として卵巣への転移性腺癌が原発腫瘍のように大きな塊として発見される場合がある。これは、卵巣のいわゆる「クルケンベルグ」腫瘍（Krukenberg tumor）と呼ばれるもので、組織学的には印環細胞癌が主体であり、消化管（特に胃）の原発巣からの転移である場合が多い。がん登録では、一般的に上皮内癌（性状コード／2）および浸潤性のがん（悪性腫瘍）（性状コード／3）のみを登録するため、経験の少ない腫瘍登録士[※2]が145ページのクルケンベルグ腫瘍の形態コード（M-8490/6）に／6の性状コードが用いられているのを見て混乱する場合も多い。／6の性状コードは卵巣の腫瘍が転移であることを明示的に表しており、局在コードが明記されていない場合に採用される局在コード（括弧内のC56.9）[※3]も卵巣への転移であることを示している。一方、がん登録において登録するのは腫瘍の原発部位であって転移部位ではないため、クルケンベルグ腫瘍の形態コードは（性状コード／3を用いて）多くの場合M-8490/3（印環細胞癌）とし、局在コードは原発部位のコードを用いて、消化管のどの部位が原発であるかを示すべきである。診療記録等を注意深く読めば、消化管における原発腫瘍の正確な位置を把握できると考えられるが、原発部位の正確な位置の記載がない場合はやむを得ず局在コードとして「消化管ＮＯＳ」（C26.9）を用いればよい[※4,※5]。

※1　「転移性腫瘍」という用語は、ＩＣＤ－Ｏやがん登録において、転移部位に対して用いるのが通例であり、臨床の現場としばしば用いられる「転移性乳癌」（遠隔転移を伴う乳腺原発の癌腫）等の用例と混同しないように留意すること。

※2　原文は「registrars」。わが国では一般に「がん登録実務者」と呼ばれるが、アメリカでは、「Certified Tumor Registrar：CTR」（認定腫瘍登録士）の資格を持つ者が地域がん登録や院内がん登録を行っている。

※3　「局在部位が明示されず、形態に関する表現のみしかない場合は、番号順リストに（括弧内コード）で示される局在部位を採用して良い」とするルールＨに従うと、C56.9：卵巣となるが、性状コード／6が示すように卵巣は転移部位であるので。

※4　「診断名に局在部位が記載されていない時は、コードリストにある局在コードを使用する。」とするルールＨに従うと、C56.9：卵巣となるが、性状コード／6が示すように卵巣は転移部位であるので、がん登録ではこの局在コードは採用せず、C26.9を用いる。

※5　同様の例として、M-8000/6、M-8010/6、M-8140/6、M-8480/6などの性状コード／6となるコードが存在するが、がん登録ではこれらの形態コードは用いず、性状コード／3となるコードM-8000/3、M-8010/3、M-8140/3、M-8480/3を用いることになる。この場合、原発部位を診療記録から判断して局在コードを決定するが、原発が不明の場合は通常、C80.9（原発部位不明）が採用される。

## 10. ライル器官（Organ of Reil）／ライル島（Island of Reil）（183ページおよび194ページ）

ライル器官（Organ of Reil）はライル島（Island of Reil）[1]の別名であり、「Reil」とのみ呼ばれることもある。局在部位を表すこれらの用語は大脳の一部である島（Insula）の同意語であり、また用語の由来（発見者名）[2]であり、C71.0にコードされる。このため、p183、p194の索引に以下のようにこれらの用語を追加すべきである。

| | | |
|---|---|---|
| p183右段 | M-9071/3 | Orchioblastoma |
| | C71.0 | Organ of Reil |
| | C75.5 | Organ of Zuckerkandl |
| p194左段 | M8723/0 | Regressing nevus（C44.＿） |
| | C71.0 | Reil |
| | C71.0 | Reil, Island of |
| | C71.0 | Reil, organ of |
| | | Renal |

[1] 「ライル島」は、島皮質あるいは島葉とも呼ばれ、側頭葉と頭頂葉の間に存在する大脳皮質の一部。

[2] 発見者であるオランダの解剖学者・精神医学者のJohann Christian Reil（ヨハン・クリスチャン・ライル）にちなんで命名されている。

# 局在，番号順リスト

ICD－O第３版2012年改訂版NCC監修版での変更箇所
◆……… がん登録において側性を有するコード（IARCルール）
▼……… わが国のがん登録でのルール等の注釈
《 》…… 対応する癌取扱い規約などの種類を示す

# 局　在

注： C00からC80.9の新生物〈腫瘍〉は，腫瘍の原発部位を示す細分類項目に分類する。腫瘍が二つ以上の細分類項目の境界部位にまたがり，その原発部位が決定できない場合は，細分類項目「.8」に分類する。例えば頸胸部食道の新生物〈腫瘍〉はC15.8に分類する。[1]

▼NCC注1：がん登録では，原則としてルールCを適用せず，「.8」コードはできる限り用いない。たとえば，上記に例示されている食道の境界部病巣「C15.8」を用いると，コード上は頸部/胸部の境界部，胸部/腹部の境界部のいずれにあたるのかが区別が付かなくなり，本来，必要な情報が得られなくなるためである。境界部の病巣であっても，可能な限り，想定される原発部位にコード化することが望ましい。

Note : In categories C00 to C80.9, neoplasms should be assigned to the subcategory that includes the point of origin of the tumor. A tumor that overlaps the boundaries of two or more subcategories and whose point of origin cannot be determined should be classified to subcategory ".8". For example, a neoplasm of cervicothoracic esophagus should be assigned to C15.8.

## C00－C14　口唇，口腔及び咽頭

## C00-C14　LIP, ORAL CAVITY AND PHARYNX

### C00　口唇 （口唇の皮膚C44.0を除く）

### C00　LIP *(excludes skin of lip C44.0)*

C00.0　**外側上唇**
　　上唇の赤唇部
　　上唇, NOS （上唇の皮膚C44.0を除く）

C00.0　**External upper lip**
　　Vermilion border of upper lip
　　Upper lip, NOS *(excludes skin of upper lip C44.0)*

C00.1　**外側下唇**
　　下唇の赤唇部
　　下唇, NOS （下唇の皮膚C44.0を除く）

C00.1　**External lower lip**
　　Vermilion border of lower lip
　　Lower lip, NOS *(excludes skin of lower lip C44.0)*

C00.2　**外側口唇**
　　口唇の赤唇部, NOS

C00.2　**External lip, NOS**
　　Vermilion border of lip, NOS

C00.3　**上唇粘膜**
　　　上唇内側面
　　上唇小帯

C00.3　**Mucosa of upper lip**
　　　Inner aspect of upper lip
　　Frenulum of upper lip

C00.4　**下唇粘膜**
　　　下唇内側面
　　下唇小帯

C00.4　**Mucosa of lower lip**
　　　Inner aspect of lower lip
　　Frenulum of lower lip

C00.5　**口唇粘膜, NOS**
　　　口唇内側面, NOS
　　　口唇内部, NOS
　　　口唇小帯, NOS

C00.5　**Mucosa of lip, NOS**
　　　Inner aspect of lip, NOS
　　　Internal lip, NOS
　　Frenulum of lip, NOS
　　　Frenulum labii, NOS

C00.6　**唇交連**

C00.6　**Commissure of lip**

－ 73 －

Labial commissure

| | | |
|---|---|---|

C00.8　口唇の境界部病巣
　　　（73ページの注を参照）

C00.8　Overlapping lesion of lip
　　　*(see note page 45 [英語版のページ])*

C00.9　口唇, NOS（口唇の皮膚C44.0を除く）

C00.9　Lip, NOS *(excludes skin of lip C44.0)*

## C01　舌根部[▼1]
　　　▼NCC注1:舌根部は、中咽頭に分類される《頭頸部癌》

## C01　BASE OF TONGUE[▼1]

C01.9　舌根部, NOS
　　　舌根部の背面
　　　舌の後3分の1
　　　舌後部, NOS
　　　舌根

C01.9　Base of tongue, NOS
　　　Dorsal surface of base of tongue
　　　Posterior third of tongue
　　　Posterior tongue, NOS
　　　Root of tongue

## C02　その他及び部位不明の舌

## C02　OTHER AND UNSPECIFIED PARTS OF TONGUE

C02.0　舌背面, NOS
　　　舌の前3分の2, 背面
　　　舌の正中線
　　　舌前部の背面

C02.0　Dorsal surface of tongue, NOS
　　　Anterior 2/3 of tongue, dorsal surface
　　　Midline of tongue
　　　Dorsal surface of anterior tongue

C02.1　舌縁
　　　舌尖

C02.1　Border of tongue
　　　Tip of tongue

C02.2　舌下面, NOS
　　　舌の前3分の2, 下面
　　　舌小帯
　　　舌前部の下面, NOS

C02.2　Ventral surface of tongue, NOS
　　　Anterior 2/3 of tongue, ventral surface
　　　Frenulum linguae
　　　Ventral surface of anterior tongue, NOS

C02.3　舌の前3分の2, NOS
　　　舌前部, NOS

C02.3　Anterior 2/3 of tongue, NOS
　　　Anterior tongue, NOS

C02.4　舌扁桃

C02.4　Lingual tonsil

C02.8　舌の境界部病巣
　　　（73ページの注を参照）
　　　舌の境界域

C02.8　Overlapping lesion of tongue
　　　*(see note page 45 [英語版のページ])*
　　　Junctional zone of tongue

C02.9　舌, NOS

C02.9　Tongue, NOS
　　　Lingual, NOS

## C03　歯肉

## C03　GUM

C03.0　上顎歯肉
　　　上顎歯ぎん
　　　上顎歯槽粘膜
　　　上顎歯槽堤粘膜
　　　上顎歯槽
　　　上歯肉

C03.0　Upper gum
　　　Maxillary gingiva
　　　Upper alveolar mucosa
　　　Upper alveolar ridge mucosa
　　　Upper alveolus
　　　Upper gingiva

C03.1　下顎歯肉
　　　下顎歯ぎん

C03.1　Lower gum
　　　Mandibular gingiva

下顎歯槽粘膜　　　　　　　　　Lower alveolar mucosa
下顎歯槽堤粘膜　　　　　　　　Lower alveolar ridge mucosa
下顎歯槽　　　　　　　　　　　Lower alveolus
下歯肉　　　　　　　　　　　　Lower gingiva

C03.9　**歯肉, NOS**　　　　　　　　C03.9　**Gum, NOS**
　　　　歯ぎん, NOS　　　　　　　　　　　Gingiva, NOS
　　　　歯槽粘膜, NOS　　　　　　　　　　Alveolar mucosa, NOS
　　　　歯槽堤粘膜, NOS　　　　　　　　　Alveolar ridge mucosa, NOS
　　　　歯槽, NOS　　　　　　　　　　　　Alveolus, NOS
　　　　歯周組織　　　　　　　　　　　　Periodontal tissue
　　　　　　　　　　　　　　　　　　　　Tooth socket

## C04　口腔底

## C04　FLOOR OF MOUTH

C04.0　**前部口腔底**　　　　　　　C04.0　Anterior floor of mouth

C04.1　**側部口腔底**　　　　　　　C04.1　Lateral floor of mouth

C04.8　**口腔底の境界部病巣**　　　　C04.8　Overlapping lesion of floor of mouth
　　　　*(73ページの注を参照)*　　　　　　*(see note page 45 [英語版のページ])*

C04.9　**口腔底, NOS**　　　　　　　C04.9　Floor of mouth, NOS

## C05　口蓋

## C05　PALATE

C05.0　**硬口蓋**　　　　　　　　　C05.0　Hard palate

C05.1　**軟口蓋, NOS**（軟口蓋の鼻咽頭表面　C05.1　Soft palate, NOS *(excludes nasopharyngeal*
　　　　C11.3を除く）　　　　　　　　　　*surface of soft palate C11.3)*

C05.2　**口蓋垂**　　　　　　　　　C05.2　Uvula

C05.8　**口蓋の境界部病巣**　　　　　C05.8　Overlapping lesion of palate
　　　　*(73ページの注を参照)*　　　　　　*(see note page 45 [英語版のページ])*
　　　　硬口蓋と軟口蓋の境界部　　　　　　Junction of hard and soft palate

C05.9　**口蓋, NOS**　　　　　　　　C05.9　Palate, NOS
　　　　口腔上壁　　　　　　　　　　　　Roof of mouth

## C06　その他及び部位不明の口腔

## C06　OTHER AND UNSPECIFIED PARTS OF MOUTH

C06.0　**頬粘膜**　　　　　　　　　C06.0　Cheek mucosa
　　　　頬部粘膜　　　　　　　　　　　　Buccal mucosa
　　　　頬内部　　　　　　　　　　　　　Internal cheek

C06.1　**口腔前庭**　　　　　　　　C06.1　Vestibule of mouth
　　　　歯槽溝　　　　　　　　　　　　　Alveolar sulcus
　　　　頬側溝　　　　　　　　　　　　　Buccal sulcus
　　　　口唇溝　　　　　　　　　　　　　Labial sulcus

C06.2　**臼後部**　　　　　　　　　C06.2　Retromolar area
　　　　臼後三角　　　　　　　　　　　　Retromolar triangle
　　　　　　　　　　　　　　　　　　　　Retromolar trigone

| | |
|---|---|
| C06.8 その他及び部位不明の口腔の境界部病巣<br><br>（73ページの注を参照） | C06.8 Overlapping lesion of other and<br>unspecified parts of mouth<br>*(see note page 45 ［英語版のページ］)* |
| C06.9 口腔, NOS<br>　　頬粘膜腔<br>　　口腔<br>　　口腔粘膜<br>　　小唾液腺, NOS<br>　　（C08下の注を参照） | C06.9 Mouth, NOS<br>　　Buccal cavity<br>　　Oral cavity<br>　　Oral mucosa<br>　　Minor salivary gland, NOS<br>　　*(see note under C08)* |

## C07　耳下腺

## C07　PAROTID GLAND

| | |
|---|---|
| C07.9◆ 耳下腺<br>　　耳下腺, NOS<br>　　ステンセン管<br>　　耳下腺管 | C07.9◆ Parotid gland<br>　　Parotid, NOS<br>　　Stensen duct<br>　　Parotid gland duct |

## C08　その他及び詳細不明の大唾液腺

## C08　OTHER AND UNSPECIFIED MAJOR SALIVARY GLANDS

| | |
|---|---|
| 注：小唾液腺の新生物〈腫瘍〉は解剖学的部位に<br>　　従って分類する；部位が明示されていない場合<br>　　は, C06.9に分類する。 | Note : *Neoplasms of minor salivary glands should be<br>classified according to their anatomical site; if<br>location is not specified, classify to C06.9.* |
| C08.0◆ 顎下腺<br><br>　　ワルトン管<br>　　顎下腺管 | C08.0◆ Submandibular gland<br>　　Submaxillary gland<br>　　Wharton duct<br>　　Submaxillary gland duct |
| C08.1◆ 舌下腺<br>　　舌下腺管 | C08.1◆ Sublingual gland<br>　　Sublingual gland duct |
| C08.8 大唾液腺の境界部病巣<br><br>　　（73ページの注を参照） | C08.8 Overlapping lesion of major salivary<br>glands<br>*(see note page 45 ［英語版のページ］)* |
| C08.9 大唾液腺, NOS<br>　　唾液腺, NOS（小唾液腺, NOS C06.9<br>　　を除く；C08下の注を参照） | C08.9 Major salivary gland, NOS<br>　　Salivary gland, NOS *(excludes minor<br>　　salivary gland, NOS C06.9; see note<br>　　under C08)* |

## C09　扁桃▼1
▼NCC注1: 扁桃は、中咽頭に分類される《頭頸部癌》

## C09　TONSIL

| | |
|---|---|
| C09.0◆ 扁桃窩 | C09.0◆ Tonsillar fossa |
| C09.1◆ 扁桃口蓋弓<br>　　口峡弓<br>　　舌口蓋ひだ | C09.1◆ Tonsillar pillar<br>　　Faucial pillar<br>　　Glossopalatine fold |
| C09.8◆ 扁桃の境界部病巣<br>　　（73ページの注を参照） | C09.8◆ Overlapping lesion of tonsil<br>　　*(see note page 45 ［英語版のページ］)* |

| | | | | |
|---|---|---|---|---|
| C09.9◆ | 扁桃, NOS（舌扁桃C02.4及び咽頭扁桃<br>C11.1を除く）<br>　口峡扁桃<br>　口蓋扁桃 | | C09.9◆ | Tonsil, NOS *(excludes lingual tonsil C02.4<br>and pharyngeal tonsil C11.1)*<br>　Faucial tonsil<br>　Palatine tonsil |

## C10　中咽頭

| | | | | |
|---|---|---|---|---|
| C10.0 | 喉頭蓋谷 | | C10.0 | Vallecula |
| C10.1 | 喉頭蓋の前面 | | C10.1 | Anterior surface of epiglottis |
| C10.2 | 中咽頭側壁 | | C10.2 | Lateral wall of oropharynx<br>　Lateral wall of mesopharynx |
| C10.3 | 中咽頭後壁 | | C10.3 | Posterior wall of oropharynx<br>　Posterior wall of mesopharynx |
| C10.4 | 鰓裂（新生物〈腫瘍〉の部位▼1）<br>▼NCC注1:先天異常（異常な遺残）が存在し、その部位に<br>　　　新生物〈腫瘍〉が発生した場合にこのコードを用いる<br>　　　（P41参照） | | C10.4 | Branchial cleft *(site of neoplasm)* |
| C10.8 | 中咽頭の境界部病巣<br>　（73ページの注を参照）<br>　中咽頭の接合部 | | C10.8 | Overlapping lesion of oropharynx<br>　*(see note page 45［英語版のページ］)*<br>　Junctional region of oropharynx |
| C10.9 | 中咽頭, NOS<br>　口峡, NOS | | C10.9 | Oropharynx, NOS<br>　Mesopharynx, NOS<br>　Fauces, NOS |

## C11　鼻咽頭（上咽頭）▼1
▼NCC注1:頭頸部癌取扱い規約に従い、「上咽頭」という
　　　表現を追記した

## C11　NASOPHARYNX

| | | | | |
|---|---|---|---|---|
| C11.0 | 鼻咽頭（上咽頭）上壁 | | C11.0 | Superior wall of nasopharynx<br>　Roof of nasopharynx |
| C11.1 | 鼻咽頭（上咽頭）後壁<br>　アデノイド<br>　　咽頭扁桃 | | C11.1 | Posterior wall of nasopharynx<br>　Adenoid<br>　　Pharyngeal tonsil |
| C11.2 | 鼻咽頭（上咽頭）側壁<br>　ローゼンミュラー窩 | | C11.2 | Lateral wall of nasopharynx<br>　Fossa of Rosenmuller |
| C11.3 | 鼻咽頭（上咽頭）前壁<br>　軟口蓋の鼻咽頭（上咽頭）表面<br>　咽頭円蓋<br>　後鼻孔<br>　鼻中隔の後縁 | | C11.3 | Anterior wall of nasopharynx<br>　Nasopharyngeal surface of soft palate<br>　Pharyngeal fornix<br>　Choana<br>　Posterior margin of nasal septum |
| C11.8 | 鼻咽頭（上咽頭）の境界部病巣<br>　（73ページの注を参照） | | C11.8 | Overlapping lesion of nasopharynx<br>　*(see note page 45［英語版のページ］)* |
| C11.9 | 鼻咽頭（上咽頭）, NOS<br>　鼻咽頭壁 | | C11.9 | Nasopharynx, NOS<br>　Nasopharyngeal wall |

## C12 梨状陥凹[▼1]

[▼NCC注1:]梨状陥凹は、下咽頭に分類される《頭頸部癌》

C12.9 **梨状陥凹**
梨状陥凹
梨状窩
梨状窩

## C13 下咽頭

C13.0 **後輪状軟骨部**
輪状咽頭
輪状軟骨部, NOS

C13.1 **披裂喉頭蓋ひだの下咽頭面**

披裂喉頭蓋ひだ, NOS（披裂喉頭蓋ひだ
の喉頭面C32.1を除く）
披裂ひだ

C13.2 **下咽頭後壁**

C13.8 **下咽頭の境界部病巣**
*（73ページの注を参照）*

C13.9 **下咽頭, NOS**
下咽頭壁
咽頭喉頭部

## C14 その他及び部位不明確の口唇, 口腔及び咽頭

C14.0 **咽頭, NOS**
咽頭壁, NOS

咽頭側壁, NOS
咽頭後壁, NOS
咽頭後部
咽喉

C14.2 **ワルダイヤー輪**

C14.8 **口唇, 口腔及び咽頭の境界部病巣**

注：口唇, 口腔及び咽頭の新生物〈腫瘍〉
で, その発生部位がC00-C14.2のい
ずれの項目にも分類されないもの

## C12 PYRIFORM SINUS

C12.9 Pyriform sinus
Piriform sinus
Pyriform fossa
Piriform fossa

## C13 HYPOPHARYNX

C13.0 Postcricoid region
Cricopharynx
Cricoid, NOS

C13.1 Hypopharyngeal aspect of aryepiglottic
fold
Aryepiglottic fold, NOS *(excludes laryngeal*
*aspect of aryepiglottic fold C32.1)*
Arytenoid fold

C13.2 Posterior wall of hypopharynx

C13.8 Overlapping lesion of hypopharynx
*(see note page 45 [英語版のページ])*

C13.9 Hypopharynx, NOS
Hypopharyngeal wall
Laryngopharynx

## C14 OTHER AND ILL-DEFINED SITES IN LIP, ORAL CAVITY AND PHARYNX

C14.0 Pharynx, NOS
Pharyngeal wall, NOS
Wall of pharynx, NOS
Lateral wall of pharynx, NOS
Posterior wall of pharynx, NOS
Retropharynx
Throat

C14.2 Waldeyer ring

C14.8 Overlapping lesion of lip, oral cavity
and pharynx
Note : *Neoplasms of lip, oral cavity and*
*pharynx whose point of origin*
*cannot be assigned to any one of*
*the categories C00 to C14.2.*

# C15-C26　消化器

## C15　食道[▼1]

[▼NCC注1]:食道の亜部位は、原則としてC15.0-C15.2の頸部・胸部・腹部の分類を用いてコードする。コメント等の記載が可能であれば、胸部上部(Ut)、胸部中部(Mt)、胸部下部(Lt)等の食道癌取扱い規約の表現も併記することが望ましい

C15.0　頸部食道

C15.1　胸部食道

C15.2　腹部食道

C15.3　上部食道
　　　　食道近位3分の1

C15.4　中部食道

C15.5　下部食道
　　　　食道遠位3分の1

C15.8　食道の境界部病巣
　　　　*(73ページの注を参照)*

C15.9　食道, NOS

## C16　胃

C16.0　噴門, NOS
　　　　胃噴門
　　　　噴門食道接合部
　　　　食道胃接合部[▼1]
　　　　胃食道接合部
　　　　[▼NCC注1]:食道胃接合部に原発した癌腫は、食道癌および胃癌取扱い規約の考え方に準じて、胃原発が考えられる場合はC16.0(噴門部)を、食道原発の場合はC15.2(腹部食道)をコードする。

C16.1　胃底部
　　　　胃底
　　　　穹隆部[▼1]
　　　　[▼NCC注1]:消化器内視鏡学会の表現に準じて追加した

C16.2　胃体部
　　　　胃体

C16.3　胃前庭部
　　　　幽門前庭

C16.4　幽門
　　　　幽門管
　　　　幽門前部

# C15-C26　DIGESTIVE ORGANS

## C15　ESOPHAGUS

C15.0　Cervical esophagus

C15.1　Thoracic esophagus

C15.2　Abdominal esophagus

C15.3　Upper third of esophagus
　　　　Proximal third of esophagus

C15.4　Middle third of esophagus

C15.5　Lower third of esophagus
　　　　Distal third of esophagus

C15.8　Overlapping lesion of esophagus
　　　　*(see note page 45 [英語版のページ])*

C15.9　Esophagus, NOS

## C16　STOMACH

C16.0　Cardia, NOS
　　　　Gastric cardia
　　　　Cardioesophageal junction
　　　　Esophagogastric junction[▼1]
　　　　Gastroesophageal junction

C16.1　Fundus of stomach
　　　　Gastric fundus
　　　　Fornix[▼1]

C16.2　Body of stomach
　　　　Corpus of stomach
　　　　Gastric corpus

C16.3　Gastric antrum
　　　　Antrum of stomach
　　　　Pyloric antrum

C16.4　Pylorus
　　　　Pyloric canal
　　　　Prepylorus

| | |
|---|---|
| C16.5 **胃小彎, NOS**（C16.1-C16.4に分類されないもの） | C16.5 Lesser curvature of stomach, NOS *(not classifiable to C16.1 to C16.4)* |
| C16.6 **胃大彎, NOS**（C16.0-C16.4に分類されないもの） | C16.6 Greater curvature of stomach, NOS *(not classifiable to C16.0 to C16.4)* |
| C16.8 **胃の境界部病巣**<br>胃前壁, NOS（C16.0-C16.4に分類されないもの）<br>胃後壁, NOS（C16.0-C16.4に分類されないもの）<br>*（73ページの注を参照）* | C16.8 Overlapping lesion of stomach<br>Anterior wall of stomach, NOS (not classifiable to C16.0 to C16.4)<br>Posterior wall of stomach, NOS (not classifiable to C16.0 to C16.4)<br>*(see note page 45 [英語版のページ])* |
| C16.9 **胃, NOS** | C16.9 Stomach, NOS<br>Gastric, NOS |

## C17　小腸 / C17　SMALL INTESTINE

| | |
|---|---|
| C17.0 **十二指腸** | C17.0 Duodenum |
| C17.1 **空腸** | C17.1 Jejunum |
| C17.2 **回腸**（回盲弁C18.0を除く） | C17.2 Ileum *(excludes ileocecal valve C18.0)* |
| C17.3 **メッケル憩室**（新生物〈腫瘍〉の部位）▼1<br>▼NCC注1:先天異常（異常な遺残）が存在し、その部位に新生物〈腫瘍〉が発生した場合にこのコードを用いる(P41参照) | C17.3 Meckel diverticulum *(site of neoplasm)* |
| C17.8 **小腸の境界部病巣**<br>*（73ページの注を参照）* | C17.8 Overlapping lesion of small intestine<br>*(see note page 45 [英語版のページ])* |
| C17.9 **小腸, NOS** | C17.9 Small intestine, NOS<br>Small bowel, NOS |

## C18　結腸 / C18　COLON

| | |
|---|---|
| C18.0 **盲腸**<br>回盲弁<br>回盲接合部 | C18.0 Cecum<br>Ileocecal valve<br>Ileocecal junction |
| C18.1 **虫垂** | C18.1 Appendix |
| C18.2 **上行結腸**<br>右結腸 | C18.2 Ascending colon<br>Right colon |
| C18.3 **右結腸曲** | C18.3 Hepatic flexure of colon |
| C18.4 **横行結腸** | C18.4 Transverse colon |
| C18.5 **左結腸曲** | C18.5 Splenic flexure of colon |
| C18.6 **下行結腸**<br>左結腸 | C18.6 Descending colon<br>Left colon |
| C18.7 **S状結腸** | C18.7 Sigmoid colon |

S状結腸, NOS
結腸のS状弯曲
骨盤部結腸

Sigmoid, NOS
Sigmoid flexure of colon
Pelvic colon

C18.8　結腸の境界部病巣
　　　　*（73ページの注を参照）*

C18.8　Overlapping lesion of colon
　　　　*(see note page 45 [英語版のページ])*

C18.9　結腸, NOS
　　　　大腸（直腸, NOS　C20.9及び直腸S状
　　　　　結腸移行部C19.9を除く）

　　　　大腸, NOS

C18.9　Colon, NOS
　　　　Large intestine *(excludes rectum, NOS*
　　　　　*C20.9 and rectosigmoid junction*
　　　　　*C19.9)*
　　　　Large bowel, NOS

## C19　直腸S状結腸移行部

## C19　RECTOSIGMOID JUNCTION

C19.9　直腸S状結腸移行部
　　　　直腸S状結腸, NOS
　　　　直腸S状結腸
　　　　結腸及び直腸
　　　　骨盤直腸移行部

C19.9　Rectosigmoid junction
　　　　Rectosigmoid, NOS
　　　　Rectosigmoid colon
　　　　Colon and rectum
　　　　Pelvirectal junction

## C20　直腸

## C20　RECTUM

C20.9　直腸, NOS
　　　　直腸膨大部

C20.9　Rectum, NOS
　　　　Rectal ampulla

## C21　肛門及び肛門管

## C21　ANUS AND ANAL CANAL

C21.0　肛門, NOS（肛門皮膚及び肛門周囲皮膚
　　　　C44.5を除く）

C21.0　Anus, NOS *(excludes skin of anus and*
　　　　*perianal skin C44.5)*

C21.1　肛門管
　　　　肛門括約筋

C21.1　Anal canal
　　　　Anal sphincter

C21.2　総排泄腔由来部

C21.2　Cloacogenic zone

C21.8　直腸, 肛門及び肛門管の境界部病巣

　　　　*（73ページの注を参照）*

　　　　肛門直腸移行部
　　　　肛門直腸

C21.8　Overlapping lesion of rectum, anus and
　　　　anal canal
　　　　*(see note page 45 [英語版のページ])*

　　　　Anorectal junction
　　　　Anorectum

## C22　肝及び肝内胆管

## C22　LIVER AND INTRAHEPATIC
## 　　　BILE DUCTS

C22.0　肝▼1
　　　　肝, NOS
　　　　▼NCC注1: C22.0は「肝実質」を意味し、肝細胞癌、肝芽
　　　　　腫、肝肉腫等の局在コードとなる。肝細胞癌のみ
　　　　　を意味するICD-10と異なるので留意すること。

C22.0　Liver
　　　　Hepatic, NOS

C22.1　肝内胆管
　　　　胆小管
　　　　細胆管

C22.1　Intrahepatic bile duct
　　　　Biliary canaliculus
　　　　Cholangiole

## C23　胆のう

C23.9　胆のう

## C24　その他及び部位不明の胆道

C24.0　**肝外胆管**
　　　　胆管, NOS

　　　　総胆管

　　　　胆のう管▼1

　　　　肝管

　　　　オディ括約筋
　　　▼NCC注1：胆のう管はC24.0「肝外胆管」に分類されるが、
　　　　　取扱い規約等では胆のうの一部として扱われるので
　　　　　留意すること。

C24.1　**ファーテル乳頭膨大部**
　　　　膨大部周囲

C24.8　**胆道の境界部病巣**
　　　　注：肝内胆管・肝外胆管の両方に連続して
　　　　　　病巣がある新生物〈腫瘍〉

　　　　　（73ページの注を参照）

C24.9　胆道, NOS

## C25　膵

C25.0　**膵頭部**
　　　　鉤状突起▼1
　　　▼NCC注1：膵癌取扱い規約に従い、追記した。

C25.1　**膵体部**

C25.2　**膵尾部**

C25.3　**膵管**
　　　　サントリニ管
　　　　ウィルスング管

C25.4　**ランゲルハンス島**
　　　　内分泌膵

C25.7　**膵のその他の明示された部位**
　　　　膵頸部▼1
　　　▼NCC注1：膵癌取扱い規約では、膵頸部は膵頭部の一部
　　　　　とされるので注意すること。

## C23　GALLBLADDER

C23.9　Gallbladder

## C24　OTHER AND UNSPECIFIED PARTS OF BILIARY TRACT

C24.0　Extrahepatic bile duct
　　　　Bile duct, NOS
　　　　Biliary duct, NOS
　　　　Choledochal duct
　　　　Common bile duct
　　　　Common duct
　　　　Cystic bile duct
　　　　Cystic duct
　　　　Hepatic bile duct
　　　　Hepatic duct
　　　　Sphincter of Oddi

C24.1　Ampulla of Vater
　　　　Periampullary

C24.8　Overlapping lesion of biliary tract
　　　　Note : *Neoplasms involving both intrahepatic and extrahepatic bile ducts*
　　　　*(see note page 45 ［英語版のページ］)*

C24.9　Biliary tract, NOS

## C25　PANCREAS

C25.0　Head of pancreas
　　　　uncinate process

C25.1　Body of pancreas

C25.2　Tail of pancreas

C25.3　Pancreatic duct
　　　　Duct of Santorini
　　　　Duct of Wirsung

C25.4　Islets of Langerhans
　　　　Islands of Langerhans
　　　　Endocrine pancreas

C25.7　Other specified parts of pancreas
　　　　Neck of pancreas

| C25.8 | 膵の境界部病巣 | C25.8 | Overlapping lesion of pancreas |
|---|---|---|---|

C25.8 膵の境界部病巣
(73ページの注を参照)

C25.9 膵, NOS

C25.8 Overlapping lesion of pancreas
(see note page 45 [英語版のページ])

C25.9 Pancreas, NOS

## C26 その他及び部位不明確の消化器

## C26 OTHER AND ILL-DEFINED DIGESTIVE ORGANS

C26.0 **腸管, NOS**
腸, NOS

C26.0 **Intestinal tract, NOS**
Bowel, NOS
Intestine, NOS

C26.8 **消化器系の境界部病巣**
注：消化器系の新生物〈腫瘍〉で，その発
生部位がC15-C26.0のいずれの項目
にも分類されないもの

(73ページの注を参照)

C26.8 **Overlapping lesion of digestive system**
**Note :** *Neoplasms of digestive organs*
*whose point of origin cannot be*
*assigned to any one of the*
*categories C15 to C26.0.*
(see note page 45 [英語版のページ])

C26.9 **胃腸管, NOS**
消化管, NOS
消化器, NOS

C26.9 **Gastrointestinal tract, NOS**
Alimentary tract, NOS
Digestive organs, NOS

## C30-39 呼吸器系及び胸腔内臓器

## C30-C39 RESPIRATORY SYSTEM AND INTRATHORACIC ORGANS

## C30 鼻腔及び中耳

## C30 NASAL CAVITY AND MIDDLE EAR

C30.0◆ **鼻腔** （鼻, NOS C76.0を除く）
鼻内部
鼻孔
鼻軟骨
鼻粘膜
鼻中隔, NOS （鼻中隔の後縁C11.3を除
く）
鼻甲介
外鼻孔
鼻前庭

C30.0◆ **Nasal cavity** *(excludes nose, NOS C76.0)*
Internal nose
Naris
Nasal cartilage
Nasal mucosa
Nasal septum, NOS *(excludes posterior*
*margin of nasal septum C11.3)*
Nasal turbinate
Nostril
Vestibule of nose

C30.1◆ **中耳**
内耳
耳管
乳突洞
鼓室

C30.1◆ **Middle ear**
Inner ear
Auditory tube
Eustachian tube
Mastoid antrum
Tympanic cavity

## C31 副鼻腔

## C31 ACCESSORY SINUSES

C31.0◆ **上顎洞**

C31.0◆ **Maxillary sinus**
Maxillary antrum
Antrum, NOS

| | | | | |
|---|---|---|---|---|

C31.1　　篩骨洞

C31.2◆　前頭洞

C31.3　　蝶形骨洞

C31.8　　副鼻腔の境界部病巣
　　　　　（73ページの注を参照）

C31.9　　副鼻腔, NOS


### C32　喉頭

C32.0　　声門
　　　　内喉頭
　　　　喉頭交連
　　　　声帯, NOS
　　　　　真性声帯

C32.1　　声門上部
　　　　喉頭蓋, NOS （喉頭蓋前面C10.1を除く）

　　　　外喉頭
　　　　披裂喉頭蓋ひだの喉頭面▼1
　　　　喉頭蓋後面
　　　　喉頭の偽声帯
　　　　　仮声帯

　　　▼NCC注1:披裂喉頭蓋ひだの下咽頭面(C13.1)は、
　　　　下咽頭に分類される。

C32.2　　声門下部

C32.3　　喉頭軟骨
　　　　披裂軟骨
　　　　輪状軟骨
　　　　楔状軟骨
　　　　甲状軟骨

C32.8　　喉頭の境界部病巣
　　　　　（73ページの注を参照）

C32.9　　喉頭, NOS


### C33　気管

C33.9　　気管


### C34　気管支及び肺

C34.0◆　主気管支
　　　　分岐部


C31.1　　Ethmoid sinus

C31.2◆　Frontal sinus

C31.3　　Sphenoid sinus

C31.8　　Overlapping lesion of accessory sinuses
　　　　　*(see note page 45 ［英語版のページ］)*

C31.9　　Accessory sinus, NOS
　　　　　Accessory nasal sinus
　　　　　Paranasal sinus


### C32　LARYNX

C32.0　　Glottis
　　　　Intrinsic larynx
　　　　Laryngeal commissure
　　　　Vocal cord, NOS
　　　　　True vocal cord
　　　　　True cord

C32.1　　Supraglottis
　　　　Epiglottis, NOS *(excludes anterior surface of epiglottis C10.1)*
　　　　Extrinsic larynx
　　　　Laryngeal aspect of aryepiglottic fold
　　　　Posterior surface of epiglottis
　　　　Ventricular band of larynx
　　　　　False vocal cord
　　　　　False cord

C32.2　　Subglottis

C32.3　　Laryngeal cartilage
　　　　Arytenoid cartilage
　　　　Cricoid cartilage
　　　　Cuneiform cartilage
　　　　Thyroid cartilage

C32.8　　Overlapping lesion of larynx
　　　　　*(see note page 45 ［英語版のページ］)*

C32.9　　Larynx, NOS


### C33　TRACHEA

C33.9　　Trachea


### C34　BRONCHUS AND LUNG

C34.0◆　Main bronchus
　　　　Carina

肺門部
中間幹▼1
▼NCC注1:右中間幹はC34.0(主気管支)に分類する。

| | | | |
|---|---|---|---|
| C34.1◆ | 上葉, 肺<br>肺小舌<br>上葉, 気管支 | | |

C34.2◆ 中葉, 肺
中葉, 気管支

C34.3◆ 下葉, 肺
下葉, 気管支

C34.8◆ 肺の境界部病巣
(73ページの注を参照)

C34.9◆ 肺, NOS
気管支, NOS
細気管支
気管支原発
肺, NOS

## C37 胸腺

C37.9 胸腺

## C38 心臓, 縦隔及び胸膜

C38.0 心臓
心内膜
心外膜
心筋
心膜
心室
心房

C38.1 前縦隔

C38.2 後縦隔

C38.3 縦隔, NOS

C38.4◆ 胸膜, NOS
壁側胸膜
臓側胸膜

C38.8 心臓, 縦隔及び胸膜の境界部病巣

(73ページの注を参照)

---

Hilus of lung

C34.1◆ Upper lobe, lung
Lingula of lung
Upper lobe, bronchus

C34.2◆ Middle lobe, lung
Middle lobe, bronchus

C34.3◆ Lower lobe, lung
Lower lobe, bronchus

C34.8◆ Overlapping lesion of lung
(see note page 45 [英語版のページ])

C34.9◆ Lung, NOS
Bronchus, NOS
Bronchiole
Bronchogenic
Pulmonary, NOS

## C37 THYMUS

C37.9 Thymus

## C38 HEART, MEDIASTINUM, AND PLEURA

C38.0 Heart
Endocardium
Epicardium
Myocardium
Pericardium
Cardiac ventricle
Cardiac atrium

C38.1 Anterior mediastinum

C38.2 Posterior mediastinum

C38.3 Mediastinum, NOS

C38.4◆ Pleura, NOS
Parietal pleura
Visceral pleura

C38.8 Overlapping lesion of heart, mediastinum, and pleura
(see note page 45 [英語版のページ])

| C39 | その他及び部位不明確の呼吸器系及び胸腔内臓器 | C39 | OTHER AND ILL-DEFINED SITES WITHIN RESPIRATORY SYSTEM AND INTRATHORACIC ORGANS |

C39.0　　上気道, NOS

C39.0　　Upper respiratory tract, NOS

C39.8　　呼吸器系及び胸腔内臓器の境界部病巣

注：呼吸器及び胸腔内臓器の新生物〈腫瘍〉で, 発生部位がC30-C39.0のいずれの項目にも分類されないもの

C39.8　　Overlapping lesion of respiratory system and intrathoracic organs

Note : *Neoplasms of respiratory and intrathoracic organs whose point of origin cannot be assigned to any one of the categories C30 to C39.0.*

C39.9　　部位不明確の呼吸器系

気道, NOS

C39.9　　Ill-defined sites within respiratory system

Respiratory tract, NOS

## C40-41　骨, 関節及び関節軟骨

## C40-C41　BONES, JOINTS AND ARTICULAR CARTILAGE

### C40　肢の骨, 関節及び関節軟骨

### C40　BONES, JOINTS AND ARTICULAR CARTILAGE OF LIMBS

C40.0◆　上肢の長骨, 肩甲骨及びその関節

肩鎖関節
腕の骨
前腕の骨
肩の骨
肘関節
上腕骨
橈骨
肩甲骨
肩甲帯
肩関節
尺骨

C40.0◆　Long bones of upper limb, scapula and associated joints
Acromioclavicular joint
Bone of arm
Bone of forearm
Bone of shoulder
Elbow joint
Humerus
Radius
Scapula
Shoulder girdle
Shoulder joint
Ulna

C40.1◆　上肢の短骨及びその関節

指骨
手の骨
母指の骨
手首の骨
手根骨
手の関節
中手骨
手の指節骨
手関節

C40.1◆　Short bones of upper limb and associated joints
Bone of finger
Bone of hand
Bone of thumb
Bone of wrist
Carpal bone
Hand joint
Metacarpal bone
Phalanx of hand
Wrist joint

C40.2◆　下肢の長骨及びその関節

脚の骨

C40.2◆　Long bones of lower limb and associated joints
Bone of leg

－ 86 －

| | 大腿骨 | Femur |
|---|---|---|
| | 腓骨 | Fibula |
| | 膝関節 | Knee joint, NOS |
| | 半月 | Semilunar cartilage |
| | 外側半月 | Lateral meniscus of knee joint |
| | 内側半月 | Medial meniscus of knee joint |
| | 脛骨 | Tibia |

C40.3◆ **下肢の短骨**

足関節 … Ankle joint
足関節の骨 … Bone of ankle
足の骨 … Bone of foot
踵骨 … Bone of heel
趾骨 … Bone of toe
足の関節 … Foot joint
中足骨 … Metatarsal bone
膝蓋骨 … Patella
趾節骨 … Phalanx of foot
足根骨 … Tarsal bone

C40.3◆ **Short bones of lower limb and associated joints**

C40.8 **四肢の骨，関節及び関節軟骨の境界部病巣**

(73ページの注を参照)

C40.8 **Overlapping lesion of bones, joints and articular cartilage of limbs**

(see note page 45 [英語版のページ])

C40.9 **四肢の骨, NOS**
四肢の軟骨, NOS
四肢の関節, NOS
四肢の関節軟骨, NOS

C40.9 **Bone of limb, NOS**
Cartilage of limb, NOS
Joint of limb, NOS
Articular cartilage of limb, NOS

## C41 その他及び部位不明の骨，関節及び関節軟骨

## C41 BONES, JOINTS AND ARTICULAR CARTILAGE OF OTHER AND UNSPECIFIED SITES

C41.0 **頭蓋骨，顔面骨及びその関節** （下顎 C41.1を除く）
頭蓋冠
頭蓋骨
篩骨
顔面骨
前頭骨
舌骨
上顎骨
鼻骨
後頭骨
眼窩の骨
頭頂骨
頭蓋, NOS
蝶形骨
側頭骨
頬骨

C41.0 **Bones of skull and face and associated joints** (excludes mandible C41.1)
Calvarium
Cranial bone
Ethmoid bone
Facial bone
Frontal bone
Hyoid bone
Maxilla
Upper jaw bone
Nasal bone
Occipital bone
Orbital bone
Parietal bone
Skull, NOS
Sphenoid bone
Temporal bone
Zygomatic bone

C41.1 **下顎**
顎骨, NOS
下顎骨

C41.1 **Mandible**
Jaw bone, NOS
Lower jaw bone

— 87 —

|  | 顎関節 |  | Temporomandibular joint |
|---|---|---|---|

**C41.2　脊柱**（仙骨及び尾骨C41.4を除く）

| 環椎 |
| 軸椎 |
| 背骨 |
| 椎間板 |
| 髄核 |
| 脊柱 |
| 脊椎 |
| 椎骨 |

**C41.2　Vertebral column** (excludes sacrum and coccyx C41.4)

| Atlas |
| Axis |
| Bone of back |
| Intervertebral disc |
| Nucleus pulposus |
| Spinal column |
| Spine |
| Vertebra |

**C41.3◆　肋骨，胸骨，鎖骨及びその関節**

| 肋軟骨 |
| 肋椎軟骨 |
| 胸肋関節 |

**C41.3◆　Rib, sternum, clavicle and associated joints**

| Costal cartilage |
| Costovertebral joint |
| Sternocostal joint |

**C41.4◆　骨盤骨，仙骨，尾骨及びその関節**

| 寛骨臼 |
| 股関節部の骨 |
| 尾骨 |
| 股関節 |
| 腸骨 |
| 無名骨 |
| 坐骨 |
| 骨盤骨 |
| 恥骨 |
| 仙骨 |
| 恥骨結合 |

**C41.4◆　Pelvic bones, sacrum, coccyx and associated joints**

| Acetabulum |
| Bone of hip |
| Coccyx |
| Hip joint |
| Ilium |
| Innominate bone |
| Ischium |
| Pelvic bone |
| Pubic bone |
| Sacrum |
| Symphysis pubis |

**C41.8　骨，関節及び関節軟骨の境界部病巣**

注：骨，関節及び関節軟骨の新生物〈腫瘍〉で，その発生部位がC40-C41のいずれの項目にも分類されないもの

**C41.8　Overlapping lesion of bones, joints and articular cartilage**

Note : *Neoplasms of bones, joints and articular cartilage whose point of origin cannot be assigned to any one of the categories C40 to C41.*

**C41.9　骨, NOS**
| 軟骨, NOS |
| 関節, NOS |
| 骨格 |
| 関節軟骨, NOS |

**C41.9　Bone, NOS**
| Cartilage, NOS |
| Joint, NOS |
| Skeletal bone |
| Articular cartilage, NOS |

## C42　造血系及び細網内皮系

## C42　HEMATOPOIETIC AND RETICULOENDOTHELIAL SYSTEMS

**C42.0　血液**

**C42.0　Blood**

**C42.1　骨髄 ▼1**
▼NCC注1：ここでいう骨髄は「全身の」骨髄を意味する。局所の骨髄に原発する新生物〈腫瘍〉は骨のコード（C40.0－C41.9）を用いる。

**C42.1　Bone marrow**

— 88 —

| C42.2 | 脾 | C42.2 | Spleen |
|---|---|---|---|
| C42.3 | 細網内皮系, NOS | C42.3 | Reticuloendothelial system, NOS |
| C42.4 | 造血系, NOS | C42.4 | Hematopoietic system, NOS |

**C44　皮膚**（外陰部の皮膚C51._, 陰茎の皮膚C60.9, 陰のうの皮膚C63.2を除く）

**C44　SKIN** *(excludes skin of vulva C51._, skin of penis C60.9, skin of scrotum C63.2)*

C44.0　口唇の皮膚, NOS
　　　下唇の皮膚
　　　上唇の皮膚

C44.0　Skin of lip, NOS
　　　Skin of lower lip
　　　Skin of upper lip

C44.1◆　眼瞼

　　　眼角, NOS
　　　内眼角
　　　下眼瞼
　　　マイボーム腺
　　　外眼角
　　　上眼角

C44.1◆　Eyelid
　　　Lid, NOS
　　　Palpebra
　　　Canthus, NOS
　　　Inner canthus
　　　Lower lid
　　　Meibomian gland
　　　Outer canthus
　　　Upper lid

C44.2◆　外耳
　　　耳介, NOS
　　　耳垢腺
　　　耳甲介
　　　耳, NOS
　　　耳朶
　　　外耳道
　　　　耳道, NOS
　　　耳輪




　　　耳介の皮膚
　　　　耳の皮膚, NOS
　　　耳珠

C44.2◆　External ear
　　　Auricle, NOS
　　　　Pinna
　　　Ceruminal gland
　　　Concha
　　　Ear, NOS
　　　Ear lobule
　　　　Earlobe
　　　External auditory canal
　　　　Auditory canal, NOS
　　　　Auricular canal, NOS
　　　　External auricular canal
　　　　Ear canal
　　　　External auditory meatus
　　　Helix
　　　Skin of auricle
　　　　Skin of ear, NOS
　　　Tragus

C44.3◆　その他及び部位不明の顔面の皮膚
　　　皮膚:
　　　　・頬部
　　　　・おとがい
　　　　・顔面
　　　　・前頭部
　　　　・顎部
　　　　・鼻部
　　　　・側頭部
　　　鼻翼
　　　おとがい, NOS
　　　鼻の支柱
　　　眉毛

C44.3◆　Skin of other and unspecified parts of face
　　　Skin of:
　　　　· cheek
　　　　· chin
　　　　· face
　　　　· forehead
　　　　· jaw
　　　　· nose
　　　　· temple
　　　Ala nasi
　　　Chin, NOS
　　　Columnella
　　　Eyebrow

|  |  |
|---|---|
|  | Brow |
| 頬, 外面 | External cheek |
| 鼻, 外面 | External nose |
| 前頭部, NOS | Forehead, NOS |
| 側頭部, NOS | Temple, NOS |

**C44.4　頭皮及び頸の皮膚**　　　　　　　　**C44.4　Skin of scalp and neck**

| 頭部の皮膚, NOS | Skin of head, NOS |
|---|---|
| 頸部の皮膚 | Skin of neck |
| 頭皮, NOS | Skin of scalp |
|  | Scalp, NOS |
| 頸部の皮膚 | Skin of cervical region |
| 鎖骨上部の皮膚 | Skin of supraclavicular region |

**C44.5◆　体幹の皮膚**　　　　　　　　　　**C44.5◆　Skin of trunk**

| 皮膚: | Skin of: |
|---|---|
| ・腹部 | · abdomen |
| ・腹壁 | · abdominal wall |
| ・肛門 | · anus |
| ・腋窩 | · axilla |
| ・背部 | · back |
| ・乳房 | · breast |
| ・殿部 | · buttock |
| ・胸部 | · chest |
| ・胸壁 | · chest wall |
| ・側腹部 | · flank |
| ・そけい部 | · groin |
| ・会陰部 | · perineum |
| ・胸壁 | · thoracic wall |
| ・胸郭 | · thorax |
| ・体幹 | · trunk |
| ・臍部 | · umbilicus |
| ・臀部 | · gluteal region |
| ・鎖骨下部 | · infraclavicular region |
| ・そけい部 | · inguinal region |
| ・仙尾骨 | · sacrococcygeal region |
| ・肩甲部 | · scapular region |
| 肛門周囲皮膚 | Perianal skin |
| 臍, NOS | Umbilicus, NOS |

**C44.6◆　上肢及び肩の皮膚**　　　　　　　**C44.6◆　Skin of upper limb and shoulder**

| 皮膚: | Skin of: |
|---|---|
| ・肘前窩 | · antecubital space |
| ・腕 | · arm |
| ・肘 | · elbow |
| ・指 | · finger |
| ・前腕 | · forearm |
| ・手 | · hand |
| ・手掌 | · palm |
| ・肩 | · shoulder |
| ・母指 | · thumb |
| ・上肢 | · upper limb |
| ・手首 | · wrist |
| 指爪 | Finger nail |
| 手掌の皮膚 | Palmar skin |

**C44.7◆　下肢及び股関節部の皮膚**　　　　**C44.7◆　Skin of lower limb and hip**

| 皮膚: | Skin of: |
|---|---|

|  |  |
|---|---|
| ・足首 | · ankle |
| ・ふくらはぎ | · calf |
| ・足 | · foot |
| ・かかと | · heel |
| ・股関節部 | · hip |
| ・膝 | · knee |
| ・脚 | · leg |
| ・下肢 | · lower limb |
| ・膝窩 | · popliteal space |
| ・大腿 | · thigh |
| ・趾 | · toe |
| 足底皮膚 | Plantar skin |
| 足底 | Sole of foot |
| 趾爪 | Toe nail |

**C44.8　皮膚の境界部病巣**
*(73ページの注を参照)*

**C44.8　Overlapping lesion of skin**
*(see note page 45 [英語版のページ])*

**C44.9　皮膚, NOS**（大陰唇の皮膚C51.0, 外陰部の皮膚C51.9, 陰茎の皮膚C60.9, 陰のうの皮膚C63.2を除く）

**C44.9　Skin, NOS** *(excludes skin of labia majora C51.0, skin of vulva C51.9, skin of penis C60.9 and skin of scrotum C63.2)*

## C47　末梢神経及び自律神経系（自律神経系, 神経節, 神経, 副交感神経系, 末梢神経, 脊髄神経, 交感神経系を含む）

## C47　PERIPHERAL NERVES AND AUTONOMIC NERVOUS SYSTEM *(includes autonomic nervous system, ganglia, nerve, parasympathetic nervous system, peripheral nerve, spinal nerve, sympathetic nervous system)*

**C47.0　頭部, 顔面及び頸部の末梢神経及び自律神経系**（眼窩の末梢神経及び自律神経系C69.6を除く）

末梢神経及び自律神経系（C47のリストを参照）：
- ・頬部
- ・おとがい
- ・前頭部
- ・頭部
- ・頸部
- ・頭皮
- ・側頭部
- ・翼突窩
- ・鎖骨上部

頸神経そう（叢）

**C47.0　Peripheral nerves and autonomic nervous system of head, face, and neck** *(excludes peripheral nerves and autonomic nervous system of orbit C69.6)*

Peripheral nerves and autonomic nervous system of *(see list under C47):*
- · cheek
- · chin
- · face
- · forehead
- · head
- · neck
- · scalp
- · temple
- · cervical region
- · pterygoid fossa
- · supraclavicular region

Cervical plexus

**C47.1◆　上肢及び肩の末梢神経及び自律神経系**

末梢神経及び自律神経系（C47のリストを参照）：
- ・肘前窩
- ・腕
- ・肘
- ・指

**C47.1◆　Peripheral nerves and autonomic nervous system of upper limb and shoulder**

Peripheral nerves and autonomic nervous system of *(see list under C47):*
- · antecubital space
- · arm
- · elbow
- · finger

— 91 —

| | |
|---|---|
| ・前腕 | · forearm |
| ・手 | · hand |
| ・肩 | · shoulder |
| ・母指 | · thumb |
| ・手首 | · wrist |
| 上腕神経 | Brachial nerve |
| 腕神経そう(叢) | Brachial plexus |
| 正中神経 | Median nerve |
| 橈骨神経 | Radial nerve |
| 尺骨神経 | Ulnar nerve |

**C47.2◆ 下肢及び股関節部の末梢神経及び自律神経系**

末梢神経及び自律神経系（C47のリストを参照）
- ・足首
- ・ふくらはぎ
- ・足
- ・かかと
- ・股関節部
- ・膝
- ・脚
- ・膝窩
- ・大腿
- ・趾

大腿神経
閉鎖神経
坐骨神経

**C47.2◆ Peripheral nerves and autonomic nervous system of lower limb and hip**

Peripheral nerves and autonomic nervous system of (see list under C47):
- · ankle
- · calf
- · foot
- · heel
- · hip
- · knee
- · leg
- · popliteal space
- · thigh
- · toe

Femoral nerve
Obturator nerve
Sciatic nerve

**C47.3 胸郭の末梢神経及び自律神経系**

末梢神経及び自律神経系（C47のリストを参照）：
- ・腋窩
- ・胸部
- ・胸壁
- ・鎖骨上部
- ・肩甲部

肋間神経

**C47.3 Peripheral nerves and autonomic nervous system of thorax**

Peripheral nerves and autonomic nervous system of (see list under C47):
- · axilla
- · chest
- · chest wall
- · thoracic wall
- · infraclavicular region
- · scapular region

Intercostal nerve

**C47.4 腹部の末梢神経及び自律神経系**

末梢神経及び自律神経系（C47のリストを参照）：
- ・腹壁
- ・臍

**C47.4 Peripheral nerves and autonomic nervous system of abdomen**

Peripheral nerves and autonomic nervous system of (see list under C47):
- · abdominal wall
- · umbilicus

**C47.5 骨盤の末梢神経及び自律神経系**

末梢神経及び自律神経系（C47のリストを参照）：
- ・殿部
- ・そけい部
- ・会陰部
- ・仙尾骨部

腰仙骨神経そう(叢)
仙骨神経

**C47.5 Peripheral nerves and autonomic nervous system of pelvis**

Peripheral nerves and autonomic nervous system of (see list under C47):
- · buttock
- · groin
- · perineum
- · gluteal region
- · inguinal region
- · sacrococcygeal region

仙骨神経そう(叢)

Lumbosacral plexus
Sacral nerve
Sacral plexus

**C47.6 体幹の末梢神経及び自律神経系, NOS**

末梢神経及び自律神経系 （C47のリストを
参照）：
・背部
・側腹部
・体幹
腰神経

**C47.6 Peripheral nerves and autonomic
nervous system of trunk, NOS**

Peripheral nerves and autonomic nervous
system of *(see list under C47):*
· back
· flank
· trunk
Lumbar nerve

**C47.8 末梢神経及び自律神経系の境界部病巣**

*(73ページの注を参照)*

**C47.8 Overlapping lesion of peripheral nerves
and autonomic nervous system**

*(see note page 45 ［英語版のページ］)*

**C47.9 自律神経系, NOS**
神経節, NOS
神経, NOS
副交感神経系, NOS
末梢神経, NOS
脊髄神経, NOS
交感神経系, NOS

**C47.9 Autonomic nervous system, NOS**
Ganglia, NOS
Nerve, NOS
Parasympathetic nervous system, NOS
Peripheral nerve, NOS
Spinal nerve, NOS
Sympathetic nervous system, NOS

# C48　後腹膜及び腹膜

# C48　RETROPERITONEUM AND PERITONEUM

**C48.0 後腹膜**
副腎周囲組織
腎周囲組織
膵周囲組織
盲腸後組織
後腹膜組織

**C48.0 Retroperitoneum**
Periadrenal tissue
Perinephric tissue
Peripancreatic tissue
Perirenal tissue
Retrocecal tissue
Retroperitoneal tissue

**C48.1 腹膜の明示された部位**
腸間膜
虫垂間膜
結腸間膜
大網
骨盤腹膜
直腸子宮窩

ダグラス窩
*(73ページの注を参照)*

**C48.1 Specified parts of peritoneum**
Mesentery
Mesoappendix
Mesocolon
Omentum
Pelvic peritoneum
Rectouterine pouch
Cul de sac
Pouch of Douglas
*(see note page 45 ［英語版のページ］)*

**C48.2 腹膜, NOS**
腹膜腔

**C48.2 Peritoneum, NOS**
Peritoneal cavity

**C48.8 後腹膜及び腹膜の境界部病巣**

*(73ページの注を参照)*

**C48.8 Overlapping lesion of retroperitoneum
and peritoneum**

*(see note page 45 ［英語版のページ］)*

## C49 結合組織，皮下組織及びその他の軟部組織

（脂肪組織，腱膜，動脈，血管，滑液の
う，結合組織，筋膜，線維組織，靱帯，リ
ンパ管，筋，骨格筋，皮下組織，滑膜，
腱，腱鞘，静脈，脈管を含む）

## C49 CONNECTIVE, SUBCUTANEOUS AND OTHER SOFT TISSUES

*(includes adipose tissue, aponeuroses, artery, blood vessel, bursa, connective tissue, fascia, fatty tissue, fibrous tissue, ligament, lymphatic, muscle, skeletal muscle, subcutaneous tissue, synovia, tendon, tendon sheath, vein, vessel)*

**C49.0** 頭部，顔面及び頸部の結合組織，皮下組織及びその他の軟部組織（眼窩の結合 C69.6及び鼻軟骨C30.0を除く）

結合組織，皮下組織及びその他の軟部組織（C49のリストを参照）：
- ・頬部
- ・おとがい
- ・顔面
- ・前頭部
- ・頭部
- ・頸部
- ・頭皮
- ・側頭部
- ・頸部
- ・翼突窩
- ・鎖骨上部

耳の軟骨

頸動脈
咬筋
胸鎖乳突筋

**C49.0** Connective, subcutaneous and other soft tissues of head, face, and neck *(excludes connective tissue of orbit C69.6 and nasal cartilage C30.0)*

Connective, subcutaneous and other soft tissues of *(see list under C49):*
- ・cheek
- ・chin
- ・face
- ・forehead
- ・head
- ・neck
- ・scalp
- ・temple
- ・cervical region
- ・pterygoid fossa
- ・supraclavicular region

Auricular cartilage
Cartilage of ear
Carotid artery
Masseter muscle
Sternocleidomastoid muscle

**C49.1◆** 上肢及び肩の結合組織，皮下組織及びその他の軟部組織

結合組織，皮下組織及びその他の軟部組織（C49のリストを参照）：
- ・肘前窩
- ・腕
- ・肘
- ・指
- ・前腕
- ・手
- ・肩
- ・母指
- ・手首

上腕二頭筋
上腕筋
烏口腕筋
三角筋
手掌腱膜
手掌筋膜
橈骨動脈
上腕三頭筋
尺骨動脈

**C49.1◆** Connective, subcutaneous and other soft tissues of upper limb and shoulder

Connective, subcutaneous and other soft tissues of *(see list under C49):*
- ・antecubital space
- ・arm
- ・elbow
- ・finger
- ・forearm
- ・hand
- ・shoulder
- ・thumb
- ・wrist

Biceps brachii muscle
Brachialis muscle
Coracobrachialis muscle
Deltoideus muscle
Palmar aponeurosis
Palmar fascia
Radial artery
Triceps brachii muscle
Ulnar artery

| | |
|---|---|
| C49.2◆ 下肢及び股関節部の結合組織，皮下組織及びその他の軟部組織 | C49.2◆ Connective, subcutaneous and other soft tissues of lower limb and hip |

結合組織，皮下組織及びその他の軟部組織（C49のリストを参照）：
- 足首
- ふくらはぎ
- 足
- かかと
- 股関節部
- 膝
- 脚
- 膝窩
- 大腿
- 趾

大腿二頭筋
大腿動脈
腓腹筋
足底腱膜
足底筋膜
大腿四頭筋

Connective, subcutaneous and other soft tissues of (see list under C49):
- ankle
- calf
- foot
- heel
- hip
- knee
- leg
- popliteal space
- thigh
- toe

Biceps femoris muscle
Femoral artery
Gastrocnemius muscle
Plantar aponeurosis
Plantar fascia
Quadriceps femoris muscle

C49.3 胸郭の結合組織，皮下組織及びその他の軟部組織（胸腺C37.9，心臓及び縦隔C38._を除く）

結合組織，皮下組織及びその他の軟部組織（C49のリストを参照）：
- 腋窩
- 胸部
- 胸壁
- 胸郭
- 鎖骨上部
- 肩甲部

大動脈, NOS
腋窩動脈
横隔膜
肋間筋
内胸動脈
広背筋
大胸筋
鎖骨下動脈
上大静脈
胸管
僧帽筋

C49.3 Connective, subcutaneous and other soft tissues of thorax (excludes thymus C37.9, heart and mediastinum C38._)

Connective, subcutaneous and other soft tissues of (see list under C49):
- axilla
- chest
- chest wall
- thorax
- thoracic wall
- infraclavicular region
- scapular region

Aorta, NOS
Axillary artery
Diaphragm
Intercostal muscle
Internal mammary artery
Latissimus dorsi muscle
Pectoralis major muscle
Subclavian artery
Superior vena cava
Thoracic duct
Trapezius muscle

C49.4 腹部の結合組織，皮下組織及びその他の軟部組織

結合組織，皮下組織及びその他の軟部組織（C49のリストを参照）：
- 腹部
- 腹壁
- 臍

腹部大動脈
腹部大静脈
腹壁筋
腹腔動脈
腸腰筋
下大静脈

C49.4 Connective, subcutaneous and other soft tissues of abdomen

Connective, subcutaneous and other soft tissues of (see list under C49):
- abdomen
- abdominal wall
- umbilicus

Abdominal aorta
Abdominal vena cava
Abdominal wall muscle
Celiac artery
Iliopsoas muscle
Inferior vena cava

| | | | |
|---|---|---|---|
| | 腸間膜動脈 | | Mesenteric artery |
| | 腰筋 | | Psoas muscle |
| | 腹直筋 | | Rectus abdominis muscle |
| | 腎動脈 | | Renal artery |
| | 大静脈, NOS | | Vena cava, NOS |

**C49.5　骨盤の結合組織, 皮下組織及びその他の軟部組織**

結合組織, 皮下組織及びその他の軟部組織（C49のリストを参照）：
- 殿部
- そけい部
- 会陰部
- 仙尾骨部
- そけい部
- 仙尾骨部

大殿筋
腸骨動脈
腸骨静脈

**C49.5　Connective, subcutaneous and other soft tissues of pelvis**

Connective, subcutaneous and other soft tissues of *(see list under C49):*
- buttock
- groin
- perineum
- gluteal region
- inguinal region
- sacrococcygeal region

Gluteus maximus muscle
Iliac artery
Iliac vein

**C49.6　体幹の結合組織, 皮下組織及びその他の軟部組織, NOS**

結合組織, 皮下組織及びその他の軟部組織（C49のリストを参照）：
- 背部
- 側腹部
- 体幹

**C49.6　Connective, subcutaneous and other soft tissues of trunk, NOS**

Connective, subcutaneous and other soft tissues of *(see list under C49):*
- back
- flank
- trunk

**C49.8　結合組織, 皮下組織及びその他の軟部組織の境界部病巣**
　　　*(73ページの注を参照)*

**C49.8　Overlapping lesion of connective, subcutaneous and other soft tissues**
　　　*(see note page 45　［英語版のページ］)*

**C49.9　結合組織, 皮下組織及びその他の軟部組織, NOS**

脂肪組織, NOS
腱膜, NOS
動脈, NOS
血管, NOS
滑液のう, NOS
結合組織, NOS
筋膜, NOS
線維組織, NOS
靭帯, NOS
リンパ管, NOS
筋, NOS
骨格筋, NOS
皮下組織, NOS
滑膜, NOS
腱, NOS
腱鞘, NOS
静脈, NOS

脈管, NOS

**C49.9　Connective, subcutaneous and other soft tissues, NOS**

Adipose tissue, NOS
Aponeurosis, NOS
Artery, NOS
Blood vessel, NOS
Bursa, NOS
Connective tissue, NOS
Fascia, NOS
Fatty tissue, NOS
Fibrous tissue, NOS
Ligament, NOS
Lymphatic, NOS
Muscle, NOS
Skeletal muscle, NOS
Subcutaneous tissue, NOS
Synovia, NOS
Tendon, NOS
Tendon sheath, NOS
Vein, NOS
Vessel, NOS

## C50 乳房 （乳房の皮膚C44.5を除く）

| | |
|---|---|
| C50.0◆ | 乳頭 |
| | 乳輪 |
| C50.1◆ | 乳房中央部 |
| C50.2◆ | 乳房上内側4分の1 |
| C50.3◆ | 乳房下内側4分の1 |
| C50.4◆ | 乳房上外側4分の1 |
| C50.5◆ | 乳房下外側4分の1 |
| C50.6◆ | 乳腺腋窩尾部 |
| | 乳腺の尾部, NOS |
| C50.8◆ | 乳房の境界部病巣 |
| | （73ページの注を参照） |
| | 内側乳房 |
| | 下部乳房 |
| | 乳房正中線部 |
| | 外側乳房 |
| | 上部乳房 |
| C50.9◆ | 乳房, NOS |
| | 乳腺 |

## C50 BREAST (excludes skin of breast C44.5)

| | |
|---|---|
| C50.0◆ | Nipple |
| | Areola |
| C50.1◆ | Central portion of breast |
| C50.2◆ | Upper-inner quadrant of breast |
| C50.3◆ | Lower-inner quadrant of breast |
| C50.4◆ | Upper-outer quadrant of breast |
| C50.5◆ | Lower-outer quadrant of breast |
| C50.6◆ | Axillary tail of breast |
| | Tail of breast, NOS |
| C50.8◆ | Overlapping lesion of breast |
| | (see note page 45 ［英語版のページ］) |
| | Inner breast |
| | Lower breast |
| | Midline of breast |
| | Outer breast |
| | Upper breast |
| C50.9◆ | Breast, NOS |
| | Mammary gland |

## C51-C58 女性生殖器

### C51 外陰

| | |
|---|---|
| C51.0 | 大陰唇 |
| | 大陰唇, NOS |
| | バルトリン腺 |
| | 大陰唇の皮膚 |
| C51.1 | 小陰唇 |
| C51.2 | 陰核 |
| C51.8 | 外陰の境界部病巣 |
| | （73ページの注を参照） |
| C51.9 | 外陰, NOS |
| | 女性外性器 |
| | 陰唇小帯 |
| | 陰唇, NOS |
| | 恥丘 |
| | 陰阜 |
| | 外陰部 |
| | 外陰の皮膚 |

## C51-C58 FEMALE GENITAL ORGANS

### C51 VULVA

| | |
|---|---|
| C51.0 | Labium majus |
| | Labia majora, NOS |
| | Bartholin gland |
| | Skin of labia majora |
| C51.1 | Labium minus |
| | Labia minora |
| C51.2 | Clitoris |
| C51.8 | Overlapping lesion of vulva |
| | (see note page 45 ［英語版のページ］) |
| C51.9 | Vulva, NOS |
| | External female genitalia |
| | Fourchette |
| | Labia, NOS |
| | Labium, NOS |
| | Mons pubis |
| | Mons veneris |
| | Pudendum |
| | Skin of vulva |

## C52　腟

C52.9　**腟, NOS**
　　　　腟円蓋

　　　　ガルトネル管
　　　　処女膜

## C53　子宮頸

C53.0　**子宮頸内膜**[▼1]
　　　　内子宮口
　　　　頸管
　　　　子宮頸管
　　　　子宮頸管腺
　　　　ナボット腺

C53.1　**子宮頸外部**[▼1]
　　　　外子宮口
　　　　子宮腟部[▼2]

C53.8　**子宮頸の境界部病巣**[▼1]
　　　　　*(73ページの注を参照)*
　　　　子宮頸断端
　　　　子宮頸の扁平円柱上皮接合部

C53.9　**子宮頸**[▼1]
　　　　子宮頸, NOS

　　[▼NCC注1:]子宮頸管や子宮腟部等、明確な亜部位に関す
　　　　る表現がなければ、C53.9を用いる。
　　　　ただし、扁平円柱上皮移行部等との表現があれば、
　　　　C53.8とする。
　　[▼NCC注2:]産科婦人科用語集に従い、追記した。

## C54　子宮体部

C54.0　**子宮峡部**[▼1]
　　　　子宮下部

C54.1　**子宮内膜（子宮体部）**[▼1]
　　　　子宮内膜腺
　　　　子宮内膜間質

C54.2　**子宮筋層**[▼1]

C54.3　**子宮底**[▼1]

C54.8　**子宮体部の境界部病巣**
　　　　　*(73ページの注を参照)*

C54.9　**子宮体部**

## C52　VAGINA

C52.9　**Vagina, NOS**
　　　　Vaginal vault
　　　　Fornix of vagina
　　　　Gartner duct
　　　　Hymen

## C53　CERVIX UTERI

C53.0　**Endocervix**
　　　　Internal os
　　　　Cervical canal
　　　　Endocervical canal
　　　　Endocervical gland
　　　　Nabothian gland

C53.1　**Exocervix**
　　　　External os

C53.8　**Overlapping lesion of cervix uteri**
　　　　　*(see note page 45　［英語版のページ］)*
　　　　Cervical stump
　　　　Squamocolumnar junction of cervix

C53.9　**Cervix uteri**
　　　　Cervix, NOS
　　　　Uterine cervix

## C54　CORPUS UTERI

C54.0　**Isthmus uteri**
　　　　Lower uterine segment

C54.1　**Endometrium**
　　　　Endometrial gland
　　　　Endometrial stroma

C54.2　**Myometrium**

C54.3　**Fundus uteri**

C54.8　**Overlapping lesion of corpus uteri**
　　　　　*(see note page 45　［英語版のページ］)*

C54.9　**Corpus uteri**
　　　　Body of uterus

▼NCC注1:子宮体部(広義)は、子宮峡部、狭義の子宮体部(内膜・筋層)、子宮底の3部位に分ける。
子宮峡部あるいは子宮底部の内膜または筋層の原発腫瘍は各々C54.0、C54.3を用いる。
子宮峡部・底部以外の内膜の原発腫瘍はC54.1、子宮峡部・底部以外の筋層の原発腫瘍はC54.2、詳細な部位が不明である場合は、C54.9を用いる。

## C55　子宮, NOS

C55.9　子宮, NOS▼1

▼NCC注1:原発部位が子宮のどの亜部位かについて、全く情報がない場合以外は本コードを用いないこと。

## C56　卵巣

C56.9◆　卵巣

## C57　その他及び部位不明の女性生殖器

C57.0◆　卵管

C57.1　子宮広間膜
卵巣間膜
傍卵巣部

C57.2　子宮円索

C57.3　子宮傍組織
子宮靱帯
仙骨子宮靱帯

C57.4　子宮付属器
付属器, NOS

C57.7　その他の明示された女性生殖器

ウォルフ体
ウォルフ管

C57.8　女性生殖器の境界部病巣

注：女性生殖器の新生物〈腫瘍〉で, その発生部位がC51-C57.7, C58のいずれの項目にも分類されないもの

卵管－卵巣
子宮－卵巣

C57.9　女性生殖系, NOS
女性生殖器, NOS
女性尿路性器, NOS

## C55　UTERUS, NOS

C55.9　Uterus, NOS
Uterine, NOS

## C56　OVARY

C56.9◆　Ovary

## C57　OTHER AND UNSPECIFIED FEMALE GENITAL ORGANS

C57.0◆　Fallopian tube
Uterine tube

C57.1　Broad ligament
Mesovarium
Parovarian region

C57.2　Round ligament

C57.3　Parametrium
Uterine ligament
Uterosacral ligament

C57.4　Uterine adnexa
Adnexa, NOS

C57.7　Other specified parts of female genital organs
Wolffian body
Wolffian duct

C57.8　Overlapping lesion of female genital organs
Note : *Neoplasms of female genital organs whose point of origin cannot be assigned to any one of the categories C51 to C57.7, C58*
Tubo-ovarian
Utero-ovarian

C57.9　Female genital tract, NOS
Female genital organs, NOS
Female genitourinary tract, NOS

| | |
|---|---|
| 尿道膣中隔 | Urethrovaginal septum |
| 膀胱子宮頸組織 | Vesicocervical tissue |
| 膀胱腟中隔 | Vesicovaginal septum |

### C58　胎盤

C58.9　**胎盤**
　　　　卵膜

### C58　PLACENTA

C58.9　Placenta
　　　　Fetal membranes

## C60–C63　男性生殖器

## C60–C63　MALE GENITAL ORGANS

### C60　陰茎

C60.0　**包皮**

### C60　PENIS

C60.0　Prepuce
　　　　Foreskin

C60.1　**亀頭**

C60.1　Glans penis

C60.2　**陰茎体部**
　　　　海綿体

C60.2　Body of penis
　　　　Corpus cavernosum
　　　　Corpus of penis

C60.8　**陰茎の境界部病巣**
　　　　*(73ページの注を参照)*

C60.8　Overlapping lesion of penis
　　　　*(see note page 45 [英語版のページ])*

C60.9　**陰茎, NOS**
　　　　陰茎の皮膚

C60.9　Penis, NOS
　　　　Skin of penis

### C61　前立腺

C61.9　**前立腺**
　　　　前立腺, NOS

### C61　PROSTATE GLAND

C61.9　Prostate gland
　　　　Prostate, NOS

### C62　精巣

C62.0◆　**停留精巣（新生物〈腫瘍〉の部位）** ▼1
　　　　潜在精巣（新生物〈腫瘍〉の部位） ▼1
　　　　異所性精巣（新生物〈腫瘍〉の部位） ▼1
　　　　▼NCC注1：精巣は「下降精巣」が正常な状態である。
　　　　　　精巣の下降が正常に行われず、停留精巣となった
　　　　　　状況において、精巣に腫瘍が発生した場合にこの
　　　　　　コードを用いる(P41参照)

### C62　TESTIS

C62.0◆　Undescended testis (site of neoplasm)
　　　　Retained testis (site of neoplasm)
　　　　Ectopic testis (site of neoplasm)

C62.1◆　**下降精巣** ▼1
　　　　陰のう精巣
　　　　▼NCC注1：精巣の下降が正常に行われている場合は、この
　　　　　　コードを用いることになるため、ほとんどの成人の精
　　　　　　巣腫瘍はこのコードが該当する。

C62.1◆　Descended testis
　　　　Scrotal testis

C62.9◆　**精巣, NOS**

C62.9◆　Testis, NOS
　　　　Testicle, NOS

— 100 —

## C63 その他及び部位不明の男性生殖器

| | |
|---|---|
| C63.0◆ | 精巣上体 |
| C63.1◆ | 精索<br>精管 |
| C63.2 | 陰のう, NOS<br>陰のうの皮膚 |
| C63.7 | その他の明示された男性生殖器<br><br>精のう<br>精巣鞘膜 |
| C63.8 | 男性生殖器の境界部病巣<br>注：男性性器の新生物〈腫瘍〉で, その発生部位がC60-C63.7のいずれの項目にも分類されないもの |
| C63.9 | 男性生殖器, NOS<br>男性尿路系, NOS<br>男性尿路性器, NOS |

## C64-C68 尿路

### C64 腎

| | |
|---|---|
| C64.9◆ | 腎, NOS<br><br>腎実質 |

### C65 腎盂

| | |
|---|---|
| C65.9◆ | 腎盂<br><br>腎杯<br><br>腎盂尿管接合部 |

### C66 尿管

| | |
|---|---|
| C66.9◆ | 尿管 |

### C67 膀胱

| | |
|---|---|
| C67.0 | 膀胱三角 |
| C67.1 | 膀胱円蓋 |
| C67.2 | 膀胱側壁 |

## C63 OTHER AND UNSPECIFIED MALE GENITAL ORGANS

| | |
|---|---|
| C63.0◆ | Epididymis |
| C63.1◆ | Spermatic cord<br>Vas deferens |
| C63.2 | Scrotum, NOS<br>Skin of scrotum |
| C63.7 | Other specified parts of male genital organs<br>Seminal vesicle<br>Tunica vaginalis |
| C63.8 | Overlapping lesion of male genital organs<br>Note : *Neoplasms of male genital organs whose point of origin cannot be assigned to any one of the categories C60 to C63.7.* |
| C63.9 | Male genital organs, NOS<br>Male genital tract, NOS<br>Male genitourinary tract, NOS |

## C64-C68 URINARY TRACT

### C64 KIDNEY

| | |
|---|---|
| C64.9◆ | Kidney, NOS<br>Renal, NOS<br>Kidney parenchyma |

### C65 RENAL PELVIS

| | |
|---|---|
| C65.9◆ | Renal pelvis<br>Pelvis of kidney<br>Renal calyces<br>Renal calyx<br>Pelviureteric junction |

### C66 URETER

| | |
|---|---|
| C66.9◆ | Ureter |

### C67 BLADDER

| | |
|---|---|
| C67.0 | Trigone of bladder |
| C67.1 | Dome of bladder |
| C67.2 | Lateral wall of bladder |

| | | | | |
|---|---|---|---|---|
| C67.3 | 膀胱前壁 | | C67.3 | Anterior wall of bladder |
| C67.4 | 膀胱後壁 | | C67.4 | Posterior wall of bladder |
| C67.5 | 膀胱頸部<br>内尿道口 | | C67.5 | Bladder neck<br>Internal urethral orifice |
| C67.6 | 尿管口 | | C67.6 | Ureteric orifice |
| C67.7 | 尿膜管 | | C67.7 | Urachus |
| C67.8 | 膀胱の境界部病巣<br>(73ページの注を参照) | | C67.8 | Overlapping lesion of bladder<br>(see note page 45 [英語版のページ]) |
| C67.9 | 膀胱, NOS<br>膀胱壁, NOS | | C67.9 | Bladder, NOS<br>Bladder wall, NOS<br>Urinary bladder, NOS |

## C68　その他及び部位不明の泌尿器

## C68　OTHER AND UNSPECIFIED URINARY ORGANS

| | | | | |
|---|---|---|---|---|
| C68.0 | 尿道<br>カウパー腺<br>前立腺小室<br>尿道腺 | | C68.0 | Urethra<br>Cowper gland<br>Prostatic utricle<br>Urethral gland |
| C68.1 | 尿道傍腺 | | C68.1 | Paraurethral gland |
| C68.8 | 泌尿器の境界部病巣<br>注：泌尿器の新生物〈腫瘍〉で，その発生<br>部位がC64-C68.1のいずれの項目に<br>も分類されないもの | | C68.8 | Overlapping lesion of urinary organs<br>Note : *Neoplasms of urinary organs*<br>*whose point of origin cannot be*<br>*assigned to any one of the*<br>*categories C64 to C68.1.* |
| C68.9 | 尿路系, NOS | | C68.9 | Urinary system, NOS |

## C69-C72　眼, 脳及びその他の中枢神経系

## C69-C72　EYE, BRAIN AND OTHER PARTS OF CENTRAL NERVOUS SYSTEM

## C69　眼及び付属器

## C69　EYE AND ADNEXA

| | | | | |
|---|---|---|---|---|
| C69.0♦ | 結膜 | | C69.0♦ | Conjunctiva |
| C69.1♦ | 角膜, NOS<br>角膜縁 | | C69.1♦ | Cornea, NOS<br>Limbus of cornea |
| C69.2♦ | 網膜 | | C69.2♦ | Retina |
| C69.3♦ | 脈絡膜 | | C69.3♦ | Choroid |
| C69.4♦ | 毛様体<br>水晶体<br>虹彩<br>強膜 | | C69.4♦ | Ciliary body<br>Crystalline lens<br>Iris<br>Sclera |

|  | ぶどう膜 | | Uveal tract |
|  | 眼内器官 | | Intraocular |
|  | 眼球 | | Eyeball |

C69.5◆ 涙腺
涙管, NOS
　鼻涙管

涙のう

C69.5◆ Lacrimal gland
Lacrimal duct, NOS
　Nasal lacrimal duct
　Nasolacrimal duct
Lacrimal sac

C69.6◆ 眼窩, NOS
眼窩の自律神経系
眼窩の結合組織
外眼筋
眼窩の末梢神経
眼球後部組織
眼窩の軟部組織

C69.6◆ Orbit, NOS
Autonomic nervous system of orbit
Connective tissue of orbit
Extraocular muscle
Peripheral nerves of orbit
Retrobulbar tissue
Soft tissue of orbit

C69.8◆ 眼及び付属器の境界部病巣
　　　(73ページの注を参照)

C69.8◆ Overlapping lesion of eye and adnexa
　　　(see note page 45 [英語版のページ])

C69.9◆ 眼, NOS

C69.9◆ Eye, NOS

## C70 髄膜

## C70 MENINGS

C70.0 脳髄膜
頭蓋硬膜
頭蓋髄膜
頭蓋軟膜
小脳鎌
大脳鎌
鎌, NOS
頭蓋内くも膜
頭蓋内髄膜
小脳テント
　テント, NOS

C70.0 Cerebral meninges
Cranial dura mater
Cranial meninges
Cranial pia mater
Falx cerebelli
Falx cerebri
Falx, NOS
Intracranial arachnoid
Intracranial meninges
Tentorium cerebelli
　Tentorium, NOS

C70.1 脊髄膜
脊髄くも膜
脊髄硬膜
脊髄軟膜

C70.1 Spinal meninges
Spinal arachnoid
Spinal dura mater
Spinal pia mater

C70.9 髄膜, NOS
くも膜, NOS
硬膜, NOS
軟膜, NOS

C70.9 Meninges, NOS
Arachnoid, NOS
Dura, NOS
Dura mater, NOS
Pia mater, NOS

## C71 脳

## C71 BRAIN

C71.0 大脳
※脳梁（C71.8から移動）
大脳基底核
中心白質
大脳皮質
大脳半球
大脳白質

C71.0 Cerebrum

Basal ganglia
Central white matter
Cerebral cortex
Cerebral hemisphere
Cerebral white matter

— 103 —

| | | | | |
|---|---|---|---|---|
| | 線条体 | | | Corpus striatum |
| | 淡蒼球 | | | Globus pallidus |
| | 視床下部 | | | Hypothalamus |
| | 島 | | | Insula |
| | 内包 | | | Internal capsule |
| | ライル島 | | | Island of Reil |
| | 弁蓋 | | | Operculum |
| | 外套 | | | Pallium |
| | 被殻 | | | Putamen |
| | 嗅脳 | | | Rhinencephalon |
| | テント上, NOS | | | Supratentorial brain, NOS |
| | 視床 | | | Thalamus |

| | | | | |
|---|---|---|---|---|
| C71.1 | **前頭葉** | | C71.1 | **Frontal lobe** |
| | 前頭極 | | | Frontal pole |

| | | | | |
|---|---|---|---|---|
| C71.2 | **側頭葉** | | C71.2 | **Temporal lobe** |
| | 海馬 | | | Hippocampus |
| | 鉤 | | | Uncus |

| | | | | |
|---|---|---|---|---|
| C71.3 | **頭頂葉** | | C71.3 | **Parietal lobe** |

| | | | | |
|---|---|---|---|---|
| C71.4 | **後頭葉** | | C71.4 | **Occipital lobe** |
| | 後頭極 | | | Occipital pole |

| | | | | |
|---|---|---|---|---|
| C71.5 | **脳室, NOS** | | C71.5 | **Ventricle, NOS** |
| | | | | Cerebral ventricle |
| | 脈絡そう(叢), NOS | | | Choroid plexus, NOS |
| | 側脳室の脈絡そう(叢) | | | Choroid plexus of lateral ventricle |
| | 第3脳室の脈絡そう(叢) | | | Choroid plexus of third ventricle |
| | 脳室上衣 | | | Ependyma |
| | 側脳室, NOS | | | Lateral ventricle, NOS |
| | 第3脳室, NOS | | | Third ventricle, NOS |

| | | | | |
|---|---|---|---|---|
| C71.6 | **小脳, NOS** | | C71.6 | **Cerebellum, NOS** |
| | 小脳橋角部 | | | Cerebellopontine angle |
| | 小脳虫部 | | | Vermis of cerebellum |

| | | | | |
|---|---|---|---|---|
| C71.7 | **脳幹** | | C71.7 | **Brain stem** |
| | 脳脚 | | | Cerebral peduncle |
| | 脳底 | | | Basis pedunculi |
| | 第4脳室の脈絡そう | | | Choroid plexus of fourth ventricle |
| | 第4脳室, NOS | | | Fourth ventricle, NOS |
| | テント下, NOS | | | Infratentorial brain, NOS |
| | 延髄 | | | Medulla oblongata |
| | 中脳 | | | Midbrain |
| | オリーブ | | | Olive |
| | 橋 | | | Pons |
| | 錐体 | | | Pyramid |

| | | | | |
|---|---|---|---|---|
| C71.8 | **脳の境界部病巣** | | C71.8 | **Overlapping lesion of brain** |
| | *(73ページの注を参照)* | | | *(see note page 45 [英語版のページ])* |
| | (脳梁はC71.0へ移動) | | | Corpus callosum |
| | 輝板 | | | Tapetum |

| | | | | |
|---|---|---|---|---|
| C71.9 | **脳, NOS** | | C71.9 | **Brain, NOS** |
| | 頭蓋内の部位 | | | Intracranial site |
| | 頭蓋窩, NOS | | | Cranial fossa, NOS |

| | |
|---|---|
| 前頭蓋窩 | Anterior cranial fossa |
| 中頭蓋窩 | Middle cranial fossa |
| 後頭蓋窩 | Posterior cranial fossa |
| 鞍上部 | Suprasellar |

## C72 脊髄，脳神経及びその他の中枢神経系 （末梢神経，交感神経，副交感神経及び神経節C47を除く）

## C72 SPINAL CORD, CRANIAL NERVES, AND OTHER PARTS OF CENTRAL NERVOUS SYSTEM (*excludes peripheral nerves, sympathetic and parasympathetic nerves and ganglia C47*)

**C72.0 脊髄**
頸髄
脊髄円錐
終糸
腰髄
仙髄
胸髄

**C72.0 Spinal cord**
Cervical cord
Conus medullaris
Filum terminale
Lumbar cord
Sacral cord
Thoracic cord

**C72.1 馬尾**

**C72.1 Cauda equina**

**C72.2 嗅神経**

**C72.2 Olfactory nerve**

**C72.3 視神経**
視交叉
視索

**C72.3 Optic nerve**
Optic chiasm
Optic tract

**C72.4 聴神経**

**C72.4 Acoustic nerve**

**C72.5 脳神経, NOS**
外転神経
副神経, NOS

顔面神経
舌咽神経
舌下神経
動眼神経
三叉神経
滑車神経
迷走神経

**C72.5 Cranial nerve, NOS**
Abducens nerve
Accessory nerve, NOS
　Spinal accessory nerve
Facial nerve
Glossopharyngeal nerve
Hypoglossal nerve
Oculomotor nerve
Trigeminal nerve
Trochlear nerve
Vagus nerve

**C72.8 脳及び中枢神経系の境界部病巣**

注：脳及び中枢神経系の新生物〈腫瘍〉で，その発生部位がC70-C72.5のいずれの項目にも分類されないもの

**C72.8 Overlapping lesion of brain and central nervous system**

Note : *Neoplasms of brain and central nervous system whose point of origin cannot be assigned to any one of the categories C70 to C72.5.*

**C72.9 神経系, NOS**
中枢神経系
硬膜外

傍トルコ鞍部

**C72.9 Nervous system, NOS**
Central nervous system
Epidural
Extradural
Parasellar

C73-C75　甲状腺及びその他の内分泌腺　　C73-C75　THYROID AND OTHER
　　　　　　　　　　　　　　　　　　　　　　　　　　　　ENDOCRINE GLANDS

## C73　甲状腺

### C73　THYROID GLAND

C73.9　甲状腺
　　　　甲状腺, NOS
　　　　甲状舌管

C73.9　Thyroid gland
　　　　Thyroid, NOS
　　　　Thyroglossal duct

## C74　副腎

### C74　ADRENAL GLAND

C74.0◆　副腎皮質

C74.0◆　Cortex of adrenal gland

C74.1◆　副腎髄質

C74.1◆　Medulla of adrenal gland

C74.9◆　副腎, NOS

C74.9◆　Adrenal gland, NOS
　　　　Suprarenal gland
　　　　Adrenal, NOS

C75　その他の内分泌腺及び関連組織　　C75　OTHER ENDOCRINE GLANDS
　　　　　　　　　　　　　　　　　　　　　　　　　AND RELATED
　　　　　　　　　　　　　　　　　　　　　　　　　STRUCTURES

C75.0　上皮小体

C75.0　Parathyroid gland

C75.1　下垂体
　　　　下垂体, NOS
　　　　ラトケのう(嚢)
　　　　トルコ鞍
　　　　下垂体窩

C75.1　Pituitary gland
　　　　Pituitary, NOS
　　　　Hypophysis
　　　　Rathke pouch
　　　　Sella turcica
　　　　Pituitary fossa

C75.2　頭蓋咽頭管

C75.2　Craniopharyngeal duct

C75.3　松果体

C75.3　Pineal gland

C75.4◆　頸動脈小体

C75.4◆　Carotid body

C75.5　大動脈小体及びその他のパラガングリア
　　　　尾骨小体
　　　　尾骨糸球
　　　　頸動脈小体
　　　　傍大動脈体
　　　　　ツッカーカンドル器官
　　　　パラガングリオン

C75.5　Aortic body and other paraganglia
　　　　Coccygeal body
　　　　Coccygeal glomus
　　　　Glomus jugulare
　　　　Para-aortic body
　　　　　Organ of Zuckerkandl
　　　　Paraganglion

C75.8　内分泌腺及び関連組織の境界部病巣

　　　　(73ページの注を参照)
　　　　多内分泌腺(複数の内分泌腺)
　　　　多腺性(多発性内分泌腺)

C75.8　Overlapping lesion of endocrine glands
　　　　and related structures

　　　　(see note page 45 [英語版のページ])
　　　　Multiple endocrine glands
　　　　Pluriglandular

C75.9　内分泌腺, NOS

C75.9　Endocrine gland, NOS

## C76　その他及び不明確な部位

**C76.0　頭部, 顔面又は頸部, NOS**
頬, NOS
顎, NOS
鼻, NOS
頸部, NOS
鎖骨上部, NOS

**C76.1　胸郭, NOS**
腋窩, NOS
胸部, NOS
胸壁, NOS
胸腔内, NOS
胸郭壁, NOS
鎖骨下部, NOS
肩甲部, NOS

**C76.2　腹部, NOS**
腹壁, NOS
腹腔内, NOS

**C76.3　骨盤, NOS**
殿部, NOS
そけい部, NOS
坐骨直腸窩
骨盤壁, NOS
会陰部, NOS
直腸腟中隔
直腸膀胱中隔
殿部, NOS
そけい部, NOS
直腸周囲, NOS
仙骨前部, NOS
仙尾骨部, NOS

**C76.4　上肢, NOS**
肘前窩, NOS
腕, NOS
肘, NOS
指, NOS
前腕, NOS
手, NOS
肩, NOS
母指, NOS
手首, NOS

**C76.5　下肢, NOS**
足首, NOS
ふくらはぎ, NOS
足, NOS
かかと, NOS
股関節部, NOS
膝, NOS
脚, NOS
膝窩, NOS
大腿, NOS

## C76　OTHER AND ILL-DEFINED SITES

**C76.0　Head, face or neck, NOS**
Cheek, NOS
Jaw, NOS
Nose, NOS
Cervical region, NOS
Supraclavicular region, NOS

**C76.1　Thorax, NOS**
Axilla, NOS
Chest, NOS
Chest wall, NOS
Intrathoracic site, NOS
Thoracic wall, NOS
Infraclavicular region, NOS
Scapular region, NOS

**C76.2　Abdomen, NOS**
Abdominal wall, NOS
Intra-abdominal site, NOS

**C76.3　Pelvis, NOS**
Buttock, NOS
Groin, NOS
Ischiorectal fossa
Pelvic wall, NOS
Perineum, NOS
Rectovaginal septum
Rectovesical septum
Gluteal region, NOS
Inguinal region, NOS
Perirectal region, NOS
Presacral region, NOS
Sacrococcygeal region, NOS

**C76.4　Upper limb, NOS**
Antecubital space, NOS
Arm, NOS
Elbow, NOS
Finger, NOS
Forearm, NOS
Hand, NOS
Shoulder, NOS
Thumb, NOS
Wrist, NOS

**C76.5　Lower limb, NOS**
Ankle, NOS
Calf, NOS
Foot, NOS
Heel, NOS
Hip, NOS
Knee, NOS
Leg, NOS
Popliteal space, NOS
Thigh, NOS

趾, NOS

Toe, NOS

| C76.7 | その他の不明確な部位<br>背部, NOS<br>側腹部, NOS<br>体幹, NOS | C76.7 | Other ill-defined sites<br>Back, NOS<br>Flank, NOS<br>Trunk, NOS |
|---|---|---|---|
| C76.8 | 部位不明確の境界部病巣<br>*(73ページの注を参照)* | C76.8 | Overlapping lesion of ill-defined sites<br>*(see note page 45 [英語版のページ])* |

## C77　リンパ節

## C77　LYMPH NODES

| C77.0 | 頭部, 顔面および頸部のリンパ節<br>耳介リンパ節<br>頸部リンパ節<br>顔面リンパ節<br>頸静脈リンパ節<br>下顎リンパ節<br>後頭リンパ節<br>耳下腺リンパ節<br>耳介前リンパ節<br>喉頭前リンパ節<br>気管前リンパ節<br>咽後リンパ節<br>斜角筋リンパ節<br>舌下リンパ節<br>顎下リンパ節<br>上顎下リンパ節<br>おとがい下リンパ節<br>鎖骨上リンパ節 | C77.0 | Lymph nodes of head, face and neck<br>Auricular lymph node<br>Cervical lymph node<br>Facial lymph node<br>Jugular lymph node<br>Mandibular lymph node<br>Occipital lymph node<br>Parotid lymph node<br>Preauricular lymph node<br>Prelaryngeal lymph node<br>Pretracheal lymph node<br>Retropharyngeal lymph node<br>Scalene lymph node<br>Sublingual lymph node<br>Submandibular lymph node<br>Submaxillary lymph node<br>Submental lymph node<br>Supraclavicular lymph node |
| C77.1 | 胸腔内リンパ節<br>気管支リンパ節<br>気管支肺リンパ節<br>横隔膜リンパ節<br>食道リンパ節<br>肺門リンパ節, NOS<br>腕頭リンパ節<br>肋間リンパ節<br>縦隔リンパ節<br>胸骨傍リンパ節<br>肺リンパ節, NOS<br>胸腔リンパ節<br>気管リンパ節<br>気管気管支リンパ節 | C77.1 | Intrathoracic lymph nodes<br>Bronchial lymph node<br>Bronchopulmonary lymph node<br>Diaphragmatic lymph node<br>Esophageal lymph node<br>Hilar lymph node, NOS<br>Innominate lymph node<br>Intercostal lymph node<br>Mediastinal lymph node<br>Parasternal lymph node<br>Pulmonary hilar lymph node<br>Pulmonary lymph node, NOS<br>Thoracic lymph node<br>Tracheal lymph node<br>Tracheobronchial lymph node |
| C77.2 | 腹腔内リンパ節<br>腹部リンパ節<br>大動脈リンパ節<br>腹腔リンパ節<br>結腸リンパ節<br>総胆管リンパ節<br>胃リンパ節<br>肝リンパ節<br>回結腸リンパ節<br>下腸間膜リンパ節 | C77.2 | Intra-abdominal lymph nodes<br>Abdominal lymph node<br>Aortic lymph node<br>Celiac lymph node<br>Colic lymph node<br>Common duct lymph node<br>Gastric lymph node<br>Hepatic lymph node<br>Ileocolic lymph node<br>Inferior mesenteric lymph node |

| | | | |
|---|---|---|---|
| | 小腸リンパ節 | | Intestinal lymph node |
| | 腰リンパ節 | | Lumbar lymph node |
| | 腸間膜リンパ節, NOS | | Mesenteric lymph node, NOS |
| | 中結腸リンパ節 | | Midcolic lymph node |
| | 膵リンパ節, NOS | | Pancreatic lymph node, NOS |
| | 大動脈傍リンパ節 | | Para-aortic lymph node |
| | 大動脈周囲リンパ節 | | Periaortic lymph node |
| | 膵周囲リンパ節 | | Peripancreatic lymph node |
| | 肝門リンパ節 | | Porta hepatis lymph node |
| | 門脈リンパ節 | | Portal lymph node |
| | 幽門リンパ節 | | Pyloric lymph node |
| | 後腹膜リンパ節 | | Retroperitoneal lymph node |
| | 脾リンパ節, NOS | | Splenic lymph node, NOS |
| | 脾門リンパ節 | | Splenic hilar lymph node |
| | 上腸間膜リンパ節 | | Superior mesenteric lymph node |
| **C77.3** | **腋窩又は腕のリンパ節** | **C77.3** | **Lymph nodes of axilla or arm** |
| | 腋窩リンパ節 | | Axillary lymph node |
| | 上腕リンパ節 | | Brachial lymph node |
| | 肘リンパ節 | | Cubital lymph node |
| | 滑車上リンパ節 | | Epitrochlear lymph node |
| | 鎖骨下リンパ節 | | Infraclavicular lymph node |
| | 上肢のリンパ節 | | Lymph node of upper limb |
| | 胸筋リンパ節 | | Pectoral lymph node |
| | 肩甲下リンパ節 | | Subclavicular lymph node |
| | | | Subscapular lymph node |
| **C77.4** | **下肢又はそけい部のリンパ節** | **C77.4** | **Lymph nodes of inguinal region or leg** |
| | 大腿リンパ節 | | Femoral lymph node |
| | そけいリンパ節 | | Inguinal lymph node |
| | クロケーリンパ節 | | Lymph node of Cloquet |
| | そけいのリンパ節 | | Lymph node of groin |
| | 下肢のリンパ節 | | Lymph node of lower limb |
| | ローゼンミュラーのリンパ節 | | Lymph node of Rosenmuller |
| | 膝窩リンパ節 | | Popliteal lymph node |
| | そけい下リンパ節 | | Subinguinal lymph node |
| | 頸骨リンパ節 | | Tibial lymph node |
| **C77.5** | **骨盤リンパ節** | **C77.5** | **Pelvic lymph nodes** |
| | 下腹リンパ節 | | Hypogastric lymph node |
| | 腸骨リンパ節 | | Iliac lymph node |
| | 下腹壁リンパ節 | | Inferior epigastric lymph node |
| | 骨盤内リンパ節 | | Intrapelvic lymph node |
| | 閉鎖リンパ節 | | Obturator lymph node |
| | 傍子宮頸リンパ節 | | Paracervical lymph node |
| | 傍子宮リンパ節 | | Parametrial lymph node |
| | 恥骨結合前リンパ節 | | Presymphysial lymph node |
| | 仙骨リンパ節 | | Sacral lymph node |
| **C77.8** | **多部位のリンパ節** | **C77.8** | **Lymph nodes of multiple regions** |
| **C77.9** | **リンパ節, NOS** | **C77.9** | **Lymph node, NOS** |

## C80　原発部位不明　　　　　　　　C80　UNKNOWN PRIMARY SITE

| | | | |
|---|---|---|---|
| **C80.9** | **原発部位不明** | **C80.9** | **Unknown primary site** |

# 新生物〈腫瘍〉の性状を表す第5桁コード

／0 　　 良性

／1 　　 良性又は悪性の別不詳
　　　　　　境界悪性
　　　　　　低悪性度
　　　　　　悪性の潜在性不詳

／2 　　 上皮内癌
　　　　　　上皮内
　　　　　　非浸潤性
　　　　　　非侵襲性

／3 　　 悪性，原発部位

／6 　　 悪性，転移部位
　　　　　　悪性，続発部位

／9 　　 悪性，原発部位又は転移部位の別不詳

# 5<sup>th</sup> DIGIT BEHAVIOR CODE FOR NEOPLASMS

／0    Benign

／1    Uncertain whether benign or malignant
         Borderline malignancy
         Low malignant potential
         Uncertain malignant potential

／2    Carcinoma in situ
         Intraepithelial
         Noninfiltrating
         Noninvasive

／3    Malignant, primary site

／6    Malignant, metastatic site
         Malignant, secondary site

／9    Malignant, uncertain whether primary or metastatic site

## 組織学的異型度及び分化度を表す第6桁コード

1 異型度Ⅰ 高分化
分化, NOS

2 異型度Ⅱ 中分化
中等度分化
中程度分化

3 異型度Ⅲ 低分化

4 異型度Ⅳ 未分化
退形成

9 異型度又は分化度が未決定, 未記載又は適用外

---

## リンパ腫及び白血病の免疫学的表現型
## (Immunophenotype) 由来の別を表す第6桁コード

5 T細胞

6 B細胞
前B
B前駆細胞

7 ヌル細胞
非T・非B

8 NK(natural-killer)細胞

9 細胞型が未決定, 未記載又は適用外

# 6<sup>th</sup> DIGIT CODE FOR HISTOLOGIC GRANDING AND DIFFERENTIATION

1    Grade I    Well differentiated

   Differantiated, NOS


2    Grade II    Moderately differentiated

   Moderately well differentiated

   Intermediate differentiated


3    Grade III    Poorly differentiated


4    Grade IV    Undifferentiated

   Anaplastic


9    Grade or differentiation not determined, not stated or not applicable

---

# 6<sup>th</sup> DIGIT CODE FOR IMMUNOPHENOTYPE DESIGNATION FOR LYMPHOMAS AND LEUKEMIAS

5    T-cell


6    B-cell

   Pre-B

   B-precursor


7    Null cell

   Non T-non B


8    NK (natural killer) cell


9    Cell type not determined, not stated or not applicable

# 形態，番号順リスト

※1……ICD－O第３版で新しく設けられたコード　　（471頁参照）
※2……新しい形態用語及び類義語　　　　　　　　（486頁参照）
※3……形態コードが変更された用語　　　　　　　（500頁参照）
※4……腫瘍様病変から新生物に変更された用語　　（505頁参照）
※5……ICD－O第３版から削除された用語　　　　（506頁参照）
※6……性状コードが変更された用語　　　　　　　（508頁参照）
　*アメリカのみ使用（1995-2000）
**アメリカのみ使用（1998-2000）

ICD－O第３版2012年改訂版での変更箇所
★………新たに追加された用語・コード　　　　　（514頁参照）
☆………変更された用語・コード　　　　　　　　（520，521，522，
▼………わが国のがん登録でのルール等の注釈　　　　523頁参照）
▽………3.1版で追加された注釈

# 形　　態

## 800　新生物, NOS

## 800　NEOPLASMS, NOS

8000／0　**新生物, 良性**
腫瘍, 良性
分類されない腫瘍, 良性

8000／0　Neoplasm, benign
Tumor, benign
Unclassified tumor, benign

8000／1　**新生物, 良性又は悪性の別不詳**

新生物, NOS
腫瘍, NOS
分類されない腫瘍, 良性又は悪性の
別不詳
分類されない腫瘍, 境界悪性領域 ※2

8000／1　Neoplasm, uncertain whether benign
or malignant
Neoplasm, NOS
Tumor, NOS
Unclassified tumor, uncertain
whether benign or malignant
Unclassified tumor, borderline
malignancy ※2

8000／3　**新生物, 悪性**
腫瘍, 悪性, NOS
悪性腫瘍
がん
分類されない腫瘍, 悪性
芽腫, NOS

8000／3　Neoplasm, malignant
Tumor, malignant, NOS
Malignancy
Cancer
Unclassified tumor, malignant
Blastoma, NOS

8000／6　**新生物, 転移性**
新生物, 続発性
腫瘍, 転移性
腫瘍, 続発性
腫瘍塞栓

8000／6　Neoplasm, metastatic
Neoplasm, secondary
Tumor, metastatic
Tumor, secondary
Tumor embolus

8000／9　**新生物, 悪性, 原発又は転移の別不詳**

分類されない腫瘍, 悪性, 原発又は転
移の別不詳

8000／9　Neoplasm, malignant, uncertain
whether primary or metastatic
Unclassified tumor, malignant,
uncertain whether primary or
metastatic

8001／0　**腫瘍細胞, 良性**

8001／0　Tumor cells, benign

8001／1　**腫瘍細胞, 良性又は悪性の別不詳**

腫瘍細胞, NOS

8001／1　Tumor cells, uncertain whether benign
or malignant
Tumor cells, NOS

8001／3　**腫瘍細胞, 悪性**

8001／3　Tumor cells, malignant

8002／3　**悪性腫瘍, 小細胞型**

8002／3　Malignant tumor, small cell type

8003／3　**悪性腫瘍, 巨細胞型**

8003／3　Malignant tumor, giant cell type

8004／3　**悪性腫瘍, 紡錘形細胞型**

8004／3　Malignant tumor, spindle cell type
Malignant tumor, fusiform cell type

8005／0　**明細胞腫瘍, NOS** ※1

8005／0　Clear cell tumor, NOS ※1

| 8005／3 | 悪性腫瘍, 明細胞型 [※1] | 8005／3 | Malignant tumor, clear cell type [※1] |

## 801－804　上皮性新生物, NOS

## 801-804　EPITHELIAL NEOPLASMS, NOS

| 8010／0 | 上皮性腫瘍, 良性 | 8010／0 | Epithelial tumor, benign |
| 8010／2 | 上皮内癌, NOS | 8010／2 | Carcinoma in situ, NOS<br>Intraepithelial carcinoma, NOS |
| 8010／3 | 癌腫, NOS<br>上皮性腫瘍, 悪性 | 8010／3 | Carcinoma, NOS<br>Epithelial tumor, malignant |
| 8010／6 | 癌腫, 転移性, NOS<br>続発性癌 | 8010／6 | Carcinoma, metastatic, NOS<br>Secondary carcinoma |
| 8010／9 | 癌腫症 | 8010／9 | Carcinomatosis |
| 8011／0 | 上皮腫, 良性 | 8011／0 | Epithelioma, benign |
| 8011／3 | 上皮腫, 悪性<br>上皮腫, NOS | 8011／3 | Epithelioma, malignant<br>Epithelioma, NOS |
| 8012／3 | 大細胞癌, NOS | 8012／3 | Large cell carcinoma, NOS |
| 8013／3 | 大細胞神経内分泌癌 [※1] | 8013／3 | Large cell neuroendocrine carcinoma [※1] |
| 8014／3 | ラブドイド型を伴う大細胞癌 [※1] | 8014／3 | Large cell carcinoma with rhabdoid phenotype [※1] |
| 8015／3 | 硝子細胞癌 [※1] | 8015／3 | Glassy cell carcinoma [※1] |
| 8020／3 | 癌腫, 未分化, NOS | 8020／3 | Carcinoma, undifferentiated, NOS |
| 8021／3 | 癌腫, 退形成性, NOS | 8021／3 | Carcinoma, anaplastic, NOS |
| 8022／3 | 多形細胞癌 | 8022／3 | Pleomorphic carcinoma |
| 8030／3 | 巨細胞及び紡錘形細胞癌 | 8030／3 | Giant cell and spindle cell carcinoma |
| 8031／3 | 巨細胞癌 | 8031／3 | Giant cell carcinoma |
| 8032／3 | 紡錘形細胞癌, NOS | 8032／3 | Spindle cell carcinoma, NOS |
| 8033／3 | 偽肉腫様癌<br>肉腫様癌 [※2] | 8033／3 | Pseudosarcomatous carcinoma<br>Sarcomatoid carcinoma [※2] |
| 8034／3 | 多角形細胞癌 | 8034／3 | Polygonal cell carcinoma |
| 8035／3 | 破骨細胞様巨細胞を伴う癌 [※1] | 8035／3 | Carcinoma with osteoclast-like giant cells [※1] |
| 8040／0 | ツモレット, 良性 [※2] | 8040／0 | Tumorlet, benign [※2] |
| 8040／1 | ツモレット, NOS [※2] | 8040／1 | Tumorlet, NOS [※2] |

| | | | |
|---|---|---|---|
| 8041／3 | 小細胞癌, NOS<br>予備細胞癌<br>円形細胞癌<br>小細胞神経内分泌癌 [2] | 8041／3 | Small cell carcinoma, NOS<br>Reserve cell carcinoma<br>Round cell carcinoma<br>Small cell neuroendocrine carcinoma [2] |
| 8042／3 | 燕麦細胞癌（C34._） | 8042／3 | Oat cell carcinoma (C34._) |
| 8043／3 | 小細胞癌, 紡錘形細胞 | 8043／3 | Small cell carcinoma, fusiform cell |
| 8044／3 | 小細胞癌, 中細胞 | 8044／3 | Small cell carcinoma, intermediate cell |
| 8045／3 | 小細胞混合癌 [2]<br><br>小細胞・大細胞混合癌 [2]<br><br>小細胞・腺混合癌 [2]<br>小細胞・扁平上皮混合癌 | 8045／3 | Combined small cell carcinoma [2]<br>Mixed small cell carcinoma [2]<br>Combined small cell-large cell carcinoma [2]<br>Combined small cell-adenocarcinoma [2]<br>Combined small cell-squamous cell carcinoma |
| 8046／3 | 非小細胞癌（C34._） [1] | 8046／3 | Non-small cell carcinoma (C34._) [1] |

## 805－808　扁平上皮性新生物　　805-808　SQUAMOUS CELL NEOPLASMS

| | | | |
|---|---|---|---|
| 8050／0 | 乳頭腫, NOS（膀胱の乳頭腫M-8120／1を除く） | 8050／0 | Papilloma, NOS (except papilloma of bladder M-8120/1) |
| 8050／2 | 乳頭状上皮内癌 | 8050／2 | Papillary carcinoma in situ |
| 8050／3 | 乳頭状癌, NOS<br>［甲状腺癌では 8260／3］ | 8050／3 | Papillary carcinoma, NOS |
| 8051／0 | ゆう状乳頭腫 | 8051／0 | Verrucous papilloma |
| 8051／3 | ゆう状癌, NOS<br>コンジローム様癌 [2]<br>ゆう状扁平上皮癌<br>ゆう状類表皮癌<br>ゆう状癌 [2] | 8051／3 | Verrucous carcinoma, NOS<br>Condylomatous carcinoma [2]<br>Verrucous squamous cell carcinoma<br>Verrucous epidermoid carcinoma<br>Warty carcinoma [2] |
| 8052／0 | 扁平上皮乳頭腫, NOS<br>角化性乳頭腫 | 8052／0 | Squamous cell papilloma, NOS<br>Squamous papilloma Keratotic papilloma |
| 8052／2 | 乳頭状扁平上皮癌, 非浸潤性 [2]<br><br>乳頭状扁平上皮内癌 [2] | 8052／2 | Papillary squamous cell carcinoma, non-invasive [2]<br>Papillary squamous cell carcinoma in situ [2] |
| 8052／3 | 乳頭状扁平上皮癌<br>乳頭状類表皮癌 | 8052／3 | Papillary squamous cell carcinoma<br>Papillary epidermoid carcinoma |
| 8053／0 | 扁平上皮乳頭腫, 内向性 [2] | 8053／0 | Squamous cell papilloma, inverted [2] |
| 8060／0 | 扁平上皮乳頭腫症 [2]<br>乳頭腫症, NOS | 8060／0 | Squamous papillomatosis [2]<br>Papillomatosis, NOS |

| | | | |
|---|---|---|---|
| 8070／2 | 上皮内扁平上皮癌, NOS<br>　　上皮内類表皮癌, NOS<br>　　表皮内癌, NOS<br>　　扁平表皮内癌 | 8070／2 | Squamous cell carcinoma in situ, NOS<br>　　Epidermoid carcinoma in situ, NOS<br>　　Intraepidermal carcinoma, NOS<br>　　Intraepithelial squamous cell<br>　　　carcinoma |
| 8070／3 | 扁平上皮癌, NOS<br>　　類表皮癌, NOS<br>　　扁平上皮癌<br>　　扁平上皮腫 | 8070／3 | Squamous cell carcinoma, NOS<br>　　Epidermoid carcinoma, NOS<br>　　Squamous carcinoma<br>　　Squamous cell epithelioma |
| 8070／6 | 扁平上皮癌, 転移性, NOS | 8070／6 | Squamous cell carcinoma, metastatic,<br>NOS |
| 8071／3 | 扁平上皮癌, 角化, NOS<br><br>　　扁平上皮癌, 大細胞性, 角化<br><br>　　類表皮癌, 角化 | 8071／3 | Squamous cell carcinoma, keratinizing,<br>NOS<br>　　Squamous cell carcinoma, large<br>　　　cell, keratinizing<br>　　Epidermoid carcinoma, keratinizing |
| 8072／3 | 扁平上皮癌, 大細胞性, 非角化, NOS<br><br>　　扁平上皮癌, 非角化, NOS<br><br>　　類表皮癌, 大細胞性, 非角化, NOS | 8072／3 | Squamous cell carcinoma, large cell,<br>nonkeratinizing, NOS<br>　　Squamous cell carcinoma,<br>　　　nonkeratinizing, NOS<br>　　Epidermoid carcinoma, large cell,<br>　　　nonkeratinizing, NOS |
| 8073／3 | 扁平上皮癌, 小細胞性, 非角化<br><br>　　類表皮癌, 小細胞性, 非角化 | 8073／3 | Squamous cell carcinoma, small cell,<br>nonkeratinizing<br>　　Epidermoid carcinoma, small cell,<br>　　　nonkeratinizing |
| 8074／3 | 扁平上皮癌, 紡錘形細胞<br>　　類表皮癌, 紡錘形細胞<br>　　扁平上皮癌, 肉腫様 [※2]<br><br>　　紡錘形細胞癌《頭頸部癌》[▼1]<br>[▼NCC注1:] 頭頸部癌取扱い規約では、<br>扁平上皮癌の亜型として、「紡錘形細胞癌」と<br>いう表記がされている | 8074／3 | Squamous cell carcinoma, spindle cell<br>　　Epidermoid carcinoma, spindle cell<br>　　Squamous cell carcinoma,<br>　　　sarcomatoid [※2]<br>　　Spindle cell carcinoma, NOS[▼1] |
| 8075／3 | 扁平上皮癌, 腺様<br>　　扁平上皮癌, 偽腺様<br><br>　　扁平上皮癌, 棘融解性 [※2] | 8075／3 | Squamous cell carcinoma, adenoid<br>　　Squamous cell carcinoma,<br>　　　pseudoglandular<br>　　Squamous cell carcinoma,<br>　　　acantholytic [※2] |
| 8076／2 | 間質浸潤には疑義がある上皮内扁平上<br>皮癌<br>　　間質浸潤には疑義がある上皮内類表<br>　　皮癌 | 8076／2 | Squamous cell carcinoma in situ with<br>questionable stromal invasion<br>　　Epidermoid carcinoma in situ with<br>　　　questionable stromal invasion |
| 8076／3 | 扁平上皮癌, 微小浸潤性 | 8076／3 | Squamous cell carcinoma,<br>microinvasive |
| 8077／0★ | 扁平上皮内腫瘍, 低異型度★ | 8077／0★ | Squamous intraepithelial neoplasia, low<br>grade★ |

| | |
|---|---|
| 扁平上皮内腫瘍, I 度 ★ | Squamous intraepithelial neoplasia, grade I ★ |
| 扁平上皮内腫瘍, II 度 ★ | Squamous intraepithelial neoplasia, grade II ★ |
| 肛門上皮内腫瘍, 低異型度 (C21.1) ★ | Anal intraepithelial neoplasia, low grade (C21.1) ★ |
| 子宮頸上皮内腫瘍, 低異型度 (C53._) ★ | Cervical intraepithelial neoplasia, low grade (C53._) ★ |
| 食道扁平上皮内腫瘍 (異形成), 低異型度 (C15._) ★ | Esophageal squamous intraepithelial neoplasia (dysplasia), low grade (C15._) ★ |

**8077／2☆** 扁平上皮内腫瘍, 高異型度 ★     **8077／2☆** Squamous intraepithelial neoplasia high grade ★

| | |
|---|---|
| 扁平上皮内腫瘍, III 度 ※2 ☆ (コーディングガイドライン47頁参照) | Squamous intraepithelial neoplasia, grade III ※2 ☆ (see Coding Guidelines, page 28 [英語版のページ]) |
| 子宮頸上皮内腫瘍, III 度 (C53._) | Cervical intraepithelial neoplasia, grade III (C53._) |
| CIN, III, NOS (C53._) | CIN III, NOS (C53._) |
| CIN, III, 高度異形成を伴う (C53._) | CIN III with severe dysplasia (C53._) |
| 膣上皮内腫瘍, III 度 (C52._) ※2 | Vaginal intraepithelial neoplasia, grade III (C52._) ※2 |
| VAIN III (C52._) | VAIN III (C52._) |
| 外陰上皮内腫瘍, III 度 (C51._) ※2 | Vulvar intraepithelial neoplasia, grade III (C51._) ※2 |
| VIN III (C51._) | VIN III (C51._) |
| 肛門上皮内腫瘍, III 度 (C21.1) ※2 | Anal intraepithelial neoplasia, grade III (C21.1) ※2 |
| AIN III (C21.1) ※2 | AIN III (C21.1) ※2 |
| 食道扁平上皮内腫瘍 (異形成), 高異型度 (C15._) ★ | Esophageal squamous intraepithelial neoplasia (dysplasia), high grade (C15._) ★ |

**8078／3** 角化真珠を伴う扁平上皮癌 ※1     **8078／3** Squamous cell carcinoma with horn formation ※1

**8080／2** ケイラー紅色肥厚症 (C60._)     **8080／2** Queyrat erythroplasia (C60._)

**8081／2** ボウエン病 (C44._)     **8081／2** Bowen disease (C44._)
表皮内扁平上皮癌, ボウエン型 (C44._)     Intraepidermal squamous cell carcinoma, Bowen type (C44._)

**8082／3** リンパ上皮癌     **8082／3** Lymphoepithelial carcinoma
リンパ上皮腫     Lymphoepithelioma
リンパ上皮腫様癌 ※2     Lymphoepithelioma-like carcinoma ※2
シュミンケ腫瘍 (C11._)     Schmincke tumor (C11._)

**8083／3** 基底細胞様扁平上皮癌 ※1     **8083／3** Basaloid squamous cell carcinoma ※1

**8084／3** 扁平上皮癌, 明細胞型 ※1     **8084／3** Squamous cell carcinoma, clear cell type ※1

## 809－811　基底細胞性新生物　　809-811　BASAL CELL NEOPLASMS

8090／1　基底細胞腫瘍（C44._）

8090／1　Basal cell tumor（C44._）

8090／3　基底細胞癌, NOS（C44._）
　　　　　基底細胞上皮腫（C44._）
　　　　　侵蝕性潰瘍（C44._）
　　　　　色素性基底細胞癌（C44._）

8090／3　Basal cell carcinoma, NOS（C44._）
　　　　　Basal cell epithelioma（C44._）
　　　　　Rodent ulcer（C44._）
　　　　Pigmented basal cell carcinoma（C44._）

8091／3　多病巣性表在性基底細胞癌（C44._）[2]

　　　　　多中心性基底細胞癌（C44._）

8091／3　Multifocal superficial basal cell
　　　　　carcinoma（C44._）[2]
　　　　　　Multicentric basal cell carcinoma
　　　　　　（C44._）

8092／3　浸潤性基底細胞癌, NOS（C44._）[2]

　　　　　浸潤性基底細胞癌, 非硬化性（C44._）[2]

　　　　　浸潤性基底細胞癌, 硬化性（C44._）[2]

　　　　　基底細胞癌, morpheic（C44._）[2]

　　　　　基底細胞癌, 線維形成型（C44._）[2]

8092／3　Infiltrating basal cell carcinoma, NOS
　　　　　（C44._）[2]
　　　　　Infiltrating basal cell carcinoma, non-
　　　　　　sclerosing（C44._）[2]
　　　　　Infiltrating basal cell carcinoma,
　　　　　　sclerosing　（C44._）[2]
　　　　　　Basal cell carcinoma, morpheic
　　　　　　（C44._）[2]
　　　　　　Basal cell carcinoma, desmoplastic
　　　　　　type（C44._）[2]

8093／3　基底細胞癌, 線維上皮性（C44._）

　　　　　線維上皮腫, ピンカス型 [2]
　　　　　線維上皮性基底細胞癌,
　　　　　　ピンカス型 [2]
　　　　　ピンカス腫瘍 [2]
　　　　　線維上皮腫, NOS [2]

8093／3　Basal cell carcinoma, fibroepithelial
　　　　　（C44._）
　　　　　Fibroepithelioma of Pinkus type [2]
　　　　　Fibroepithelial basal cell
　　　　　　carcinoma, Pinkus type [2]
　　　　　Pinkus tumor [2]
　　　　　Fibroepithelioma, NOS [2]

8094／3　基底扁平上皮癌（C44._）
　　　　　基底・扁平上皮細胞混合癌（C44._）

8094／3　Basosquamous carcinoma（C44._）
　　　　　Mixed basal-squamous cell
　　　　　　carcinoma C44._）

8095／3　変形癌（C44._）

8095／3　Metatypical carcinoma（C44._）

8096／0　ヤダッソン表皮内上皮腫（C44._）

8096／0　Intraepidermal epithelioma of
　　　　　Jadassohn（C44._）

8097／3　基底細胞癌, 結節性（C44._）[1]
　　　　　基底細胞癌, 小結節性（C44._）[1]

8097／3　Basal cell carcinoma, nodular（C44._）[1]
　　　　　Basal cell carcinoma, micronodular
　　　　　　（C44._）[1]

8098／3　腺様基底細胞癌（C53._）[1]

8098／3　Adenoid basal carcinoma（C53._）[1]

8100／0　毛包上皮腫（C44._）
　　　　　ブルック腫瘍（C44._）
　　　　　腺様のう胞性上皮腫（C44._）

8100／0　Trichoepithelioma（C44._）
　　　　　Brooke tumor（C44._）
　　　　　Epithelioma adenoides cysticum
　　　　　　（C44._）

8101／0　毛包のう腫（C44._）

8101／0　Trichofolliculoma（C44._）

8102／0　毛根鞘腫（C44._）

8102／0　Trichilemmoma（C44._）

8102／3　毛根鞘癌（C44._）[2]

8102／3　Trichilemmocarcinoma（C44._）[2]

－ 122 －

Trichilemmal carcinoma (C44._) [※2]

| | |
|---|---|
| 8103／0 | 毛髪癌（C44._） [※1]<br>増殖性毛根鞘のう胞 [※1]<br>増殖性毛根鞘腫瘍 [※1] |

8103／0 Pilar tumor (C44._) [※1]
　　Proliferating trichilemmal cyst [※1]
　　Proliferating trichilemmal tumor [※1]

8110／0 毛基質腫, NOS（C44._）
　　マレルブ石灰化上皮腫（C44._）

　　毛基質性上皮腫, NOS（C44._）[※2]

8110／0 Pilomatrixoma, NOS (C44._)
　　Calcifying epithelioma of Malherbe
　　(C44._)
　　Pilomatricoma, NOS (C44._) [※2]

8110／3 毛基質癌（C44._）
　　毛基質腫, 悪性（C44._）
　　毛質性上皮腫, 悪性（C44._）[※2]
　　基質癌（C44._）[※2]

8110／3 Pilomatrix carcinoma (C44._)
　　Pilomatrixoma, malignant (C44._)
　　Pilomatricoma, malignant (C44._) [※2]
　　Matrical carcinoma (C44._) [※2]

## 812−813　移行上皮乳頭腫及び移行上皮癌

## 812-813　TRANSITIONAL CELL PAPILLOMAS AND CARCINOMAS

8120／0 移行上皮乳頭腫, 良性
　　移行性乳頭腫

8120／0 Transitional cell papilloma, benign
　　Transitional papilloma

8120／1 尿路上皮乳頭腫, NOS
　　膀胱乳頭腫（C67._）
　　移行上皮乳頭腫, NOS [※2/※6]

8120／1 Urothelial papilloma, NOS
　　Papilloma of bladder (C67._)
　　Transitional cell papilloma, NOS [※2/※6]

8120／2 上皮内移行上皮癌
　　上皮内尿路上皮癌 [※2]

8120／2 Transitional cell carcinoma in situ
　　Urothelial carcinoma in situ [※2]

8120／3 移行上皮癌, NOS
　　尿路上皮癌, NOS
　　移行上皮癌

8120／3 Transitional cell carcinoma, NOS
　　Urothelial carcinoma, NOS
　　Transitional carcinoma

8121／0 シュナイダー乳頭腫, NOS（C30.0, C31._）

　　洞鼻乳頭腫, NOS（C30.0, C31._）[※2]

　　洞鼻乳頭腫, 外向型（C30.0, C31._）[※2]

　　洞鼻乳頭腫, 茸状（C30.0, C31._）[※2]

　　移行上皮乳頭腫, 内反性, 良性 [※2]

8121／0 Schneiderian papilloma, NOS (C30.0, C31._)
　　Sinonasal papilloma, NOS (C30.0, C31._) [※2]
　　Sinonasal papilloma, exophytic (C30.0, C31._) [※2]
　　Sinonasal papilloma, fungiform (C30.0,C31._) [※2]
　　Transitional cell papilloma, inverted, benign [※2]
　　Transitional papilloma, inverted, benign [※2]

8121／1 移行上皮乳頭腫, 内反性, NOS

　　移行上皮乳頭腫, 内反性, NOS [※2]

　　シュナイダー乳頭腫, 内反性（C30.0, C31._）[※2]
　　円柱上皮細胞乳頭腫 [※2]
　　円柱細胞乳頭腫（C30.0, C31._）[※2]

8121／1 Transitional cell papilloma, inverted, NOS
　　Transitional papilloma, inverted, NOS [※2]
　　Schneiderian papilloma, inverted (C30.0, C31._) [※2]
　　Columnar cell papilloma [※2]
　　Cylindrical cell papilloma (C30.0, C31._) [※2]

－ 123 －

膨大細胞性 シュナイダー乳頭腫（C30.0, C31._）※2

8121／3 シュナイダー癌（C30.0, C31._）
円柱細胞癌（C30.0, C31._）※2

8122／3 移行上皮癌, 紡錘形細胞

移行上皮癌, 肉腫様 ※2

8123／3 類基底細胞癌

8124／3 総排泄孔原性癌（C21.2）

8130／1 低悪性度乳頭状移行上皮腫瘍（C67._）※2

低悪性度乳頭状尿路上皮腫瘍,
（C67._）※2

8130／2 乳頭状移行上皮癌, 非浸潤性（C67._）※2

乳頭状尿路上皮癌, 非浸潤性
（C67._）※2

8130／3 乳頭状移行上皮癌（C67._）

乳頭状尿路上皮癌（C67._）※2

8131／3 移行上皮癌, 微小乳頭状（C67._）※1

## 814－838　腺腫及び腺癌

8140／0 腺腫, NOS

8140／1 異型腺腫 ※2
気管支腺腫, NOS（C34._）

8140／2 上皮内腺癌, NOS
AIS《肺癌》▽1
SMILE《子宮頸癌》▽2

▽NCC注1：Adenocarcinoma in situ《肺癌》について
は、8140/2として登録（2018年～）。略語
「AIS」がしばしば用いられる。
▽NCC注2：Stratified mucin-producing intraepithelial
lesion《子宮頸癌》については、8140/2として
登録（2018年～）。略語「SMILE」がしばしば用
いられる。

8140／3 腺癌, NOS
高分化癌 《胃癌》《大腸癌》▼1

---

Oncocytic Schneiderian papilloma
(C30.0, C31._) ※2

8121／3 Schneiderian carcinoma (C30.0, C31._)
Cylindrical cell carcinoma (C30.0, C31._)
※2

8122／3 Transitional cell carcinoma, spindle
cell
Transitional cell carcinoma,
sarcomatoid ※2

8123／3 Basaloid carcinoma

8124／3 Cloacogenic carcinoma (C21.2)

8130／1 Papillary transitional cell neoplasm of
low malignant potential (C67._) ※2
Papillary urothelial neoplasm of low
malignant potential (C67._) ※2

8130／2 Papillary transitional cell carcinoma,
non-invasive (C67._) ※2
Papillary urothelial carcinoma,
non-invasive (C67._) ※2

8130／3 Papillary transitional cell carcinoma
(C67._)
Papillary urothelial carcinoma
(C67._) ※2

8131／3 Transitional cell carcinoma,
micropapillary (C67._) ※1

## 814-838　ADENOMAS AND ADENOCARCINOMAS

8140／0 Adenoma, NOS

8140／1 Atypical adenoma ※2
Bronchial adenoma, NOS (C34._)

8140／2 Adenocarcinoma in situ, NOS

Stratified mucin-producing
intraepithelial lesion

8140／3 Adenocarcinoma, NOS
Well-differentiated carcinoma
[/31] ▼1

| | |
|---|---|
| 中分化癌《胃癌》《大腸癌》▼1 | Moderately-differentiated carcinoma [/32] ▼1 |
| 低分化癌《胃癌》《大腸癌》▼1 | poorly-differentiated carcinoma [/33] ▼1 |
| 低分化腺癌（por）《胃癌》《大腸癌》▼2 | poorly-differentiated carcinoma (por) [/33] ▼2 |
| 低分化腺癌、充実型（por1）《胃癌》《大腸癌》▼2 | poorly-differentiated carcinoma, solid type (por1) [/33] ▼2 |
| 低分化腺癌、非充実型（por2）《胃癌》《大腸癌》▼2 | poorly-differentiated carcinoma, non-solid type (por2) [/33] ▼2 |

▼NCC注1: 胃癌取扱い規約、大腸癌取扱い規約では、慣用的に「●分化癌」という表記で「●分化腺癌」を意味する

▼NCC注2: 胃癌取扱い規約、大腸癌取扱い規約では、低分化腺癌に対して「充実型」「非充実型」に分け、「por1」「por2」という略語で表記する

| | | | |
|---|---|---|---|
| 8140／6 | 腺癌, 転移性, NOS | 8140／6 | Adenocarcinoma, metastatic, NOS |
| 8141／3 | 硬性腺癌 硬癌 増殖性線維症を伴う癌腫 | 8141／3 | Scirrhous adenocarcinoma Scirrhous carcinoma Carcinoma with productive fibrosis |
| 8142／3 | 形成性胃炎(C16._) | 8142／3 | Linitis plastica (C16._) |
| 8143／3 | 表層拡大性腺癌 | 8143／3 | Superficial spreading adenocarcinoma |
| 8144／3 | 腺癌, 腸型(C16._) 癌腫, 腸型(C16._) | 8144／3 | Adenocarcinoma, intestinal type (C16._) Carcinoma, intestinal type (C16._) |
| 8145／3 | 癌腫, びまん型(C16._) 腺癌, びまん型(C16._) | 8145／3 | Carcinoma, diffuse type (C16._) Adenocarcinoma, diffuse type (C16._) |
| 8146／0 | 単形性腺腫 | 8146／0 | Monomorphic adenoma |
| 8147／0 | 基底細胞腺腫 | 8147／0 | Basal cell adenoma |
| 8147／3 | 基底細胞腺癌 | 8147／3 | Basal cell adenocarcinoma |
| 8148／0* | 上皮内腺腫瘍, 低異型度★ 上皮内腺腫瘍, I度★ 上皮内腺腫瘍, II度★ 胆管上皮内腫瘍, 低異型度★ 食道腺上皮異形成(上皮内腫瘍), 低異型度(C16._)★ | 8148／0* | Glandular intraepithelial neoplasia, low grade* Glandular intraepithelial neoplasia, grade I ★ Glandular intraepithelial neoplasia, grade II ★ Biliary intraepithelial neoplasia, low grade ★ Esophageal glandular dysplasia (intraepithelial neoplasia), low grade (C16._)★ |
| 8148／2☆ | 上皮内腺腫瘍, 高異型度★ 上皮内腺腫瘍, III度☆ | 8148／2☆ | Glandular intraepithelial neoplasia, high grade★ Glandular intraepithelial neoplasia, grade III☆ |

平坦型上皮内腫瘍, 高異型度★

前立腺上皮内腫瘍, Ⅲ度(C61.9) ※1▼1

   PIN Ⅲ(C61.9) ※1▼1
▼NCC注1: がん登録では, 前立腺上皮内腫瘍, Ⅲ度
   (PIN Ⅲ)については, 登録対象外とする。
平坦型上皮内腺腫瘍, 高異型度
  (C24.1)★
  平坦型上皮内腫瘍(異形成), 高異型度
  (C24.1)★
胆管上皮内腫瘍, 高異型度★

  胆管上皮内腫瘍, Ⅲ度
  (BilIN-3)★
食道腺上皮異形成(上皮内腫瘍),
  高異型度(C16._)★ ▼1

  食道上皮内腫瘍, 高異型度(C16._)

高異型度膵上皮内腫瘍性病変▼2

   ▼NCC注1: がん登録では,
   食道の腺上皮異形成(上皮内腫瘍),
   高異型度についてルールHに該当する場合
   は, C15.2を用いる。
   ▼NCC注2: 膵癌取り扱い規約の記述に従って独
   自に追加

Flat intraepithelial neoplasia, high
  grade★
Prostatic intraepithelial neoplasia, grade
  III (C61.9) ※1
   PIN Ⅲ(C61.9) ※1

Flat intraepithelial glandular neoplasia,
  high grade(C24.1) ★
  Flat intraepithelial neoplasia
  (dysplasia), high grade(C24.1) ★
Biliary intraepithelial neoplasia, high
  grade ★
  Biliary intraepithelial neoplasia,
  grade III (BilIN-III)★
Esophageal glandular dysplasia
  (intraepithelial neoplasia), high grade
  (C16._)★
  Esophageal intraepithelial neoplasia,
  high grade (C16._)
High grade pancreatic intraepithelial
  neoplasm (PanIN) ▼2

---

8149／0  **小管状腺腫** ※1

8149／0  Canalicular adenoma ※1

8150／0☆  **膵内分泌腫瘍, 良性(C25._)★**

  島細胞腺腫(C25._) ☆
  島細胞腫瘍, 良性(C25._)
  膵島細胞腫(C25._)
  島細胞腺腫症(C25._) ※2
  膵微小腺腫(C25._)★

8150／0☆  Pancreatic endocrine tumor, benign
  (C25._)★
   Islet cell adenoma (C25._) ☆
   Islet cell tumor, benign (C25._)
   Nesidioblastoma (C25._)
  Islet cell adenomatosis (C25._) ※2
  Pancreatic microadenoma (C25._)

8150／1☆  **膵内分泌腫瘍, NOS(C25._)★**

  島細胞腫瘍, NOS(C25._) ※2 ☆

8150／1☆  Pancreatic endocrine tumor, NOS
  (C25._)★
   Islet cell tumor, NOS (C25._) ※2 ☆

8150／3★  **膵内分泌腫瘍, 悪性★**

  島細胞癌(C25._) ☆
  島細胞腺癌(C25._)
  膵内分泌腫瘍、非機能性★

  神経内分泌腫瘍, 非機能性
  G1/G2(C25._)
  NET, NOS《膵癌》▽1
  8150/31 NET, G1《膵癌》▽1
  8150/32 NET, G2《膵癌》▽1
  ▽NCC注1:Neuroendocrine Tumor《膵癌》について
   は、NET, G1、NET, G2を8150/3として登録
   (2018年〜)。他の臓器のNET, G1、NET, G2
   はそれぞれ8240/3、8249/3を用いる。

8150／3★  Pancreatic endocrine tumor,
  malignant ★
   Islet cell carcinoma (C25._) ☆
   Islet cell adenocarcinoma (C25._)
  Pancreatic endocrine tumor,
  nonfunctioning★
   Neuroendocrine tumors,
   nonfunctioning G1/G2 (C25._)

| | |
|---|---|
| 8151／0　インスリノーマ, NOS（C25._）<br>　　　　ベータ細胞腺腫（C25._） | 8151／0　Insulinoma, NOS (C25._)<br>　　　　Beta cell adenoma (C25._) |
| 8151／3　インスリノーマ, 悪性（C25._）<br>　　　　ベータ細胞腫瘍, 悪性（C25._） | 8151／3　Insulinoma, malignant (C25._)<br>　　　　Beta cell tumor, malignant (C25._) |

8152／1☆　グルカゴン腫瘍, NOS（C25._）＊
　　　　腸グルカゴン腫瘍, NOS
　　　　　アルファ細胞腫瘍, NOS（C25._）※2
　　　　L細胞腫瘍★
　　　　グルカゴン様ペプチド産生腫瘍★

　　　　膵ペプチドと膵ペプチド様ペプチドを
　　　　伴うチロシンアミノ産生腫瘍★

　　　　PP/PYY産生腫瘍★

8152／1☆　Glucagonoma, NOS (C25._)　＊
　　　　Enteroglucagonoma, NOS
　　　　　Alpha cell tumor, NOS (C25._)　※2
　　　　L-cell tumor★
　　　　Glucagon-like peptide-producing
　　　　　tumor★
　　　　Pancreatic peptide and pancreatic
　　　　　peptide-like peptide within terminal
　　　　　tyrosine amide producing tumor★
　　　　PP/PYY producing tumor★

8152／3☆　グルカゴン腫瘍, 悪性（C25._）☆
　　　　腸グルカゴン腫瘍, 悪性
　　　　　アルファ細胞腫瘍, 悪性（C25._）

8152／3☆　Glucagonoma, malignant (C25._)☆
　　　　Enteroglucagonoma, malignant
　　　　　Alpha cell tumor, malignant (C25._)

8153／1　ガストリノーマ, NOS
　　　　G細胞腫瘍, NOS
　　　　ガストリン細胞腫瘍 ※2

8153／1　Gastrinoma, NOS
　　　　G cell tumor, NOS
　　　　Gastrin cell tumor ※2

8153／3　ガストリノーマ, 悪性
　　　　G細胞腫瘍, 悪性
　　　　ガストリン細胞腫瘍, 悪性 ※2

8153／3　Gastrinoma, malignant
　　　　G cell tumor, malignant
　　　　Gastrin cell tumor, malignant ※2

8154／3☆　膵内分泌・外分泌細胞混合腫瘍, 悪性
　　　　（C25._）★
　　　　小葉・内分泌混合癌（C25._）※2

　　　　導管・内分泌混合癌（C25._）※2

　　　　内分泌・外分泌細胞混合腺癌（C25._）★

　　　　島細胞・外分泌細胞混合腺癌
　　　　（C25._）☆
　　　　小葉・内分泌・導管混合癌★

8154／3☆　Mixed pancreatic endocrine and
　　　　exocrine tumor, malignant (C25._)★
　　　　Mixed acinar-endocrine carcinoma
　　　　（C25._）※2
　　　　Mixed ductal-endocrine carcinoma
　　　　（C25._）※2
　　　　Mixed endocrine and exocrine
　　　　adenocarcinoma (C25._)★
　　　　Mixed islet cell and exocrine
　　　　adenocarcinoma (C25._)☆
　　　　Mixed acinar-endocrine-ductal
　　　　carcinoma★

| | |
|---|---|
| 8155／1　VIP産生腫瘍, NOS | 8155／1　Vipoma, NOS |
| 8155／3　VIP産生腫瘍, 悪性 ※2 | 8155／3　Vipoma, malignant ※2 |

8156／1　ソマトスタチン産生腫瘍, NOS ※1
　　　　ソマトスタチン細胞腫瘍, NOS ※1

8156／1　Somatostatinoma, NOS ※1
　　　　Somatostatin cell tumor, NOS ※1

8156／3　ソマトスタチン産生腫瘍, 悪性 ※1
　　　　ソマトスタチン細胞腫瘍, 悪性 ※1

8156／3　Somatostatinoma, malignant ※1
　　　　Somatostatin cell tumor,
　　　　malignant ※1

| | |
|---|---|
| 8157／1☆　*コード削除（8152/1へ移行）* | 8157／1☆　*Term recoded as 8152/1* |
| 8157／3☆　*コード削除（8152/3へ移行）* | 8157／3☆　*Term recoded as 8152/3* |
| 8158／1★　機能性内分泌腫瘍、NOS★ | 8158／1★　Endocrine tumor, functioning, NOS★ |

| | | | |
|---|---|---|---|
| | ACTH産生腫瘍★ | | ACTH-producing tumor★ |

8160／0　**胆管腺腫（C22.1, C24.0）**
　　　　コランジオーマ（C22.1, C24.0）

8160／0　Bile duct adenoma（C22.1, C24.0）
　　　　Cholangioma（C22.1, C24.0）

8160／3　**胆管癌（C22.1, C24.0）**

　　　　胆管腺癌（C22.1, C24.0）

　　　　腺癌《肝内胆管：C22.1》▼1
　　▼NCC注1：肝内胆管（局在コード：C22.1）の腺癌は、
　　　　8160/3とする。

8160／3　Cholangiocarcinoma（C22.1, C24.0）
　　　　Bile duct carcinoma（C22.1, C24.0）
　　　　Bile duct adenocarcinoma（C22.1,
　　　　　C24.0）
　　　　Adenocarcinoma《C22.1》

8161／0　**胆管のう胞腺腫（C22.1, C24.0）**

8161／0　Bile duct cystadenoma（C22.1, C24.0）

8161／3　**胆管のう胞腺癌（C22.1, C24.0）**

8161／3　Bile duct cystadenocarcinoma（C22.1,
　　　　C24.0）

8162／3　**クラッキン腫瘍（C22.1, C24.0）** ▼1
　　▼NCC注1：クラッキン腫瘍はUICC TNM分類との関連
　　　　から、原則としてC22.1の局在コードとする。

8162／3　Klatskin tumor（C22.1, C24.0）

8163/0★　**膵胆管腫瘍、非浸潤性★**

　　　　軽度異形成を伴う非浸潤性乳頭状膵
　　　　胆管腫瘍★

　　　　低異型度上皮内腫瘍を伴う非浸潤性
　　　　乳頭状膵胆管腫瘍★

8163/0★　Pancreatobiliary neoplasm,
　　　　non-invasive★
　　　　Noninvasive pancreatobiliary
　　　　papillary neoplasm with low grade
　　　　dysplasia★
　　　　Noninvasive pancreatobiliary
　　　　papillary neoplasm with low grade
　　　　intraepithelial neoplasia★

8163/2★　**高異型度上皮内腫瘍を伴う乳頭状腫瘍，**
　　　　**膵胆管型（C24.1）★**

　　　　高度異形成を伴う非浸潤性乳頭状膵
　　　　胆管腫瘍（C24.1）★

　　　　高異型度上皮内腫瘍を伴う非浸潤性
　　　　乳頭状膵胆管腫瘍（C24.1）★

8163/2★　Papillary neoplasm, pancreatobiliary-
　　　　type, with high grade intraepithelial
　　　　neoplasia（C24.1）★
　　　　Noninvasive pancreatobiliary
　　　　papillary neoplasm with high grade
　　　　dysplasia（C24.1）★
　　　　Noninvasive pancreatobiliary
　　　　papillary neoplasm with high grade
　　　　intraepithelial neoplasia（C24.1）★

8163/3★　**膵胆管（上皮）型癌（C24.1）★**

　　　　膵胆管（上皮）型腺癌（C24.1）★

8163/3★.　Pancreatobiliary-type carcinoma
　　　　（C24.1）★
　　　　Adenocarcinoma, pancreatobiliary
　　　　type（C24.1）★

8170／0　**肝細胞腺腫（C22.0）**

　　　　肝腫，良性（C22.0）

8170／0　Liver cell adenoma（C22.0）
　　　　Hepatocellular adenoma（C22.0）
　　　　Hepatoma, benign（C22.0）

8170／3　**肝細胞癌，NOS（C22.0）**

　　　　肝癌（C22.0）

　　　　肝腫，悪性（C22.0）
　　　　ヘパトーマ，NOS（C22.0）
　　　　未分化癌《肝癌》▼1

8170／3　Hepatocellular carcinoma, NOS
　　　　（C22.0）
　　　　Liver cell carcinoma（C22.0）
　　　　Hepatocarcinoma（C22.0）
　　　　Hepatoma, malignant（C22.0）
　　　　Hepatoma, NOS（C22.0）
　　　　Undifferentiated carcinoma [/34] ▼1

— 128 —

▼NCC注1:肝臓の未分化癌は、肝細胞癌の亜型とされ
ていることから、8170/34とする。

| | | | |
|---|---|---|---|
| 8171／3 | 肝細胞癌, 線維層板状(C22.0) | 8171／3 | Hepatocellular carcinoma, fibrolamellar(C22.0) |
| 8172／3 | 肝細胞癌, 硬性(C22.0) ※1 <br> 硬化性肝癌(C22.0) ※1 | 8172／3 | Hepatocellular carcinoma, scirrhous (C22.0) ※1 <br> Sclerosing hepatic carcinoma (C22.0) ※1 |
| 8173／3 | 肝細胞癌, 紡錘形細胞変異型(C22.0) ※1 <br> 肝細胞癌, 肉腫様(C22.0) ※1 | 8173／3 | Hepatocellular carcinoma, spindle cell variant (C22.0) ※1 <br> Hepatocellular carcinoma, sarcomatoid (C22.0) ※1 |
| 8174／3 | 肝細胞癌, 明細胞型(C22.0) ※1 | 8174／3 | Hepatocellular carcinoma, clear cell type (C22.0) ※1 |
| 8175／3 | 肝細胞癌, 多形型(C22.0) ※1 | 8175／3 | Hepatocellular carcinoma, pleomorphic type (C22.0) ※1 |
| 8180／3 | 肝細胞癌・胆管癌の混合型(C22.0) ▼1 <br> 肝細胞癌・胆管細胞混合癌(C22.0) ▼1 | 8180／3 | Combined hepatocellular carcinoma and cholangiocarcinoma (C22.0) <br> Mixed hepatocellular and bile duct carcinoma (C22.0) <br> Hepatocholangiocarcinoma (C22.0) |

▼NCC注1: がん登録では、
肝細胞癌と胆管細胞癌の混合型は、
UICC TNM分類との関連から、原則として局
在コードはC22.1を用いる

| | | | |
|---|---|---|---|
| 8190／0 | 索状腺腫 | 8190／0 | Trabecular adenoma |
| 8190／3 | 索状腺癌 <br> 索状癌 | 8190／3 | Trabecular adenocarcinoma <br> Trabecular carcinoma |
| 8191／0 | 胎芽性腺腫 | 8191／0 | Embryonal adenoma |
| 8200／0 | 皮膚エクリン円柱腫(C44._) <br> ターバン腫瘍(C44.4) <br> 皮膚の円柱腫(C44._) | 8200／0 | Eccrine dermal cylindroma (C44._) <br> Turban tumor (C44.4) <br> Cylindroma of skin (C44._) |
| 8200／3 | 腺様のう胞癌 <br> 腺のう胞癌 <br> 円柱腫, NOS (皮膚の円柱腫M-8200 /0を除く) <br> 腺癌, 類円柱 <br> 気管支腺腫, 円柱腫様(C34._)[obs] | 8200／3 | Adenoid cystic carcinoma <br> Adenocystic carcinoma <br> Cylindroma, NOS (except cylindroma of skin M-8200/0) <br> Adenocarcinoma, cylindroid <br> Bronchial adenoma, cylindroid (C34._) [obs] |
| 8201／2 | 篩状上皮内癌(C50._) ※2 <br> 上皮内管状癌, 篩状型(C50._) | 8201／2 | Cribriform carcinoma in situ (C50._) ※2 <br> Ductal carcinoma in situ, cribriform type (C50._) |
| 8201／3☆ | 篩状癌, NOS | 8201／3☆ | Cribriform carcinoma, NOS |

— 129 —

|  | 管状癌, 篩状型（C50._）※2 |  | Ductal carcinoma, cribriform type (C50._) ※2 |
|  | 篩状面皰型癌（C18._, C19.9, C20.9）★ |  | Cribriform comedo-type carcinoma (C18._, C19.9, C20.9)★ |
|  | 腺癌, 篩状面皰型（C18._, C19.9, C20.9）★ |  | Adenocarcinoma, cribriform comedo-type (C18._, C19.9, C20.9)★ |

| 8202／0 | 微小のう胞腺腫（C25._） | 8202／0 | Microcystic adenoma (C25._) |
| 8204／0 | 乳汁分泌性腺腫（C50._）※1 | 8204／0 | Lactating adenoma (C50._) ※1 |
| 8210／0 | 腺腫性ポリープ, NOS<br>ポリープ様腺腫 | 8210／0 | Adenomatous polyp, NOS<br>Polyploid adenoma |
| 8210／2 | 腺腫性ポリープ内上皮内腺癌<br><br>管状腺腫内上皮内腺癌<br><br>腺腫性ポリープ内上皮内癌<br><br>ポリープ様腺腫内上皮内腺癌<br><br>ポリープ内上皮内腺癌, NOS<br><br>ポリープ内上皮内癌, NOS | 8210／2 | Adenocarcinoma in situ in adenomatous polyp<br>Adenocarcinoma in situ in tubular adenoma<br>Carcinoma in situ in adenomatous polyp<br>Adenocarcinoma in situ in polypoid adenoma<br>Adenocarcinoma in situ in a polyp, NOS<br>Carcinoma in situ in a polyp, NOS |
| 8210／3 | 腺腫性ポリープ内腺癌<br><br>管状腺腫内腺癌<br><br>腺腫性ポリープ内癌<br>ポリープ様腺腫内腺癌<br><br>ポリープ内腺癌, NOS<br>ポリープ内癌, NOS | 8210／3 | Adenocarcinoma in adenomatous polyp<br>Adenocarcinoma in tubular adenoma<br>Carcinoma in adenomatous polyp<br>Adenocarcinoma in polypoid adenoma<br>Adenocarcinoma in a polyp, NOS<br>Carcinoma in a polyp, NOS |
| 8211／0 | 管状腺腫, NOS | 8211／0 | Tubular adenoma, NOS |
| 8211／3 | 管状腺癌, NOS<br>管状癌 | 8211／3 | Tubular adenocarcinoma, NOS<br>Tubular carcinoma |
| 8212／0 | 扁平腺腫 ※1 | 8212／0 | Flat adenoma ※1 |
| 8213／0☆ | 鋸歯状腺腫（C18._）※1<br>鋸歯状腺腫★<br>腺腫性・過形成性混合ポリープ（C18._）※1<br>広基性鋸歯状腺腫★<br>広基性鋸歯状ポリープ★<br>（通常型）広基性鋸歯状腺腫★ | 8213／0☆ | Serrated adenoma (C18._) ※1<br>Traditional serrated adenoma★<br>Mixed adenomatous and hyperplastic polyp (C18._) ※1<br>Sessile serrated adenoma★<br>Sessile serrated polyp★<br>Traditional sessile serrated adenoma★ |
| 8213／3★ | 鋸歯状腺癌 | 8213／3★ | Serrated adenocarcinoma |
| 8214／3 | 壁細胞癌（C16._）※1<br>壁細胞腺癌（C16._）※1 | 8214／3 | Parietal cell carcinoma (C16._) ※1<br>Parietal cell adenocarcinoma (C16._) ※1 |

| | | | |
|---|---|---|---|
| 8215／3 | 肛門腺腺癌（C21.1）※1 | 8215／3 | Adenocarcinoma of anal glands (C21.1) ※1 |
| | 肛門管腺癌（C21.1）※1 | | Adenocarcinoma of anal ducts (C21.1) ※1 |
| 8220／0 | 大腸腺腫性ポリポーシス（C18._）<br>家族性大腸ポリポーシス（C18._）<br>腺腫症, NOS | 8220／0 | Adenomatous polyposis coli (C18._)<br>Familial polyposis coli (C18._)<br>Adenomatosis, NOS |
| 8220／3 | 大腸腺腫性ポリポーシス内腺癌（C18._） | 8220／3 | Adenocarcinoma in adenomatous polyposis coli (C18._) |
| 8221／0 | 多発性腺腫性ポリープ | 8221／0 | Multiple adenomatous polyps |
| 8221／3 | 多発性腺腫性ポリープ内腺癌 | 8221／3 | Adenocarcinoma in multiple adenomatous polyps |
| 8230／2 | 導管上皮内癌, 充実型（C50._）※2 | 8230／2 | Ductal carcinoma in situ, solid type (C50._) ※2 |
| | 導管内癌, 充実型 ※2 | | Intraductal carcinoma, solid type ※2 |
| 8230／3 | 充実性癌, NOS<br>ムチン産生を伴う充実性癌 ※2<br>ムチン産生を伴う充実性腺癌 ※2 | 8230／3 | Solid carcinoma, NOS<br>Solid carcinoma with mucin formation ※2<br>Solid adenocarcinoma with mucin formation ※2 |
| 8231／3 | 単純癌 | 8231／3 | Carcinoma simplex |
| 8240／1☆ | 悪性度不詳のカルチノイド腫瘍 ※2 ▼1 | 8240／1☆ | Carcinoid tumor of uncertain malignant potential ※2 ▼1 |
| | カルチノイド腫瘍, 銀親和性, NOS ※3<br>銀親和性細胞腫, NOS[obs] ※3<br>▼NCC注1: 同等語：虫垂のカルチノイド, NOSが削除され, 8240/3を用いることとなった | | Carcinoid tumor, argentaffin, NOS ※3<br>Argentaffinoma, NOS [obs] ※3 |
| 8240／3 | カルチノイド腫瘍, NOS＊ ▼1<br>カルチノイド, NOS☆<br>定型的カルチノイド ※2<br>気管支腺腫, カルチノイド（C34._）<br>カルチノイド腫瘍NOS, 虫垂（C18.1）<br><br>カルチノイド, NOS, 虫垂（C18.1）<br>神経内分泌腫瘍, 異型度Ⅰ★<br>NET G1★ ▼2 ▽3<br>神経内分泌癌, 低異型度★<br>神経内分泌癌, 高分化★<br><br>▼NCC注1: 虫垂のカルチノイド, NOSの除外規定が削除され、「8240／3」を用いることになった<br>▼NCC注2: 頻用表現の同義語として独自に追加した<br>▽NCC注3: 膵臓原発のNET G1は、「8150/31」を用いる | 8240／3 | Carcinoid tumor, NOS＊ ▼1<br>Carcinoid, NOS☆<br>Typical carcinoid ※2<br>Bronchial adenoma, carcinoid (C34._)<br>Carcinoid tumor, NOS, of appendix (C18.1)<br>Carcinoid, NOS, of appendix (C18.1)<br>Neuroendocrine tumor, grade 1★<br>NET G1★ ※2 ▽3<br>Neuroendocrine carcinoma, low grade★<br>Neuroendocrine carcinoma, well-differentiated★ |
| 8241／3 | 腸クロム親和性細胞カルチノイド ※2<br>カルチノイド腫瘍, 銀親和性, 悪性<br>銀親和性細胞腫, 悪性[obs] | 8241／3 | Enterochromaffin cell carcinoid ※2<br>Carcinoid tumor, argentaffin, malignant<br>Argentaffinoma, malignant [obs] |

— 131 —

| | | | | |
|---|---|---|---|---|
| | EC細胞カルチノイド ※2 | | | EC cell carcinoid ※2 |
| | セロトニン産生カルチノイド ※2 | | | Serotonin producing carcinoid ※2 |
| 8242／1 | **腸クロム親和性様細胞カルチノイド, NOS** ※1 | | 8242／1 | Enterochromaffin-like cell carcinoid, NOS ※1 |
| | ECL細胞カルチノイド, NOS ※1 | | | ECL cell carcinoid, NOS ※1 |
| 8242／3 | **腸クロム親和性様細胞腫瘍, 悪性** ※1 | | 8242／3 | Enterochromaffin-like cell tumor, malignant ※1 |
| | ECL細胞カルチノイド, 悪性 ※1 | | | ECL cell carcinoid, malignant ※1 |
| 8243／3 | **杯細胞カルチノイド** | | 8243／3 | Goblet cell carcinoid |
| | 粘液カルチノイド腫瘍 | | | Mucocarcinoid tumor |
| | 粘液カルチノイド | | | Mucinous carcinoid |
| 8244／3☆ | **腺神経内分泌癌★** | | 8244／3☆ | Mixed adenoneuroendocrine carcinoma★ |
| | 複合カルチノイド☆ | | | Composite carcinoid☆ |
| | カルチノイド腺癌混合癌 ※2 | | | Mixed carcinoid-adenocarcinoma ※2 |
| | 腺癌混合カルチノイド | | | Combined carcinoid and adenocarcinoma |
| | カルチノイドと腺癌の混合癌★ | | | Combined/mixed carcinoid and adenocarcinoma★ |
| | MANEC★ | | | MANEC★ |
| 8245／1 | **管状カルチノイド** ※2 | | 8245／1 | Tubular carcinoid ※2 |
| 8245／3 | **腺カルチノイド腫瘍** | | 8245／3 | Adenocarcinoid tumor |
| 8246／3 | **神経内分泌癌, NOS** | | 8246／3 | Neuroendocrine carcinoma, NOS |
| | NEC G3▼1 | | | NEC G3▼1 |
| | ▼NCC注1: 頻用表現の同義語として独自に追加した | | | |
| 8247／3 | **メルケル細胞癌(C44._)** | | 8247／3 | Merkel cell carcinoma (C44._) |
| | メルケル細胞腫瘍(C44._) | | | Merkel cell tumor (C44._) |
| | 原発性皮膚神経内分泌癌(C44._) ※2 | | | Primary cutaneous neuroendocrine carcinoma (C44._) ※2 |
| 8248／1 | **アプドーマ** | | 8248／1 | Apudoma |
| 8249／3☆ | **異型カルチノイド腫瘍** ※1 | | 8249／3☆ | Atypical carcinoid tumor ※1 |
| | 神経内分泌腫瘍、異型度Ⅱ★ | | | Neuroendocrine tumor, grade 2★ |
| | NET G2★ ▼1 ▽2 | | | NET G2★ ▼1 ▽2 |
| | 神経内分泌癌、中分化★ | | | Neuroendocrine carcinoma, moderately differentiated★ |
| | ▼NCC注1: 頻用される同義語として独自に追加した | | | |
| | ▽NCC注3: 膵臓原発のNET G2は、「8150/32」を用いる | | | |
| 8250／1 | **肺腺腫症(C34._)** | | 8250／1 | Pulmonary adenomatosis (C34._) |
| 8250／3 | **細気管支肺胞腺癌, NOS(C34._)** | | 8250／3 | Bronchiolo-alveolar adenocarcinoma, NOS (C34._) |
| | 細気管支肺胞上皮癌, NOS (C34._) | | | Bronchiolo-alveolar carcinoma, NOS (C34._) |
| | 細気管支腺癌(C34._) | | | Bronchiolar adenocarcinoma (C34._) |
| | 細気管支癌(C34._) | | | Bronchiolar carcinoma (C34._) |

|  | | | |
|---|---|---|---|
| | 肺胞上皮細胞癌(C34._) | | Alveolar cell carcinoma (C34._) |
| 8251／0 | 肺胞腺腫（C34._） | 8251／0 | Alveolar adenoma (C34._) |
| 8251／3 | 肺胞腺癌（C34._）<br>肺胞癌（C34._） | 8251／3 | Alveolar adenocarcinoma (C34._)<br>Alveolar carcinoma (C34._) |
| 8252／3 | 細気管支肺胞上皮癌, 非粘液性<br>（C34._）[※1]<br>細気管支肺胞上皮癌, クララ細胞<br>（C34._）[※1]<br>細気管支肺胞上皮癌, II型肺胞細胞<br>型（C34._）[※1] | 8252／3 | Bronchiolo-alveolar carcinoma, non-<br>mucinous (C34._) [※1]<br>Bronchiolo-alveolar carcinoma,<br>Clara cell(C34._) [※1]<br>Bronchiolo-alveolar carcinoma, type<br>II pneumocyte (C34._) [※1] |
| 8253／3 | 細気管支肺胞上皮癌, 粘液性<br>（C34._）[※1]<br>細気管支肺胞上皮癌, 杯細胞型<br>（C34._）[※1] | 8253／3 | Bronchiolo-alveolar carcinoma,<br>mucinous (C34._) [※1]<br>Bronchiolo-alveolar carcinoma,<br>goblet cell type (C34._) [※1] |
| 8254／3 | 細気管支肺胞上皮癌, 粘液性及び非粘<br>液性混合型（C34._）[※1]<br>細気管支肺胞上皮癌, クララ細胞及び<br>杯細胞型（C34._）[※1]<br>細気管支肺胞上皮癌, II型肺胞細胞<br>及び杯細胞型（C34._）[※1]<br>細気管支肺胞上皮癌, 中間型<br>（C34._）[※1] | 8254／3 | Bronchiolo-alveolar carcinoma, mixed<br>mucinous and non-mucinous (C34._) [※1]<br>Bronchiolo-alveolar carcinoma,<br>Clara cell and goblet cell type<br>(C34._) [※1]<br>Bronchiolo-alveolar carcinoma, type<br>II pneumocyte and goblet cell type<br>(C34._) [※1]<br>Bronchiolo-alveolar carcinoma,<br>indeterminate type (C34._) [※1] |
| 8255／3 | 亜型の混在を伴う腺癌 [※1]<br>他の癌腫を伴う腺癌 [※1] | 8255／3 | Adenocarcinoma with mixed subtypes [※1]<br>Adenocarcinoma combined with<br>other types of carcinoma [※1] |
| 8260／0 | 乳頭状腺腫, NOS<br>腺状乳頭腫 [※2]<br>乳頭癌《甲状腺癌》[▼1]<br>乳頭状腎細胞癌(C64.9)[※2]<br>[▼NCC注1]: 取扱い規約での表記を追記した | 8260／0 | Papillary adenoma, NOS<br>Glandular papilloma [※2]<br><br>Papillary renal cell carcinoma (C64.9) [※2] |
| 8260／3 | 乳頭状腺癌, NOS<br>乳頭腺癌（pap）<br>《胃癌》《大腸癌》[▼1]<br>甲状腺乳頭癌(C73.9) [※2]<br>乳頭癌《甲状腺癌》[▼1]<br>乳頭状腎細胞癌(C64.9)[※2]<br>[▼NCC注1]: 取扱い規約での表記を追記した | 8260／3 | Papillary adenocarcinoma, NOS<br><br>Papillary carcinoma of thyroid (C73.9)[※2]<br><br>Papillary renal cell carcinoma (C64.9) [※2] |
| 8261／0 | 絨毛状腺腫, NOS [※6]<br>絨毛腺腫《大腸癌》[▼1]<br>絨毛状乳頭腫 [※6]<br>[▼NCC注1]: 取扱い規約での表記を追記した | 8261／0 | Villous adenoma, NOS [※6]<br><br>Villous papilloma [※6] |
| 8261／2 | 絨毛状腺腫内上皮内腺癌 | 8261／2 | Adenocarcinoma in situ in villous<br>adenoma |
| 8261／3 | 絨毛状腺腫内腺癌 | 8261／3 | Adenocarcinoma in villous adenoma |

| | |
|---|---|
| 8262／3 絨毛状腺癌 | 8262／3 Villous adenocarcinoma |
| 8263／0☆ 腺管絨毛腺腫, NOS<br>　　管状絨毛腺腫《大腸癌》▼1<br>　　絨毛状腺管腫<br>　　乳頭状管状腺腫<br>　　管状乳頭状腺腫★<br>▼NCC注1: 取扱い規約での表記を追記した | 8263／0☆ Tubulovillous adenoma, NOS<br><br>　　Villoglandular adenoma<br>　　Papillotubular adenoma<br>　　Tubulo-papillary adenoma★ |
| 8263／2 腺管絨毛腺腫内上皮内腺癌 | 8263／2 Adenocarcinoma in situ in<br>　　tubulovillous adenoma |
| 8263／3 腺管絨毛腺腫内腺癌<br><br>　　管状絨毛腺腫内腺癌《大腸癌》▼1<br>　　乳頭腺管腺癌 ※2<br>　　管状乳頭状腺癌 ※2<br>▼NCC注1: 取扱い規約での表記を追記した | 8263／3 Adenocarcinoma in tubulovillous<br>　　adenoma<br><br>　　Papillotubular adenocarcinoma ※2<br>　　Tubulopapillary adenocarcinoma※2 |
| 8264／0 乳頭腫症, 腺状 ※1<br>　　胆管乳頭腫症(C22.1, C24.0) ※1 | 8264／0 Papillomatosis, glandular ※1<br>　　Biliary papillomatosis (C22.1, C24.0) ※1 |
| 8265／3★ 微小乳頭状癌、NOS (C18._, C19.9, C20.9)★ | 8265／3★ Micropapillary carcinoma, NOS<br>　　(C18._, C19.9, C20.9) ★ |
| 8270／0 嫌色素性腺腫(C75.1) | 8270／0 Chromophobe adenoma (C75.1) |
| 8270／3 嫌色素性癌(C75.1)<br>　　嫌色素性腺癌(C75.1) | 8270／3 Chromophobe carcinoma (C75.1)<br>　　Chromophobe adenocarcinoma<br>　　(C75.1) |
| 8271／0 プロラクチノーマ(C75.1) | 8271／0 Prolactinoma (C75.1) |
| 8272／0 下垂体腺腫, NOS(C75.1) ※1 | 8272／0 Pituitary adenoma, NOS (C75.1) ※1 |
| 8272／3 下垂体癌, NOS(C75.1) ※1 | 8272／3 Pituitary carcinoma, NOS (C75.1) ※1 |
| 8280／0 好酸性腺腫(C75.1)<br>　　[注：C75.1(下垂体)以外は8290／0]<br>　　エオジン好性腺腫(C75.1) | 8280／0 Acidophil adenoma (C75.1)<br><br>　　Eosinophil adenoma (C75.1) |
| 8280／3 好酸性癌(C75.1)<br>　　[注：C75.1(下垂体)以外は8290／3]<br>　　好酸性腺癌(C75.1)<br>　　エオジン好性癌(C75.1)<br>　　エオジン好性腺癌(C75.1) | 8280／3 Acidophil carcinoma (C75.1)<br><br>　　Acidophil adenocarcinoma (C75.1)<br>　　Eosinophil carcinoma (C75.1)<br>　　Eosinophil adenocarcinoma (C75.1) |
| 8281／0 好酸性・好塩基性混合腺腫(C75.1) | 8281／0 Mixed acidophil-basophil adenoma<br>　　(C75.1) |
| 8281／3 好酸性・好塩基性混合癌(C75.1) | 8281／3 Mixed acidophil-basophil carcinoma<br>　　(C75.1) |
| 8290／0☆ 好酸性腺腫<br>　　[注：C75.1(下垂体)原発は8280／0]<br>　　オンコサイト性腺腫<br>　　オンコサイトーマ<br>　　ヒュルトル細胞腺腫(C73.9) | 8290／0☆ Oxyphilic adenoma<br><br>　　Oncocytic adenoma<br>　　Oncocytoma<br>　　Hurthle cell adenoma (C73.9) |

| | | | |
|---|---|---|---|
| | ヒュルトル細胞腫瘍(C73.9) | | Hurthle cell tumor (C73.9) |
| | ろ胞腺腫, 好酸性細胞型(C73.9) ※2 | | Follicular adenoma, oxyphilic cell type(C73.9) ※2 |
| | 紡錘細胞膨大細胞腫 (C75.1)★ | | Spindle cell oncocytoma (C75.1)★ |

8290／3 好酸性腺癌
[注:C75.1(下垂体)原発は8280／3]
オンコサイト癌
オンコサイト性腺癌
ヒュルトル細胞癌(C73.9)
ヒュルトル細胞腺癌(C73.9)
ろ胞癌, 好酸性細胞型(C73.9) ※2

8290／3 Oxyphilic adenocarcinoma

Oncocytic carcinoma
Oncocytic adenocarcinoma
Hurthle cell carcinoma (C73.9)
Hurthle cell adenocarcinoma (C73.9)
Follicular carcinoma, oxyphilic cell type(C73.9) ※2

8300／0 好塩基性腺腫(C75.1)
乳頭状管状腺腫(C75.1)

8300／0 Basophil adenoma (C75.1)
Mucoid cell adenoma (C75.1)

8300／3 好塩基性癌(C75.1)
好塩基性腺癌(C75.1)
類粘液細胞腺癌(C75.1)

8300／3 Basophil carcinoma (C75.1)
Basophil adenocarcinoma (C75.1)
Mucoid cell adenocarcinoma (C75.1)

8310／0 明細胞腺腫

8310／0 Clear cell adenoma

8310／3 明細胞腺癌, NOS
明細胞癌
明細胞腺癌, 類中腎型

8310／3 Clear cell adenocarcinoma, NOS
Clear cell carcinoma
Clear cell adenocarcinoma, mesonephroid

8311／1 副腎様腫瘍[obs]

8311／1 Hypernephroid tumor [obs]

8312／3 腎細胞癌, NOS(C64.9)

グラビッツ腫瘍(C64.9)[obs]
副腎腫(C64.9)[obs]

8312／3 Renal cell carcinoma, NOS (C64.9)
Renal cell adenocarcinoma (C64.9)
Grawitz tumor (C64.9) [obs]
Hypernephroma (C64.9) [obs]

8313／0 明細胞腺線維腫(C56.9)
明細胞のう胞腺線維腫(C56.9)

8313／0 Clear cell adenofibroma (C56.9)
Clear cell cystadenofibroma (C56.9)

8313／1 境界悪性明細胞腺線維腫(C56.9) ※2

境界悪性明細胞のう胞腺線維腫
(C56.9) ※2
境界悪性明細胞腫瘍(C56.9)★ ▼1
▼NCC注1: 卵巣腫瘍取扱い規約の表記に従い、同意
語として独自に追加した

8313／1 Clear cell adenofibroma of borderline malignancy (C56.9) ※2
Clear cell cystadenofibroma of borderline malignancy (C56.9) ※2
Clear cell borderline tumor(C56.9) ★ ▼1

8313／3 明細胞腺癌線維腫(C56.9)※2

明細胞のう胞腺癌線維腫(C56.9)※2

8313／3 Clear cell adenocarcinofibroma (C56.9) ※2
Clear cell cystadenocarcinofibroma (C56.9) ※2

8314／3 高脂質癌(C50._)

8314／3 Lipid-rich carcinoma (C50._)

8315／3 高グリコーゲン癌

8315／3 Glycogen-rich carcinoma

8316／3 のう胞随伴性腎細胞癌(C64.9) ※1

8316／3 Cyst-associated renal cell carcinoma (C64.9) ※1

— 135 —

| | | | |
|---|---|---|---|
| 8317／3 | 腎細胞癌，嫌色素性型(C64.9) [※1] | 8317／3 | Renal cell carcinoma, chromophobe type(C64.9) [※1] |
| | 嫌色素性細胞腎癌(C64.9) [※1] | | Chromophobe cell renal carcinoma (C64.9) [※1] |
| 8318／3 | 腎細胞癌，肉腫様(C64.9) [※1] | 8318／3 | Renal cell carcinoma, sarcomatoid (C64.9) [※1] |
| | 腎細胞癌，紡錘形細胞(C64.9) [※1] | | Renal cell carcinoma, spindle cell (C64.9) [※1] |
| 8319／3 | 集合管癌(C64.9) [※1] | 8319／3 | Collecting duct carcinoma (C64.9) [※1] |
| | ベリーニ管癌(C64.9) [※1] | | Bellini duct carcinoma (C64.9) [※1] |
| | 腎癌，集合管型(C64.9) [※1] | | Renal carcinoma, collecting duct type (C64.9) [※1] |
| 8320／3 | 顆粒細胞癌 | 8320／3 | Granular cell carcinoma |
| | 顆粒細胞腺癌 | | Granular cell adenocarcinoma |
| 8321／0 | 主細胞腺腫(C75.0) | 8321／0 | Chief cell adenoma (C75.0) |
| 8322／0 | 水様細胞腺腫(C75.0) | 8322／0 | Water-clear cell adenoma (C75.0) |
| 8322／3 | 水様細胞腺癌(C75.0) | 8322／3 | Water-clear cell adenocarcinoma (C75.0) |
| | 水様細胞癌(C75.0) | | Water-clear cell carcinoma (C75.0) |
| 8323／0 | 混合細胞腺腫 | 8323／0 | Mixed cell adenoma |
| | 境界悪性混合型上皮性腫瘍 (C56.9)★ ▼1 | | Mixed epithelial borderline tumor (C56.9) ★ ▼1 |

▼NCC注1: 卵巣腫瘍取扱い規約の表現に従い，
同意語として独自に追加したが，
がん登録では構成成分のうち，最も優位な組
織型をコードする

| | | | |
|---|---|---|---|
| 8323／3 | 混合細胞腺癌 | 8323／3 | Mixed cell adenocarcinoma |
| 8324／0 | 脂肪腺腫 | 8324／0 | Lipoadenoma |
| | 腺脂肪腫 | | Adenolipoma |
| 8325／0 | 後腎腺腫(C64.9) [※1] | 8325／0 | Metanephric adenoma (C64.9) [※1] |
| 8330／0 | ろ胞腺腫(C73.9) | 8330／0 | Follicular adenoma (C73.9) |
| 8330／1 | 異型ろ胞腺腫(C73.9) [※2] | 8330／1 | Atypical follicular adenoma (C73.9) [※2] |
| 8330／3 | ろ胞腺癌，NOS(C73.9) | 8330／3 | Follicular adenocarcinoma, NOS (C73.9) |
| | ろ胞癌，NOS(C73.9) | | Follicular carcinoma, NOS (C73.9) |
| 8331／3 | ろ胞腺癌，高分化型(C73.9) | 8331／3 | Follicular adenocarcinoma, well differentiated (C73.9) |
| | ろ胞癌，高分化型(C73.9) | | Follicular carcinoma, well differentiated (C73.9) |
| 8332／3 | ろ胞腺癌，索状型(C73.9) | 8332／3 | Follicular adenocarcinoma, trabecular (C73.9) |
| | ろ胞癌，索状型(C73.9) | | Follicular carcinoma, trabecular (C73.9) |

|  | ろ胞腺癌, 中分化型(C73.9) |  | Follicular adenocarcinoma, moderately differentiated (C73.9) |
|  | ろ胞癌, 中分化型(C73.9) |  | Follicular carcinoma, moderately differentiated (C73.9) |
| 8333／0 | 小ろ胞腺腫, NOS(C73.9)<br>胎児性腺腫(C73.9) | 8333／0 | Microfollicular adenoma, NOS (C73.9)<br>Fetal adenoma (C73.9) |
| 8333／3 | 胎児性腺癌(C73.9) [2] | 8333／3 | Fetal adenocarcinoma (C73.9) [2] |
| 8334／0 | 大ろ胞腺腫, NOS(C73.9)<br>コロイド腺腫(C73.9) | 8334／0 | Macrofollicular adenoma (C73.9)<br>Colloid adenoma (C73.9) |
| 8335／3 | ろ胞癌, 微少浸潤性(C73.9) [1]<br>ろ胞癌, 被胞性(C73.9) [1] | 8335／3 | Follicular carcinoma, minimally invasive (C73.9) [1]<br>Follicular carcinoma, encapsulated (C73.9) [1] |
| 8336／0 | 硝子化索状腺腫(C73.9) [1] | 8336／0 | Hyalinizing trabecular adenoma (C73.9) [1] |
| 8337／3 | 島状癌(C73.9) [1] | 8337／3 | Insular carcinoma (C73.9) [1] |
| 8340／3 | 乳頭状癌, ろ胞状亜型(C73.9)<br>乳頭腺癌, ろ胞状亜型(C73.9)<br>乳頭状・ろ胞腺癌(C73.9)<br>乳頭・ろ胞癌(C73.9) | 8340／3 | Papillary carcinoma, follicular variant (C73.9)<br>Papillary adenocarcinoma, follicular variant (C73.9)<br>Papillary and follicular adenocarcinoma (C73.9)<br>Papillary and follicular carcinoma (C73.9) |
| 8341／3 | 微小乳頭癌(C73.9) [1] | 8341／3 | Papillary microcarcinoma (C73.9) [1] |
| 8342／3 | 乳頭癌, 好酸性細胞(C73.9) [1] | 8342／3 | Papillary carcinoma, oxyphilic cell (C73.9) [1] |
| 8343／3 | 乳頭癌, 被包性(C73.9) [1] | 8343／3 | Papillary carcinoma, encapsulated (C73.9) [1] |
| 8344／3 | 乳頭癌, 円柱上皮細胞(C73.9) [1]<br>乳頭癌, tall細胞(C73.9) [1] | 8344／3 | Papillary carcinoma, columnar cell (C73.9) [1]<br>Papillary carcinoma, tall cell (C73.9) [1] |
| 8345／3 | アミロイド間質を伴う髄様癌(C73.9) [3]<br>傍濾胞細胞癌(C73.9) [3]<br>C細胞癌(C73.9) [3]<br>髄様癌《甲状腺》 ▼1<br>▼NCC注1: 甲状腺癌取扱い規約の表現に従い、<br>同意語として独自に追加した | 8345／3 | Medullary carcinoma with amyloid stroma (C73.9) [3]<br>Parafollicular cell carcinoma (C73.9) [3]<br>C cell carcinoma (C73.9) [3]<br>Medullary carcinoma 《thyroid》▼1 |
| 8346／3 | 髄様・ろ胞混合癌(C73.9) [1] | 8346／3 | Mixed medullary-follicular carcinoma (C73.9) [1] |

| | | | |
|---|---|---|---|
| 8347／3 | 髄様・乳頭混合癌（C73.9）<br>※1 | 8347／3 | Mixed medullary-papillary carcinoma<br>(C73.9) [1] |
| 8350／3 | 非被包性硬化癌（C73.9）<br><br>非被包性硬化腺癌（C73.9）<br><br>非被包性硬化腫瘍（C73.9）<br><br>乳頭癌, び慢性硬化（C73.9）[2] | 8350／3 | Nonencapsulated sclerosing carcinoma<br>(C73.9)<br>Nonencapsulated sclerosing<br>adenocarcinoma (C73.9)<br>Nonencapsulated sclerosing tumor<br>(C73.9)<br>Papillary carcinoma, diffuse sclerosing<br>(C73.9) [2] |
| 8360／1 | 多発性内分泌腺腫<br>内分泌腺腫症 | 8360／1 | Multiple endocrine adenomas<br>Endocrine adenomatosis |
| 8361／0 | 傍糸球体腫瘍（C64.9）[6]<br>レニン産生腫瘍（C64.9）[6] | 8361／0 | Juxtaglomerular tumor (C64.9) [6]<br>Reninoma (C64.9) [6] |
| 8370／0 | 副腎皮質腺腫（C74.0）<br><br>副腎皮質腫瘍, 良性（C74.0）<br><br>副腎皮質腫瘍, NOS（C74.0） | 8370／0 | Adrenal cortical adenoma, NOS<br>(C74.0)<br>Adrenal cortical tumor, benign<br>(C74.0)<br>Adrenal cortical tumor, NOS<br>(C74.0) |
| 8370／3 | 副腎皮質癌（C74.0）<br>副腎皮質腺癌（C74.0）<br><br>副腎皮質腫瘍, 悪性（C74.0） | 8370／3 | Adrenal cortical carcinoma (C74.0)<br>Adrenal cortical adenocarcinoma<br>(C74.0)<br>Adrenal cortical tumor, malignant<br>(C74.0) |
| 8371／0 | 副腎皮質腺腫, 緻密細胞（C74.0） | 8371／0 | Adrenal cortical adenoma, compact<br>cell (C74.0) |
| 8372／0 | 副腎皮質腺腫, 色素沈着性（C74.0）<br><br>黒色腺腫（C74.0）<br>色素沈着性腺腫（C74.0）[2] | 8372／0 | Adrenal cortical adenoma, pigmented<br>(C74.0)<br>Black adenoma (C74.0)<br>Pigmented adenoma (C74.0) [2] |
| 8373／0 | 副腎皮質腺腫, 明細胞（C74.0） | 8373／0 | Adrenal cortical adenoma, clear cell<br>(C74.0) |
| 8374／0 | 副腎皮質腺腫, 球状層細胞（C74.0） | 8374／0 | Adrenal cortical adenoma, glomerulosa<br>cell (C74.0) |
| 8375／0 | 副腎皮質腺腫, 混合細胞（C74.0） | 8375／0 | Adrenal cortical adenoma, mixed cell<br>(C74.0) |
| 8380／0 | 類内膜腺腫, NOS<br>類内膜のう胞腺腫, NOS | 8380／0 | Endometrioid adenoma, NOS<br>Endometrioid cystadenoma, NOS |
| 8380／1 | 類内膜腺腫, 境界悪性<br><br>類内膜のう胞腺腫, 境界悪性<br><br>低悪性度類内膜腫瘍 | 8380／1 | Endometrioid adenoma, borderline<br>malignancy<br>Endometrioid cystadenoma,<br>borderline malignancy<br>Endometrioid tumor of low malignant<br>potential |

— 138 —

異型増殖性類内膜腫瘍 ※2 | Atypical proliferative endometrioid tumor ※2

8380／3 **類内膜腺癌, NOS**
類内膜癌, NOS
類内膜のう胞腺癌

8380／3 Endometrioid adenocarcinoma, NOS
Endometrioid carcinoma, NOS
Endometrioid cystadenocarcinoma

8381／0 **類内膜腺線維腫, NOS**
類内膜のう胞腺線維腫, NOS

8381／0 Endometrioid adenofibroma, NOS
Endometrioid cystadenofibroma, NOS

8381／1 **類内膜腺線維腫, 境界悪性**
類内膜のう胞腺線維腫, 境界悪性

8381／1 Endometrioid adenofibroma, borderline malignancy
Endometrioid cystadenofibroma, borderline malignancy

8381／3 **類内膜腺線維腫, 悪性**
類内膜のう胞腺線維腫, 悪性

8381／3 Endometrioid adenofibroma, malignant
Endometrioid cystadenofibroma, malignant

8382／3 **類内膜腺癌, 分泌変異型** ※1

8382／3 Endometrioid adenocarcinoma, secretory variant ※1

8383／3 **類内膜腺癌, 繊毛細胞変異型** ※1

8383／3 Endometrioid adenocarcinoma, ciliated cell variant ※1

8384／3 **腺癌, 内頚部型** ※1

8384／3 Adenocarcinoma, endocervical type ※1

# 839－842 皮膚付属器新生物

# 839-842 ADNEXAL AND SKIN APPENDAGE NEOPLASMS

8390／0 **皮膚付属器腺腫, 良性(C44._)**
皮膚付属器腫瘍, 良性(C44._)

8390／0 Skin appendage adenoma (C44._)
Skin appendage tumor, benign (C44._)
Adnexal tumor, benign (C44._)

8390／3 **皮膚付属器癌(C44._)**

8390／3 Skin appendage carcinoma (C44._)
Adnexal carcinoma (C44._)

8391／0 **毛包線維腫(C44._)** ※1
毛盤腫(C44._) ※1
線維毛包腫(C44._) ※1
毛包周囲性線維腫(C44._) ※1

8391／0 Follicular fibroma (C44._) ※1
Trichodiscoma (C44._) ※1
Fibrofolliculoma (C44._) ※1
Perifollicular fibroma (C44._) ※1

8392／0 **汗腺線維腺腫(C44._)** ※1

8392／0 Syringofibroadenoma (C44._) ※1

8400／0 **汗腺腺腫(C44._)**
汗腺腫瘍, 良性(C44._)
汗腺腫, NOS(C44._)
汗腺腺腫, NOS(C44._)

8400／0 Sweat gland adenoma (C44._)
Sweat gland tumor, benign (C44._)
Hidradenoma, NOS (C44._)
Syringadenoma, NOS (C44._)

8400／1 **汗腺腫瘍, NOS(C44._)**

8400／1 Sweat gland tumor, NOS (C44._)

8400／3 **汗腺腺癌(C44._)**
汗腺癌(C44._)
汗腺腫瘍, 悪性(C44._)

8400／3 Sweat gland adenocarcinoma (C44._)
Sweat gland carcinoma (C44._)
Sweat gland tumor, malignant (C44._)

| | |
|---|---|
| 8401／0　アポクリン腺腫<br>　　　　アポクリンのう胞腺腫 ※2 | 8401／0　Apocrine adenoma<br>　　　　Apocrine cystadenoma ※2 |
| 8401／3　アポクリン腺癌 | 8401／3　Apocrine adenocarcinoma |
| 8402／0　結節性汗腺腫(C44._) ※3<br>　　　　エクリン先端孔汗腺腫(C44._)<br>　　　　明細胞汗腺腫(C44._) | 8402／0　Nodular hidradenoma (C44._) ※3<br>　　　　Eccrine acrospiroma (C44._)<br>　　　　Clear cell hidradenoma (C44._) |
| 8402／3　結節性汗腺腫, 悪性(C44._) ※2<br><br>　　　　汗腺癌(C44._) ※2 | 8402／3　Nodular hidradenoma, malignant<br>　　　　(C44._) ※2<br>　　　　Hidradenocarcinoma (C44._) ※2 |
| 8403／0　エクリンらせん腺腫(C44._)<br>　　　　らせん腺腫, NOS(C44._) | 8403／0　Eccrine spiradenoma (C44._)<br>　　　　Spiradenoma, NOS (C44._) |
| 8403／3　悪性エクリンらせん腺腫(C44._) ※2 | 8403／3　Malignant eccrine spiradenoma (C44._)<br>　　　　※2 |
| 8404／0　汗腺のう胞腫(C44._)<br>　　　　エクリンのう胞腫(C44._) ※2 | 8404／0　Hidrocystoma (C44._)<br>　　　　Eccrine cystadenoma (C44._) ※2 |
| 8405／0　乳頭状汗腺腫<br>　　　　乳頭状汗腺腫 ※2 | 8405／0　Papillary hidradenoma<br>　　　　Hidradenoma papilliferum ※2 |
| 8406／0　乳頭状汗腺腫(C44._)<br>　　　　乳頭状汗のう胞腺腫(C44._)<br>　　　　乳頭状汗のう胞腺腫 ※2 | 8406／0　Papillary syringadenoma (C44._)<br>　　　　Papillary syringocystadenoma (C44._)<br>　　　　Syringocystadenoma papilliferum ※2 |
| 8407／0　汗管腫, NOS(C44._) | 8407／0　Syringoma, NOS (C44._) |
| 8407／3　硬化性汗管癌(C44._) ※2<br><br>　　　　汗管腫様癌(C44._) ※2<br>　　　　微小のう胞性付属器癌(C44._) ※2 | 8407／3　Sclerosing sweat duct carcinoma<br>　　　　(C44._) ※2<br>　　　　Syringomatous carcinoma (C44._) ※2<br>　　　　Microcystic adnexal carcinoma<br>　　　　(C44._) ※2 |
| 8408／0　エクリン乳頭状腺腫(C44._) | 8408／0　Eccrine papillary adenoma (C44._) |
| 8408／1　侵襲性指状乳頭状腺腫(C44._) ※2 | 8408／1　Aggressive digital papillary adenoma<br>　　　　(C44._) ※2 |
| 8408／3　エクリン乳頭状腺癌(C44._) ※2<br><br>　　　　指状乳頭状腺癌(C44._) ※2 | 8408／3　Eccrine papillary adenocarcinoma<br>　　　　(C44._) ※2<br>　　　　Digital papillary adenocarcinoma (C44._)<br>　　　　※2 |
| 8409／0　エクリン汗孔腫(C44._) ※3 | 8409／0　Eccrine poroma (C44._) ※3 |
| 8409／3　エクリン汗孔腫, 悪性 ※1<br>　　　　汗孔癌(C44._) ※1 | 8409／3　Eccrine poroma, malignant ※1<br>　　　　Porocarcinoma (C44._) ※1 |
| 8410／0　皮脂腺腫(C44._)<br>　　　　脂腺上皮腫(C44._) ※2 | 8410／0　Sebaceous adenoma (C44._)<br>　　　　Sebaceous epithelioma (C44._) ※2 |
| 8410／3　脂腺癌(C44._)<br>　　　　皮脂腺癌(C44._) | 8410／3　Sebaceous adenocarcinoma (C44._)<br>　　　　Sebaceous carcinoma (C44._) |

| | | | |
|---|---|---|---|
| 8413／3 | エクリン腺癌（C44._）※1 | 8413／3 | Eccrine adenocarcinoma (C44._) ※1 |
| 8420／0 | 耳垢腺腫（C44.2） | 8420／0 | Ceruminous adenoma (C44.2) |
| 8420／3 | 耳垢腺癌（C44.2）<br>耳垢癌（C44.2） | 8420／3 | Ceruminous adenocarcinoma (C44.2)<br>Ceruminous carcinoma (C44.2) |

### 843　粘表皮性新生物

### 843　MUCOEPIDERMOID NEOPLASMS

| | | | |
|---|---|---|---|
| 8430／1 | 粘表皮腫[obs] | 8430／1 | Mucoepidermoid tumor [obs] |
| 8430／3 | 粘表皮癌 | 8430／3 | Mucoepidermoid carcinoma |

### 844－849　のう胞性，粘液性及び漿液性新生物

### 844-849　CYSTIC, MUCINOUS AND SEROUS NEOPLASMS

| | | | |
|---|---|---|---|
| 8440／0 | のう胞腺腫, NOS<br>のう胞腫, NOS | 8440／0 | Cystadenoma, NOS<br>Cystoma, NOS |
| 8440／3 | のう胞腺癌, NOS | 8440／3 | Cystadenocarcinoma, NOS |
| 8441／0 | 漿液性のう胞腺腫, NOS<br>漿液性のう胞腫<br>漿液性小のう胞腺腫 ※2 | 8441／0 | Serous cystadenoma, NOS<br>Serous cystoma<br>Serous microcystic adenoma ※2 |
| 8441／3 | 漿液性のう胞腺癌, NOS（C56.9）<br><br>漿液性腺癌, NOS<br>漿液性癌, NOS ※2<br>SCC（C25._）▼1<br>▼NCC注1：膵癌取扱い規約（第7版）の表現に従い、同義語として独自に追加 | 8441／3 | Serous cystadenocarcinoma, NOS (C56.9)<br>Serous adenocarcinoma, NOS<br>Serous carcinoma, NOS ※2<br>SCC(C25._) ▼1 |
| 8442／1 | 漿液性のう胞腺腫, 境界悪性（C56.9）※6<br><br>漿液性腫瘍, NOS, 低悪性度（C56.9）※6<br>異型増殖性漿液性腫瘍（C56.9）※2 | 8442／1 | Serous cystadenoma, borderline malignancy (C56.9) ※6<br>Serous tumor, NOS, of low malignant potential (C56.9) ※6<br>Atypical proliferating serous tumor (C56.9) ※2 |
| 8443／0 | 明細胞のう胞腺腫（C56.9）※1 | 8443／0 | Clear cell cystadenoma (C56.9) ※1 |
| 8444／1 | 境界悪性明細胞のう胞腫瘍（C56.9）※1<br><br>異型増殖性明細胞腫瘍（C56.9）※1<br><br>境界悪性明細胞腫瘍（C56.9）▼1<br><br>境界悪性明細胞腫瘍（C56.9）★ ▼2<br>▼NCC注1：卵巣腫瘍取扱い規約の表現に従い、同義語として独自に追加した<br>▼NCC注2：卵巣腫瘍取扱い規約の表現に従い、同意語として独自に追加した | 8444／1 | Clear cell cystic tumor of borderline malignancy (C56.9) ※1<br>Atypical proliferating clear cell tumor (C56.9) ※1<br>Clear cell borderline tumor (C56.9)★ ▼2<br>Clear cell borderline tumor (C56.9)★ ▼3 |

― 141 ―

| | |
|---|---|
| 8450／0　乳頭状のう胞腺腫, NOS（C56.9） | 8450／0　Papillary cystadenoma, NOS (C56.9) |
| 8450／3　乳頭状のう胞腺癌, NOS（C56.9）<br>　　　　乳頭・のう胞状腺癌 | 8450／3　Papillary cystadenocarcinoma, NOS<br>　　　　(C56.9)<br>　　　　Papillocystic adenocarcinoma |
| 8451／1　乳頭状のう胞腺腫, 境界悪性（C56.9）※6 | 8451／1　Papillary cystadenoma, borderline<br>　　　　malignancy (C56.9) ※6 |
| 8452／1　充実性偽乳頭状腫瘍（C25._）※2<br>　　　　乳頭状のう胞腫瘍（C25._）<br>　　　　充実性・乳頭状上皮性腫瘍（C25._）※2<br><br>　　　　充実性・のう胞腫瘍（C25._）※2 | 8452／1　Solid pseudopapillary tumor (C25._) ※2<br>　　　　Papillary cystic tumor (C25._)<br>　　　　Solid and papillary epithelial<br>　　　　　neoplasm (C25._) ※2<br>　　　　Solid and cystic tumor (C25._) ※2 |
| 8452／3　充実性偽乳頭状癌（C25._）※2 | 8452／3　Solid pseudopapillary carcinoma<br>　　　　(C25._) ※2 |
| 8453／0☆　導管内乳頭状粘液腺腫（C25._）※1<br><br>　　　　軽度異形成を伴う導管内乳頭状粘液腫瘍<br>　　　　（C25._）★<br><br><br><br>　　　　　軽度異形成を伴うIPMN（C25._）★ ▼1<br>　　　　中等度異形成を伴う導管内乳頭状粘液腫<br>　　　　瘍（C25._）★ ▼2<br><br><br><br><br>　　　　　中等度異形成を伴うIPMN（C25._）★ ▼1<br>　　　　中等度異形成を伴う導管内乳頭状粘液腫<br>　　　　瘍（C25._）<br>　　　　膵管内乳頭粘液性腺腫（C25._）▼3<br><br>　　　　　IPMA（C25._）★ ▼3<br>　　　▼NCC注1: 頻用表現として独自に追加<br>　　　▼NCC注2: 中等度異形成を伴う導管内乳<br>　　　　　頭状粘液腫瘍は8453/1から8453/0に<br>　　　　　性状コードが変更された<br>　　　▼NCC注3: 膵癌取扱い規約の記述に従って<br>　　　　　独自に追加 | 8453／0☆　Intraductal papillary-mucinous<br>　　　　adenoma (C25._) ※1<br>　　　Intraductal papillary-mucinous tumor<br>　　　　with low grade dysplasia (C25._)★<br>　　　　Intraductal papillary-mucinous<br>　　　　　neoplasm with low grade dysplasia<br>　　　　　(C25._) ★<br>　　　　IPMN with low grade dysplasia<br>　　　　　(C25._) ★ ▼1<br>　　　Intraductal papillary-mucinous tumor<br>　　　　with moderate dysplasia (C25._)★ ▼2<br>　　　　Intraductal papillary-mucinous<br>　　　　　neoplasm with moderate dysplasia<br>　　　　　(C25._) ★ ▼2<br>　　　　IPMN with moderate dysplasia<br>　　　　　(C25._) ★ ▼1<br>　　　Intraductal papillary-mucinous tumor<br>　　　　with intermediate dysplasia (C25._)<br>　　　Intraductal papillary mucinous adenoma<br>　　　　(C25._) ▼3<br>　　　　IPMA (C25._) ★ ▼3 |
| 8453／1☆　コード削除（8453/0へ移行） | 8453／1☆　Term recoded as 8453/0 |
| 8453／2☆　導管内乳頭状粘液癌, 非浸潤性<br>　　　　（C25._）※1<br>　　　高度異形成を伴う導管内乳頭状粘液腫瘍<br>　　　　（C25._）★<br><br>　　　膵管内乳頭粘液性腺癌（IPMC）, 浸潤性<br>　　　　（C25._）▼1<br>　　　　IPMC, 非浸潤性（C25._）★ ▼1<br>　　　▼NCC注1: 膵癌取扱い規約の記述に従って<br>　　　　　独自に追加 | 8453／2☆　Intraductal papillary-mucinous<br>　　　　carcinoma, non-invasive (C25._) ※1<br>　　　Intraductal papillary mucinous<br>　　　　neoplasm with high grade dysplasia<br>　　　　(C25._)★<br>　　　Intraductal papillary mucinous carcinoma<br>　　　　(IPMC), noninvasive (C25._) ▼4<br>　　　　IPMC, non-invasive (C25._) ★ ▼4 |

| | | | |
|---|---|---|---|
| 8453／3☆ | 導管内乳頭状粘液癌, 浸潤性（C25._）※1 | 8453／3☆ | Intraductal papillary-mucinous carcinoma, invasive (C25._) ※1 |
| | 浸潤癌を伴う導管内乳頭状粘液腫瘍（C25._）★ | | Intraductal papillary mucinous neoplasm with an associated invasive carcinoma (C25._)★ |
| | 膵管内乳頭粘液性腺癌（IPMC）, 浸潤性（C25._）▼1 | | Intraductal papillary mucinous carcinoma (IPMC), noninvasive（C25._）▼1 |
| | IPMC, 浸潤性（C25._）★ ▼1 | | IPMC, invasive (C25._) ★ ▼1 |
| | ▼NCC注1: 膵癌取扱い規約の記述に従って独自に追加した | | |
| 8454／0 | 房室結節のう胞腫瘍（C38.0）※1 | 8454／0 | Cystic tumor of atrio-ventricular node (C38.0) ※1 |
| 8460／0 | 乳頭状漿液性のう胞腺腫, NOS（C56.9） | 8460／0 | Papillary serous cystadenoma, NOS (C56.9) |
| 8460／3 | 乳頭状漿液性のう胞腺癌（C56.9） | 8460／3 | Papillary serous cystadenocarcinoma (C56.9) |
| | 乳頭状漿液性腺癌（C56.9） | | Papillary serous adenocarcinoma (C56.9) |
| | 微小乳頭状漿液性癌（C56.9） | | Micropapillary serous carcinoma (C56.9) ※2 |
| 8461／0 | 漿液性表在性乳頭腫（C56.9） | 8461／0 | Serous surface papilloma (C56.9) |
| 8461／3 | 漿液性表在性乳頭癌（C56.9） | 8461／3 | Serous surface papillary carcinoma (C56.9) |
| | 腹膜原発性漿液性乳頭癌（C48.1）※2 | | Primary serous papillary carcinoma of peritoneum (C48.1) ※2 |
| 8462／1 | 境界悪性漿液性乳頭状のう胞腫瘍（C56.9）※2/※6 | 8462／1 | Serous papillary cystic tumor of borderline malignancy (C56.9) ※2/※6 |
| | 乳頭状漿液性のう胞腺腫, 境界悪性（C56.9）※6 | | Papillary serous cystadenoma, borderline malignancy (C56.9) ※6 |
| | 低悪性度乳頭状漿液性腫瘍（C56.9）※6 | | Papillary serous tumor of low malignant potential (C56.9) ※6 |
| | 異型増殖性乳頭状漿液性腫瘍（C56.9）※2/※6 | | Atypical proliferative papillary serous tumor (C56.9) ※2/※6 |
| 8463／1 | 境界悪性漿液性表在性乳頭腫瘍（C56.9）※1 | 8463／1 | Serous surface papillary tumor of borderline malignancy (C56.9) ※1 |
| 8470／0☆ | 粘液性のう胞腺腫, NOS（C56.9） | 8470／0☆ | Mucinous cystadenoma, NOS (C56.9) |
| | 粘液性のう胞腫（C56.9） | | Mucinous cystoma (C56.9) |
| | 偽粘液性のう胞腺腫, NOS（C56.9） | | Pseudomucinous cystadenoma, NOS (C56.9) |
| | 軽度異形成を伴う粘液性のう胞腫瘍（C25._）★ | | Mucinous cystic tumor with low grade dysplasia (C25._)★ |
| | 低異型度上皮内腫瘍を伴う粘液性のう胞腫瘍（C22._）★ | | Mucinous cystic neoplasm with low-grade intraepithelial neoplasia (C22._) ★ |
| | 中異型度上皮内腫瘍を伴う粘液性のう胞腫瘍（C22._）★ | | Mucinous cystic neoplasm with intermediate-grade intraepithelial neoplasia (C22._) ★ |
| | 軽度異形成を伴う粘液性のう胞腫瘍（C25._）★ | | Mucinous cystic neoplasm with low-grade dysplasia (C25._) ★ |

中等度異形成を伴う粘液性のう胞腫瘍 (C25._) ※2 ★ ▼1

Mucinous cystic neoplasm with intermediate-grade dysplasia (C25._)★

Mucinous cystic tumor with moderate dysplasia (C25._) ※2 ★ ▼1

Mucinous cystic tumor with intermediate dysplasia (C25._) ★

MCA (C25._) ★ ▼2

MCA (C25._)★ ▼2

▼NCC注1: 中等度異形成を伴う粘液性のう胞腫瘍は8470/1から8470/0に性状コードが変更された

▼NCC注2: 膵癌取扱い規約の記述に従って独自に追加した

| 8470／1☆ | コード削除(8470/0へ移行) | 8470／1☆ | *Term recoded as 8470/0* |
|---|---|---|---|

8470／2☆ 粘液性のう胞腺癌, 非浸潤性(C25._) ※2

8470／2☆ Mucinous cystadenocarcinoma, non-invasive (C25._) ※2

高度異形成を伴う粘液性のう胞腫瘍 (C25._) ★

Mucinous cystic tumor with high grade dysplasia (C25._)★

Mucinous cystic neoplasm with high-grade dysplasia (C25._) ★

高異型度上皮内腫瘍を伴う粘液性のう胞腫瘍(C22._) ★

Mucinous cystic neoplasm with high-grade intraepithelial neoplasia (C22._) ★

MCC, 非浸潤性 (C25._) ★ ▼1

MCC, non-invasive (C25._)★ ▼1

▼NCC注1: 膵癌取扱い規約の記述に従って独自に追加した

8470／3☆ 粘液性のう胞腺癌, NOS(C56.9)

8470／3☆ Mucinous cystadenocarcinoma, NOS (C56.9)

偽粘液性腺癌(C56.9)

Pseudomucinous adenocarcinoma (C56.9)

偽粘液性のう胞腺癌, NOS(C56.9)

Pseudomucinous cystadenocarcinoma, NOS (C56.9)

浸潤癌を伴う粘液性のう胞腫瘍 (C25._) ★

Mucinous cystic tumor with an associated invasive carcinoma (C25._)★

Mucinous cystic neoplasm with an associated invasive carcinoma (C25._) ★

MCC, 微小浸潤性 (C25._) ★ ▼1
MCC, 浸潤性 (C25._) ★ ▼1

MCC, microinvasive (C25._)★ ▼1
MCC, invasive (C25._)★ ▼1

▼NCC注1: 膵癌取扱い規約の記述に従って独自に追加した

8471／0 乳頭状粘液性のう胞腺腫, NOS(C56.9)

8471／0 Papillary mucinous cystadenoma, NOS (C56.9)

乳頭状偽粘液性のう胞腺腫, NOS(C56.9)

Papillary pseudomucinous cystadenoma, NOS (C56.9)

8471／3 乳頭状粘液性のう胞腺癌, NOS(C56.9)

8471／3 Papillary mucinous cystadenocarcinoma (C56.9)

乳頭状偽粘液性のう胞腺癌(C56.9)

Papillary pseudomucinous cystadenocarcinoma (C56.9)

8472／1 境界悪性粘液性のう胞腫瘍(C56.9) ※2/※6

8472／1 Mucinous cystic tumor of borderline malignancy (C56.9) ※2/※6

— 144 —

| | |
|---|---|
| 粘液性のう胞腺腫, 境界悪性 (C56.9) ※6 | Mucinous cystadenoma, borderline malignancy (C56.9) ※6 |
| 偽粘液性のう胞腺腫, 境界悪性(C56.9) ※6 | Pseudomucinous cystadenoma, borderline malignancy (C56.9) ※6 |
| 低悪性度粘液性腫瘍, NOS(C56.9) ※6 | Mucinous tumor, NOS, of low malignant potential (C56.9) ※6 |
| 異型増殖性粘液性腫瘍(C56.9) ※2 | Atypical proliferative mucinous tumor (C56.9) ※2 |

8473／1 　**境界悪性乳頭状粘液性のう胞腺腫(C56.9)** ※6

8473／1 　**Papillary mucinous cystadenoma, borderline malignancy (C56.9)** ※6

乳頭状偽粘液性のう胞腺腫, 境界悪性(C56.9) ※6

Papillary pseudomucinous cystadenoma, borderline malignancy (C56.9) ※6

低悪性度乳頭状粘液性腫瘍(C56.9) ※6

Papillary mucinous tumor of low malignant potential (C56.9) ※6

8480／0 　**粘液性腺腫**

8480／0 　Mucinous adenoma

8480／1* 　**低異型度虫垂粘液腫瘍 (C18.1)** ★

8480／1* 　Low grade appendiceal mucinous neoplasm (C18.1) ★

▽1：略語「LAMN」が用いられるが、コードは8480/1とする。

8480／3 　**粘液腺癌**
　　粘液性癌
　　粘液癌(muc) ▼1
　　コロイド腺癌
　　コロイド癌
　　膠様腺癌[obs]
　　膠様癌[obs]
　　類粘液性腺癌

　　類粘液性癌

　　原発部位不詳の腹膜偽粘液腫(C80.9) ※2

8480／3 　Mucinous adenocarcinoma
　　Mucinous carcinoma

　　Colloid adenocarcinoma
　　Colloid carcinoma
　　Gelatinous adenocarcinoma [obs]
　　Gelatinous carcinoma [obs]
　　Mucoid adenocarcinoma
　　Mucoid carcinoma
　　Mucous adenocarcinoma
　　Mucous carcinoma
　　Pseudomyxoma peritonei with unknown primary site (C80.9) ※2

▼NCC注1：膵癌取扱い規約の記述に従って、独自に追加

8480／6 　**腹膜偽粘液腫** ▼1
　　▼NCC注1：がん登録では8480/6は用いず、局在コードで原発部位を示した上で、形態コードとしては8480/3を用いる

8480／6 　Pseudomyxoma peritonei

8481／3 　**粘液産生腺癌**
　　粘液産生癌
　　粘液分泌腺癌
　　粘液分泌癌

8481／3 　Mucin-producing adenocarcinoma
　　Mucin-producing carcinoma
　　Mucin-secreting adenocarcinoma
　　Mucin-secreting carcinoma

8482／3 　**粘液性腺癌, 内頚部型** ※1

8482／3 　Mucinous adenocarcinoma, endocervical type ※1

8490／3☆ 　**印環細胞癌**
　　印環細胞腺癌
　　低粘着性癌★

8490／3☆ 　Signet ring cell carcinoma
　　Signet ring cell adenocarcinoma
　　Poorly cohesive carcinoma★

8490／6 　**転移性印環細胞癌**▼1

8490／6 　Metastatic signet ring cell carcinoma

クルケンベルグ腫瘍 [1]　　　　　　　　　　　Krukenberg tumor

　　[1]NCC注1: がん登録では8490/6は用いず、
　　　　　局在コードで原発部位を示した上で、
　　　　　形態コードとしては8490/3を用いる

## 850-854　導管性及び小葉性新生物

## 850-854　DUCTAL AND LOBULAR NEOPLASMS

8500／2　**導管内癌, 非浸潤性, NOS**

　　導管内腺癌, 非浸潤性, NOS

　　導管内癌, NOS
　　上皮内導管癌, NOS（C50._）[2]

　　DCIS, NOS（C50._）[2]
　　導管上皮内腫瘍3度（C50._）[2]

　　DIN3（C50._）[2]
　　アポクリン腺癌, 上皮内《乳腺》[1]
　　　[1]NCC注1: がん登録では、
　　　　　乳腺に発生したアポクリン腺癌, 上皮内の場
　　　　　合は8500/2を用いる

8500／2　Intraductal carcinoma, noninfiltrating, NOS
　　Intraductal adenocarcinoma, noninfiltrating, NOS
　　Intraductal carcinoma, NOS
　　Ductal carcinoma in situ, NOS (C50._) [2]
　　DCIS, NOS (C50._) [2]
　　Ductal intraepithelial neoplasia 3 (C50._) [2]
　　DIN 3 (C50._) [2]
　　Apocrine adenocarcinoma, in situ [1]

8500／3　**浸潤性導管癌, NOS（C50._）**

　　浸潤性導管腺癌（C50._）

　　導管腺癌, NOS
　　導管癌, NOS
　　導管細胞癌

　　腺癌（浸潤性膵管癌）〈C25._〉[1]
　　8500／31　高分化型(wel)《膵癌》[1]
　　8500／32　中分化型(mod)《膵癌》[1]

　　8500／33　低分化型(por)《膵癌》[1]
　　8500／31　浸潤性乳頭腺管癌《乳癌》[2]

　　8500／32　浸潤性充実腺管癌《乳癌》[2]

　　8500／33　浸潤性硬癌《乳癌》[2]

　　[1]NCC注1: 膵癌取扱い規約の記載に従った分類
　　[1]NCC注2: がん登録では、
　　　　　乳癌取扱い規約の3亜型を
　　　　　6桁目の分化度コードを流用して分類する

8500／3　Infiltrating duct carcinoma, NOS (C50._)
　　Infiltrating duct adenocarcinoma (C50._)
　　Duct adenocarcinoma, NOS
　　Duct carcinoma, NOS
　　Duct cell carcinoma
　　Ductal carcinoma, NOS
　　Adenocaricinoma 〈C25._〉 [1]
　　8500／31　Well differentiated type [1]
　　8500／32　Moderately differentiated type [1]
　　8500／33　Poorly differentiated type [1]
　　8500／31　Invasive papillotubular carcinoma [2]
　　8500／32　Invasive solid-tubular carcinoma [1]
　　8500／33　Invasive scirrhous carcinoma [1]

8501／2　**面皰癌, 非浸潤性（C50._）**

　　上皮内導管癌, 面皰型（C50._）[2]

　　DCIS, 面皰型（C50._）[2]

8501／2　Comedocarcinoma, noninfiltrating (C50._)
　　Ductal carcinoma in situ, comedo type (C50._) [2]
　　DCIS, comedo type (C50._) [2]

8501／3　**面皰癌, NOS（C50._）**

8501／3　Comedocarcinoma, NOS (C50._)

8502／3　**乳腺分泌性癌（C50._）**
　　若年性乳腺癌（C50._）

8502／3　Secretory carcinoma of breast (C50._)
　　Juvenile carcinoma of breast (C50._)

— 146 —

8503／0☆　**導管内乳頭腫**
　　　導管腺腫, NOS
　　　導管乳頭腫
　　　導管内乳頭状腫瘍, NOS★
　　　低異型度上皮内腫瘍を伴う導管内乳頭状
　　　腫瘍(C22._, C24.0)★

　　　　　中異型度腫瘍を伴う導管内乳頭状腫
　　　　　瘍(C22._, C24.0)★

　　　低異型度上皮内腫瘍を伴うのう胞内乳頭
　　　状腫瘍(C23.9)★

　　　　　中異型度上皮内腫瘍を伴うのう胞内
　　　　　乳頭状腫瘍(C23.9)★

　　　　　低異型度上皮内腫瘍を伴う腺内乳頭
　　　　　状腫瘍(C22.1, C24.0)★

　　　導管内管状乳頭状腫瘍, 低異型度★

8503／2☆　**非浸潤性導管内乳頭状腺癌(C50._)**

　　　　　非浸潤性導管内乳頭状癌(C50._)

　　　　　導管内乳頭状腺癌, NOS(C50._)

　　　　　導管内乳頭状癌, NOS(C50._)

　　　　　上皮内導管癌, 乳頭状(C50._) ※2

　　　　　DCIS, 乳頭状(C50._) ※2
　　　高異型度上皮内腫瘍を伴う導管内乳頭状
　　　腫瘍★

　　　　　高度異形成を伴う導管内乳頭状腫瘍
　　　　　★

　　　　　高異型度上皮内腫瘍を伴うのう胞内
　　　　　乳頭状腫瘍(C23.9)★

　　　　　高度異形成を伴うのう胞内乳頭状腫
　　　　　瘍(C23.9)★

　　　導管内管状乳頭状腫瘍, 高異型度★

　　　膵管内管状乳頭腺癌, 非浸潤性
　　　(C25._) ▼1
　　　　▼NCC注1: 膵癌取扱い規約の記述に従って独自
　　　に追加した

8503／0☆　Intraductal papilloma
　　　Duct adenoma, NOS
　　　Ductal papilloma
　　　Intraductal papillary neoplasm, NOS★
　　　Intraductal papillary neoplasm with low
　　　grade intraepithelial neoplasia
　　　(C22._, C24.0)★
　　　　　Intraductal papillary neoplasm with
　　　　　intermediate grade neoplasia
　　　　　(C22._, C24.0)★
　　　Intracystic papillary neoplasm with low
　　　grade intraepithelial neoplasia
　　　(C23.9)★
　　　　　Intracystic papillary neoplasm with
　　　　　intermediate grade intraepithelial
　　　　　neoplasia (C23.9)★
　　　　　Intragrandular papillary neoplasm
　　　　　with low grade intraepithelial
　　　　　neoplasia (C22.1, C24.0)★
　　　Intraductal tubular-papillary neoplasm,
　　　low grade★

8503／2☆　Noninfiltrating intraductal papillary
　　　adenocarcinoma (C50._)
　　　　　Noninfiltrating intraductal papillary
　　　　　carcinoma (C50._)
　　　　　Intraductal papillary
　　　　　adenocarcinoma, NOS (C50._)
　　　　　Intraductal papillary carcinoma,
　　　　　NOS (C50._)
　　　　　Ductal carcinoma in situ, papillary
　　　　　(C50._) ※2
　　　　　DCIS, papillary (C50._) ※2
　　　Intraductal papillary neoplasm with high
　　　grade intraepithelial neoplasia★
　　　　　Intraductal papillary tumor with
　　　　　high grade intraepithelial
　　　　　neoplasia★
　　　　　Intraductal papillary neoplasm with
　　　　　high grade dysplasia★
　　　　　Intraductal papillary tumor with
　　　　　high grade dysplasia★
　　　　　Intracystic papillary neoplasm with
　　　　　high grade intraepithelial
　　　　　neoplasia (C23.9)★
　　　　　Intracystic papillary tumor with
　　　　　high grade intraepithelial
　　　　　neoplasia (C23.9)★
　　　　　Intracystic papillary neoplasm with
　　　　　high grade dysplasia (C23.9)★
　　　　　Intracystic papillary tumor with
　　　　　high grade dysplasia (C23.9)★
　　　Intraductal tubular-papillary neoplasm,
　　　high grade★
　　　Intraductal tubulopapillary carcinoma,
　　　non-invasive (C25._) ▼1

| | |
|---|---|
| 8503／3☆ 浸潤を伴う導管内乳頭腺癌, NOS (C50._) | 8503／3☆ Intraductal papillary adenocarcinoma with invasion (C50._) |

8503／3☆ 浸潤を伴う導管内乳頭腺癌, NOS (C50._)
　　　浸潤性乳頭腺癌 ※2

　　　浸潤性・乳頭腺癌

　　　浸潤癌成分を伴う導管内乳頭状腫瘍, ★

　　　浸潤癌成分を伴うのう胞内乳頭状腫瘍(C23.9)★

　　　膵管内管状乳頭腺癌, 浸潤性(C25._) ▼1

　　　　　▼NCC注1: 膵癌取扱い規約の記述に従って独自に追加した

8503／3☆ Intraductal papillary adenocarcinoma with invasion (C50._)
　　　Infiltrating papillary adenocarcinoma ※2

　　　Infiltrating and papillary adenocarcinoma
　　　Intraductal papillary neoplasm with associated invasive carcinoma★
　　　Intracystic papillary neoplasm with associated invasive carcinoma (C23.9)★
　　　Intraductal tubulopapillary carcinoma, invasive (C25._) ▼1

8504／0 のう胞内乳頭腺腫
　　　のう胞内乳頭腫

8504／0 Intracystic papillary adenoma
　　　Intracystic papilloma

8504／2 非浸潤性のう胞内癌

8504／2 Noninfiltrating intracystic carcinoma

8504／3 のう胞内癌, NOS
　　　のう胞内乳頭腺癌

8504／3 Intracystic carcinoma, NOS
　　　Intracystic papillary adenocarcinoma

8505／0 導管内乳頭腫症, NOS
　　　びまん性導管内乳頭腫症

8505／0 Intraductal papillomatosis, NOS
　　　Diffuse intraductal papillomatosis

8506／0 乳頭の腺腫(C50.0)
　　　乳輪下乳管乳頭腫症(C50.0)

8506／0 Adenoma of nipple (C50.0)
　　　Subareolar duct papillomatosis (C50.0)

8507／2 導管内小乳頭状癌(C50._) ※1

　　　上皮内導管癌, 小乳頭状型 (C50._) ※1
　　　導管内癌, 匍匐状(C50._) ※1

8507／2 Intraductal micropapillary carcinoma (C50._) ※1
　　　Ductal carcinoma in situ, micropapillary (C50._) ※1
　　　Intraductal carcinoma, clinging (C50._) ※1

8508／3 のう胞状高分泌癌(C50._) ※1

8508／3 Cystic hypersecretory carcinoma (C50._) ※1

8510／3 髄様癌, NOS
　　　髄様腺癌

8510／3 Medullary carcinoma, NOS
　　　Medullary adenocarcinoma

8512／3 リンパ球性間質を伴う髄様癌

8512／3 Medullary carcinoma with lymphoid stroma

8513／3 異型髄様癌(C50._) ※1

8513／3 Atypical medullary carcinoma (C50._) ※1

8514／3 導管癌, 線維形成型

8514／3 Duct carcinoma, desmoplastic type ※1

8520／2 小葉性上皮内癌, NOS(C50._)
　　　小葉癌, 非浸潤性(C50._)

　　　LCIS, NOS(C50._) ※2

8520／2 Lobular carcinoma in situ, NOS (C50._)
　　　Lobular carcinoma, noninfiltrating (C50._)
　　　LCIS, NOS (C50._) ※2

8520／3 小葉癌, NOS(C50._)
　　　小葉腺癌(C50._)

8520／3 Lobular carcinoma, NOS (C50._)
　　　Lobular adenocarcinoma (C50._)

| | | | |
|---|---|---|---|
| | 浸潤性小葉癌, NOS（C50._） | | Infiltrating lobular carcinoma, NOS（C50._） |
| 8521／3 | 浸潤性導管癌（C50._） | 8521／3 | Infiltrating ductular carcinoma（C50._） |
| 8522／2 | 導管内癌及び上皮内小葉癌（C50._） | 8522／2 | Intraductal carcinoma and lobular carcinoma in situ（C50._） |
| 8522／3 | 浸潤性導管内癌及び小葉癌（C50._） | 8522／3 | Infiltrating duct and lobular carcinoma（C50._） |
| | 小葉及び導管癌（C50._） | | Lobular and ductal carcinoma（C50._） |
| | 浸潤性導管癌及び上皮内小葉癌（C50._） | | Infiltrating duct carcinoma and lobular carcinoma in situ（C50._） |
| | 導管内及び小葉癌（C50._） | | Intraductal and lobular carcinoma（C50._） |
| | 浸潤性小葉癌及び上皮内導管癌（C50._） | | Infiltrating lobular carcinoma and ductal carcinoma in situ（C50._） |
| 8523／3 | 他の型の癌を伴う浸潤性導管癌（C50._）※1 | 8523／3 | Infiltrating duct mixed with other types of carcinoma（C50._）※1 |
| | 浸潤性導管・篩状癌（C50._）※1 | | Infiltrating duct and cribriform carcinoma（C50._）※1 |
| | 浸潤性導管・粘液癌（C50._）※1 | | Infiltrating duct and mucinous carcinoma（C50._）※1 |
| | 浸潤性導管・管状癌（C50._）※1 | | Infiltrating duct and tubular carcinoma（C50._）※1 |
| | 浸潤性導管・膠様癌（C50._）※1 | | Infiltrating duct and colloid carcinoma（C50._）※1 |
| 8524／3 | 他の型の癌を伴う浸潤性小葉癌（C50._）※1 | 8524／3 | Infiltrating lobular mixed with other types of carcinoma（C50._）※1 |
| 8525／3 | 多形低悪性度腺癌※1 | 8525／3 | Polymorphous low grade adenocarcinoma※1 |
| | 終末導管腺癌※1 | | Terminal duct adenocarcinoma※1 |
| 8530／3 | 炎症性癌（C50._） | 8530／3 | Inflammatory carcinoma（C50._） |
| | 炎症性腺癌（C50._） | | Inflammatory adenocarcinoma（C50._） |
| 8540／2★ | Paget病, 表皮内, 乳房（C50._）★▼1 | 8540／2★ | Paget disease, mammary (intraepidermoid carcinoma)★▼1 |
| | 表皮内乳房Paget病（C50._）▼1 | | |
| | ▼NCC注1: がん登録では、独自に追加した8540／2を使用する | | |
| 8540／3 | Paget病, 乳房（C50._） | 8540／3 | Paget disease, mammary（C50._） |
| | 乳房Paget病（C50._） | | Paget disease of breast（C50._） |
| 8541／3 | 乳房Paget病及び浸潤性乳管癌（C50._） | 8541／3 | Paget disease and infiltrating duct carcinoma of breast（C50._） |
| 8542／2★ | Paget病, 表皮内, 乳房外★▼1 | 8542／2★ | Paget disease, extramammary (intraepidermoid carcinoma)★▼1 |
| | 表皮内乳房外Paget病▼1 | | |
| | ▼NCC注1: がん登録では、独自に追加した8542／2を使用する | | |

| 8542／3 | Paget病, 乳房外 (骨Paget病を除く) | 8542／3 | Paget disease, extramammary (except Paget disease of bone) |
| 8543／3 | 乳房Paget病及び乳管内癌 (C50._) | 8543／3 | Paget disease and intraductal carcinoma of breast (C50._) |

## 855　腺房細胞性新生物

### 855　ACINAR CELL NEOPLASMS

| 8550／0 | 腺房細胞腺腫<br>腺房腺腫 | 8550／0 | Acinar cell adenoma<br>Acinar adenoma<br>Acinic cell adenoma |
| 8550／1 | 腺房細胞腫 [obs] | 8550／1 | Acinar cell tumor [obs]<br>Acinic cell tumor [obs] |
| 8550／3 | 腺房細胞癌<br>腺房細胞腺癌<br>腺房腺癌<br>腺房癌 | 8550／3 | Acinar cell carcinoma<br>Acinic cell adenocarcinoma<br>Acinar adenocarcinoma<br>Acinar carcinoma |
| 8551／3 | 腺房細胞のう胞腺癌 [※1] | 8551／3 | Acinar cell cystadenocarcinoma [※1] |
| 8552／3★ | 混合型腺房腺管癌 ★ | 8552／3★ | Mixed acinar-ductal carcinoma ★ |

## 856－857　複合上皮性新生物

### 856-857　COMPLEX EPITHELIAL NEOPLASMS

| 8560／0 | 扁平上皮・腺混合乳頭腫 [※2] | 8560／0 | Mixed squamous cell and glandular papilloma [※2] |
| 8560／3 | 腺扁平上皮癌<br>腺癌・扁平上皮癌混合癌<br><br>腺癌・類表皮癌混合癌 | 8560／3 | Adenosquamous carcinoma<br>Mixed adenocarcinoma and squamous cell carcinoma<br>Mixed adenocarcinoma and epidermoid carcinoma |
| 8561／0 | 腺リンパ腫 (C07._, C08._)<br>リンパ腫様乳頭状のう胞腺腫 (C07._, C08._)<br>Warthin腫瘍 (C07._, C08._) | 8561／0 | Adenolymphoma (C07._, C08._)<br>Papillary cystadenoma lymphomatosum (C07._, C08._)<br>Warthin tumor (C07._, C08._) |
| 8562／3 | 上皮－筋上皮性癌 | 8562／3 | Epithelial-myoepithelial carcinoma |
| 8570／3 | 扁平上皮化生を伴う腺癌<br><br>腺棘細胞癌 | 8570／3 | Adenocarcinoma with squamous metaplasia<br>Adenoacanthoma |
| 8571／3 | 軟骨化生・骨化生を伴う腺癌<br><br>軟骨化生を伴う腺癌<br><br>骨化生を伴う腺癌 | 8571／3 | Adenocarcinoma with cartilaginous and osseous metaplasia<br>Adenocarcinoma with cartilaginous metaolasia<br>Adenocarcinoma with osseous metaplasia |
| 8572／3 | 紡錘細胞化生を伴う腺癌 | 8572／3 | Adenocarcinoma with spindle cell metaplasia |

紡錘細胞癌《乳癌》[▼1]
　[▼NCC注1:]　取扱い規約では、腺癌の亜型として「紡
　　　錘細胞癌」という表現がされている

| | | |
|---|---|---|
| 8573／3 | アポクリン化生を伴う腺癌 | 8573／3 |

アポクリン化生を伴う癌腫

8574／3　神経内分泌への分化を伴う腺癌 [※1]

神経内分泌への分化を伴う癌腫 [※1]

8575／3　化生癌, NOS [※1]

8576／3　肝様腺癌 [※1]
　　　　肝様癌 [※1]

Spindle cell carcinoma（breast）[▼1]

8573／3　Adenocarcinoma with apocrine metaplasia
　　　　Carcinoma with apocrine metaplasia

8574／3　Adenocarcinoma with neuroendocrine differentiation [※1]
　　　　Carcinoma with neuroendocrine differentiation [※1]

8575／3　Metaplastic carcinoma, NOS [※1]

8576／3　Hepatoid adenocarcinoma [※1]
　　　　Hepatoid carcinoma [※1]

# 858　胸腺上皮性新生物

# 858　THYMIC EPITHELIAL NEOPLASMS

8580／0　胸腺腫, 良性（C37.9）

8580／1　胸腺腫, NOS（C37.9）[※6▽1]
　[▽1:]胸腺腫（Thymoma）において、良性悪性の区別
　　　が明確となっていないものは、原則、「/3」とし
　　　て登録する（2018年〜）。

8580／3　胸腺腫, 悪性, NOS（C37.9）

8581／1　胸腺腫, A型, NOS（C37.9）[※1▽1]
　　　　胸腺腫, 紡錘形細胞, NOS（C37.9）[※1]

　　　　胸腺腫, 髄様, NOS（C37.9）[※1]

　　　[▽NCC注1:]8580/1の注を参照

8581／3　胸腺腫, A型, 悪性（C37.9）[※1]

　　　　胸腺腫, 紡錘形細胞, 悪性（C37.9）[※1]

　　　　胸腺腫, 髄様, 悪性（C37.9）[※1]

8582／1　胸腺腫, AB型, NOS（C37.9）[※1▽1]
　　　　胸腺腫, 混合型, NOS（C37.9）[※1]

　　　[▽NCC注1:]8580/1の注を参照

8582／3　胸腺腫, AB型, 悪性（C37.9）[※1]

　　　　胸腺腫, 混合型, 悪性（C37.9）[※1]

8583／1　胸腺腫, B1型, NOS（C37.9）[※1▽1]
　　　　胸腺腫, 高リンパ球性, NOS（C37.9）[※1]

8580／0　Thymoma, benign (C37.9)

8580／1　Thymoma, NOS (C37.9) [※6]

8580／3　Thymoma, malignant, NOS (C37.9)

8581／1　Thymoma, type A, NOS (C37.9) [※1]
　　　　Thymoma, spindle cell, NOS (C37.9) [※1]
　　　　Thymoma, medullary, NOS (C37.9) [※1]

8581／3　Thymoma, type A, malignant (C37.9) [※1]
　　　　Thymoma, spindle cell, malignant (C37.9) [※1]
　　　　Thymoma, medullary, malignant (C37.9) [※1]

8582／1　Thymoma, type AB, NOS (C37.9) [※1]
　　　　Thymoma, mixed type, NOS (C37.9) [※1]

8582／3　Thymoma, type AB, malignant (C37.9) [※1]
　　　　Thymoma, mixed type, malignant (C37.9) [※1]

8583／1　Thymoma, type B1, NOS (C37.9) [※1]
　　　　Thymoma, lymphocyte-rich, NOS (C37.9) [※1]

— 151 —

| | | | |
|---|---|---|---|
| | 胸腺腫, リンパ球性, NOS (C37.9) [1] | | Thymoma, lymphocytic, NOS (C37.9) [1] |
| | 胸腺腫, 皮質優位型, NOS (C37.9) [1] | | Thymoma, predominantly cortical, NOS (C37.9) [1] |
| | 胸腺腫, 器官様, NOS (C37.9) [1] | | Thymoma, organoid, NOS (C37.9) [1] |

▽NCC注1: 8580/1の注を参照

| 8583／3 | 胸腺腫, B1型, 悪性 (C37.9) [1] | 8583／3 | Thymoma, type B1, malignant (C37.9) [1] |
|---|---|---|---|
| | 胸腺腫, 高リンパ球性, 悪性 (C37.9) [1] | | Thymoma, lymphocyte-rich, malignant (C37.9) [1] |
| | 胸腺腫, リンパ球性, 悪性 (C37.9) [1] | | Thymoma, lymphocytic, malignant (C37.9) [1] |
| | 胸腺腫, 皮質優位型, 悪性 (C37.9) [1] | | Thymoma, predominantly cortical, malignant (C37.9) [1] |
| | 胸腺腫, 器官様, 悪性 (C37.9) [1] | | Thymoma, organoid, malignant (C37.9) [1] |
| 8584／1 | 胸腺腫, B2型, NOS (C37.9) [1]▽1 | 8584／1 | Thymoma, type B2, NOS (C37.9) [1] |
| | 胸腺腫, 皮質型, NOS (C37.9) [1] | | Thymoma, cortical, NOS (C37.9) [1] |

▽NCC注1: 8580/1の注を参照

| 8584／3 | 胸腺腫, B2型, 悪性 (C37.9) [1] | 8584／3 | Thymoma, type B2, malignant (C37.9) [1] |
|---|---|---|---|
| | 胸腺腫, 皮質型, 悪性 (C37.9) [1] | | Thymoma, cortical, malignant (C37.9) [1] |
| 8585／1 | 胸腺腫, B3型, NOS (C37.9) [1]▽1 | 8585／1 | Thymoma, type B3, NOS (C37.9) [1] |
| | 胸腺腫, 上皮性, NOS (C37.9) [1] | | Thymoma, epithelial, NOS (C37.9) [1] |
| | 胸腺腫, 非定型的, NOS (C37.9) [1] | | Thymoma, atypical, NOS (C37.9) [1] |

▽NCC注1: 8580/1の注を参照

| 8585／3 | 胸腺腫, B3型, 悪性 (C37.9) [1] | 8585／3 | Thymoma, type B3, malignant (C37.9) [1] |
|---|---|---|---|
| | 胸腺腫, 上皮性, 悪性 (C37.9) [1] | | Thymoma, epithelial, malignant (C37.9) [1] |
| | 胸腺腫, 非定型的, 悪性 (C37.9) [1] | | Thymoma, atypical, malignant (C37.9) [1] |
| | 高分化型胸腺癌 (C37.9) [1] | | Well differentiated thymic carcinoma (C37.9) [1] |
| 8586／3 | 胸腺癌, NOS (C37.9) [3] | 8586／3 | Thymic carcinoma, NOS (C37.9) [3] |
| | 胸腺腫, C型 (C37.9) [1] | | Thymoma, type C (C37.9) [1] |
| 8587／0 | 異所性過誤腫性胸腺腫 [1] | 8587／0 | Ectopic hamartomatous thymoma [1] |
| 8588／3 | 胸腺様成分を伴う紡錘形上皮性腫瘍 [1] | 8588／3 | Spindle epithelial tumor with thymus-like element [1] |
| | | | Spindle epithelial tumor with thymus-like differentiation [1] |
| | SETTLE [1] | | SETTLE [1] |
| 8589／3 | 胸腺様成分を示す癌腫 [1] | 8589／3 | Carcinoma showing thymus-like element [1] |
| | | | Carcinoma showing thymus-like differentiation [1] |
| | CASTLE [1] | | CASTLE [1] |

## 859－867　特殊な性器新生物

## 859-867　SPECIALIZED GONADAL NEOPLASMS

8590／1　**性索・性腺間質腫瘍, NOS**
　　　　性腺間質腫瘍, NOS
　　　　精巣間質腫瘍(C62._)
　　　　卵巣間質腫瘍(C56.9)
　　　　性索腫瘍, NOS

8590／1　Sex cord-gonadal stromal tumor, NOS
　　　　Gonadal stromal tumor, NOS
　　　　Testicular stromal tumor (C62._)
　　　　Ovarian stromal tumor (C56.9)
　　　　Sex cord tumor, NOS

8591／1　**性索・性腺間質腫瘍, 不全分化型** [※1]

8591／1　Sex cord-gonadal stromal tumor, incompletely differentiated [※1]

8592／1　**性索・性腺間質腫瘍, 混合型** [※1]

8592／1　Sex cord-gonadal stromal tumor, mixed forms [※1]

8593／1　**微少な性索成分を伴う間質腫瘍 (C56.9)** [※1]

8593／1　Stromal tumor with minor sex cord elements (C56.9) [※1]

8600／0　**莢膜細胞腫, NOS(C56.9)**
　　　　莢膜細胞腫瘍(C56.9)

8600／0　Thecoma, NOS (C56.9)
　　　　Theca cell tumor (C56.9)

8600／3　**莢膜細胞腫, 悪性(C56.9)**

8600／3　Thecoma, malignant (C56.9)

8601／0　**莢膜細胞腫, 黄体化(C56.9)**

8601／0　Thecoma, luteinized (C56.9)

8602／0　**硬化性間質腫瘍(C56.9)**

8602／0　Sclerosing stromal tumor (C56.9)

8610／0　**黄体腫, NOS(C56.9)**
　　　　黄体腫(C56.9)

8610／0　Luteoma, NOS (C56.9)
　　　　Luteinoma (C56.9)

8620／1　**顆粒膜細胞腫瘍, 成人型(C56.9)** [※2]

　　　　顆粒膜細胞腫瘍, NOS(C56.9)

8620／1　Granulosa cell tumor, adult type (C56.9) [※2]
　　　　Granulosa cell tumor, NOS (C56.9)

8620／3　**顆粒膜細胞腫瘍, 悪性(C56.9)**

　　　　顆粒膜細胞癌(C56.9)
　　　　顆粒膜細胞腫瘍, 肉腫様(C56.9) [※2]

8620／3　Granulosa cell tumor, malignant (C56.9)
　　　　Granulosa cell carcinoma (C56.9)
　　　　Granulosa cell tumor, sarcomatoid (C56.9) [※2]

8621／1　**顆粒膜・莢膜細胞腫瘍(C56.9)**

　　　　莢膜・顆粒膜細胞腫瘍(C56.9)

8621／1　Granulosa cell-theca cell tumor (C56.9)
　　　　Theca cell-granulosa cell tumor (C56.9)

8622／1　**顆粒膜細胞腫, 若年型(C56.9)**

8622／1　Granulosa cell tumor, juvenile (C56.9)

8623／1　**輪状細管を伴う性索腫瘍(C56.9)**

8623／1　Sex cord tumor with annular tubules (C56.9)

8630／0　**アンドロブラストーマ, 良性**
　　　　アレノブラストーマ, 良性

8630／0　Androblastoma, benign
　　　　Arrhenoblastoma, benign

8630／1　**アンドロブラストーマ, NOS**
　　　　アレノブラストーマ, NOS

8630／1　Androblastoma, NOS
　　　　Arrhenoblastoma, NOS

8630／3　**アンドロブラストーマ, 悪性**
　　　　アレノブラストーマ, 悪性

8630／3　Androblastoma, malignant
　　　　Arrhenoblastoma, malignant

| | | | |
|---|---|---|---|
| 8631／0 | セルトリ・ライディッヒ細胞腫瘍, 高分化型 [2] | 8631／0 | Sertoli–Leydig cell tumor, well differentiated [2] |
| 8631／1 | 中分化型セルトリ・ライディッヒ細胞腫瘍 [2]<br>セルトリ・ライディッヒ細胞腫瘍, NOS [2] | 8631／1 | Sertoli–Leydig cell tumor of intermediate differentiation [2]<br>Sertoli–Leydig cell tumor, NOS [2] |
| 8631／3 | セルトリ・ライディッヒ細胞腫瘍, 低分化型 [2]<br>セルトリ・ライディッヒ細胞腫瘍, 肉腫様 [2] | 8631／3 | Sertoli–Leydig cell tumor, poorly differentiated [2]<br>Sertoli–Leydig cell tumor, sarcomatoid [2] |
| 8632／1 | ギナンドロブラストーマ(C56.9) | 8632／1 | Gynandroblastoma (C56.9) |
| 8633／1 | セルトリ・ライディッヒ細胞腫瘍, 網様 [1] | 8633／1 | Sertoli–Leydig cell tumor, retiform [1] |
| 8634／1 | 異所性成分を伴うセルトリ・ライディッヒ細胞腫瘍, 中分化型 [1]<br><br>異所性成分を伴うセルトリ・ライディッヒ細胞腫瘍, 網様型 [1] | 8634／1 | Sertoli–Leydig cell tumor, intermediate differentiation, with heterologous elements [1]<br>Sertoli–Leydig cell tumor, retiform, with heterologous elements [1] |
| 8634／3 | 異所性成分を伴うセルトリ・ライディッヒ細房腫瘍, 低分化型 [1] | 8634／3 | Sertoli–Leydig cell tumor, poorly differentiated, with heterologous elements [1] |
| 8640／1 | セルトリ細胞腫瘍, NOS [6]<br>ピック管状腺腫 [6]<br>セルトリ細胞腺腫 [6]<br>管状アンドロブラストーマ, NOS [6]<br>精巣腺腫 [6] | 8640／1 | Sertoli cell tumor, NOS [6]<br>Pick tubular adenoma [6]<br>Sertoli cell adenoma [6]<br>Tubular androblastoma, NOS [6]<br>Testicular adenoma [6] |
| 8640／3 | セルトリ細胞癌(C62._) | 8640／3 | Sertoli cell carcinoma (C62._) |
| 8641／0 | 脂質蓄積を伴うセルトリ細胞腫瘍(C56.9)<br>フォリクローム・リピディーク(C56.9)<br>脂質蓄積を伴う管状アンドロブラストーマ(C56.9)<br>高脂質性セルトリ細胞腫瘍(C56.9) [2] | 8641／0 | Sertoli cell tumor with lipid storage (C56.9)<br>Folliculome lipidique (C56.9)<br>Tubular androblastoma with lipid storage (C56.9)<br>Lipid-rich Sertoli cell tumor (C56.9) [2] |
| 8642／1 | 大細胞石灰化セルトリ細胞腫瘍 [1] | 8642／1 | Large cell calcifying Sertoli cell tumor [1] |
| 8650／0 | ライディッヒ細胞腫瘍, 良性(C62._)<br>間質細胞腫瘍, 良性 | 8650／0 | Leydig cell tumor, benign (C62._)<br>Interstitial cell tumor, benign |
| 8650／1 | ライディッヒ細胞腫瘍, NOS(C62._)<br>間質細胞腫瘍, NOS | 8650／1 | Leydig cell tumor, NOS (C62._)<br>Interstitial cell tumor, NOS |
| 8650／3 | ライディッヒ細胞腫瘍, 悪性(C62._)<br>間質細胞腫瘍, 悪性 | 8650／3 | Leydig cell tumor, malignant (C62._)<br>Interstitial cell tumor, malignant |
| 8660／0 | 門細胞腫瘍(C56.9) | 8660／0 | Hilus cell tumor (C56.9)<br>Hilar cell tumor |
| 8670／0 | 卵巣脂質細胞腫瘍(C56.9)<br>卵巣リポイド細胞腫瘍(C56.9) | 8670／0 | Lipid cell tumor of ovary (C56.9)<br>Lipoid cell tumor of ovary (C56.9) |

| | | |
|---|---|---|
| | ステロイド細胞腫瘍, NOS ※2 | Steroid cell tumor, NOS ※2 |
| | 男性化卵巣芽腫(C56.9) | Masculinovoblastoma (C56.9) |
| 8670／3 | ステロイド細胞腫瘍, 悪性 ※2 | Steroid cell tumor, malignant ※2 |
| 8671／0 | 副腎遺残腫瘍 | Adrenal rest tumor |

## 868－871　傍神経節腫及びグロムス腫瘍
## 868-871　PARAGANGLIOMAS AND GLOMUS TUMORS

| | | |
|---|---|---|
| 8680／0 | 傍神経節腫, 良性 ※2 | Paraganglioma, benign ※2 |
| 8680／1 | 傍神経節腫, NOS | Paraganglioma, NOS |
| 8680／3 | 傍神経節腫, 悪性 | Paraganglioma, malignant |
| 8681／1 | 交感神経傍神経節腫 | Sympathetic paraganglioma |
| 8682／1 | 副交感神経傍神経節腫 | Parasympathetic paraganglioma |
| 8683／0 | 神経節細胞傍神経節腫(C17.0) | Gangliocytic paraganglioma (C17.0) |
| 8690／1 | 頚静脈球腫瘍, NOS(C75.5)<br>頚静脈傍神経節腫(C75.5)<br>副交感神経性傍神経節腫(C75.5) ※2 | Glomus jugulare tumor, NOS (C75.5)<br>Jugular paraganglioma (C75.5)<br>Jugulotympanic paraganglioma (C75.5) ※2 |
| 8691／1 | 大動脈小体腫瘍(C75.5)<br>大動脈小体傍神経節腫(C75.5)<br>大動脈肺性傍神経節腫(C75.5) ※2 | Aortic body tumor (C75.5)<br>Aortic body paraganglioma (C75.5)<br>Aorticopulmonary paraganglioma (C75.5) ※2 |
| 8692／1 | 頚動脈小体腫瘍(C75.4)<br>頚動脈小体傍神経節腫(C75.4) | Carotid body tumor (C75.4)<br>Carotid body paraganglioma (C75.4) |
| 8693／1 | 副腎外傍神経節腫, NOS<br>非クロム親和性傍神経節腫, NOS<br>ケモデクトーマ | Extra-adrenal paraganglioma, NOS<br>Nonchromaffin paraganglioma NOS<br>Chemodectoma |
| 8693／3 | 副腎外傍神経節腫, 悪性<br>非クロム親和性傍神経節腫, 悪性 | Extra-adrenal paraganglioma, malignant<br>Nonchromaffin paraganglioma, malignant |
| 8700／0 | 褐色細胞腫, NOS(C74.1)▽1<br>副腎髄質傍神経節腫(C74.1) ※2<br>クロム親和性傍神経節腫<br>クロム親和性腫瘍<br>クロム親和細胞腫 | Pheochromocytoma, NOS (C74.1)<br>Adrenal medullary paraganglioma (C74.1) ※2<br>Chromaffin paraganglioma<br>Chromaffin tumor<br>Chromaffinoma |

▽NCC注1：褐色細胞腫(Pheochromocytoma)はがん登録においては、原則、「/3」の扱いとする(2018～)

| | | |
|---|---|---|
| 8700／3 | 褐色細胞腫, 悪性(C74.1)<br>副腎髄質傍神経節腫, 悪性(C74.1)<br>褐色芽腫(C74.1) | Pheochromocytoma, malignant (C74.1)<br>Adrenal medullary paraganglioma, malignant (C74.1) ※2<br>Pheochromoblastoma (C74.1) |

| 8710／3 | グロムス血管肉腫<br>グロムス肉腫 | 8710／3 | Glomangiosarcoma<br>Glomoid sarcoma |
|---|---|---|---|
| 8711／0 | グロムス腫瘍, NOS | 8711／0 | Glomus tumor, NOS |
| 8711／3 | グロムス腫瘍, 悪性 ※2 | 8711／3 | Glomus tumor, malignant ※2 |
| 8712／0 | グロムス血管腫 | 8712／0 | Glomangioma |
| 8713／0 | グロムス血管筋腫 | 8713／0 | Glomangiomyoma |

## 872－879　母斑及び黒色腫 / 872-879　NEVI AND MELANOMAS

| 8720／0 | 色素性母斑, NOS(C44._)<br>母斑, NOS(C44._)<br>メラニン細胞母斑(C44._)<br>有毛母斑(C44._) | 8720／0 | Pigmented nevus, NOS (C44._)<br>Nevus, NOS (C44._)<br>Melanocytic nevus (C44._)<br>Hairy nevus (C44._) |
|---|---|---|---|
| 8720／2 | 上皮内黒色腫 | 8720／2 | Melanoma in situ |
| 8720／3 | 悪性黒色腫, NOS(若年性黒色腫<br>M-8770／0を除く)<br>黒色腫, NOS | 8720／3 | Malignant melanoma, NOS (except<br>juvenile melanoma M-8770/0)<br>Melanoma, NOS |
| 8721／3 | 結節性黒色腫(C44._) | 8721／3 | Nodular melanoma (C44._) |
| 8722／0 | 風船細胞母斑(C44._) | 8722／0 | Balloon cell nevus (C44._) |
| 8722／3 | 風船細胞黒色腫(C44._) | 8722／3 | Balloon cell melanoma (C44._) |
| 8723／0 | 周暈母斑(C44._)<br>退行性母斑(C44._) | 8723／0 | Halo nevus (C44._)<br>Regressing nevus (C44._) |
| 8723／3 | 悪性黒色腫, 退行性(C44._) | 8723／3 | Malignant melanoma, regressing (C44._) |
| 8725／0 | 神経母斑(C44._) | 8725／0 | Neuronevus (C44._) |
| 8726／0 | 大細胞性母斑(C69.4)<br>黒色細胞腫, 眼球(C69.4)<br>黒色細胞腫, NOS ※2 | 8726／0 | Magnocellular nevus (C69.4)<br>Melanocytoma, eyeball (C69.4)<br>Melanocytoma, NOS ※2 |
| 8727／0 | 異形成母斑(C44._) | 8727／0 | Dysplastic nevus (C44._) |
| 8728／0 | びまん性黒色細胞腫症(C70._) ※1 | 8728／0 | Diffuse melanocytosis (C70._) ※1 |
| 8728／1 | 髄膜黒色細胞腫(C70._) ※1 | 8728／1 | Meningeal melanocytoma (C70._) ※1 |
| 8728／3 | 髄膜黒色腫症(C70._) ※1 | 8728／3 | Meningeal melanomatosis (C70._) ※1 |
| 8730／0 | 無色素性母斑(C44._)<br>無色素性母斑(C44._) | 8730／0 | Nonpigmented nevus (C44._)<br>Achromic nevus (C44._) |
| 8730／3 | 無色素性黒色腫(C44._) | 8730／3 | Amelanotic melanoma (C44._) |
| 8740／0 | 接合型母斑, NOS(C44._)<br>接合母斑(C44._)<br>表皮内母斑(C44._) | 8740／0 | Junctional nevus, NOS (C44._)<br>Junction nevus (C44._)<br>Intraepidermal nevus (C44._) |

| | | | | |
|---|---|---|---|---|
| 8740／3 | 接合型母斑内の悪性黒色腫（C44._） | 8740／3 | Malignant melanoma in junctional nevus（C44._） |

8740／3　接合型母斑内の悪性黒色腫（C44._）　　8740／3　Malignant melanoma in junctional nevus（C44._）

8741／2　前癌性黒色症, NOS（C44._）　　8741／2　Precancerous melanosis, NOS（C44._）

8741／3　前癌性黒色症内悪性黒色腫（C44._）　　8741／3　Malignant melanoma in precancerous melanosis（C44._）

8742／2　悪性黒子（C44._）
　　ハッチンソン黒色雀卵斑, NOS（C44._）

8742／2　Lentigo maligna（C44._）
　　Hutchinson melanotic freckle, NOS（C44._）

8742／3　悪性黒子黒色腫（C44._）
　　ハッチンソン黒色雀卵斑内悪性黒色腫（C44._）

8742／3　Lentigo maligna melanoma（C44._）
　　Malignant melanoma in Hutchinson melanotic freckle（C44._）

8743／3　表層拡大性黒色腫（C44._）　　8743／3　Superficial spreading melanoma（C44._）

8744／3　肢端黒子黒色腫, 悪性（C44._）　　8744／3　Acral lentiginous melanoma, malignant（C44._）

8745／3　線維形成性黒色腫, 悪性（C44._）

　　神経親和性黒色腫, 悪性（C44._）

　　線維形成性黒色腫, 無色素性（C44._）※2

8745／3　Desmoplastic melanoma, malignant（C44._）
　　Neurotropic melanoma, malignant（C44._）
　　Desmoplastic melanoma, amelanotic（C44._）※2

8746／3　粘膜黒子性黒色腫 ※1　　8746／3　Mucosal lentiginous melanoma ※1

8750／0　真皮内母斑（C44._）
　　真皮母斑（C44._）

8750／0　Intradermal nevus（C44._）
　　Dermal nevus（C44._）

8760／0　複合母斑（C44._）
　　真皮・表皮母斑（C44._）

8760／0　Compound nevus（C44._）
　　Dermal and epidermal nevus（C44._）

8761／0　小型先天性母斑（C44._）※2　　8761／0　Small congenital nevus（C44._）※2

8761／1　巨大色素性母斑, NOS（C44._）
　　中型・巨大先天性母斑（C44._）※2

8761／1　Giant pigmented nevus, NOS（C44._）
　　Intermediate and giant congenital nevus（C44._）※2

8761／3　巨大色素性母斑内悪性黒色腫（C44._）

　　先天性メラニン細胞性母斑内悪性黒色腫（C44._）※2

8761／3　Malignant melanoma in giant pigmented nevus（C44._）
　　Malignant melanoma in congenital melanocytic nevus（C44._）※2

8762／1　先天性母斑内増殖性皮膚病変（C44._）※1　　8762／1　Proliferative dermal lesion in congenital nevus（C44._）※1

8770／0　類上皮細胞・紡錘形細胞母斑（C44._）
　　若年性母斑（C44._）
　　若年性黒色腫（C44._）
　　スピッツ母斑（C44._）
　　リード色素性紡錘形細胞母斑（C44._）※2

8770／0　Epithelioid and spindle cell nevus（C44._）
　　Juvenile nevus（C44._）
　　Juvenile melanoma（C44._）
　　Spitz nevus（C44._）
　　Pigmented spindle cell nevus of Reed（C44._）※2

| | | | | |
|---|---|---|---|---|
| 8770／3 | 類上皮細胞・紡錘形細胞混合黒色腫 | | 8770／3 | Mixed epithelioid and spindle cell melanoma |
| 8771／0 | 類上皮細胞母斑（C44._） | | 8771／0 | Epithelioid cell nevus（C44._） |
| 8771／3 | 類上皮細胞黒色腫 | | 8771／3 | Epithelioid cell melanoma |
| 8772／0 | 紡錘形細胞母斑, NOS（C44._） | | 8772／0 | Spindle cell nevus, NOS（C44._） |
| 8772／3 | 紡錘形細胞黒色腫, NOS | | 8772／3 | Spindle cell melanoma, NOS |
| 8773／3 | 紡錘形細胞黒色腫, A型（C69._） | | 8773／3 | Spindle cell melanoma, type A（C69._） |
| 8774／3 | 紡錘形細胞黒色腫, B型（C69._） | | 8774／3 | Spindle cell melanoma, type B（C69._） |

8780／0　青色母斑, NOS（C44._）
　　　　ヤダッソン青色母斑（C44._）

8780／0　Blue nevus, NOS（C44._）
　　　　Jadassohn blue nevus（C44._）

8780／3　青色母斑, 悪性（C44._）

8780／3　Blue nevus, malignant（C44._）

8790／0　富細胞性青色母斑（C44._）

8790／0　Cellular blue nevus（C44._）

## 880　軟部組織腫瘍及び肉腫, NOS

## 880　SOFT TISSUE TUMORS AND SARCOMAS, NOS

8800／0　軟部組織腫瘍, 良性

8800／0　Soft tissue tumor, benign

8800／3　肉腫, NOS
　　　　軟部組織肉腫
　　　　軟部組織腫瘍, 悪性
　　　　間葉性腫瘍, 悪性

8800／3　Sarcoma, NOS
　　　　Soft tissue sarcoma
　　　　Soft tissue tumor, malignant
　　　　Mesenchymal tumor, malignant

8800／9　肉腫症, NOS

8800／9　Sarcomatosis, NOS

8801／3　紡錘形細胞肉腫

8801／3　Spindle cell sarcoma

8802／3　巨細胞肉腫（骨M-9250／3を除く）

　　　　多形細胞肉腫

8802／3　Giant cell sarcoma *(except of bone M-9250/3)*
　　　　Pleomorphic cell sarcoma

8803／3　小細胞肉腫
　　　　円形細胞肉腫

8803／3　Small cell sarcoma
　　　　Round cell sarcoma

8804／3　類上皮肉腫
　　　　類上皮細胞肉腫

8804／3　Epithelioid sarcoma
　　　　Epithelioid cell sarcoma

8805／3　未分化肉腫 [※1]

8805／3　Undifferentiated sarcoma [※1]

8806／3　線維形成性小円形細胞腫瘍 [※1]

8806／3　Desmoplastic small round cell tumor [※1]

## 881－883　線維腫性新生物

## 881-883　FIBROMATOUS NEOPLASMS

8810／0　線維腫, NOS

8810／0　Fibroma, NOS

8810／1　富細胞性線維腫（C56.9）[※2]

8810／1　Cellular fibroma（C56.9）[※2]

| | | | | |
|---|---|---|---|---|
| 8810／3 | 線維肉腫，NOS | | 8810／3 | Fibrosarcoma, NOS |
| 8811／0 | 線維粘液腫<br>　粘液性線維腫<br>　粘液線維腫，NOS<br>　つる状線維粘液腫★ | | 8811／0 | Fibromyxoma<br>　Myxoid fibroma<br>　Myxofibroma, NOS<br>Plexiform fibromyxoma★ |
| 8811／3 | 線維粘液肉腫 | | 8811／3 | Fibromyxosarcoma |
| 8812／0 | 骨膜線維腫（C40._，C41._） | | 8812／0 | Periosteal fibroma (C40._, C41._) |
| 8812／3 | 骨膜線維肉腫（C40._，C41._）<br>　骨膜肉腫，NOS（C40._，C41._） | | 8812／3 | Periosteal fibrosarcoma (C40._, C41._)<br>　Periosteal sarcoma, NOS (C40._,<br>　　C41._) |
| 8813／0 | 筋膜線維腫 | | 8813／0 | Fascial fibroma |
| 8813／3 | 筋膜線維肉腫 | | 8813／3 | Fascial fibrosarcoma |
| 8814／3 | 乳児性線維肉腫 | | 8814／3 | Infantile fibrosarcoma<br>　Congenital fibrosarcoma |
| 8815／0 | 孤立性線維性腫瘍 ※1<br>　限局性線維性腫瘍 ※1 | | 8815／0 | Solitary fibrous tumor ※1<br>　Localized fibrous tumor ※1 |
| 8815／3 | 孤立性線維性腫瘍，悪性 ※1 | | 8815／3 | Solitary fibrous tumor, malignant ※1 |
| 8820／0 | 弾力線維腫 | | 8820／0 | Elastofibroma |
| 8821／1 | 侵襲性線維腫症<br>　腹部外デスモイド<br>　デスモイド，NOS<br>　浸潤性線維腫 | | 8821／1 | Aggressive fibromatosis<br>　Extra-abdominal desmoid<br>　Desmoid, NOS<br>　Invasive fibroma |
| 8822／1 | 腹部線維腫症<br>　腹部デスモイド<br>　腸間膜線維腫症（C48.1）<br>　後腹膜線維腫症（C48.0） | | 8822／1 | Abdominal fibromatosis<br>　Abdominal desmoid<br>　Mesenteric fibromatosis (C48.1)<br>　Retroperitoneal fibromatosis (C48.0) |
| 8823／0 | 線維形成性線維腫 ※6 | | 8823／0 | Desmoplastic fibroma ※6 |
| 8824／0 | 筋線維腫 ※3 | | 8824／0 | Myofibroma ※3 |
| 8824／1 | 筋線維腫症<br>　先天性全身性線維腫症<br>　乳児性筋線維腫症 ※2 | | 8824／1 | Myofibromatosis<br>　Congenital generalized fibromatosis<br>　Infantile myofibromatosis ※2 |
| 8825／0 | 筋線維芽腫 ※1 | | 8825／0 | Myofibroblastoma ※1 |
| 8825／1 | 筋線維芽腫性腫瘍，NOS ※1<br>　炎症性筋線維芽腫性腫瘍 ※1 | | 8825／1 | Myofibroblastic tumor, NOS ※1<br>　Inflammatory myofibroblastic tumor<br>　　※1 |
| 8826／0 | 血管筋線維芽腫 ※1 | | 8826／0 | Angiomyofibroblastoma ※1 |
| 8827／1 | 筋線維芽腫性腫瘍，気管支周囲性<br>　（C34._） ※1<br>　先天性気管支周囲性筋線維芽腫性腫<br>　瘍（C34._） ※1 | | 8827／1 | Myofibroblastic tumor, peribronchial<br>　(C34._) ※1<br>　Congenital peribronchial<br>　myofibroblastic tumor (C34._) ※1 |

| 8830／0 | 良性線維性組織球腫 [2]<br>線維性組織球腫, NOS<br>線維黄色腫, NOS<br>黄色線維腫 | 8830／0 | Benign fibrous histiocytoma [2]<br>Fibrous histiocytoma, NOS<br>Fibroxanthoma, NOS<br>Xanthofibroma |
|---|---|---|---|
| 8830／1 | 異型線維性組織球腫<br>異型線維黄色腫 | 8830／1 | Atypical fibrous histiocytoma<br>Atypical fibroxanthoma |
| 8830／3 | 悪性線維性組織球腫<br>線維黄色腫, 悪性 | 8830／3 | Malignant fibrous histiocytoma<br>Fibroxanthoma, malignant |
| 8831／0 | 組織球腫, NOS [3]<br>深在性組織球腫 [1]<br>若年性組織球腫 [1]<br>細網組織球腫 [1/4] | 8831／0 | Histiocytoma, NOS [3]<br>Deep histiocytoma [1]<br>Juvenile histiocytoma [1]<br>Reticulohistiocytoma [1/4] |
| 8832／0 | 皮膚線維腫, NOS(C44._)<br>硬化性血管腫(C44._)<br>皮膚組織球腫, NOS(C44._) [2]<br><br>表皮下結節性線維症(C44._)<br>レンズ形皮膚線維腫(C44._) | 8832／0 | Dermatofibroma, NOS (C44._)<br>Sclerosing hemangioma (C44._)<br>Cutaneous histiocytoma, NOS<br>(C44._) [2]<br>Subepidermal nodular fibrosis (C44._)<br>Dermatofibroma lenticulare (C44._) |
| 8832／3 | 皮膚線維肉腫, NOS(C44._)<br>隆起性皮膚線維肉腫, NOS(C44._) | 8832／3 | Dermatofibrosarcoma, NOS (C44._)<br>Dermatofibrosarcoma protuberans,<br>NOS (C44._) |
| 8833／3 | 色素性隆起性皮膚線維肉腫(C44._)<br><br>ベドナー腫瘍(C44._) | 8833／3 | Pigmented dermatofibrosarcoma<br>protuberans (C44._)<br>Bednar tumor (C44._) |
| 8834／1 | 巨細胞性線維芽腫 [1] | 8834／1 | Giant cell fibroblastoma [1] |
| 8835／1 | 叢状線維組織球性腫瘍 [1] | 8835／1 | Plexiform fibrohistiocytic tumor [1] |
| 8836／1 | 血管腫様線維性組織球腫 [1] | 8836／1 | Angiomatoid fibrous histiocytoma [1] |

**884 粘液腫性新生物**

**884 MYXOMATOUS NEOPLASMS**

| 8840／0 | 粘液腫, NOS | 8840／0 | Myxoma, NOS |
|---|---|---|---|
| 8840／3 | 粘液肉腫 | 8840／3 | Myxosarcoma |
| 8841／1 | 血管粘液腫<br>活動性血管粘液腫 [2] | 8841／1 | Angiomyxoma<br>Aggressive angiomyxoma [2] |
| 8842／0 | 骨化性線維粘液腫様腫瘍 [1] | 8842／0 | Ossifying fibromyxoid tumor [1] |

**885－888 脂肪腫性新生物**

**885-888 LIPOMATOUS NEOPLASMS**

| 8850／0 | 脂肪腫, NOS | 8850／0 | Lipoma, NOS |
|---|---|---|---|
| 8850／1 | 異型脂肪腫 [2]<br>表在性高分化型脂肪肉腫 [2] | 8850／1 | Atypical lipoma [2]<br>Superficial well differentiated<br>liposarcoma [2] |

| | 表在性軟部組織高分化型脂肪肉腫 [※2] | | | Well differentiated liposarcoma of superficial soft tissue [※2] |
|---|---|---|---|---|
| 8850/3 | 脂肪肉腫, NOS<br>線維脂肪肉腫 | | 8850/3 | Liposarcoma, NOS<br>Fibroliposarcoma |
| 8851/0 | 線維脂肪腫 | | 8851/0 | Fibrolipoma |
| 8851/3 | 脂肪肉腫, 高分化型<br>脂肪肉腫, 分化型<br>脂肪腫様脂肪肉腫 [※2]<br>硬化性脂肪肉腫 [※2]<br>炎症性脂肪肉腫 [※2] | | 8851/3 | Liposarcoma, well differentiated<br>Liposarcoma, differentiated<br>Lipoma-like liposarcoma [※2]<br>Sclerosing liposarcoma [※2]<br>Inflammatory liposarcoma [※2] |
| 8852/0 | 線維粘液脂肪腫<br>粘液脂肪腫 | | 8852/0 | Fibromyxolipoma<br>Myxolipoma |
| 8852/3 | 粘液様脂肪肉腫<br>粘液脂肪肉腫 | | 8852/3 | Myxoid liposarcoma<br>Myxoliposarcoma |
| 8853/3 | 円形細胞脂肪肉腫 | | 8853/3 | Round cell liposarcoma |
| 8854/0 | 多形性脂肪腫 | | 8854/0 | Pleomorphic lipoma |
| 8854/3 | 多形性脂肪肉腫 | | 8854/3 | Pleomorphic liposarcoma |
| 8855/3 | 混合型脂肪肉腫 | | 8855/3 | Mixed liposarcoma |
| 8856/0 | 筋内脂肪腫<br>浸潤性脂肪腫<br>浸潤性血管脂肪腫 | | 8856/0 | Intramuscular lipoma<br>Infiltrating lipoma<br>Infiltrating angiolipoma |
| 8857/0 | 紡錘形細胞脂肪腫 | | 8857/0 | Spindle cell lipoma |
| 8857/3 | 線維芽細胞性脂肪肉腫 [※2] | | 8857/3 | Fibroblastic liposarcoma [※2] |
| 8858/3 | 脱分化型脂肪肉腫 | | 8858/3 | Dedifferentiated liposarcoma |
| 8860/0 | 血管筋脂肪腫 | | 8860/0 | Angiomyolipoma |
| 8861/0 | 血管脂肪腫, NOS | | 8861/0 | Angiolipoma, NOS |
| 8862/0 | 軟骨様脂肪腫 [※1] | | 8862/0 | Chondroid lipoma [※1] |
| 8870/0 | 骨髄脂肪腫 | | 8870/0 | Myelolipoma |
| 8880/0 | ヒベルノーマ<br>胎児性脂肪細胞脂肪腫<br>褐色脂肪腫瘍 | | 8880/0 | Hibernoma<br>Fetal fat cell lipoma<br>Brown fat tumor |
| 8881/0 | 脂肪芽腫症<br>胎児性脂肪腫, NOS<br>胎児性脂肪腫症<br>脂肪芽腫 | | 8881/0 | Lipoblastomatosis<br>Fetal lipoma, NOS<br>Fetal lipomatosis<br>Lipoblastoma |

## 889-892　筋腫性新生物　　　889-892　MYOMATOUS NEOPLASMS

| | | | | |
|---|---|---|---|---|
| 8890／0 | 平滑筋腫, NOS<br>　線維様子宮 (C55.9)<br>　線維筋腫<br>　平滑筋線維腫<br>　叢状平滑筋腫 [※2]<br>　脂肪平滑筋腫 [※2] | | 8890／0 | Leiomyoma, NOS<br>　Fibroid uterus (C55.9)<br>　Fibromyoma<br>　Leiomyofibroma<br>　Plexiform leiomyoma [※2]<br>　Lipoleiomyoma [※2] |

8890／1　平滑筋腫症, NOS　　　8890／1　Leiomyomatosis, NOS
　　　　　血管内平滑筋腫症　　　　　　　　Intravascular leiomyomatosis

8890／3　平滑筋肉腫, NOS　　　8890／3　Leiomyosarcoma, NOS

8891／0　類上皮平滑筋腫　　　8891／0　Epithelioid leiomyoma
　　　　　平滑筋芽腫　　　　　　　　　　　Leiomyoblastoma

8891／3　類上皮平滑筋肉腫　　　8891／3　Epithelioid leiomyosarcoma

8892／0　富細胞性平滑筋腫　　　8892／0　Cellular leiomyoma

8893／0　変形平滑筋腫　　　8893／0　Bizarre leiomyoma
　　　　　合胞体平滑筋腫 [※2]　　　　　　Symplastic leiomyoma [※2]
　　　　　異型平滑筋腫 [※2]　　　　　　　Atypical leiomyoma [※2]
　　　　　多形性平滑筋腫 [※2]　　　　　　Pleomorphic leiomyoma [※2]

8894／0　血管筋腫　　　8894／0　Angiomyoma
　　　　　血管平滑筋腫　　　　　　　　　　Vascular leiomyoma
　　　　　　　　　　　　　　　　　　　　　Angioleiomyoma

8894／3　血管筋肉腫　　　8894／3　Angiomyosarcoma

8895／0　筋腫　　　8895／0　Myoma

8895／3　筋肉腫　　　8895／3　Myosarcoma

8896／3　粘液様平滑筋肉腫　　　8896／3　Myxoid leiomyosarcoma

8897／1　悪性度不明の平滑筋腫瘍 [※2]　　　8897／1　Smooth muscle tumor of uncertain<br>　　　　　　　malignant potential [※2]<br>　　　　　平滑筋腫瘍, NOS　　　　　　　Smooth muscle tumor, NOS

8898／1　転移性平滑筋腫 [※1]　　　8898／1　Metastasizing leiomyoma [※1]

8900／0　横紋筋腫, NOS　　　8900／0　Rhabdomyoma, NOS

8900／3　横紋筋肉腫, NOS　　　8900／3　Rhabdomyosarcoma, NOS
　　　　　横紋肉腫　　　　　　　　　　　　Rhabdosarcoma

8901／3　多形横紋筋肉腫, 成人型 [※2]　　　8901／3　Pleomorphic rhabdomyosarcoma, adult<br>　　　　　　　type [※2]<br>　　　　　多形横紋筋肉腫, NOS　　　　　Pleomorphic rhabdomyosarcoma, NOS

8902／3　混合型横紋筋肉腫　　　8902／3　Mixed type rhabdomyosarcoma
　　　　　混合胎芽性横紋筋肉腫・胞巣状横紋筋肉　　　　　　Mixed embryonal rhabdomyosarcoma and
　　　　　腫　　　　　　　　　　　　　　　alveolar rhabdomyosarcoma

| | | | |
|---|---|---|---|
| 8903／0 | 胎児性横紋筋腫 | 8903／0 | Fetal rhabdomyoma |
| 8904／0 | 成人型横紋筋腫<br>グリコーゲン横紋筋腫 | 8904／0 | Adult rhabdomyoma<br>Glycogenic rhabdomyoma |
| 8905／0 | 性器横紋筋腫(C51._, C52.9) [1]/[2] | 8905／0 | Genital rhabdomyoma (C51._, C52.9)<br>[1]/[2] |
| 8910／3 | 胎芽性横紋筋肉腫, NOS<br>胎芽性横紋筋肉腫, 多形性 [2]<br><br>ブドウ状肉腫 | 8910／3 | Embryonal rhabdomyosarcoma, NOS<br>Embryonal rhabdomyosarcoma,<br>　pleomorphic [2]<br>Sarcoma botryoides<br>　Botryoid sarcoma |
| 8912／3 | 紡錘形細胞横紋筋肉腫 [1] | 8912／3 | Spindle cell rhabdomyosarcoma [1] |
| 8920／3 | 胞巣状横紋筋肉腫 | 8920／3 | Alveolar rhabdomyosarcoma |
| 8921／3 | 神経節への分化を伴う横紋筋肉腫 [1]<br><br>外胚葉性間葉腫 [1] | 8921／3 | Rhabdomyosarcoma with ganglionic<br>differentiation [1]<br>　Ectomesenchymoma [1] |

**893－899　複合性混合新生物及<br>び間質性新生物**

**893-899　COMPLEX MIXED AND<br>STROMAL NEOPLASMS**

| | | | |
|---|---|---|---|
| 8930／0 | 子宮内膜間質結節(C54.1) | 8930／0 | Endometrial stromal nodule (C54.1) |
| 8930／3 | 子宮内膜間質肉腫, NOS(C54.1)<br><br>子宮内膜肉腫, NOS(C54.1) | 8930／3 | Endometrial stromal sarcoma, NOS<br>(C54.1)<br>　Endometrial sarcoma, NOS (C54.1) |
| 8930／3 | 子宮内膜間質肉腫, 高度(C54.1) [2] | 8930／3 | Endometrial stromal sarcoma, high<br>grade (C54.1) [2] |
| 8931／3 | 子宮内膜間質肉腫, 軽度(C54.1) [2]/[6]<br><br>リンパ管内間質筋症(C54.1) [6]<br><br>子宮内膜間質症(C54.1) [6]<br>間質子宮内膜症(C54.1) [6]<br>間質筋症, NOS(C54.1) [6] | 8931／3 | Endometrial stromal sarcoma, low<br>grade (C54.1) [2]/[6]<br>　Endolymphatic stromal myosis<br>　　(C54.1) [6]<br>　Endometrial stromatosis (C54.1) [6]<br>　Stromal endometriosis (C54.1) [6]<br>　Stromal myosis, NOS (C54.1) [6] |
| 8932／0 | 腺筋腫<br>異型ポリープ状腺筋腫 [2] | 8932／0 | Adenomyoma<br>Atypical polypoid adenomyoma [2] |
| 8933／3 | 腺肉腫 | 8933／3 | Adenosarcoma |
| 8934／3 | 癌線維腫 [1] | 8934／3 | Carcinofibroma [1] |
| 8935／0 | 間質腫瘍, 良性 | 8935／0 | Stromal tumor, benign |
| 8935／1 | 間質腫瘍, NOS [1] | 8935／1 | Stromal tumor, NOS [1] |
| 8935／3 | 間質肉腫, NOS [1]/[3] | 8935／3 | Stromal sarcoma, NOS [1]/[3] |
| 8936／0 | 胃腸間質腫瘍, 良性 [1] | 8936／0 | Gastrointestinal stromal tumor, benign<br>[1] |

| | | | |
|---|---|---|---|
| | GIST, 良性 [1] | | GIST, benign [1] |
| 8936／1 | **胃腸間質腫瘍, NOS** [1]<br>GIST, NOS [1]<br>胃腸間質腫瘍, 悪性度不明確 [1]<br><br>胃腸自律神経腫瘍 [1]<br><br>GANT [1]<br>胃腸ペースメーカ細胞腫瘍 [1] | 8936／1 | Gastrointestinal stromal tumor, NOS [1]<br>GIST, NOS [1]<br>Gastrointestinal stromal tumor,<br>uncertain malignant potential [1]<br>Gastrointestinal autonomic nerve tumor [1]<br>GANT [1]<br>Gastrointestinal pacemaker cell tumor [1] |
| 8936／3 | **胃腸間質肉腫** [1]<br>胃腸管間質腫瘍, 悪性 [1]<br><br>GIST, 悪性 [1] | 8936／3 | Gastrointestinal stromal sarcoma [1]<br>Gastrointestinal stromal tumor,<br>malignant [1]<br>GIST, malignant [1] |
| 8940／0 | **多形性腺腫**<br>混合腫瘍, NOS<br>混合腫瘍, 唾液腺型, NOS<br>(C07._, C08._)<br>軟骨様汗管腫(C44._) | 8940／0 | Pleomorphic adenoma<br>Mixed tumor, NOS<br>Mixed tumor, salivary gland type,<br>NOS (C07._,C08._)<br>Chondroid syringoma (C44._) |
| 8940／3 | **混合腫瘍, 悪性, NOS**<br>混合腫瘍, 唾液腺型, 悪性<br>(C07._, C08._)<br>悪性軟骨様汗管腫(C44._) [2] | 8940／3 | Mixed tumor, malignant, NOS<br>Mixed tumor, salivary gland type,<br>malignant (C07._, C08._)<br>Malignant chondroid syringoma<br>(C44._) [2] |
| 8941／3 | **多形性腺腫内癌(C07._, C08._)** | 8941／3 | Carcinoma in pleomorphic adenoma<br>(C07._,C08._) |
| 8950／3 | **ミュラー管混合腫瘍(C54._)** | 8950／3 | Mullerian mixed tumor (C54._) |
| 8951／3 | **中胚葉性混合腫瘍** | 8951／3 | Mesodermal mixed tumor |
| 8959／0 | **良性のう胞腎腫(C64.9)** [1] | 8959／0 | Benign cystic nephroma (C64.9) [1] |
| 8959／1 | **のう胞性部分的分化を示す腎芽腫**<br>**(C64.9)** [1] | 8959／1 | Cystic partially differentiated<br>nephroblastoma (C64.9) [1] |
| 8959／3 | **悪性のう胞腎腫(C64.9)** [1]<br>悪性多房性のう胞腎腫(C64.9) [1] | 8959／3 | Malignant cystic nephroma (C64.9) [1]<br>Malignant multilocular cystic<br>nephroma (C64.9) [1] |
| 8960／1 | **間葉芽腎腫** | 8960／1 | Mesoblastic nephroma |
| 8960／3 | **腎芽腫, NOS(C64.9)**<br>ウィルムス腫瘍(C64.9)<br>腎腫, NOS(C64.9) | 8960／3 | Nephroblastoma, NOS (C64.9)<br>Wilms tumor (C64.9)<br>Nephroma, NOS (C64.9) |
| 8963／3 | **悪性ラブドイド腫瘍** [2]<br>ラブドイド肉腫<br>ラブドイド腫瘍, NOS [2] | 8963／3 | Malignant rhabdoid tumor [2]<br>Rhabdoid sarcoma<br>Rhabdoid tumor, NOS [2] |
| 8964／3 | **腎明細胞肉腫(C64.9)** | 8964／3 | Clear cell sarcoma of kidney (C64.9) |
| 8965／0 | **腎性腺線維腫(C64.9)** [1] | 8965／0 | Nephrogenic adenofibroma (C64.9) [1] |

| | | | |
|---|---|---|---|
| 8966／0 | 腎髄質間質細胞腫瘍（C64.9）[※1] | 8966／0 | Renomedullary interstitial cell tumor (C64.9) [※1] |
| | 腎髄様線維腫（C64.9）[※1] | | Renomedullary fibroma (C64.9) [※1] |
| 8967／0 | 骨化性腎腫瘍（C64.9）[※1] | 8967／0 | Ossifying renal tumor (C64.9) [※1] |
| 8970／3 | 肝芽腫（C22.0）<br>胎芽性肝癌（C22.0）<br>類上皮型肝芽腫（C22.0）★<br>上皮間葉混合型肝芽腫（C22.0）★ | 8970／3 | Hepatoblastoma (C22.0)<br>Embryonal hepatoma (C22.0)<br>Hepatoblastoma, epithelioid (C22.0) ★<br>Hepatoblastoma, mixed epithelial-mesenchymal (C22.0) ★ |
| 8971／3 | 膵芽腫（C25._） | 8971／3 | Pancreatoblastoma (C25._) |
| 8972／3 | 肺芽腫（C34._） | 8972／3 | Pulmonary blastoma (C34._)<br>Pneumoblastoma (C34._) |
| 8973／3 | 胸膜肺芽腫 [※1] | 8973／3 | Pleuropulmonary blastoma [※1] |
| 8974／1 | 唾液腺芽腫（C07._）（C08._）[※1] | 8974／1 | Sialoblastoma (C07._)(C08._) [※1] |
| 8975／1★ | 石灰化ネスト化間質上皮腫瘍（C22.0）★ | 8975／1★ | Calcifying nested epithelial stromal tumor (C22.0)★ |
| 8980／3 | 癌肉腫, NOS | 8980／3 | Carcinosarcoma, NOS |
| 8981／3 | 癌肉腫, 胎芽性 | 8981／3 | Carcinosarcoma, embryonal |
| 8982／0 | 筋上皮腫<br>筋上皮性腫瘍<br>筋上皮性腺腫 [※2] | 8982／0 | Myoepithelioma<br>Myoepithelial tumor<br>Myoepithelial adenoma [※2] |
| 8982／3 | 悪性筋上皮腫 [※2]<br>筋上皮性癌 [※2] | 8982／3 | Malignant myoepithelioma [※2]<br>Myoepithelial carcinoma [※2] |
| 8983／0 | 腺筋上皮腫（C50._）[※1] | 8983／0 | Adenomyoepithelioma (C50._) [※1] |
| 8990／0 | 間葉腫, 良性 | 8990／0 | Mesenchymoma, benign |
| 8990／1 | 間葉腫, NOS<br>混合間葉腫瘍 | 8990／1 | Mesenchymoma, NOS<br>Mixed mesenchymal tumor |
| 8990／3 | 間葉腫, 悪性<br>混合間葉肉腫 | 8990／3 | Mesenchymoma, malignant<br>Mixed mesenchymal sarcoma |
| 8991／3 | 胎芽性肉腫<br>未分化肉腫《肝癌》[▼1]<br>[▼NCC注1: 取扱い規約での表記を追記した] | 8991／3 | Embryonal sarcoma<br>Undifferenciated sarcoma （liver） [▼1] |

## 900－903　線維上皮性新生物

## 900-903 FIBROEPITHELIAL NEOPLASMS

| | | | |
|---|---|---|---|
| 9000／0 | ブレンナー腫瘍, NOS（C56.9） | 9000／0 | Brenner tumor, NOS (C56.9) |
| 9000／1 | ブレンナー腫瘍, 境界悪性（C56.9）<br><br>ブレンナー腫瘍, 増殖性（C56.9） | 9000／1 | Brenner tumor, borderline malignancy (C56.9)<br>Brenner tumor, proliferating (C56.9) |

| | | | |
|---|---|---|---|
| 9000／3 | ブレンナー腫瘍, 悪性 (C56.9) | 9000／3 | Brenner tumor, malignant (C56.9) |
| 9010／0 | 線維腺腫, NOS (C50._) | 9010／0 | Fibroadenoma, NOS (C50._) |
| 9011／0 | 管内性線維腺腫 (C50._) | 9011／0 | Intracanalicular fibroadenoma (C50._) |
| 9012／0 | 管周囲性線維腺腫 (C50._) | 9012／0 | Pericanalicular fibroadenoma (C50._) |

9013／0　腺線維腫, NOS
　　　　　のう胞腺線維腫, NOS
　　　　　乳頭状腺線維腫

9013／0　Adenofibroma, NOS
　　　　　Cystadenofibroma, NOS
　　　　　Papillary adenofibroma

9014／0　漿液性腺線維腫, NOS
　　　　　漿液性のう胞腺線維腫, NOS

9014／0　Serous adenofibroma, NOS
　　　　　Serous cystadenofibroma, NOS

9014／1　境界悪性漿液性腺線維腫 ※2
　　　　　境界悪性のう胞腺線維腫 ※2

9014／1　Serous adenofibroma of borderline
　　　　　malignancy ※2
　　　　　Serous cystadenofibroma of
　　　　　borderline malignancy ※2

9014／3　漿液性腺癌線維腫 ※2
　　　　　悪性漿液性腺線維腫 ※2
　　　　　漿液性のう胞腺癌線維腫 ※2
　　　　　悪性漿液性のう胞腺線維腫 ※2

9014／3　Serous adenocarcinofibroma ※2
　　　　　Malignant serous adenofibroma ※2
　　　　　Serous cystadenocarcinofibroma ※2
　　　　　Malignant serous cystadenofibroma
　　　　　※2

9015／0　粘液性腺線維腫, NOS
　　　　　粘液性のう胞腺線維腫, NOS

9015／0　Mucinous adenofibroma, NOS
　　　　　Mucinous cystadenofibroma, NOS

9015／1　悪性度境界粘液性腺線維腫 ※2
　　　　　悪性度境界粘液性のう胞腺線維腫 ※2

9015／1　Mucinous adenofibroma of borderline
　　　　　malignancy ※2
　　　　　Mucinous cystadenofibroma of
　　　　　borderline malignancy ※2

9015／3　粘液性腺癌線維腫 ※2
　　　　　悪性粘液性腺線維腫 ※2
　　　　　粘液性のう胞腺癌線維腫 ※2
　　　　　悪性粘液性のう胞腺線維腫 ※2

9015／3　Mucinous adenocarcinofibroma ※2
　　　　　Malignant mucinous adenofibroma
　　　　　※2
　　　　　Mucinous cystadenocarcinofibroma ※2
　　　　　Malignant mucinous
　　　　　cystadenofibroma ※2

| | | | |
|---|---|---|---|
| 9016／0 | 巨線維腺腫 (C50._) | 9016／0 | Giant fibroadenoma (C50._) |

9020／0　葉状腫瘍, 良性 (C50._)
　　　　　葉状のう胞肉腫, 良性 (C50._) [obs]

9020／0　Phyllodes tumor, benign (C50._)
　　　　　Cystosarcoma phyllodes, benign
　　　　　(C50._) [obs]

9020／1　葉状腫瘍, 境界悪性 (C50._)
　　　　　葉状のう胞肉腫, NOS (C50._)

　　　　　葉状腫瘍, NOS (C50._) ※2

9020／1　Phyllodes tumor, borderline (C50._)
　　　　　Cystosarcoma phyllodes, NOS
　　　　　(C50._)
　　　　　Phyllodes tumor, NOS (C50._) ※2

9020／3　葉状腫瘍, 悪性 (C50._)
　　　　　葉状のう胞肉腫, 悪性 (C50._)

9020／3　Phyllodes tumor, malignant (C50._)
　　　　　Cystosarcoma phyllodes, malignant
　　　　　(C50._)

| | | | |
|---|---|---|---|
| 9030／0 | 若年性線維腺腫 (C50._) | 9030／0 | Juvenile fibroadenoma (C50._) |

## 904　滑膜様新生物

| | |
|---|---|
| 9040／0 | 滑膜腫, 良性 |
| 9040／3 | 滑膜肉腫, NOS<br>滑膜腫, NOS<br>滑膜腫, 悪性 |
| 9041／3 | 滑膜肉腫, 紡錘形細胞<br>滑膜肉腫, 単相性線維性 ※2 |
| 9042／3 | 滑膜肉腫, 類上皮細胞 |
| 9043／3 | 滑膜肉腫, 二相性 |
| 9044／3 | 明細胞肉腫, NOS（腎M-8964／3を除く）<br>明細胞肉腫, 腱及び腱膜（C49.＿）<br>黒色腫, 悪性, 軟部組織（C49.＿） |

## 904　SYNOVIAL-LIKE NEOPLASMS

| | |
|---|---|
| 9040／0 | Synovioma, benign |
| 9040／3 | Synovial sarcoma, NOS<br>Synovioma, NOS<br>Synovioma, malignant |
| 9041／3 | Synovial sarcoma, spindle cell<br>Synovial sarcoma, monophasic<br>fibrous ※2 |
| 9042／3 | Synovial sarcoma, epithelioid cell |
| 9043／3 | Synovial sarcoma, biphasic |
| 9044／3 | Clear cell sarcoma, NOS *(except of<br>kidney M-8964/3)*<br>Clear cell sarcoma, of tendons and<br>aponeuroses (C49.＿)<br>Melanoma, malignant, of soft parts<br>(C49.＿) |

## 905　中皮性新生物

| | |
|---|---|
| 9050／0 | 中皮腫, 良性 |
| 9050／3 | 中皮腫, 悪性<br>中皮腫, NOS |
| 9051／0 | 線維性中皮腫, 良性 |
| 9051／3 | 線維性中皮腫, 悪性<br>線維性中皮腫, NOS<br>紡錘形中皮腫 ※2<br>肉腫様中皮腫 ※2<br>線維形成性中皮腫 ※2 |
| 9052／0 | 類上皮性中皮腫, 良性<br>高分化乳頭状中皮腫, 良性 ※2<br>中皮性乳頭腫 ※2 |
| 9052／3 | 類上皮性中皮腫, 悪性<br>類上皮性中皮腫, NOS |
| 9053／3 | 中皮腫, 二相性, 悪性<br>中皮腫, 二相性, NOS |
| 9054／0 | 腺腫様腫瘍, NOS |
| 9055／0 | 多のう胞性中皮腫, 良性 ※2<br>のう胞性中皮腫, 良性（C48.＿）※2 |
| 9055／1 | のう胞性中皮腫, NOS（C48.＿） |

## 905　MESOTHELIAL NEOPLASMS

| | |
|---|---|
| 9050／0 | Mesothelioma, benign |
| 9050／3 | Mesothelioma, malignant<br>Mesothelioma, NOS |
| 9051／0 | Fibrous mesothelioma, benign |
| 9051／3 | Fibrous mesothelioma, malignant<br>Fibrous mesothelioma, NOS<br>Spindled mesothelioma ※2<br>Sarcomatoid mesothelioma ※2<br>Desmoplastic mesothelioma ※2 |
| 9052／0 | Epithelioid mesothelioma, benign<br>Well differentiated papillary<br>mesothelioma, benign ※2<br>Mesothelial papilloma ※2 |
| 9052／3 | Epithelioid mesothelioma, malignant<br>Epithelioid mesothelioma, NOS |
| 9053／3 | Mesothelioma, biphasic, malignant<br>Mesothelioma, biphasic, NOS |
| 9054／0 | Adenomatoid tumor, NOS |
| 9055／0 | Multicystic mesothelioma, benign ※2<br>Cystic mesothelioma, benign<br>(C48.＿) ※2 |
| 9055／1 | Cystic mesothelioma, NOS (C48.＿) |

## 906－909　胚細胞性新生物

| | |
|---|---|
| 9060／3 | 未分化胚腫 |
| 9061／3 | セミノーマ, NOS（C62._） |
| 9062／3 | セミノーマ, 退形成性（C62._）<br>　　　高度有糸分裂を伴うセミノーマ<br>　　　（C62._）[2] |
| 9063／3 | 精母細胞性セミノーマ（C62._）<br>　　　精母細胞腫（C62._） |
| 9064／2 | 管内性悪性胚細胞（C62._）[2]<br><br>　　　管内性胚細胞腫瘍（C62._）[2] |
| 9064／3 | 胚腫<br>　　　胚細胞腫瘍, NOS |
| 9065／3 | 胚細胞腫瘍, 非セミノーマ性（C62._）[1] |
| 9070／3 | 胎芽性癌, NOS<br>　　　胎芽性腺癌 |
| 9071／3 | 卵黄のう腫瘍<br>　　　内胚葉洞腫瘍<br>　　　多のう性卵黄腫瘍<br>　　　精巣芽腫（C62._）<br>　　　胎芽性癌, 幼児型<br>　　　ヘパトイド卵黄のう腫瘍[2] |
| 9072／3 | 多胎芽腫<br>　　　胎芽性癌, 多胎芽腫型 |
| 9073／1 | 性腺芽腫<br>　　　性腺細胞腫 |
| 9080／0 | 奇形腫, 良性<br>　　　成人型のう胞奇形腫<br>　　　成人型奇形腫, NOS<br>　　　のう胞奇形腫, NOS<br>　　　奇形腫, 分化型<br>　　　成熟奇形腫[6] |
| 9080／1 | 奇形腫, NOS<br>　　　充実性奇形腫 |
| 9080／3 | 奇形腫, 悪性, NOS<br>　　　胎芽性奇形腫<br>　　　奇形芽腫, 悪性<br>　　　未熟奇形腫, 悪性[2]<br>　　　未熟奇形腫, NOS |
| 9081／3 | 奇形癌 |

## 906-909　GERM CELL NEOPLASMS

| | |
|---|---|
| 9060／3 | Dysgerminoma |
| 9061／3 | Seminoma, NOS (C62._) |
| 9062／3 | Seminoma, anaplastic (C62._)<br>　　　Seminoma with high mitotic index<br>　　　(C62._) [2] |
| 9063／3 | Spermatocytic seminoma (C62._)<br>　　　Spermatocytoma (C62._) |
| 9064／2 | Intratubular malignant germ cells<br>　　　(C62._) [2]<br>　　　Intratubular germ cell neoplasia<br>　　　(C62._) [2] |
| 9064／3 | Germinoma<br>　　　Germ cell tumor, NOS |
| 9065／3 | Germ cell tumor, nonseminomatous<br>　　　(C62._) [1] |
| 9070／3 | Embryonal carcinoma, NOS<br>　　　Embryonal adenocarcinoma |
| 9071／3 | Yolk sac tumor<br>　　　Endodermal sinus tumor<br>　　　Polyvesicular vitelline tumor<br>　　　Orchioblastoma (C62._)<br>　　　Embryonal carcinoma, infantile<br>　　　Hepatoid yolk sac tumor [2] |
| 9072／3 | Polyembryoma<br>　　　Embryonal carcinoma, polyembryonal<br>　　　type |
| 9073／1 | Gonadoblastoma<br>　　　Gonocytoma |
| 9080／0 | Teratoma, benign<br>　　　Adult cystic teratoma<br>　　　Adult teratoma, NOS<br>　　　Cystic teratoma, NOS<br>　　　Teratoma, differentiated<br>　　　Mature teratoma [6] |
| 9080／1 | Teratoma, NOS<br>　　　Solid teratoma |
| 9080／3 | Teratoma, malignant, NOS<br>　　　Embryonal teratoma<br>　　　Teratoblastoma, malignant<br>　　　Immature teratoma, malignant [2]<br>　　　Immature teratoma, NOS |
| 9081／3 | Teratocarcinoma |

|  | 胎芽性癌・奇形腫混合腫瘍 |  | Mixed embryonal carcinoma and teratoma |

| 9082／3 | 悪性奇形腫, 未分化型 | 9082／3 | Malignant teratoma, undifferentiated |
|  | 悪性奇形腫, 退形成性 |  | Malignant teratoma, anaplastic |

| 9083／3 | 悪性奇形腫, 中間型 | 9083／3 | Malignant teratoma, intermediate |

| 9084／0 | 皮様のう胞, NOS | 9084／0 | Dermoid cyst, NOS |
|  | 皮様のう胞, NOS |  | Dermoid, NOS |

| 9084／3 | 悪性転化を伴う奇形腫 | 9084／3 | Teratoma with malignant transformation |
|  | 悪性転化を伴う皮様のう胞（C56.9） |  | Dermoid cyst with malignant transformation (C56.9) |
|  | 続発性腫瘍を伴う皮様のう胞 ※2 |  | Dermoid cyst with secondary tumor ※2 |

| 9085／3 | 混合性胚細胞腫瘍 | 9085／3 | Mixed germ cell tumor |
|  | 混合性奇形腫・セミノーマ ※2 |  | Mixed teratoma and seminoma ※2 |

| 9090／0 | 卵巣甲状腺腫, NOS（C56.9） | 9090／0 | Struma ovarii, NOS (C56.9) |

| 9090／3 | 卵巣甲状腺腫, 悪性（C56.9） | 9090／3 | Struma ovarii, malignant (C56.9) |

| 9091／1 | 甲状腺腫性カルチノイド（C56.9） | 9091／1 | Strumal carcinoid (C56.9) |
|  | 卵巣甲状腺腫・カルチノイド（C56.9） |  | Struma ovarii and carcinoid (C56.9) |

## 910 トロホブラスト性新生物

## 910 TROPHOBLASTIC NEOPLASMS

| 9100／0 | 胞状奇胎, NOS（C58.9） | 9100／0 | Hydatidiform mole, NOS (C58.9) |
|  | 胞状奇胎（C58.9） |  | Hydatid mole (C58.9) |
|  | 全胞状奇胎（C58.9） |  | Complete hydatidiform mole (C58.9) |

| 9100／1 | 侵入胞状奇胎（C58.9） | 9100／1 | Invasive hydatidiform mole (C58.9) |
|  | 破壊性絨毛腺腫（C58.9） |  | Chorioadenoma destruens (C58.9) |
|  | 絨毛腺腫（C58.9） |  | Chorioadenoma (C58.9) |
|  | 侵入奇胎, NOS（C58.9） |  | Invasive mole, NOS (C58.9) |
|  | 悪性胞状奇胎（C58.9） |  | Malignant hydatidiform mole (C58.9) |

| 9100／3 | 絨毛癌, NOS | 9100／3 | Choriocarcinoma, NOS |
|  | 絨毛上皮腫 |  | Chorionepithelioma |
|  |  |  | Chorioepithelioma |

| 9101／3 | 他の胚細胞腫瘍成分を伴う絨毛癌 | 9101／3 | Choriocarcinoma combined with other germ cell elements |
|  | 奇形腫を伴う絨毛癌 |  | Choriocarcinoma combined with teratoma |
|  | 胎芽性癌を伴う絨毛癌 |  | Choriocarcinoma combined with embryonal carcinoma |

| 9102／3 | 悪性奇形腫, トロホブラスト性 | 9102／3 | Malignant teratoma, trophoblastic |

| 9103／0 | 部分胞状奇胎（C58.9） | 9103／0 | Partial hydatidiform mole (C58.9) |

| 9104／1 | 胎盤部トロホブラスト性腫瘍（C58.9） | 9104／1 | Placental site trophoblastic tumor (C58.9) |

| 9105／3 | トロホブラスト性腫瘍，類上皮性 [1] | 9105／3 | Trophoblastic tumor, epithelioid [1] |

## 911 中腎腫 / 911 MESONEPHROMAS

9110／0 **中腎腫，良性**
中腎腺腫
ウォルフ管腺腫

9110／0 **Mesonephroma, benign**
Mesonephric adenoma
Wolffian duct adenoma

9110／1 **中腎性腫瘍，NOS**
ウォルフ管腫瘍 [2]

9110／1 **Mesonephric tumor, NOS**
Wolffian duct tumor [2]

9110／3 **中腎腫，悪性**
中腎性腺癌
中腎腫，NOS
ウォルフ管癌

9110／3 **Mesonephroma, malignant**
Mesonephric adenocarcinoma
Mesonephroma, NOS
Wolffian duct carcinoma

## 912-916 血管性腫瘍 / 912-916 BLOOD VESSEL TUMORS

9120／0 **血管腫，NOS**

絨毛血管腫(C58.9)

9120／0 **Hemangioma, NOS**
Angioma, NOS
Chorioangioma (C58.9)

9120／3 **血管肉腫**

9120／3 **Hemangiosarcoma**
Angiosarcoma

9121／0 **海綿状血管腫**

9121／0 **Cavernous hemangioma**

9122／0 **静脈血管腫**

9122／0 **Venous hemangioma**

9123／0 **蔓状血管腫**
動静脈血管腫

9123／0 **Racemose hemangioma**
Arteriovenous hemangioma

9124／3 **クッパー細胞肉腫(C22.0)**

9124／3 **Kupffer cell sarcoma (C22.0)**

9125／0 **類上皮血管腫**
組織球様血管腫 [3]

9125／0 **Epithelioid hemangioma**
Histiocytoid hemangioma [3]

9130／0 **血管内皮腫，良性**

9130／0 **Hemangioendothelioma, benign**

9130／1 **血管内皮腫，NOS**

カポジ型血管内皮腫 [2]

9130／1 **Hemangioendothelioma, NOS**
Angioendothelioma
Kaposiform hemangioendothelioma [2]

9130／3 **血管内皮腫，悪性**
血管内皮肉腫

9130／3 **Hemangioendothelioma, malignant**
Hemangioendothelial sarcoma

9131／0 **毛細血管腫**
単純性血管腫
乳児性血管腫
そう状血管腫
若年性血管腫

9131／0 **Capillary hemangioma**
Hemangioma simplex
Infantile hemangioma
Plexiform hemangioma
Juvenile hemangioma

9132／0 **筋肉内血管腫**

9132／0 **Intramuscular hemangioma**

9133／1 **類上皮血管内皮腫，NOS**

9133／1 **Epithelioid hemangioendothelioma, NOS**

| | |
|---|---|
| 9133／3 | 類上皮血管内皮腫, 悪性 |
| | 血管内気管支肺胞腫瘍(C34._)[obs] |
| 9135／1 | 血管内乳頭状血管内皮腫 ※1 |
| | ダブスカ 腫瘍 ※1 |
| 9136／1 | 紡錘形細胞血管内皮腫 ※1 |
| | 紡錘形細胞血管内皮腫 ※1 |
| 9140／3 | カポジ肉腫 |
| | 多発性出血性肉腫 |
| 9141／0 | 血管角化腫 |
| 9142／0 | ゆう状角化性血管腫 |
| 9150／0 | 血管外皮腫, 良性 |
| 9150／1 | 血管外皮腫, NOS |
| | 血管外皮細胞性髄膜腫(C70._)[obs] ※3 |
| 9150／3 | 血管外皮腫, 悪性 |
| 9160／0 | 血管線維腫, NOS |
| | 若年性血管線維腫 |
| | 鼻線維性丘疹(C44.3)[obs] ※3 |
| | 退縮性母斑(C44._)[obs] |
| | 巨細胞血管線維腫 ※2 |
| | 富細胞性血管線維腫 ※2 |
| 9161／0 | 後天性房状血管腫 ※2 |
| 9161／1 | 血管芽腫 |

## 917　リンパ管性腫瘍

| | |
|---|---|
| 9170／0 | リンパ管腫, NOS |
| | リンパ管内皮腫, NOS |
| 9170／3 | リンパ管肉腫 |
| | リンパ管内皮肉腫 |
| | リンパ管内皮腫, 悪性 |
| 9171／0 | 毛細リンパ管腫 |
| 9172／0 | 海綿状リンパ管腫 |
| 9173／0 | のう胞性リンパ管腫 |
| | ヒグローマ, NOS |
| | のう胞状ヒグローマ |

| | |
|---|---|
| 9133／3 | Epithelioid hemangioendothelioma, malignant |
| | Intravascular bronchial alveolar tumor (C34._)[obs] |
| 9135／1 | Endovascular papillary angioendothelioma ※1 |
| | Dabska tumor ※1 |
| 9136／1 | Spindle cell hemangioendothelioma ※1 |
| | Spindle cell angioendothelioma ※1 |
| 9140／3 | Kaposi sarcoma |
| | Multiple hemorrhagic sarcoma |
| 9141／0 | Angiokeratoma |
| 9142／0 | Verrucous keratotic hemangioma |
| 9150／0 | Hemangiopericytoma, benign |
| 9150／1 | Hemangiopericytoma, NOS |
| | Hemangiopericytic meningioma (C70._) [obs] ※3 |
| 9150／3 | Hemangiopericytoma, malignant |
| 9160／0 | Angiofibroma, NOS |
| | Juvenile angiofibroma |
| | Fibrous papule of nose (C44.3) [obs] ※3 |
| | Involuting nevus (C44._) [obs] ※3 |
| | Giant cell angiofibroma ※2 |
| | Cellular angiofibroma ※2 |
| 9161／0 | Acquired tufted hemangioma ※2 |
| 9161／1 | Hemangioblastoma |
| | Angioblastoma |

## 917　LYMPHATIC VESSEL TUMORS

| | |
|---|---|
| 9170／0 | Lymphangioma, NOS |
| | Lymphangioendothelioma NOS |
| 9170／3 | Lymphangiosarcoma |
| | Lymphangioendothelial sarcoma |
| | Lymphangioendothelioma, malignant |
| 9171／0 | Capillary lymphangioma |
| 9172／0 | Cavernous lymphangioma |
| 9173／0 | Cystic lymphangioma |
| | Hygroma, NOS |
| | Cystic hygroma |

| 9174／0 | リンパ管筋腫 | 9174／0 | Lymphangiomyoma |
|---|---|---|---|

9174／1　リンパ管筋腫症
　　　　リンパ管平滑筋症 ※2

9174／1　Lymphangiomyomatosis
　　　　Lymphangioleiomyomatosis ※2

9175／0　血管リンパ管腫

9175／0　Hemolymphangioma

## 918－924　骨及び軟骨腫性新生物

## 918-924　OSSEOUS AND CHONDROMATOUS NEOPLASMS

9180／0　骨腫, NOS（C40._, C41._)

9180／0　Osteoma, NOS (C40._, C41._)

9180／3　骨肉腫, NOS（C40._, C41._)
　　　　骨原性肉腫（C40._, C41._)

　　　　骨軟骨肉腫（C40._, C41._)
　　　　骨芽細胞肉腫（C40._, C41._)

9180／3　Osteosarcoma, NOS (C40._, C41._)
　　　　Osteogenic sarcoma, NOS (C40._, C41._)
　　　　Osteochondrosarcoma (C40._, C41._)
　　　　Osteoblastic sarcoma (C40._, C41._)

9181／3　軟骨芽細胞性骨肉腫（C40._, C41._)

9181／3　Chondroblastic osteosarcoma (C40._, C41._)

9182／3　線維芽細胞性骨肉腫（C40._, C41._)
　　　　骨線維肉腫（C40._, C41._)

9182／3　Fibroblastic osteosarcoma (C40._, C41._)
　　　　Osteofibrosarcoma (C40._, C41._)

9183／3　末梢血管拡張性骨肉腫（C40._, C41._)

9183／3　Telangiectatic osteosarcoma (C40._, C41._)

9184／3　骨Paget病随伴骨肉腫（C40._, C41._)

9184／3　Osteosarcoma in Paget disease of bone (C40._, C41._)

9185／3　小細胞性骨肉腫（C40._, C41._)
　　　　円形細胞性骨肉腫（C40._, C41._) ※2

9185／3　Small cell osteosarcoma (C40._, C41._)
　　　　Round cell osteosarcoma (C40._, C41._) ※2

9186／3　中心性骨肉腫（C40._, C41._) ※1
　　　　通常型中心性骨肉腫（C40._, C41._) ※1

　　　　髄様骨肉腫（C40._, C41._) ※1

9186／3　Central osteosarcoma (C40._, C41._) ※1
　　　　Conventional central osteosarcoma (C40._,C41._) ※1
　　　　Medullary osteosarcoma (C40._, C41._) ※1

9187／3　骨内高分化型骨肉腫（C40._, C41._) ※1

　　　　骨内低悪性度骨肉腫（C40._, C41._) ※1

9187／3　Intraosseous well differentiated osteosarcoma (C40._, C41._) ※1
　　　　Intraosseous low grade osteosarcoma (C40._, C41._) ※1

9191／0　類骨骨腫, NOS（C40._, C41._)

9191／0　Osteoid osteoma, NOS (C40._, C41._)

9192／3　傍骨性骨肉腫（C40._, C41._) ※3

　　　　傍皮質骨肉腫（C40._, C41._) ※3

9192／3　Parosteal osteosarcoma (C40._, C41._) ※3
　　　　Juxtacortical osteosarcoma (C40._, C41._) ※3

9193／3　骨膜性骨肉腫（C40._, C41._) ※1/※3

9193／3　Periosteal osteosarcoma (C40._, C41._) ※1/※3

| | | | |
|---|---|---|---|
| 9194／3 | 高悪性度表在性骨肉腫（C40._, C41._）[1] | 9194／3 | High grade surface osteosarcoma (C40._, C41._) [1] |
| 9195／3 | 皮質内骨肉腫（C40._, C41._）[1] | 9195／3 | Intracortical osteosarcoma (C40._, C41._) [1] |
| 9200／0 | 骨芽細胞腫, NOS（C40._, C41._）<br>巨大類骨骨腫（C40._, C41._） | 9200／0 | Osteoblastoma, NOS (C40._, C41._)<br>Giant osteoid osteoma (C40._, C41._) |
| 9200／1 | 侵襲性骨芽腫（C40._, C41._） | 9200／1 | Aggressive osteoblastoma (C40._, C41._) |
| 9210／0 | 骨軟骨腫（C40._, C41._）<br>軟骨性外骨症（C40._, C41._）<br>骨軟骨性外骨症（C40._, C41._）<br>外軟骨腫（C40._, C41._） | 9210／0 | Osteochondroma (C40._, C41._)<br>Cartilaginous exostosis (C40._, C41._)<br>Osteocartilaginous exostosis (C40._, C41._)<br>Ecchondroma (C40._, C41._) |
| 9210／1 | 骨軟骨腫症, NOS（C40._, C41._）<br>外軟骨腫症（C40._, C41._） | 9210／1 | Osteochondromatosis, NOS (C40._, C41._)<br>Ecchondrosis (C40._, C41._) |
| 9220／0 | 軟骨腫, NOS（C40._, C41._）<br>内軟骨腫（C40._, C41._） | 9220／0 | Chondroma, NOS (C40._, C41._)<br>Enchondroma (C40._, C41._) |
| 9220／1 | 軟骨腫症, NOS | 9220／1 | Chondromatosis, NOS |
| 9220／3 | 軟骨肉腫, NOS（C40._, C41._）<br>線維軟骨肉腫（C40._, C41._） | 9220／3 | Chondrosarcoma, NOS (C40._, C41._)<br>Fibrochondrosarcoma (C40._, C41._) |
| 9221／0 | 傍皮質軟骨腫（C40._, C41._）<br>骨膜性軟骨腫（C40._, C41._） | 9221／0 | Juxtacortical chondroma (C40._, C41._)<br>Periosteal chondroma (C40._, C41._) |
| 9221／3 | 傍皮質性軟骨肉腫（C40._, C41._）<br>骨腫性軟骨肉腫（C40._, C41._）[2] | 9221／3 | Juxtacortical chondrosarcoma (C40._,C41._)<br>Periosteal chondrosarcoma (C40._, C41._) [2] |
| 9230／0 | 軟骨芽腫, NOS（C40._, C41._）<br>軟骨腫性巨細胞腫瘍（C40._, C41._）<br>コッドマン腫瘍（C40._, C41._） | 9230／0 | Chondroblastoma, NOS (C40._, C41._)<br>Chondromatous giant cell tumor (C40._,C41._)<br>Codman tumor (C40._, C41._) |
| 9230／3 | 軟骨芽腫, 悪性（C40._, C41._） | 9230／3 | Chondroblastoma, malignant (C40._,C41._) |
| 9231／3 | 粘液様軟骨肉腫 | 9231／3 | Myxoid chondrosarcoma |
| 9240／3 | 間葉性軟骨肉腫 | 9240／3 | Mesenchymal chondrosarcoma |
| 9241／0 | 軟骨粘液様線維腫（C40._, C41._） | 9241／0 | Chondromyxoid fibroma (C40._,C41._) |
| 9242／3 | 明細胞軟骨肉腫（C40._, C41._）[1] | 9242／3 | Clear cell chondrosarcoma (C40._, C41._) [1] |
| 9243／3 | 脱分化型軟骨肉腫（C40._, C41._）[1] | 9243／3 | Dedifferentiated chondrosarcoma (C40._,C41._) [1] |

— 173 —

## 925 巨細胞腫瘍 / 925 GIANT CELL TUMORS

9250／1 骨巨細胞腫瘍, NOS（C40._, C41._）
破骨細胞腫, NOS（C40._, C41._）

9250／1 Giant cell tumor of bone, NOS (C40._, C41._)
Osteoclastoma, NOS (C40._, C41._)

9250／3 骨巨細胞腫瘍, 悪性（C40._, C41._）
破骨細胞腫, 悪性（C40._, C41._）
骨の巨細胞肉腫（C40._, C41._）

9250／3 Giant cell tumor of bone, malignant (C40._, C41._)
Osteoclastoma, malignant (C40._, C41._)
Giant cell sarcoma of bone (C40._, C41._)

9251／1 軟部巨細胞腫瘍, NOS

9251／1 Giant cell tumor of soft parts, NOS

9251／3 悪性軟部巨細胞腫瘍

9251／3 Malignant giant cell tumor of soft parts

9252／0 腱滑膜巨細胞腫瘍（C49._）※1
腱鞘線維組織球腫（C49._）※1
腱鞘巨細胞腫瘍（C49._）※1/※4

9252／0 Tenosynovial giant cell tumor (C49._) ※1
Fibrous histiocytoma of tendon sheath (C49._) ※1
Giant cell tumor of tendon sheath (C49._) ※1/※4

9252／3 悪性腱滑膜巨細胞腫瘍（C49._）※1
腱鞘巨細胞腫瘍, 悪性（C49._）※1

9252／3 Malignant tenosynovial giant cell tumor (C49._) ※1
Giant cell tumor of tendon sheath, malignant (C49._) ※1

## 926 その他の骨腫瘍（C40._, C41._） / 926 MISCELLANEOUS BONE TUMORS (C40._, C41._)

9260／3 ユーイング肉腫
ユーイング腫瘍

9260／3 Ewing sarcoma
Ewing tumor

9261／3 長管骨アダマンチノーマ（C40._）
脛骨アダマンチノーマ（C40.2）

9261／3 Adamantinoma of long bones (C40._)
Tibial adamantinoma (C40.2)

9262／0 化骨性線維腫／骨形成性線維腫
線維骨腫
骨線維腫

9262／0 Ossifying fibroma
Fibro-osteoma
Osteofibroma

## 927-934 歯原性腫瘍（C41._） / 927-934 ODONTOGENIC TUMORS (C41._)

9270／0 歯原性腫瘍, 良性

9270／0 Odontogenic tumor, benign

9270／1 歯原性腫瘍, NOS

9270／1 Odontogenic tumor, NOS

9270／3 歯原性腫瘍, 悪性
歯原性癌
歯原性肉腫
原発性骨内癌 ※2
エナメル上皮癌

9270／3 Odontogenic tumor, malignant
Odontogenic carcinoma
Odontogenic sarcoma
Primary intraosseous carcinoma ※2
Ameloblastic carcinoma

| | | | |
|---|---|---|---|
| 9271／0 | エナメル上皮線維象牙質腫 ※2<br>象牙質腫 | 9271／0 | Ameloblastic fibrodentinoma ※2<br>Dentinoma |
| 9272／0 | セメント質腫, NOS<br>根尖性セメント質異形成症<br>根尖性セメント質・骨性異形成 | 9272／0 | Cementoma, NOS<br>Periapical cemental dysplasia<br>Periapical cemento-osseous dysplasia |
| 9273／0 | セメント牙細胞腫, 良性 | 9273／0 | Cementoblastoma, benign |
| 9274／0 | セメント質形成性線維腫<br>セメント質骨化性線維腫 ※2 | 9274／0 | Cementifying fibroma<br>Cemento-ossifying fibroma ※2 |
| 9275／0 | 巨大型セメント質腫<br>開花性骨異形成症 | 9275／0 | Gigantiform cementoma<br>Florid osseous dysplasia |
| 9280／0 | 歯牙腫, NOS | 9280／0 | Odontoma, NOS |
| 9281／0 | 複合性歯牙腫 | 9281／0 | Compound odontoma |
| 9282／0 | 複雑性歯牙腫 | 9282／0 | Complex odontoma |
| 9290／0 | エナメル上皮線維歯牙腫<br>線維エナメル上皮歯牙腫 | 9290／0 | Ameloblastic fibro-odontoma<br>Fibroameloblastic odontoma |
| 9290／3 | エナメル上皮歯牙肉腫<br>エナメル上皮線維象牙肉腫 ※2<br>エナメル上皮線維・象牙肉腫 ※2 | 9290／3 | Ameloblastic odontosarcoma<br>Ameloblastic fibrodentinosarcoma ※2<br>Ameloblastic fibro-odontosarcoma ※2 |
| 9300／0 | 腺腫様歯原性腫瘍<br>腺エナメル上皮腫 | 9300／0 | Adenomatoid odontogenic tumor<br>Adenoameloblastoma |
| 9301／0 | 石灰化歯原性のう胞 | 9301／0 | Calcifying odontogenic cyst |
| 9302／0 | 歯原性ゴースト細胞腫瘍 | 9302／0 | Odontogenic ghost cell tumor |
| 9310／0 | エナメル上皮腫, NOS<br>アダマンチノーマ, NOS（長管骨M-<br>9261／3を除く） | 9310／0 | Ameloblastoma, NOS<br>Adamantinoma, NOS *(except of long<br>bones M9261/3)* |
| 9310／3 | エナメル上皮腫, 悪性<br>アダマンチノーマ, 悪性（長管骨M-<br>9261／3を除く） | 9310／3 | Ameloblastoma, malignant<br>Adamantinoma, malignant *(except of<br>long bones M-9261/3)* |
| 9311／0 | 歯牙エナメル上皮腫 | 9311／0 | Odontoameloblastoma |
| 9312／0 | 歯原性扁平上皮腫瘍 | 9312／0 | Squamous odontogenic tumor |
| 9320／0 | 歯原性粘液腫<br>歯原性粘液線維腫 | 9320／0 | Odontogenic myxoma<br>Odontogenic myxofibroma |
| 9321／0 | 中心性歯原性線維腫<br>歯原性線維腫, NOS | 9321／0 | Central odontogenic fibroma<br>Odontogenic fibroma, NOS |
| 9322／0 | 周辺性歯原性線維腫 | 9322／0 | Peripheral odontogenic fibroma |
| 9330／0 | エナメル上皮線維腫 | 9330／0 | Ameloblastic fibroma |
| 9330／3 | エナメル上皮線維肉腫 | 9330／3 | Ameloblastic fibrosarcoma |

|  | エナメル上皮肉腫 |  |  | Ameloblastic sarcoma |
|  | 歯原性線維肉腫 |  |  | Odontogenic fibrosarcoma |

9340／0　歯原性石灰化上皮腫瘍
　　　　　ピンボルグ腫瘍

9340／0　Calcifying epithelial odontogenic tumor
　　　　　Pindborg tumor

9341／1　明細胞歯原性腫瘍 ※1

9341／1　Clear cell odontogenic tumor ※1

9342／3　歯原性癌肉腫 ※1

9342／3　Odontogenic carcinosarcoma ※1

## 935－937　その他の腫瘍

## 935-937　MISCELLANEOUS TUMORS

9350／1　頭蓋咽頭腫(C75.2)
　　　　　ラトケのう腫瘍(C75.1)

9350／1　Craniopharyngioma (C75.2)
　　　　　Rathke pouch tumor (C75.1)

9351／1　頭蓋咽頭腫, エナメル上皮腫様
　　　　　(C75.2) ※1

9351／1　Craniopharyngioma, adamantinomatous
　　　　　(C75.2) ※1

9352／1　頭蓋咽頭腫, 乳頭状(C75.2) ※1

9352／1　Craniopharyngioma, papillary (C75.2) ※1

9360／1　松果体腫(C75.3)

9360／1　Pinealoma (C75.3)

9361／1　松果体細胞腫(C75.3)

9361／1　Pineocytoma (C75.3)

9362／3　松果体芽腫(C75.3)
　　　　　混合松果体腫瘍(C75.3) ※2
　　　　　　混合性松果体細胞腫・松果体芽腫(C
　　　　　　75.3) ※2
　　　　　中程度分化型松果体間質性腫瘍
　　　　　　(C75.3) ※2
　　　　　移行型松果体腫瘍(C75.3) ※2

9362／3　Pineoblastoma (C75.3)
　　　　　Mixed pineal tumor (C75.3) ※2
　　　　　　Mixed pineocytoma-pineoblastoma
　　　　　　(C75.3) ※2
　　　　　Pineal parenchymal tumor of intermediate
　　　　　differentiation (C75.3) ※2
　　　　　Transitional pineal tumor (C75.3) ※2

9363／0　黒色細胞性神経外胚葉性腫瘍
　　　　　網膜原基腫瘍
　　　　　黒色エナメル上皮腫
　　　　　黒色性プロゴノーマ

9363／0　Melanotic neuroectodermal tumor
　　　　　Retinal anlage tumor
　　　　　Melanoameloblastoma
　　　　　Melanotic progonoma

9364／3　末梢性神経外胚葉腫瘍
　　　　　神経外胚葉腫瘍, NOS
　　　　　末梢性原始神経外胚葉腫瘍, NOS ※2

　　　　　PPNET ※2
　　　　　骨外性Ewing肉腫 ▼1
　　　　　▼NCC注1:がん登録での運用を考慮して追記した

9364／3　Peripheral neuroectodermal tumor
　　　　　Neuroectodermal tumor, NOS
　　　　　Peripheral primitive neuroectodermal
　　　　　tumor, NOS ※2
　　　　　PPNET ※2
　　　　　Extraskletal Ewing's sarcoma ▼1

9365／3　アスキン腫瘍 ※1/※3

9365／3　Askin tumor ※1/※3

9370／3　脊索腫, NOS

9370／3　Chordoma, NOS

9371／3　軟骨様脊索腫 ※1

9371／3　Chondroid chordoma ※1

9372／3　脱分化型脊索腫 ※1

9372／3　Dedifferentiated chordoma ※1

9373／0　傍脊索腫 ※1

9373／0　Parachordoma ※1

## 938-948　グリオーマ

**9380／3**　グリオーマ, 悪性(C71._)
グリオーマ, NOS(鼻グリオーマ, 非腫瘍性, を除く)(C71._)

**9381／3**　脳膠腫症(C71._)

**9382／3**　混合グリオーマ(C71._)
希突起アストロサイトーマ(C71._)
退形成性希突起アストロサイトーマ(C71._) ※2

**9383／1**　上衣下腫(C71._)
上衣下グリオーマ(C71._)
上衣下アストロサイトーマ, NOS(C71._)
混合上衣下腫・上衣腫(C71._) ※2

**9384／1**　上衣下巨細胞性アストロサイトーマ(C71._)

**9390／0**　脈絡そう乳頭腫, NOS(C71.5)

**9390／1**　異型脈絡そう乳頭腫(C71.5) ※2

**9390／3**　脈絡そう癌(C71.5) ※2
脈絡そう乳頭腫, 退形成性(C71.5)
脈絡そう乳頭腫, 悪性(C71.5)

**9391／3**　上衣腫, NOS(C71._)
上皮性上衣腫(C71._)
細胞性上衣腫(C71._) ※2
明細胞上衣腫(C71._) ※2
なめし皮様細胞性上衣腫(C71._) ※2

**9392／3**　上衣腫, 退形成性(C71._)
上衣芽腫(C71._)

**9393／3**　乳頭状上衣腫(C71._) ※6

**9394／1**　粘液乳頭状上衣腫(C72.0)

**9395／3★**　松果体部乳頭状腫瘍★

**9400／3**　アストロサイトーマ, NOS(C71._)
星細胞性グリオーマ(C71._)
星細胞性グリオーマ(C71._)[obs]
びまん性アストロサイトーマ(C71._) ※2
アストロサイトーマ, 低悪性度(C71._) ※2
びまん性アストロサイトーマ, 低悪性度(C71._) ※2
のう胞性アストロサイトーマ(C71._)[obs]

## 938-948　GLIOMAS

**9380／3**　Glioma, malignant (C71._)
Glioma, NOS *(except nasal glioma, not neoplastic) (C71._)*

**9381／3**　Gliomatosis cerebri (C71._)

**9382／3**　Mixed glioma (C71._)
Oligoastrocytoma (C71._)
Anaplastic oligoastrocytoma (C71._) ※2

**9383／1**　Subependymoma (C71._)
Subependymal glioma (C71._)
Subependymal astrocytoma, NOS (C71._)
Mixed subependymoma-ependymoma (C71._) ※2

**9384／1**　Subependymal giant cell astrocytoma (C71._)

**9390／0**　Choroid plexus papilloma, NOS (C71.5)

**9390／1**　Atypical choroid plexus papilloma (C71.5) ※2

**9390／3**　Choroid plexus carcinoma (C71.5) ※2
Choroid plexus papilloma, anaplastic (C71.5)
Choroid plexus papilloma, malignant (C71.5)

**9391／3**　Ependymoma, NOS (C71._)
Epithelial ependymoma (C71._)
Cellular ependymoma (C71._) ※2
Clear cell ependymoma (C71._) ※2
Tanycytic ependymoma (C71._) ※2

**9392／3**　Ependymoma, anaplastic (C71._)
Ependymoblastoma (C71._)

**9393／3**　Papillary ependymoma (C71._) ※6

**9394／1**　Myxopapillary ependymoma (C72.0)

**9395／3★**　Papillary tumor of the pineal region★

**9400／3**　Astrocytoma, NOS (C71._)
Astrocytic glioma (C71._)
Astroglioma (C71._) [obs]
Diffuse astrocytoma (C71._) ※2
Astrocytoma, low grade (C71._) ※2
Diffuse astrocytoma, low grade (C71._) ※2
Cystic astrocytoma (C71._) [obs]

— 177 —

| | | |
|---|---|---|
| 9401/3 | アストロサイトーマ，退形成性(C71._) | 9401/3 Anaplastic astrocytoma (C71._) |
| 9410/3 | 原形質性アストロサイトーマ(C71._) | 9410/3 Protoplasmic astrocytoma (C71._) |
| 9411/3 | ゲミストサイト性アストロサイトーマ(C71._)<br>ゲミストサイトーマ(C71._) | 9411/3 Gemistocytic astrocytoma (C71._)<br>Gemistocytoma (C71._) |
| 9412/1 | 線維形成性乳児アストロサイトーマ<br>(C71._) [1]<br>線維形成性乳児神経節膠腫(C71._) [1] | 9412/1 Desmoplastic infantile astrocytoma<br>(C71._) [1]<br>Desmoplastic infantile ganglioglioma<br>(C71._) [1] |
| 9413/0 | 胎生期発育不全性神経上皮腫瘍<br>(C71._) [1] | 9413/0 Dysembryoplastic neuroepithelial<br>tumor (C71._) [1] |
| 9420/3 | 細線維性アストロサイトーマ(C71._)<br>線維性アストロサイトーマ(C71._) | 9420/3 Fibrillary astrocytoma (C71._)<br>Fibrous astrocytoma (C71._) |
| 9421/1 | 毛細胞性アストロサイトーマ(C71._) [6]<br>毛様アストロサイトーマ(C71._) [6]<br>若年性アストロサイトーマ(C71._) [6]<br>海綿芽腫, NOS(C71._)[obs] [3/6]<br><br>[注:北アメリカでは，9421/3として記録] | 9421/1 Pilocytic astrocytoma (C71._) [6]<br>Piloid astrocytoma (C71._) [6]<br>Juvenile astrocytoma (C71._) [6]<br>Spongioblastoma, NOS (C71._)<br>[obs] [3/6]<br>[*Note*:In North America, report as 9421/3] |
| 9423/3 | 極性海綿芽腫(C71._) [2]<br>極性海綿芽細胞腫(C71._)<br>原始極性海綿芽腫(C71._)[obs] [3] | 9423/3 Polar spongioblastoma (C71._) [2]<br>Spongioblastoma polare (C71._)<br>Primitive polar spongioblastoma<br>(C71._) [obs] [3] |
| 9424/3 | 多形性黄色アストロサイトーマ(C71._) | 9424/3 Pleomorphic xanthoastrocytoma<br>(C71._) |
| 9425/3★ | 毛様類粘液性星細胞腫★ | 9425/3★ Pilomyxoid astrocytoma★ |
| 9430/3 | 星芽腫(C71._) | 9430/3 Astroblastoma (C71._) |
| 9431/1★ | 血管中心性膠腫★ | 9431/1★ Angiocentric glioma★ |
| 9432/1★ | 下垂体細胞腫★ | 9432/1★ Pituicytoma★ |
| 9440/3 | 膠芽腫, NOS(C71._)<br>多形性膠芽腫(C71._)<br>多形性海綿芽腫(C71._) | 9440/3 Glioblastoma, NOS (C71._)<br>Glioblastoma multiforme (C71._)<br>Spongioblastoma multiforme (C71._) |
| 9441/3 | 巨細胞膠芽腫(C71._)<br>怪奇細胞性肉腫(C71._)[obs] [3] | 9441/3 Giant cell glioblastoma (C71._)<br>Monstrocellular sarcoma (C71._)<br>[obs] [3] |
| 9442/1 | 膠芽線維腫(C71._) [2] | 9442/1 Gliofibroma (C71._) [2] |
| 9442/3 | 神経膠肉腫(C71._)<br>肉腫性成分を伴う膠芽腫(C71._) | 9442/3 Gliosarcoma (C71._)<br>Glioblastoma with sarcomatous<br>component (C71._) |
| 9444/1 | 脈絡そうグリオーマ(C71._) [1]<br>第3脳室脈絡そうグリオーマ(C71.5) [1] | 9444/1 Chordoid glioma (C71._) [1]<br>Chordoid glioma of third ventricle<br>(C71.5) [1] |

| | | |
|---|---|---|
| 9450／3 | 希突起膠腫, NOS（C71._） | 9450／3 Oligodendroglioma, NOS (C71._) |
| 9451／3 | 希突起膠腫, 退形成性（C71._） | 9451／3 Oligodendroglioma, anaplastic (C71._) |
| 9460／3 | 希突起芽腫（C71._）[obs] | 9460／3 Oligodendroblastoma (C71._) [obs] |

9470／3　髄芽腫, NOS（C71.6）
　　　　黒色髄芽腫（C71.6）

9470／3　Medulloblastoma, NOS (C71.6)
　　　　Melanotic medulloblastoma (C71.6)

9471／3　線維形成性結節性髄芽腫（C71.6）※2

　　　　線維形成性髄芽腫（C71.6）

　　　　限局性くも膜性小脳肉腫（C71.6）

　　　　高度結節性髄芽腫★

9471／3　Desmoplastic nodular medulloblastoma
　　　　(C71.6) ※2
　　　　　Desmoplastic medulloblastoma
　　　　　(C71.6)
　　　　　Circumscribed arachnoidal
　　　　　cerebellar sarcoma (C71.6) [obs]
　　　　Medulloblastoma with extensive
　　　　nodularity★

9472／3　髄筋芽腫（C71.6）

9472／3　Medullomyoblastoma (C71.6)

9473／3　原始神経外胚葉腫瘍, NOS
　　　　PNET, NOS ※2
　　　　中枢性原始神経外胚葉腫瘍, NOS（C
　　　　71._）※2
　　　　CPNET（C71._）※2
　　　　テント上PNET（C71._）※2

9473／3　Primitive neuroectodermal tumor, NOS
　　　　PNET, NOS ※2
　　　　Central primitive neuroectodermal
　　　　tumor, NOS(C71._) ※2
　　　　　CPNET (C71._) ※2
　　　　Supratentorial PNET (C71._) ※2

9474／3　大細胞髄芽腫（C71.6）※1
　　　　退形成性髄芽腫★

9474／3　Large cell medulloblastoma (C71.6) ※1
　　　　Anaplastic medulloblastoma★

9480／3　小脳肉腫, NOS（C71.6）[obs]

9480／3　Cerebellar sarcoma, NOS (C71.6) [obs]

## 949－952　神経上皮腫性新生物

## 949-952　NEUROEPITHELIOMATOUS NEOPLASMS

| | | |
|---|---|---|
| 9490／0 | 神経節神経腫 | 9490／0 Ganglioneuroma |
| 9490／3 | 神経節神経芽腫 | 9490／3 Ganglioneuroblastoma |
| 9491／0 | 神経節神経腫症 | 9491／0 Ganglioneuromatosis |
| 9492／0 | 神経節細胞腫 ※3 | 9492／0 Gangliocytoma ※3 |

9493／0　小脳異形成性神経節細胞腫（レルミット・
　　　　デュクロス）（C71.6）

9493／0　Dysplastic gangliocytoma of cerebellum
　　　　(Lhermitte-Duclos) (C71.6)

9500／3　神経芽腫, NOS
　　　　交感神経芽腫
　　　　中枢神経芽腫（C71._）※2

9500／3　Neuroblastoma, NOS
　　　　　Sympathicoblastoma
　　　　　Central neuroblastoma (C71._) ※2

9501／0　髄上皮腫, 良性（C69.4）
　　　　網膜上皮腫, 良性（C69._）※2

9501／0　Medulloepithelioma, benign (C69.4)
　　　　　Diktyoma, benign (C69._) ※2

9501／3　髄上皮腫, NOS
　　　　網膜上皮腫, 悪性（C69._）※2

9501／3　Medulloepithelioma, NOS
　　　　　Diktyoma, malignant (C69._) ※2

| | | | |
|---|---|---|---|
| 9502/0 | 奇形腫様髄上皮腫, 良性(C69.4) [※2] | 9502/0 | Teratoid medulloepithelioma, benign (C69.4) [※2] |
| 9502/3 | 奇形腫様髄上皮腫 | 9502/3 | Teratoid medulloepithelioma |
| 9503/3 | 神経上皮腫, NOS | 9503/3 | Neuroepithelioma, NOS |
| 9504/3 | 海綿神経芽腫 | 9504/3 | Spongioneuroblastoma |
| 9505/1 | 神経節膠腫, NOS<br>　膠神経腫[obs]<br>　神経星細胞腫[obs] | 9505/1 | Ganglioglioma, NOS<br>　Glioneuroma [obs]<br>　Neuroastrocytoma [obs] |
| 9505/3 | 神経節膠腫, 退形成性 [※2] | 9505/3 | Ganglioglioma, anaplastic [※2] |
| 9506/1 | 中枢神経細胞腫 [※2]<br>　神経細胞腫 [※6]<br>　小脳脂肪神経細胞腫(C71.6) [※2]<br>　脂肪腫様髄芽腫(C71.6) [※2]<br><br>　神経脂肪腫(C71.6) [※2]<br>　髄芽細胞腫(C71.6) [※2]<br>　脳室外神経細胞腫★ | 9506/1 | Central neurocytoma [※2]<br>　Neurocytoma [※6]<br>　Cerebellar liponeurocytoma (C71.6) [※2]<br>　Lipomatous medulloblastoma (C71.6) [※2]<br>　Neurolipocytoma (C71.6) [※2]<br>　Medullocytoma (C71.6) [※2]<br>　Extraventricular neurocytoma★ |
| 9507/0 | パチニ体腫瘍 | 9507/0 | Pacinian tumor |
| 9508/3 | 異型奇形腫瘍／ラブドイド腫瘍(C71._) [※1] | 9508/3 | Atypical teratoid/rhabdoid tumor (C71._) [※1] |
| 9509/1★ | 乳頭状グリア神経細胞腫瘍★<br>　ロゼット形成性グリア神経細胞腫瘍★ | 9509/1★ | Papillary glioneuronal tumor★<br>　Rosette-forming glioneuronal tumor★ |
| 9510/0 | 網膜細胞腫(C69.2) [※2] | 9510/0 | Retinocytoma (C69.2) [※2] |
| 9510/3 | 網膜芽腫, NOS(C69.2) | 9510/3 | Retinoblastoma, NOS (C69.2) |
| 9511/3 | 網膜芽腫, 分化型(C69.2) | 9511/3 | Retinoblastoma, differentiated (C69.2) |
| 9512/3 | 網膜芽腫, 未分化型(C69.2) | 9512/3 | Retinoblastoma, undifferentiated (C69.2) |
| 9513/3 | 網膜芽腫, びまん性(C69.2) [※1] | 9513/3 | Retinoblastoma, diffuse (C69.2) [※1] |
| 9514/1 | 網膜芽腫, 自然消退性(C69.2) [※1] | 9514/1 | Retinoblastoma, spontaneously regressed (C69.2) [※1] |
| 9520/3 | 嗅神経原腫瘍 | 9520/3 | Olfactory neurogenic tumor |
| 9521/3 | 嗅神経細胞腫(C30.0) [※2]<br>　感覚神経細胞腫(C30.0) | 9521/3 | Olfactory neurocytoma (C30.0) [※2]<br>　Esthesioneurocytoma (C30.0) |
| 9522/3 | 嗅神経芽腫(C30.0)<br>　感覚神経芽腫(C30.0) | 9522/3 | Olfactory neuroblastoma (C30.0)<br>　Esthesioneuroblastoma (C30.0) |
| 9523/3 | 嗅神経上皮腫(C30.0)<br>　感覚神経上皮腫(C30.0) | 9523/3 | Olfactory neuroepithelioma (C30.0)<br>　Esthesioneuroepithelioma (C30.0) |

## 953 髄膜腫（C70._）

**9530／0** **髄膜腫, NOS**
小細胞性髄膜腫 ※2
分泌性髄膜腫 ※2
高リンパ形質細胞性髄膜腫 ※2
化生性髄膜腫 ※2

**9530／1** **髄膜腫症, NOS**
びまん性髄膜腫症
多発性髄膜腫

**9530／3** **髄膜腫, 悪性**
髄膜腫, 未分化型 ※2
脳軟膜肉腫
髄膜肉腫
髄膜肉腫

**9531／0** **髄膜性髄膜腫**
血管内皮腫様髄膜腫
合胞性髄膜腫

**9532／0** **線維性髄膜腫**
線維芽細胞性髄膜腫

**9533／0** **砂粒腫性髄膜腫**

**9534／0** **血管腫性髄膜腫**

**9535／0** **血管芽腫性髄膜腫**[obs]

**9537／0** **移行型髄膜腫**
混合髄膜腫

**9538／1** **明細胞髄膜腫** ※2
脊索様髄膜腫 ※2

**9538／3** **乳頭状髄膜腫** ※6
ラブドイド髄膜腫 ※2

**9539／1** **異型髄膜腫** ※2

**9539／3** **髄膜肉腫症**

## 954－957 神経鞘性腫瘍

**9540／0** **神経線維腫, NOS**

**9540／1** **神経線維腫症, NOS**
多発性神経線維腫症
フォン・レックリングハウゼン病（骨を除く）
レックリングハウゼン病（骨を除く）

## 953 MENINGIOMAS（C70._）

**9530／0** **Meningioma, NOS**
Microcystic meningioma ※2
Secretory meningioma ※2
Lymphoplasmacyte-rich meningioma ※2
Metaplastic meningioma ※2

**9530／1** **Meningiomatosis, NOS**
Diffuse meningiomatosis
Multiple meningiomas

**9530／3** **Meningioma, malignant**
Meningioma, anaplastic ※2
Leptomeningeal sarcoma
Meningeal sarcoma
Meningothelial sarcoma

**9531／0** **Meningothelial meningioma**
Endotheliomatous meningioma
Syncytial meningioma

**9532／0** **Fibrous meningioma**
Fibroblastic meningioma

**9533／0** **Psammomatous meningioma**

**9534／0** **Angiomatous meningioma**

**9535／0** **Hemangioblastic meningioma** [obs]
Angioblastic meningioma [obs]

**9537／0** **Transitional meningioma**
Mixed meningioma

**9538／1** **Clear cell meningioma** ※2
Chordoid meningioma ※2

**9538／3** **Papillary meningioma** ※6
Rhabdoid meningioma ※2

**9539／1** **Atypical meningioma** ※2

**9539／3** **Meningeal sarcomatosis**

## 954-957 NERVE SHEATH TUMORS

**9540／0** **Neurofibroma, NOS**

**9540／1** **Neurofibromatosis, NOS**
Multiple neurofibromatosis
Von Recklinghausen disease (except of bone)
Recklinghausen disease (except of bone)

| 9540／3 | 悪性末梢神経鞘性腫瘍 ※2 | 9540／3 | Malignant peripheral nerve sheath tumor ※2 |
|---|---|---|---|

9540／3　悪性末梢神経鞘性腫瘍 ※2

　　　MPNST, NOS ※2
　　　神経線維肉腫[obs]
　　　神経原性肉腫[obs]
　　　神経肉腫
　　　腺分化を伴うMPNST ※2
　　　類上皮MPNST ※2
　　　間葉分化を伴うMPNST ※2

　　　メラニン性MPNST ※2
　　　メラニン性砂粒腫状MPNST ※2

9540／3　Malignant peripheral nerve sheath tumor ※2
　　　MPNST, NOS ※2
　　　Neurofibrosarcoma [obs]
　　　Neurogenic sarcoma [obs]
　　　Neurosarcoma [obs]
　　　MPNST with glandular differentiation ※2
　　　Epithelioid MPNST ※2
　　　MPNST with mesenchymal differentiation ※2
　　　Melanotic MPNST ※2
　　　Melanotic psammomatous MPNST ※2

9541／0　黒色性神経線維腫

9541／0　Melanotic neurofibroma

9550／0　そう状神経線維腫
　　　そう状神経腫

9550／0　Plexiform neurofibroma
　　　Plexiform neuroma

9560／0　神経鞘腫, NOS
　　　シュワン鞘腫, NOS
　　　神経鞘腫
　　　聴神経腫(C72.4)
　　　色素性シュワン腫
　　　　メラニン性シュワン腫 ※2
　　　つる状シュワン腫 ※2
　　　富細胞性シュワン腫 ※2
　　　変性シュワン腫 ※2
　　　陳旧性 シュワン腫 ※2
　　　砂粒腫性シュワン腫 ※2

9560／0　Neurilemoma, NOS
　　　Schwannoma, NOS
　　　Neurinoma
　　　Acoustic neuroma (C72.4)
　　　Pigmented schwannoma
　　　　Melanotic schwannoma ※2
　　　Plexiform schwannoma ※2
　　　Cellular schwannoma ※2
　　　Degenerated schwannoma ※2
　　　Ancient schwannoma ※2
　　　Psammomatous schwannoma ※2

9560／1　神経鞘腫症

9560／1　Neurinomatosis

9560／3　神経鞘腫, 悪性[obs]
　　　悪性シュワン腫, NOS[obs]
　　　神経鞘肉腫[obs]

9560／3　Neurilemoma, malignant [obs]
　　　Malignant schwannoma, NOS [obs]
　　　Neurilemosarcoma [obs]

9561／3　横紋筋芽細胞分化を伴う悪性末梢神経鞘腫瘍 ※2

　　　横紋筋芽細胞分化を伴うMPNST ※2

　　　トライトン腫瘍, 悪性
　　　横紋筋芽細胞分化を伴う悪性シュワン腫

9561／3　Malignant peripheral nerve sheath tumor with rhabdomyoblastic differentiation ※2
　　　MPNST with rhabdomyoblastic differentiation ※2
　　　Triton tumor, malignant
　　　Malignant schwannoma with rhabdomyoblastic differentiation

9562／0　神経鞘粘液腫

9562／0　Neurothekeoma
　　　Nerve sheath myxoma

9570／0　神経腫, NOS

9570／0　Neuroma, NOS

9571／0　神経周膜腫, NOS ※1
　　　神経内神経周膜腫 ※1
　　　軟部組織神経周膜腫 ※1

9571／0　Perineurioma, NOS ※1
　　　Intraneural perineurioma ※1
　　　Soft tissue perineurioma ※1

9571／3　神経周膜腫, 悪性 ※1
　　　神経周膜腫, MPNST ※1

9571／3　Perineurioma, malignant ※1
　　　Perineural MPNST ※1

## 958　顆粒細胞性腫瘍及び胞巣状軟部肉腫

9580／0　**顆粒細胞腫，NOS**
　　　　顆粒細胞筋芽腫，NOS

9580／3　**顆粒細胞腫，悪性**
　　　　顆粒細胞筋芽腫，悪性

9581／3　**胞巣状軟部肉腫**

9582／0　**トルコ鞍部顆粒細胞腫瘍(C75.1)** ※1

## 959－972　ホジキン及び非ホジキンリンパ腫

## 959　悪性リンパ腫，NOS又はびまん性

9590／3　**悪性リンパ腫，NOS**
　　　　リンパ腫，NOS
　　　　小膠細胞腫(C71._)[obs] ※3

9591／3　**悪性リンパ腫，非ホジキン，NOS**

　　　　非ホジキンリンパ腫，NOS
　　　　B細胞リンパ腫，NOS ※2
　　　　悪性リンパ腫，非切れ込み核型細胞，NOS
　　　　悪性リンパ腫，びまん性，NOS ※3
　　　　悪性リンパ腫，リンパ球性，中程度分化，結節性[obs] ※3

　　　　悪性リンパ腫，小細胞，非切れ込み核型，びまん性[obs] ※3
　　　　悪性リンパ腫，未分化細胞型，非バーキット[obs] ※3

　　　　悪性リンパ腫，未分化細胞型，NOS[obs] ※3

　　　　リンパ球肉腫，NOS[obs] ※3
　　　　リンパ球肉腫，びまん性[obs] ※3
　　　　細網細胞肉腫，NOS[obs] ※3
　　　　細網細胞肉腫，びまん性[obs] ※3

　　　　細網肉腫，NOS[obs] ※3
　　　　細網肉腫，びまん性[obs] ※3
　　　　悪性リンパ腫，小切れ込み核型細胞，びまん性[obs] ※3
　　　　悪性リンパ腫，リンパ球性，低分化，びまん性[obs]
　　　　悪性リンパ腫，小切れ込み核型細胞，NOS[obs] ※3

## 958　GRANULAR CELL TUMORS AND ALVEOLAR SOFT PART SARCOMAS

9580／0　**Granular cell tumor, NOS**
　　　　Granular cell myoblastoma, NOS

9580／3　**Granular cell tumor, malignant**
　　　　Granular cell myoblastoma, malignant

9581／3　**Alveolar soft part sarcoma**

9582／0　**Granular cell tumor of the sellar region (C75.1)** ※1

## 959-972　HODGKIN AND NON-HODGKIN LYMPHOMAS

## 959　MALIGNANT LYMPHOMAS, NOS OR DIFFUSE

9590／3　**Malignant lymphoma, NOS**
　　　　Lymphoma, NOS
　　　　Microglioma (C71._) [obs] ※3

9591／3　**Malignant lymphoma, non-Hodgkin, NOS**

　　　　Non-Hodgkin lymphoma, NOS
　　　　B cell lymphoma, NOS ※2
　　　　Malignant lymphoma, non-cleaved cell, NOS
　　　　Malignant lymphoma, diffuse, NOS ※3
　　　　Malignant lymphoma, lymphocytic, intermediate differentiation, nodular [obs] ※3
　　　　Malignant lymphoma, small cell, noncleaved, diffuse [obs] ※3
　　　　　　Malignant lymphoma, undifferentiated cell, non-Burkitt [obs] ※3
　　　　　　Malignant lymphoma, undifferentiated cell type, NOS [obs] ※3
　　　　Lymphosarcoma, NOS [obs] ※3
　　　　　　Lymphosarcoma, diffuse [obs] ※3
　　　　Reticulum cell sarcoma, NOS [obs] ※3
　　　　　　Reticulum cell sarcoma, diffuse [obs] ※3
　　　　　　Reticulosarcoma, NOS [obs] ※3
　　　　　　Reticulosarcoma, diffuse [obs] ※3
　　　　Malignant lymphoma, small cleaved cell, diffuse [obs] ※3
　　　　Malignant lymphoma, lymphocytic, poorly differentiated, diffuse [obs]
　　　　　　Malignant lymphoma, small cleaved cell, NOS [obs] ※3

— 183 —

悪性リンパ腫, 切れ込み核型細胞, NOS[obs] ※3

脾B細胞リンパ腫／白血病, NOS★

脾びまん性赤脾髄小B細胞リンパ腫★

有毛細胞白血病亜型★

Malignant lymphoma, cleaved cell, NOS [obs] ※3

Splenic B-cell lymphoma/leukemia, unclassifiable★

Splenic diffuse red pulp small B-cell lymphoma★

Hairy cell leukemia variant★

9596／3★ 複合ホジキン及び非ホジキンリンパ腫 ※1

分類不能型B細胞リンパ腫, びまん性大細胞型B細胞リンパ腫と古典的ホジキンリンパ腫との中間型★

9596／3★ Composite Hodgkin and non-Hodgkin lymphoma ※1

B-cell lymphoma, unclassifiable, with features intermediate between diffuse large B-cell lymphoma and classical Hodgkin lymphoma★

9597／3★ 皮膚原発濾胞中心リンパ腫 ★

9597／3★ Primary cutaneous follicle centre lymphoma★

9599／3★ B細胞リンパ腫, NOS▼1
　　　▼NCC注1: がん登録では、「B細胞リンパ腫」という情報のみの場合は、「9591/3」のコードではなく、わが国で独自に追加した「9599/3」のコードを使用する

9599／3★ B cell lymphoma, NOS▼1

## 965－966　ホジキンリンパ腫

## 965-966　HODGKIN LYMPHOMA

9650／3　ホジキンリンパ腫, NOS
　　　ホジキン病, NOS
　　　悪性リンパ腫, ホジキン

9650／3　Hodgkin lymphoma, NOS
　　　Hodgkin disease, NOS
　　　Malignant lymphoma, Hodgkin

9651／3　ホジキンリンパ腫, 高リンパ球型 ※1
　　　古典的ホジキンリンパ腫, 高リンパ球型 ※1
　　　古典的ホジキンリンパ腫, リンパ球豊富型 ▼1
　　　ホジキン病, リンパ球優勢型, NOS[obs] ※3
　　　ホジキン病, リンパ球性・組織球性優勢型[obs] ※3
　　　ホジキン病, リンパ球優勢型, びまん性[obs] ※3
　　　▼NCC注1: 頻用される同義語として独自に追加した

9651／3　Hodgkin lymphoma, lymphocyte-rich ※1
　　　Classical Hodgkin lymphoma, lymphocyte-rich ※1

　　　Hodgkin disease, lymphocyte predominance, NOS [obs] ※3
　　　Hodgkin disease, lymphocytic-histiocytic predominance [obs] ※3
　　　Hodgkin disease, lymphocyte predominance, diffuse [obs] ※3

9652／3　ホジキンリンパ腫, 混合細胞型, NOS

　　　古典的ホジキンリンパ腫, 混合細胞型, NOS ※2

9652／3　Hodgkin lymphoma, mixed cellularity, NOS
　　　Classical Hodgkin lymphoma, mixed cellularity, NOS ※2

9653／3　ホジキンリンパ腫, リンパ球減少型, NOS

　　　古典的ホジキンリンパ腫, リンパ球減少型, NOS ※2

9653／3　Hodgkin lymphoma, lymphocyte depletion, NOS
　　　Classical Hodgkin lymphoma, lymphocyte depletion, NOS ※2

9654／3　ホジキンリンパ腫, リンパ球減少型, びまん性線維症性

9654／3　Hodgkin lymphoma, lymphocyte depletion, diffuse fibrosis

| | 古典的ホジキンリンパ腫, リンパ球減少型, びまん性線維症性 ※2 | | Classical Hodgkin lymphoma, lymphocyte depletion, diffuse fibrosis ※2 |
|---|---|---|---|
| 9655／3 | **ホジキンリンパ腫, リンパ球減少型, 細網型** | 9655／3 | **Hodgkin lymphoma, lymphocyte depletion, reticular** |
| | 古典的ホジキンリンパ腫, リンパ球減少型, 細網型 ※2 | | Classical Hodgkin lymphoma, lymphocyte depletion, reticular ※2 |
| 9659／3 | **ホジキンリンパ腫, 結節性リンパ球優勢型** | 9659／3 | **Hodgkin lymphoma, nodular lymphocyte predominance** |
| | ホジキンリンパ腫, リンパ球優勢型, 結節性 | | Hodgkin lymphoma, lymphocyte predominance, nodular |
| | ホジキンリンパ腫, 結節性リンパ球優位型 ▼1 | | Nodular lymphocyte predominant Hodgkin lymphoma ▼1 |
| | ホジキン傍肉芽腫, NOS[obs] ※3 | | Hodgkin paragranuloma, NOS [obs] ※3 |
| | ホジキン傍肉芽腫, 結節性[obs] ※3 | | Hodgkin paragranuloma, nodular [obs] ※3 |
| | ▼NCC注1: 頻用される同義語として独自に追加した | | |
| 9661／3 | **ホジキン肉芽腫[obs]** | 9661／3 | **Hodgkin granuloma [obs]** |
| 9662／3 | **ホジキン肉腫[obs]** | 9662／3 | **Hodgkin sarcoma [obs]** |
| 9663／3 | **ホジキンリンパ腫, 結節硬化型, NOS** | 9663／3 | **Hodgkin lymphoma, nodular sclerosis, NOS** |
| | 古典的ホジキンリンパ腫, 結節硬化型, NOS ※2 | | Classical Hodgkin lymphoma, nodular sclerosis, NOS ※2 |
| | 古典的ホジキンリンパ腫, 結節性硬化型, NOS ▼1 | | |
| | ホジキン病, 結節硬化型 | | Hodgkin disease, nodular sclerosis |
| | ▼NCC注1: 頻用される同義語として独自に追加した | | |
| 9664／3 | **ホジキンリンパ腫, 結節硬化型, 細胞期** | 9664／3 | **Hodgkin lymphoma, nodular sclerosis, cellular phase** |
| | 古典的ホジキンリンパ腫, 結節硬化型, 細胞期 ※2 | | Classical Hodgkin lymphoma, nodular sclerosis, cellular phase ※2 |
| 9665／3 | **ホジキンリンパ腫, 結節硬化型, 悪性度1** ※2 | 9665／3 | **Hodgkin lymphoma, nodular sclerosis, grade 1** ※2 |
| | 古典的ホジキンリンパ腫, 結節硬化型, 悪性度1 ※2 | | Classical Hodgkin lymphoma, nodular sclerosis, grade 1 ※2 |
| | ホジキン病, 結節硬化型, リンパ球優勢型 | | Hodgkin disease, nodular sclerosis, lymphocyte predominance |
| | ホジキン病, 結節硬化型, 混合細胞型 ※3 | | Hodgkin disease, nodular sclerosis, mixed cellularity ※3 |
| 9667／3 | **ホジキンリンパ腫, 結節硬化型, 悪性度2** ※2 | 9667／3 | **Hodgkin lymphoma, nodular sclerosis, grade 2** ※2 |
| | 古典的ホジキンリンパ腫, 結節硬化型, 悪性度2 ※2 | | Classical Hodgkin lymphoma, nodular sclerosis, grade 2 ※2 |
| | ホジキン病, 結節硬化型, リンパ球減少型 | | Hodgkin disease, nodular sclerosis, lymphocyte depletion |
| | ホジキン病, 結節硬化型, 合胞性変異体 | | Hodgkin disease, nodular sclerosis,syncytial variant |

— 185 —

## 967－972　非ホジキンリンパ腫

## 967-972　NON-HODGKIN LYMPHOMAS

### 967－969　成熟B細胞リンパ腫

### 967-969　MATURE B-CELL LYMPHOMAS

9670／3　**悪性リンパ腫, 小Bリンパ球性, NOS**（M-9823／3も参照）※2

悪性リンパ腫, 小リンパ球性, NOS ※2

悪性リンパ腫, リンパ球性, 高分化, びまん性
悪性リンパ腫, リンパ球性, NOS

悪性リンパ腫, リンパ球性, びまん性, NOS
悪性リンパ腫, 小細胞型, NOS
悪性リンパ腫, 小リンパ球性, びまん性

悪性リンパ腫, 小細胞びまん性 ※2

9670／3　Malignant lymphoma, small B lymphocytic, NOS *(see also M-9823/3)* ※2

Malignant lymphoma, small lymphocytic, NOS ※2
Malignant lymphoma, lymphocytic, well differentiated, diffuse
Malignant lymphoma, lymphocytic, NOS
Malignant lymphoma, lymphocytic, diffuse, NOS
Malignant lymphoma, small cell, NOS
Malignant lymphoma, small lymphocytic, diffuse
Malignant lymphoma, small cell diffuse ※2

9671／3　**悪性リンパ腫, リンパ球形質細胞性**（M-9761／3も参照）

リンパ形質細胞性リンパ腫 ▼1
悪性リンパ腫, リンパ球性形質細胞様

免疫細胞腫[obs]
悪性リンパ腫, 形質細胞様[obs]
形質細胞性リンパ腫[obs]
▼NCC注1：頻用される同義語として独自に追加した

9671／3　Malignant lymphoma, lymphoplasmacytic *(see also M-9761/3)*
Lymphoplasmacytic lymphoma ▼1
Malignant lymphoma, lymphoplasmacytoid
Immunocytoma [obs]
Malignant lymphoma, plasmacytoid [obs]
Plasmacytic lymphoma [obs]

9673／3　**マントル細胞リンパ腫** ※2
すべての変異体を含む：芽球性, 多形性, 小細胞性
マントルゾーンリンパ腫[obs]
悪性リンパ腫, リンパ球性, 中程度分化, びまん性[obs]

悪性リンパ腫, 中心細胞性[obs] ※3

悪性リンパ腫性ポリポーシス ※3

9673／3　Mantle cell lymphoma ※2
Includes all variants: blastic, pleomorphic, small cell
Mantle zone lymphoma [obs]
Malignant lymphoma, lymphocytic, intermediate differentiation, diffuse [obs]
Malignant lymphoma, centrocytic [obs] ※3
Malignant lymphomatous polyposis ※3

9675／3　**悪性リンパ腫, 小細胞及び大細胞混合型, びまん性**[obs]（M-9690／3も参照）

悪性リンパ腫, リンパ球・組織球混合型, びまん性[obs]

悪性リンパ腫, 混合細胞型, びまん性[obs]
悪性リンパ腫, 胚中心芽細胞・胚中心細胞型, NOS[obs] ※3

9675／3　Malignant lymphoma, mixed small and large cell, diffuse [obs] *(see also M-9690/3)*
Malignant lymphoma, mixed lymphocytic-histiocytic, diffuse [obs]
Malignant lymphoma, mixed cell type, diffuse [obs]
Malignant lymphoma, centroblastic-centrocytic, NOS [obs] ※3

| | |
|---|---|
| 悪性リンパ腫, 胚中心芽細胞・胚中心型, びまん性[obs] ※3 | Malignant lymphoma, centroblastic-centrocytic, diffuse [obs] ※3 |

| | | | |
|---|---|---|---|
| 9678／3 | 原発性滲出性リンパ腫 ※1 | 9678／3 | Primary effusion lymphoma ※1 |
| 9679／3 | 縦隔(胸腺)大細胞性B細胞リンパ腫 (C38.3) ※1 | 9679／3 | Mediastinal (thymic) large B-cell lymphoma (C38.3) ※1 |
| | 胸腺大細胞性B細胞リンパ腫 (C37.9) ※1 | | Thymic large B-cell lymphoma (C37.9) ※1 |
| 9680／3 | 悪性リンパ腫, 大細胞性B細胞型, びまん性, NOS | 9680／3 | Malignant lymphoma, large B-cell, diffuse, NOS |
| | びまん性大細胞性B細胞リンパ腫, NOS | | Diffuse large B-cell lymphoma, NOS |
| | 悪性リンパ腫, 大細胞型, NOS | | Malignant lymphoma, large cell, NOS |
| | 悪性リンパ腫, 大細胞性B細胞型, NOS | | Malignant lymphoma, large B-cell, NOS |
| | 悪性リンパ腫, 組織球型, NOS[obs] | | Malignant lymphoma, histiocytic, NOS [obs] |
| | 悪性リンパ腫, 組織球型, びまん性 | | Malignant lymphoma, histiocytic, diffuse |
| | 悪性リンパ腫, 大細胞型, 切れ込み核型及び非切れ込み核型[obs] | | Malignant lymphoma, large cell, cleaved and noncleaved [obs] |
| | 悪性リンパ腫, 大細胞型, びまん性, NOS | | Malignant lymphoma, large cell, diffuse, NOS |
| | 悪性リンパ腫, 大切れ込み核細胞型, NOS[obs] ※3 | | Malignant lymphoma, large cleaved cell, NOS [obs] ※3 |
| | 悪性リンパ腫, 大細胞型, 切れ込み核型, びまん性 ※3 | | Malignant lymphoma, large cell, cleaved, diffuse ※3 |
| | 悪性リンパ腫, 大細胞型, 切れ込み核型, NOS[obs] ※3 | | Malignant lymphoma, large cell, cleaved, NOS [obs] ※3 |
| | 悪性リンパ腫, 大細胞型, 非切れ込み核型, びまん性 ※3 | | Malignant lymphoma, large cell, noncleaved, diffuse ※3 |
| | 悪性リンパ腫, 大細胞型, 非切れ込み核型, NOS ※3 | | Malignant lymphoma, large cell, noncleaved, NOS ※3 |
| | 悪性リンパ腫, 非切れ込み核型, びまん性, NOS[obs] ※3 | | Malignant lymphoma, noncleaved, diffuse, NOS [obs] ※3 |
| | 悪性リンパ腫, 非切れ込み核型, NOS ※3 | | Malignant lymphoma, noncleaved, NOS ※3 |
| | 悪性リンパ腫, 大細胞性B細胞型, びまん性, 胚中心芽球型, NOS ※2 | | Malignant lymphoma, large B-cell, diffuse, centroblastic, NOS ※2 |
| | 悪性リンパ腫, 胚中心芽球型, NOS ※3 | | Malignant lymphoma, centroblastic, NOS ※3 |
| | 悪性リンパ腫, 胚中心芽球型, びまん性 ※3 | | Malignant lymphoma, centroblastic, diffuse ※3 |
| | 未分化大細胞性B細胞型リンパ腫 ※2 | | Anaplastic large B-cell lymphoma ※2 |
| | 慢性炎症に伴うびまん性大細胞型B細胞リンパ腫★ | | Diffuse large B-cell lymphoma associated with chronic inflammation★ |
| | 分類不能型B細胞リンパ腫, びまん性大細胞型B細胞リンパ腫とバーキットリンパ腫との中間型★ | | B-cell lymphoma, unclassifiable, with features intermediate between diffuse large B-cell lymphoma and Burkitt lymphoma★ |
| | EBV陽性老人性びまん性大細胞型B細胞リンパ腫★ | | EBV positive diffuse large B-cell lymphoma of the elderly★ |
| | 中枢神経系原発びまん性大細胞型B細胞リンパ腫(C70._, C71._, C72._)★ | | Primary diffuse large B-cell lymphoma of the CNS(C70._, C71._, C72._)★ |
| | 皮膚原発びまん性大細胞型B細胞リンパ腫, 下肢型(C44.7)★ | | Primary cutaneous DLBCL, leg type (C44.7)★ |

— 187 —

| | | | |
|---|---|---|---|
| | *血管内大細胞性B細胞型リンパ腫<br>(C49.9) ※2 → 9712/3に移行*☆ | | *Intravascular large B-cell lymphoma<br>(C49.9) ※2 → recoded to 9712/3*☆ |
| | *血管内B細胞型リンパ腫 ※2<br>→ 9712/3に移行*☆ | | *Intravascular B-cell lymphoma ※2<br>→ recoded to 9712/3*☆ |
| | *血管内皮細胞症 ※3<br>→ 9712/3に移行*☆ | | *Angioendotheliomatosis ※3<br>→ recoded to 9712/3*☆ |
| | *血管中心性リンパ腫 ※2<br>→ 9712/3に移行*☆ | | *Angiotropic lymphoma ※2<br>→ recoded to 9712/3*☆ |
| | *高T細胞／高組織球大細胞性B細胞型<br>リンパ腫 ※2 → 9688/3に移行*☆ | | *T-cell rich/histiocyte-rich large<br>B-cell lymphoma ※2<br>→ recoded to 9688/3* |

9684／3 **悪性リンパ腫, 大細胞性B細胞型, びまん 9684／3 Malignant lymphoma, large B-cell,**
**性, 免疫芽球型, NOS ※2 diffuse, immunoblastic, NOS ※2**
悪性リンパ腫, 免疫芽球型, NOS　　　　　　Malignant lymphoma, immunoblastic,
NOS
免疫芽球性肉腫[obs]　　　　　　　　　　　Immunoblastic sarcoma [obs]
悪性リンパ腫, 大細胞型, 免疫芽球型　　　　Malignant lymphoma, large cell,
immunoblastic
*形質芽球型リンパ腫 ※2* *Plasmablastic lymphoma ※2*
*→ 9735/3へ移行*＊ *→ recode to 9735/3*＊

9687／3 **バーキットリンパ腫, NOS（M-9826/3も 9687／3 Burkitt lymphoma, NOS** *(see also M-*
参照）すべての変異体を含む *9826/3)* Includes all variants
バーキット腫瘍[obs]　　　　　　　　　　　Burkitt tumor [obs]
悪性リンパ腫, 未分化, バーキット型　　　　Malignant lymphoma,
[obs]　　　　　　　　　　　　　　　　　　undifferentiated, Burkitt type [obs]
悪性リンパ腫, 小非切れ込み核型,　　　　　Malignant lymphoma, small
バーキット型[obs]　　　　　　　　　　　　noncleaved, Burkitt type [obs]
バーキット様リンパ腫 ※2 Burkitt-like lymphoma ※2

9688／3★ **T細胞豊富型大細胞型B細胞リンパ腫 ※2 9688／3★ T-cell rich large B-cell lymphoma ※2**
**★ ★**
高T細胞／高組織球大細胞性B細胞　　　　 *(was 9680/3 in ICD-O-2)*
型リンパ腫 ※2 *(9680/3から移行)*
高組織球大細胞性B細胞型　　　　　　　　　Histiocyte-rich large B-cell
リンパ腫 ※2 lymphoma ※2
T細胞／組織球豊富型大細胞型B細胞リン　　T-cell rich/histiocyte rich large B-cell
パ腫　　　　　　　　　　　　　　　　　　lymphoma
組織球豊富型大細胞型B細胞リ
ンパ腫 ▼1
▼NCC注1: 頻用される同義語として独自に追加
した

9689／3 **脾辺縁帯B細胞リンパ腫, NOS**
**(C42.2) ▼1**
脾性辺縁層リンパ腫, NOS (C42.2) ※1 Splenic marginal zone lymphoma,
NOS (C42.2) ※1
脾辺縁帯リンパ腫, NOS (C42.2) ▼1
絨毛リンパ球を伴う脾性リンパ腫（C　　　　Splenic lymphoma with villous
42.2) ※1 lymphocytes (C42.2) ※1
▼NCC注1: 頻用される同義語として独自に追
加した

9690／3 **ろ胞性リンパ腫, NOS（M-9675/3も参 9690／3 Follicular lymphoma, NOS** *(see also M-*
照） ※2 *9675/3)* ※2
悪性リンパ腫, ろ胞性, NOS　　　　　　　　Malignant lymphoma, follicular, NOS

| | |
|---|---|
| 悪性リンパ腫, ろ胞中心, ろ胞性 [2] | Malignant lymphoma, follicle center, follicular [2] |
| 悪性リンパ腫, ろ胞中心, NOS [2] | Malignant lymphoma, follicle center, NOS [2] |
| 悪性リンパ腫, 胚中心芽球・胚中心細胞型, ろ胞性[obs] [3] | Malignant lymphoma, centroblastic-centrocytic, follicular [obs] [3] |
| 悪性リンパ腫, 結節性, NOS[obs] | Malignant lymphoma, nodular, NOS [obs] |
| 悪性リンパ腫, リンパ球性, 結節性, NOS[obs] | Malignant lymphoma, lymphocytic, nodular, NOS [obs] |

**9691／3　ろ胞性リンパ腫, 悪性度2 [2]**　　　**9691／3　Follicular lymphoma, grade 2 [2]**

| | |
|---|---|
| 悪性リンパ腫, 小切れ込み核細胞及び大細胞混合型, ろ胞性[obs] | Malignant lymphoma, mixed small cleaved and large cell, follicular [obs] |
| 悪性リンパ腫, リンパ球・組織球混合型, 結節性[obs] | Malignant lymphoma, mixed lymphocytic-histiocytic, nodular [obs] |
| 悪性リンパ腫, 混合細胞型, ろ胞性[obs] | Malignant lymphoma, mixed cell type, follicular [obs] |
| 悪性リンパ腫, 混合細胞型, 結節性[obs] | Malignant lymphoma, mixed cell type, nodular [obs] |

**9695／3　ろ胞性リンパ腫, 悪性度1 [2]**　　　**9695／3　Follicular lymphoma, grade 1 [2]**

| | |
|---|---|
| 悪性リンパ腫, 小切れ込み核細胞型, ろ胞性[obs] | Malignant lymphoma, small cleaved cell, follicular [obs] |
| 悪性リンパ腫, 小切れ込み核細胞型 | Malignant lymphoma, small cleaved cell |
| 悪性リンパ腫, リンパ球性, 低分化, 結節性[obs] [3] | Malignant lymphoma, lymphocytic, poorly differentiated, nodular [obs] [3] |

**9698／3☆　ろ胞性リンパ腫, 悪性度3 [2]**　　　**9698／3☆　Follicular lymphoma, grade 3 [2]**

| | |
|---|---|
| 濾胞性リンパ腫, 悪性度3A★ | Follicular lymphoma, grade 3A★ |
| 濾胞性リンパ腫, 悪性度3B★ | Follicular lymphoma, grade 3B★ |
| 悪性リンパ腫, 大細胞型, ろ胞性, NOS | Malignant lymphoma, large cell, follicular, NOS |
| 悪性リンパ腫, 大細胞型, 非切れ込み核型, ろ胞性[obs] | Malignant lymphoma, large cell, noncleaved, follicular [obs] |
| 悪性リンパ腫, 組織球性, 結節性[obs] | Malignant lymphoma, histiocytic, nodular [obs] |
| 悪性リンパ腫, 非切れ込み核型細胞型, ろ胞性, NOS[obs] | Malignant lymphoma, noncleaved cell, follicular, NOS [obs] |
| 悪性リンパ腫, 大細胞切れ込み核型, ろ胞性[obs] | Malignant lymphoma, large cleaved cell, follicular [obs] |
| 悪性リンパ腫, 胚中心芽球型, ろ胞性 [3] | Malignant lymphoma, centroblastic, follicular [3] |
| 悪性リンパ腫, リンパ球性, 高分化型, 結節性[obs] [3] | Malignant lymphoma, lymphocytic, well differentiated, nodular [obs] [3] |

**9699／3　辺縁層B細胞リンパ腫, NOS [1]**　　　**9699／3　Marginal zone B-cell lymphoma, NOS [1]**

| | |
|---|---|
| 辺縁帯B細胞リンパ腫, NOS ▼[1] | |
| 辺縁層リンパ腫, NOS* [1/3] | Marginal zone lymphoma, NOS* [1/3] |
| 辺縁帯リンパ腫, NOS ▼[1] | |
| 粘膜関連リンパ様組織リンパ腫* [1/3] | Mucosal-associated lymphoid tissue lymphoma* [1/3] |

— 189 —

| | |
|---|---|
| 節外性粘膜関連リンパ組織型<br>辺縁帯リンパ腫★ | Extranodal marginal zone<br>lymphoma of mucosa-<br>associated lymphoid tissue★ |
| MALTリンパ腫* [1]/[3] | MALT lymphoma* [1]/[3] |
| 気管支関連リンパ様組織リンパ腫 [1] | Bronchial-associated lymphoid<br>tissue lymphoma [1] |
| BALTリンパ腫 [1] | BALT lymphoma [1] |
| 皮膚関連リンパ様組織リンパ腫 [1] | Skin-associated lymphoid tissue<br>lymphoma [1] |
| SALTリンパ腫 [1] | SALT lymphoma [1] |
| 単球様B細胞リンパ腫 [3] | Monocytoid B-cell lymphoma [3] |
| 節内性辺縁層リンパ腫 [1] | Nodal marginal zone lymphoma [1] |
| 節性辺縁帯リンパ腫 ▼[1] | |

▼NCC注1: 頻用される同義語として独自に追加した

## 970−971 成熟T及びNK細胞リンパ腫

## 970-971 MATURE T-AND NK-CELL LYMPHOMAS

9700／3 **菌状息肉症(C44._)**
パジェット病様細網症 [2]

9700／3 **Mycosis fungoides (C44._)**
Pagetoid reticulosis [2]

9701／3 **セザリー症候群**
セザリー病

9701／3 **Sézary syndrome**
Sézary disease

9702／3 **成熟T細胞リンパ腫, NOS** [2]
末梢性T細胞リンパ腫 NOS
T細胞リンパ腫, NOS [2]
末梢性T細胞リンパ腫, 多形性
小細胞 [3]
末梢性T細胞リンパ腫, 多形性中及び
大細胞 [3]

末梢性T細胞リンパ腫, 大細胞 [2]

Tゾーンリンパ腫 [3]
リンパ類上皮性リンパ腫 [3]
レナートリンパ腫 [3]
未分化大細胞リンパ腫, ALK陰性★

9702／3 **Mature T-cell lymphoma, NOS** [2]
Peripheral T-cell lymphoma, NOS
T-cell lymphoma, NOS [2]
Peripheral T-cell lymphoma,
pleomorphic small cell [3]
Peripheral T-cell lymphoma,
pleomorphic medium and large
cell [3]
Peripheral T-cell lymphoma, large
cell [2]
T-zone lymphoma [3]
Lymphoepithelioid lymphoma [3]
Lennert lymphoma [3]
Anaplastic large cell lymphoma,
ALK negative★

9705／3 **血管性免疫芽球性T細胞リンパ腫**
末梢性T細胞リンパ腫, AILD(異常たんぱく血症を伴う血管性免疫芽球性リンパ節症)型[obs]

血管性免疫芽球性リンパ腫[obs]

9705／3 **Angioimmunoblastic T-cell lymphoma**
Peripheral T-cell lymphoma, AILD
(Angioimmunoblastic
Lymphadenopathy with
Dysproteinemia) [obs]
Angioimmunoblastic lymphoma [obs]

9708／3 **皮下脂肪組織炎様T細胞リンパ腫** [1]

9708／3 **Subcutaneous panniculitis-like T-cell
lymphoma** [1]

9709／3 **皮膚T細胞リンパ腫, NOS(C44._)** [2]

皮膚リンパ腫, NOS(C44._)[obs]

9709／3 **Cutaneous T-cell lymphoma, NOS
(C44._)** [2]
Cutaneous lymphoma, NOS (C44._)
[obs]

− 190 −

原発性皮膚CD8陽性アグレッシブ
表皮向性細胞傷害性T細胞リンパ腫★

Primary cutaneous CD8-positive
aggressive epidermotropic cytotoxic
T-cell lymphoma★

原発性皮膚CD4陽性小／中T細胞
リンパ腫★

Primary cutaneous CD4-positive
small/medium T-cell lymphoma★

**9712／3★ 血管内大細胞型B細胞リンパ腫 (C49.9)☆**
血管内B細胞型リンパ腫 ※2
血管内皮細胞腫症 ※3
血管中心性リンパ腫 ※2

**9712／3★ Intravascular large B-cell lymphoma (C49.9)☆**
Intravascular B-cell lymphoma ※2
Angioendotheliomatosis ※3
Angiotropic lymphoma ※2

**9714／3 未分化大細胞リンパ腫, T細胞及びヌル 細胞型 ※2**
大細胞(Ki-1+)リンパ腫[obs]
未分化大細胞リンパ腫, NOS ※2
未分化大細胞リンパ腫 CD30+ ※2

未分化大細胞リンパ腫, ALK陽性★

**9714／3 Anaplastic large cell lymphoma, T cell and Null cell type ※2**
Large cell (Ki-1+) lymphoma [obs]
Anaplastic large cell lymphoma, NOS ※2
Anaplastic large cell lymphoma, CD30+ ※2
Anaplastic large cell lymphoma, ALK positive★

**9716／3☆ 肝脾T細胞リンパ腫 ★**
肝脾型 γσ(ガンマ・デルタ)細胞 リンパ腫 ※1

**9716／3☆ Hepatosplenic T-cell lymphoma ★**
Hepatosplenic γδ (gamma-delta) cell lymphoma ※1

**9717／3☆ 腸管T細胞リンパ腫 ※1**
腸症型腸管T細胞リンパ腫 ※1

腸症関連T細胞リンパ腫 ※1

腸管症型T細胞リンパ腫 ▼1

▼NCC注1: 頻用される同義語として独自に追加した

**9717／3☆ Intestinal T-cell lymphoma ※1**
Enteropathy type intestinal T-cell lymphoma ※1
Enteropathy associated T-cell lymphoma ※1
Enteropathy-type T-cell lymphoma ▼1

**9718／3☆ 原発性皮膚CD30+T細胞リンパ増殖性疾患(C44._) ※1**
リンパ腫様丘疹症(C44._) ※1/※4

原発性皮膚未分化大細胞リンパ腫(C44._) ※1
原発性皮膚CD30+大T細胞リンパ腫(C44._) ※1
原発性皮膚CD30陽性T細胞リンパ増殖異常症(C44._) ▼1

▼NCC注1: 頻用される同義語として独自に追加した

**9718／3☆ Primary cutaneous CD30+ T-cell lymphoproliferative disorder (C44._) ※1**
Lymphomatoid papulosis (C44._) ※1/※4
Primary cutaneous anaplastic large cell lymphoma (C44._) ※1
Primary cutaneous CD30+ large T-cell lymphoma (C44._) ※1
Primary cutaneous CD30 positive T-cell lymphoproliferative disorder (C44._) ▼1

**9719／3☆ NK／T細胞リンパ腫, 鼻腔及び鼻腔型 ※1**
T／NK細胞リンパ腫 ※1
血管中心性T細胞リンパ腫[obs] ※3

悪性細網症, NOS[obs] ※3
悪性正中線細胞症[obs] ※3
多形性細網症[obs] ※3

**9719／3☆ NK/T-cell lymphoma, nasal and nasal-type ※1**
T/NK-cell lymphoma ※1
Angiocentric T-cell lymphoma [obs] ※3
Malignant reticulosis, NOS [obs] ※3
Malignant midline reticulosis [obs] ※3
Polymorphic reticulosis [obs] ※3

節外性鼻型T細胞リンパ腫★

Extranodal NK/T-cell lymphoma, nasal type★

## 972　前駆細胞リンパ芽球性リンパ腫

## 972　PRECURSOR CELL LYMPHOBLASTIC LYMPHOMA

9724／3★　小児期全身性EBV陽性T細胞
　　　　　リンパ増殖異常症★

9724／3★　Systemic EBV positive T-cell
　　　　　lymphoproliferative disease
　　　　　of childhood★

9725／3★　種痘様水疱症類似リンパ腫★

9725／3★　Hydroa vacciniforme-like lymphoma★

9726／3★　原発性皮膚ガンマ・デルタT細胞性
　　　　　リンパ腫★

9726／3★　Primary cutaneous gamma-delta T-cell
　　　　　lymphoma★

9727／3☆　前駆細胞リンパ芽球性リンパ腫, NOS
　　　　　（M-9835／3も参照） ※1
　　　　　悪性リンパ腫, リンパ芽球性, NOS
　　　　　（M-9821／3も参照） ※3
　　　　　悪性リンパ腫, くびれ状細胞[obs] ※3

　　　　　リンパ芽球腫[obs] ※3
　　　　　芽球性形質細胞様樹状細胞腫瘍★

　　　　　芽球性NK細胞リンパ腫 [obs] ★

9727／3☆　Precursor cell lymphoblastic lymphoma,
　　　　　NOS (see also M-9835/3) ※1
　　　　　Malignant lymphoma, lymphoblastic,
　　　　　NOS (see also M-9821/3) ※3
　　　　　Malignant lymphoma, convoluted
　　　　　cell [obs]※3
　　　　　Lymphoblastoma [obs] ※3
　　　　　Blastic plasmacytoid dendritic cell
　　　　　neoplasm★
　　　　　Blastic NK cell lymphoma [obs]★

9728／3　前駆B細胞リンパ芽球性リンパ腫 （M-
　　　　　9836／3も参照） ※1

9728／3　Precursor B-cell lymphoblastic
　　　　　lymphoma (see also M-9836/3) ※1

9729／3　前駆T細胞リンパ芽球性リンパ腫 （M-
　　　　　9837／3も参照） ※1

9729／3　Precursor T-cell lymphoblastic
　　　　　lymphoma (see also M-9837/3) ※1

## 973　形質細胞性腫瘍

## 973　PLASMA CELL TUMORS

9731／3　形質細胞腫, NOS
　　　　　骨の形質細胞腫（C40._, C41._） ※2

　　　　　形質細胞腫瘍
　　　　　孤立性骨髄腫
　　　　　孤立性形質細胞腫

9731／3　Plasmacytoma, NOS
　　　　　Plasmacytoma of bone (C40._,
　　　　　C41._) ※2
　　　　　Plasma cell tumor
　　　　　Solitary myeloma
　　　　　Solitary plasmacytoma

9732／3　多発性骨髄腫（C42.1）
　　　　　骨髄腫, NOS（C42.1）
　　　　　骨髄腫症（C42.1）
　　　　　形質細胞性骨髄腫（C42.1）

9732／3　Multiple myeloma (C42.1)
　　　　　Myeloma, NOS (C42.1)
　　　　　Myelomatosis (C42.1)
　　　　　Plasma cell myeloma (C42.1)

9733／3　形質細胞性白血病（C42.1）※3
　　　　　形質細胞性白血病（C42.1）※3

9733／3　Plasma cell leukemia (C42.1) ※3
　　　　　Plasmacytic leukemia (C42.1) ※3

9734／3☆　形質細胞腫, 髄外（骨に起きていないも
　　　　　の）※3
　　　　　骨外性形質細胞腫★

9734／3☆　Plasmacytoma, extramedullary (not
　　　　　occurring in bone) ※3
　　　　　Extraosseous plasmacytoma★

9735／3★　形質芽細胞リンパ腫★

9735／3★　Plasmablastic lymphoma★

9737／3★　ALK陽性大細胞型B細胞リンパ腫★

9737／3★　ALK positive large B-cell lymphoma★

9738／3★　HHV8関連キャッスルマン病に発生する
大細胞型B細胞リンパ腫★

9738／3★　Large B-cell lymphoma arising in
HHV8-associated multicentric
Castleman disease★

## 974　肥満細胞腫瘍

9740／1☆　肥満細胞腫, NOS
肥満細胞腫瘍, NOS
皮膚肥満細胞症★
色素性じんま疹★
びまん性皮膚肥満細胞症★
皮膚の孤立性肥満細胞腫★
皮膚外肥満細胞腫★

9740／3　肥満細胞肉腫
悪性肥満細胞腫瘍
悪性肥満細胞腫

9741／1★　無症候性全身性肥満細胞症★

9741／3　悪性肥満細胞症
全身性肥満細胞症
肥満細胞以外のクローナルな造血細胞
異常を伴う全身性肥満細胞症★

AHNMDを伴う全身性肥満細胞症★
アグレッシブ全身性肥満細胞症★

9742／3　肥満細胞白血病(C42.1) ※3

## 975　組織球及び副リンパ球様細胞の新生物

9750／3　悪性組織球症 ※3
組織球性骨髄細網症[obs] ※3

9751／1☆　ランゲルハンス細胞組織球症,
NOS[obs] ※1 (9751/3へ移行)☆
ランゲルハンス肉芽腫症[obs] ※1
(9751/3へ移行)☆
組織球症 X, NOS[obs] ※1/※4
(9751/3へ移行)☆

9751／3★　ランゲルハンス細胞組織球症, NOS※1
(9751/1から性状コード変更)☆ ▼1
▼NCC注1: 性状コードを変更
9751/1→9751/3となった
▼NCC注2: 9751/1以外のランゲルハンス細胞
組織球症(9752/1, 9753/1, 9754/1)も
全て9751/3にコードすることとなった

9752／1　ランゲルハンス細胞組織球症, 単局性
[obs] ※1 (9751/3へ移行)☆
ランゲルハンス肉芽腫症, 単局性
[obs] ※1 (9751/3へ移行)☆

## 974　MAST CELL TUMORS

9740／1☆　Mastocytoma, NOS
Mast cell tumor, NOS
Cutaneous mastocytosis★
Urticaria pigmentosa★
Diffuse cutaneous mastocytosis★
Solitary mastocytoma of skin★
Extracutaneous mastocytoma★

9740／3　Mast cell sarcoma
Malignant mast cell tumor
Malignant mastocytoma

9741／1★　Indolent systemic mastocytosis★

9741／3　Malignant mastocytosis
Systemic tissue mast cell disease
Systemic mastocytosis with associated
hematological clonal non-mast cell
disorder★
Systemic mastocytosis with AHNMD★
Aggressive systemic mastocytosis★

9742／3　Mast cell leukemia (C42.1) ※3

## 975　NEOPLASMS OF HISTIOCYTES AND ACCESSORY LYMPHOID CELLS

9750／3　Malignant histiocytosis ※3
Histiocytic medullary reticulosis [obs] ※3

9751／1☆　Langerhans cell histiocytosis, NOS
[obs] ※1 (use 9751/3) ☆
Langerhans cell granulomatosis
[obs] ※1 (use 9751/3) ☆
Histiocytosis X, NOS [obs] ※1/※4
(use 9751/3) ☆

9751／3★　Langerhans cell histiocytosis, NOS※1
(behavior code change)☆

9752／1　Langerhans cell histiocytosis, unifocal
[obs] ※1 (use 9751/3) ☆
Langerhans cell granulomatosis,
unifocal [obs] ※1 (use 9751/3) ☆

ランゲルハンス細胞組織球症, 単骨
浸透性[obs] ※1 (9751/3へ移行)☆
好酸球性肉芽腫 ※1/※4 ▽1
　▽NCC注1: 好酸球性肉芽腫は, 単発性病変
　　であり,「9751/3」に移行せず「9752/1」
　　に残された

Langerhans cell histiocytosis, mono-
ostotic [obs] ※1 (use 9751/3) ☆
Eosinophilic granuloma ※1/※4 ▽1

9753/1☆ **ランゲルハンス細胞組織球症,**
**多病巣性[obs]** ※1 *(9751/3へ移行)* ☆
*ランゲルハンス細胞組織球症,*
*多骨浸透性[obs]* ※1 *(9751/3へ移行)* ☆
*ハンド・シューラー・クリスチャン病*
*[obs]* ※1/※4 *(9751/3へ移行)* ☆

9753/1☆ *Langerhans cell histiocytosis,*
*multifocal [obs]* ※1 *(use 9751/3)* ☆
*Langerhans cell histiocytosis, poly-*
*ostotic [obs]* ※1 *(use 9751/3)* ☆
*Hand-Schüller-Christian disease*
*[obs]* ※1/※4 *(use 9751/3)* ☆

9754/3☆ **ランゲルハンス細胞組織球症, 播種性**
**[obs]** ※1 *(9751/3へ移行)* ☆
*ランゲルハンス細胞組織球症, 全身性*
*[obs]* ※1 *(9751/3へ移行)* ☆
*レッテラー・ジーベ病[obs]* ※3
*(9751/3へ移行)* ☆
*急性進行性組織球症 X[obs]* ※3
*(9751/3へ移行)* ☆
*非脂質性細網上皮増殖症[obs]* ※3
*(9751/3へ移行)* ☆

9754/3☆ *Langerhans cell histiocytosis,*
*disseminated [obs]* ※1 *(use 9751/3)* ☆
*Langerhans cell histiocytosis,*
*generalized [obs]* ※1 *(use 9751/3)* ☆
*Letterer-Siwe disease [obs]* ※3
*(use 9751/3)* ☆
*Acute progressive histiocytosis X [obs]* ※3
*(use 9751/3)* ☆
*Nonlipid reticuloendotheliosis [obs]* ※3
*(use 9751/3)* ☆

9755/3 **組織球肉腫** ※1
真性組織球肉腫症 ※3

9755/3 Histiocytic sarcoma ※1
True histiocytic lymphoma ※3

9756/3 **ランゲルハンス細胞肉腫** ※1

9756/3 Langerhans cell sarcoma ※1

9757/3☆ **指間樹状細胞肉腫** ※1

樹枝状細胞肉腫 ※1
樹状細胞肉腫, NOS ※1
未定型樹状細胞腫瘍★

9757/3☆ Interdigitating dendritic cell
sarcoma ※1
Interdigitating cell sarcoma ※1
Dendritic cell sarcoma, NOS ※1
Indeterminate dendritic cell tumor★

9758/3 **ろ胞性樹状細胞肉腫** ※1
ろ胞性樹状細胞腫瘍 ※1

9758/3 Follicular dendritic cell sarcoma ※1
Follicular dendritic cell tumor ※1

9759/3★ **線維芽細胞性細網細胞腫瘍★**

9759/3★ Fibroblastic reticular cell tumor★

## 976 免疫増殖性疾患

## 976 IMMUNOPROLIFERATIVE DISEASES

9760/3 **免疫増殖性疾患, NOS**

9760/3 Immunoproliferative disease, NOS

9761/3 **ワルデンストレームマクログロブリン血症**
**(C42.0)** （M-9671/3も参照）

9761/3 Waldenström macroglobulinemia
(C42.0) *(see also M-9671/3)*

9762/3 **重鎖病, NOS** ※2
アルファ重鎖病
ミュー重鎖病 ※2
ガンマ重鎖病 ※3
フランクリン病 ※3

9762/3 Heavy chain disease, NOS ※2
Alpha heavy chain disease
Mu heavy chain disease ※2
Gamma heavy chain disease ※3
Franklin disease ※3

9764/3 **免疫増殖性小腸疾患(C17._)**

9764/3 Immunoproliferative small intestinal
disease (C17._)

地中海リンパ腫      Mediterranean lymphoma

9765／1   量的に有意性のない単クローン性異常免疫グロブリン血症 [2]
MGUS [2]
単クローン性異常免疫グロブリン血症, NOS

9765／1   Monoclonal gammopathy of undetermined significance [2]
MGUS [2]
Monoclonal gammopathy, NOS

9766／1☆   血管中心性免疫増殖性病変

リンパ腫様肉芽腫症☆ ▼1
▼NCC注1: Lymphoid → Lymphomatoidに用語が変更された

9766／1☆   Angiocentric immunoproliferative lesion
Lymphomatoid granulomatosis☆ ▼1

9767／1   血管性免疫芽球性リンパ節症

9767／1   Angioimmunoblastic lymphadenopathy

9768／1   T-ガンマリンパ増殖性疾患

9768／1   T-gamma lymphoproliferative disease

9769／1   免疫グロブリン沈着病 [1]
全身性L鎖病 [1]
原発性アミロイド症 [1]

9769／1   Immunoglobulin deposition disease [1]
Systemic light chain disease [1]
Primary amyloidosis [1]

## 980－994 白血病

## 980 白血病, NOS（C42.1）

## 980－994 LEUKEMIAS

## 980 LEUKEMIAS, NOS (C42.1)

9800／3   白血病, NOS
亜急性白血病, NOS[obs] [3]
慢性白血病, NOS[obs] [3]
非白血性白血病, NOS[obs] [3]

9800／3   Leukemia, NOS
Subacute leukemia, NOS [obs] [3]
Chronic leukemia, NOS [obs] [3]
Aleukemic leukemia, NOS [obs] [3]

9801／3   急性白血病, NOS
芽球性白血病
未分化型白血病
幹細胞白血病 [2]

9801／3   Acute leukemia, NOS
Blast cell leukemia
Undifferentiated leukemia
Stem cell leukemia [2]

9805／3   急性多形質性白血病 [1]
急性混合系白血病 [1]
急性多系統白血病 [1]

9805／3   Acute biphenotypic leukemia [1]
Acute mixed lineage leukemia [1]
Acute bilineal leukemia [1]

9806／3★   混合表現性急性白血病, t(9;22)(q34;q11.2); BCR-ABL1★

9806／3★   Mixed phenotype acute leukemia with t(9;22)(q34;q11.2); BCR-ABL1★

9807／3★   混合形質性急性白血病, t(v;11q23); 骨髄性白血病／MLL再構成を伴う★

9807／3★   Mixed phenotype acute leukemia with t(v;11q23); MLL rearranged★

9808／3★   混合形質性急性白血病, t(v;11q23); B細胞性／骨髄性, NOS★

9808／3★   Mixed phenotype acute leukemia B/myeloid, NOS★

9809／3★   混合形質性急性白血病, t(v;11q23); T細胞性／骨髄性, NOS★

9809／3★   Mixed phenotype acute leukemia T/myeloid, NOS★

## 981-983 リンパ性白血病(C42.1)　　981-983　LYMPHOID LEUKEMIAS (C42.1)

9811／3★ B細胞リンパ芽球性白血病／リンパ腫, NOS★

9811／3★ B lymphoblastic leukemia/lymphoma, NOS ★

9812／3★ B細胞リンパ芽球性白血病／リンパ腫, t(9;22)(q34;q11.2); BCR-ABL1★

9812／3★ B lymphoblastic leukemia/lymphoma with t(9;22)(q34;q11.2); BCR-ABL1★

9813／3★ B細胞リンパ芽球性白血病／リンパ腫, t(v;11q23); MLL再構成を伴う★

9813／3★ B lymphoblastic leukemia/lymphoma with t(v;11q23); MLL rearranged★

9814／3★ B細胞リンパ芽球性白血病／リンパ腫, t(12;21)(p13;q22); TEL-AML1 (ETV6-RUNX1)★

9814／3★ B lymphoblastic leukemia/lymphoma with t(12;21)(p13;q22); TEL-AML1 (ETV6-RUNX1)★

9815／3★ 高二倍性B細胞リンパ芽球性白血病／リンパ腫★

9815／3★ B lymphoblastic leukemia/lymphoma with hyperdiploidy★

9816／3★ 低二倍性B細胞リンパ芽球性白血病／リンパ腫, (Hypodiploid ALL)★

9816／3★ B lymphoblastic leukemia/lymphoma with hypodiploidy (Hypodiploid ALL)★

9817／3★ B細胞リンパ芽球性白血病／リンパ腫, t(5;14)(q31;q32); IL3-IGH★

9817／3★ B lymphoblastic leukemia/lymphoma with t(5;14)(q31;q32); IL3-IGH★

9818／3★ B細胞リンパ芽球性白血病／リンパ腫, t(1;19)(q23;p13.3); E2A-PBX1 (TCF3-PBX1)★

9818／3★ B lymphoblastic leukemia/lymphoma with t(1;19)(q23;p13.3); E2A-PBX1 (TCF3-PBX1)★

9820／3 リンパ性白血病, NOS
リンパ球性白血病, NOS[obs]

亜急性リンパ性白血病[obs] ※3
亜急性リンパ球性白血病[obs] ※3

非白血性リンパ様白血病[obs] ※3
非白血性リンパ球性白血病[obs] ※3

リンパ肉腫細胞白血病[obs] ※3

9820／3 Lymphoid leukemia, NOS
Lymphocytic leukemia, NOS [obs]
Lymphatic leukemia, NOS [obs]
Subacute lymphoid leukemia [obs] ※3
Subacute lymphocytic leukemia [obs] ※3
Subacute lymphatic leukemia [obs] ※3
Aleukemic lymphoid leukemia [obs] ※3
Aleukemic lymphocytic leukemia [obs] ※3
Aleukemic lymphatic leukemia [obs] ※3
Lymphosarcoma cell leukemia [obs] ※3

9823／3 B細胞慢性リンパ球性白血病／小リンパ球性リンパ腫 (M-9670／3も参照) ※2
慢性リンパ球性白血病, B細胞型 (BCLLのすべての変異体を含む) ※2
慢性リンパ球性白血病
慢性リンパ性白血病

9823／3 B-cell chronic lymphocytic leukemia/small lymphocytic lymphoma (see also M-9670/3) ※2
Chronic lymphocytic leukemia, B-cell type (includes all variants of BCLL) ※2
Chronic lymphocytic leukemia
Chronic lymphoid leukemia
Chronic lymphatic leukemia

9826／3 バーキット細胞性白血病 (M-9687／3も参照) ※2
急性白血病, バーキット型[obs]
B-ALL[obs] ※2
FABL3[obs] ※2

9826／3 Burkitt cell leukemia (see also M 9687/3) ※2
Acute leukemia, Burkitt type [obs]
B-ALL [obs] ※2
FAB L3 [obs] ※2

|  | バーキット細胞白血病 | | Burkitt cell leukemia |
|---|---|---|---|

バーキット細胞白血病
急性リンパ芽球性白血病, 成熟B細胞
型 ※2

Burkitt cell leukemia
Acute lymphoblastic leukemia,
mature B-cell type ※2

9827／3 　成人T細胞性白血病／リンパ腫（HTLV
－1陽性）すべての変異体を含む ※2

成人T細胞性リンパ腫／白血病
成人T細胞性リンパ腫
成人T細胞性白血病

9827／3 　Adult T-cell leukemia/lymphoma
(HTLV-1positive) *Includes all
variants* ※2

Adult T-cell lymphoma/leukemia
Adult T-cell lymphoma
Adult T-cell leukemia

9831／3★ 　T細胞大顆粒リンパ球性白血病 ※1☆ ▼1

T細胞大顆粒リンパ球増加症 ※1

NK細胞大顆粒リンパ球性白血病 ※1

大顆粒リンパ球増加症, NOS ※1

NK細胞慢性リンパ増殖症★

9831／3★ 　T-cell large granular lymphocytic
leukemia☆ ▼1

T-cell large granular lymphocytosis
※1

NK-cell large granular lymphocytic
leukemia ※1

Large granular lymphocytosis, NOS
※1

Chronic lymphoproliferative disorders
of NK-cell★

▼NCC注1: 　性状コードを変更
9831/1→9831/3となった

9832／3 　前リンパ球性白血病, NOS ※3

9832／3 　Prolymphocytic leukemia, NOS ※3

9833／3 　前リンパ球性白血病, B細胞型 ※1

9833／3 　Prolymphocytic leukemia, B-cell type
※1

9834／3 　前リンパ球性白血病, T細胞型 ※1

9834／3 　Prolymphocytic leukemia, T-cell type
※1

9835／3 　前駆細胞リンパ芽球性白血病, NOS
（M-9727／3も参照） ※1
前駆細胞リンパ芽球性白血病, 非表
現型
急性リンパ芽球性白血病, NOS（M-
9727／3も参照）
急性リンパ芽球性白血病, 前駆細胞
型 ※1
急性リンパ芽球性白血病性リンパ腫,
NOS ※1
急性リンパ球性白血病 ※3
急性リンパ球様白血病 ※3
急性リンパ性白血病 ※3
リンパ芽球性白血病, NOS ※3
FABL1[obs] ※1／※3
急性リンパ芽球性白血病, L2型, NO
S** ※1／※3
FABL2** ※1／※3
急性リンパ性白血病, フィラデルフィア
染色体(Ph1)陽性★▼1

9835／3 　Precursor cell lymphoblastic leukemia,
NOS *(see also M-9727/3)* ※1
Precursor cell lymphoblastic
leukemia, not phenotyped
Acute lymphoblastic leukemia, NOS
*(see also M-9727/3)*
Acute lymphoblastic leukemia,
precursor-cell type ※1
Acute lymphoblastic leukemia-
lymphoma, NOS ※1
Acute lymphocytic leukemia ※3
Acute lymphoid leukemia ※3
Acute lymphatic leukemia ※3
Lymphoblastic leukemia, NOS ※3
FAB L1[obs] ※1／※3
Acute lymphoblastic leukemia, L2
type, NOS** ※1／※3
FAB L2** ※1／※3
Acute lymphocytic leukemia,
Philadelphia chromosome (Ph1)
positive★▼1

▼NCC注1: 　がん登録では、
フィラデルフィア染色体陽性の急性リンパ性
白血病は「9835/3」のコードを使用する

| | | | |
|---|---|---|---|
| 9836／3 | 前駆B細胞リンパ芽球性白血病, NOS<br>（M-9728／3も参照） ※1<br>前BALL ※1<br>共通前駆BALL ※1<br>前BALL ※1<br>前前BALL ※1<br>共通ALL ※1<br>cALL ※1<br>急性リンパ性白血病（B細胞性），フィ<br>ラデルフィア染色体（Ph1）陽性★▼1 | 9836／3 | Precursor B-cell lymphoblastic<br>leukemia *(see also M-9728/3)* ※1<br>Pro-B ALL ※1<br>Common precursor B ALL ※1<br>Pre-B ALL ※1<br>Pre-pre-B ALL ※1<br>Common ALL ※1<br>c-ALL ※1<br>Acute lymphocytic leukemia (B<br>cell), Philadelphia chromosome<br>(Ph1) positive★▼1 |

▼NCC注1: がん登録では、
　　　　　フィラデルフィア染色体陽性の急性リンパ性
　　　　　白血病（B細胞性）は「9836/3」のコードを使
　　　　　用する

| | | | |
|---|---|---|---|
| 9837／3☆ | 前駆T細胞リンパ芽球性白血病, NOS<br>（M-9729／3も参照） ※1<br>前TALL ※1<br>前TALL ※1<br>皮質性TALL ※1<br>成熟TALL ※1<br>急性リンパ性白血病（T細胞性），フィ<br>ラデルフィア染色体（Ph1）陽性★▼1<br><br>T細胞リンパ芽球性白血病／リンパ腫★ | 9837／3☆ | Precursor T-cell lymphoblastic<br>leukemia *(see also M-9729/3)* ※1<br>Pro-T ALL ※1<br>Pre-T ALL ※1<br>Cortical T ALL ※1<br>Mature T ALL ※1<br>Acute lymphocytic leukemia (T<br>cell), Philadelphia chromosome<br>(Ph1) positive★▼1<br>T lymphoblastic leukemia/lymphoma★ |

▼NCC注1: がん登録では、
　　　　　フィラデルフィア染色体陽性の急性リンパ性
　　　　　白血病（T細胞性）は「9837/3」のコードを使
　　　　　用する

## 984－993　骨髄性白血病（C 42.1）

## 984-993　MYELOID LEUKEMIAS (C42.1)

| | | | |
|---|---|---|---|
| 9840／3 | 急性骨髄性白血病, M6型 ※2<br>急性赤血性白血病 ※2<br>M6A ※2<br>M6B ※2<br>赤白血病<br>FAB M6 ※2<br>AML M6 ※2<br>赤血症性骨髄症, NOS<br>急性赤白血病[obs] ※3<br>ディ・グリエルモ病[obs] ※3<br>急性赤血症性骨髄症[obs] | 9840／3 | Acute myeloid leukemia, M6 type ※2<br>Acute erythroid leukemia ※2<br>M6A ※2<br>M6B ※2<br>Erythroleukemia<br>FAB M6 ※2<br>AML M6 ※2<br>Erythremic myelosis, NOS<br>Acute erythremia [obs] ※3<br>Di Guglielmo disease [obs] ※3<br>Acute erythremic myelosis [obs]<br>※3 |
| 9860／3 | 骨髄性白血病, NOS<br>非リンパ球性白血病, NOS ※2<br>顆粒球性白血病, NOS<br>骨髄原球性白血病, NOS<br>骨髄単球性白血病, NOS<br>骨髄球性白血病, NOS<br>亜急性骨髄性白血病[obs] ※3<br>亜急性顆粒球性白血病[obs] ※3<br><br>亜急性骨髄原性白血病[obs] ※3 | 9860／3 | Myeloid leukemia, NOS<br>Non-lymphocytic leukemia, NOS ※2<br>Granulocytic leukemia, NOS<br>Myelogenous leukemia, NOS<br>Myelomonocytic leukemia, NOS<br>Myelocytic leukemia, NOS<br>Subacute myeloid leukemia [obs] ※3<br>Subacute granulocytic leukemia<br>[obs] ※3<br>Subacute myelogenous leukemia<br>[obs] ※3 |

非白血性骨髄性白血病[obs] ※3
　非白血性顆粒球性白血病[obs]※3

　非白血性骨髄原性白血病[obs]※3

好酸球性白血病 ※3
単球性白血病, NOS ※3
亜急性単球性白血病[obs]※3
慢性単球性白血病[obs]※3
非白血性単球性白血病[obs]※3

9861／3☆ 急性骨髄性白血病, NOS（FAB又はW
　　　HO型の明示されないもの）（M-
　　　9930／3も参照）※2
　　　急性非リンパ球性白血病※2
　　　急性顆粒球性白血病
　　　急性骨髄原性白血病
　　　急性骨髄球性白血病
　　　NPM1変異を伴う急性骨髄性白血病★

　　　CEBPA変異を伴う急性骨髄性白血病★


9863／3 慢性骨髄性白血病, NOS
　　　慢性顆粒球性白血病, NOS
　　　慢性骨髄原性白血病, NOS

　　　慢性骨髄球性白血病, NOS


9865／3★ 急性骨髄性白血病,
　　　t(6;9)(p23;q34); DEK-NUP214★


9866／3 急性前骨髄球性白血病, t(15;17)
　　　(q22;q11-12)※2
　　　急性前骨髄球性白血病, PML／
　　　RAR－アルファ※2
　　　急性骨髄性白血病, t(15;17)
　　　(q22;q11-12)※2
　　　急性骨髄性白血病, PML／RAR－
　　　アルファ※2
　　　急性前骨髄球性白血病, NOS
　　　FAB M3(すべての変異体を含む)※2


9867／3 急性骨髄単球性白血病
　　　FAB M4 ※2


9869／3★ 急性骨髄性白血病,
　　　inv(3)(q21q26.2) or t(3;3)(q21;q26.2);
　　　RPN1-EVI1★


9870／3 急性好塩基性白血病 ※2


9871／3 異常骨髄好酸球を伴う急性骨髄性白血
　　　病※1
　　　すべての変異体を含む
　　　急性骨髄性白血病, inv(16)(p13;
　　　q22)※1

Aleukemic myeloid leukemia [obs] ※3
　Aleukemic granulocytic leukemia
　　[obs]※3
　Aleukemic myelogenous leukemia
　　[obs]※3
Eosinophilic leukemia ※3
Monocytic leukemia, NOS ※3
Subacute monocytic leukemia [obs] ※3
Chronic monocytic leukemia [obs] ※3
Aleukemic monocytic leukemia [obs] ※3

9861／3☆ Acute myeloid leukemia, NOS (FAB or
　　　WHO type not specified) (see also
　　　M-9930/3) ※2
　　　Acute non-lymphocytic leukemia ※2
　　　Acute granulocytic leukemia
　　　Acute myelogenous leukemia
　　　Acute myelocytic leukemia
　Acute myeloid leukemia with mutated
　　NPM1★
　Acute myeloid leukemia with mutated
　　CEBPA★

9863／3 Chronic myeloid leukemia, NOS
　　　Chronic granulocytic leukemia, NOS
　　　Chronic myelogenous leukemia,
　　　　NOS
　　　Chronic myelocytic leukemia, NOS


9865／3★ Acute myeloid leukemia, with
　　　t(6;9)(p23;q34); DEK-NUP214★


9866／3 Acute promyelocytic leukemia, t(15;17)
　　　(q22;q11-12)※2
　　　Acute promyelocytic leukemia,
　　　　PML/RAR-alpha ※2
　　　Acute myeloid leukemia, t(15;17)
　　　　(q22;q11-12)※2
　　　Acute myeloid leukemia, PML/RAR-
　　　　alpha ※2
　　　Acute promyelocytic leukemia, NOS
　　　FAB M3 (includes all variants) ※2


9867／3 Acute myelomonocytic leukemia
　　　FAB M4 ※2


9869／3★ Acute myeloid leukemia, with
　　　inv(3)(q21q26.2) or t(3;3)(q21;q26.2);
　　　RPN1-EVI1★


9870／3 Acute basophilic leukemia ※2


9871／3 Acute myeloid leukemia with abnormal
　　　marrow eosinophils ※1
　　　Includes all variants ※1
　　　Acute myeloid leukemia,
　　　　inv(16)(p13;q22)※1

急性骨髄性白血病, t(16;16)(p13;
　q11) ※1
急性骨髄性白血病, CBF－ベータ/
　MYH11 ※1
異常骨髄好酸球を伴う急性骨髄単球
　性白血病 ※1
FAB M4Eo ※1

Acute myeloid leukemia, t(16;16)
　(p13;q11) ※1
Acute myeloid leukemia, CBF-
　beta/MYH11 ※1
Acute myelomonocytic leukemia
　with abnormal eosinophils ※1
FAB M4Eo ※1

9872／3　**急性骨髄性白血病, 最小分化** ※1

急性骨髄芽球性白血病**
FAB M0**

9872／3　Acute myeloid leukemia, minimal
　differentiation ※1
Acute myeloblastic leukemia**
FAB M0**

9873／3　**成熟を伴わない急性骨髄性白血病** ※1

FAB M1 ※1

9873／3　Acute myeloid leukemia without
　maturation ※1
FAB M1 ※1

9874／3　**成熟を伴う急性骨髄性白血病**　※1

FAB M2, NOS** ※1

9874／3　Acute myeloid leukemia with
　maturation**　※1
FAB M2, NOS** ※1

9875／3　**慢性骨髄性白血病, BCR／ABL陽性** ※1

慢性骨髄性白血病, フィラデルフィア
　染色体(Ph1)陽性 ※1

慢性骨髄性白血病, t(9;22)(q34;
　q11) ※1
慢性顆粒球性白血病, フィラデルフィ
　ア染色体(Ph1)陽性 ※1

慢性顆粒球性白血病, t(9;22)
　(q34;q11) ※1
慢性顆粒球性白血病, BCR／ABL ※1

9875／3　Chronic myelogenous leukemia,
　BCR/ABL positive ※1
Chronic myelogenous leukemia,
　Philadelphia chromosome (Ph1)
　positive ※1
Chronic myelogenous leukemia,
　t(9;22)(q34;q11) ※1
Chronic granulocytic leukemia,
　Philadelphia chromosome (Ph1)
　positive ※1
Chronic granulocytic leukemia,
　t(9;22)(q34;q11) ※1
Chronic granulocytic leukemia,
　BCR/ABL ※1

9876／3　**異型性慢性骨髄性白血病,
　BCR／ABL陰性** ※1
異型性慢性骨髄性白血病, フィラデル
　フィア染色体(Ph1)陰性 ※1

9876／3　Atypical chronic myeloid leukemia,
　BCR/ABL negative ※1
Atypical chronic myeloid leukemia,
　Philadelphia chromosome (Ph1)
　negative ※1

9891／3☆　**急性単球性白血病**
急性単芽球性白血病
単芽球性白血病, NOS
FAB M5(すべての変異体を含む) ※2
急性単芽球性／単球性白血病★

9891／3☆　Acute monocytic leukemia
Acute monoblastic leukemia
Monoblastic leukemia, NOS
FAB M5 *(includes all variants)* ※2
Acute monoblastic and monocytic
leukemia★

9895／3☆　**骨髄異形成変化を伴う
　急性骨髄性白血病** ★▼1
多系統形成異常を伴う急性骨髄性白
　血病 ※1 ☆
既往に骨髄異形成症候群を伴う急性
　骨髄性白血病 ※1
既往に骨髄異形成症候群を伴わない
　急性骨髄性白血病 ※1

9895／3　Acute myeloid leukemia with
　myelodysplatic-related changes★
Acute myeloid leukemia with
　multilineage dysplasia ※1 ☆
Acute myeloid leukemia with prior
　myelodysplastic syndrome ※1
Acute myeloid leukemia without
　prior myelodysplastic syndrome ※1

－ 200 －

▼NCC注1: がん登録では、
MDSに続発した急性白血病に対しては
本コードを用いず、わが国の独自コードである
「9988／3」を用いる。
「9895／3」については「多系統形成異常を伴
う」ものに対して使用する。

9896／3☆ 急性骨髄性白血病, t(8;21)(q22;q22) ※1

急性骨髄性白血病, AML1(CBF−
アルファ)／ETO ※1
FAB M2, t(8;21)(q22;q22) ※1
FAB M2, AML1(CBF−アルファ)
／ETO ※1
急性骨髄性白血病, t(8;21)(q22;q22);
RUNX1-RUNX1T1★

9896／3☆ Acute myeloid leukemia, t(8;21)
(q22;q22) ※1

Acute myeloid leukemia,
AML1(CBF-alpha)/ETO ※1
FAB M2, t(8;21)(q22;q22) ※1
FAB M2, AML1(CBF-alpha)/ETO
※1
Acute myeloid leukemia with
t(8;21)(q22;q22);
RUNX1-RUNX1T1★

9897／3☆ 急性骨髄性白血病, 11q23異常 ※1

急性骨髄性白血病, MLL ※1
急性骨髄性白血病, t(9;11)(p22;q23);
MLLT3-MLL★

9897／3☆ Acute myeloid leukemia, 11q23
abnormalities ※1
Acute myeloid leukemia, MLL ※1
Acute myeloid leukemia with
t(9;11)(p22;q23); MLLT3-MLL★

9898／1★ 一過性異常骨髄造血★

9898／1★ Transient abnormal myelopoiesis★

9898／3★ ダウン症候群に伴う骨髄性白血病★

9898／3★ Myeloid leukemia associated with
Down syndrome★

9910／3 急性巨核芽球性白血病
巨核芽球性白血病
FAB M7 ※2

9910／3 Acute megakaryoblastic leukemia
Megakaryocytic leukemia
FAB M7 ※2

9911／3★ 急性骨髄性白血病(巨核芽球性),
t(1;22)(p13;q13); RBM15-MKL1

9911／3★ Acute myeloid leukemia
(megakaryoblastic), with
t(1;22)(p13;q13); RBM15-MKL1

9920／3☆ 治療関連骨髄系腫瘍★

治療関連急性骨髄性白血病,
NOS※1 ☆
治療関連急性骨髄性白血病, アルキ
ル化剤関連 ※1

治療関連急性骨髄性白血病, エピポ
ドフィロトキシン関連 ※1

9920／3☆ Therapy-related acute myeloid
neoplasm ★
Therapy-related acute myeloid
leukemia, NOS※1 ☆
Therapy-related acute myeloid
leukemia, alkylating agent related
※1
Therapy-related acute myeloid
leukemia, epipodophyllotoxin-
related ※1

9930／3 骨髄性肉腫 (M-9861／3も参照) ※2

顆粒球性肉腫
緑色腫

9930／3 Myeloid sarcoma *(see also M-9861/3)*
※2
Granulocytic sarcoma
Chloroma

9931／3 骨髄線維症を伴う急性汎骨髄症
(C42.1) ※2
急性汎骨髄症, NOS
急性骨髄線維症 ※3
急性骨髄硬化症, NOS ※2
悪性骨髄硬化症[obs] ※2

9931／3 Acute panmyelosis with myelofibrosis
(C42.1) ※2
Acute panmyelosis, NOS
Acute myelofibrosis ※3
Acute myelosclerosis, NOS ※2
Malignant myelosclerosis [obs] ※2

— 201 —

## 994 その他の白血病（C42.1）

**9940／3** 有毛細胞白血病（C42.1）
有毛細胞白血病変異体 [2]
白血性細網内皮症 [3]

**9945／3** 慢性骨髄単球性白血病，NOS [1/3]

慢性骨髄単球性白血病，Ⅰ型 [1]

慢性骨髄単球性白血病，Ⅱ型 [1]

トランスフォーメーションした慢性骨髄
単球性白血病[obs] [1]

**9946／3** 若年性骨髄単球性白血病 [1]
若年性慢性骨髄単球性白血病 [1]

**9948／3** 侵襲性NK細胞白血病 [1]

## 995－996 慢性骨髄増殖性障害（C42.1）

**9950／3** 真性赤血球増加症 [6]

増殖性赤血球増加症 [2]
慢性赤血病[obs] [3]

**9960／3** 骨髄増殖性腫瘍，NOS★
慢性骨髄増殖性疾患，NOS [6]

慢性骨髄増殖性疾患 [6]

骨髄増殖性疾患★
（9975／1から移行）

**9961／3★** 原発性骨髄線維症★
骨髄化生を伴う骨髄硬化症 [6] ☆

骨髄増殖性疾患の結果としての骨髄
線維症 [2]
慢性特発性骨髄線維症 [2]
原因不明骨髄様化生 [2]
骨髄巨核球性骨髄硬化症 [6]
骨髄化生を伴う骨髄線維症 [6]

**9962／3** 本態性血小板血症 [6]
特発性血小板血症 [6]
本態性出血性血小板血症 [6]

特発性出血性血小板血症 [6]

**9963／3** 慢性好中球性白血病 [1]

## 994 OTHER LEUKEMIAS（C42.1）

**9940／3** Hairy cell leukemia（C42.1）
Hairy cell leukemia variant [2]
Leukemic reticuloendotheliosis [3]

**9945／3** Chronic myelomonocytic leukemia, NOS [1/3]
Chronic myelomonocytic leukemia, Type I [1]
Chronic myelomonocytic leukemia, Type II [1]
Chronic myelomonocytic leukemia in transformation [obs] [1]

**9946／3** Juvenile myelomonocytic leukemia [1]
Juvenile chronic myelomonocytic leukemia [1]

**9948／3** Aggressive NK-cell leukemia [1]

## 995-996 CHRONIC MYELOPROLIFERATIVE DISORDERS（C42.1）

**9950／3** Polycythemia vera [6]
Polycythemia rubra vera
Proliferative polycythemia [2]
Chronic erythremia [obs] [3]

**9960／3** Myeloproliferative neoplasm, NOS★
Chronic myeloproliferative disease, NOS [6]
Chronic myeloproliferative disorder [6]
Myeloproliferative disease, NOS★
（behavior code change from 9975/1）

**9961／3★** Primary myelofibrosis★
Myelosclerosis with myeloid metaplasia [6] ☆
Myelofibrosis as a result of myeloproliferative disease [2]
Chronic idiopathic myelofibrosis [2]
Agnogenic myeloid metaplasia [2]
Megakaryocytic myelosclerosis [6]
Myelofibrosis with myeloid metaplasia [6]

**9962／3** Essential thrombocythemia [6]
Idiopathic thrombocythemia [6]
Essential hemorrhagic thrombocythemia [6]
Idiopathic hemorrhagic thrombocythemia [6]

**9963／3** Chronic neutrophilic leukemia [1]

| | | | |
|---|---|---|---|
| 9964／3☆ | 慢性好酸球性白血病, NOS★<br>好酸球増多症候群※1☆ | 9964／3☆ | Chronic eosinophilic leukemia, NOS★<br>Hypereosinophilic syndrome ※1 ☆ |
| 9965／3★ | PDGFRA再構成を伴う<br>骨髄系とリンパ系腫瘍★ | 9965／3★ | Myeloid and lymphoid neoplasms with<br>PDGFRA rearrangement★ |
| 9966／3★ | PDGFRB再構成を伴う骨髄系腫瘍★ | 9966／3★ | Myeloid neoplasms with PDGFRB<br>rearrangement★ |
| 9967／3★ | FGFR1異常を伴う骨髄系とリンパ系腫瘍★ | 9967／3★ | Myeloid and lymphoid neoplasms with<br>FGFR1 abnormalities★ |

## 997　その他の血液性疾患

## 997　OTHER HEMATOLOGIC DISORDERS

| | | | |
|---|---|---|---|
| 9970／1 | リンパ球増殖性疾患, NOS | 9970／1 | Lymphoproliferative disorder, NOS<br>Lymphoproliferative disease, NOS |
| 9971／1★ | 移植後リンパ増殖異常症, NOS★ | 9971／1★ | Post transplant lymphoproliferative<br>disorder, NOS★<br>PTLD, NOS |
| 9971／3★ | 多彩浸潤型移植後リンパ増殖異常症★ | 9971／3★ | Polymorphic post transplant<br>lymphoproliferative disorder★ |
| 9975／1☆ | *骨髄増殖性疾患, NOS [obs]* ※3 ☆<br>*（性状コードを変更し, 9960/3へ移行）* | 9975／1☆ | *Myeloproliferative disease, NOS*<br>*[obs]* ※3 ☆<br>*(Code change to 9960/3)* |
| 9975／3★ | 骨髄増殖性腫瘍, 分類不能型★<br><br>骨髄異形成／骨髄増殖性腫瘍,<br>分類不能型★ | 9975／3★ | Myloproliferative neoplasm,<br>unclassifiable★<br>Myelodysplastic/myeloproliferative<br>neoplasm, unclassifiable★ |

## 998-999　骨髄異形成症候群（C 42.1）

## 998-999　MYELODYSPLASTIC SYNDROMES（C42.1）

| | | | |
|---|---|---|---|
| 9980／3 | 不応性貧血 ※6<br>鉄芽球を伴わない不応性貧血 ※3/※6 | 9980／3 | Refractory anemia ※6<br>Refractory anemia without ringed<br>sideroblasts ※3/※6 |
| 9982／3☆ | 鉄芽球を伴う不応性貧血 ※6<br>環状鉄芽球を伴う不応性貧血 ※2<br><br>RARS ※2<br>著明な血小板増加症と関連する<br>環状鉄芽球を伴う不応性貧血★ | 9982／3☆ | Refractory anemia with sideroblasts ※6<br>Refractory anemia with ringed<br>sideroblasts ※2<br>RARS ※2<br>Refractory anemia with ring<br>sideroblasts associated with<br>marked thrombocytosis★ |
| 9983／3 | 芽球増加を伴う不応性貧血 ※6<br><br>RAEB ※2<br>RAEB Ⅰ ※2<br>RAEB Ⅱ ※2 | 9983／3 | Refractory anemia with excess blasts<br>※6<br>RAEB ※2<br>RAEB I ※2<br>RAEB II ※2 |

| 9984／3 | 白血病移行期芽球過剰性不応性貧血 [obs] ※6<br>RAEB T ※2 | 9984／3 | Refractory anemia with excess blasts in transformation [obs] ※6<br>RAEB-T ※2 |

9984／3　白血病移行期芽球過剰性不応性貧血 [obs] ※6
　　　　RAEB T ※2

9984／3　Refractory anemia with excess blasts in transformation [obs] ※6
　　　　RAEB-T ※2

9985／3☆　多系統形成異常を伴う不応性血球減少 ※1
　　　　多系統異形成を伴う
　　　　不応性血球減少症★ ▼1

　　　　小児不応性血球減少症★
　　　　▼NCC注1: 頻用表現を独自に追加した

9985／3☆　Refractory cytopenia with multilineage dysplasia ※1


　　　　RCMD ▼1
　　　　Refractory cytopenia of childhood★

9986／3☆　5q欠失（5q−）症候群を伴う骨髄異形成症候群 ※1
　　　　(5q)単独欠失を伴う骨髄異形成症候群★

9986／3☆　Myelodysplastic syndrome with 5q deletion (5q−) syndrome ※1
　　　　Myelodysplastic syndrome with isolated del (5q)★

9987／3　治療関連骨髄異形成症候群, NOS ※1

　　　　治療関連骨髄異形成症候群, アルキル化剤関連による ※1

　　　　治療関連骨髄異形成症候群, エピポドフィロトキシン関連による ※1

9987／3　Therapy-related myelodysplastic syndrome, NOS ※1
　　　　Therapy-related myelodysplastic syndrome, alkylating agent related ※1
　　　　Therapy-related myelodysplastic syndrome, epipodophyllotoxin-related ※1

9988／3★　骨髄異形成症候群に伴う急性白血病 ▼1

9988／3★　Leukemia with myelodysplastic sydrome ▼1

　　　　▼NCC注1: がん登録では、MDSに続発した急性白血病に対してはわが国の独自コードである本「9988／3」を用いる。多系統形成異常を伴うかどうかが不明な場合にも用いることになる。

9989／3☆　骨髄異形成症候群, NOS ※6
　　　　前白血病[obs] ※6
　　　　前白血病症候群[obs] ※6
　　　　骨髄異形成症候群, 分類不能型★

　　　　MDS-U ▼1
　　　　▼NCC注1: 頻用表現を独自に追加した

9989／3☆　Myelodysplastic syndrome, NOS ※6
　　　　Preleukemia [obs] ※6
　　　　Preleukemic syndrome [obs] ※6
　　　　Myelodysplastic syndrome, unclassified★
　　　　MDS-U ▼1

9991／3★　不応性好中球減少症★

9991／3★　Refractory neutropenia★

9992／3★　不応性血小板減少症★

9992／3★　Refractory thrombocytopenia★

*アメリカのみ使用（1995-2000）
**アメリカのみ使用（1998-2000）

局在（A－イ）

## （A）
| | |
|---|---|
| Axillary tail of breast | C 50.6 |

## （B）
| | |
|---|---|
| Bartholin腺 | C 51.0 |

## （C）
| | |
|---|---|
| Cloquetリンパ節 | C 77.4 |
| Cowper腺 | C 68.0 |

## （D）
| | |
|---|---|
| Douglas窩 | C 48.1 |

## （G）
| | |
|---|---|
| Gartner管 | C 52.9 |

## （L）
| | |
|---|---|
| Langerhans島 | C 25.4 |

## （M）
| | |
|---|---|
| Meckel憩室（新生物の部位） | C 17.3 |

## （N）
| | |
|---|---|
| Naboth腺 | C 53.0 |

## （O）
| | |
|---|---|
| Oddi括約筋 | C 24.0 |

## （R）
| | |
|---|---|
| Reil島 | C 71.0 |
| Rathkeのう | C 71.0 |
| Rosenmullerのリンパ節 | C 77.4 |
| Rosenmuller窩 | C 11.2 |

## （S）
| | |
|---|---|
| Santorini管 | C 25.3 |
| Stensen管 | C 07.9 |
| S状結腸, NOS | C 18.7 |

## （V）
| | |
|---|---|
| Vater乳頭膨大部 | C 24.1 |

## （W）
| | |
|---|---|
| Wirsung管 | C 25.3 |
| Waldeyer環 | C 14.2 |
| Waldeyer輪 | C 14.2 |
| Wolff管 | C 57.7 |
| Wolff体 | C 57.7 |

## （Z）
| | |
|---|---|
| Zuckerkandl器官 | C 75.5 |

## （ア）
| | |
|---|---|
| アデノイド | C 11.1 |
| 鞍上部 | C 71.9 |
| 脚 →脚（きゃく） | |
| 足ゆび（趾） →趾（し） | |

## （イ）
| | |
|---|---|
| 胃： | |
| ・NOS | C 16.9 |
| ・リンパ節 | C 77.2 |
| ・～後壁, NOS（C16.0-C16.4 に分類されないもの） | C 16.8 |
| ・～小彎〈弯〉, NOS（C16.1-C16.4 に分類されないもの） | C 16.5 |
| ・食道～移行部 | C 16.0 |
| ・食道～接合部 | C 16.0 |
| ・～前庭部 | C 16.3 |
| ・～前壁, NOS（C16.0-C16.4 に分類されないもの） | C 16.8 |
| ・～体 | C 16.2 |
| ・～体部 | C 16.2 |
| ・～大彎〈弯〉, NOS（C16.0-C16.4 に分類されないもの） | C 16.6 |
| ・～底 | C 16.1 |
| ・～底部 | C 16.1 |
| ・噴門, NOS | C 16.0 |
| ・幽門 | C 16.4 |
| ・幽門管 | C 16.4 |
| ・幽門前庭 | C 16.3 |
| ・幽門前部 | C 16.4 |
| ・境界部病巣（73ページの注も参照） | C 16.8 |

局在（イーエ）

| | | | |
|---|---|---|---|
| 頤→おとがい | | ・〜扁桃 | C11.1 |
| 移行部： | | 咽頭陥凹 | **C11.2** |
| ・胃食道〜 | C16.0 | 咽頭後リンパ節 | **C77.0** |
| ・回盲 | C18.0 | 咽頭後方リンパ節 | **C77.0** |
| ・肛門直腸〜 | C21.8 | 陰嚢→陰のう | |
| ・骨盤直腸〜 | C19.9 | 陰阜 | **C51.9** |
| ・食道胃〜 | C16.0 | | |
| ・腎盂尿管〜 | C65.9 | | |
| ・中咽頭 | C10.8 | **（ウ）** | |
| ・直腸S状結腸〜 | C19.9 | ウィルスング管 | **C25.3** |
| ・噴門食道〜 | C16.0 | ウォルフ管 | **C57.7** |
| 異所性睾丸（新生物の部位） | **C62.0** | ウォルフ体 | **C57.7** |
| 異所性精巣（新生物の部位） | **C62.0** | 右結腸 | **C18.2** |
| 胃腸管, NOS | **C26.9** | 右結腸曲 | **C18.3** |
| 陰のう： | | 烏口腕筋 | **C49.1** |
| ・NOS | C63.2 | 腕： | |
| ・精巣 | C62.1 | ・NOS | C76.4 |
| ・睾丸 | C62.1 | ・NOS（癌, 黒色腫, 母斑） | C44.6 |
| ・皮膚 | C63.2 | ・NOS（癌腫, 黒色腫, 母斑） | C44.6 |
| 陰核 | **C51.2** | ・NOS（肉腫, 脂肪腫） | C49.1 |
| 陰茎： | | ・リンパ節 | C77.3 |
| ・NOS | C60.9 | ・筋 | C49.1 |
| ・海綿体 | C60.2 | ・結合組織 | C49.1 |
| ・亀頭 | C60.1 | ・腱 | C49.1 |
| ・〜体部 | C60.2 | ・腱鞘 | C49.1 |
| ・皮膚 | C60.9 | ・骨 | C40.0 |
| ・包皮 | C60.0 | ・骨格筋 | C49.1 |
| ・境界部病巣（73ページの注を参照） | C60.8 | ・脂肪組織 | C49.1 |
| 咽喉 | **C14.0** | ・自律神経系 | C47.1 |
| 咽後リンパ節 | **C77.0** | ・線維組織 | C49.1 |
| 咽後方リンパ節 | **C77.0** | ・軟部組織 | C49.1 |
| 陰唇, NOS | **C51.9** | ・皮下組織 | C49.1 |
| 陰唇小帯 | **C51.9** | ・皮膚 | C44.6 |
| 咽頭： | | ・末梢神経 | C47.1 |
| ・NOS | C14.0 | | |
| ・〜円蓋 | C11.3 | **（エ）** | |
| ・〜陥凹 | C11.2 | 会陰部（えいんぶ）： | |
| ・〜後部 | C14.0 | ・NOS | C76.3 |
| ・〜後壁, NOS | C14.0 | ・NOS（癌, 黒色腫, 母斑） | C44.5 |
| ・〜側壁, NOS | C14.0 | ・NOS（癌腫, 黒色腫, 母斑） | C44.5 |
| ・〜壁, NOS | C14.0 | ・NOS（肉腫, 脂肪腫） | C49.5 |
| | | ・筋 | C49.5 |

局在（エーカ）

| | |
|---|---|
| ・結合組織 | C49.5 |
| ・骨格筋 | C49.5 |
| ・自律神経系 | C47.5 |
| ・線維組織 | C49.5 |
| ・軟部組織 | C49.5 |
| ・皮下組織 | C49.5 |
| ・皮膚 | C44.5 |
| ・末梢神経 | C47.5 |
| **腋窩:** | |
| ・NOS | C76.1 |
| ・NOS（癌, 黒色腫, 母斑） | C44.5 |
| ・NOS（癌腫, 黒色腫, 母斑） | C44.5 |
| ・NOS（肉腫, 脂肪腫） | C49.3 |
| ・リンパ節 | C77.3 |
| ・結合組織 | C49.3 |
| ・脂肪組織 | C49.3 |
| ・自律神経系 | C47.3 |
| ・線維組織 | C49.3 |
| ・動脈 | C49.3 |
| ・軟部組織 | C49.3 |
| ・皮下組織 | C49.3 |
| ・皮膚 | C44.5 |
| ・末梢神経 | C47.3 |
| **延髄** | **C71.7** |

## （オ）

| | |
|---|---|
| **オディ括約筋** | **C24.0** |
| **オリーブ** | **C71.7** |
| **おとがい〈頤〉:** | |
| ・NOS | C44.3 |
| ・NOS（癌, 黒色腫, 母斑） | C44.3 |
| ・NOS（癌腫, 黒色腫, 母斑） | C44.3 |
| ・NOS（肉腫, 脂肪腫） | C49.0 |
| ・下リンパ節 | C77.0 |
| ・結合組織 | C49.0 |
| ・自律神経系 | C47.0 |
| ・線維組織 | C49.0 |
| ・軟部組織 | C49.0 |
| ・皮下組織 | C49.0 |
| ・皮膚 | C44.3 |
| ・末梢神経 | C47.0 |

| | |
|---|---|
| **横隔膜** | **C49.3** |
| **横隔リンパ節** | **C77.1** |
| **横隔膜リンパ節** | **C77.1** |
| **横行結腸** | **C18.4** |
| **頤部－おとがいと同義** | |

## （カ）

| | |
|---|---|
| **カウパー腺** | **C68.0** |
| **ガルトネル管** | **C52.9** |
| **かかと〈踵〉:** | |
| ・NOS | C76.5 |
| ・NOS（癌, 黒色腫, 母斑） | C44.7 |
| ・NOS（癌腫, 黒色腫, 母斑） | C44.7 |
| ・NOS（肉腫, 脂肪腫） | C49.2 |
| ・結合組織 | C49.2 |
| ・腱鞘 | C49.2 |
| ・骨 | C40.3 |
| ・自律神経系 | C47.2 |
| ・線維組織 | C49.2 |
| ・軟部組織 | C49.2 |
| ・皮下組織 | C49.2 |
| ・皮膚 | C44.7 |
| ・末梢神経 | C47.2 |
| **会陰 → 会陰（えいん）** | |
| **外陰:** | |
| ・NOS | C51.9 |
| ・皮膚 | C51.9 |
| ・境界部病巣 | C51.8 |
| **外咽頭** | **C32.1** |
| **外眼角** | **C44.1** |
| **外眼筋** | **C69.6** |
| **回結腸リンパ節** | **C77.2** |
| **外口唇:** | |
| ・NOS | C00.2 |
| ・下〜 | C00.1 |
| ・上〜 | C00.0 |
| **外耳** | **C44.2** |
| **外子宮口** | **C53.1** |
| **外耳道** | **C44.2** |
| **外性器, 女性** | **C51.9** |

局在（カ－カ）

| | | | |
|---|---|---|---|
| 外側口唇： | | ・上～ | C41.0 |
| ・NOS | C00.2 | 角膜, NOS | C69.1 |
| ・下～ | C00.1 | 角膜縁 | C69.1 |
| ・上～ | C00.0 | 下行結腸 | C18.6 |
| 外側乳房 | C50.8 | 下肢： | |
| 外側半月 | C40.2 | ・NOS | C76.5 |
| 回腸（回盲弁C18.0を除く） | C17.2 | ・NOS（癌, 黒色腫, 母斑） | C44.7 |
| 外転神経 | C72.5 | ・NOS（癌腫, 黒色腫, 母斑） | C44.7 |
| 外套 | C71.0 | ・NOS（肉腫, 脂肪腫） | C49.2 |
| 海馬 | C71.2 | ・リンパ節 | C77.4 |
| 回盲移行部 | C18.0 | ・筋 | C49.2 |
| 回盲接合部 | C18.0 | ・結合組織 | C49.2 |
| 回盲弁 | C18.0 | ・腱 | C49.2 |
| 下咽頭： | | ・腱鞘 | C49.2 |
| ・NOS | C13.9 | ・骨格筋 | C49.2 |
| ・～後壁 | C13.2 | ・脂肪組織 | C49.2 |
| ・～壁 | C13.9 | ・自律神経系 | C47.2 |
| ・境界部病巣（73ページの注を参照） | C13.8 | ・線維組織 | C49.2 |
| 下顎： | | ・短骨 | C40.3 |
| ・NOS | C41.1 | ・短骨の関節 | C40.3 |
| ・～リンパ節 | C77.0 | ・長骨 | C40.2 |
| ・～骨 | C41.1 | ・長骨の関節 | C40.2 |
| ・歯ぎん | C03.1 | ・軟部組織 | C49.2 |
| ・歯齦 | C03.1 | ・皮下組織 | C49.2 |
| ・歯槽 | C03.1 | ・皮膚 | C44.7 |
| ・歯槽堤粘膜 | C03.1 | ・末梢神経 | C47.2 |
| ・歯槽粘膜 | C03.1 | 下唇： | |
| ・歯肉 | C03.1 | ・NOS（皮膚C44.0を除く） | C00.1 |
| 踵→かかと | | ・外 | C00.1 |
| 下眼瞼 | C44.1 | ・外側～ | C00.1 |
| 顎： | | ・～小帯 | C00.4 |
| ・NOS | C76.0 | ・～内側面 | C00.4 |
| ・～関節 | C41.1 | ・粘膜 | C00.4 |
| ・皮膚 | C44.3 | ・皮膚 | C44.0 |
| 顎下： | | ・皮膚粘膜境界縁 | C00.1 |
| ・～リンパ節 | C77.0 | 下垂体, NOS | C75.1 |
| ・～腺 | C08.0 | 下垂体窩 | C75.1 |
| ・～腺管 | C08.0 | 仮声帯 | C32.1 |
| 顎骨： | | 肩： | |
| ・NOS | C41.1 | ・NOS | C76.4 |
| ・下～ | C41.1 | ・NOS（癌, 黒色腫, 母斑） | C44.6 |

－ 210 －

局在（カーカ）

| | | | |
|---|---|---|---|
| ・NOS（癌腫, 黒色腫, 母斑） | C44.6 | ・顎下腺〜 | C08.0 |
| ・NOS（肉腫, 脂肪腫） | C49.1 | ・肝〜 | C24.0 |
| ・〜関節 | C40.0 | ・肝外胆〜 | C24.0 |
| ・筋 | C49.1 | ・肝内胆〜 | C22.1 |
| ・結合組織 | C49.1 | ・胸〜 | C49.3 |
| ・骨 | C40.0 | ・頸〈頚〉〜 | C53.0 |
| ・骨格筋 | C49.1 | ・甲状舌〜 | C73.9 |
| ・脂肪組織 | C49.1 | ・肛門〜 | C21.1 |
| ・自律神経系 | C47.1 | ・細胆〜 | C22.1 |
| ・線維組織 | C49.1 | ・耳〜 | C30.1 |
| ・軟部組織 | C49.1 | ・耳下腺〜 | C07.9 |
| ・皮下組織 | C49.1 | ・子宮頸〈頚〉〜 | C53.0 |
| ・皮膚 | C44.6 | ・頭蓋咽頭〜 | C75.2 |
| ・末梢神経 | C47.1 | ・膵〜 | C25.3 |
| 下大動脈 | C49.4 | ・舌下腺〜 | C08.1 |
| 下腸間膜リンパ節 | C77.2 | ・総胆〜 | C24.0 |
| 滑液のう, NOS | C49.9 | ・胆〜, NOS | C24.0 |
| 滑液嚢, NOS | C49.9 | ・胆のう〜 | C24.0 |
| 滑車上リンパ節 | C77.3 | ・胆小〜 | C22.1 |
| 滑車神経 | C72.5 | ・胆嚢〜 | C24.0 |
| 滑膜, NOS | C49.9 | ・腸〜, NOS | C26.0 |
| 下腹リンパ節 | C77.5 | ・尿〜 | C66.9 |
| 下腹壁リンパ節 | C77.5 | ・尿膜〜 | C67.7 |
| 下部食道 | C15.5 | ・鼻涙〜 | C69.5 |
| 鎌： | | ・幽門〜 | C16.4 |
| ・NOS | C70.0 | ・卵〜 | C57.0 |
| ・小脳〜 | C70.0 | ・涙〜, NOS | C69.5 |
| ・大脳〜 | C70.0 | 肝： | |
| 管： | | ・NOS | C22.0 |
| ・Gartner〜 | C52.9 | ・〜リンパ節 | C77.2 |
| ・Santorini〜 | C25.3 | ・〜外胆管 | C24.0 |
| ・Stensen〜 | C07.9 | ・〜管 | C24.0 |
| ・Wharton〜 | C08.0 | ・〜小管 | C22.1 |
| ・Wirsung〜 | C25.3 | ・〜性, NOS | C22.0 |
| ・Wolff〜 | C57.7 | ・〜内胆管 | C22.1 |
| ・ウィルスング〜 | C25.3 | ・〜門リンパ節 | C77.2 |
| ・ウォルフ〜 | C57.7 | 眼： | |
| ・ガルトネル〜 | C52.9 | ・NOS | C69.9 |
| ・サントリニ〜 | C25.3 | ・マイホーム腺 | C44.1 |
| ・ステンセン〜 | C07.9 | ・ぶどう膜 | C69.4 |
| ・ワルトン〜 | C08.0 | ・外眼角 | C44.1 |

局在（カーカ）

| | | | |
|---|---|---|---|
| ・外眼筋 | C69.6 | ・外〜 | C44.1 |
| ・下眼瞼 | C44.1 | ・内〜 | C44.1 |
| ・角膜, NOS | C69.1 | **眼球** | **C69.4** |
| ・角膜縁 | C69.1 | **眼球後部組織** | **C69.6** |
| ・眼窩, NOS | C69.6 | 眼瞼： | |
| ・眼窩の結合組織 | C69.6 | ・NOS | C44.1 |
| ・眼窩の自律神経系 | C69.6 | ・外〜 | C44.1 |
| ・眼窩の軟部組織 | C69.6 | ・内〜 | C44.1 |
| ・眼窩の末梢神経 | C69.6 | **寛骨臼** | **C41.4** |
| ・眼角, NOS | C44.1 | **環椎** | **C41.2** |
| ・眼球 | C69.4 | 関節： | |
| ・眼球の後部組織 | C69.6 | ・NOS | C41.9 |
| ・眼瞼, NOS | C44.1 | ・外側半月 | C40.2 |
| ・眼内器官 | C69.4 | ・顎〜 | C41.1 |
| ・強膜 | C69.4 | ・下肢の短骨 | C40.3 |
| ・結膜 | C69.0 | ・下肢の長骨 | C40.2 |
| ・虹彩 | C69.4 | ・胸肋〜 | C41.3 |
| ・視神経 | C72.3 | ・肩〜 | C40.0 |
| ・上眼瞼 | C44.1 | ・肩鎖〜 | C40.0 |
| ・水晶体 | C69.4 | ・股〜 | C41.4 |
| ・内眼角 | C44.1 | ・肢, NOS | C40.9 |
| ・眉毛 | C44.3 | ・四肢, NOS | C40.9 |
| ・鼻涙管 | C69.5 | ・膝, NOS | C40.2 |
| ・脈絡膜 | C69.3 | ・上肢の短骨 | C40.1 |
| ・網膜 | C69.2 | ・上肢の長骨 | C40.2 |
| ・毛様体 | C69.4 | ・手〜 | C40.1 |
| ・涙のう | C69.5 | ・足〜 | C40.3 |
| ・涙管 | C69.5 | ・肘〜 | C40.0 |
| ・涙腺 | C69.5 | ・内側半月 | C40.2 |
| ・涙嚢 | C69.5 | ・肋椎〜 | C41.3 |

**眼及び付属器の境界部病巣**  **関節軟骨, NOS**  **C41.9**

（73ページの注を参照）  **C69.8**  **眼内器官**  **C69.4**

| 眼窩： | | 顔面： | |
|---|---|---|---|
| ・NOS | C69.6 | ・NOS | C76.0 |
| ・結合組織 | C69.6 | ・NOS（癌, 黒色腫, 母斑） | C44.3 |
| ・骨 | C41.0 | ・NOS（癌腫, 黒色腫, 母斑） | C44.3 |
| ・自律神経系 | C69.6 | ・NOS（肉腫, 脂肪腫） | C49.0 |
| ・軟部組織 | C69.6 | ・〜リンパ節 | C77.0 |
| ・末梢神経 | C69.6 | ・〜筋 | C49.0 |
| 眼角： | | ・結合組織 | C49.0 |
| ・NOS | C44.1 | ・骨（下顎骨C41.1を除く） | C41.0 |

— 212 —

局在（カ−キ）

| | | | |
|---|---|---|---|
| ・骨格筋 | C49.0 | ・軟部組織 | C49.2 |
| ・脂肪組織 | C49.0 | ・皮下組織 | C49.2 |
| ・〜神経 | C72.5 | ・皮膚 | C44.7 |
| ・線維組織 | C49.0 | ・末梢神経 | C47.2 |
| ・軟部組織 | C49.0 | 脚底 | **C71.7** |
| ・皮下組織 | C49.0 | 臼後三角 | **C06.2** |
| ・皮膚 | C44.3 | 臼後部 | **C06.2** |
| **肝彎〈弯〉曲** | **C18.3** | 嗅神経 | **C72.2** |
| | | 嗅脳 | **C71.0** |
| **（キ）** | | 橋 | **C71.7** |
| | | 頬, 外面 | **C44.3** |
| **気管:** | | **境界部病巣**(73ページの注を参照): | |
| ・NOS | C33.9 | ・部位不明確 | C76.8 |
| ・〜リンパ節 | C77.1 | ・胃 | C16.8 |
| ・〜気管支リンパ節 | C77.1 | ・陰茎 | C60.8 |
| ・〜前リンパ節 | C77.0 | ・下咽頭 | C13.8 |
| **気管支:** | | ・外陰 | C51.8 |
| ・NOS | C34.9 | ・眼及び付属器 | C69.8 |
| ・〜リンパ節 | C77.1 | ・結合組織, 皮下組織及び | |
| ・下葉〜 | C34.3 | その他の軟部組織) | C49.8 |
| ・主気管支 | C34.0 | ・結腸 | C18.8 |
| ・上葉〜 | C34.1 | ・口蓋 | C05.8 |
| ・中葉〜 | C34.2 | ・口腔 | C06.8 |
| ・〜肺リンパ節 | C77.1 | ・口腔底 | C04.8 |
| **亀頭** | **C60.1** | ・口唇 | C00.8 |
| **気道, NOS** | **C39.9** | ・口唇, 口腔及び咽頭(口唇, 口腔及び | |
| **輝板** | **C71.8** | 咽頭の新生物で, 発生部位がC00- | |
| **脚(きゃく):** | | C14.2に分類されないもの) | C14.8 |
| ・NOS | C76.5 | ・喉頭 | C32.8 |
| ・NOS(癌, 黒色腫, 母斑) | C44.7 | ・後腹膜及び腹膜 | C48.8 |
| ・NOS(癌腫, 黒色腫, 母斑) | C44.7 | ・呼吸器系及び胸腔内臓器(呼吸器及び | |
| ・〜リンパ節 | C77.4 | 胸腔内臓器の新生物で, 発生部位が | |
| ・筋 | C49.2 | C30-C39.0に分類されないもの) | C39.8 |
| ・結合組織 | C49.2 | ・骨, 関節及び関節軟骨(骨, 関節及び | |
| ・腱 | C49.2 | 関節軟骨の新生物で, 発生部位が | |
| ・腱鞘 | C49.2 | C40-C41に分類されないもの) | C41.8 |
| ・骨 | C40.2 | ・子宮頸〈頚〉 | C53.8 |
| ・骨格筋 | C49.2 | ・子宮頸〈頚〉部 | C53.8 |
| ・脂肪組織 | C49.2 | ・子宮体部 | C54.8 |
| ・自律神経系 | C47.2 | ・肢の骨, 関節及び関節軟骨 | C40.8 |
| ・線維組織 | C49.2 | ・四肢の骨, 関節及び関節軟骨 | C40.8 |

− 213 −

局在（キーキ）

| | | | | |
|---|---|---|---|---|
| ・上咽頭 | C11.8 | 胸骨 | | C41.3 |
| ・消化器系（消化器系の新生物で, 発生 | | 頬骨 | | C41.0 |
| 部位がC15-C26.0に分類されない | | 胸骨傍リンパ節 | | C77.1 |
| もの） | C26.8 | 胸鎖乳突筋 | | C49.0 |
| ・小腸 | C17.8 | 胸髄 | | C72.0 |
| ・食道 | C15.8 | 胸腺 | | C37.9 |
| ・女性生殖器（女性生殖器の新生物で, | | 頬側溝 | | C06.1 |
| 発生部位がC51-C57.7,C58に分類 | | 頬内部 | | C06.0 |
| されないもの） | C57.8 | 頬粘膜 | | C06.0 |
| ・心臓, 縦隔及び胸膜 | C38.8 | 頬粘膜腔 | | C06.9 |
| ・膵 | C25.8 | 胸部： | | |
| ・舌 | C02.8 | ・NOS | | C76.1 |
| ・大唾液腺 | C08.8 | ・NOS（癌, 黒色腫, 母斑） | | C44.5 |
| ・男性生殖器（男性生殖器の新生物で, | | ・NOS（癌腫, 黒色腫, 母斑） | | C44.5 |
| 発生部位がC60-C63.7に分類され | | ・NOS（肉腫, 脂肪腫） | | C49.3 |
| ないもの） | C63.8 | ・結合組織 | | C49.3 |
| ・胆道（肝内/外胆管の新生物） | C24.8 | ～食道 | | C15.1 |
| ・中咽頭 | C10.8 | ・自律神経系 | | C47.3 |
| ・直腸, 肛門及び肛門管 | C21.8 | ・線維組織 | | C49.3 |
| ・内分泌腺及び関連組織 | C75.8 | ・軟部組織 | | C49.3 |
| ・乳房 | C50.8 | ・皮下組織 | | C49.3 |
| ・脳 | C71.8 | ・皮膚 | | C44.5 |
| ・脳及び中枢神経系（脳及び中枢神経 | | ・末梢神経 | | C47.3 |
| 系の新生物で, その発生部位が | | 頬部： | | |
| C70-C72.5に分類されないもの） | C72.8 | ・NOS | | C76.0 |
| ・肺 | C34.8 | ・NOS（癌, 黒色腫, 母斑） | | C44.3 |
| ・鼻咽頭 | C11.8 | ・NOS（癌腫, 黒色腫, 母斑） | | C44.3 |
| ・泌尿器（泌尿器の新生物で, 発生部位 | | ・NOS（肉腫, 脂肪腫） | | C49.0 |
| がC64-C68.1に分類されないもの） | C68.6 | ～外面 | | C44.3 |
| ・皮膚 | C44.8 | ・結合組織 | | C49.0 |
| ・副鼻腔 | C31.8 | ・脂肪組織 | | C49.0 |
| ・扁桃 | C09.8 | ・自律神経系 | | C47.0 |
| ・膀胱 | C67.8 | ・線維組織 | | C49.0 |
| ・末梢神経及び自律神経系 | C47.8 | ～内部 | | C06.0 |
| 胸郭壁→胸壁 | | ・軟部組織 | | C49.0 |
| 胸管 | C49.3 | ・粘膜 | | C06.0 |
| 胸筋リンパ節 | C77.3 | ・皮下組織 | | C49.0 |
| 胸腔リンパ節 | C77.1 | ・皮膚 | | C44.3 |
| 胸腔内, NOS | C76.1 | ・末梢神経 | | C47.0 |
| 胸腔内リンパ節 | C77.1 | 胸壁： | | |
| 胸腔内部位, NOS | C76.1 | ・NOS | | C76.1 |

局在（キーク）

| | |
|---|---|
| ・NOS（癌，黒色腫，母斑） | C44.5 |
| ・NOS（癌腫，黒色腫，母斑） | C44.5 |
| ・NOS（肉腫，脂肪腫） | C49.3 |
| ・筋 | C49.3 |
| ・結合組織 | C49.3 |
| ・骨格筋 | C49.3 |
| ・脂肪組織 | C49.3 |
| ・自律神経系 | C47.3 |
| ・線維組織 | C49.3 |
| ・軟部組織 | C49.3 |
| ・皮下組織 | C49.3 |
| ・皮膚 | C44.5 |
| ・末梢神経 | C47.3 |

**強膜** **C69.4**

**胸膜:**

| | |
|---|---|
| ・NOS | C38.4 |
| ・臓側〜 | C38.4 |
| ・壁側〜 | C38.4 |

**胸肋関節** **C41.3**

**筋:**

| | |
|---|---|
| ・NOS | C49.9 |
| ・そけい〈鼠径〉部 | C49.5 |
| ・ふくらはぎ | C49.2 |
| ・足ゆび（趾） | C49.2 |
| ・烏口腕〜 | C49.1 |
| ・外眼〜 | C69.6 |
| ・顔面〜 | C49.0 |
| ・脚 | C49.2 |
| ・胸郭 | C49.3 |
| ・胸鎖乳突〜 | C49.0 |
| ・胸部 | C49.3 |
| ・胸壁 | C49.3 |
| ・頚部 | C49.0 |
| ・肩 | C49.1 |
| ・咬〜 | C49.0 |
| ・広背〜 | C49.3 |
| ・骨格 | C49.9 |
| ・骨盤〜 | C49.5 |
| ・三角〜 | C49.1 |
| ・指 | C49.1 |
| ・趾 | C49.2 |

| | |
|---|---|
| ・手 | C49.1 |
| ・上腕 | C49.1 |
| ・上腕三頭〜 | C49.1 |
| ・上腕二頭〜 | C49.1 |
| ・仙尾骨部 | C49.5 |
| ・前腕 | C49.1 |
| ・僧帽〜 | C49.3 |
| ・足 | C49.2 |
| ・側腹部 | C49.6 |
| ・鼡径部 | C49.5 |
| ・体幹，NOS | C49.6 |
| ・大胸 | C49.3 |
| ・大腿 | C49.2 |
| ・大腿二頭〜 | C49.2 |
| ・大腿四頭〜 | C49.2 |
| ・大殿〜 | C49.5 |
| ・腸腰〜 | C49.4 |
| ・殿部 | C49.5 |
| ・頭皮 | C49.0 |
| ・頭部 | C49.0 |
| ・背部 | C49.6 |
| ・腓腹〜 | C49.2 |
| ・腹直〜 | C49.4 |
| ・腹部 | C49.4 |
| ・腹壁 | C49.4 |
| ・母指 | C49.1 |
| ・腰 | C49.4 |
| ・肋間〜 | C49.3 |
| ・腕 | C49.0 |

**筋膜:**

| | |
|---|---|
| ・NOS | C49.9 |
| ・手掌 | C49.1 |
| ・足底 | C49.2 |

## （ク）

| | |
|---|---|
| クロケーリンパ節 | **C77.4** |

**くも膜:**

| | |
|---|---|
| ・NOS | C70.9 |
| ・頭蓋内 | C70.0 |
| ・脊髄 | C70.1 |

**空腸** **C17.1**

— 215 —

局在（ケーケ）

# （ケ）

| | | | | |
|---|---|---|---|---|
| 頸〈頚〉： | | ・頤部 | C49.0 |
| ・～管, 子宮 | C53.0 | ・踵 | C49.2 |
| ・～神経そう | C47.0 | ・眼窩 | C69.6 |
| ・～神経叢 | C47.0 | ・顔面 | C49.0 |
| ・～髄 | C72.0 | ・脚 | C49.2 |
| ・～断端, 子宮 | C53.8 | ・胸郭(胸腺C37.9, 心臓及び縦隔 | |
| 頸〈頚〉静脈リンパ節 | C77.0 | C38.-を除く) | C49.3 |
| 頸〈頚〉静脈小体 | C75.5 | ・胸部(胸腺C37.9, 心臓及び縦隔 | |
| 頸〈頚〉動脈 | C49.0 | C38.-を除く) | C49.3 |
| 頸〈頚〉動脈小体 | C75.4 | ・胸壁 | C49.3 |
| 頸〈頚〉部： | | ・頬部 | C49.0 |
| ・NOS | C76.0 | ・頸〈頚〉部 | C49.0 |
| ・NOS(癌, 黒色腫, 母斑) | C44.4 | ・肩 | C49.1 |
| ・NOS(癌腫, 黒色腫, 母斑) | C44.4 | ・肩甲部 | C49.3 |
| ・NOS(肉腫, 脂肪腫) | C49.0 | ・股関節部 | C49.2 |
| ・リンパ節 | C77.0 | ・骨盤 | C49.5 |
| ・筋 | C49.0 | ・臍 | C49.4 |
| ・結合組織 | C49.0 | ・鎖骨下部 | C49.3 |
| ・腱 | C49.0 | ・鎖骨上部 | C49.0 |
| ・腱鞘 | C49.0 | ・指 | C49.1 |
| ・骨格筋 | C49.0 | ・趾 | C49.2 |
| ・脂肪組織 | C49.0 | ・膝 | C49.2 |
| ・～食道 | C15.0 | ・膝窩 | C49.2 |
| ・自律神経系 | C47.0 | ・手 | C49.1 |
| ・線維組織 | C49.0 | ・手首 | C49.1 |
| ・軟部組織 | C49.0 | ・前頭部 | C49.0 |
| ・皮下組織 | C49.0 | ・仙尾骨部 | C49.5 |
| ・皮膚 | C44.4 | ・前腕 | C49.1 |
| ・末梢神経 | C47.0 | ・足 | C49.2 |
| 脛骨 | C40.2 | ・足首 | C49.2 |
| 脛骨リンパ節 | C77.4 | ・側頭部 | C49.0 |
| 結合組織： | | ・側腹部 | C49.6 |
| ・NOS | C49.9 | ・鼡径部 | C49.5 |
| ・おとがい(頤) | C49.0 | ・体幹, NOS | C49.6 |
| ・かかと | C49.2 | ・大腿 | C49.2 |
| ・そけい〈鼠径〉部 | C49.5 | ・肘 | C49.1 |
| ・ふくらはぎ | C49.2 | ・肘前窩 | C49.1 |
| ・足ゆび(趾) | C49.2 | ・殿部 | C49.5 |
| ・会陰部 | C49.5 | ・頭皮 | C49.0 |
| ・腋窩 | C49.3 | ・頭部 | C49.0 |
| | | ・背部 | C49.6 |

局在（ケ－ケ）

| | | | | |
|---|---|---|---|---|
| ・腹部 | C49.4 | ・骨 | C40.0 |
| ・腹壁 | C49.4 | ・骨格筋 | C49.1 |
| ・母指 | C49.1 | ・脂肪組織 | C49.1 |
| ・翼突部 | C49.0 | ・自律神経系 | C47.1 |
| ・腕 | C49.1 | ・線維組織 | C49.1 |
| **結合組織, 皮下組織及びその他の軟部** | | ・軟部組織 | C49.1 |
| **組織の境界部病巣**(73ページの注を | | ・皮下組織 | C49.1 |
| 参照) | **C49.8** | ・皮膚 | C44.6 |
| **結腸:** | | ・末梢神経 | C47.1 |
| ・NOS | C18.9 | **肩甲下リンパ節** | **C77.3** |
| ・S状, NOS | C18.7 | **肩甲骨** | **C40.0** |
| ・S状弯曲 | C18.7 | **肩甲部:** | |
| ・〜リンパ節 | C77.2 | ・NOS | C76.1 |
| ・右〜 | C18.2 | ・NOS(癌, 黒色腫, 母斑) | C44.5 |
| ・右結腸曲 | C18.3 | ・NOS(癌腫, 黒色腫, 母斑) | C44.5 |
| ・横行〜 | C18.4 | ・NOS(肉腫, 脂肪腫) | C49.3 |
| ・下行〜 | C18.6 | ・結合組織 | C49.3 |
| ・〜間膜 | C48.1 | ・脂肪組織 | C49.3 |
| ・肝弯曲 | C18.3 | ・自律神経系 | C47.3 |
| ・骨盤部 | C18.7 | ・線維組織 | C49.3 |
| ・左〜 | C18.6 | ・軟部組織 | C49.3 |
| ・左結腸曲 | C18.5 | ・皮下組織 | C49.3 |
| ・脾弯曲 | C18.5 | ・皮膚 | C44.5 |
| ・上行〜 | C18.2 | ・末梢神経 | C47.3 |
| ・虫垂 | C18.1 | **腱:** | |
| ・盲腸 | C18.0 | ・NOS | C49.9 |
| ・境界部病巣 | C18.8 | ・かかと | C49.2 |
| (73ページの注も参照) | | ・ふくらはぎ | C49.2 |
| **血液** | **C42.0** | ・足ゆび(趾) | C49.2 |
| **血管, NOS** | **C49.9** | ・踵 | C49.2 |
| **楔状軟骨** | **C32.3** | ・脚 | C49.2 |
| **結腸及び直腸** | **C19.9** | ・頸〈頚〉部 | C49.0 |
| **結膜** | **C69.0** | ・股関節部 | C49.2 |
| **肩:** | | ・指 | C49.1 |
| ・NOS | C76.4 | ・趾 | C49.2 |
| ・NOS(癌, 黒色腫, 母斑) | C44.6 | ・膝 | C49.2 |
| ・NOS(癌腫, 黒色腫, 母斑) | C44.6 | ・膝窩 | C49.2 |
| ・NOS(肉腫, 脂肪腫) | C49.1 | ・手 | C49.1 |
| ・〜関節 | C40.0 | ・手首 | C49.1 |
| ・筋 | C49.1 | ・前腕 | C49.1 |
| ・結合組織 | C49.1 | ・足 | C49.2 |

**局在（ケ-コ）**

| | |
|---|---|
| ・足首 | C49.2 |
| ・側腹部 | C49.6 |
| ・大腿 | C49.2 |
| ・背部 | C49.6 |
| ・母指 | C49.1 |
| ・腕 | C49.1 |
| 腱鞘： | |
| ・NOS | C49.9 |
| ・かかと | C49.2 |
| ・ふくらはぎ | C49.2 |
| ・足ゆび（趾） | C49.2 |
| ・踵 | C49.2 |
| ・脚 | C49.2 |
| ・頸〈頚〉部 | C49.0 |
| ・股関節部 | C49.2 |
| ・指 | C49.1 |
| ・趾 | C49.2 |
| ・膝 | C49.2 |
| ・膝窩 | C49.2 |
| ・手 | C49.1 |
| ・手首 | C49.1 |
| ・前腕 | C49.1 |
| ・足 | C49.2 |
| ・足首 | C49.2 |
| ・大腿 | C49.2 |
| ・背部 | C49.6 |
| ・母指 | C49.1 |
| ・腕 | C49.1 |
| 腱膜： | |
| ・NOS | C49.9 |
| ・手掌〜 | C49.1 |
| ・足底〜 | C49.2 |
| 原発部位不明 | C80.9 |

**（コ）**

| | |
|---|---|
| 鉤 | C71.2 |
| 口蓋： | |
| ・NOS | C05.9 |
| ・〜垂 | C05.2 |
| ・〜扁桃 | C09.9 |
| ・境界部病巣 | C05.8 |

| | |
|---|---|
| （73ページの注も参照） | |
| 睾丸（精巣を参照） | |
| 交感神経系, NOS | C47.9 |
| 口峡： | |
| ・NOS | C10.9 |
| ・弓 | C09.1 |
| ・扁桃 | C09.9 |
| 咬筋 | C49.0 |
| 口腔： | |
| ・NOS | C06.9 |
| ・〜上壁 | C05.9 |
| ・〜前庭 | C06.1 |
| ・〜粘膜 | C06.9 |
| ・境界部病巣 | C06.8 |
| （73ページの注も参照） | |
| 口腔底： | |
| ・NOS | C04.9 |
| ・〜前部 | C04.0 |
| ・〜側部 | C04.1 |
| ・境界部病巣 | C04.8 |
| （73ページの注も参照） | |
| 硬口蓋 | C05.0 |
| 硬口蓋と軟口蓋の境界部 | C05.8 |
| 虹彩 | C69.4 |
| 後縦隔 | C38.2 |
| 甲状： | |
| ・〜舌管 | C73.9 |
| ・〜腺, NOS | C73.9 |
| ・〜軟骨 | C32.3 |
| 口唇： | |
| ・NOS（口唇の皮膚C44.0を除く） | C00.9 |
| ・外〜, NOS | C00.2 |
| ・外側〜, NOS | C00.2 |
| ・〜溝 | C06.1 |
| ・〜小帯, NOS | C00.5 |
| ・唇交連 | C00.6 |
| ・〜内側面, NOS | C00.5 |
| ・内部, NOS | C00.5 |
| ・〜粘膜, NOS | C00.5 |
| ・皮膚, NOS | C44.0 |
| ・皮膚粘膜境界縁, NOS | C00.2 |

局在（コーコ）

| | |
|---|---|
| ・境界部病巣 | C00.8 |
| （73ページの注も参照） | |
| **口唇，口腔及び咽頭の境界部病巣**（口唇，口腔及び咽頭の新生物で発生部位がC00－C14.2に分類されないもの） | **C14.8** |
| 後頭： | |
| ・リンパ節 | C77.0 |
| ・〜蓋窩 | C71.9 |
| ・〜極 | C71.4 |
| ・〜骨 | C41.0 |
| ・〜葉 | C71.4 |
| 喉頭： | |
| ・NOS | C32.9 |
| ・咽頭 | C14.1 |
| ・仮声帯 | C32.1 |
| ・外〜 | C32.1 |
| ・偽声帯 | C32.1 |
| ・甲状軟骨 | C32.3 |
| ・〜交連 | C32.0 |
| ・真性声帯 | C32.0 |
| ・声帯，NOS | C32.0 |
| ・声門 | C32.0 |
| ・声門下部 | C32.2 |
| ・声門上部 | C32.1 |
| ・楔状軟骨 | C32.3 |
| ・内〜 | C32.0 |
| ・〜軟骨 | C32.3 |
| ・被裂咽頭蓋ひだの咽頭面 | C32.1 |
| ・輪状軟骨 | C32.3 |
| ・境界部病巣 | C32.8 |
| （73ページの注も参照） | |
| 喉頭蓋： | |
| ・NOS（咽頭蓋前面C10.1を除く） | C32.1 |
| ・〜前面 | C10.1 |
| ・〜後面 | C32.1 |
| ・〜谷 | C10.0 |
| **喉頭蓋谷** | **C10.0** |
| **喉頭前リンパ節** | **C77.0** |
| **広背筋** | **C49.3** |
| **後鼻孔** | **C11.3** |
| 後腹膜： | |

| | |
|---|---|
| ・NOS | C48.0 |
| ・リンパ節 | C77.2 |
| ・〜組織 | C48.0 |
| **後腹膜及び腹膜の境界部病巣** | **C48.8** |
| （73ページの注を参照） | |
| 後壁： | |
| ・胃〜，NOS（C16.0－C16.4に分類されないもの） | C16.8 |
| ・咽頭〜 | C14.0 |
| ・下咽頭〜 | C13.2 |
| ・中咽頭〜 | C10.3 |
| ・上咽頭〜 | C11.1 |
| ・鼻咽頭〜 | C11.1 |
| ・膀胱〜 | C67.4 |
| 硬膜： | |
| ・NOS | C70.9 |
| ・外 | C72.9 |
| ・頭蓋〜 | C70.0 |
| ・脊髄〜 | C70.1 |
| 肛門： | |
| ・NOS（肛門皮膚及び肛門周囲皮膚C44.5を除く） | C21.0 |
| ・〜括約筋 | C21.1 |
| ・〜管 | C21.1 |
| ・〜周囲皮膚 | C44.5 |
| ・直腸 | C21.8 |
| ・直腸〜移行部 | C21.8 |
| ・皮膚 | C44.5 |
| ・境界部病巣 | C21.8 |
| （73ページの注も参照） | |
| **後輪状軟骨部** | **C13.0** |
| 股関節部： | |
| ・NOS | C76.5 |
| ・NOS（癌，黒色腫，母斑） | C44.7 |
| ・NOS（癌腫，黒色腫，母斑） | C44.7 |
| ・NOS（肉腫，脂肪腫） | C49.2 |
| ・関節 | C41.4 |
| ・結合組織 | C49.2 |
| ・腱 | C49.2 |
| ・腱鞘 | C49.2 |
| ・骨 | C41.4 |

局在（コーコ）

| | | | |
|---|---|---|---|
| ・脂肪組織 | C49.2 | ・指〜 | C40.1 |
| ・自律神経系 | C47.2 | ・趾〜 | C40.3 |
| ・線維組織 | C49.2 | ・肢, NOS | C40.9 |
| ・軟部組織 | C49.2 | ・軸椎 | C41.2 |
| ・皮下組織 | C49.2 | ・四肢, NOS | C40.9 |
| ・皮膚 | C44.7 | ・趾節〜 | C40.3 |
| ・末梢神経 | C47.2 | ・指節〜, 手 | C40.1 |

**呼吸器系及び胸腔内臓器の境界部病巣**
    （呼吸器及び胸腔内臓器の新生物で，
    発生部位がC30−C39.0に分類されない
    もの）    **C 39.8**

**鼓室**    **C 30.1**

**骨，関節及び関節軟骨の境界部病巣**
    （骨，関節及び関節軟骨の新生物で，
    発生部位がC40−C41に分類されない
    もの）    **C 41.8**

**骨：**

| | | | |
|---|---|---|---|
| ・NOS | C41.9 | ・膝蓋〜 | C40.3 |
| ・足ゆび（趾） | C40.3 | ・尺〜 | C40.0 |
| ・下顎〜 | C41.1 | ・手 | C40.1 |
| ・顎〜, NOS | C41.1 | ・手関節 | C40.1 |
| ・下肢, 短骨 | C40.3 | ・手根〜 | C40.1 |
| ・下肢, 長骨 | C40.2 | ・手首 | C40.1 |
| ・眼窩 | C41.0 | ・踵〜 | C40.3 |
| ・寛骨臼 | C41.4 | ・上顎〜 | C41.0 |
| ・環椎 | C41.2 | ・上肢, 短骨 | C40.1 |
| ・顔面（下顎C41.1を除く） | C41.0 | ・上肢, 長骨 | C40.0 |
| ・脚 | C40.2 | ・上腕〜 | C40.0 |
| ・胸〜 | C41.3 | ・頭蓋〜 | C41.0 |
| ・頬〜 | C41.0 | ・頭蓋冠 | C41.0 |
| ・脛〜 | C40.2 | ・脊柱（仙骨及び尾骨C41.4を除く） | C41.2 |
| ・肩 | C40.0 | ・脊椎 | C41.2 |
| ・肩甲〜 | C40.0 | ・舌〜 | C41.0 |
| ・肩甲帯 | C40.0 | ・仙〜 | C41.4 |
| ・股関節部 | C41.4 | ・前頭〜 | C41.0 |
| ・後頭〜 | C41.0 | ・前腕〜 | C40.0 |
| ・骨髄 | C42.1 | ・足 | C40.3 |
| ・骨盤〜 | C41.4 | ・足関節 | C40.3 |
| ・鎖〜 | C41.3 | ・足根節 | C40.3 |
| ・坐〜 | C41.4 | ・側頭骨 | C41.0 |
| ・篩〜 | C41.0 | ・第1頸〈頚〉椎 | C41.2 |
| | | ・第2頸〈頚〉椎 | C41.2 |
| | | ・大腿〜 | C40.2 |
| | | ・中手〜 | C40.1 |
| | | ・中足〜 | C40.3 |
| | | ・腸〜 | C41.4 |
| | | ・蝶形〜 | C41.0 |
| | | ・椎〜 | C41.2 |
| | | ・橈〜 | C40.0 |
| | | ・頭頂〜 | C41.0 |
| | | ・背〜 | C41.2 |

局在（コーサ）

| | | | |
|---|---|---|---|
| ・腓～ | C40.2 | ・結合組織 | C49.5 |
| ・尾～ | C41.4 | ・骨 | C41.4 |
| ・鼻～ | C41.0 | ・骨格筋 | C49.5 |
| ・母指～ | C40.1 | ・自律神経系 | C47.5 |
| ・無名～ | C41.4 | ・線維組織 | C49.5 |
| ・肋～ | C\$1.3 | ・軟部組織 | C49.6 |
| ・腕 | C40.0 | ・腹膜 | C48.1 |
| **骨格筋：** | | ・壁, NOS | C76.3 |
| ・NOS | C49.9 | ・末梢神経 | C47.5 |
| ・ふくらはぎ | C49.2 | **骨盤直腸移行部** | **C19.9** |
| ・足ゆび(趾) | C49.2 | **骨盤内リンパ節** | **C77.5** |
| ・会陰部 | C49.5 | **骨盤部結腸** | **C18.7** |
| ・顔面 | C49.0 | | |
| ・脚 | C49.2 | **（サ）** | |
| ・胸部 | C49.3 | **サントリニ管** | **C25.3** |
| ・胸郭 | C49.3 | **臍〈脐〉：** | |
| ・胸壁 | C49.3 | ・NOS | C44.5 |
| ・頸〈頚〉部 | C49.0 | ・NOS(癌, 黒色腫, 母斑) | C44.5 |
| ・肩 | C49.1 | ・NOS(癌腫, 黒色腫, 母斑) | C44.5 |
| ・指 | C49.1 | ・NOS(肉腫, 脂肪腫) | C49.4 |
| ・趾 | C49.2 | ・結合組織 | C49.4 |
| ・手 | C49.1 | ・自律神経系 | C47.4 |
| ・仙尾骨部 | C49.5 | ・線維組織 | C49.4 |
| ・前腕 | C49.1 | ・軟部組織 | C49.4 |
| ・足 | C49.2 | ・皮下組織 | C49.4 |
| ・側腹部 | C49.6 | ・皮膚 | C44.5 |
| ・体幹, NOS | C49.6 | ・末梢神経 | C47.4 |
| ・大腿 | C49.2 | **細気管支** | **C34.9** |
| ・殿部 | C49.5 | **細胆管** | **C22.1** |
| ・頭皮 | C49.0 | **細網内皮系, NOS** | **C42.3** |
| ・頭部 | C49.0 | **鰓裂(新生物の部位)** | **C10.4** |
| ・背部 | C49.6 | **左結腸** | **C18.6** |
| ・腹壁 | C49.4 | **左結腸曲** | **C18.5** |
| ・母指 | C49.1 | **鎖骨** | **C41.3** |
| ・腕 | C49.1 | **坐骨：** | |
| **骨髄** | **C42.1** | ・NOS | C41.4 |
| **骨盤：** | | ・～神経 | C47.2 |
| ・NOS | C76.3 | ・～直腸窩 | C76.3 |
| ・NOS(肉腫, 脂肪腫) | C49.5 | **鎖骨下リンパ節** | **C77.3** |
| ・～リンパ節 | C77.5 | **鎖骨下動脈** | **C49.3** |
| ・筋 | C49.5 | **鎖骨下部：** | |

**局在（サ−シ）**

| | |
|---|---|
| ・NOS | C76.1 |
| ・NOS（癌, 黒色腫, 母斑） | C44.5 |
| ・NOS（癌腫, 黒色腫, 母斑） | C44.5 |
| ・NOS（肉腫, 脂肪腫） | C49.3 |
| ・リンパ節 | C77.3 |
| ・結合組織 | C49.3 |
| ・脂肪組織 | C49.3 |
| ・自律神経系 | C47.3 |
| ・線維組織 | C49.3 |
| ・軟部組織 | C49.3 |
| ・皮下組織 | C49.3 |
| ・皮膚 | C44.5 |
| ・末梢神経 | C47.3 |

| | |
|---|---|
| **鎖骨関節** | **C40.0** |
| **鎖骨上リンパ節** | **C77.0** |

**鎖骨上部：**

| | |
|---|---|
| ・NOS | C76.0 |
| ・NOS（癌, 黒色腫, 母斑） | C44.4 |
| ・NOS（癌腫, 黒色腫, 母斑） | C44.4 |
| ・NOS（肉腫, 脂肪腫） | C49.0 |
| ・リンパ節 | C77.0 |
| ・結合組織 | C49.0 |
| ・線維組織 | C49.0 |
| ・脂肪組織 | C49.0 |
| ・自律神経系 | C47.0 |
| ・軟部組織 | C49.0 |
| ・皮下組織 | C49.0 |
| ・皮膚 | C44.4 |
| ・末梢神経 | C47.0 |

| | |
|---|---|
| **三叉神経** | **C72.5** |

## （シ）

**指（し）：**

| | |
|---|---|
| ・NOS | C76.4 |
| ・NOS（癌, 黒色腫, 母斑） | C44.6 |
| ・NOS（癌腫, 黒色腫, 母斑） | C44.6 |
| ・NOS（肉腫, 脂肪腫） | C49.1 |
| ・筋 | C49.1 |
| ・結合組織 | C49.1 |
| ・腱 | C49.1 |
| ・腱鞘 | C49.1 |

| | |
|---|---|
| ・骨 | C40.1 |
| ・骨格筋 | C49.1 |
| ・自律神経系 | C47.1 |
| ・線維組織 | C49.1 |
| ・爪 | C44.6 |
| ・軟部組織 | C49.1 |
| ・皮下組織 | C49.1 |
| ・皮膚 | C44.6 |
| ・末梢神経 | C47.1 |

**趾（し）：**

| | |
|---|---|
| ・NOS | C76.5 |
| ・NOS（癌, 黒色腫, 母斑） | C44.7 |
| ・NOS（癌腫, 黒色腫, 母斑） | C44.7 |
| ・NOS（肉腫, 脂肪腫） | C49.2 |
| ・筋 | C49.2 |
| ・結合組織 | C49.2 |
| ・腱 | C49.2 |
| ・腱鞘 | C49.2 |
| ・骨 | C40.3 |
| ・骨格筋 | C49.2 |
| ・自律神経系 | C47.2 |
| ・線維組織 | C49.2 |
| ・爪 | C44.7 |
| ・軟部組織 | C49.2 |
| ・皮下組織 | C49.2 |
| ・皮膚 | C44.7 |
| ・末梢神経 | C47.2 |

**視：**

| | |
|---|---|
| ・〜交叉 | C72.3 |
| ・〜神経 | C72.3 |
| ・〜神経交叉 | C72.3 |
| ・〜索 | C72.3 |

**耳：**

| | |
|---|---|
| ・NOS | C44.2 |
| ・〜管 | C30.1 |
| ・〜甲介 | C44.2 |
| ・〜珠 | C44.2 |
| ・〜朶 | C44.2 |
| ・〜道, NOS | C44.2 |
| ・〜軟骨 | C49.0 |
| ・皮膚, NOS | C44.2 |

局在（シーシ）

| | |
|---|---|
| ・〜輪 | C44.2 |
| 耳介： | |
| ・NOS | C44.2 |
| ・リンパ節 | C77.0 |
| ・〜前リンパ節 | C77.0 |
| ・皮膚 | C44.2 |
| 耳下腺： | |
| ・NOS | C07.9 |
| ・リンパ節 | C77.0 |
| ・〜管 | C07.9 |
| 子宮： | |
| ・NOS | C55.9 |
| ・Naboth腺 | C53.0 |
| ・ナボット腺 | C53.0 |
| ・〜円索 | C57.2 |
| ・〜下部 | C54.0 |
| ・〜峡部 | C54.0 |
| ・筋層 | C54.2 |
| ・結合組織 | C57.3 |
| ・〜広間膜 | C57.1 |
| ・〜広間靭帯 | C57.1 |
| ・〜靭帯（子宮円索） | C57.2 |
| ・〜靭帯, 仙骨 | C57.3 |
| ・胎盤 | C58.9 |
| ・〜体部 | C54.9 |
| ・〜底 | C54.3 |
| ・〜内膜 | C54.1 |
| ・〜内膜間質 | C54.1 |
| ・〜内膜腺 | C54.1 |
| ・〜付属器, NOS | C57.4 |
| ・〜傍組織 | C57.3 |
| ・卵管 | C57.0 |
| ・卵膜 | C58.9 |
| ・境界部病巣, 頸〈頚〉部（73ページの注も参照） | C53.8 |
| ・境界部病巣, 体部（73ページの注も参照） | C54.8 |
| **子宮－卵巣** | **C57.8** |
| 子宮頸〈頚〉： | |
| ・NOS | C53.9 |
| ・endocervix | C53.0 |

| | |
|---|---|
| ・exocervix | C53.1 |
| ・〜外部 | C53.1 |
| ・〜管 | C53.0 |
| ・〜管腺 | C53.0 |
| ・〜断端 | C53.8 |
| ・〜内管 | C53.0 |
| ・〜内膜 | C53.0 |
| ・部, NOS | C53.9 |
| ・扁平円柱上皮接合部 | C53.8 |
| ・境界部病巣（73ページの注も参照） | C53.8 |
| **子宮口** | **C53.1** |
| **子宮体部** | **C54.9** |
| **子宮体部の境界部病巣**（73ページの注を参照） | **C54.8** |
| 歯ぎん： | |
| ・NOS | C03.9 |
| ・下顎〜 | C03.1 |
| ・上顎〜 | C03.0 |
| **肢の関節軟骨, NOS** | **C40.9** |
| **肢の骨, 関節及び関節軟骨の境界部病巣**（73ページの注を参照） | **C40.8** |
| 歯齦： | |
| ・NOS | C03.9 |
| ・下顎〜 | C03.1 |
| ・上顎〜 | C03.0 |
| **軸椎** | **C41.2** |
| **耳垢腺** | **C44.2** |
| **篩骨** | **C41.0** |
| **篩骨洞** | **C31.1** |
| **四肢の関節軟骨, NOS** | **C40.9** |
| **四肢の骨, 関節及び関節軟骨の境界部病巣**（73ページの注を参照） | **C40.8** |
| **歯周組織** | **C03.9** |
| **視床** | **C71.0** |
| **視床下部** | **C71.0** |
| 歯槽： | |
| ・NOS | C03.9 |
| ・下顎〜 | C03.1 |
| ・上顎〜 | C03.0 |
| **歯槽溝** | **C06.1** |
| 歯槽提粘膜： | |

局在（シーシ）

| | | | |
|---|---|---|---|
| ・NOS | C03.9 | ・末梢神経 | C47.2 |
| ・下顎〜 | C03.1 | 歯肉： | |
| ・上顎〜 | C03.0 | ・NOS | C03.9 |
| 歯槽粘膜： | | ・下顎〜 | C03.1 |
| ・NOS | C03.9 | ・上顎〜 | C03.0 |
| ・下顎〜 | C03.1 | 脂肪組織： | |
| ・上顎〜 | C03.0 | ・NOS | C49.9 |
| 膝： | | ・そけい〈鼠径〉部 | C49.5 |
| ・NOS | C76.5 | ・ふくらはぎ | C49.2 |
| ・NOS（癌，黒色腫，母斑） | C44.7 | ・腋窩 | C49.3 |
| ・NOS（癌腫，黒色腫，母斑） | C44.7 | ・顔面 | C49.0 |
| ・NOS（肉腫，脂肪腫） | C49.2 | ・脚 | C49.2 |
| ・外側半月 | C40.2 | ・胸壁 | C49.3 |
| ・〜蓋骨 | C40.3 | ・頬部 | C49.0 |
| ・関節，NOS | C40.2 | ・頸〈頚〉部 | C49.0 |
| ・結合組織 | C49.2 | ・肩 | C49.1 |
| ・腱 | C49.2 | ・肩甲部 | C49.3 |
| ・腱鞘 | C49.2 | ・股関節部 | C49.2 |
| ・脂肪組織 | C49.2 | ・鎖骨下部 | C49.3 |
| ・自律神経系 | C47.2 | ・鎖骨上部 | C49.0 |
| ・線維組織 | C49.2 | ・膝 | C49.2 |
| ・内側半月 | C40.2 | ・膝窩 | C49.2 |
| ・軟部組織 | C49.2 | ・手 | C49.1 |
| ・皮下組織 | C49.2 | ・仙尾骨部 | C49.5 |
| ・皮膚 | C44.7 | ・前部 | C49.1 |
| ・末梢神経 | C47.2 | ・足 | C49.2 |
| 膝窩： | | ・側頭部 | C49.0 |
| ・NOS | C76.5 | ・側腹部 | C49.6 |
| ・NOS（癌，黒色腫，母斑） | C44.7 | ・鼡径部 | C49.5 |
| ・NOS（癌腫，黒色腫，母斑） | C44.7 | ・体幹，NOS | C49.6 |
| ・NOS（肉腫，脂肪腫） | C49.2 | ・大腿 | C49.2 |
| ・〜リンパ節 | C77.4 | ・肘前窩 | C49.1 |
| ・結合組織 | C49.2 | ・殿部 | C49.5 |
| ・腱 | C49.2 | ・頭皮 | C49.0 |
| ・腱鞘 | C49.2 | ・頭部 | C49.0 |
| ・脂肪組織 | C49.2 | ・背部 | C49.6 |
| ・自律神経系 | C47.2 | ・腹壁 | C49.4 |
| ・線維組織 | C49.2 | ・腕 | C49.1 |
| ・軟部組織 | C49.2 | 斜角筋リンパ節 | **C77.0** |
| ・皮下組織 | C49.2 | 尺骨： | |
| ・皮膚 | C44.7 | ・NOS | C40.0 |

局在（シーシ）

| | |
|---|---|
| ・〜神経 | C47.1 |
| ・〜動脈 | C49.1 |
| 手: | |
| ・NOS | C76.4 |
| ・NOS（癌，黒色腫，母斑） | C44.6 |
| ・NOS（癌腫，黒色腫，母斑） | C44.6 |
| ・NOS（肉腫，脂肪腫） | C49.1 |
| ・〜関節 | C40.1 |
| ・筋 | C49.1 |
| ・結合組織 | C49.1 |
| ・腱 | C49.1 |
| ・腱鞘 | C49.1 |
| ・骨 | C40.1 |
| ・骨格筋 | C49.1 |
| ・指，NOS | C76.4 |
| ・指骨 | C40.1 |
| ・指節骨 | C40.1 |
| ・脂肪組織 | C49.1 |
| ・自律神経系 | C47.1 |
| ・線維組織 | C49.1 |
| ・軟部組織 | C49.1 |
| ・皮下組織 | C49.1 |
| ・皮膚 | C44.6 |
| ・末梢神経 | C47.1 |
| 縦隔: | |
| ・NOS | C38.3 |
| ・リンパ節 | C77.1 |
| ・後 | C38.2 |
| ・前 | C38.1 |
| 終糸 | **C72.0** |
| 十二指腸 | **C17.0** |
| 主気管支 | **C34.0** |
| 手根骨 | **C40.1** |
| 手首: | |
| ・NOS | C76.4 |
| ・NOS（癌，黒色腫，母斑） | C44.6 |
| ・NOS（癌腫，黒色腫，母斑） | C44.6 |
| ・NOS（肉腫，脂肪腫） | C49.1 |
| ・関節 | C40.1 |
| ・結合組織 | C49.1 |
| ・腱 | C49.1 |

| | |
|---|---|
| ・腱鞘 | C49.1 |
| ・骨 | C40.1 |
| ・線維組織 | C49.1 |
| ・軟部組織 | C49.1 |
| ・皮下組織 | C49.1 |
| ・皮膚 | C44.6 |
| 手掌: | |
| ・筋膜 | C49.1 |
| ・腱膜 | C49.1 |
| ・皮膚 | C44.6 |
| 小陰唇 | **C51.1** |
| 上咽頭: | |
| ・NOS | C11.9 |
| ・〜後壁 | C11.1 |
| ・〜上壁 | C11.0 |
| ・〜前壁 | C11.3 |
| ・〜側壁 | C11.2 |
| ・境界部病巣（73ページの注も参照） | C11.8 |
| 消化管，NOS | **C26.9** |
| 消化器，NOS | **C26.9** |
| 消化器系（消化器系の新生物で，発生部位がC15−C26.0に分類されないもの） | **C26.8** |
| 上顎: | |
| ・〜骨 | C41.0 |
| ・〜歯ぎん | C03.0 |
| ・〜歯齦 | C03.0 |
| ・〜歯肉 | C03.0 |
| ・〜洞 | C31.0 |
| 上顎下リンパ節 | **C77.0** |
| 松果体 | **C75.3** |
| 上気道，NOS | **C39.0** |
| 上行結腸 | **C18.2** |
| 上肢: | |
| ・NOS | C76.4 |
| ・NOS（癌，黒色腫，母斑） | C44.6 |
| ・NOS（癌腫，黒色腫，母斑） | C44.6 |
| ・NOS（肉腫，脂肪腫） | C49.1 |
| ・リンパ節 | C77.3 |
| ・筋 | C49.1 |
| ・結合組織 | C49.1 |
| ・腱 | C49.1 |

局在（シーシ）

| | |
|---|---|
| ・腱鞘 | C49.1 |
| ・骨格筋 | C49.1 |
| ・脂肪組織 | C49.1 |
| ・自律神経系 | C47.1 |
| ・線維組織 | C49.1 |
| ・短骨 | C40.1 |
| ・短骨の関節 | C40.1 |
| ・長骨 | C40.0 |
| ・長骨の関節 | C40.0 |
| ・軟部組織 | C49.1 |
| ・皮下組織 | C49.1 |
| ・皮膚 | C44.6 |
| ・末梢神経 | C47.1 |

上唇：

| | |
|---|---|
| ・NOS（皮膚C44.0を除く） | C00.0 |
| ・外～ | C00.0 |
| ・外側～ | C00.0 |
| ・～小帯 | C00.3 |
| ・～内側面 | C00.3 |
| ・粘膜 | C00.3 |
| ・皮膚 | C44.0 |
| ・皮膚粘膜境界縁 | C00.0 |

| | |
|---|---|
| 上大動脈 | C49.3 |

小唾液腺, NOS（使用説明の54ページ及び
C08の注を参照）　　　　　　　　C06.9

小腸：

| | |
|---|---|
| ・NOS | C17.9 |
| ・Meckel憩室（新生物の部位） | C17.3 |
| ・メッケル憩室（新生物の部位） | C17.3 |
| ・リンパ節 | C77.2 |
| ・回腸（回盲弁C18.0は除く） | C17.2 |
| ・空腸 | C17.1 |
| ・十二指腸 | C17.0 |
| ・境界部病巣（73ページの注を参照） | C17.8 |

| | |
|---|---|
| 上腸間膜リンパ節 | C77.2 |

小脳：

| | |
|---|---|
| ・NOS | C71.6 |
| ・～テント | C70.0 |
| ・～橋角部 | C71.6 |
| ・～虫部 | C71.6 |

| | |
|---|---|
| 上皮小体 | C75.0 |

| | |
|---|---|
| 上部食道 | C15.3 |

静脈：

| | |
|---|---|
| ・NOS | C49.9 |
| ・下大～ | C49.4 |
| ・上大～ | C49.3 |
| ・大～, NOS | C49.4 |
| ・腸骨～ | C49.5 |
| ・腹部大～ | C49.4 |

上腕：

| | |
|---|---|
| ・～リンパ節 | C77.3 |
| ・～筋 | C49.1 |
| ・～骨 | C40.0 |
| ・～三頭筋 | C49.1 |
| ・～神経 | C47.1 |
| ・～二頭筋 | C49.1 |

食道：

| | |
|---|---|
| ・NOS | C15.9 |
| ・～リンパ節 | C77.1 |
| ・～胃移行部 | C16.0 |
| ・～胃接合部 | C16.0 |
| ・遠位3分の1 | C15.5 |
| ・近位3分の1 | C15.3 |
| ・境界部病巣（73ページの注を参照） | C15.8 |

| | |
|---|---|
| 処女膜 | C52.9 |

女性：

| | |
|---|---|
| ・～外生殖器 | C51.9 |
| ・～生殖器, NOS | C57.9 |
| ・尿路生殖器, NOS | C57.9 |
| ・～生殖器の境界部病巣（女性生殖器の<br>　新生物で, 発生部位がC51－C57.7,<br>　C58に分類されないもの） | C57.8 |

自律神経系：

| | |
|---|---|
| ・NOS | C47.9 |
| ・おとがい | C47.0 |
| ・かかと | C47.2 |
| ・そけい〈鼠径〉部 | C47.5 |
| ・ふくらはぎ | C47.2 |
| ・足ゆび（趾） | C47.2 |
| ・会陰部 | C47.5 |
| ・腋窩 | C47.3 |
| ・頤部 | C47.0 |

－ 226 －

局在（シーシ）

| | | | | |
|---|---|---|---|---|
| ・眼窩 | C69.6 | ・翼突窩 | C47.0 |
| ・顔面 | C47.0 | ・腕 | C47.1 |
| ・脚 | C47.2 | 心： | |
| ・胸部 | C47.3 | ・〜外膜 | C38.0 |
| ・胸郭 | C47.3 | ・〜筋 | C38.0 |
| ・胸壁 | C47.3 | ・〜室 | C38.0 |
| ・頬部 | C47.0 | ・〜内膜 | C38.0 |
| ・頸〈頚〉部 | C47.0 | ・〜房 | C38.0 |
| ・肩 | C47.1 | ・〜膜 | C38.0 |
| ・肩甲部 | C47.3 | 腎： | |
| ・股関節部 | C47.2 | ・NOS | C64.9 |
| ・骨盤 | C47.5 | ・〜実質 | C64.9 |
| ・鎖骨下部 | C47.3 | ・〜周囲組織 | C48.0 |
| ・鎖骨上部 | C47.0 | ・〜動脈 | C49.4 |
| ・臍 | C47.4 | ・〜杯 | C65.9 |
| ・指 | C47.1 | ・〜盂 | C65.9 |
| ・趾 | C47.2 | ・〜盂尿管移行部 | C65.9 |
| ・膝 | C47.2 | ・〜盂尿管接合部 | C65.9 |
| ・膝窩 | C47.2 | **深そけい〈鼠径〉のリンパ節** | **C77.4** |
| ・手 | C47.1 | **神経：** | |
| ・手首 | C47.1 | ・NOS | C47.9 |
| ・踵 | C47.2 | ・外転〜 | C72.5 |
| ・仙尾骨部 | C47.5 | ・滑車〜 | C72.5 |
| ・前頭部 | C47.0 | ・顔面〜 | C72.5 |
| ・前腕 | C47.1 | ・嗅〜 | C72.3 |
| ・足 | C47.2 | ・筋, NOS | C47.9 |
| ・足首 | C47.4 | ・坐骨〜 | C47.2 |
| ・側頭部 | C47.0 | ・三叉〜 | C72.5 |
| ・側腹部 | C47.6 | ・視〜 | C72.3 |
| ・鼡径部 | C47.5 | ・尺骨〜 | C47.1 |
| ・体幹 | C47.6 | ・上腕〜 | C47.1 |
| ・大腿 | C47.2 | ・正中〜 | C47.1 |
| ・肘 | C47.1 | ・脊髄〜, NOS | C47.9 |
| ・肘前窩 | C47.1 | ・舌咽〜 | C72.5 |
| ・殿部 | C47.5 | ・舌下〜 | C72.5 |
| ・頭皮 | C47.0 | ・仙骨〜 | C47.5 |
| ・頭部 | C47.0 | ・大腿〜 | C47.2 |
| ・背部 | C47.6 | ・聴〜 | C72.4 |
| ・腹部 | C47.4 | ・橈骨〜 | C47.1 |
| ・腹壁 | C47.4 | ・動眼〜 | C72.5 |
| ・母指 | C47.1 | ・脳〜, NOS | C72.5 |

局在（シース）

| | | | |
|---|---|---|---|
| ・副〜, NOS | C72.5 | ・リンパ節, NOS | C77.2 |
| ・閉鎖〜 | C47.2 | ・〜管 | C25.3 |
| ・末梢〜 | C47.9 | ・〜頸〈頚〉部 | C25.7 |
| ・迷走〜 | C72.5 | ・〜周囲リンパ節 | C77.2 |
| ・腰〜 | C47.6 | ・〜周囲組織 | C48.0 |
| ・肋間〜 | C47.3 | ・〜体部 | C25.1 |

神経叢〈そう〉:

| | | | |
|---|---|---|---|
| | | ・〜頭部 | C25.0 |
| ・頸〈頚〉〜 | C47.0 | ・〜尾部 | C25.2 |
| ・仙骨〜 | C47.5 | ・境界部病巣（73ページの注を参照） | C25.8 |
| ・腰仙骨〜 | C47.5 | 髄: | |
| ・腕〜 | C47.1 | ・胸〜 | C72.0 |

神経系:

| | | | |
|---|---|---|---|
| ・NOS | C72.9 | ・頸〈頚〉 | C72.0 |
| ・交感〜, NOS | C47.9 | ・脊〜 | C72.0 |
| ・自律〜, NOS | C47.9 | ・仙〜 | C72.0 |
| ・中枢〜 | C72.9 | ・腰〜 | C72.0 |
| ・副交感〜, NOS | C47.9 | 髄核 | **C41.2** |

| | | | |
|---|---|---|---|
| 神経節, NOS | **C47.9** | 水晶体 | **C69.4** |
| 神経叢〈そう〉: | | 錐体 | **C71.7** |
| | | 髄膜: | |
| ・頸〈頚〉〜 | C47.0 | ・NOS | C70.9 |
| ・仙骨〜 | C47.5 | ・頭蓋〜 | C70.0 |
| ・腰仙骨〜 | C47.5 | ・頭蓋内〜 | C70.0 |
| ・腕〜 | C47.1 | ・脊〜 | C70.1 |
| 唇交連 | **C00.6** | ・脳〜 | C70.0 |
| 真性声帯 | **C32.0** | 頭蓋: | |
| 心臓 | **C38.0** | ・NOS | C41.0 |
| 心臓, 縦隔及び胸膜の境界部病巣 | | ・〜冠 | C41.0 |
| （73ページの注を参照） | **C38.8** | ・〜硬膜 | C70.0 |
| 深鼠径のリンパ節 | **C77.4** | ・〜骨 | C41.0 |
| 靭帯, NOS | **C49.9** | ・〜髄膜 | C70.0 |
| | | ・〜軟膜 | C70.0 |

**（ス）**

| | | | |
|---|---|---|---|
| | | 頭蓋窩: | |
| ステンセン管 | **C07.9** | ・NOS | C71.9 |
| 膵: | | ・後〜 | C71.9 |
| ・NOS | C25.9 | ・前〜 | C71.9 |
| ・Langerhans管 | C25.4 | ・中〜 | C71.9 |
| ・Santorini管 | C25.3 | ・頭蓋内くも膜 | C70.0 |
| ・Wirsung管 | C25.3 | ・頭蓋内の部位 | C71.9 |
| ・ウィルスング管 | C25.3 | ・頭蓋内髄膜 | C70.0 |
| ・サントリニ管管 | C25.3 | | |
| ・ランゲルハンス管 | C25.4 | | |

局在（セーセ）

## （セ）

| | |
|---|---|
| 精管 | C63.1 |
| 生殖器, 女性, NOS | C57.9 |
| 生殖器, 男性, NOS | C63.9 |
| 精索 | C63.1 |
| 精巣: | |
| ・NOS | C62.9 |
| ・異所性〜（新生物の部位） | C62.0 |
| ・陰のう | C62.1 |
| ・陰嚢 | C62.1 |
| ・下降〜 | C62.1 |
| ・〜鞘膜 | C63.7 |
| ・潜在〜（新生物の部位） | C62.0 |
| ・停留〜（新生物の部位） | C62.0 |
| 精巣上体 | C63.0 |
| 声帯: | |
| ・NOS | C32.0 |
| ・仮〜 | C32.1 |
| ・偽〜, 喉頭 | C32.1 |
| ・真性〜 | C32.0 |
| 正中神経 | C47.1 |
| 正中線, 舌 | C02.0 |
| 正中線部, 乳房 | C50.8 |
| 精のう | C63.7 |
| 精嚢 | C63.7 |
| 声門: | |
| ・NOS | C32.0 |
| ・〜下部 | C32.2 |
| ・〜上部 | C32.1 |
| 脊髄: | |
| ・NOS | C72.0 |
| ・〜くも膜 | C70.1 |
| ・〜円錐 | C72.0 |
| ・〜硬膜 | C70.1 |
| ・〜神経, NOS | C47.9 |
| ・〜軟膜 | C70.1 |
| ・〜膜 | C70.1 |
| 脊柱（仙骨及び尾骨C41.4を除く） | C41.2 |
| 脊椎 | C41.2 |
| 舌: | |
| ・NOS | C02.9 |

| | |
|---|---|
| ・〜咽神経 | C72.5 |
| ・〜縁 | C02.1 |
| ・〜下面, NOS | C02.2 |
| ・〜基底部, NOS | C01.9 |
| ・〜基底部, 背面 | C01.9 |
| ・〜後3分の1 | C01.9 |
| 口蓋ひだ | C09.1 |
| ・〜後部, NOS | C01.9 |
| ・〜骨 | C41.0 |
| ・〜根 | C01.9 |
| ・〜根部, NOS | C01.9 |
| ・〜根部, 背面 | C01.9 |
| ・〜小帯 | C02.2 |
| ・〜正中線 | C02.0 |
| ・接合域 | C02.8 |
| ・〜尖 | C02.1 |
| ・〜前3分の2, NOS | C02.3 |
| ・〜前3分の2, 下面 | C02.2 |
| ・〜前3分の2, 背面 | C02.0 |
| ・〜前部, NOS | C02.3 |
| ・〜前部, 下面, NOS | C02.2 |
| ・〜前部, 背面 | C02.0 |
| ・〜背面, NOS | C02.0 |
| ・〜扁桃 | C02.4 |
| ・境界部病巣（73ページの注も参照） | C02.8 |
| 舌下: | |
| ・〜リンパ節 | C77.0 |
| ・〜神経 | C72.5 |
| ・〜腺 | C08.1 |
| ・〜腺管 | C08.1 |
| 接合部: | |
| ・胃食道〜 | C16.0 |
| ・回盲〜 | C18.0 |
| ・子宮頸〈頚〉の扁平円柱上皮〜 | C53.8 |
| ・食道胃〜 | C16.0 |
| ・腎盂尿管〜 | C65.9 |
| ・中咽頭〜 | C10.8 |
| ・噴門食道〜 | C16.0 |
| 楔状軟骨 | C32.3 |
| 舌前部: | |
| ・NOS | C02.3 |

— 229 —

局在（セーセ）

| | | | |
|---|---|---|---|
| ・下面, NOS | C02.2 | ・脚 | C49.2 |
| ・背面 | C02.0 | ・胸部 | C49.3 |
| **腺**: | | ・胸郭 | C49.3 |
| ・Bartholin〜 | C51.0 | ・胸壁 | C49.3 |
| ・Cowper〜 | C68.0 | ・頬部 | C49.0 |
| ・Naboth〜 | C53.0 | ・頸〈頚〉部 | C49.0 |
| ・カウパー〜 | C68.0 | ・肩 | C49.1 |
| ・ナボット〜 | C53.0 | ・肩甲部 | C49.3 |
| ・バルトリン〜 | C51.0 | ・股関節部 | C49.2 |
| ・マイボーム〜 | C44.1 | ・臍 | C49.4 |
| ・顎下〜 | C08.0 | ・鎖骨下部 | C49.3 |
| ・甲状〜 | C73.9 | ・鎖骨上部 | C49.0 |
| ・子宮頸〈頚〉管〜 | C53.0 | ・指 | C49.1 |
| ・子宮内膜〜 | C54.1 | ・趾 | C49.2 |
| ・耳下〜 | C07.9 | ・膝 | C49.2 |
| ・耳垢〜 | C44.2 | ・膝窩 | C49.2 |
| ・小唾液〜, NOS(使用説明の54ページ | | ・手 | C49.1 |
| 及びC08の注を参照) | C06.9 | ・手首 | C49.1 |
| ・舌下〜 | C08.1 | ・仙尾骨部 | C49.5 |
| ・前立〜, NOS | C61.9 | ・踵 | C49.2 |
| ・唾液〜, NOS(小唾液腺, NOS C06.9を | | ・前頭部 | C49.0 |
| 除く;使用説明の54ページ及びC08 | | ・前腕 | C49.1 |
| の注を参照) | C08.9 | ・足 | C49.2 |
| ・大唾液〜, NOS | C08.9 | ・足首 | C49.2 |
| ・内分泌〜, NOS | C75.9 | ・側頭部 | C49.0 |
| ・乳〜 | C50.9 | ・側腹部 | C49.6 |
| ・尿道〜 | C68.0 | ・鼡径部 | C49.5 |
| ・尿道傍〜 | C68.1 | ・体幹, NOS | C49.6 |
| ・副甲状〜 | C75.0 | ・大腿 | C49.2 |
| ・涙〜 | C69.5 | ・肘 | C49.1 |
| **線維組織**: | | ・肘前窩 | C49.1 |
| ・NOS | C49.9 | ・殿部 | C49.5 |
| ・おとがい | C49.0 | ・頭皮 | C49.0 |
| ・かかと | C49.2 | ・頭部 | C49.0 |
| ・そけい〈鼠径〉部 | C49.5 | ・背部 | C49.6 |
| ・ふくらはぎ | C49.2 | ・腹壁 | C49.4 |
| ・足ゆび(趾) | C49.2 | ・母指 | C49.1 |
| ・会陰部 | C49.5 | ・翼突窩 | C49.0 |
| ・腋窩 | C49.3 | ・腕 | C49.1 |
| ・頤部 | C49.0 | **仙骨**: | |
| ・顔面 | C49.0 | ・NOS | C41.4 |

－ 230 －

局在（セ〜ソ）

| | |
|---|---|
| ・〜リンパ節 | C77.5 |
| ・〜子宮靭帯 | C57.3 |
| ・〜神経 | C47.5 |
| ・〜神経叢〈そう〉 | C47.5 |
| ・〜前部, NOS | C76.3 |
| **潜在睾丸**(新生物の部位) | **C62.0** |
| **潜在精巣**(新生物の部位) | **C62.0** |
| **線条体** | **C71.0** |
| **仙髄** | **C72.0** |
| 仙尾骨部： | |
| ・NOS | C76.3 |
| ・NOS(癌, 黒色腫, 母斑) | C44.5 |
| ・NOS(癌腫, 黒色腫, 母斑) | C44.5 |
| ・NOS(肉腫, 脂肪腫) | C49.5 |
| ・筋 | C49.5 |
| ・結合組織 | C49.5 |
| ・骨格筋 | C49.5 |
| ・脂肪組織 | C49.5 |
| ・自律神経系 | C47.5 |
| ・線維組織 | C49.5 |
| ・軟部組織 | C49.5 |
| ・皮下組織 | C49.5 |
| ・皮膚 | C44.5 |
| ・末梢神経 | C47.5 |
| **前縦隔** | **C38.1** |
| 前頭： | |
| ・〜蓋窩 | C71.9 |
| ・〜極 | C71.1 |
| ・〜骨 | C41.0 |
| ・〜洞 | C31.2 |
| ・〜v葉 | C71.1 |
| 前頭部： | |
| ・NOS | C44.3 |
| ・NOS(癌, 黒色腫, 母斑) | C44.3 |
| ・NOS(癌腫, 黒色腫, 母斑) | C44.3 |
| ・NOS(肉腫, 脂肪腫) | C49.0 |
| ・結合組織 | C49.0 |
| ・自律神経系 | C47.0 |
| ・線維組織 | C49.0 |
| ・軟部組織 | C49.0 |
| ・皮下組織 | C49.0 |

| | |
|---|---|
| ・皮膚 | C44.3 |
| ・末梢神経 | C47.0 |
| **前部口腔底** | **C04.0** |
| 前壁： | |
| ・胃〜, NOS(C16.0－C16.4に分類されないもの) | C16.8 |
| ・上咽頭〜 | C11.3 |
| ・鼻咽頭〜 | C11.3 |
| ・膀胱〜 | C67.3 |
| **前立腺** | **C61.9** |
| **前立腺小室** | **C68.0** |
| 前腕： | |
| ・NOS | C76.4 |
| ・NOS(癌, 黒色腫, 母斑) | C44.6 |
| ・NOS(癌腫, 黒色腫, 母斑) | C44.6 |
| ・NOS(肉腫, 脂肪腫) | C49.1 |
| ・筋 | C49.1 |
| ・結合組織 | C49.1 |
| ・腱 | C49.1 |
| ・腱鞘 | C49.1 |
| ・骨 | C40.0 |
| ・骨格筋 | C49.1 |
| ・脂肪組織 | C49.1 |
| ・自律神経系 | C47.1 |
| ・線維組織 | C49.1 |
| ・軟部組織 | C49.1 |
| ・皮下組織 | C49.1 |
| ・皮膚 | C44.6 |
| ・末梢神経 | C47.1 |

## （ソ）

| | |
|---|---|
| そけい〈鼠径〉下リンパ節 | **C77.4** |
| そけい〈鼠径〉部： | |
| ・NOS | C76.3 |
| ・NOS(癌, 黒色腫, 母斑) | C44.5 |
| ・NOS(癌腫, 黒色腫, 母斑) | C44.5 |
| ・NOS(肉腫, 脂肪腫) | C49.5 |
| ・リンパ節 | C77.4 |
| ・結合組織 | C49.5 |
| ・脂肪組織 | C49.5 |
| ・自律神経系 | C47.5 |

－ 231 －

局在（ソーソ）

| | | | |
|---|---|---|---|
| ・線維組織 | C49.5 | ・NOS（癌腫, 黒色腫, 母斑） | C44.7 |
| ・軟部組織 | C49.5 | ・NOS（肉腫, 脂肪腫） | C49.2 |
| ・皮下組織 | C49.5 | ・関節 | C40.3 |
| ・皮膚 | C44.5 | ・結合組織 | C49.2 |
| ・末梢神経 | C47.5 | ・腱 | C49.2 |
| **造血系, NOS** | **C42.4** | ・腱鞘 | C49.2 |
| **臓側胸膜** | **C38.4** | ・骨 | C40.3 |
| **総胆管** | **C24.0** | ・自律神経系 | C47.2 |
| **総胆管リンパ節** | **C77.2** | ・線維組織 | C49.2 |
| **総排泄腔由来部** | **C21.2** | ・軟部組織 | C49.2 |
| **僧帽筋** | **C49.3** | ・皮下組織 | C49.2 |
| **足：** | | ・皮膚 | C44.7 |
| ・NOS | C76.5 | ・末梢神経 | C47.2 |
| ・NOS（癌, 黒色腫, 母斑） | C44.7 | **足底：** | |
| ・NOS（癌腫, 黒色腫, 母斑） | C44.7 | ・NOS | C44.7 |
| ・NOS（肉腫, 脂肪腫） | C49.2 | ・筋膜 | C49.2 |
| ・かかと, NOS | C76.5 | ・腱膜 | C49.2 |
| ・足ゆび（趾）, NOS | C76.5 | ・皮膚 | C44.7 |
| ・足ゆび（趾）骨 | C40.3 | **側頭骨** | **C41.0** |
| ・関節 | C40.3 | **側頭部：** | |
| ・筋 | C49.2 | ・NOS | C44.3 |
| ・結合組織 | C49.2 | ・NOS（癌, 黒色腫, 母斑） | C44.3 |
| ・腱 | C49.2 | ・NOS（癌腫, 黒色腫, 母斑） | C44.3 |
| ・腱鞘 | C49.2 | ・NOS（肉腫, 脂肪腫） | C49.0 |
| ・骨 | C40.3 | ・結合組織 | C49.0 |
| ・趾, NOS | C76.5 | ・脂肪組織 | C49.0 |
| ・趾骨 | C40.3 | ・自律神経系 | C47.0 |
| ・趾節骨 | C40.3 | ・線維組織 | C49.0 |
| ・脂肪組織 | C49.2 | ・軟部組織 | C49.0 |
| ・踵, NOS | C76.5 | ・皮下組織 | C49.0 |
| ・踵骨 | C40.3 | ・皮膚 | C44.3 |
| ・自律神経系 | C47.2 | ・末梢神経 | C47.0 |
| ・線維組織 | C49.2 | **側頭葉** | **C71.2** |
| ・軟部組織 | C49.2 | **側脳室, NOS** | **C71.5** |
| ・皮下組織 | C49.2 | **側脳室脈絡そう** | **C71.5** |
| ・皮膚 | C44.7 | **側脳室脈絡叢** | **C71.5** |
| ・末梢神経 | C47.2 | **側腹部：** | |
| **足根骨** | **C40.3** | ・NOS | C76.7 |
| **足首：** | | ・NOS（癌, 黒色腫, 母斑） | C44.5 |
| ・NOS | C76.5 | ・NOS（癌腫, 黒色腫, 母斑） | C44.5 |
| ・NOS（癌, 黒色腫, 母斑） | C44.7 | ・NOS（肉腫, 脂肪腫） | C49.6 |

— 232 —

局在（ソータ）

・筋 C49.6
・結合組織 C49.6
・腱 C49.6
・腱鞘 C49.6
・骨格筋 C49.6
・脂肪組織 C49.6
・自律神経系 C47.6
・線維組織 C49.6
・軟部組織 C49.6
・皮下組織 C49.6
・皮膚 C44.5
・末梢神経 C47.6
側部口腔底 **C04.1**
側壁：
・咽頭〜, NOS C14.0
・上咽頭〜 C11.2
・中咽頭〜 C10.2
・鼻咽頭〜 C11.2
・膀胱〜 C67.2

### （タ）

ダグラス窩 **C48.1**
体：
・Wolff〜 C57.7
・ウォルフ〜 C57.7
・胃〜 C16.2
・海綿〜 C60.2
・線条〜 C71.0
・傍大動脈〜 C75.5
・毛様〜 C69.4
第1頸〈頚〉椎 **C41.2**
第2軸椎 **C41.2**
第3脳室, NOS **C71.5**
第3脳室の脈絡叢〈そう〉 **C71.5**
第4脳室, NOS **C71.7**
第4脳室の脈絡叢〈そう〉 **C71.7**
大陰唇, NOS **C51.0**
大陰唇の皮膚 **C51.0**
体幹：
・NOS C76.7
・NOS(癌, 黒色腫, 母斑) C44.5

・NOS(癌腫, 黒色腫, 母斑) C44.5
・NOS(肉腫, 脂肪腫) C49.6
・筋 C49.6
・結合組織 C49.6
・骨格筋 C49.6
・脂肪組織 C49.6
・自律神経系 C47.6
・線維組織 C49.6
・軟部組織 C49.6
・皮下組織 C49.6
・皮膚 C44.5
・末梢神経 C47.6
大胸筋 **C49.3**
大腿：
・NOS C76.5
・NOS(癌, 黒色腫, 母斑) C44.7
・NOS(癌腫, 黒色腫, 母斑) C44.7
・NOS(肉腫, 脂肪腫) C49.2
・〜リンパ節 C77.4
・筋 C49.2
・結合組織 C49.2
・腱 C49.2
・腱鞘 C49.2
・骨 C40.2
・骨格筋 C49.2
・脂肪組織 C49.2
・自律神経系 C47.2
・神経 C47.2
・線維組織 C49.2
・動脈 C49.2
・軟部組織 C49.2
・二頭筋 C49.2
・皮下組織 C49.2
・皮膚 C44.7
・末梢神経 C47.2
・四頭筋 C49.2
大唾液腺, NOS **C08.9**
大唾液腺の境界部病巣(73ページの注も 参照) **C08.8**
大腸, NOS(直腸, NOS C20.9及び直腸S状 結腸移行部C19.9を除く) **C18.9**

— 233 —

局在（ターチ）

| | |
|---|---|
| 大静脈： | |
| ・NOS | C49.4 |
| ・下〜 | C49.4 |
| ・上〜 | C49.3 |
| ・腹部〜 | C49.4 |
| 大動脈： | |
| ・NOS | C49.3 |
| ・〜リンパ節 | C77.2 |
| ・〜周囲リンパ節 | C77.2 |
| ・〜小体 | C75.5 |
| ・傍リンパ節 | C77.2 |
| 大殿筋 | C49.5 |
| 大脳： | |
| ・NOS | C71.0 |
| ・〜基底核 | C71.0 |
| ・〜白質 | C71.0 |
| ・〜半球 | C71.0 |
| ・〜皮質 | C71.0 |
| 体部： | |
| ・胃〜 | C16.2 |
| ・陰茎〜 | C60.2 |
| ・子宮〜 | C54.9 |
| ・膵〜 | C25.1 |
| 大網 | C48.1 |
| 唾液腺： | |
| ・NOS（小唾液腺, NOS C60.9を除く；使用説明の54ページ及びC08の注を参照） | C08.9 |
| ・小, NOS（使用説明の54ページ及びC08の注を参照） | C06.9 |
| ・大, NOS | C08.9 |
| 多腺性 | C75.8 |
| 多内分泌腺性 | C75.8 |
| 多部位のリンパ節 | C77.8 |
| 胆管： | |
| ・NOS | C24.0 |
| ・肝外〜 | C24.0 |
| ・肝内〜 | C22.1 |
| ・総〜 | C24.0 |
| 胆小管 | C22.1 |
| 男性生殖器, NOS | C63.9 |

| | |
|---|---|
| 男性生殖器の境界部病巣（男性生殖器の新生物で, 発生部位がC60−63.7に分類されないもの） | C63.8 |
| 男性尿路生殖器, NOS | C63.9 |
| 胆のう | C23.9 |
| 胆のう管 | C24.0 |
| 胆道, NOS | C24.9 |
| 胆道の境界部病巣（肝内外胆管の新生物）（73ページの注も参照） | C24.8 |
| 胆嚢 | C23.9 |
| 胆嚢管 | C24.0 |

## （チ）

| | |
|---|---|
| 恥丘 | C51.9 |
| 恥骨 | C41.4 |
| 恥骨結合 | C41.4 |
| 恥骨結合前リンパ節 | C77.5 |
| 膣, NOS | C52.9 |
| 膣円蓋 | C52.9 |
| 肘： | |
| ・NOS | C76.4 |
| ・NOS（癌, 黒色腫, 母斑） | C44.6 |
| ・NOS（癌腫, 黒色腫, 母斑） | C44.6 |
| ・NOS（肉腫, 脂肪腫） | C49.1 |
| ・〜リンパ節 | C77.3 |
| ・関節 | C40.0 |
| ・結合組織 | C49.1 |
| ・自律神経系 | C47.1 |
| ・線維組織 | C49.1 |
| ・軟部組織 | C49.1 |
| ・皮下組織 | C49.1 |
| ・皮膚 | C44.6 |
| ・末梢神経 | C47.1 |
| 中咽頭： | |
| ・NOS | C10.9 |
| ・〜移行部 | C10.8 |
| ・〜後壁 | C10.3 |
| ・〜接合 | C10.8 |
| ・〜側壁 | C10.2 |
| ・境界部病巣（73ページの注も参照） | C10.8 |

局在（チーテ）

| | |
|---|---|
| 中隔： | |
| ・直腸腟〜 | C76.3 |
| ・直腸膀胱〜 | C76.3 |
| ・尿道腟〜 | C57.9 |
| ・膀胱腟〜 | C57.9 |
| 中結腸リンパ節 | C77.2 |
| 中耳 | C30.1 |
| 中手骨 | C40.1 |
| 虫垂 | C18.1 |
| 虫垂間膜 | C48.1 |
| 肘前窩： | |
| ・NOS | C76.4 |
| ・NOS（癌，黒色腫，母斑） | C44.6 |
| ・NOS（癌腫，黒色腫，母斑） | C44.6 |
| ・NOS（肉腫，脂肪腫） | C49.1 |
| ・結合組織 | C49.1 |
| ・脂肪組織 | C49.1 |
| ・自律神経系 | C47.1 |
| ・線維組織 | C49.1 |
| ・軟部組織 | C49.1 |
| ・皮下組織 | C49.1 |
| ・皮膚 | C44.6 |
| ・末梢神経 | C47.1 |
| 中足骨 | C40.3 |
| 中頭蓋窩 | C71.9 |
| 中脳 | C71.7 |
| 中部食道 | C15.4 |
| 腸： | |
| ・NOS | C26.0 |
| ・小〜，NOS | C17.9 |
| ・大〜，NOS（直腸，NOS C20.9及び直腸 S状結腸移行部C19.9を除く） | C18.9 |
| 腸管，NOS | C26.0 |
| 腸間膜 | C48.1 |
| 腸間膜リンパ節： | |
| ・NOS | C77.2 |
| ・下〜 | C77.2 |
| ・上〜 | C77.2 |
| 腸間膜動脈 | C49.4 |
| 蝶形骨 | C41.0 |
| 蝶形骨洞 | C31.3 |

| | |
|---|---|
| 腸骨： | |
| ・NOS | C41.4 |
| ・〜リンパ節 | C77.5 |
| ・静脈 | C49.5 |
| ・動脈 | C49.5 |
| 聴神経 | C72.4 |
| 腸腰筋 | C49.4 |
| 直腸： | |
| ・NOS | C20.9 |
| ・〜S状結腸，NOS | C19.9 |
| ・〜S状結腸移行部 | C19.9 |
| ・〜子宮窩 | C48.1 |
| ・〜周囲，NOS | C76.3 |
| ・周囲部，NOS | C76.3 |
| ・〜腟中隔 | C76.3 |
| ・〜膀胱中隔 | C76.3 |
| ・〜膨大部 | C20.9 |
| 直腸，肛門及び肛門管の境界部病巣 （73ページの注も参照） | C21.8 |
| 直腸及び結腸 | C19.9 |

（ツ）

| | |
|---|---|
| ツッカーカンドル器官 | C75.5 |
| 椎間板 | C41.2 |
| 椎骨 | C41.2 |

（テ）

| | |
|---|---|
| テント，NOS | C70.0 |
| テント下，NOS（脳も参照） | C71.7 |
| テント上，NOS（脳も参照） | C71.0 |
| 殿部： | |
| ・NOS | C76.3 |
| ・NOS（癌，黒色腫，母斑） | C44.5 |
| ・NOS（癌腫，黒色腫，母斑） | C44.5 |
| ・NOS（肉腫，脂肪腫） | C49.5 |
| ・筋 | C49.5 |
| ・結合組織 | C49.5 |
| ・骨格筋 | C49.5 |
| ・脂肪組織 | C47.5 |
| ・自律神経系 | C49.5 |
| ・線維組織 | C49.5 |

局在（テーナ）

| | | | |
|---|---|---|---|
| ・皮下組織 | C49.5 | ・NOS（癌，黒色腫，母斑） | C44.4 |
| ・皮膚 | C44.5 | ・NOS（癌腫，黒色腫，母斑） | C44.4 |
| ・末梢神経 | C47.5 | ・NOS（肉腫，脂肪腫） | C49.0 |
| | | ・リンパ節 | C77.0 |
| **（ト）** | | ・筋 | C49.0 |
| **トルコ鞍** | **C75.1** | ・結合組織 | C49.0 |
| **島** | **C71.0** | ・骨格筋 | C49.0 |
| 洞： | | ・脂肪組織 | C49.0 |
| ・篩骨〜 | C31.1 | ・自律神経系 | C47.0 |
| ・上顎〜 | C31.0 | ・軟部組織 | C49.0 |
| ・前頭〜 | C31.2 | ・皮下組織 | C49.0 |
| ・蝶形骨〜 | C31.3 | ・皮膚，NOS | C44.4 |
| ・乳突〜 | C30.1 | ・末梢神経 | C47.0 |
| ・乳突起〜 | C30.1 | 動脈： | |
| ・乳様突〜 | C30.1 | ・NOS | C49.9 |
| ・乳様突起 | C30.1 | ・腋窩〜 | C49.3 |
| **頭蓋→頭蓋**（ずがい） | | ・頸〈頚〉〜 | C49.0 |
| **動眼神経** | **C72.5** | ・鎖骨下〜 | C49.3 |
| 橈骨： | | ・尺骨〜 | C49.1 |
| ・NOS | C40.0 | ・腎〜 | C49.4 |
| ・〜神経 | C47.1 | ・大〜 | C49.3 |
| ・〜動脈 | C49.1 | ・大〜，腹部 | C49.4 |
| **頭頂骨** | **C41.0** | ・大腿〜 | C49.2 |
| **頭頂葉** | **C71.3** | ・腸間膜〜 | C49.4 |
| 頭皮： | | ・腸骨〜 | C49.5 |
| ・NOS | C44.4 | ・橈骨〜 | C49.1 |
| ・NOS（癌，黒色腫，母斑） | C44.4 | ・内胸〜 | C49.3 |
| ・NOS（癌腫，黒色腫，母斑） | C44.4 | ・腹腔〜 | C49.4 |
| ・NOS（肉腫，脂肪腫） | C49.0 | | |
| ・筋 | C49.0 | **（ナ）** | |
| ・結合組織 | C49.0 | **ナボット腺** | **C53.0** |
| ・骨格筋 | C49.0 | **内眼角** | **C44.1** |
| ・脂肪組織 | C49.0 | **内胸動脈** | **C49.3** |
| ・自律神経系 | C47.0 | **内喉頭** | **C32.0** |
| ・線維組織 | C49.0 | **内子宮口** | **C53.0** |
| ・軟部組織 | C49.0 | **内耳** | **C30.1** |
| ・皮下組織 | C49.0 | **内側乳房** | **C50.8** |
| ・皮膚 | C44.4 | **内側半月** | **C40.2** |
| ・末梢神経 | C47.0 | **内尿道口** | **C67.5** |
| 頭部： | | **内分泌膵** | **C25.4** |
| ・NOS | C76.0 | **内分泌腺，NOS** | **C75.9** |

－ 236 －

局在（ナーナ）

| | | | | |
|---|---|---|---|
| 内分泌腺, 多腺性 | C 75.8 | ・頬部 | C 49.0 |
| 内分泌腺及び関連組織の境界部病巣 | | ・頸〈頚〉部 | C 49.0 |
| 　（73ページの注を参照） | C 75.8 | ・肩 | C 49.1 |
| 内包 | C 71.0 | ・肩甲部 | C 49.3 |
| 軟口蓋, NOS(軟口蓋の鼻咽頭表面 | | ・股関節部 | C 49.2 |
| 　C 11.3を除く) | C 05.1 | ・臍 | C 49.4 |
| 軟口蓋, NOS(軟口蓋の上咽頭表面 | | ・鎖骨下部 | C 49.3 |
| 　C 11.3を除く) | C 05.1 | ・鎖骨上部 | C 49.0 |
| 軟口蓋の上咽頭表面 | C 11.3 | ・指 | C 49.1 |
| 軟口蓋の鼻咽頭表面 | C 11.3 | ・趾 | C 49.2 |
| 軟骨: | | ・膝 | C 49.2 |
| 　・NOS | C 41.9 | ・膝窩 | C 49.2 |
| 　・関節〜, NOS | C 41.9 | ・手 | C 49.1 |
| 　・楔状〜 | C 32.3 | ・手首 | C 49.1 |
| 　・甲状〜 | C 32.3 | ・仙尾骨部 | C 49.5 |
| 　・喉頭〜 | C 32.3 | ・踵 | C 49.2 |
| 　・肢, NOS | C 40.9 | ・前頭部 | C 49.0 |
| 　・肢の関節〜, NOS | C 40.9 | ・前腕 | C 49.1 |
| 　・四肢, NOS | C 40.9 | ・足 | C 49.2 |
| 　・四肢の関節〜, NOS | C 40.9 | ・足首 | C 49.2 |
| 　・耳〜 | C 49.0 | ・側頭部 | C 49.0 |
| 　・披裂〜 | C 32.3 | ・側腹部 | C 49.6 |
| 　・鼻〜 | C 30.0 | ・鼡径部 | C 49.5 |
| 　・輪状〜 | C 32.3 | ・体幹, NOS | C 49.6 |
| 　・肋〜 | C 41.3 | ・大腿 | C 49.2 |
| 軟部組織: | | ・肘 | C 49.1 |
| 　・NOS | C 49.9 | ・肘前窩 | C 49.1 |
| 　・おとがい | C 49.0 | ・殿部 | C 49.5 |
| 　・かかと | C 49.2 | ・頭皮 | C 49.0 |
| 　・そけい〈鼠径〉部 | C 49.5 | ・頭部 | C 49.0 |
| 　・ふくらはぎ | C 49.2 | ・背部 | C 49.6 |
| 　・足ゆび(趾) | C 49.2 | ・母指 | C 49.1 |
| 　・会陰部 | C 49.5 | ・腹部 | C 49.4 |
| 　・腋窩 | C 49.3 | ・腹壁 | C 49.4 |
| 　・頤部 | C 49.0 | ・翼突窩 | C 49.0 |
| 　・眼窩 | C 69.6 | ・腕 | C 49.1 |
| 　・顔面 | C 49.0 | 軟膜: | |
| 　・脚 | C 49.2 | ・NOS | C 70.9 |
| 　・胸部 | C 49.3 | ・頭蓋〜 | C 70.0 |
| 　・胸郭 | C 49.3 | ・脊髄〜 | C 70.1 |
| 　・胸壁 | C 49.3 | | |

— 237 —

局在（ニーノ）

## （ニ）

| | |
|---|---|
| 乳腺 | C50.9 |
| 乳腺の尾部, NOS | C50.6 |
| 乳腺腋下尾部 | C50.6 |
| 乳頭 | C50.0 |
| 乳突起洞 | C30.1 |
| 乳突洞 | C30.1 |
| 乳房： | |
| ・NOS（乳房の皮膚C44.5を除く） | C50.9 |
| ・〜, 下外側4分の1 | C50.5 |
| ・〜, 下内側4分の1 | C50.3 |
| ・〜, 下部 | C50.8 |
| ・〜, 外側 | C50.8 |
| ・〜, 上外側4分の1 | C50.4 |
| ・〜, 上内側4分の1 | C50.2 |
| ・〜, 上部 | C50.8 |
| ・〜, 正中線部 | C50.8 |
| ・〜中央部 | C50.1 |
| ・〜, 内側 | C50.8 |
| ・皮膚 | C44.5 |
| ・境界部病巣 | C50.8 |
| （73ページの注も参照） | |
| 乳様突起洞 | C30.1 |
| 乳様突洞 | C30.1 |
| 乳輪 | C50.0 |
| 尿管 | C66.9 |
| 尿管口 | C67.6 |
| 尿道： | |
| ・NOS | C68.0 |
| ・〜腺 | C68.0 |
| ・〜膣中隔 | C57.9 |
| ・〜傍腺 | C68.1 |
| 尿膜管 | C67.7 |
| 尿路系, NOS | C68.9 |

## （ネ）

| | |
|---|---|
| 粘膜： | |
| ・下顎歯槽〜 | C03.1 |
| ・下顎歯槽堤〜 | C03.1 |
| ・下唇〜 | C00.4 |
| ・頬〜 | C06.0 |
| ・頬部〜 | C06.0 |
| ・口腔〜 | C06.9 |
| ・口唇〜, NOS | C00.5 |
| ・歯槽〜, NOS | C03.9 |
| ・歯槽堤〜, NOS | C03.9 |
| ・上顎歯槽〜 | C03.0 |
| ・上顎歯槽堤〜 | C03.0 |
| ・上唇〜 | C00.3 |
| ・鼻〜 | C30.0 |

## （ノ）

| | |
|---|---|
| 脳： | |
| （大脳, 中脳, 小脳はそれぞれの項目を参照） | |
| ・NOS | C71.9 |
| ・Reil島 | C71.0 |
| ・オリーブ | C71.7 |
| ・テント下, NOS | C71.7 |
| ・テント上, NOS | C71.0 |
| ・ライル島 | C71.0 |
| ・くも膜, NOS | C70.9 |
| ・鞍上部 | C71.9 |
| ・延髄 | C71.7 |
| ・海馬 | C71.2 |
| ・外套 | C71.0 |
| ・〜幹 | C71.7 |
| ・〜脚 | C71.7 |
| ・〜脚底 | C71.7 |
| ・嗅〜 | C71.0 |
| ・橋 | C71.7 |
| ・〜鉤 | C71.2 |
| ・後頭蓋窩 | C71.9 |
| ・後頭極 | C71.4 |
| ・後頭葉 | C71.4 |
| ・硬膜, NOS | C70.9 |
| ・視交叉 | C72.3 |
| ・視神経交叉 | C72.3 |
| ・視索 | C72.3 |
| ・視床 | C71.0 |
| ・視床下部 | C71.0 |
| ・〜室, NOS | C71.5 |

－ 238 －

局在（ノ－ハ）

・〜髄膜　C70.0
・上衣　C71.5
・錐体　C71.7
・髄膜, NOS　C70.9
・線条体　C71.0
・前頭蓋窩　C71.9
・前頭極　C71.1
・前頭葉　C71.1
・側頭葉　C71.2
・側脳室, NOS　C71.5
・側脳室の脈絡叢〈そう〉　C71.5
・第3脳室, NOS　C71.5
・第3脳室の脈絡叢〈そう〉　C71.5
・第4脳室, NOS
・第4脳室の脈絡叢〈そう〉　C71.7
・淡蒼球　C71.0
・中心白質　C71.0
・中頭蓋窩　C71.9
・島　C71.0
・頭蓋窩, NOS　C71.9
・頭蓋硬膜　C70.0
・頭蓋髄膜　C70.0
・頭蓋内くも膜　C70.0
・頭蓋軟膜　C70.0
・頭頂葉　C71.3
・内包　C71.0
・被殻　C71.0
・弁蓋　C71.0
・脈絡叢〈そう〉, NOS　C71.5
※・〜梁（C71.8から移動）　C71.0
・鎌, NOS　C70.0
・境界部病巣　C71.8
（73ページの注も参照）

**脳及び中枢神経系の境界部病巣**
（脳及び中枢神経系の新生物で，
発生部位がC70－C72.5に分類されない
もの）　**C72.8**
脳室：
・NOS　C71.5
・側〜, NOS　C71.5
・側〜, 脈絡叢〈そう〉　C71.5

・第3〜, NOS　C71.5
・第3〜, 脈絡叢〈そう〉　C71.5
・第4〜, NOS　C71.7
・第4〜, 脈絡叢〈そう〉　C71.7

# （ハ）

パラガングリオン　**C75.5**
バルトリン腺　**C51.0**
馬尾　**C72.1**
背部：
・NOS　C76.7
・NOS（癌, 黒色腫, 母斑）　C44.5
・NOS（癌腫, 黒色腫, 母斑）　C44.5
・NOS（肉腫, 脂肪腫）　C49.6
・筋　C49.6
・筋膜　C49.6
・結合組織　C49.6
・腱　C49.6
・腱鞘　C49.6
・骨　C41.2
・骨格筋　C49.6
・脂肪組織　C49.6
・自律神経系　C47.6
・線維組織　C49.6
・軟部組織　C49.6
・皮下組織　C49.6
・皮膚　C44.5
・末梢神経　C47.6
肺：
・NOS　C34.9
・リンパ節, NOS　C77.1
・下葉　C34.3
・気管支, NOS　C34.9
・気管支, 下葉　C34.3
・気管支, 上葉　C34.1
・気管支, 中葉　C34.2
・細気管支　C34.9
・主気管支　C34.0
・〜小舌　C34.1
・上葉　C34.1
・中葉　C34.2

－ 239 －

局在（ハ-ヒ）

| | |
|---|---|
| ・分岐部 | C34.0 |
| ・境界部病巣（73ページの注も参照） | C34.8 |
| **肺門リンパ節，NOS** | **C77.1** |
| **肺門部** | **C34.0** |
| **半月** | **C40.2** |

## （ヒ）

| | |
|---|---|
| **ひだ：** | |
| ・舌口蓋〜 | C09.1 |
| ・披裂〜 | C13.1 |
| ・披裂喉頭蓋〜，NOS（喉頭面C32.1を | |
| 除く） | C13.1 |
| ・披裂喉頭蓋〜，下咽頭面 | C13.1 |
| ・披裂喉頭蓋〜，喉頭面 | C32.1 |
| **脾：** | |
| ・NOS | C42.2 |
| ・〜リンパ節，NOS | C77.2 |
| ・〜門リンパ節 | C77.2 |
| ・〜弯曲 | C18.5 |
| **鼻：** | |
| ・NOS | C76.0 |
| ・〜咽頭，NOS | C11.9 |
| ・〜咽頭壁 | C11.9 |
| ・外面 | C44.3 |
| ・〜孔 | C30.0 |
| ・外鼻孔 | C30.0 |
| ・後鼻孔 | C11.3 |
| ・〜甲介 | C30.0 |
| ・〜腔（鼻，NOS C76.0を除く） | C30.0 |
| ・〜骨 | C41.0 |
| ・支柱 | C44.3 |
| ・〜前庭 | C30.0 |
| ・〜中隔，NOS（鼻中隔の後縁C11.3を | |
| 除く） | C30.0 |
| ・〜中隔の後縁 | C11.3 |
| ・内部 | C30.0 |
| ・〜軟骨 | C30.0 |
| ・粘膜 | C30.0 |
| ・皮膚 | C44.3 |
| ・〜翼 | C44.3 |
| ・〜涙管 | C69.5 |

| | |
|---|---|
| **鼻咽頭：** | |
| ・NOS | C11.9 |
| ・〜後壁 | C11.1 |
| ・〜前壁 | C11.3 |
| ・〜側壁 | C11.2 |
| ・〜上壁 | C11.0 |
| ・境界部病巣（73ページの注も参照） | C11.8 |
| **被殻** | **C71.0** |
| **皮下組織：** | |
| ・NOS | C49.9 |
| ・おとがい | C49.0 |
| ・かかと | C49.2 |
| ・そけい〈鼠径〉部 | C49.5 |
| ・ふくらはぎ | C49.2 |
| ・足ゆび（趾） | C49.2 |
| ・会陰部 | C49.5 |
| ・腋窩 | C49.3 |
| ・頤部 | C49.0 |
| ・顔面 | C49.0 |
| ・脚 | C49.2 |
| ・胸部 | C49.3 |
| ・胸郭 | C49.3 |
| ・胸壁 | C49.3 |
| ・頬部 | C49.0 |
| ・頸〈頚〉部 | C49.0 |
| ・肩 | C49.1 |
| ・肩甲部 | C49.3 |
| ・股関節部 | C49.2 |
| ・骨盤 | C49.5 |
| ・鎖骨下部 | C49.3 |
| ・鎖骨上部 | C49.0 |
| ・臍 | C49.4 |
| ・指 | C49.1 |
| ・趾 | C49.2 |
| ・膝 | C49.2 |
| ・膝窩 | C49.2 |
| ・手 | C49.1 |
| ・手首 | C49.1 |
| ・仙尾骨部 | C49.5 |
| ・踵（かかと） | C49.2 |
| ・前頭部 | C49.0 |

局在（ヒーヒ）

| | | | |
|---|---|---|---|
| ・前腕 | C49.1 | ・頤部, NOS | C44.3 |
| ・足 | C49.2 | ・下眼瞼 | C44.1 |
| ・足首 | C49.2 | ・下唇 | C44.0 |
| ・側頭部 | C49.0 | ・会陰部 | C44.5 |
| ・側腹部 | C49.6 | ・腋窩 | C44.5 |
| ・鼠径部 | C49.5 | ・外陰部 | C51.9 |
| ・体幹, NOS | C49.6 | ・外眼角 | C44.1 |
| ・大腿 | C49.2 | ・外耳 | C44.2 |
| ・肘 | C49.1 | ・外耳道 | C44.2 |
| ・肘前窩 | C49.1 | ・顎部 | C44.3 |
| ・殿部 | C49.5 | ・眼角, NOS | C44.1 |
| ・頭皮 | C49.0 | ・眼瞼 | C44.1 |
| ・頭部 | C49.0 | ・顔面 | C44.3 |
| ・背部 | C49.6 | ・脚 | C44.7 |
| ・腹部 | C49.4 | ・頬, 外面 | C44.3 |
| ・腹壁 | C49.4 | ・胸郭 | C44.5 |
| ・母指 | C49.1 | ・胸部 | C44.5 |
| ・腕 | C49.1 | ・頬部 | C44.3 |
| **腓骨** | **C40.2** | ・頸〈頚〉部 | C44.4 |
| 尾骨： | | ・胸壁 | C44.5 |
| ・NOS | C41.4 | ・肩 | C44.6 |
| ・糸球 | C75.5 | ・肩甲部 | C44.5 |
| ・小体 | C75.5 | ・股関節部 | C44.7 |
| **左結腸** | **C18.6** | ・口唇, NOS | C44.0 |
| **左結腸曲** | **C18.5** | ・肛門 | C44.5 |
| **泌尿器の境界部病巣**（泌尿器の新生物で, | | ・肛門周囲 | C44.5 |
| 発生部位がC64－C68.1に分類される | | ・鎖骨下部 | C44.5 |
| もの） | **C68.8** | ・鎖骨上部 | C44.4 |
| 皮膚： | | ・臍, NOS | C44.5 |
| ・NOS（外陰部C51.-, 陰茎C60.9 | | ・指 | C44.6 |
| 陰のうC63.2を除く） | C44.9 | ・趾 | C44.7 |
| ・NOS（外陰部C51.-, 陰茎C60.9 | | ・耳, NOS | C44.2 |
| 陰嚢C63.2を除く） | C44.9 | ・耳介, NOS | C44.2 |
| ・おとがい, NOS | C44.3 | ・耳珠 | C44.2 |
| ・かかと | C44.7 | ・耳朶 | C44.2 |
| ・そけい〈鼠径〉部 | C44.5 | ・耳道, NOS | C44.2 |
| ・ふくらはぎ | C44.7 | ・耳輪 | C44.2 |
| ・足ゆび（趾） | C44.7 | ・膝 | C44.7 |
| ・陰のう | C63.2 | ・膝窩 | C44.7 |
| ・陰茎 | C60.9 | ・手 | C44.6 |
| ・陰嚢 | C63.2 | ・手首 | C44.6 |

－ 241 －

局在（ヒ－フ）

| | | | |
|---|---|---|---|
| ・手掌 | C44.6 | ・下唇 | C00.1 |
| ・上眼瞼 | C44.1 | ・上唇 | C00.0 |
| ・上唇 | C44.0 | 披裂: | |
| ・上肢 | C44.6 | ・～ひだ | C13.1 |
| ・仙尾骨部 | C44.5 | ・～喉頭蓋ひだ, NOS(喉頭面C32.1を | |
| ・踵 | C44.7 | 除く) | C13.1 |
| ・前頭部, NOS | C44.3 | ・～喉頭蓋ひだの下咽頭面 | C13.1 |
| ・前腕 | C44.6 | ・～喉頭蓋ひだの喉頭面 | C32.1 |
| ・足 | C44.7 | ・～軟骨 | C32.3 |
| ・足首 | C44.7 | **脾弯曲** | **C18.5** |
| ・足底 | C44.7 | | |
| ・側頭部, NOS | C44.3 | | |

**（フ）**

| | | | |
|---|---|---|---|
| ・側腹部 | C44.5 | ファーテル乳頭膨大部 | **C24.1** |
| ・鼡径部 | C44.5 | ふくらはぎ: | |
| ・体幹 | C44.5 | ・NOS | C76.5 |
| ・大陰唇 | C51.0 | ・NOS(癌, 黒色腫, 母斑) | C44.7 |
| ・大腿 | C44.7 | ・NOS(癌腫, 黒色腫, 母斑) | C44.7 |
| ・肘 | C44.6 | ・NOS(肉腫, 脂肪腫) | C49.2 |
| ・肘前窩 | C44.6 | ・筋 | C49.2 |
| ・殿部 | C44.5 | ・結合組織 | C49.2 |
| ・頭皮, NOS | C44.4 | ・腱 | C49.2 |
| ・頭部, NOS | C44.4 | ・腱鞘 | C49.2 |
| ・内眼角 | C44.1 | ・骨格筋 | C49.2 |
| ・乳房 | C44.5 | ・脂肪組織 | C49.2 |
| ・背部 | C44.5 | ・線維組織 | C49.2 |
| ・眉毛 | C44.3 | ・軟部組織 | C49.2 |
| ・鼻, 外面 | C44.3 | ・皮下組織 | C49.2 |
| ・鼻, 支柱 | C44.3 | ・皮膚 | C44.7 |
| ・鼻部 | C44.3 | ぶどう膜 | **C69.4** |
| ・鼻翼 | C44.3 | 腹腔: | |
| ・母指 | C44.6 | ・リンパ節 | C77.2 |
| ・腕 | C44.6 | ・動脈 | C49.4 |
| ・境界部病巣(73ページの注も参照) | C44.8 | ・内(部位), NOS | C76.2 |
| 尾部: | | ・内リンパ節 | C77.2 |
| ・axillary tail of breast | C50.6 | **副睾丸** | **C63.0** |
| ・膵～ | C25.2 | **副交感神経系, NOS** | **C47.9** |
| ・乳腺, NOS | C50.6 | **副甲状腺**(上皮小体を参照) | |
| ・乳腺腋窩～ | C50.6 | **副腎**: | |
| **腓腹筋** | **C49.2** | ・NOS | C74.9 |
| **皮膚粘膜境界縁**: | | ・周囲組織 | C48.0 |
| ・口唇, NOS | C00.2 | ・髄質 | C74.1 |

局在（フ－ホ）

| | |
|---|---|
| ・皮質 | C74.0 |
| 副神経, NOS | C72.5 |
| 腹直筋 | C49.4 |
| 副鼻孔, NOS | C31.9 |
| 副鼻孔の境界部病巣（73ページの注も参照） | C31.8 |
| 腹部： | |
| ・NOS | C76.2 |
| ・リンパ節 | C77.2 |
| ・筋 | C49.4 |
| ・結合組織 | C49.4 |
| ・自律神経系 | C47.4 |
| ・～食道 | C15.2 |
| ・～大静脈 | C49.4 |
| ・～大動脈 | C49.4 |
| ・皮下組織 | C49.4 |
| ・皮膚 | C44.5 |
| ・末梢神経 | C47.4 |
| 腹壁： | |
| ・NOS | C76.2 |
| ・NOS（癌, 黒色腫, 母斑） | C44.5 |
| ・NOS（癌腫, 黒色腫, 母斑） | C44.5 |
| ・NOS（肉腫, 脂肪腫） | C49.4 |
| ・筋 | C49.4 |
| ・骨格筋 | C49.4 |
| ・結合組織 | C49.4 |
| ・脂肪組織 | C49.4 |
| ・自律神経系 | C47.4 |
| ・線維組織 | C49.4 |
| ・軟部組織 | C49.4 |
| ・皮下組織 | C49.4 |
| ・皮膚 | C44.5 |
| ・末梢神経 | C47.4 |
| 腹膜： | |
| ・NOS | C48.2 |
| ・Douglas窩 | C48.1 |
| ・ダグラス窩 | C48.1 |
| ・～腔 | C48.2 |
| ・結腸間膜 | C48.1 |
| ・骨盤～ | C48.1 |
| ・大網 | C48.1 |

| | |
|---|---|
| ・虫垂間膜 | C48.1 |
| ・腸間膜 | C48.1 |
| ・直腸子宮窩 | C48.1 |
| 付属器, NOS | C57.4 |
| 分岐部 | C34.0 |
| 噴門： | |
| ・NOS | C16.0 |
| ・胃～ | C16.0 |
| ・食道移行部 | C16.0 |
| ・食道接合部 | C16.0 |

（ヘ）

| | |
|---|---|
| 閉鎖リンパ節 | C77.5 |
| 閉鎖神経 | C47.2 |
| 壁側胸膜 | C38.4 |
| 弁蓋 | C71.0 |
| 扁桃： | |
| ・NOS（舌扁桃C02.4及び咽頭扁桃C11.1を除く） | C09.9 |
| ・咽頭～ | C11.1 |
| ・～窩 | C09.0 |
| ・口蓋～弓 | C09.1 |
| ・境界部病巣 | C09.8 |
| （73ページの注も参照） | |

（ホ）

| | |
|---|---|
| 傍： | |
| ・～トルコ鞍部 | C72.9 |
| ・パラガングリオン | C75.5 |
| ・～子宮リンパ節 | C77.5 |
| ・～子宮頸〈頚〉リンパ節 | C77.5 |
| ・～神経節 | C75.5 |
| ・～大動脈体 | C75.5 |
| ・～卵巣部 | C57.1 |
| 膀胱： | |
| ・NOS | C67.9 |
| ・～円蓋 | C67.1 |
| ・～頸〈頚〉部 | C67.5 |
| ・～後壁 | C67.4 |
| ・～三角 | C67.0 |
| ・～子宮頸〈頚〉組織 | C57.9 |

－ 243 －

局在（ホーマ）

| | | | |
|---|---|---|---|
| ・〜前壁 | C67.3 | ・頤部 | C47.0 |
| ・〜側壁 | C67.2 | ・眼窩 | C69.6 |
| ・〜腔中隔 | C57.9 | ・顔面 | C47.0 |
| ・内尿道口 | C67.5 | ・脚 | C47.2 |
| ・尿管口 | C67.6 | ・胸部（胸膜，心臓及び縦隔C37.-， | |
| ・尿膜管 | C67.7 | 　C38.-を除く） | C47.3 |
| ・〜壁，NOS | C67.9 | ・胸郭（胸膜，心臓及び縦隔C37.-， | |
| ・境界部病巣（73ページの注を参照） | C67.8 | 　C38.-を除く） | C47.3 |
| **傍神経節** | **C75.5** | ・胸壁 | C47.3 |
| **蜂巣** | **C31.1** | ・頬部 | C47.0 |
| **膨大部周囲** | **C24.1** | ・頸〈頚〉部 | C47.0 |
| **包皮** | **C60.0** | ・肩 | C47.1 |
| **母指：** | | ・肩甲部 | C47.3 |
| ・NOS | C76.4 | ・股関節部 | C47.2 |
| ・NOS（癌，黒色腫，母斑） | C44.6 | ・骨盤 | C47.5 |
| ・NOS（癌腫，黒色腫，母斑） | C44.6 | ・鎖骨下部 | C47.3 |
| ・NOS（肉腫，脂肪腫） | C49.1 | ・鎖骨上部 | C47.0 |
| ・筋 | C49.1 | ・臍 | C47.4 |
| ・結合組織 | C49.1 | ・指 | C47.1 |
| ・腱 | C49.1 | ・趾 | C47.2 |
| ・腱鞘 | C49.1 | ・膝 | C47.2 |
| ・骨 | C40.1 | ・膝窩 | C47.2 |
| ・骨格筋 | C49.1 | ・手 | C47.1 |
| ・自律神経系 | C47.1 | ・手首 | C47.1 |
| ・線維組織 | C49.1 | ・踵 | C47.2 |
| ・軟部組織 | C49.1 | ・仙骨尾部 | C47.5 |
| ・皮下組織 | C49.1 | ・前頭部 | C47.0 |
| ・皮膚 | C44.6 | ・前腕 | C47.1 |
| ・末梢神経 | C47.1 | ・足 | C47.2 |
| | | ・足首 | C47.4 |

（マ）

| | | | |
|---|---|---|---|
| | | ・側頭部 | C47.0 |
| **マイボーム腺** | **C44.1** | ・側腹部 | C47.6 |
| **末梢神経：** | | ・鼡径部 | C47.5 |
| ・NOS | C47.9 | ・体幹 | C47.6 |
| ・おとがい | C47.0 | ・大腿 | C47.2 |
| ・かかと | C47.2 | ・肘 | C47.1 |
| ・そけい〈鼠径〉部 | C47.5 | ・肘前窩 | C47.1 |
| ・ふくらはぎ | C47.2 | ・殿部 | C47.5 |
| ・足ゆび（趾） | C47.2 | ・頭皮 | C47.0 |
| ・会陰部 | C47.5 | ・頭部 | C47.0 |
| ・腋窩 | C47.3 | ・背部 | C47.6 |

— 244 —

局在（マ－リ）

| | |
|---|---|
| ・腹部 | C47.4 |
| ・腹壁 | C47.4 |
| ・母指 | C47.1 |
| ・翼突窩 | C47.0 |
| ・腕 | C47.1 |
| 末梢神経及び自律神経系の境界部病巣 | |
| （73ページの注を参照） | C47.8 |

## （ミ）

| | |
|---|---|
| 右結腸 | C18.2 |
| 右結腸曲 | C18.3 |
| 耳 →耳（じ） | |
| 脈管, NOS | C49.9 |
| 脈絡叢〈そう〉： | |
| ・NOS | C71.5 |
| ・側脳室 | C71.5 |
| ・第3脳室 | C71.5 |
| ・第4脳室 | C71.7 |
| 脈絡膜 | C69.3 |

## （ム）

| | |
|---|---|
| 無名骨 | C41.4 |

## （メ）

| | |
|---|---|
| メッケル憩室（新生物の部位） | C17.3 |
| 迷走神経 | C72.5 |

## （モ）

| | |
|---|---|
| 盲腸 | C18.0 |
| 盲腸後組織 | C48.0 |
| 網膜 | C69.2 |
| 毛様体 | C69.4 |
| 門脈リンパ節 | C77.2 |

## （ユ）

| | |
|---|---|
| 幽門： | |
| ・NOS | C16.4 |
| ・〜リンパ節 | C77.2 |
| ・〜管 | C16.4 |
| ・〜前庭 | C16.3 |
| ・〜前部 | C16.4 |

| | |
|---|---|
| 指 →指（し） | |
| 趾 →趾（し） | |

## （ヨ）

| | |
|---|---|
| 腰： | |
| ・〜リンパ節 | C77.2 |
| ・筋 | C49.4 |
| ・神経 | C47.6 |
| ・髄 | C72.0 |
| ・仙骨神経そう | C47.5 |
| ・仙骨神経叢 | C47.5 |
| 翼突窩： | |
| ・NOS | C49.0 |
| ・結合組織 | C49.0 |
| ・自律神経系 | C47.0 |
| ・線維組織 | C49.0 |
| ・軟部組織 | C49.0 |
| ・末梢神経 | C47.0 |

## （ラ）

| | |
|---|---|
| ライル島 | C71.0 |
| ラトケのう | C75.1 |
| ランゲルハンス島 | C25.4 |
| 卵管 | C57.0 |
| 卵管一卵巣 | C57.8 |
| 卵巣 | C56.9 |
| 卵巣開膜 | C57.1 |
| 卵膜 | C58.9 |

## （リ）

| | |
|---|---|
| リンパ管, NOS | C49.9 |
| リンパ節： | |
| ・NOS | C77.9 |
| ・Cloquet〜 | C77.4 |
| ・Rosenmuller〜 | C77.4 |
| ・クローケー〜 | C77.4 |
| ・ローゼンミュラー〜 | C77.4 |
| ・おとがい〈頤〉下〜 | C77.0 |
| ・そけい〈鼠径〉〜 | C77.4 |
| ・そけい〈鼠径〉下〜 | C77.4 |
| ・そけい〈鼠径〉部〜 | C77.4 |

－ 245 －

## 局在（リーリ）

| | | | |
|---|---|---|---|
| ・胃〜 | C77.2 | ・耳下腺〜 | C77.0 |
| ・咽後〜 | C77.0 | ・膝窩〜 | C77.4 |
| ・咽後方〜 | C77.0 | ・斜角筋〜 | C77.0 |
| ・咽頭後〜 | C77.0 | ・縦隔〜 | C77.1 |
| ・咽頭後方〜 | C77.0 | ・上顎下〜 | C77.0 |
| ・腋窩〜 | C77.3 | ・上肢 | C77.3 |
| ・横隔〜 | C77.1 | ・小腸〜 | C77.2 |
| ・横隔膜〜 | C77.1 | ・上腸間膜〜 | C77.2 |
| ・頤部下〜 | C77.0 | ・上腕〜 | C77.3 |
| ・回結腸〜 | C77.2 | ・食道〜 | C77.1 |
| ・下顎〜 | C77.0 | ・深そけい〈鼠径〉〜 | C77.4 |
| ・顎下〜 | C77.0 | ・深鼡径〜 | C77.4 |
| ・下肢 | C77.4 | ・膵〜, NOS | C77.2 |
| ・下腸間膜〜 | C77.2 | ・膵周囲〜 | C77.2 |
| ・滑車上〜 | C77.3 | ・舌下〜 | C77.0 |
| ・下腹〜 | C77.5 | ・仙骨〜 | C77.5 |
| ・下腹壁〜 | C77.5 | ・総胆管〜 | C77.2 |
| ・肝〜 | C77.2 | ・鼡径〜 | C77.4 |
| ・顔面 | C77.0 | ・鼡径下〜 | C77.4 |
| ・肝門〜 | C77.2 | ・鼡径部〜 | C77.4 |
| ・気管〜 | C77.1 | ・大腿〜 | C77.4 |
| ・気管気管支〜 | C77.1 | ・大動脈〜 | C77.2 |
| ・気管支〜 | C77.1 | ・大動脈周囲〜 | C77.2 |
| ・気管支肺〜 | C77.1 | ・大動脈傍〜 | C77.2 |
| ・気管前〜 | C77.0 | ・多部位 | C77.8 |
| ・胸筋 | C77.3 | ・恥骨結合前〜 | C77.5 |
| ・胸骨傍〜 | C77.1 | ・肘〜 | C77.3 |
| ・脛骨〜 | C77.4 | ・中結腸〜 | C77.2 |
| ・頸〈頚〉静脈〜 | C77.0 | ・腸間膜〜, NOS | C77.2 |
| ・頸〈頚〉部〜 | C77.0 | ・腸骨〜 | C77.5 |
| ・結腸〜 | C77.2 | ・頭部〜 | C77.0 |
| ・肩甲下〜 | C77.3 | ・肺〜, NOS | C77.1 |
| ・後頭〜 | C77.0 | ・肺門〜, NOS | C77.1 |
| ・喉頭前〜 | C77.0 | ・脾〜, NOS | C77.2 |
| ・後腹膜〜 | C77.2 | ・脾門〜 | C77.2 |
| ・骨盤〜 | C77.5 | ・腹腔〜 | C77.2 |
| ・骨盤内〜 | C77.5 | ・腹腔内〜 | C77.2 |
| ・鎖骨下〜 | C77.3 | ・腹部〜 | C77.2 |
| ・鎖骨上〜 | C77.0 | ・閉鎖〜 | C77.5 |
| ・耳介〜 | C77.0 | ・傍子宮〜 | C77.5 |
| ・耳介前〜 | C77.0 | ・傍子宮頸〈頚〉〜 | C77.5 |

局在（リーワ）

| | | | |
|---|---|---|---|
| ・門脈〜 | C77.2 | 腕頭リンパ節 | C77.1 |
| ・幽門〜 | C77.2 | | |
| ・肋間〜 | C77.1 | | |
| ・腕 | C77.3 | | |
| ・腕頭〜 | C77.1 | | |
| 梨状窩 | **C12.9** | | |
| 梨状陥凹 | **C12.9** | | |
| 梨状洞 | **C12.9** | | |
| 輪状咽頭 | **C13.0** | | |
| 輪状軟骨 | **C32.3** | | |
| 輪状軟骨部, NOS | **C13.0** | | |

### （ル）

涙：
| | |
|---|---|
| ・〜のう | C69.5 |
| ・〜管, NOS | C69.5 |
| ・〜腺 | C69.5 |
| ・〜嚢 | C69.5 |

### （レ）

鎌：
| | |
|---|---|
| ・NOS | C70.0 |
| ・小脳〜 | C70.0 |
| ・大脳〜 | C70.0 |

### （ロ）

| | |
|---|---|
| ローゼンミュラーのリンパ節 | **C77.4** |
| ローゼンミュラー窩 | **C11.2** |

肋間：
| | |
|---|---|
| ・〜リンパ節 | C77.1 |
| ・〜筋 | C49.3 |
| ・〜神経 | C47.3 |
| 肋骨： | **C41.3** |
| 肋椎関節 | **C41.3** |
| 肋軟骨 | **C41.3** |

### （ワ）

| | |
|---|---|
| ワルダイヤー環 | **C14.2** |
| ワルダイヤー輪 | **C14.2** |
| 腋（わき） →腋窩（えきか） | |
| 腕（わん） →腕（うで） | |

— 247 —

# 形態用語索引

形態(5−B)

## （5）

(5q)単独欠損を伴う骨髄異形成症候群★
9986／3

## （A）

| acidophil： | |
| --- | --- |
| ・癌(C75.1) | 8280／3 |
| ・細胞癌(C75.1) | 8280／3 |
| ・細胞腺腫(C75.1) | 8280／0 |
| ・腺癌(C75.1) | 8280／3 |
| ・腺腫(C75.1) | 8280／0 |
| acidophil・bosophil： | |
| ・混合癌(C75.1) | 8281／3 |
| ・混合腺腫(C75.1) | 8281／0 |
| ・細胞混合癌(C75.1) | 8281／3 |
| ・細胞混合腺腫(C75.1) | 8281／0 |
| ACTH産生腫瘍★ | 8158／1★ |
| Aggressive digital papillary adenoma | |
| （C44._） | 8408／1 |
| Aggressive NK細胞白血病 | 9948／3 |
| Aggressive 血管粘液腫 | 8841／1 |
| Aggressive指状乳頭状腺腫(C44._) | 8408／1 |
| Aggressive線維腫症 | 8821／1 |
| AHNMDを伴う全身性肥満細胞症★ | 9741／3 |
| AIN Ⅲ(C21.1) | 8077／2 |
| ALK陽性大細胞性B細胞リンパ腫★ | 9737／3★ |
| ALL, 共通 | 9836／3 |
| AML M6 | 9840／3 |
| AML1(CBF−アルファ)／ETO, | |
| FAB M2 | 9896／3 |
| AML1(CBF−アルファ)／ETO, | |
| 急性骨髄性白血病 | 9896／3 |
| Androblastoma： | |
| ・NOS | 8630／1 |
| ・悪性 | 8630／3 |
| ・管状, NOS | 8640／1 |
| ・脂質蓄積を伴う管状(C56.9) | 8641／0 |
| ・良性 | 8630／0 |
| Angiomyofibroblastoma | 8826／0 |
| Aorticopulmonary paraganglioma (C75.5) | 8691／1 |
| Askin腫瘍 | 9365／3 |

## （B）

| B−ALL[obs] | 9826／3 |
| --- | --- |
| BALL： | |
| ・Pre− | 9836／3 |
| ・Pro− | 9836／3 |
| ・共通前駆 | 9836／3 |
| ・前 | 9836／3 |
| ・前前 | 9836／3 |
| BALTリンパ腫 | 9699／3 |
| basophil： | |
| ・癌(C75.1) | 8300／3 |
| ・細胞癌(C75.1) | 8300／3 |
| ・細胞腺癌(C75.1) | 8300／3 |
| ・細胞腺腫(C75.1) | 8300／0 |
| ・腺癌(C75.1) | 8300／3 |
| ・腺腫(C75.1) | 8300／0 |
| BCR／ABL, 慢性顆粒球性白血病 | 9875／3 |
| BCR／ABL陰性, 異型性慢性骨髄性 | |
| 白血病 | 9876／3 |
| BCR／ABL陽性, 慢性骨髄性白血病 | 9875／3 |
| Bellini管癌(C64.9) | 8319／3 |
| Bendnar腫瘍 | 8833／3 |
| BilIn-3★ | 8148／2 |
| blast cell leukemia | 9801／3 |
| bosophil・acidophil： | |
| ・混合癌(C75.1) | 8281／3 |
| ・混合腺腫(C75.1) | 8281／0 |
| ・細胞混合癌(C75.1) | 8281／3 |
| ・細胞混合腺腫(C75.1) | 8281／0 |
| Bowen病 | 8081／2 |
| Brenner腫瘍： | |
| ・NOS(C56.9) | 9000／0 |
| ・悪性(C56.9) | 9000／3 |
| ・境界悪性(C56.9) | 9000／1 |
| ・増殖性(C56.9) | 9000／1 |
| Brooke腫瘍 | 8100／0 |
| Burkittリンパ腫, NOS | 9687／3 |
| Burkitt型, 急性白血病[obs] | 9826／3 |
| Burkitt細胞性白血病(M-9687／3も参 | |
| 照) | 9826／3 |
| Burkitt細胞白血病 | 9826／3 |

－ 251 －

形態（B－F）

| | | |
|---|---|---|
| Burkitt腫瘍[obs] | 9687／3 | |
| Burkitt様リンパ腫 | 9687／3 | |
| B細胞リンパ腫, NOS | 9591／3 | |
| B細胞リンパ腫, NOS▼ | 9599／3▼ | |
| B細胞リンパ芽球性白血病／リンパ腫： | | |
| ・NOS★ | 9811／3★ | |
| ・t(1;19)(q23;p13.3); E2A-PBX1 | | |
| 　(TCF3-PBX1)★ | 9818／3★ | |
| ・t(5;14)(q31;q32); IL3-IGH★ | 9817／3★ | |
| ・t(9;22)(q34;q11.2);BCR-ABL1★ | 9812／3★ | |
| ・t(12;21)(p13;q22); TEL-AML1 | | |
| 　(ETV6-RUNX1)★ | 9814／3★ | |
| ・t(v;11q23):骨髄性白血病／リンパ腫 | | |
| 　転位★ | 9813／3★ | |
| B細胞型（BCLLのすべての変異体を含 | | |
| む）, 慢性リンパ球性白血病 | 9823／3 | |
| B細胞慢性リンパ球性白血病／小リンパ | | |
| 球性リンパ腫（M-9670／3も参照） | 9823／3 | |

(C)

| | |
|---|---|
| cALL | 9836／3 |
| CBF－アルファ／ETO, 急性骨髄性 | |
| 白血病 | 9896／3 |
| CBF－ベータ／MYH11, 急性骨髄性 | |
| 白血病 | 9871／3 |
| CEBPA変異を伴う急性骨髄性白血病★ | 9861／3 |
| chromophobe： | |
| ・癌（C75.1） | 8270／3 |
| ・細胞癌（C75.1） | 8270／3 |
| ・細胞腎癌（C64.9） | 8317／3 |
| ・細胞腺癌（C75.1） | 8270／3 |
| ・細胞腺腫（C75.1） | 8270／0 |
| ・腺癌（C75.1） | 8270／3 |
| ・腺腫（C75.1） | 8270／0 |
| CIN, Ⅲ, NOS（C53._） | 8077／2 |
| CIN, Ⅲ, 高度異形成を伴う（C53._） | 8077／2 |
| Codman腫瘍（C40._）（C41._） | 9230／0 |
| CPNET（C71._） | 9473／3 |
| C細胞癌（C73.9） | 8345／3 |

(D)

| | |
|---|---|
| Dabska腫瘍 | 9135／1 |
| DCIS： | |
| ・NOS（C50._） | 8500／2 |
| ・コメド型（C50._） | 8501／2 |
| ・乳頭状（C50._） | 8503／2 |
| ・面皰型（C50._） | 8501／2 |
| Di Guglielmo病[obs] | 9840／3 |
| Digital papillary adenocarcinoma（C44._） | 8408／3 |
| DIN3（C50._） | 8500／2 |

(E)

| | |
|---|---|
| EBV陽性高齢性びまん性大細胞性 | |
| B細胞性リンパ腫★ | 9680／3 |
| ECL細胞カルチノイド | |
| ・NOS | 8242／1 |
| ・悪性 | 8242／3 |
| EC細胞カルチノイド | 8241／3 |
| epitheial-myoepithelial carcinoma | 8562／3 |
| Ewing肉腫 | 9260／3 |
| Ewing肉腫, 骨外性▼ | 9364／3 |

(F)

| | |
|---|---|
| FAB M0** | 9872／3 |
| FAB M1 | 9873／3 |
| FAB M2, AML1（CBF－アルファ）／ | |
| ETO | 9896／3 |
| FAB M2, NOS** | 9874／3 |
| FAB M2, t(8;21)(q22;q22) | 9896／3 |
| FAB M3（すべての変異体を含む） | 9866／3 |
| FAB M4 | 9867／3 |
| FAB M4Eo | 9871／3 |
| FAB M5（すべての変異体を含む） | 9891／3 |
| FAB M6 | 9840／3 |
| FAB M7 | 9910／3 |
| FABL1[obs] | 9835／3 |
| FABL2** | 9835／3 |
| FABL3[obs] | 9826／3 |
| FGFR1異常を伴う骨髄性リンパ性 | |
| 新生物（腫瘍）★ | 9967／3★ |
| fibrolamellar, 肝細胞癌（C22.0） | 8171／3 |

形態（F－I）

| | |
|---|---|
| folliculome lipidique（C56.9） | 8641／0 |
| Franklin病 | 9762／3 |

### （G）

| | |
|---|---|
| GANT | 8936／1 |
| GIST： | |
| ・NOS | 8936／1 |
| ・悪性 | 8936／3 |
| ・良性 | 8936／0 |
| Grawitz腫瘍（C64.9）[obs] | 8312／3 |
| gynandroblastoma（C56.9） | 8632／1 |
| G細胞腫瘍： | |
| ・NOS | 8153／1 |
| ・悪性 | 8153／3 |

### （H）

| | |
|---|---|
| hairy cell白血病（C42.1） | 9940／3 |
| hairy cell白血病変異体 | 9940／3 |
| Hand-Schüller-Christian病[obs] | 9753／1 |
| HHV8関連多中心性キャッスルマン病に | |
| 　発生した大細胞性B細胞リンパ腫★ | 9738／3★ |
| Hodgkin, 悪性リンパ腫 | 9650／3 |
| Hodgkinリンパ腫： | |
| ・NOS | 9650／3 |
| ・リンパ球減少型, NOS | 9653／3 |
| ・リンパ球減少型, 細網型 | 9655／3 |
| ・リンパ球減少型, びまん性線維症性 | 9654／3 |
| ・リンパ球優勢型, 結節性 | 9659／3 |
| ・結節硬化型, NOS | 9663／3 |
| ・結節硬化型, 悪性度1 | 9665／3 |
| ・結節硬化型, 悪性度2 | 9667／3 |
| ・結節硬化型, 細胞期 | 9664／3 |
| ・結節性リンパ球優勢型 | 9659／3 |
| ・高リンパ球型 | 9651／3 |
| ・古典的, リンパ球減少型, NOS | 9653／3 |
| ・古典的, リンパ球減少型, 細網型 | 9655／3 |
| ・古典的, リンパ球減少型, びまん性 | |
| 　線維症性 | 9654／3 |
| ・古典的, 結節硬化型, 悪性度1 | 9665／3 |
| ・古典的, 結節硬化型, 悪性度2 | 9667／3 |
| ・古典的, 結節性硬化型, NOS | 9663／3 |

| | |
|---|---|
| ・古典的, 結節性硬化型, 細胞期 | 9664／3 |
| ・古典的, 高リンパ球型 | 9651／3 |
| ・古典的, リンパ球豊富型▼ | 9651／3 |
| ・古典的, 混合細胞型, NOS | 9652／3 |
| ・混合細胞型, NOS | 9652／3 |
| Hodgkin肉芽腫[obs] | 9661／3 |
| Hodgkin肉腫[obs] | 9662／3 |
| Hodgkin病： | |
| ・NOS | 9650／3 |
| ・リンパ球性・組織球性優勢型, NOS | |
| 　[obs] | 9651／3 |
| ・リンパ球優勢型, NOS[obs] | 9651／3 |
| ・リンパ球優勢型, びまん性[obs] | 9651／3 |
| ・結節硬化型, NOS | 9663／3 |
| ・結節硬化型, リンパ球減少型 | 9667／3 |
| ・結節硬化型, リンパ球優勢型 | 9665／3 |
| ・結節硬化型, 合胞性変異体 | 9667／3 |
| ・結節硬化型, 混合細胞型 | 9665／3 |
| Hodgkin傍肉芽腫： | |
| ・NOS[obs] | 9659／3 |
| ・結節性[obs] | 9659／3 |
| Hurthle | |
| ・細胞癌（C73.9） | 8290／3 |
| ・細胞腫瘍（C73.9） | 8290／0 |
| ・細胞腺癌（C73.9） | 8290／3 |
| ・細胞腺腫（C73.9） | 8290／0 |
| Hutchinson黒色雀卵斑, NOS（C44._） | 8742／2 |
| Hutchinson黒色雀卵斑内悪性黒色腫, | |
| 　NOS（C44._） | 8742／3 |
| Hyalinizing索状腺腫（C73.9） | 8336／0 |

### （I）

| | |
|---|---|
| interdigitating樹状細胞肉腫 | 9757／3 |
| intraepithelial neoplasia： | |
| ・外陰部, Ⅲ度（C51._） | 8077／2 |
| ・肛門部, Ⅲ度（C21.1） | 8077／2 |
| ・子宮頚部, Ⅲ度（C53._） | 8077／2 |
| ・膣, Ⅲ度（C52._） | 8077／2 |
| ・扁平, Ⅲ度 | 8077／2 |
| inv(16)(p13;q22), 急性骨髄性白血病 | 9871／3 |

－ 253 －

形態(J－O)

## （J）

| | |
|---|---|
| Jadassohn青色母斑, NOS(C44._) | 8780／0 |
| Jadassohn表皮内上皮腫(C44._) | 8096／0 |
| Jugulotympanic paraganglioma (C75.5) | 8690／1 |

## （K）

| | |
|---|---|
| Kaposi型血管内皮腫 | 9130／1 |
| Kaposi肉腫 | 9140／3 |
| Klatskin腫瘍(C22.1)(C24.0) | 8162／3 |
| Krukenberg腫瘍 | 8490／6 |
| Kupffer細胞肉腫(C22.0) | 9124／3 |

## （L）

| | |
|---|---|
| LCIS, NOS(C50._) | 8520／2 |
| Lennertリンパ腫 | 9702／3 |
| Letterer-Siwe病 | 9754／3 |
| Leydig細胞腫瘍： | |
| ・NOS(C62._) | 8650／1 |
| ・悪性(C62._) | 8650／3 |
| ・良性(C62._) | 8650／0 |
| L細胞腫瘍★ | 8152／1 |

## （M）

| | |
|---|---|
| M6A | 9840／3 |
| M6B | 9840／3 |
| Malherbe石灰化上皮腫 | 8110／0 |
| MALTリンパ腫 | 9699／3* |
| MANEC★ | 8244／3 |
| MDS-U▼ | 9989／3 |
| Merkel細胞： | |
| ・癌 | 8247／3 |
| ・腫瘍 | 8247／3 |
| MGUS | 9765／1 |
| MLL, 急性骨髄性白血病 | 9897／3 |
| Monoclonal gammopathy： | |
| ・NOS | 9765／1 |
| ・量的に有意性のない | |
| MPNST： | |
| ・NOS | 9540／3 |
| ・メラニン性 | 9540／3 |
| ・メラニン性砂粒腫状 | 9540／3 |

| | |
|---|---|
| ・横紋筋芽細胞分化を伴う | 9561／3 |
| ・間葉分化を伴う | 9540／3 |
| ・腺分化を伴う | 9540／3 |
| ・類上皮 | 9540／3 |
| Muller管混合腫瘍(C54._) | 8950／3 |
| Myofibroblastic腫瘍： | |
| ・NOS | 8825／1 |
| ・Perineurioma, MPNST | 9571／3 |
| ・炎症性, NOS | 8825／1 |
| ・気管支周囲(C34._) | 8827／1 |
| ・神経周膜腫, MPNST | 9571／3 |
| ・神経内 | 9571／0 |
| ・先天性気管支周囲性(C34._) | 8827／1 |
| ・軟部組織 | 9571／0 |
| Myofibroblastoma | 8825／0 |

## （N）

| | |
|---|---|
| NEC G3★ | 8246／3 |
| NET G1★ | 8240／3 |
| NET G2★ | 8249／3 |
| Neurothekeoma | 9562／0 |
| NK／T細胞リンパ腫, 鼻腔及び鼻腔型 | 9719／3 |
| NK細胞大顆粒リンパ球性白血病 | 9831／3 |
| NK細胞白血病： | |
| ・Aggressive | 9948／3 |
| ・侵襲性 | 9948／3 |
| non-Hodgkinリンパ腫： | |
| ・NOS | 9591／3 |
| ・悪性リンパ腫, NOS | 9591／3 |
| ・複合Hodgkin | 9596／3 |
| ・複合ホジキン | 9596／3 |
| NPM1変異を伴う急性骨髄性白血病★ | 9861／3★ |

## （O）

| | |
|---|---|
| Oncocytic Schneider乳頭腫(C30.0, C32._) | 8121／1 |
| Oncocyticシュナイダー乳頭腫(C30.0, C31._) | 8121／1 |
| oxyphilic： | |
| ・細胞, ろ＜濾＞胞癌(C73.9) | 8290／3 |
| ・細胞腺癌 | 8290／3 |
| ・細胞腺腫 | 8290／0 |

形態（O－S）

| | |
|---|---|
| ・腺癌 | 8290／3 |
| ・腺腫 | 8290／0 |

## （P）

| | |
|---|---|
| Pacini体腫瘍 | 9507／0 |
| Paget病： | 8540／3 |
| ・骨，随伴骨肉腫（C40._)（C41._) | 9184／3 |
| ・乳房（C50._) | 8540／3 |
| ・乳房，浸潤性導管癌（C50._) | 8541／3 |
| ・乳房，浸潤性乳管癌（C50._) | 8541／3 |
| ・乳房，導管内癌（C50._) | 8543／3 |
| ・乳房，乳管内癌（C50._) | 8543／3 |
| ・乳房，表皮内（C50._)▼ | 8540／2▼ |
| ・乳房外（骨Paget病を除く） | 8542／3 |
| ・乳房外，表皮内▼ | 8542／2▼ |
| | |
| papilliferum汗腺腫（C44._) | 8405／0 |
| PARS | 9982／3 |
| PDGFRB転位を伴う骨髄性新生物 | |
| （腫瘍）★ | 9966／3★ |
| PDGFRA転位を伴う骨髄性リンパ性 | |
| 新生物（腫瘍）★ | 9965／3★ |
| Perineurioma： | |
| ・NOS | 9571／0 |
| ・MPNST | 9571／3 |
| ・悪性 | 9571／3 |
| Philadelphia染色体（Ph1）陰性，異型性 | |
| 慢性骨髄性白血病 | 9876／3 |
| Pick管状腺腫 | 8640／1 |
| Perineurioma： | |
| ・NOS | 9571／0 |
| ・MPNST | 9571／3 |
| ・悪性 | 9571／3 |
| Philadelphia染色体（Ph1）陰性，異型性 | |
| 慢性骨髄性白血病 | 9876／3 |
| Pick管状腺腫 | 8640／1 |
| Pilomatricoma： | |
| ・NOS | 8110／0 |
| ・悪性 | 8110／3 |
| PIN Ⅲ（C61.9) | 8148／2 |
| Pindborg腫瘍 | 9340／0 |

| | |
|---|---|
| Pinkus型： | |
| ・線維上皮腫 | 8093／3 |
| ・線維上皮性基底細胞癌 | 8093／3 |
| Pinkus腫瘍 | 8093／3 |
| Placental site trophoblastic tumor | |
| （C58.9) | 9104／1 |
| PML／RAR－アルファ，急性骨髄性白 | |
| 血病 | 9866／3 |
| PML／RAR－アルファ，急性前骨髄球 | |
| 性白血病 | 9866／3 |
| PNET： | |
| ・NOS | 9473／3 |
| ・テント上（C71._) | 9473／3 |
| PPNET | 9364／3 |
| PP/PYY産生腫瘍★ | 8152／1 |
| Pre-B ALL | 9836／3 |
| Pre-T ALL | 9837／3 |
| Pro-B ALL | 9836／3 |
| Pro-T ALL | 9837／3 |
| PTLD，NOS★ | 9971／1★ |

## （Q）

| | |
|---|---|
| Queyrat紅色肥厚症（C60._) | 8080／2 |
| Queyrat赤色肥厚症（C60._) | 8080／2 |

## （R）

| | |
|---|---|
| RAEB | 9983／3 |
| RAEB Ⅰ | 9983／3 |
| RAEB Ⅱ | 9983／3 |
| RAEB T | 9984／3 |
| Rathkeのう腫瘍（C75.1) | 9350／1 |
| Rathke囊腫瘍（C75.1) | 9350／1 |
| Recklinghausen病（骨を除く） | 9540／1 |
| RCMD▼ | 9985／3 |
| Rhabdoid sarcoma | 8963／3 |
| Rhabdoid tumor： | |
| ・NOS | 8963／3 |
| ・悪性 | 8963／3 |

## （S）

| | |
|---|---|
| SALTリンパ腫 | 9699／3 |

－ 255 －

形態(T－T)

| | | | |
|---|---|---|---|
| Schminke腫瘍 | 8082／3 | **(T)** | |
| Schneider: | | t(8;21)(q22;q22), FAB M2 | 9896／3 |
| ・癌 | 8121／3 | t(8;21)(q22;q22), 急性骨髄性白血病 | 9896／3 |
| ・乳頭腫 | 8121／0 | t(9;22)(q34;q11), 慢性顆粒球性白血病 | 9875／3 |
| ・乳頭腫, 内反性 | 8121／1 | t(9;22)(q34;q11), 慢性骨髄性白血病 | 9875／3 |
| Schwan腫: | | t(15;17)(q22;q11-12), 急性骨髄性白血 | |
| ・NOS | 9560／0 | 病 | 9866／3 |
| ・メラニン性 | 9560／0 | t(15;17)(q22;q11-12), 急性前骨髄球性 | |
| ・つる<蔓>状 | 9560／0 | 白血病 | 9866／3 |
| ・横紋筋芽細胞分化を伴う悪性 | 9561／3 | t(16;16)(p13;q11), 急性骨髄性白血病 | 9871／3 |
| ・砂粒腫状 | 9560／0 | T／NK細胞リンパ腫 | 9719／3 |
| ・色素性 | 9560／0 | TALL: | |
| ・陳旧性 | 9560／0 | ・Pre- | 9837／3 |
| ・富細胞性 | 9560／0 | ・Pro- | 9837／3 |
| ・変性 | 9560／0 | ・TALL | 9837／3 |
| **Schwan鞘腫, NOS** | **9560／0** | ・前 | 9837／3 |
| Sertoli-Lyedig細胞腫瘍: | | ・皮質性 | 9837／3 |
| ・NOS | 8631／1 | Triton腫瘍, 悪性 | 9561／3 |
| ・高分化型 | 8631／0 | **Tーガンマリンパ増殖性疾患** | 9768／1 |
| ・中等度分化型 | 8631／1 | **Tゾーンリンパ腫** | 9702／3 |
| ・中等度分化型・異所性成分を伴う | 8634／1 | **T細胞／高組織球大細胞性B細胞性** | |
| ・低分化型 | 8631／3 | **リンパ腫★** | 9688／3★ |
| ・低分化型・異所性成分を伴う | 8634／3 | T細胞リンパ腫: | |
| ・肉腫様 | 8631／3 | ・NOS | 9702／3 |
| ・網様 | 8633／1 | ・血管性免疫芽球性 | 9705／3 |
| ・網様・異所性成分を伴う | 8634／1 | ・血管中心性[obs] | 9719／3 |
| Sertoli細胞: | | ・原発性皮膚CD30+大(C44._) | 9718／3 |
| ・癌(C62._) | 8640／3 | ・成熟, NOS | 9702／3 |
| ・腫瘍, NOS | 8640／1 | ・成人(HTLV－1陽性)すべての変 | |
| ・腫瘍, 高脂質 | 8641／0 | 異体を含む | 9827／3 |
| ・腫瘍, 脂質蓄積を伴う | 8641／0 | ・腸管 | 9717／3 |
| ・腫瘍, 大細胞石灰化 | 8642／1 | ・腸症型腸管 | 9717／3 |
| ・腺腫 | 8640／1 | ・腸症関連 | 9717／3 |
| SETLE | 8589／3 | ・皮下脂肪組織炎様 | 9708／3 |
| SETTLE | 8588／3 | ・皮膚, NOS(C44._) | 9709／3 |
| Sézary症候群 | 9701／3 | ・末梢性 NOS | 9702／3 |
| Sézary病 | 9701／3 | ・末梢性, AILD(異常たんぱく血症を | |
| SMILE | 8140／2 | 伴う血管性免疫芽球性リンパ節症) | |
| Spitz母斑(C44._) | 8770／0 | 型[obd] | 9705／3 |
| Symplastic合胞体平滑筋腫 | 8893／0 | ・末梢性, 大細胞 | 9702／3 |
| Syringocystadenoma papilliferum | 8406／0 | ・末梢性, 多形性小細胞 | 9702／3 |

形態（T－ア）

| | |
|---|---|
| ・末梢性, 多形性中及び大細胞 | 9702／3 |
| T細胞リンパ芽球性白血病／リンパ腫★ | 9837／3 |
| T細胞大顆粒リンパ球性白血病 | 9831／3 |
| T細胞大顆粒リンパ球増加症 | 9831／3 |

## （V）

| | |
|---|---|
| VAIN Ⅲ（C52._） | 8077／2 |
| VIN Ⅲ（C51._） | 8077／2 |
| VIP産生腫瘍 | |
| ・NOS | 8155／1 |
| ・悪性 | 8155／3 |
| Von Recklinghausen病（骨を除く） | 9540／1 |

## （W）

| | |
|---|---|
| Waldenströmマクログロブリン血症（C42.0） | |
| （M-9671／3も参照） | 9761／3 |
| Warthin腫瘍（C07._, C08._） | 8561／0 |
| Wilms腫瘍（C64.9） | 8960／3 |
| Wolff管癌 | 9110／3 |
| Wolff管腫瘍 | 9110／1 |
| Wolff管腺腫 | 9110／0 |

## （ア）

| | |
|---|---|
| アグレッシブ全身性肥満細胞症★ | 9741／3 |
| アスキン腫瘍 | 9365／3 |
| アストロサイトーマ: | |
| ・NOS（C71._） | 9400／3 |
| ・ゲミストサイト性 | 9411／3 |
| ・のう＜嚢＞胞性（C71._） | 9400／3 |
| ・びまん性（C71._） | 9400／3 |
| ・びまん性, 低悪性度（C71._） | 9400／3 |
| ・希突起（C71._） | 9382／3 |
| ・原形質性（C71._） | 9410／3 |
| ・細線維性（C71._） | 9420／3 |
| ・若年性（C71._） | 9421／1 |
| ・上衣下, NOS（C71._） | 9383／1 |
| ・上衣下巨細胞性（C71._） | 9384／1 |
| ・神経[obs] | 9505／1 |
| ・線維形成性乳児（C71._） | 9412／1 |
| ・線維性（C71._） | 9420／3 |
| ・退形成性（C71._） | 9401／3 |
| ・退行性希突起（C71._） | 9382／3 |

| | |
|---|---|
| ・退行性乏突起（C71._） | 9382／3 |
| ・多形性黄色（C71._） | 9424／3 |
| ・低悪性度（C71._） | 9400／3 |
| ・肥大細胞性（C71._） | 9411／3 |
| ・乏突起（C71._） | 9382／3 |
| ・毛細胞性（C71._） | 9421／1 |
| ・毛様（C71._） | 9421／1 |
| アストロブラストーマ（C71._） | 9430／3 |
| アダマンチノーマ | |
| ・NOS（長管骨M-9261／3を除く） | 9310／0 |
| ・NOS（長管骨M-9261／3を除く） | 9310／0 |
| ・悪性（長管骨M-9261／3を除く） | 9310／3 |
| ・悪性（長骨M-9261／3を除く） | 9310／3 |
| ・脛骨（C40.2） | 9261／3 |
| ・長管骨（C40._） | 9261／3 |
| ・長骨（C40._） | 9261／3 |
| アデノマトイド腫瘍, NOS | 9054／0 |
| アデノマトイド腺腫様腫瘍, NOS | 9054／0 |
| アプドーマ | 8248／1 |
| アポクリン化生を伴う癌腫 | 8573／3 |
| アポクリン化生を伴う腺癌 | 8573／3 |
| アポクリン腺癌 | 8401／3 |
| アポクリン腺腫 | 8401／0 |
| アポクリンのう＜嚢＞胞腺腫 | 8401／0 |
| アミロイド間質を伴う髄様癌（C73.9） | 8345／3 |
| アルファ細胞腫瘍 | |
| ・NOS（C25._） | 8152／1 |
| ・悪性（C25._） | 8152／3 |
| アルファ重鎖病 | 9762／3 |
| アレノブラストーマ: | |
| ・NOS | 8630／1 |
| ・悪性 | 8630／3 |
| ・良性 | 8630／0 |
| アンドロブラストーマ: | |
| ・NOS | 8630／1 |
| ・悪性 | 8630／3 |
| ・管状, NOS | 8640／1 |
| ・脂質蓄積を伴う管状（C56.9） | 8641／0 |
| ・良性 | 8630／0 |
| 亜急性: | |
| ・リンパ球性白血病[obs] | 9820／3 |

－ 257 －

形態（ア―ア）

- ・リンパ性白血病[obs]　　　　　　9820／3
- ・顆粒球性白血病[obs]　　　　　　9860／3
- ・骨髄原性白血病[obs]　　　　　　9860／3
- ・骨髄性白血病[obs]　　　　　　　9860／3
- ・単球性白血病, NOS[obs]　　　　9860／3
- ・白血病, NOS[obs]　　　　　　　9800／3

**亜型の混在を伴う腺癌**　　　　　　8255／3

**悪性 rhabdoid tumor**　　　　　　8963／3

**悪性Schwann腫－悪性シュワン腫と同義**

**悪性エクリンらせん腺腫（C44._）**　8403／3

**悪性シュワン腫:**
- ・NOS[obs]　　　　　　　　　　　9560／3
- ・横紋筋芽細胞分化を伴う　　　　　9561／3

**悪性ラブドイド腫瘍**　　　　　　　8963／3

**悪性リンパ腫:**
- ・NOS　　　　　　　　　　　　　9590／3
- ・folicle center, ろ＜濾＞胞性　　9690／3
- ・folicle center, ろ＜濾＞胞性, NOS 9690／3
- ・Hodgkin　　　　　　　　　　　9650／3
- ・non-Hodgkin, NOS　　　　　　9591／3
- ・ホジキン　　　　　　　　　　　9650／3
- ・リンパ芽球性, NOS（M-9821／3も
  参照）　　　　　　　　　　　　9727／3
- ・リンパ球・組織球混合型, 結節性
  [obs]　　　　　　　　　　　　 9691／3
- ・リンパ球・組織球混合型, びまん性
  [obs]　　　　　　　　　　　　 9675／3
- ・リンパ球形質細胞性（M-9761／3も
  参照）　　　　　　　　　　　　9671／3
- ・リンパ球性, NOS　　　　　　　9670／3
- ・リンパ球性, 結節性, NOS[obs]　9690／3
- ・リンパ球性, 高分化型, 結節性[obs] 9698／3
- ・リンパ球性, 中程度分化, 結節性
  [obs]　　　　　　　　　　　　 9591／3
- ・リンパ球性, 中程度分化, びまん性
  [obs]　　　　　　　　　　　　 9673／3
- ・リンパ球性, 低分化, 結節性[obs]　9695／3
- ・リンパ球性, 低分化, びまん性[obs] 9591／3
- ・リンパ球性, びまん性, NOS　　 9670／3
- ・リンパ球性形質細胞様　　　　　9671／3
- ・くびれ状細胞[obs]　　　　　　　9727／3

- ・びまん性, NOS　　　　　　　　9591／3
- ・ろ＜濾＞胞性, NOS　　　　　　9690／3
- ・ろ＜濾＞胞中心, ろ＜濾＞胞性　9690／3
- ・ろ＜濾＞胞中心, ろ＜濾＞胞性,
  NOS　　　　　　　　　　　　　9690／3
- ・切れ込み核型細胞, NOS[obs]　　9591／3
- ・形質細胞様[obs]　　　　　　　　9671／3
- ・結節性, NOS[obs]　　　　　　　9690／3
- ・混合細胞型, 結節性[obs]　　　　9691／3
- ・混合細胞型, びまん性[obs]　　　9675／3
- ・混合細胞型, ろ＜濾＞胞性[obs]　9691／3
- ・小Bリンパ球性, NOS（M-9823／3
  も参照）　　　　　　　　　　　9670／3
- ・小リンパ球性, NOS　　　　　　9670／3
- ・小リンパ球性, 高分化, びまん性　9670／3
- ・小リンパ球性, びまん性　　　　　9670／3
- ・小切れ込み核型細胞, NOS[obs]　9591／3
- ・小切れ込み核型細胞型, びまん性
  [obs]　　　　　　　　　　　　 9591／3
- ・小切れ込み核細胞及び大細胞混合
  型, ろ胞性[obs]　　　　　　　　9691／3
- ・小切れ込み核細胞及び大細胞混合
  型, 濾胞性[obs]　　　　　　　　9691／3
- ・小切れ込み核細胞型　　　　　　9695／3
- ・小切れ込み核細胞型, ろ＜濾＞
  胞性[obs]　　　　　　　　　　　9695／3
- ・小細胞, 非切れ込み核型, びまん性
  [obs]　　　　　　　　　　　　 9591／3
- ・小細胞及び大細胞混合型, びまん性
  [obs]（M-9690／3も参照）　　　9675／3
- ・小細胞型, NOS　　　　　　　　9670／3
- ・小細胞びまん性　　　　　　　　9670／3
- ・小非切れ込み核型, バーキット型
  [obs]　　　　　　　　　　　　 9687／3
- ・組織球型, NOS[obs]　　　　　　9680／3
- ・組織球型, びまん性　　　　　　9680／3
- ・組織球性, 結節性[obs]　　　　　9698／3
- ・大切れ込み核型細胞, NOS[obs] 9680／3
- ・大細胞型, NOS　　　　　　　　9680／3
- ・大細胞型, 切れ込み核型, NOS
  [obs]　　　　　　　　　　　　 9680／3

形態（アーア）

- 大細胞型, 切れ込み核型, びまん性 9680／3
- 大細胞型, 切れ込み核型及び非切
  れ込み核型[obs]　　　　　9680／3
- 大細胞型, 非切れ込み核型, NOS 9680／3
- 大細胞型, 非切れ込み核型, びまん
  性　　　　　　　　　　　　9680／3
- 大細胞型, 非切れ込み核型,
  ろ＜濾＞胞性[obs]　　　　9698／3
- 大細胞型, びまん性, NOS[obs]　9680／3
- 大細胞型, 免疫芽球型　　　　9684／3
- 大細胞型, ろ＜濾＞胞性, NOS　9698／3
- 大細胞切れ込み核型, ろ＜濾＞
  胞性[obs]　　　　　　　　9698／3
- 大細胞性B細胞型, NOS　　　9680／3
- 大細胞性B細胞型, びまん性, NOS 9680／3
- 大細胞性B細胞型, びまん性, 胚中
  心芽球型, NOS　　　　　　9680／3
- 大細胞性B細胞型, びまん性, 免疫
  芽球型, NOS　　　　　　　9684／3
- 中心細胞性[obs]　　　　　　9673／3
- 胚中心芽球・胚中心細胞型,
  ろ＜濾＞胞性[obs]　　　　9690／3
- 胚中心芽球型, NOS　　　　　9680／3
- 胚中心芽球型, びまん性　　　9680／3
- 胚中心芽球型, ろ＜濾＞胞性　9698／3
- 胚中心芽細胞・胚中心型, びまん性
  [obs]　　　　　　　　　　9675／3
- 胚中心芽細胞・胚中心細胞型, NOS
  [obs]　　　　　　　　　　9675／3
- 脾B細胞リンパ腫／白血病, NOS★ 9591／3
- 非切れ込み核型, NOS　　　　9680／3
- 非切れ込み核型, びまん性, NOS
  [obs]　　　　　　　　　　9680／3
- 非切れ込み核型細胞, NOS　　9591／3
- 非切れ込み核型細胞, ろ＜濾＞
  胞性, NOS[obs]　　　　　　9698／3
- 脾びまん性赤脾髄小B細胞
  リンパ腫★　　　　　　　　9591／3
- 非ホジキン, NOS　　　　　　9591／3
- 未分化, バーキット型[obs]　9687／3
- 未分化細胞型, non-Burkitt[obs] 9591／3

- 未分化細胞型, NOS[obs]　　9591／3
- 未分化細胞型, 非バーキット[obs]　9591／3
- 免疫芽球型, NOS　　　　　　9684／3

**悪性リンパ腫性ポリポーシス**　　9673／3

**悪性奇形腫：**
- トロホブラスト性(C62._)　　9102／3
- 栄養胚芽性(C62._)　　　　　9102／3
- 退形成性　　　　　　　　　9082／3
- 中間型　　　　　　　　　　9083／3
- 未分化型　　　　　　　　　9082／3

**悪性筋上皮腫**　　　　　　　　8982／3

**悪性腱滑膜巨細胞腫瘍(C49._)**　9252／3

**悪性黒子(C44._)**　　　　　　　8742／2

**悪性黒子黒色腫(C44._)**　　　　8742／3

**悪性黒色腫：**
- NOS（若年性黒色腫M-8770／0を
  除く）　　　　　　　　　8720／3
- Hutchinson黒色雀卵斑内, NOS
  (C44._)　　　　　　　　8742／3
- ハッチンソン黒色雀卵斑内, NOS
  (C44._)　　　　　　　　8742／3
- 巨大色素性母斑内(C44._)　　8761／3
- 接合型母斑内(C44._)　　　　8740／3
- 前癌性黒色症内(C44._)　　　8741／3
- 先天性メラニン細胞性母斑内(C44._)
  　　　　　　　　　　　　8761／3
- 退行性(C44._)　　　　　　　8723／3

**悪性骨髄硬化症[obs]**　　　　　9931／3

**悪性細網症, NOS[obs]**　　　　9719／3

**悪性腫瘍：**　　　　　　　　　8000／3
- 巨細胞型　　　　　　　　　8003／3
- 小細胞型　　　　　　　　　8002／3
- 紡錘形細胞型　　　　　　　8004／3
- 明細胞型　　　　　　　　　8005／3

**悪性漿液性腺線維腫**　　　　　9014／3

**悪性漿液性のう＜嚢＞胞腺線維腫**　9014／3

**悪性正中線細網症[obs]**　　　　9719／3

**悪性線維性組織球腫**　　　　　8830／3

**悪性組織球症**　　　　　　　　9750／3

**悪性多房性のう＜嚢＞胞腎腫(C64.9)** 8959／3

**悪性転化を伴う奇形腫**　　　　9084／3

形態（アーイ）

| | | | | |
|---|---|---|---|---|
| 悪性転化を伴う皮様のう＜嚢＞胞 | | 異型線維黄色腫 | 8830／1 |
| （C56.9） | 9084／3 | 異型線維性組織球腫 | 8830／1 |
| 悪性度境界粘液性腺線維腫(C56.9) | 9015／1 | 異型腺腫 | 8140／1 |
| 悪性度境界粘液性のう＜嚢＞胞腺線維腫 | | 異型増殖性： | |
| （C56.9） | 9015／1 | ・漿液性腫瘍(C56.9) | 8442／1 |
| 悪性度不詳のカルチノイド腫瘍 | 8240／1 | ・乳頭状漿液性腫瘍(C56.9) | 8462／1 |
| 悪性度不明の平滑筋腫瘍 | 8897／1 | ・粘液性腫瘍(C56.9) | 8472／1 |
| 悪性軟骨様汗管腫(C44._) | 8940／3 | ・明細胞腫瘍(C56.9) | 8444／1 |
| 悪性軟部巨細胞腫 | 9251／3 | ・類内膜腫瘍 | 8380／1 |
| 悪性軟部巨細胞腫瘍 | 9251／3 | 異型平滑筋腫 | 8893／0 |
| 悪性粘液性腺癌線維腫 | 9015／3 | 異型ポリープ状腺筋腫 | 8932／0 |
| 悪性粘液性のう＜嚢＞胞腺線維腫 | 9015／3 | 異型脈絡そう＜叢＞乳頭腫(C71.5) | 9390／1 |
| 悪性のう＜嚢＞胞腎腫(C64.9) | 8959／3 | 異型ろ＜濾＞胞腫瘍(C73.9) | 8330／1 |
| 悪性胚細胞，管内性(C62._) | 9064／2 | 移行型松果体腫瘍(C75.3) | 9362／3 |
| 悪性肥満細胞腫 | 9740／3 | 移行型髄膜腫 | 9537／0 |
| 悪性肥満細胞腫瘍 | 9740／3 | 移行上皮癌 | |
| 悪性肥満細胞症 | 9741／3 | ・NOS | 8120／3 |
| 悪性胞状奇胎(C58.9) | 9100／1 | ・上皮内 | 8120／2 |
| 悪性末梢神経鞘性腫瘍 | 9540／3 | ・肉腫様 | 8122／3 |
| 悪性末梢神経鞘性腫瘍，横紋筋芽細胞 | | ・乳頭状(C67._) | 8130／3 |
| 分化を伴う | 9561／3 | ・乳頭状，非浸潤性(C67._) | 8130／2 |
| | | ・微小乳頭状(C67._) | 8131／3 |

## （イ）

| | | | | |
|---|---|---|---|---|
| | | ・紡錘形細胞 | 8122／3 |
| インスリノーマ： | | 移行上皮乳頭腫： | |
| ・NOS(C25._) | 8151／0 | ・NOS | 8120／1 |
| ・悪性(C25._) | 8151／3 | ・内反性，NOS | 8121／1 |
| 異型カルチノイド腫瘍 | 8249／3 | ・内反性，良性 | 8121／0 |
| 異型奇形腫瘍／ラブドイド腫瘍(C71._) | 9508／3 | ・良性 | 8120／0 |
| 異型脂肪腫 | 8850／1 | 移行性乳頭腫 | 8120／0 |
| 異型髄膜腫 | 9539／1 | 異常骨髄好酸球を伴う急性骨髄性白血 | |
| 異型髄様癌 | 8513／3 | 病 | 9871／3 |
| 異形成 | | 異常骨髄好酸球を伴う急性骨髄単球性 | |
| ・食道扁平表皮，高異型度(C15._) ★ | 8077／2★ | 白血病 | 9871／3 |
| ・食道扁平上皮，低異型度(C15._) ★ | 8077／0★ | 異常免疫グロブリン血症，NOS，単クロ | |
| ・食道腺上皮，高異型度(C16._) ★ | 8148／2★ | ーン性 | 9765／1 |
| ・食道腺上皮，低異型度(C16._) ★ | 8148／0★ | 異常免疫グロブリン血症，量的に有意性 | |
| ・扁平上皮内，高異型度(C24.1) ★ | 8148／2★ | の無い単クローン性 | 9765／1 |
| 異形成母斑(C44._) | 8727／0 | 異所性過誤腫性胸腺腫(C37.9) | 8587／0 |
| 異型性慢性骨髄性白血病： | | 移植後リンパ増殖疾患，NOS★ | 9971／1★ |
| ・BCR／ABL陰性 | 9876／3 | 胃腸ペースメーカ細胞腫瘍 | 8936／1 |
| ・フィラデルフィア染色体(Ph1)陰性 | 9876／3 | | |

— 260 —

形態（イ―エ）

| | |
|---|---|
| 胃腸間質腫瘍： | |
| ・NOS | 8936／1 |
| ・悪性 | 8936／3 |
| ・悪性度不明確 | 8936／1 |
| ・良性 | 8936／0 |
| 胃腸間質肉腫 | 8936／3 |
| 胃腸自律神経腫瘍 | 8936／1 |
| 一過性異常骨髄造血★ | 9898／1★ |
| 印環細胞癌 | 8490／3 |
| 印環細胞癌, 転移性 | 8490／6 |
| 印環細胞腺癌 | 8490／3 |

### （ウ）

| | |
|---|---|
| ウィルムス腫瘍（C64.9） | 8960／3 |
| ウォルフ管癌 | 9110／3 |
| ウォルフ管腫瘍 | 9110／1 |
| ウォルフ管腺腫 | 9110／0 |

### （エ）

| | |
|---|---|
| エオジン好性癌（C75.1） | 8280／3 |
| エオジン好性細胞癌（C75.1） | 8280／3 |
| エオジン好性細胞腺癌（C75.1） | 8280／3 |
| エオジン好性細胞腺腫（C75.1） | 8280／0 |
| エオジン好性腺癌（C75.1） | 8280／3 |
| エオジン好性腺腫（C75.1） | 8280／0 |
| エクリン円柱腫, 皮膚（C44._） | 8200／0 |
| エクリン汗孔腫（C44._） | 8409／0 |
| エクリン汗孔腫, 悪性（C44._） | 8409／3 |
| エクリン腺癌 | 8413／3 |
| エクリン先端孔汗腺腫（C44._） | 8402／0 |
| エクリン乳頭状腺癌（C44._） | 8408／3 |
| エクリン乳頭状腺腫（C44._） | 8408／0 |
| エクリンのう＜嚢＞胞腺腫（C44._） | 8404／0 |
| エクリンらせん腺腫（C44._） | 8403／0 |
| エクリンらせん腺腫, 悪性（C44._） | 8403／3 |
| エナメル上皮癌 | 9270／3 |
| エナメル上皮歯芽腫, 線維 | 9290／0 |
| エナメル上皮歯芽肉腫 | 9290／3 |
| エナメル上皮腫： | |
| ・NOS | 9310／0 |
| ・悪性 | 9310／3 |
| ・歯牙 | 9311／0 |
| ・腺 | 9300／0 |
| エナメル上皮腫様, 頭蓋咽頭管腫 | |
| （C75.2） | 9351／1 |
| エナメル上皮腫様, 頭蓋咽頭腫（C75.2） | 9351／1 |
| エナメル上皮線維・歯芽腫 | 9290／0 |
| エナメル上皮線維・象牙肉腫 | 9290／3 |
| エナメル上皮線維腫 | 9330／0 |
| エナメル上皮線維象牙腫 | 9271／0 |
| エナメル上皮線維象牙肉腫 | 9290／3 |
| エナメル上皮線維肉腫 | 9330／3 |
| エナメル上皮肉腫 | 9330／3 |
| 栄養胚芽性： | |
| ・悪性奇形腫（C62._） | 9102／3 |
| ・腫瘍, 胎盤部（C58.9） | 9104／1 |
| ・腫瘍, 類上皮性 | 9105／3 |
| 円形細胞癌 | 8041／3 |
| 円形細胞脂肪肉腫 | 8853／3 |
| 円形細胞性骨肉腫（C40._）（C41._） | 9185／3 |
| 円形細胞肉腫 | 8803／3 |
| 炎症性Myofibroblastic腫瘍, NOS | 8825／1 |
| 炎症性癌（C50._） | 8530／3 |
| 炎症性筋線維芽細胞腫性腫瘍, NOS | 8825／1 |
| 炎症性筋線維芽腫性腫瘍, NOS | 8825／1 |
| 炎症性脂肪肉腫 | 8851／3 |
| 炎症性腺癌（C50._） | 8530／3 |
| 円柱細胞： | |
| ・癌（C30.0, C31._） | 8121／3 |
| ・乳頭腫 | 8121／1 |
| 円柱腫： | |
| ・NOS（皮膚の円柱腫M-8200／0を | |
| 除く） | 8200／3 |
| ・頭（C44.4） | 8200／0 |
| ・皮膚 | 8200／0 |
| ・皮膚エクリン（C44._） | 8200／0 |
| 円柱上皮細胞： | |
| ・癌（C30.0, C31._） | 8121／3 |
| ・乳頭腫 | 8121／1 |
| 燕麦細胞癌（C34._） | 8042／3 |

― 261 ―

形態（オーカ）

## （オ）

オリゴデンドログリオーマ：
- ・NOS（C71._） 9450／3
- ・退形成性（C71._） 9451／3

オリゴデンドロブラストーマ 9460／3

オンコサイトーマ 8290／0

黄色腫：
- ・異型線維 8830／1
- ・線維, NOS 8830／0
- ・線維, 悪性 8830／3

黄色星細胞腫, 多形性（C71._） 9424／3

黄色線維腫 8830／0

黄体腫, NOS（C56.9） 8610／0

横紋筋芽細胞分化を伴う：
- ・MPNST 9561／3
- ・悪性Schwann腫 9561／3
- ・悪性シュワン腫 9561／3
- ・悪性末梢神経鞘腫瘍 9561／3

横紋筋腫：
- ・NOS 8900／0
- ・グリコーゲン 8904／0
- ・性器（C51._）（C52.9） 8905／0
- ・成人型 8904／0
- ・胎児性 8903／0

横紋筋肉腫：
- ・NOS 8900／3
- ・混合型 8902／3
- ・混合胎芽性・胞巣状 8902／3
- ・神経節への分化を伴う 8921／3
- ・胎芽性, NOS 8910／3
- ・胎芽性, 多形性 8910／3
- ・胎児性, NOS 8910／3
- ・胎児性, 多形性 8910／3
- ・多形, NOS 8901／3
- ・多形, 成人型 8901／3
- ・紡錘形細胞 8912／3
- ・胞巣状 8920／3

横紋肉腫 8900／3

## （カ）

ガストリノーマ：
- ・NOS 8153／1
- ・悪性 8153／3

ガストリン細胞腫瘍 8153／1

ガストリン細胞腫瘍, 悪性 8153／3

カポジ肉腫 9140／3

カポジ様血管内皮腫 9130／1

カルチノイド：
- ・NOS 8240／3
- ・ECL細胞, NOS 8242／1
- ・ECL細胞, 悪性 8242／3
- ・EC細胞 8241／3
- ・セロトニン産生 8241／3
- ・管状 8245／1
- ・気管支腺腫（C34._） 8240／3
- ・甲状腺腫性（C56.9） 9091／1
- ・腺癌混合癌 8244／3
- ・腺癌の複合癌 8244／3
- ・腸クロム親和性細胞 8241／3
- ・腸クロム親和性様細胞, NOS 8242／1
- ・定型的 8240／3
- ・粘液 8243／3
- ・杯細胞 8243／3
- ・複合 8244／3

カルチノイド腫瘍：
- ・NOS 8240／3
- ・悪性度不詳 8240／1
- ・異型 8249／3
- ・銀親和性, NOS 8240／1
- ・銀親和性, 悪性 8241／3
- ・腺 8245／3
- ・粘液 8243／3

カルチノイドと腺癌の混合癌＊ 8244／3

ガンマ重鎖病 9762／3

外陰上皮内腫瘍, Ⅲ度（C51._） 8077／2

外陰部上皮内腫瘍, Ⅲ度（C51._） 8077／2

開花性骨異形成症 9275／0

怪奇細胞形肉腫（C71._）[obs] 9441／3

外骨症：
- ・骨軟骨性（C40._）（C41._） 9210／0

－ 262 －

形態（カ−カ）

| | | | | |
|---|---|---|---|---|
| ・軟骨性(C40._)(C41._) | 9210／0 | 褐色脂肪腫瘍 | 8880／0 |
| 外軟骨腫(C40._)(C41._) | 9210／0 | 活動性NK細胞白血病 | 9948／3 |
| 外軟骨腫症 | 9210／1 | 活動性血管粘液腫 | 8841／1 |
| 外胚葉腫瘍： | | 活動性指状乳頭状腺腫(C44._) | 8408／1 |
| ・原始神経(C71._) | 9473／3 | 活動性線維腫症 | 8821／1 |
| ・神経, NOS | 9364／3 | 滑膜腫： | |
| ・中枢性原始神経, NOS(C71._) | 9473／3 | ・NOS | 9040／3 |
| ・末梢性原始神経, NOS | 9364／3 | ・悪性 | 9040／0 |
| ・末梢性神経 | 9364／3 | ・良性 | 9040／3 |
| 外胚葉性間葉腫 | 8921／3 | 滑膜肉腫： | |
| 海綿芽細胞腫−海綿芽腫と同義 | | ・NOS | 9040／3 |
| 海綿芽腫： | | ・単相性線維性 | 9041／3 |
| ・NOS(C71._)[obs] | 9421／1 | ・二相性 | 9043／3 |
| ・極性(C71._) | 9423／3 | ・紡錘形細胞 | 9041／3 |
| ・原始極性(C71._)[obs] | 9423／3 | ・類上皮細胞 | 9042／3 |
| 海面状血管腫 | 9121／0 | 顆粒球性肉腫 | 9930／3 |
| 海綿状リンパ管腫 | 9172／0 | 顆粒球性白血病, NOS | 9860／3 |
| 海綿神経芽細胞腫−海綿神経芽腫と同義 | | 顆粒細胞癌 | 8320／3 |
| 海綿神経芽腫 | 9504／3 | 顆粒細胞筋芽細胞腫−顆粒細胞筋芽腫と同義 | |
| 化学感受体腫 | 8693／1 | 顆粒細胞筋芽腫： | |
| 芽球性NK細胞リンパ腫 [obs]★ | 9727／3 | ・NOS | 9580／0 |
| 芽球性形質細胞性樹状細胞腫瘍★ | 9727／3 | ・悪性 | 9580／3 |
| 芽球性白血病 | 9801／3 | 顆粒細胞腫瘍： | |
| 芽球増加を伴う不応性貧血 | 9983／3 | ・NOS | 9580／0 |
| 角化真珠を伴う扁平上皮癌 | 8078／3 | ・悪性 | 9580／3 |
| 角化性乳頭腫 | 8052／0 | 顆粒細胞腺癌 | 8320／3 |
| 過誤腫性胸腺腫, 異所性(C37.9) | 8587／0 | 顆粒膜・莢膜細胞腫瘍(C56.9) | 8621／1 |
| 化骨性線維腫 | 9262／0 | 顆粒膜細胞癌(C56.9) | 8620／3 |
| 芽細胞腫−芽腫と同義 | 8000／3 | 顆粒膜細胞腫瘍： | |
| 芽腫, NOS | 8000／3 | ・NOS(C56.9) | 8620／1 |
| 下垂体癌, NOS(C75.1) | 8272／3 | ・悪性(C56.9) | 8620／3 |
| 下垂体腺腫, NOS(C75.1) | 8272／0 | ・若年性(C56.9) | 8622／1 |
| 下垂体細胞腫★ | 9432／1★ | ・成人型(C56.9) | 8620／1 |
| 化生癌, NOS | 8575／3 | ・肉腫様(C56.9) | 8620／3 |
| 化生性髄膜腫 | 9530／0 | がん | 8000／3 |
| 家族性大腸ポリポーシス(C18._) | 8220／0 | 癌： | |
| 褐色芽細胞腫−褐色芽腫と同義 | 8700／3 | ・NOS | 8010／3 |
| 褐色芽腫(C74.1) | 8700／3 | ・acidophil(C75.1) | 8280／3 |
| 褐色細胞腫： | | ・acidophil・bosophil混合(C75.1) | 8281／3 |
| ・NOS(C74.1) | 8700／0 | ・acidophil・bosophil細胞混合(C75.1) | 8281／3 |
| ・悪性(C74.1) | 8700／3 | ・acidophil細胞(C75.1) | 8280／3 |

− 263 −

形態（カーカ）

| | | | |
|---|---|---|---|
| ・bosophil（C75.1） | 8300／3 | ・移行上皮, 肉腫様 | 8122／3 |
| ・bosophil細胞（C75.1） | 8300／3 | ・移行上皮, 微小乳頭状（C67._） | 8131／3 |
| ・chromophobe（C75.1） | 8270／3 | ・移行上皮, 紡錘形細胞 | 8122／3 |
| ・chromophobe細胞（C75.1） | 8270／3 | ・印環細胞 | 8490／3 |
| ・chromophobe細胞腎（C64.9） | 8317／3 | ・円形細胞 | 8041／3 |
| ・C細胞（C73.9） | 8345／3 | ・炎症性（C50._） | 8530／3 |
| ・Hurthle細胞（C73.9） | 8290／3 | ・円柱細胞（C30.0, C31._） | 8121／3 |
| ・Merkel細胞（C44._） | 8247／3 | ・円柱上皮細胞（C30.0, C31._） | 8121／3 |
| ・Schneider（C30.0, C31._） | 8121／3 | ・燕麦細胞（C34._） | 8042／3 |
| ・Sertoli細胞（C62._） | 8640／3 | ・角化真珠を伴う扁平上皮 | 8078／3 |
| ・Wolff管 | 9110／3 | ・下垂体, NOS（C75.1） | 8272／3 |
| ・アポクリン化生を伴う | 8573／3 | ・化生, NOS | 8575／3 |
| ・アミロイド間質を伴う髄様（C73.9） | 8345／3 | ・顆粒細胞 | 8320／3 |
| ・ウォルフ管 | 9110／3 | ・顆粒膜細胞（C56.9） | 8620／3 |
| ・エオジン好性（C75.1） | 8280／3 | ・肝（C22.0） | 8170／3 |
| ・エオジン好性細胞（C75.1） | 8280／3 | ・汗管腫様（C44._） | 8407／3 |
| ・エナメル上皮 | 9270／3 | ・汗孔（C44._） | 8409／3 |
| ・コメド, NOS（C50._） | 8501／3 | ・肝細胞, NOS（C22.0） | 8170／3 |
| ・コメド, 非浸潤性（C50._） | 8501／2 | ・肝細胞, 硬化性（C22.0） | 8172／3 |
| ・コロイド | 8480／3 | ・肝細胞, 線維層板状（C22.0） | 8171／3 |
| ・コンジローム様癌 | 8051／3 | ・肝細胞, 多形型（C22.0） | 8175／3 |
| ・シュナイダー（C30.0, C31._） | 8121／3 | ・肝細胞, 肉腫様（C22.0） | 8173／3 |
| ・セルトリ細胞（C62._） | 8640／3 | ・肝細胞, 紡錘形細胞変異型（C22.0） | 8173／3 |
| ・ヒュルトル細胞（C73.9） | 8290／3 | ・肝細胞, 明細胞型（C22.0） | 8174／3 |
| ・ポリープ内, NOS | 8210／3 | ・肝細胞・胆管細胞混合（C22.0） | 8180／3 |
| ・メルケル細胞（C44._） | 8247／3 | ・肝細胞・胆管の混合型（C22.0） | 8180／3 |
| ・ラブドイド型を伴う大細胞 | 8014／3 | ・間質浸潤の疑いを伴う上皮内扁平上 | |
| ・リンパ球性間質を伴う髄様 | 8512／3 | 　皮 | 8076／2 |
| ・リンパ上皮 | 8082／3 | ・間質浸潤の疑いを伴う上皮内類表 | |
| ・のう＜嚢＞胞内, NOS | 8504／3 | 　皮 | 8076／2 |
| ・びまん型（C16._） | 8145／3 | ・管状 | 8211／3 |
| ・ゆう＜疣＞状 | 8051／3 | ・管状, 篩状型（C50._） | 8201／3 |
| ・ゆう＜疣＞状, NOS | 8051／3 | ・汗腺（C44._） | 8400／3 |
| ・ゆう＜疣＞状類表皮 | 8051／3 | ・汗腺（C44._） | 8402／3 |
| ・ゆうぜい＜疣贅＞状, NOS | 8051／3 | ・肝様 | 8576／3 |
| ・ろ＜濾＞胞, NOS（C73.9） | 8330／3 | ・気管支肺胞上皮, 粘液性及び非粘 | |
| ・ろ＜濾＞胞, 高分化（C73.9） | 8331／3 | 　液性混合型（C34._） | 8254／3 |
| ・ろ＜濾＞胞, 索状（C73.9） | 8332／3 | ・奇形 | 9081／3 |
| ・ろ＜濾＞胞, 中分化（C73.9） | 8332／3 | ・奇形腫を伴う絨毛 | 9101／3 |
| ・異型髄様 | 8513／3 | ・基質（C44._） | 8110／3 |
| ・移行上皮, NOS | 8120／3 | ・基底・扁平上皮細胞混合（C44._） | 8094／3 |

| | | | | |
|---|---|---|---|---|
| ・基底細胞, morpheic（C44._） | 8092／3 | | ・細気管支肺胞上皮, II型肺胞上皮 | |
| ・基底細胞, NOS（C44._） | 8090／3 | | 　細胞及び胚細胞型（C34._） | 8254／3 |
| ・基底細胞, 結節性（C44._） | 8097／3 | | ・細気管支肺胞上皮, 粘液性（C34._） | 8253／3 |
| ・基底細胞, 小結節性（C44._） | 8097／3 | | ・細気管支肺胞上皮, 胚細胞型 | |
| ・基底細胞, 線維形成型（C44._） | 8092／3 | | 　（C34._） | 8253／3 |
| ・基底細胞, 線維上皮性（C44._） | 8093／3 | | ・細気管支肺胞上皮, 非粘液性 | |
| ・基底細胞様扁平上皮 | 8083／3 | | 　（C34._） | 8252／3 |
| ・基底扁平上皮（C44._） | 8094／3 | | ・索状 | 8190／3 |
| ・偽肉腫様 | 8033／3 | | ・色素性基底細胞（C44._） | 8090／3 |
| ・胸腺, NOS（C37.9） | 8586／3 | | ・歯原性 | 9270／3 |
| ・胸腺様成分を示す | 8589／3 | | ・耳垢（C44.2） | 8420／3 |
| ・巨細胞 | 8031／3 | | ・篩状, NOS（C50._） | 8201／3 |
| ・巨細胞及び紡錘形細胞 | 8030／3 | | ・篩状上皮内（C50._） | 8201／2 |
| ・筋上皮性 | 8982／3 | | ・若年性乳腺（C50._） | 8502／3 |
| ・嫌色素性（C75.1） | 8270／3 | | ・集合管（C64.9） | 8319／3 |
| ・嫌色素性細胞（C75.1） | 8270／3 | | ・充実性, NOS | 8230／3 |
| ・嫌色素性細胞腎（C64.9） | 8317／3 | | ・充実性偽乳頭状（C25._） | 8452／3 |
| ・原発性骨内 | 9270／3 | | ・絨毛, NOS | 9100／3 |
| ・原発性皮膚神経内分泌（C44._） | 8247／3 | | ・漿液性, NOS | 8441／3 |
| ・硬 | 8141／3 | | ・漿液性表在性乳頭（C56.9） | 8461／3 |
| ・高グリコーゲン（C50._） | 8315／3 | | ・小細胞, NOS | 8041／3 |
| ・硬化性肝（C22.0） | 8172／3 | | ・小細胞, 中細胞 | 8044／3 |
| ・硬化性汗管（C44._） | 8407／3 | | ・小細胞, 紡錘形細胞 | 8043／3 |
| ・高脂質（C50._） | 8314／3 | | ・小細胞・腺混合 | 8045／3 |
| ・甲状腺乳頭（C73.9） | 8260／3 | | ・小細胞・大細胞混合 | 8045／3 |
| ・高分化癌《胃癌》《大腸癌》▼ | 8140／31 | | ・小細胞・扁平上皮混合 | 8045／3 |
| ・硬性 | 8141／3 | | ・小細胞混合 | 8045／3 |
| ・膠様 | 8480／3 | | ・小細胞神経内分泌 | 8041／3 |
| ・細気管支（C34._） | 8250／3 | | ・硝子細胞 | 8015／3 |
| ・細気管支肺胞上皮（C34._） | 8250／3 | | ・小乳頭状漿液性（C56.9） | 8460／3 |
| ・細気管支肺胞上皮, クララ細胞 | | | ・小のう＜嚢＞胞性付属器（C44._） | 8407／3 |
| 　（C34._） | 8252／3 | | ・上皮性・筋上皮性 | 8562／3 |
| ・細気管支肺胞上皮, クララ細胞及び | | | ・上皮内, NOS | 8010／2 |
| 　胚細胞型（C34._） | 8254／3 | | ・上皮内移行上皮 | 8120／2 |
| ・細気管支肺胞上皮, 中間型（C34._） | 8254／3 | | ・上皮内管状, 篩状型（C50._） | 8201／2 |
| ・細気管支肺胞上皮, II型肺胞細胞 | | | ・上皮内導管, NOS（C50._） | 8500／2 |
| 　（C34._） | 8252／3 | | ・上皮内導管, コメド型（C50._） | 8501／2 |
| ・細気管支肺胞上皮, II型肺胞細胞 | | | ・上皮内導管, 小乳頭状 | 8507／2 |
| 　及び胚細胞型（C34._） | 8254／3 | | ・上皮内導管, 乳頭状（C50._） | 8503／2 |
| ・細気管支肺胞上皮, II型肺胞上皮 | | | ・上皮内導管, 面皰型（C50._） | 8501／2 |
| 　細胞（C34._） | 8252／3 | | ・上皮内乳管, NOS（C50._） | |

形態（カーカ）

| | |
|---|---|
| 　　－上皮内導管, NOS参照 | |
| ・上皮内乳管, コメド型（C50._） | |
| 　　－上皮内導管, コメド型参照 | |
| ・上皮内乳管, 小乳頭状 | |
| 　　－上皮内導管, 小乳頭状参照 | |
| ・上皮内乳管, 乳頭状（C50._） | |
| 　　－上皮内導管, 乳頭状参照 | |
| ・上皮内乳管, 面皰型（C50._） | |
| 　　－上皮内導管, 面皰型参照 | |
| ・上皮内尿路上皮 | 8120／2 |
| ・上皮内扁平上皮, NOS | 8070／2 |
| ・上皮内類表皮, NOS | 8070／2 |
| ・小葉, NOS（C50._） | 8520／3 |
| ・小葉, 非浸潤性（C50._） | 8520／2 |
| ・小葉・内分泌混合（C25._） | 8154／3 |
| ・小葉及び導管（C50._） | 8522／3 |
| ・小葉及び乳管（C50._） | |
| 　　－小葉及び導管参照 | |
| ・小葉性上皮内, NOS（C50._） | 8520／2 |
| ・腎, 集合管型（C64.9） | 8319／3 |
| ・神経内分泌, NOS | 8246／3 |
| ・神経内分泌への分化を伴う | 8574／3 |
| ・腎細胞, NOS（C64.9） | 8312／3 |
| ・腎細胞, chromphobe型（C64.9） | 8317／3 |
| ・腎細胞, 嫌色素性型（C64.9） | 8317／3 |
| ・腎細胞, 肉腫様（C64.9） | 8318／3 |
| ・腎細胞, 紡錘形細胞（C64.9） | 8318／3 |
| ・浸潤性基底細胞, NOS（C44._） | 8092／3 |
| ・浸潤性基底細胞, 硬化性（C44._） | 8092／3 |
| ・浸潤性基底細胞, 非硬化性（C44._） | 8092／3 |
| ・浸潤性小葉, NOS（C50._） | 8520／3 |
| ・浸潤性導管（C50._） | 8500／3 |
| ・浸潤性導管（C50._） | 8521／3 |
| ・浸潤性導管・管状（C50._） | 8523／3 |
| ・浸潤性導管・膠様（C50._） | 8523／3 |
| ・浸潤性導管・篩状（C50._） | 8523／3 |
| ・浸潤性導管・粘液（C50._） | 8523／3 |
| ・浸潤性導管及び上皮内小葉（C50._） | 8522／3 |
| ・浸潤性導管内及び小葉（C50._） | 8522／3 |
| ・浸潤性乳管（C50._） | |
| 　　－浸潤性導管参照 | |

| | |
|---|---|
| ・浸潤性乳管（C50._） | |
| 　　－浸潤性導管参照 | |
| ・浸潤性乳管・管状（C50._） | |
| 　　－浸潤性導管・管状参照 | |
| ・浸潤性乳管・膠様（C50._） | |
| 　　－浸潤性導管・膠様参照 | |
| ・浸潤性乳管・篩状（C50._） | |
| 　　－浸潤性導管・篩状参照 | |
| ・浸潤性乳管・粘液（C50._） | |
| 　　－浸潤性導管・粘液参照 | |
| ・浸潤性乳管及び上皮内小葉（C50._） | |
| 　　－浸潤性導管及び上皮内 | |
| 　　小葉参照 | |
| ・浸潤性乳管内及び小葉（C50._） | |
| 　　－浸潤性導管内及び小葉参照 | |
| ・髄様, NOS | 8510／3 |
| ・髄様・乳頭混合（C73.9） | 8347／3 |
| ・髄様・濾胞混合（C73.9） | 8346／3 |
| ・線維上皮性基底細胞, Pinkus型 | 8093／3 |
| ・線維上皮性基底細胞, ピンカス型 | 8093／3 |
| ・腺癌・扁平上皮癌混合 | 8560／3 |
| ・腺癌・類表皮癌混合 | 8560／3 |
| ・腺腫性ポリープ内 | 8210／3 |
| ・腺のう＜嚢＞胞 | 8200／3 |
| ・腺扁平上皮 | 8560／3 |
| ・腺房 | 8550／3 |
| ・腺房細胞 | 8550／3 |
| ・腺様基底細胞（C53._） | 8098／3 |
| ・腺様のう＜嚢＞胞 | 8200／3 |
| ・増殖性線維症を伴う | 8141／3 |
| ・総排泄孔原性（C21.1） | 8124／3 |
| ・続発性 | 8010／6 |
| ・他の型の癌を伴う浸潤性小葉 | |
| 　（C50._） | 8524／3 |
| ・他の型の癌を伴う浸潤性導管 | |
| 　（C50._） | 8523／3 |
| ・他の型の癌を伴う浸潤性乳管 | |
| 　（C50._）－他の型の癌を伴う | |
| 　浸潤性導管参照 | |
| ・胎芽性, NOS | 9070／3 |
| ・胎芽性, 多胎芽腫型 | 9072／3 |

形態（カーカ）

| | |
|---|---|
| ・胎芽性, 幼児型 | 9071／3 |
| ・胎芽性・奇形腫混合腫瘍 | 9081／3 |
| ・胎芽性肝(C22.0) | 8970／3 |
| ・胎芽性を伴う絨毛 | 9101／3 |
| ・退形成, NOS | 8021／3 |
| ・大細胞, NOS | 8012／3 |
| ・大細胞神経内分泌 | 8013／3 |
| ・胎児性, NOS | 9070／3 |
| ・胎児性, 多胎児腫型 | 9072／3 |
| ・胎児性, 幼児型 | 9071／3 |
| ・胎児性・奇形腫混合腫瘍 | 9081／3 |
| ・胎児性を伴う絨毛 | 9101／3 |
| ・胎児性肝(C22.0) | 8970／3 |
| ・多角形細胞 | 8034／3 |
| ・多形細胞 | 8022／3 |
| ・多形性腺腫内(C07._, C08._) | 8941／3 |
| ・多形腺腫内(C07._, C08._) | 8941／3 |
| ・多中心性基底細胞(C44._) | 8091／3 |
| ・多病巣性表在性基底細胞(C44._) | 8091／3 |
| ・胆管(C22.1)(C24.0) | 8160／3 |
| ・単純 | 8231／3 |
| ・中分化癌《胃癌》《大腸癌》▼ | 8140／32 |
| ・腸型(C16._) | 8144／3 |
| ・低粘着性 | 8490／3 |
| ・低分化癌《胃癌》《大腸癌》▼ | 8140／33 |
| ・転移性, NOS | 8010／6 |
| ・転移性印環細胞 | 8490／6 |
| ・導管, NOS | 8500／3 |
| ・導管, 線維形成型 | 8514／3 |
| ・導管細胞 | 8500／3 |
| ・導管内, NOS | 8500／2 |
| ・導管内, 非浸潤性, NOS | 8500／2 |
| ・導管内, 葡匐(C50._) | 8507／2 |
| ・導管内及び上皮内小葉(C50._) | 8522／2 |
| ・導管内及び小葉(C50._) | 8522／2 |
| ・導管内小乳頭状(C50._) | 8507／2 |
| ・導管内乳頭状, NOS(C50._) | 8503／2 |
| ・島細胞(C25._) | 8150／3 |
| ・島状(C73.9) | 8337／3 |
| ・乳管, NOS−導管, NOS参照 | |
| ・乳管, 線維形成型 | |

| | |
|---|---|
| 　−導管, 線維形成型参照 | |
| ・乳管細胞−導管細胞参照 | |
| ・乳管内, NOS−導管内, NOS参照 | |
| ・乳管内, 非浸潤性, NOS | |
| 　−導管内, 非浸潤性, NOS参照 | |
| ・乳管内, 葡匐(C50._) | |
| 　−導管内, 葡匐参照 | |
| ・乳管内及び上皮内小葉(C50._) | |
| 　−導管内及び上皮内小葉参照 | |
| ・乳管内及び小葉(C50._) | |
| 　−導管内及び小葉参照 | |
| ・乳管内小乳頭状(C50._) | |
| 　−導管内小乳頭状参照 | |
| ・乳管内乳頭状, NOS(C50._) | |
| 　−導管内乳頭状, NOS参照 | |
| ・乳腺分泌性(C50._) | 8502／3 |
| ・乳頭, oxyphilic細胞(C73.9) | 8342／3 |
| ・乳頭, tall細胞(C73.9) | 8344／3 |
| ・乳頭, び慢性硬化(C73.9) | 8350／3 |
| ・乳頭, 円柱上皮細胞(C73.9) | 8344／3 |
| ・乳頭, 好酸性細胞(C73.9) | 8342／3 |
| ・乳頭, 被包性(C73.9) | 8343／3 |
| ・乳頭《甲状腺癌》▼ | 8260／3 |
| ・乳頭・ろ＜濾＞胞(C73.9) | 8340／3 |
| ・乳頭状, NOS | 8050／3 |
| ・乳頭状, ろ＜濾＞胞状亜型(C73.9) | 8340／3 |
| ・乳頭状移行上皮(C67._) | 8130／3 |
| ・乳頭状移行上皮, 非浸潤性(C67._) | 8130／2 |
| ・乳頭状上皮内 | 8050／2 |
| ・乳頭状腎細胞(C64.9) | 8260／3 |
| ・乳頭状尿路上皮(C67._) | 8130／3 |
| ・乳頭状尿路上皮, 非浸潤性(C67._) | 8130／2 |
| ・乳頭状扁平上皮 | 8052／3 |
| ・乳頭状扁平上皮, 非浸潤性 | 8052／2 |
| ・乳頭状扁平上皮内 | 8052／2 |
| ・乳頭状類表皮 | 8052／3 |
| ・乳房Paget病及び浸潤性導管 (C50._) | 8541／3 |
| ・乳房Paget病及び浸潤性乳管 (C50._) | 8541／3 |
| ・乳房Paget病及び導管内(C50._) | 8543／3 |

− 267 −

形態（カーカ）

| | | | | |
|---|---|---|---|
| ・乳房Paget病及び乳管内(C50._) | 8543／3 | ・扁平上皮, 微小浸潤性 | 8076／3 |
| ・乳房パジェット病及び浸潤性導管 | | ・扁平上皮, 紡錘形細胞 | 8074／3 |
| 　(C50._) | 8541／3 | ・扁平上皮, 明細胞型 | 8084／3 |
| ・乳房パジェット病及び浸潤性乳管 | | ・紡錘形細胞, NOS | 8032／3 |
| 　(C50._) | 8541／3 | ・傍濾胞細胞(C73.9) | 8345／3 |
| ・乳房パジェット病及び導管内 | | ・未分化, NOS | 8020／3 |
| 　(C50._) | 8543／3 | ・明細胞 | 8310／3 |
| ・乳房パジェット病及び乳管内 | | ・面皰, NOS(C50._) | 8501／3 |
| 　(C50._) | 8543／3 | ・面皰, 非浸潤性(C50._) | 8501／2 |
| ・粘液産生 | 8481／3 | ・毛基質(C44._) | 8110／3 |
| ・粘液性 | 8480／3 | ・毛根鞘(C44._) | 8102／3 |
| ・粘液分泌 | 8481／3 | ・毛髪(C44._) | 8103／0 |
| ・肺胞 | 8251／3 | ・予備細胞 | 8041／3 |
| ・肺胞上皮細胞(C34._) | 8250／3 | ・類基底細胞 | 8123／3 |
| ・皮脂(C44._) | 8410／3 | ・類内膜, NOS | 8380／3 |
| ・非小細胞(C34._) | 8046／3 | ・類粘液性 | 8480／3 |
| ・非浸潤性導管内乳頭状(C50._) | 8503／2 | ・類表皮, NOS | 8070／3 |
| ・非浸潤性乳管内乳頭状(C50._) | 8503／2 | ・類表皮, 角化 | 8071／3 |
| ・非浸潤性のう＜嚢＞胞内 | 8504／2 | ・類表皮, 小細胞性, 非角化 | 8073／3 |
| ・皮膚付属器(C44._) | 8390／3 | ・類表皮, 大細胞性, 非角化 | 8072／3 |
| ・非被包性硬化(C73.9) | 8350／3 | ・類表皮, 紡錘形細胞 | 8074／3 |
| ・表皮内, NOS | 8070／2 | 感覚神経芽腫 | 9522／3 |
| ・表皮内扁平上皮, Bowen型(C44._) | 8081／2 | 感覚神経細胞腫 | 9521／3 |
| ・表皮内扁平上皮, ボウエン型 | | 感覚神経上皮腫 | 9523／3 |
| 　(C44._) | 8081／2 | 肝芽細胞腫－肝芽腫と同義 | |
| ・副腎皮質(C74.0) | 8370／3 | 肝芽腫(C22.0) | |
| ・腹膜偽粘液腫 | 8480／6 | ・混合型, 上皮間葉(C22.0)★ | 8970／3 |
| ・腹膜原発性漿液性乳頭(C56.9) | 8461／3 | ・類上皮型(C22.0)★ | 8970／3 |
| ・変形(C44._) | 8095／3 | 肝癌: | |
| ・扁平上皮 | 8070／3 | ・NOS(C22.0) | 8170／3 |
| ・扁平上皮, NOS | 8070／3 | ・胎芽性(C22.0) | 8970／3 |
| ・扁平上皮, 角化, NOS | 8071／3 | ・胎児性(C22.0) | 8970／3 |
| ・扁平上皮, 偽腺様 | 8075／3 | 汗管腫: | |
| ・扁平上皮, 棘融解性 | 8075／3 | ・NOS(C44._) | 8407／0 |
| ・扁平上皮, 小細胞性, 非角化 | 8073／3 | ・悪性軟骨様(C44._) | 8940／3 |
| ・扁平上皮, 腺様 | 8075／3 | ・軟骨様(C44._) | 8940／0 |
| ・扁平上皮, 大細胞性, 角化 | 8071／3 | 汗管腫様癌(C44._) | 8407／3 |
| ・扁平上皮, 大細胞性, 非角化 | 8072／3 | 汗孔癌(C44._) | 8409／3 |
| ・扁平上皮, 転移性, NOS | 8070／6 | 汗孔腫: | |
| ・扁平上皮, 肉腫様 | 8074／3 | ・エクリン(C44._) | 8409／0 |
| ・扁平上皮, 非角化, NOS | 8072／3 | ・エクリン, 悪性(C44._) | 8409／3 |

－ 268 －

形態（カーカ）

| | |
|---|---|
| 肝細胞癌： | |
| ・NOS（C22.0） | 8170／3 |
| ・硬化性（C22.0） | 8172／3 |
| ・線維層板状（C22.0） | 8171／3 |
| ・多形型（C22.0） | 8175／3 |
| ・胆管癌の混合型（C22.0） | 8180／3 |
| ・胆管細胞混合癌（C22.0） | 8180／3 |
| ・肉腫様（C22.0） | 8173／3 |
| ・紡錘形細胞変異型（C22.0） | 8173／3 |
| ・明細胞型（C22.0） | 8174／3 |
| 肝細胞癌・胆管癌の混合型（C22.0） | 8180／3 |
| 肝細胞癌・胆管細胞混合癌（C22.0） | 8180／3 |
| 肝細胞腺腫（C22.0） | 8170／0 |
| 幹細胞白血病 | 9801／3 |
| 間質筋症，NOS（C54.1） | 8931／3 |
| 間質細胞腫瘍： | |
| ・NOS | 8650／1 |
| ・悪性 | 8650／3 |
| ・良性 | 8650／0 |
| 間質子宮内膜症（C54.1） | 8931／3 |
| 間質腫瘍： | |
| ・NOS | 8935／1 |
| ・硬化性（C56.9） | 8602／0 |
| ・良性 | 8935／0 |
| 間質肉腫，NOS | 8935／3 |
| 肝腫： | |
| ・悪性（C22.0） | 8170／3 |
| ・良性（C22.0） | 8170／0 |
| 癌腫－癌と同義 | |
| 癌腫症 | 8010／9 |
| 管周囲性線維腺腫（C50._） | 9012／0 |
| 管周囲性線維腺腫（C50._） | 9012／0 |
| 癌腫症 | 8010／9 |
| 管状アンドロブラストーマ： | |
| ・NOS | 8640／1 |
| ・脂質蓄積を伴う（C56.9） | 8641／0 |
| 管状カルチノイド | 8245／1 |
| 管状癌 | 8211／3 |
| 管状癌，篩状型（C50._） | 8201／3 |
| 管状腺癌，NOS | 8211／3 |
| 管状腺腫，NOS | 8211／0 |

| | |
|---|---|
| 管状腺腫内上皮内腺癌 | 8210／2 |
| 管状腺腫内腺癌 | 8210／3 |
| 環状鉄芽球関連血小板増加症を伴う | |
| 不応性貧血 | 9982／3 |
| 環状鉄芽球を伴う不応性貧血 | 9982／3 |
| 管状乳頭状腺癌 | 8263／3 |
| 管状乳頭状腺腫 | 8263／0 |
| 管状絨毛腺腫▼ | 8263／0 |
| 管状絨毛腺腫内腺癌▼ | 8263／3 |
| 癌線維腫 | 8934／3 |
| 汗腺癌（C44._） | 8402／3 |
| 汗腺腫： | |
| ・NOS（C44._） | 8400／0 |
| ・papilliferum（C44._） | 8405／0 |
| ・結節性（C44._） | 8402／0 |
| ・乳頭状（C44._） | 8405／0 |
| ・乳頭状（C44._） | 8406／0 |
| ・明細胞（C44._） | 8402／0 |
| 汗腺腫瘍： | |
| ・NOS（C44._） | 8400／0 |
| ・悪性（C44._） | 8400／3 |
| ・良性（C44._） | 8400／0 |
| 汗腺線維腺腫（C44._） | 8392／0 |
| 汗腺腺癌（C44._） | 8400／3 |
| 汗腺腺腫（C44._） | 8400／0 |
| 汗腺腺腫，NOS（C44._） | 8400／0 |
| 汗腺のう＜嚢＞胞腫（C44._） | 8404／0 |
| 管内性悪性胚細胞（C62._） | 9064／2 |
| 管内性線維腺腫（C50._） | 9011／0 |
| 管内性胚細胞腫瘍（C62._） | 9064／2 |
| 癌肉腫： | |
| ・NOS | 8980／3 |
| ・胎芽性 | 8981／3 |
| ・胎児性 | 8981／3 |
| 肝脾型 γσ（ガンマ・デルタ）細胞リン | |
| パ腫 | 9716／3 |
| 肝脾型（ガンマ・デルタ）細胞リンパ腫 | 9716／3 |
| 肝脾型T細胞リンパ腫★ | 9716／3 |
| 間葉芽腎腫 | 8960／1 |
| 肝様癌 | 8576／3 |

― 269 ―

形態（カーキ）

| | | | | |
|---|---|---|---|---|
| 間葉腫： | | ・成人型のう＜嚢＞胞 | 9080／0 |
| ・NOS | 8990／1 | ・胎芽性 | 9080／3 |
| ・悪性 | 8990／3 | ・胎児性 | 9080／3 |
| ・混合間葉 | 8990／1 | ・分化型 | 9080／0 |
| ・良性 | 8990／0 | ・未熟, NOS | 9080／3 |
| 間葉腫瘍－間葉腫と同義 | | ・未熟, 悪性 | 9080／3 |
| 間葉腫瘍, 悪性 | 8800／3 | ・良性 | 9080／0 |
| 間葉性軟骨肉腫 | 9240／3 | 奇形腫を伴う絨毛癌 | 9101／3 |
| 肝様腺癌 | 8576／3 | 奇形腫様髄上皮腫 | 9502／3 |
| 間葉肉腫, 混合 | 8990／3 | 奇形腫様髄上皮腫, 良性（C69.4） | 9502／0 |
| 間葉分化を伴うMPNST | 9540／3 | 基質癌（C44._） | 8110／3 |
| | | 基底・扁平上皮細胞混合癌（C44._） | 8094／3 |
| | | 基底細胞癌： | |

（キ）

| | | | | |
|---|---|---|---|---|
| ギナンドロブラストーマ（C56.9） | 8632／1 | ・NOS（C44._） | 8090／3 |
| 既往に骨髄異形成症候群を伴う急性骨 | | ・morpheic（C44._） | 8092／3 |
| 髄性白血病 | 9895／3 | ・結節性（C44._） | 8097／3 |
| 既往に骨髄異形成症候群を伴わない急 | | ・色素性（C44._） | 8090／3 |
| 性骨髄性白血病 | 9895／3 | ・小結節性（C44._） | 8097／3 |
| 気管支関連リンパ様組織リンパ腫 | 9699／3 | ・浸潤性, NOS（C44._） | 8092／3 |
| 気管支腺腫： | | ・浸潤性, 硬化性（C44._） | 8092／3 |
| ・NOS（C34._） | 8140／1 | ・浸潤性, 非硬化性（C44._） | 8092／3 |
| ・カルチノイド（C34._） | 8240／3 | ・線維形成型（C44._） | 8092／3 |
| ・円柱腫様（C34.0）[obs] | 8200／3 | ・線維上皮性（C44._） | 8093／3 |
| 奇形芽細胞腫－奇形芽腫と同義 | | ・線維上皮性, Pinkus型 | 8093／3 |
| 奇形芽腫, 悪性 | 9080／3 | ・線維上皮性, ピンカス型 | 8093／3 |
| 奇形癌 | 9081／3 | ・腺様（C53._） | 8098／3 |
| 奇形腫： | | ・多中心性（C44._） | 8091／3 |
| ・NOS | 9080／1 | ・多病巣性表在性（C44._） | 8091／3 |
| ・のう＜嚢＞胞, NOS | 9080／0 | ・類 | 8123／3 |
| ・悪性, NOS | 9080／3 | 基底細胞腫瘍（C44._） | 8090／1 |
| ・悪性, トロホブラスト性（C62._） | 9102／3 | 基底細胞上皮腫（C44._） | 8090／3 |
| ・悪性, 栄養胚芽性（C62._） | 9102／3 | 基底細胞腺癌 | 8147／3 |
| ・悪性, 退形成性 | 9082／3 | 基底細胞腺腫 | 8147／0 |
| ・悪性, 中間型 | 9083／3 | 基底細胞様扁平上皮癌 | 8083／3 |
| ・悪性, 未分化型 | 9082／3 | 基底扁平上皮癌（C44._） | 8094／3 |
| ・悪性転化を伴う | 9084／3 | 希突起アストロサイトーマ（C71._） | 9382／3 |
| ・混合性・セミノーマ | 9085／3 | 希突起アストロサイトーマ, 退行性 | |
| ・混合性・精上皮腫 | 9085／3 | （C71._） | 9382／3 |
| ・充実性 | 9080／1 | 希突起膠芽腫（C71._）[obs] | 9460／3 |
| ・成熟 | 9080／0 | 希突起膠腫： | |
| ・成人型, NOS | 9080／0 | ・NOS（C71._） | 9450／3 |

－ 270 －

形態（キーキ）

| | |
|---|---|
| ・退形成性（C71._） | 9451／3 |
| 希突起星細胞腫（C71._） | 9382／3 |
| 希突起星細胞腫, 退行性（C71._） | 9382／3 |
| 機能性内分泌腫瘍、NOS★ | 8158／1★ |
| 偽肉腫様癌 | 8033／3 |
| 偽粘液腫： | |
| ・原発部位不詳の腹膜（C80.9） | 8480／3 |
| ・腹膜 | 8480／6 |
| 偽粘液性腺癌（C56.9） | 8470／3 |
| 偽粘液性のう＜嚢＞胞腺癌： | |
| ・NOS（C56.9） | 8470／3 |
| ・乳頭状（C56.9） | 8471／3 |
| 偽粘液性のう＜嚢＞胞腺腫： | |
| ・NOS（C56.9） | 8470／0 |
| ・境界悪性（C56.9） | 8472／1 |
| ・乳頭状, NOS（C56.9） | 8471／0 |
| ・乳頭状, 境界悪性（C56.9） | 8473／1 |
| 嗅覚神経細胞腫（C30.0） | 9521／3 |
| 球血管腫 | 8712／0 |
| 嗅神経芽細胞腫－嗅神経芽腫と同義 | |
| 嗅神経芽腫（C30.0） | 9522／3 |
| 嗅神経原腫瘍 | 9520／3 |
| 嗅神経細胞腫（C30.0） | 9521／3 |
| 嗅神経上皮腫（C30.0） | 9523／3 |
| 急性リンパ芽球性白血病： | |
| ・NOS（M-9727／3も参照） | 9835／3** |
| ・L2型, NOS | 9835／3 |
| ・成熟B細胞型 | 9826／3 |
| ・前駆細胞型 | 9835／3 |
| 急性リンパ芽球性白血病性リンパ腫, NOS | 9835／3 |
| 急性リンパ球性白血病 | 9835／3 |
| 急性リンパ球様白血病 | 9835／3 |
| 急性リンパ性白血病 | 9835／3 |
| ・NOS | 9835／3 |
| ・フィラデルフィア染色体（Ph1）陽性▼ | 9835／3 |
| ・B細胞性, フィラデルフィア染色体（Ph1）陽性▼ | 9836／3 |
| ・T細胞性, フィラデルフィア染色体（Ph1）陽性▼ | 9837／3 |
| 急性顆粒球性白血病 | 9861／3 |

| | |
|---|---|
| 急性巨核芽球性白血病 | 9910／3 |
| 急性好塩基球性白血病 | 9870／3 |
| 急性骨髄芽球性白血病 | 9872／3** |
| 急性骨髄球性白血病 | 9861／3 |
| 急性骨髄原性白血病 | 9861／3 |
| 急性骨髄硬化症, NOS | 9931／3 |
| 急性骨髄性白血病： | |
| ・AML1（CBF－アルファ）／ETO | 9896／3 |
| ・CBF－ベータ／MYH11 | 9871／3** |
| ・inv（16）（p13;q22） | 9871／3** |
| ・inv（3）（q21q26.2）or t（3;3）（q21;q26.2）; RPN1-EVI1★ | 9869／3★ |
| ・M6型 | 9840／3 |
| ・MLL | 9897／3 |
| ・NOS（FAB又はWHO型の明示されないもの）（M-9930／3も参照） | 9861／3 |
| ・t（16;16）（p13;q11） | 9871／3** |
| ・t（8;21）（q22;q22） | 9896／3 |
| ・t（6;9）（p23;q34）;DEK-NUP214★ | 9866／3★ |
| ・11q23異常 | 9897／3 |
| ・PML／RAR－アルファ | 9866／3 |
| ・t（15;17）（q22;q11-12） | 9866／3 |
| ・t（8;21）（q22;q22）:PUNX1-RUNX1T★ | 9896／3 |
| ・t（9;11）（p22;q23）;MLLT3-MLL★ | 9897／3 |
| ・異常骨髄好酸球を伴う | 9871／3 |
| ・既往に骨髄異形成症候群を伴う | 9895／3 |
| ・既往に骨髄異形成症候群を伴わない | 9895／3 |
| ・最小分化 | 9872／3** |
| ・成熟を伴う | 9874／3** |
| ・成熟を伴わない | 9873／3 |
| ・多系統形成異常を伴う | 9895／3 |
| ・治療関連, NOS | 9920／3 |
| ・治療関連, アルキル化剤関連 | 9920／3 |
| ・治療関連, エピポドフィロトキシン関連 | 9920／3 |
| 急性骨髄性白血病（巨核芽球性）、t（1;22）（p13;q13）;RBM15－MKL1★ | 9911／3★ |

－ 271 －

形態（キーキ）

| | | | | |
|---|---|---|---|---|
| 急性骨髄線維症 | 9931／3 | 胸腺腫： | | |
| 急性骨髄単球性白血病 | 9867／3 | ・NOS（C37.9） | 8580／1 |
| 急性骨髄単球性白血病, 異常骨髄好酸 | | ・AB型, NOS（C37.9） | 8582／1 |
| 　球を伴う | 9871／3 | ・AB型, 悪性（C37.9） | 8582／3 |
| 急性混合系白血病 | 9805／3 | ・A型, NOS（C37.9） | 8581／1 |
| 急性進行性組織球症　X | 9751／3 | ・A型, 悪性（C37.9） | 8581／3 |
| 急性赤白血病[obs] | 9840／3 | ・B1型, NOS（C37.9） | 8583／1 |
| 急性赤血症性骨髄症[obs] | 9840／3 | ・B1型, 悪性（C37.9） | 8583／3 |
| 急性赤血性白血病 | 9840／3 | ・B2型, NOS（C37.9） | 8584／1 |
| 急性前骨髄球性白血病： | | ・B2型, 悪性（C37.9） | 8584／3 |
| 　・NOS | 9866／3 | ・B3型, NOS（C37.9） | 8585／1 |
| 　・PML／RAR－アルファ | 9866／3 | ・B3型, 悪性（C37.9） | 8585／3 |
| 　・t(15;17)(q22;q11-12) | 9866／3 | ・cortical, NOS（C37.9） | 8584／1 |
| 急性単芽球性白血病 | 9891／3 | ・cortical, 悪性（C37.9） | 8584／3 |
| 急性単球性白血病 | 9891／3 | ・C型（C37.9） | 8586／3 |
| 急性二形質性白血病 | 9805／3 | ・predominantly cortical, NOS | |
| 急性二系統　白血病 | 9805／3 | 　（C37.9） | 8583／1 |
| 急性白血病： | | ・predominantly cortical, 悪性 | |
| 　・Burkitt型[obs] | 9826／3 | 　（C37.9） | 8583／3 |
| 　・NOS | 9801／3 | ・リンパ球性, NOS（C37.9） | 8583／1 |
| 　・バーキット型[obs] | 9826／3 | ・リンパ球性, 悪性（C37.9） | 8583／3 |
| 　・骨髄異形成症候群に伴う▼ | 9988／3▼ | ・悪性, NOS（C37.9） | 8580／3 |
| 急性汎骨髄症, NOS | 9931／3 | ・異所性過誤腫性（C37.9） | 8587／0 |
| 急性非リンパ球性白血病 | 9861／3 | ・器官様, NOS（C37.9） | 8583／1 |
| 境界悪性漿液性腺線維腫 | 9014／1 | ・器官様, 悪性（C37.9） | 8583／3 |
| 境界悪性漿液性乳頭状のう＜嚢＞胞 | | ・高リンパ球性, NOS（C37.9） | 8583／1 |
| 　腫瘍（C56.9） | 8462／1 | ・高リンパ球性, 悪性（C37.9） | 8583／3 |
| 境界悪性漿液性表在性乳頭腫（C56.9） | 8463／1 | ・混合型, NOS（C37.9） | 8582／1 |
| 境界悪性乳頭状粘液性のう＜嚢＞胞 | | ・混合型, 悪性（C37.9） | 8582／3 |
| 　腺腫（C56.9） | 8473／1 | ・上皮性, NOS（C37.9） | 8585／1 |
| 境界悪性粘液性のう＜嚢＞胞腫瘍 | | ・上皮性, 悪性（C37.9） | 8585／3 |
| 　（C56.9） | 8472／1 | ・髄様, NOS（C37.9） | 8581／1 |
| 境界悪性のう＜嚢＞胞腫瘍（C56.9） | 8444／1 | ・髄様, 悪性（C37.9） | 8581／3 |
| 境界悪性のう＜嚢＞胞腺線維腫 | | ・皮質, NOS（C37.9） | 8584／1 |
| 　（C56.9） | 9014／1 | ・皮質, 悪性（C37.9） | 8584／3 |
| 境界悪性明細胞腺線維腫（C56.9） | 8313／1 | ・皮質優位性, NOS（C37.9） | 8583／1 |
| 境界悪性明細胞のう＜嚢＞腺 | | ・皮質優位性, 悪性（C37.9） | 8583／3 |
| 　線維腫（C56.9） | 8313／1 | ・非定型的, NOS（C37.9） | 8585／1 |
| 胸腺癌： | | ・非定型的, 悪性（C37.9） | 8585／3 |
| 　・NOS（C37.9） | 8586／3 | ・紡錘形細胞, NOS（C37.9） | 8581／1 |
| 　・高分化型（C37.9） | 8585／3 | ・紡錘形細胞, 悪性（C37.9） | 8581／3 |

形態（キーク）

| | |
|---|---|
| ・良性（C37.9） | 8580／0 |
| 胸腺大細胞性B細胞リンパ腫（C37.9） | 9679／3 |
| 胸腺様成分を示す癌 | 8589／3 |
| 胸腺様成分を示す癌腫 | 8589／3 |
| 胸腺様成分を伴う紡錘形上皮性腫瘍 | 8588／3 |
| 共通： | |
| ・ALL | 9836／3 |
| ・前駆BALL | 9836／3 |
| 莢膜・顆粒膜細胞腫瘍（C56.9） | 8621／1 |
| 莢膜細胞腫： | |
| ・NOS（C56.9） | 8600／0 |
| ・悪性（C56.9） | 8600／3 |
| ・黄体化（C56.9） | 8601／0 |
| 莢膜細胞腫瘍（C56.9） | 8600／0 |
| 胸膜肺芽細胞腫 | 8973／3 |
| 胸膜肺芽腫 | 8973／3 |
| 巨核芽球性白血病 | 9910／3 |
| 極性海綿芽細胞腫（C71._） | 9423／3 |
| 極性海綿芽細胞腫，原始（C71._）[obs] | 9423／3 |
| 極性海綿芽腫（C71._） | 9423／3 |
| 極性海綿芽腫，原始（C71._）[obs] | 9423／3 |
| 巨細胞及び紡錘形細胞癌 | 8030／3 |
| 巨細胞癌 | 8031／3 |
| 巨細胞血管線維腫 | 9160／0 |
| 巨細胞膠芽細胞腫（C71._） | 9441／3 |
| 巨細胞膠芽腫（C71._） | 9441／3 |
| 巨細胞腫－巨細胞腫瘍と同義 | |
| 巨細胞腫瘍： | |
| ・悪性腱滑膜（C49._） | 9252／3 |
| ・悪性軟部 | 9251／3 |
| ・腱滑膜（C49._） | 9252／0 |
| ・腱鞘（C49._） | 9252／0 |
| ・腱鞘，悪性（C49._） | 9252／3 |
| ・骨，NOS（C40._）（C41._） | 9250／1 |
| ・骨，悪性（C40._）（C41._） | 9250／3 |
| ・軟骨腫性（C40._）（C41._） | 9230／0 |
| ・軟部，NOS | 9251／1 |
| 巨細胞性アストロサイトーマ，上衣下 | |
| （C71._） | 9384／1 |
| 巨細胞性星細胞腫，上衣下（C71._） | 9384／1 |
| 巨細胞性線維芽細胞腫 | 8834／1 |

| | |
|---|---|
| 巨細胞性線維芽腫 | 8834／1 |
| 巨細胞肉腫： | |
| ・M-9250／3を除く | 8802／3 |
| ・骨（C40._）（C41._） | 9250／3 |
| 鋸歯状腺腫（C18._） | 8213／0 |
| 巨線維腺腫（C50._） | 9016／0 |
| 巨大型セメント質腫 | 9275／0 |
| 巨大色素性母斑，NOS（C44._） | 8761／1 |
| 巨大色素性母斑内悪性黒色腫（C44._） | 8761／3 |
| 巨大類骨骨腫（C40._）（C41._） | 9200／0 |
| 筋腫 | 8895／0 |
| 菌状息肉症（C44._） | 9700／3 |
| 筋上皮腫 | 8982／0 |
| 筋上皮腫，悪性 | 8982／3 |
| 筋上皮性癌 | 8982／3 |
| 筋上皮性腫瘍 | 8982／0 |
| 筋上皮性腺腫 | 8982／0 |
| 銀親和性細胞腫： | |
| ・NOS[obs] | 8240／1 |
| ・悪性[obs] | 8241／3 |
| 筋線維芽細胞腫 | 8825／0 |
| 筋線維芽細胞腫性腫瘍－筋線維芽腫性腫瘍と | |
| 同義 | |
| 筋線維芽腫 | 8825／0 |
| 筋線維芽腫性腫瘍： | |
| ・NOS | 8825／1 |
| ・炎症性，NOS | 8825／1 |
| ・気管支周囲（C34._） | 8827／1 |
| ・先天性気管支周囲性（C34._） | 8827／1 |
| 筋線維腫 | 8824／0 |
| 筋線維腫症 | 8824／1 |
| 筋線維腫症，乳児性 | 8824／1 |
| 筋内脂肪腫 | 8856／0 |
| 筋肉腫 | 8895／3 |
| 筋肉内血管腫 | 9132／0 |
| 筋膜線維腫 | 8813／0 |
| 筋膜線維肉腫 | 8813／3 |

## （ク）

| | |
|---|---|
| クッパー細胞肉腫（C22.3） | 9124／3 |
| クラッキン腫瘍（C22.1）（C24.0） | 8162／3 |

形態（ク－ケ）

| | |
|---|---|
| グラビッツ腫瘍（C64.9）[obs] | 8312／3 |
| グリオーマ： | |
| ・NOS（鼻グリオーマ，非腫瘍性を除く）（C71._） | 9380／3 |
| ・悪性（C71._） | 9380／3 |
| ・混合（C71._） | 9382／3 |
| ・上衣下（C71._） | 9383／1 |
| ・第3脳室脈絡そう＜叢＞（C71._） | 9444／1 |
| ・富細胞性（C71._） | 9400／3 |
| ・脈絡そう＜叢＞（C71._） | 9444／1 |
| グリオヒブローマ（C71._） | 9442／1 |
| グリオブラストーマ－膠芽腫，膠芽細胞腫を参照 | |
| グリコーゲン横紋筋腫 | 8904／0 |
| グルカゴン様ペプチド産生腫瘍 | 8152／1 |
| クルケンベルグ腫瘍 | 8490／6 |
| クロマフィノーマ | 8700／0 |
| クロム親和細胞腫 | 8700／0 |
| クロム親和性細胞腫 | 8700／0 |
| クロム親和性腫瘍 | 8700／0 |
| クロム親和性傍神経節腫 | 8700／0 |
| グロムス血管筋腫 | 8713／0 |
| グロムス血管腫 | 8712／0 |
| グロムス血管肉腫 | 8710／3 |
| グロムス腫瘍： | |
| ・NOS | 8711／0 |
| ・悪性 | 8711／3 |
| グロムス肉腫 | 8710／3 |

## （ケ）

| | |
|---|---|
| ケイラー紅色肥厚症（C60._） | 8080／2 |
| ケイラー赤色肥厚症（C60._） | 8080／2 |
| ゲミストサイトーマ（C71._） | 9411／3 |
| ゲミストサイト性星細胞腫（C71._） | 9411／3 |
| ケモデクトーマ | 8693／1 |
| ゲルミノーマ | 9064／3 |
| 脛骨アダマンチノーマ（C40.2） | 9261／3 |
| 形質芽球型リンパ腫 | 9735／3 |
| 形質細胞腫： | |
| ・NOS | 9731／3 |
| ・骨（C40._, C41._） | 9731／3 |

| | |
|---|---|
| ・骨外性★ | 9734／3 |
| ・骨髄外（骨に起きていないもの） | 9734／3 |
| ・孤立性 | 9731／3 |
| ・髄外（骨に起きていないもの） | 9734／3 |
| 形質細胞腫瘍 | 9731／3 |
| 形質細胞性： | |
| ・リンパ腫[obs] | 9671／3 |
| ・骨髄腫（C42.1） | 9732／3 |
| ・白血病（C42.1） | 9733／3 |
| 頸静脈球腫瘍（C75.5） | 8690／1 |
| 頸静脈鼓室傍神経節腫（C75.5） | 8690／1 |
| 頸静脈傍神経節腫（C75.5） | 8690／1 |
| 形成性胃炎（C16._） | 8142／3 |
| 頸動脈小体腫瘍（C75.4） | 8692／1 |
| 頸動脈小体傍神経節腫（C75.4） | 8692／1 |
| 軽度異形成を伴う導管内乳頭状粘液腫瘍（C25._） | 8453／0 |
| 軽度異形成を伴う非浸潤性乳頭状膵胆管腫瘍 | 8163／0 |
| 血管リンパ管腫 | 9175／0 |
| 血管外皮細胞性髄膜腫（C70._）[obs] | 9150／1 |
| 血管外皮腫： | |
| ・NOS | 9150／1 |
| ・悪性 | 9150／3 |
| ・良性 | 9150／0 |
| 血管角化腫 | 9141／0 |
| 血管拡張性骨肉腫（C40._）（C41._） | 9183／3 |
| 血管芽細胞腫 | 9161／1 |
| 血管芽細胞腫性髄膜腫 | 9535／0 |
| 血管芽腫 | 9161／1 |
| 血管芽腫性髄膜腫 | 9535／0 |
| 血管球腫： | |
| ・NOS | 8711／0 |
| ・悪性 | 8711／3 |
| 血管球肉腫 | 8710／3 |
| 血管筋脂肪腫 | 8860／0 |
| 血管筋腫 | 8894／0 |
| 血管筋腫，グロムス | 8713／0 |
| 血管筋線維芽細胞腫 | 8826／0 |
| 血管筋線維芽腫 | 8826／0 |
| 血管筋肉腫 | 8894／3 |

－ 274 －

形態（ケーケ）

| | |
|---|---|
| 血管脂肪腫： | |
| ・NOS | 8861／0 |
| ・浸潤性 | 8856／0 |
| 血管腫： | |
| ・NOS | 9120／0 |
| ・グロムス | 8712／0 |
| ・そう＜叢＞状 | 9131／0 |
| ・ゆう＜疣＞状角化性 | 9142／0 |
| ・海綿状 | 9121／0 |
| ・筋肉内 | 9132／0 |
| ・硬化性（C44._） | 8832／0 |
| ・後天性房状 | 9161／0 |
| ・若年性 | 9131／0 |
| ・絨毛（C58.9） | 9120／0 |
| ・静脈 | 9122／0 |
| ・静脈性 | 9122／0 |
| ・組織球様 | 9125／0 |
| ・単純性 | 9131／0 |
| ・蔓状 | 9123／0 |
| ・動静脈 | 9123／0 |
| ・動静脈性 | 9123／0 |
| ・乳児性 | 9131／0 |
| ・毛細 | 9131／0 |
| ・類上皮 | 9125／0 |
| 血管周皮細胞性髄膜腫（C70._）[obs] | 9150／1 |
| 血管周皮腫： | |
| ・NOS | 9150／1 |
| ・悪性 | 9150／3 |
| ・良性 | 9150／0 |
| 血管腫性髄膜腫 | 9534／0 |
| 血管腫様線維性組織球腫 | 8836／1 |
| 血管性免疫芽球性T細胞リンパ腫 | 9705／3 |
| 血管性免疫芽球性リンパ腫[obs] | 9705／3 |
| 血管性免疫芽球性リンパ節症（AIL） | 9767／1 |
| 血管線維腫： | |
| ・NOS | 9160／0 |
| ・巨細胞 | 9160／0 |
| ・細胞性 | 9160／0 |
| ・若年性（C11._） | 9160／0 |
| 血管中心性T細胞リンパ腫[obs] | 9719／3 |
| 血管中心性リンパ腫 | 9712／3 |

| | |
|---|---|
| 血管中心性免疫増殖性病変 | 9766／1 |
| 血管中心性膠腫★ | 9431／1★ |
| 血管内B細胞型リンパ腫 | 9712／3 |
| 血管内気管支肺胞腫瘍（C34.0）[obs] | 9133／3 |
| 血管内大細胞性B細胞型リンパ腫 | |
| （C49.9） | 9712／3 |
| 血管内乳頭状血管内皮腫 | 9135／1 |
| 血管内皮細胞腫症 | 9712／3 |
| 血管内皮腫： | |
| ・NOS | 9130／1 |
| ・悪性 | 9130／3 |
| ・血管内乳頭状 | 9135／1 |
| ・紡錘形細胞 | 9136／1 |
| ・良性 | 9130／0 |
| ・類上皮，NOS | 9133／1 |
| ・類上皮，悪性 | 9133／3 |
| 血管内皮腫様髄膜腫 | 9531／0 |
| 血管内皮肉腫 | 9130／3 |
| 血管内平滑筋腫症 | 8890／1 |
| 血管肉腫 | 9120／3 |
| 血管肉腫，グロムス | 8710／3 |
| 血管粘液腫 | 8841／1 |
| 血管粘液腫，活動性 | 8841／1 |
| 血管粘液腫，侵襲性 | 8841／1 |
| 血管平滑筋腫 | 8894／0 |
| 血小板血症： | |
| ・特発性 | 9962／3 |
| ・特発性出血性 | 9962／3 |
| ・本態性 | 9962／3 |
| ・本態性出血性 | 9962／3 |
| 結節性汗腺腫（C44._） | 8402／0 |
| 結節性汗腺腫，悪性（C44._） | 8402／3 |
| 結節性黒色腫（C44._） | 8721／3 |
| 原因不明骨髄様化生 | 9961／3 |
| 腱滑膜巨細胞腫瘍（C49._） | 9252／0 |
| 限局性くも膜性小脳肉腫（C71.6） | 9471／3 |
| 限局性線維性腫瘍 | 8815／0 |
| 原形質性アストロサイトーマ（C71._） | 9410／3 |
| 原形質性星細胞腫（C71._） | 9410／3 |
| 嫌色素性癌（C75.1） | 8270／3 |
| 嫌色素性細胞癌（C75.1） | 8270／3 |

— 275 —

形態（ケーコ）

| | | | | |
|---|---|---|---|---|
| 嫌色素性細胞腎癌(C64.9) | 8317／3 | コロイド腺癌 | 8480／3 |
| 嫌色素性細胞腺癌(C75.1) | 8270／3 | コロイド腺腫(C73.9) | 8334／0 |
| 嫌色素性細胞腺腫(C75.1) | 8270／0 | コンジローム様癌 | 8051／3 |
| 嫌色素性腺癌(C75.1) | 8270／3 | 高T細胞／高組織球大細胞性B細胞型 | |
| 嫌色素性腺腫(C75.1) | 8270／0 | リンパ腫 | 9688／3 |
| 原始極性海綿芽細胞腫(C71._)[obs] | 9423／3 | 高T細胞大細胞性B細胞型リンパ腫 | 9688／3* |
| 原始極性海綿芽腫(C71._)[obs] | 9423／3 | 高グリコーゲン癌(C50._) | 8315／3 |
| 原始神経外胚葉腫瘍(C71._) | 9473／3 | 高リンパ形質細胞性髄膜腫 | 9530／0 |
| 腱鞘巨細胞腫瘍(C49._) | 9252／0 | 高悪性度表在性骨肉腫(C40._)(C41._) | 9194／3 |
| 腱鞘巨細胞腫瘍, 悪性(C49._) | 9252／3 | 高異型度上皮内腫瘍を伴う導管内乳頭 | |
| 腱鞘線維組織球腫(C49._) | 9252／0 | 状腫瘍 | 8503／2 |
| 原発性アミロイド症 | 9769／1 | 高異型度上皮内腫瘍を伴う粘液性のう | |
| 原発性骨内癌 | 9270／3 | ＜嚢＞胞腫瘍(C22._) | 8470／2 |
| 原発性骨髄増殖性疾患 | 9961／3 | 高異型度上皮内腫瘍を伴うのう＜嚢＞ | |
| 原発性滲出性リンパ腫 | 9678／3 | 胞内乳頭状腫瘍(C23.9) | 8503／2 |
| 原発性皮膚CD30+T細胞リンパ増殖性 | | 高異型度上皮内腫瘍を伴う非浸潤性乳 | |
| 疾患(C44._) | 9718／3 | 頭状膵胆管腫瘍(C24.1) | 8163／2 |
| 原発性皮膚CD30+大T細胞リンパ腫 | | 好塩基性癌(C75.1) | 8300／3 |
| (C44._) | 9718／3 | 好塩基性細胞癌(C75.1) | 8300／3 |
| 原発性皮膚CD4陽性小・中間T細胞 | | 好塩基性細胞腺癌(C75.1) | 8300／3 |
| リンパ腫 | 9709／3 | 好塩基性細胞腺腫(C75.1) | 8300／0 |
| 原発性皮膚CD8陽性侵攻性表皮向性 | | 好塩基性腺癌(C75.1) | 8300／3 |
| 細胞傷害性(キラー)T細胞リンパ腫 | 9709／3 | 好塩基性腺腫(C75.1) | 8300／0 |
| 原発性皮膚ガンマ・デルタT細胞性 | | 硬化癌, 非被包性(C73.9) | 8350／3 |
| リンパ腫 | 9726／3 | 膠芽細胞腫－膠芽腫と同義 | |
| 原発性皮膚びまん性大細胞性B細胞 | | 膠芽腫： | |
| リンパ腫, 下肢型(C44.7) | 9680／3 | ・NOS(C71._) | 9440／3 |
| 原発性皮膚神経内分泌癌(C44._) | 8247／3 | ・巨細胞(C71._) | 9441／3 |
| 原発性皮膚未分化大細胞リンパ腫 | | ・多形性(C71._) | 9440／3 |
| (C44._) | 9718／3 | ・肉腫性成分を伴う(C71._) | 9442／3 |
| 原発部位不詳の腹膜偽粘液腫(C80.9) | 8480／3 | 硬化腫瘍, 非被包性(C73.9) | 8350／3 |
| | | 硬化性肝癌(C22.0) | 8172／3 |
| （コ） | | 硬化性汗管癌(C44._) | 8407／3 |
| ゴースト細胞腫, 歯原性 | 9302／0 | 硬化性間質腫瘍(C56.9) | 8602／3 |
| ゴースト細胞腫瘍, 歯原性 | 9302／0 | 硬化性血管腫(C44._) | 8832／0 |
| コッドマン腫瘍(C40._)(C41._) | 9230／0 | 硬化性脂肪肉腫 | 8851／3 |
| コメド癌： | | 硬化腺癌, 非被包性(C73.9) | 8350／3 |
| ・NOS(C50._) | 8501／3 | 硬癌 | 8141／3 |
| ・非浸潤性(C50._) | 8501／2 | 硬癌《乳癌》▼ | 8500／33 |
| コランジオーマ(C22.1)(C24.0) | 8160／0 | 交感神経芽細胞腫 | 9500／3 |
| コロイド癌 | 8480／3 | 交感神経芽腫 | 9500／3 |

形態（コーコ）

| | |
|---|---|
| 交感神経傍神経節腫 | 8681／1 |
| 好酸球性肉芽腫 | 9752／1 |
| 好酸球性白血病 | 9860／3 |
| 好酸球増多症候群 | 9964／3 |
| 好酸性・basophil混合癌（C75.1） | 8281／3 |
| 好酸性・basophil混合腺腫（C75.1） | 8281／0 |
| 好酸性・basophil細胞混合癌（C75.1） | 8281／3 |
| 好酸性・basophil細胞混合腺腫（C75.1） | 8281／0 |
| 好酸性・好塩基性混合癌（C75.1） | 8281／3 |
| 好酸性・好塩基性混合腺腫（C75.1） | 8281／0 |
| 好酸性・好塩基性細胞混合癌（C75.1） | 8281／3 |
| 好酸性・好塩基性細胞混合腺腫（C75.1） | 8281／0 |
| 好酸性癌（C75.1） | 8280／3 |
| 好酸性細胞： | |
| ・ろ＜濾＞胞癌（C73.9） | 8290／3 |
| ・ろ＜濾＞胞腫（C73.9） | 8290／0 |
| ・乳頭癌（C73.9） | 8342／3 |
| 好酸性細胞癌−好酸性癌と同義 | |
| 好酸性細胞腺癌 | 8290／3 |
| 好酸性細胞腺腫 | 8290／0 |
| 好酸性細胞腺腫（C75.1） | 8280／0 |
| 好酸性腺癌 | 8290／3 |
| 好酸性腺癌（C75.1） | 8280／3 |
| 好酸性腺腫 | 8290／0 |
| 好酸性腺腫（C75.1） | 8280／0 |
| 高脂質Sertoli細胞腫瘍 | 8641／0 |
| 高脂質セルトリ細胞腫瘍 | 8641／0 |
| 高脂質（C50._） | 8314／3 |
| 膠腫： | |
| ・NOS（鼻グリオーマ，非腫瘍性を除 | |
| く）（C71._） | 9380／3 |
| ・悪性（C71._） | 9380／3 |
| ・血管中心性 | 9431／1 |
| ・混合（C71._） | 9382／3 |
| ・上衣下（C71._） | 9383／1 |
| ・星細胞性（C71._） | 9400／3 |
| ・第3脳室脈絡そう＜叢＞（C71._） | 9444／1 |
| ・脈絡そう＜叢＞（C71._） | 9444／1 |
| 膠腫症，脳（C71._） | 9381／3 |
| 甲状腺腫性カルチノイド（C56.9） | 9091／1 |
| 甲状腺乳頭癌（C73.9） | 8260／3 |

| | |
|---|---|
| 膠神経腫[obs] | 9505／1 |
| 後腎腺腫（C64.9） | 8325／0 |
| 硬性癌 | 8141／3 |
| 硬性腺癌 | 8141／3 |
| 膠線維腫（C71._） | 9442／1 |
| 高組織球大細胞性B細胞型リンパ腫 | 9680／3 |
| 後天性房状血管腫 | 9161／0 |
| 高度異形成を伴う非浸潤性乳頭状膵胆管 | |
| 腫瘍（C24.1） | 8163／2 |
| 高度異型度上皮内腫瘍を伴う乳頭状腫瘍，| |
| 膵胆管型（C24.1） | 8163／2 |
| 高等度異形成を伴う導管内乳頭状腫瘍 | 8503／2 |
| 高等度異形成を伴う導管内乳頭状粘液腫 | |
| 瘍 | 8453／2 |
| 高等度異形成を伴う粘液性のう＜嚢＞胞 | |
| 腫瘍（C25._） | 8470／2 |
| 高等度異形成を伴うのう＜嚢＞胞内乳頭 | |
| 状腫瘍（C23.9） | 8503／2 |
| 高度結節性髄芽腫 | 9471／3 |
| 高度有糸分裂を伴う精上皮腫 | 9062／3 |
| 高度有糸分裂を伴うセミノーマ | 9062／3 |
| 高二倍性B細胞リンパ芽球性白血病／ | |
| リンパ腫 | 9815／3 |
| 後腹膜線維腫症（C48.1） | 8822／1 |
| 高分化型胸腺癌（C37.9） | 8585／3 |
| 高分化乳頭状中皮腫，良性 | 9052／0 |
| 合胞性平滑筋腫 | 8893／0 |
| 合胞性髄膜腫 | 9531／0 |
| 肛門管腺癌（C21.1） | 8215／3 |
| 肛門上皮内腫瘍 | |
| ・III度（C21.1） | 8077／2 |
| ・低異型度（C21.1）★ | 8077／0 |
| 肛門腺腺癌（C21.1） | 8215／3 |
| 肛門部上皮内腫瘍，III度（C21.1） | 8077／2 |
| 膠様癌 | 8480／3 |
| 膠様腺癌 | 8480／3 |
| 小型先天性母斑（C44._） | 8761／0 |
| 黒色エナメル上皮腫（C40._）（C41._） | 9363／0 |
| 黒色細胞腫： | |
| ・NOS | 8726／0 |
| ・眼球（C69.4） | 8726／0 |

— 277 —

形態（コーコ）

| | |
|---|---|
| 黒色細胞性神経外胚葉腫瘍 | 9363／0 |
| 黒色腫： | |
| ・NOS | 8720／3 |
| ・悪性, NOS（若年性M-8770／0を除く） | 8720／3 |
| ・悪性, Hutchinson黒色雀卵斑内, NOS（C44._） | 8742／3 |
| ・悪性, ハッチンソン黒色雀卵斑内, NOS（C44._） | 8742／3 |
| ・悪性, 巨大色素性母斑内（C44._） | 8761／3 |
| ・悪性, 接合型母斑内（C44._） | 8740／3 |
| ・悪性, 前癌性黒色症内（C44._） | 8741／3 |
| ・悪性, 先天性メラニン細胞性母斑内（C44._） | 8761／3 |
| ・悪性, 退行性（C44._） | 8723／3 |
| ・悪性, 軟部組織（C49._） | 9044／3 |
| ・悪性黒子（C44._） | 8742／3 |
| ・結節性（C44._） | 8721／3 |
| ・肢端黒子, 悪性（C44._） | 8744／3 |
| ・若年性（C44._） | 8770／0 |
| ・上皮内 | 8720／2 |
| ・神経親和性, 悪性（C44._） | 8745／3 |
| ・線維形成性, 悪性（C44._） | 8745／3 |
| ・線維形成性, 無色素性（C44._） | 8745／3 |
| ・粘膜黒子性（C44._） | 8746／3 |
| ・表層拡大性（C44._） | 8743／3 |
| ・風船細胞（C44._） | 8722／3 |
| ・紡錘形細胞, NOS | 8772／3 |
| ・紡錘形細胞, A型（C69._） | 8773／3 |
| ・紡錘形細胞, B型（C69._） | 8774／3 |
| ・無色素性（C44._） | 8730／3 |
| ・類上皮細胞 | 8771／3 |
| ・類上皮細胞・紡錘形細胞混合 | 8770／3 |
| 黒色髄芽細胞腫（C71.6） | 9470／3 |
| 黒色髄芽腫（C71.6） | 9470／3 |
| 黒色性プロゴノーマ | 9363／0 |
| 黒色性神経外胚葉腫瘍 | 9363／0 |
| 骨Paget病随伴骨肉腫（C40._）（C41._） | 9184／3 |
| 骨外性形質細胞腫 | 9734／3 |
| 骨芽細胞腫－骨芽腫と同義 | |

| | |
|---|---|
| 骨芽細胞肉腫（C40._）（C41._） | 9180／3 |
| 骨芽腫： | |
| ・NOS（C40._）（C41._） | 9200／0 |
| ・浸潤性, NOS（C40._）（C41._） | 9200／1 |
| 骨化性腎腫瘍（C64.9） | 8967／0 |
| 骨化性線維粘液腫様腫瘍 | 8842／0 |
| 骨巨細胞腫－骨巨細胞腫瘍と同義 | |
| 骨巨細胞腫瘍： | |
| ・NOS（C40._）（C41._） | 9250／1 |
| ・悪性（C40._）（C41._） | 9250／3 |
| 骨巨細胞肉腫（C40._）（C41._） | 9250／3 |
| 骨原性肉腫（C40._）（C41._） | 9180／3 |
| 骨腫, NOS（C40._）（C41._） | 9180／0 |
| 骨腫性軟骨肉腫 | 9221／3 |
| 骨髄異形成症候群： | |
| ・NOS | 9989／3 |
| ・5q欠失（5q⁻）症候群を伴う | 9986／3 |
| ・治療関連, NOS | 9987／3 |
| ・治療関連, アルキル化剤関連による | 9987／3 |
| ・治療関連, エピポドフィロトキシン関連による | 9987／3 |
| ・分類不能 | 9989／3 |
| 骨髄異形成／骨髄増殖性新生物（腫瘍）、分類不能型★ | 9975／3 |
| 骨髄異形成関連転化を伴う急性骨髄性白血病★ | 9895／3 |
| 骨髄異形成症候群に伴う急性白血病▼ | 9988／3▼ |
| 骨髄化生を伴う骨髄線維症 | 9961／3 |
| 骨髄球性白血病： | |
| ・NOS | 9860／3 |
| ・急性 | 9861／3 |
| ・慢性, NOS | 9863／3 |
| 骨髄巨核球性骨髄硬化症 | 9961／3 |
| 骨髄系肉腫, 治療関連★ | 9920／3 |
| 骨髄原性白血病： | |
| ・NOS | 9860／3 |
| ・亜急性[obs] | 9860／3 |
| ・急性 | 9861／3 |
| ・非白血性[obs] | 9860／3 |
| ・慢性, NOS | 9863／3 |

形態（コーコ）

| | |
|---|---|
| 骨髄硬化症： | |
| ・急性, NOS | 9931／3 |
| ・骨髄化生を伴う | 9961／3 |
| ・骨髄巨核球性 | 9961／3 |
| 骨髄脂肪腫 | 8870／0 |
| 骨髄腫： | 9732／3 |
| ・NOS（C42.1）： | 9732／3 |
| ・形質細胞性（C42.1） | 9732／3 |
| ・孤立性 | 9731／3 |
| ・多発性（C42.1） | 9732／3 |
| 骨髄腫症（C42.1） | 9732／3 |
| 骨髄症： | |
| ・急性赤血症性[obs] | 9840／3 |
| ・赤血症性, NOS | 9840／3 |
| 骨髄性肉腫（M-9861／3も参照） | 9930／3 |
| 骨髄性白血病, NOS | 9860／3 |
| 骨髄線維症： | |
| ・急性 | 9931／3 |
| ・原発性★ | 9961／3 |
| ・骨髄化生を伴う | 9961／3 |
| ・骨髄増殖性疾患の結果として | 9961／3 |
| ・慢性特発性 | 9961／3 |
| 骨髄線維症を伴う急性汎骨髄症（C42.1） | 9931／3 |
| 骨髄造血, 一過性異常★ | 9898／1 |
| 骨髄増殖性疾患： | |
| ・慢性 | 9960／3 |
| ・慢性, NOS | 9960／3 |
| 骨髄増殖性新生物（腫瘍）、 | |
| ・NOS★ | 9960／3 |
| ・分類不能★ | 9975／3 |
| 骨髄増殖性障害の結果としての骨髄線 | |
| 維症 | 9961／3 |
| 骨髄単球性白血病： | |
| ・NOS | 9860／3 |
| ・トランスフォーメーションした慢性 | |
| [obs] | 9945／3 |
| ・異常骨髄好酸球を伴う急性 | 9871／3 |
| ・急性 | 9867／3 |
| ・若年性 | 9946／3 |
| ・若年性慢性 | 9946／3 |
| ・慢性, Ⅰ型 | 9945／3 |

| | |
|---|---|
| ・慢性, Ⅱ型 | 9945／3 |
| ・慢性, NOS | 9945／3 |
| 骨線維腫 | 9262／0 |
| 骨線維肉腫（C40._）（C41._） | 9182／3 |
| 骨内高分化型骨肉腫（C40._）（C41._） | 9187／3 |
| 骨内低悪性度骨肉腫（C40._）（C41._） | 9187／3 |
| 骨軟骨腫, NOS（C40._）（C41._） | 9210／0 |
| 骨軟骨腫症, NOS | 9210／1 |
| 骨軟骨性外骨症（C40._）（C41._） | 9210／0 |
| 骨軟骨肉腫（C40._）（C41._） | 9180／3 |
| 骨肉腫： | |
| ・NOS（C40._）（C41._） | 9180／3 |
| ・円形細胞性（C40._）（C41._） | 9185／3 |
| ・血管拡張性（C40._）（C41._） | 9183／3 |
| ・高悪性度表在性（C40._）（C41._） | 9194／3 |
| ・骨Paget病随伴（C40._）（C41._） | 9184／3 |
| ・骨パジェット病随伴（C40._）（C41._） | 9184／3 |
| ・骨ページェット病随伴（C40._） | |
| （C41._） | 9184／3 |
| ・骨内高分化型（C40._）（C41._） | 9187／3 |
| ・骨内低悪性度（C40._）（C41._） | 9187／3 |
| ・骨膜性（C40._）（C41._） | 9193／3 |
| ・小細胞性（C40._）（C41._） | 9185／3 |
| ・髄様（C40._）（C41._） | 9186／3 |
| ・線維芽細胞性（C40._）（C41._） | 9182／3 |
| ・中心性（C40._）（C41._） | 9186／3 |
| ・通常型中心性（C40._）（C41._） | 9186／3 |
| ・軟骨芽細胞性（C40._）（C41._） | 9181／3 |
| ・皮質内（C40._）（C41._） | 9195／3 |
| ・傍骨性（C40._）（C41._） | 9192／3 |
| ・傍皮質（C40._）（C41._） | 9192／3 |
| 骨の形質細胞腫（C40._, C41._） | 9731／3 |
| 骨パジェット病随伴骨肉腫（C40._） | |
| （C41._） | 9184／3 |
| 骨ページェット病随伴骨肉腫（C40._） | |
| （C41._） | 9184／3 |
| 骨膜性骨肉腫（C40._）（C41._） | 9193／3 |
| 骨膜性軟骨腫（C40._）（C41._） | 9221／0 |
| 骨膜線維腫（C40._, C41._） | 8812／0 |
| 骨膜線維肉腫（C40._, C41._） | 8812／3 |
| 骨膜肉腫, NOS（C40._, C41._） | 8812／3 |

形態（コーコ）

古典的Hodgkinリンパ腫－古典的ホジキンリンパ
　腫と同義

古典的ホジキンリンパ腫：

| ・リンパ球減少型, NOS | 9653／3 |
| ・リンパ球減少型, びまん性線維症性 | 9654／3 |
| ・リンパ球減少型, 細網型 | 9655／3 |
| ・結節性硬化型, NOS | 9663／3 |
| ・結節性硬化型, 悪性度1 | 9665／3 |
| ・結節性硬化型, 悪性度2 | 9667／3 |
| ・結節性硬化型, 細胞期 | 9664／3 |
| ・高リンパ球型 | 9651／3 |
| ・混合細胞型, NOS | 9652／3 |

| 孤立性形質細胞腫 | 9731／3 |
| 孤立性骨髄腫 | 9731／3 |
| 孤立性線維性腫瘍 | 8815／0 |
| 孤立性線維性腫瘍, 悪性 | 8815／3 |
| 混合型横紋筋肉腫 | 8902／3 |
| 混合型脂肪肉腫 | 8855／3 |
| 混合型腺房腺管癌★ | 8552／3★ |

混合癌：

| ・acidophil・bosophil(C75.1) | 8281／3 |
| ・acidophil・bosophil細胞(C75.1) | 8281／3 |
| ・acidophil・好塩基性(C75.1) | 8281／3 |
| ・acidophil・好塩基性細胞(C75.1) | 8281／3 |
| ・カルチノイド腺癌 | 8244／3 |
| ・肝細胞癌・胆管細胞(C22.0) | 8180／3 |
| ・基底・扁平上皮細胞(C44._) | 8094／3 |
| ・好酸性・bosophil(C75.1) | 8281／3 |
| ・好酸性・bosophil細胞(C75.1) | 8281／3 |
| ・好酸性・好塩基性(C75.1) | 8281／3 |
| ・好酸性・好塩基性細胞(C75.1) | 8281／3 |
| ・小細胞 | 8045／3 |
| ・小細胞・腺 | 8045／3 |
| ・小細胞・大細胞 | 8045／3 |
| ・小細胞・扁平上皮 | 8045／3 |
| ・小葉・内分泌(C25._) | 8154／3 |
| ・髄様・乳頭(C73.9) | 8347／3 |
| ・髄様・ろ＜濾＞胞(C73.9) | 8346／3 |
| ・腺癌・扁平上皮癌 | 8560／3 |
| ・腺癌・類表皮癌 | 8560／3 |
| ・導管・内分泌(C25._) | 8154／3 |

| 混合グリオーマ(C71._) | 9382／3 |
| 混合間葉腫瘍 | 8990／1 |
| 混合間葉肉腫 | 8990／3 |
| 混合細胞腺癌 | 8323／3 |
| 混合細胞腺腫 | 8323／0 |

混合腫瘍：

| ・NOS | 8940／0 |
| ・Muller管(C54._) | 8950／3 |
| ・ミューラー管(C54._) | 8950／3 |
| ・悪性・NOS | 8940／3 |
| ・胎芽性癌・奇形腫 | 9081／3 |
| ・胎児性癌・奇形腫 | 9081／3 |
| ・唾液腺型・NOS(C07._・C08._) | 8940／0 |
| ・唾液腺型・悪性(C07._・C08._) | 8940／3 |
| ・中胚葉性 | 8951／3 |

| 混合上衣下腫・上衣腫 | 9383／1 |
| 混合松果体細胞腫・松果体芽細胞腫 (C75.3) | 9362／3 |
| 混合松果体細胞腫・松果体芽腫(C75.3) | 9362／3 |
| 混合松果体腫瘍(C75.3) | 9362／3 |
| 混合髄膜腫 | 9537／0 |
| 混合性奇形腫・セミノーマ | 9085／3 |
| 混合性奇形腫・精上皮腫 | 9085／3 |
| 混合性胚細胞腫瘍 | 9085／3 |
| 混合腺腫, acidophil・bosophil(C75.1) | 8281／0 |
| 混合腺腫, acidophil・bosophil細胞 (C75.1) | 8281／0 |
| 混合腺腫, acidophil・好塩基性(C75.1) | 8281／0 |
| 混合腺腫, acidophil・好塩基性細胞 (C75.1) | 8281／0 |
| 混合腺腫, 好酸性・bosophil(C75.1) | 8281／0 |
| 混合腺腫, 好酸性・bosophil細胞(C75.1) | 8281／0 |
| 混合腺腫, 好酸性・好塩基性(C75.1) | 8281／0 |
| 混合腺腫, 好酸性・好塩基性細胞 (C75.1) | 8281／0 |
| 混合胎芽性横紋筋肉腫・胞巣状横紋筋 肉腫 | 8902／3 |

混合表現型急性白血病、

| ・t(9;22)(q34;q11.2)；BCR-ABL1★ | 9806／3★ |
| ・t(v;11q23)；骨髄性白血病／リンパ 腫転位★ | 9807／3★ |

形態（コーシ）

| | |
|---|---|
| ・B細胞性／骨髄性、NOS★ | 9808／3★ |
| ・T細胞性／骨髄性、NOS★ | 9809／3★ |

## （サ）

| | |
|---|---|
| 細気管支癌（C34._） | 8250／3 |
| 細気管支腺癌（C34._） | 8250／3 |
| 細気管支肺胞上皮癌： | |
| ・NOS（C34._） | 8250／3 |
| ・Ⅱ型肺胞細胞（C34._） | 8252／3 |
| ・Ⅱ型肺胞細胞及び胚細胞型（C34._） | 8254／3 |
| ・Ⅱ型肺胞上皮細胞（C34._） | 8252／3 |
| ・Ⅱ型肺胞上皮細胞及び胚細胞型 | |
| 　（C34._） | 8254／3 |
| ・クララ細胞（C34._） | 8252／3 |
| ・クララ細胞及び胚細胞型（C34._） | 8254／3 |
| ・中間型（C34._） | 8254／3 |
| ・粘液性（C34._） | 8253／3 |
| ・粘液性及び非粘液性混合型（C34._） | 8254／3 |
| ・胚細胞型（C34._） | 8253／3 |
| ・非粘液性（C34._） | 8252／3 |
| 細気管支肺胞腺癌, NOS（C34._） | 8250／3 |
| 細線維性アストロサイトーマ（C71._） | 9420／3 |
| 細線維性星細胞腫（C71._） | 9420／3 |
| 細胞腫, 紡錘細胞膨大（C75.1）★ | 8290／0 |
| 細網細胞肉腫： | |
| ・NOS[obs] | 9591／3 |
| ・びまん性[obs] | 9591／3 |
| 細網症： | |
| ・Paget病様 | 9700／3 |
| ・パジェット病様 | 9700／3 |
| ・悪性, NOS[obs] | 9719／3 |
| ・悪性正中線[obs] | 9719／3 |
| ・組織球性骨髄[obs] | 9750／3 |
| ・多形性[obs] | 9719／3 |
| 細網組織球腫 | 8831／0 |
| 細網内皮症： | |
| ・白血性 | 9940／3 |
| 細網肉腫： | |
| ・NOS[obs] | 9591／3 |
| ・びまん性[obs] | 9591／3 |
| 索状癌 | 8190／3 |

| | |
|---|---|
| 索状腺癌 | 8190／3 |
| 索状腺腫 | 8190／0 |
| 砂粒腫状Schwann腫 | 9560／0 |
| 砂粒腫状シュワン腫 | 9560／0 |
| 砂粒腫性髄膜腫 | 9533／0 |

## （シ）

| | |
|---|---|
| ジスゲルミノーマ | 9060／3 |
| シュナイダー癌（C30.0, C31._） | 8121／3 |
| シュナイダー乳頭腫： | |
| ・NOS（C30.0, C31._） | 8121／0 |
| ・Oncocytic（C30.0, C31._） | 8121／1 |
| ・内反性（C30.0, C31._） | 8121／1 |
| ・膨大細胞性（C30.0, C31._） | 8121／1 |
| シュミンケ腫瘍（C11._） | 8082／3 |
| シュワン腫： | |
| ・NOS | 9560／0 |
| ・メラニン性 | 9560／0 |
| ・つる＜蔓＞状 | 9560／0 |
| ・悪性, NOS | 9560／3 |
| ・横紋筋芽細胞分化を伴う悪性 | 9561／3 |
| ・細胞性 | 9560／0 |
| ・砂粒腫状 | 9560／0 |
| ・色素性 | 9560／0 |
| ・陳旧性 | 9560／0 |
| ・変性 | 9560／0 |
| じんま疹, 色素性★ | 9740／1 |
| 歯牙エナメル上皮腫 | 9311／0 |
| 歯牙腫： | |
| ・NOS | 9280／0 |
| ・エナメル上皮線維 | 9290／0 |
| ・線維エナメル上皮 | 9290／0 |
| ・複合性 | 9281／0 |
| ・複雑性 | 9282／0 |
| 歯芽肉腫： | |
| ・エナメル上皮 | 9290／3 |
| 指間樹状細胞肉腫 | 9757／3 |
| 色素性Schwann腫 | 9560／0 |
| 色素性シュワン腫 | 9560／0 |
| 色素性プロゴノーマ | 9363／0 |
| 色素性じんま疹★ | 9740／1 |

— 281 —

形態（シーシ）

| | | | |
|---|---|---|---|
| 色素性基底細胞癌（C44._) | 8090／3 | 耳垢腺腫（C44.2) | 8420／0 |
| 色素性母斑： | | 歯根尖性セメント質・骨性異形成 | 9272／0 |
| ・NOS（C44._) | 8720／0 | 歯根尖性セメント質異形成 | 9272／0 |
| ・巨大, NOS（C44._) | 8761／1 | 脂質細胞腫瘍, 卵巣（C56.9) | 8670／0 |
| 色素性隆起性皮膚線維肉腫 | 8833／3 | 脂質蓄積を伴うSertoli細胞腫瘍（C56.9) | 8641／0 |
| 色素沈着性腺腫（C74.0) | 8372／0 | 脂質蓄積を伴うセルトリ細胞腫瘍 | |
| 色素性腺腫（C74.0) | 8372／0 | （C56.9) | 8641／0 |
| 子宮頚上皮内腫瘍 | | 脂質蓄積を伴う管状androblastoma | |
| ・Ⅲ度（C53._) | 8077／2 | （C56.9) | 8641／0 |
| ・低異型度（C53._)★ | 8077／0 | 脂質蓄積を伴う管状アンドロブラストーマ | |
| 子宮頚部上皮内腫瘍 | | （C56.9) | 8641／0 |
| ・Ⅲ度（C53._) | 8077／2 | 篩状癌： | |
| ・低異型度（C53._)★ | 8077／0 | ・NOS（C50._) | 8201／3 |
| 子宮内膜間質結節（C54.1) | 8930／0 | ・浸潤性導管（C50._) | 8523／3 |
| 子宮内膜間質症（C54.1) | 8931／3 | ・浸潤性乳管（C50._) | 8523／3 |
| 子宮内膜間質肉腫： | | 篩状上皮内癌（C50._) | 8201／2 |
| ・NOS（C54.1) | 8930／3 | 篩状面皰型癌（C18._, C19.9, C20.9)★ | 8201／3 |
| ・軽度（C54.1) | 8931／3 | 指状乳頭状腺癌（C44._) | 8408／3 |
| ・高度（C54.1) | 8930／3 | 脂腺癌（C44._) | 8410／3 |
| 子宮内膜肉腫, NOS（C54.1) | 8930／3 | 脂腺腫（C44._) | 8410／0 |
| 歯原性ゴースト細胞腫 | 9302／0 | 脂腺上皮腫（C44._) | 8410／0 |
| 歯原性癌 | 9270／3 | 肢端黒子黒色腫, 悪性（C44._) | 8744／3 |
| 歯原性癌肉腫 | 9342／3 | 脂肪芽細胞腫 | 8881／0 |
| 歯原性腫瘍： | | 脂肪芽細胞腫症 | 8881／0 |
| ・NOS | 9270／1 | 脂肪芽腫 | 8881／0 |
| ・悪性 | 9270／3 | 脂肪芽腫症 | 8881／0 |
| ・石灰化上皮性 | 9340／0 | 脂肪細胞性脂肪腫, 胎児 | 8880／0 |
| ・腺腫様 | 9300／0 | 脂肪腫： | |
| ・扁平上皮性 | 9312／0 | ・NOS | 8850／0 |
| ・明細胞 | 9341／1 | ・異型 | 8850／1 |
| ・良性 | 9270／0 | ・筋内 | 8856／0 |
| 歯原性線維腫： | | ・血管, NOS | 8861／0 |
| ・NOS | 9321／0 | ・血管筋 | 8860／0 |
| ・周辺性 | 9322／0 | ・骨髄 | 8870／0 |
| ・中心性 | 9321／0 | ・神経（C71.6) | 9506／1 |
| 歯原性線維肉腫 | 9330／3 | ・浸潤性 | 8856／0 |
| 歯原性肉腫 | 9270／3 | ・侵襲性血管 | 8856／0 |
| 歯原性粘液腫 | 9320／0 | ・腺 | 8324／0 |
| 歯原性粘液線維腫 | 9320／0 | ・線維 | 8851／0 |
| 耳垢癌（C44.2) | 8420／3 | ・線維粘液 | 8852／0 |
| 耳垢腺癌（C44.2) | 8420／3 | ・胎児性, NOS | 8881／0 |

形態（シーシ）

| | |
|---|---|
| ・胎児性脂肪細胞 | 8880／0 |
| ・多形性 | 8854／0 |
| ・軟骨様 | 8862／0 |
| ・粘液 | 8852／0 |
| ・紡錘形細胞 | 8857／0 |
| 脂肪腫症, 胎児性 | 8881／0 |
| 脂肪腫様脂肪肉腫 | 8851／3 |
| 脂肪腫様髄芽腫（C71.6） | 9506／1 |
| 脂肪腺腫 | 8324／0 |
| 脂肪肉腫： | |
| ・NOS | 8850／3 |
| ・円形細胞 | 8853／3 |
| ・炎症性 | 8851／3 |
| ・硬化性 | 8851／3 |
| ・高分化型 | 8851／3 |
| ・混合型 | 8855／3 |
| ・脂肪腫様 | 8851／3 |
| ・線維 | 8850／3 |
| ・線維芽細胞性 | 8857／3 |
| ・多形性 | 8854／3 |
| ・脱分化型 | 8858／3 |
| ・粘液 | 8852／3 |
| ・粘液様 | 8852／3 |
| ・表在性高分化型 | 8850／1 |
| ・表在性軟部組織高分化型 | 8850／1 |
| ・分化型 | 8851／3 |
| 脂肪平滑筋腫 | 8890／0 |
| 若年性アストロサイトーマ（C71._） | 9421／1 |
| 若年性顆粒膜細胞腫瘍（C56.9） | 8622／1 |
| 若年性血管腫 | 9131／0 |
| 若年性血管線維腫（C11._） | 9160／0 |
| 若年性黒色腫（C44._） | 8770／0 |
| 若年性骨髄単球性白血病 | 9946／3 |
| 若年性星細胞腫（C71._） | 9421／1 |
| 若年性線維腺腫（C50._） | 9030／0 |
| 若年性組織球腫 | 8831／0 |
| 若年性乳腺癌（C50._） | 8502／3 |
| 若年性母斑（C44._） | 8770／0 |
| 若年性慢性骨髄単球性白血病 | 9946／3 |
| 縦隔大細胞性B細胞リンパ腫（C38.3） | 9679／3 |
| 集合管癌（C64.9） | 8319／3 |

| | |
|---|---|
| 重鎖病： | |
| ・NOS | 9762／3 |
| ・アルファ | 9762／3 |
| ・ガンマ | 9762／3 |
| ・ミュー | 9762／3 |
| 充実性・乳頭状上皮性腫瘍（C25._） | 8452／1 |
| 充実性・のう＜嚢＞胞腫瘍（C25._） | 8452／1 |
| 充実性癌： | |
| ・NOS | 8230／3 |
| ・ムチン産生を伴う | 8230／3 |
| 充実性奇形腫 | 9080／1 |
| 充実性偽乳頭状癌（C25._） | 8452／3 |
| 充実性偽乳頭状腫瘍（C25._） | 8452／1 |
| 充実腺管癌, 浸潤性《乳癌》▼ | 8500／32 |
| 周暈母斑（C44._） | 8723／0 |
| 終末導管腺癌 | 8525／3 |
| 絨毛癌： | |
| ・NOS | 9100／3 |
| ・奇形腫を伴う | 9101／3 |
| ・胎芽性癌を伴う | 9101／3 |
| ・胎児性癌を伴う | 9101／3 |
| ・他の胚細胞腫瘍成分を伴う | 9101／3 |
| 絨毛血管腫（C58.9） | 9120／0 |
| 絨毛状腺癌 | 8262／3 |
| 絨毛状腺管腺腫 | 8263／0 |
| 絨毛状腺腫： | |
| ・NOS | 8261／0 |
| 絨毛状腺腫内上皮内腺癌 | 8261／2 |
| 絨毛状腺腫内腺癌 | 8261／3 |
| 絨毛状乳頭腫, NOS | 8261／0 |
| 絨毛上皮腫 | 9100／3 |
| 絨毛腺腫（C58.9） | 9100／1 |
| 絨毛腺腫, 破壊性（C58.9） | 9100／1 |
| 絨毛リンパ球を伴う脾性リンパ腫 | |
| （C42.2） | 9689／3 |
| 主細胞腺腫（C75.0） | 8321／0 |
| 樹状細胞腫瘍 | |
| ・小芽球性形質細胞様★ | 9727／3 |
| ・未定型★ | 9757／3 |
| 樹枝状細胞肉腫 | 9757／3 |

形態（シーシ）

樹状細胞肉腫：

- ・NOS 9757／3
- ・ろ＜濾＞胞性 9758／3
- ・interdigitating 9757／3
- ・指間 9757／3

腫瘍：

- ・NOS 8000／1
- ・Askin 9365／3
- ・Bednar 8833／3
- ・Brenner, NOS（C56.9） 9000／0
- ・Brenner, 悪性（C56.9） 9000／3
- ・Brenner, 境界悪性（C56.9） 9000／1
- ・Brenner, 増殖性（C56.9） 9000／1
- ・Brooke（C44._） 8100／0
- ・Burkitt[obs] 9687／3
- ・Codman（C40._）（C41._） 9230／0
- ・Dabska 9135／1
- ・Grawitz（C64.9）[obs] 8312／3
- ・G細胞, NOS 8153／1
- ・G細胞, 悪性 8153／3
- ・Hurthle細胞（C73.9） 8290／0
- ・Klatskin（C22.1）（C24.0） 8162／3
- ・Krukenberg 8490／6
- ・Leydig細胞, NOS（C62._） 8650／1
- ・Leydig細胞, 悪性（C62._） 8650／3
- ・Leydig細胞, 良性（C62._） 8650／0
- ・Merkel細胞（C44._） 8247／3
- ・Muller管混合（C54._） 8950／3
- ・Myofibroblastic, NOS 8825／1
- ・Myofibroblastic, 気管支周囲（C34._）8827／1
- ・Pacini体 9507／0
- ・Pindborg 9340／0
- ・Pinkus 8093／3
- ・Rathkeのう＜嚢＞（C75.1） 9350／1
- ・rhabdoid, NOS 8963／3
- ・Schminke（C11._） 8082／3
- ・Sertoli-Lyedig細胞, NOS 8631／1
- ・Sertoli-Lyedig細胞, 高分化型 8631／0
- ・Sertoli-Lyedig細胞, 中等度分化型,
  異所性成分を伴う 8634／1
- ・Sertoli-Lyedig細胞, 中等度分化型 8631／1

- ・Sertoli-Lyedig細胞, 低分化型 8631／3
- ・Sertoli-Lyedig細胞, 低分化型, 異所
  性成分を伴う 8634／3
- ・Sertoli-Lyedig細胞, 肉腫様 8631／3
- ・Sertoli-Lyedig細胞, 網様, 異所性成
  分を伴う 8634／1
- ・Sertoli-Lyedig細胞, 網様 8633／1
- ・Sertoli細胞, NOS 8640／1
- ・Sertoli細胞, 高脂質 8641／0
- ・Sertoli細胞, 脂質蓄積を伴う（C56.9）8641／0
- ・Sertoli細胞, 大細胞石灰化 8642／1
- ・Triton, 悪性 9561／3
- ・VIP産生, NOS 8155／1
- ・VIP産生, 悪性 8155／3
- ・Warthin（C07._, C08._） 8561／0
- ・Wilms（C64.9） 8960／3
- ・Wolff管 9110／1
- ・アスキン 9365／3
- ・アデノマトイド, NOS 9054／0
- ・アルファ細胞, NOS（C25._） 8152／1
- ・アルファ細胞, 悪性（C25._） 8152／3
- ・ウィルムス（C64.9） 8960／3
- ・ウォルフ管 9110／1
- ・ガストリン細胞 8153／1
- ・ガストリン細胞, 悪性 8153／3
- ・カルチノイド, NOS（虫垂M-8240
  ／1を除く） 8240／3
- ・カルチノイド, NOS, 虫垂（C18.1） 8240／1
- ・カルチノイド, 悪性度不詳 8240／1
- ・カルチノイド, 異型 8249／3
- ・カルチノイド, 銀親和性, NOS 8240／1
- ・クラッキン（C22.1）（C24.0） 8162／3
- ・グラビッツ（C64.9）[obs] 8312／3
- ・クルケンベルグ 8490／6
- ・クロム親和性 8700／0
- ・グロムス, NOS 8711／0
- ・グロムス, 悪性 8711／3
- ・コッドマン（C40._）（C41._） 9230／0
- ・シュミンケ（C11._） 8082／3
- ・ステロイド細胞, NOS 8670／0
- ・ステロイド細胞, 悪性 8670／3

— 284 —

| | | |
|---|---|---|
| ・セルトリ・ライディッヒ細胞, NOS | 8631／1 | |
| ・セルトリ・ライディッヒ細胞, 高分化型 | 8631／0 | |
| ・セルトリ・ライディッヒ細胞, 中等度分 化型, 異所性成分を伴う | 8634／1 | |
| ・セルトリ・ライディッヒ細胞, 中等度分 化型 | 8631／1 | |
| ・セルトリ・ライディッヒ細胞, 低分化型 | 8631／3 | |
| ・セルトリ・ライディッヒ細胞, 低分化型, 異所性成分を伴う | 8634／3 | |
| ・セルトリ・ライディッヒ細胞, 肉腫様 | 8631／3 | |
| ・セルトリ・ライディッヒ細胞, 網様 | 8633／1 | |
| ・セルトリ・ライディッヒ細胞, 網様, 異所 性成分を伴う | 8634／1 | |
| ・セルトリ細胞, NOS | 8640／1 | |
| ・セルトリ細胞, 高脂質 | 8641／0 | |
| ・セルトリ細胞, 脂質蓄積を伴う (C56.9) | 8641／0 | |
| ・セルトリ細胞, 大細胞石灰化 | 8642／1 | |
| ・ソマトスタチン細胞, NOS | 8156／1 | |
| ・ソマトスタチン細胞, 悪性 | 8156／3 | |
| ・ソマトスタチン産生, NOS | 8156／1 | |
| ・ソマトスタチン産生, 悪性 | 8156／3 | |
| ・ターバン(C44.4) | 8200／0 | |
| ・ダブスカ | 9135／1 | |
| ・トライトン, 悪性 | 9561／3 | |
| ・トルコ鞍部顆粒細胞(C75.1) | 9582／0 | |
| ・トロホブラスト性, 類上皮性 | 9105／3 | |
| ・バーキット[obs] | 9687／3 | |
| ・パチニ体 | 9507／0 | |
| ・ヒュルトル細胞(C73.9) | 8290／0 | |
| ・ピンカス | 8093／3 | |
| ・ピンドボルグ | 9340／0 | |
| ・ブルック(C44._) | 8100／0 | |
| ・ブレンナー, NOS(C56.9) | 9000／0 | |
| ・ブレンナー, 悪性(C56.9) | 9000／3 | |
| ・ブレンナー, 境界悪性(C56.9) | 9000／1 | |
| ・ブレンナー, 増殖性(C56.9) | 9000／1 | |
| ・ベータ細胞, 悪性(C25._) | 8151／3 | |
| ・ベドナー | 8833／3 | |
| ・ヘパトイドヨークサック | 9071／3 | |
| ・ヘパトイド肝様卵黄のう<嚢> | 9071／3 | |

| | | |
|---|---|---|
| ・ヘパトイド卵黄のう<嚢> | 9071／3 | |
| ・ミューラー管混合(C54._) | 8950／3 | |
| ・メルケル細胞(C44._) | 8247／3 | |
| ・ユーイング | 9260／3 | |
| ・ライディッヒ細胞, NOS(C62._) | 8650／1 | |
| ・ライディッヒ細胞, 悪性(C62._) | 8650／3 | |
| ・ライディッヒ細胞, 良性(C62._) | 8650／0 | |
| ・ラトケのう<嚢>(C75.1) | 9350／1 | |
| ・ラブドイド, NOS | 8963／3 | |
| ・レニン産生(C64.9) | 8361／0 | |
| ・ワルチン(C07._, C08._) | 8561／0 | |
| ・のう<嚢>胞, 軽度異形成を伴う (C25._)★ | 8470／0 | |
| ・のう<嚢>胞, 高異型度上皮内腫瘍を伴う (C25._)★ | 8470／2 | |
| ・のう<嚢>胞, 高度異形成を伴う (C25._)★ | 8470／2 | |
| ・のう<嚢>胞, 浸潤癌を伴う (C25._)★ | 8470／3 | |
| ・のう<嚢>胞, 中異型度上皮内腫瘍を伴う (C25._)★ | 8470／0 | |
| ・のう<嚢>胞, 中等度異形成を伴う (C25._)★ | 8470／0 | |
| ・のう<嚢>胞, 低異型度上皮内腫瘍を伴う (C25._)★ | 8470／0 | |
| ・ろ<濾>胞性樹状細胞 | 9758／3 | |
| ・悪性 | 8000／3 | |
| ・悪性, NOS | 8000／3 | |
| ・悪性, 巨細胞型 | 8003／3 | |
| ・悪性, 小細胞型 | 8002／3 | |
| ・悪性, 紡錘形細胞型 | 8004／3 | |
| ・悪性, 明細胞型 | 8005／3 | |
| ・悪性ラブドイド | 8963／3 | |
| ・悪性腱滑膜巨細胞(C49._) | 9252／3 | |
| ・悪性末梢神経鞘性 | 9540／3 | |
| ・異型カルチノイド | 8249／3 | |
| ・異型奇形(C71._) | 9508／3 | |
| ・異型増殖性漿液性(C56.9) | 8442／1 | |
| ・異型増殖性乳頭状漿液性(C56.9) | 8462／1 | |
| ・異型増殖性粘液性(C56.9) | 8472／1 | |
| ・異型増殖性明細胞(C56.9) | 8444／1 | |

形態（シーシ）

| | |
|---|---|
| ・異型増殖性類内膜 | 8380／1 |
| ・移行型松果体(C75.3) | 9362／3 |
| ・胃腸ペースメーカ細胞 | 8936／1 |
| ・胃腸間質, NOS | 8936／1 |
| ・胃腸間質, 悪性度不明確 | 8936／1 |
| ・胃腸間質, 良性 | 8936／0 |
| ・胃腸自律神経 | 8936／1 |
| ・胃腸管間質, 悪性 | 8936／3 |
| ・栄養胚芽性, 類上皮性 | 9105／3 |
| ・炎症性Myofibroblastic, NOS | 8825／1 |
| ・炎症性筋線維芽腫性, NOS | 8825／1 |
| ・炎症性筋線維芽細胞腫性, NOS | 8825／1 |
| ・横紋筋芽細胞分化を伴う悪性末梢 | |
| 　神経鞘 | 9561／3 |
| ・外陰上皮内, Ⅲ度(C51._) | 8077／2 |
| ・外陰部上皮内, Ⅲ度(C51._) | 8077／2 |
| ・褐色脂肪 | 8880／0 |
| ・顆粒細胞, NOS | 9580／0 |
| ・顆粒細胞, 悪性 | 9580／3 |
| ・顆粒膜・莢膜細胞(C56.9) | 8621／1 |
| ・顆粒膜細胞, NOS(C56.9) | 8620／1 |
| ・顆粒膜細胞, 悪性(C56.9) | 8620／3 |
| ・顆粒膜細胞, 若年性(C56.9) | 8622／1 |
| ・顆粒膜細胞, 成人型(C56.9) | 8620／1 |
| ・顆粒膜細胞, 肉腫様(C56.9) | 8620／3 |
| ・間質, NOS | 8935／1 |
| ・間質, 良性 | 8935／0 |
| ・間質細胞, NOS | 8650／1 |
| ・間質細胞, 悪性 | 8650／3 |
| ・間質細胞, 良性 | 8650／0 |
| ・間質上皮, 石灰化　ネスト化 | |
| 　(C22.0)★ | 8975／1 |
| ・汗腺, NOS(C44._) | 8400／1 |
| ・汗腺, 悪性(C44._) | 8400／3 |
| ・汗腺, 良性(C44._) | 8400／0 |
| ・間葉性, 悪性 | 8800／3 |
| ・基底細胞(C44._) | 8090／1 |
| ・嗅神経原 | 9520／3 |
| ・境界悪性漿液性乳頭状のう＜嚢＞ | |
| 　胞(C56.9) | 8462／1 |
| ・境界悪性粘液性のう＜嚢＞ | |

| | |
|---|---|
| 　胞(C56.9) | 8472／1 |
| ・境界悪性のう＜嚢＞胞(C56.9) | 8444／1 |
| ・胸腺様分化を伴う紡錘形上皮性 | 8588／3 |
| ・莢膜・顆粒膜細胞(C56.9) | 8621／1 |
| ・莢膜細胞(C56.9) | 8600／0 |
| ・筋上皮性 | 8982／0 |
| ・筋線維芽細胞腫性, NOS | 8825／1 |
| ・筋線維芽腫性, NOS | 8825／1 |
| ・筋線維芽腫性, 気管支周囲(C34._) | 8827／1 |
| ・筋線維芽細胞腫性, 気管支周囲 | |
| 　(C34._) | 8827／1 |
| ・形質細胞 | 9731／3 |
| ・頸静脈球(C75.5) | 8690／1 |
| ・頸動脈小体(C75.4) | 8692／1 |
| ・血管内気管支肺胞(C34.0)[obs] | 9133／3 |
| ・腱滑膜巨細胞(C49._) | 9252／0 |
| ・限局性線維性 | 8815／0 |
| ・原始神経外胚葉(C71._) | 9473／3 |
| ・腱鞘巨細胞(C49._) | 9252／0 |
| ・腱鞘巨細胞, 悪性(C49._) | 9252／3 |
| ・硬化性間質(C56.9) | 8602／0 |
| ・睾丸間質(C62._) | 8590／1 |
| ・高脂質Sertoli細胞 | 8641／0 |
| ・高脂質セルトリ細胞 | 8641／0 |
| ・肛門上皮内, Ⅲ度(C21.1) | 8077／2 |
| ・肛門上皮内, 低異型度(C21.1)★ | 8077／0★ |
| ・肛門部上皮内, Ⅲ度(C21.1) | 8077／2 |
| ・黒色細胞性神経外胚葉 | 9363／0 |
| ・黒色性神経外胚葉 | 9363／0 |
| ・骨化性腎(C64.9) | 8967／0 |
| ・骨化性線維粘液腫様 | 8842／0 |
| ・骨巨細胞, NOS(C40._)(C41._) | 9250／1 |
| ・骨巨細胞, 悪性(C40._)(C41._) | 9250／3 |
| ・骨髄系, 治療関連★ | 9920／3★ |
| ・骨髄増殖性, NOS★ | 9960／3★ |
| ・孤立性線維性 | 8815／0 |
| ・孤立性線維性, 悪性 | 8815／3 |
| ・混合, NOS | 8940／0 |
| ・混合, 悪性, NOS | 8940／3 |
| ・混合, 唾液腺型, NOS | |
| 　(C07._, C08._) | 8940／0 |

形態（シーシ）

- 混合, 唾液腺型, 悪性
  (C07._, C08._)　8940／3
- 混合間葉　8990／1
- 混合松果体(C75.3)　9362／3
- 混合性胚細胞　9085／3
- 細胞, NOS　8001／1
- 細胞, 悪性　8001／3
- 細胞, 良性　8001／0
- 細胞, 良性又は悪性の別不詳　8001／1
- 細網細胞, 線維芽細胞性★　9759／3★
- 子宮頸〈頚〉上皮内, Ⅲ度(C53._)　8077／2
- 子宮頸〈頚〉上皮内, 低異型度
  (C53._)★　8077／0★
- 子宮頸〈頚〉部上皮内, Ⅲ度(C53._)　8077／2
- 歯原性, NOS　9270／1
- 歯原性, 悪性　9270／3
- 歯原性, 良性　9270／0
- 歯原性ゴースト細胞　9302／0
- 脂質蓄積を伴うSertoli細胞(C56.9)　8641／0
- 脂質蓄積を伴うセルトリ細胞(C56.9)　8641／0
- 充実性・乳頭状上皮性(C25._)　8452／1
- 充実性・のう＜嚢＞胞(C25._)　8452／1
- 充実性偽乳頭状(C25._)　8452／1
- 樹状細胞, 形質網細胞様, 芽球型★　9727／3★
- 漿液性, NOS, 低悪性度(C56.9)　8442／1
- 上皮性, 悪性　8010／3
- 上皮性, 良性　8010／0
- 上皮内腺, Ⅰ度★　8148／0★
- 上皮内腺, Ⅱ度★　8148／0★
- 上皮内腺, Ⅲ度★　8148／2
- 上皮内腺, 高異型度★　8148／2
- 上皮内腺, 低異型度★　8148／0★
- 食道腺上皮上皮内, 高異型度
  (C16._)　8148／2
- 食道腺上皮上皮内, 低異型度
  (C16._)★　8148／0
- 食道扁平上皮内, 高異型度
  (C15._)★　8077／2
- 食道扁平上皮内, 低異型度
  (C15._)★　8077／0★
- 神経内分泌, 異型度Ⅰ★　8240／3

- 神経内分泌, 異型度Ⅱ★　8249／3
- 神経外胚葉, NOS　9364／3
- 腎髄質間質細胞(C64.9)　8966／0
- 膵胆管, 非浸潤性★　8163／0★
- 膵胆管, 非浸潤性乳頭状,
  軽度異形成を伴う★　8163／0★
- 膵胆管, 非浸潤性乳頭状,
  高度異形成を伴う(C24.1)★　8163／2★
- 膵胆管, 非浸潤性乳頭状, 高異型度
  上皮内腫瘍を伴う(C24.1)★　8163／2★
- 膵胆管, 非浸潤性乳頭状, 低異型度
  上皮内腫瘍を伴う★　8163／0★
- 膵内分泌, NOS(C25._)★　8150／1
- 膵内分泌, 悪性(C25._)★　8150／3
- 膵内分泌, 良性(C25._)★　8150／0
- 膵内分泌, 非機能性★　8150／3
- 膵内分泌・外分泌細胞混合, 悪性
  (C25._)★　8154／3
- 性索, NOS　8590／1
- 性索・性腺間質, NOS　8590／1
- 性索・性腺間質, 混合型　8592／1
- 性索・性腺間質, 不全分化型　8591／1
- 性腺間質, NOS　8590／1
- 精巣間質(C62._)　8590／1
- 石灰化上皮性歯原性　9340／0
- 腺カルチノイド　8245／3
- 線維形成性小円形細胞　8806／3
- 腺腫様, NOS　9054／0
- 腺腫様歯原性　9300／0
- 先天性気管支周囲性Myofibroblastic
  (C34._)　8827／1
- 先天性気管支周囲性筋線維芽細胞
  腫性(C34._)　8827／1
- 先天性気管支周囲性筋線維芽腫性
  (C34._)　8827／1
- 腺房細胞［obs］　8550／1
- 前立腺上皮内, Ⅲ度(C61.9)　8148／2
- 叢状線維組織球性　8835／1
- 増殖性毛根鞘　8103／0
- 塞栓　8000／6
- 続発性　8000／6

— 287 —

形態（シーシ）

| | |
|---|---|
| ・胎芽性癌・奇形腫混合 | 9081／3 |
| ・大細胞石灰化Sertoli細胞 | 8642／1 |
| ・大細胞石灰化セルトリ細胞 | 8642／1 |
| ・胎児性癌・奇形腫混合 | 9081／3 |
| ・胎生期発育不全性神経上皮 | 9413／0 |
| ・大動脈小体（C75.5) | 8691／1 |
| ・胎盤部トロホブラスト性(C58.9) | 9104／1 |
| ・胎盤部栄養胚芽性(C58.9) | 9104／1 |
| ・多のう＜嚢＞性卵黄 | 9071／3 |
| ・胆管上皮内, Ⅲ度★ | 8148／2 |
| ・胆管上皮内, 高異型度★ | 8148／2 |
| ・胆管上皮内, 低異型度★ | 8148／0★ |
| ・男性化, NOS | 8630／1 |
| ・男性化, 悪性 | 8630／3 |
| ・男性化, 良性 | 8630／0 |
| ・膣上皮内, Ⅲ度(C52._) | 8077／2 |
| ・中腎性 | 9110／1 |
| ・中枢性原始神経外胚葉, NOS (C71._) | 9473／3 |
| ・中程度分化型松果体間質性 (C75.3) | 9362／3 |
| ・中等度分化型Sertoli-Lyedig細胞 | 8631／1 |
| ・中等度分化型セルトリ・ライディッヒ 細胞 | 8631／1 |
| ・中等度異形成を伴う粘液性囊胞, NOS(C25._) | 8470／1 |
| ・中等度異形成を伴う粘液性のう胞, NOS(C25._) | 8470／1 |
| ・中胚葉性混合 | 8951／3 |
| ・腸グルカゴン, NOS | 8157／1 |
| ・腸グルカゴン, 悪性 | 8157／3 |
| ・腸クロム親和性様細胞, 悪性 | 8242／3 |
| ・低悪性度乳頭状移行上皮(C67._) | 8130／1 |
| ・低悪性度乳頭状尿路上皮(C67._) | 8130／1 |
| ・低悪性度乳頭状粘液性(C56.9) | 8473／1 |
| ・低悪性度粘液性, NOS(C56.9) | 8472／1 |
| ・低悪性度類内膜 | 8380／1 |
| ・転移性 | 8000／6 |
| ・導管上皮内3度(C50._) | 8500／2 |
| ・島細胞, NOS(C25._) | 8150／1 |
| ・島細胞, 良性(C25._) | 8150／0 |

| | |
|---|---|
| ・内胚葉洞 | 9071／3 |
| ・軟骨腫性巨細胞(C40._)(C41._) | 9230／0 |
| ・軟部巨細胞, NOS | 9251／1 |
| ・軟部組織, 悪性 | 8800／3 |
| ・軟部組織, 良性 | 8800／0 |
| ・乳管上皮内3度(C50._)-導管 上皮内3度参照 | |
| ・乳頭状, 管状, 導管内, 高異型度★ | 8503／2 |
| ・乳頭状, 管状, 導管内, 低異型度★ | 8503／0 |
| ・乳頭状, 高異型度上皮内腫瘍を伴う, 膵胆管型(C24.1)★ | 8163／2 |
| ・乳頭状, 松果体部★ | 9395／3 |
| ・乳頭状, 腺内, 低異型度上皮内腫瘍を伴う (C22._, C24.1)★ | 8503／0 |
| ・乳頭状, 導管内, NOS★ | 8503／0 |
| ・乳頭状, 導管内, 高異型度 上皮内腫瘍を伴う★ | 8503／2 |
| ・乳頭状, 導管内, 高度異形成を伴う | 8503／2 |
| ・乳頭状, 導管内, 浸潤癌成分を伴う | 8503／3 |
| ・乳頭状, 導管内, 中異型度上皮内 腫瘍を伴う(C22._, C24.1)★ | 8503／0 |
| ・乳頭状, 導管内, 低異型度上皮内 腫瘍を伴う(C22._, C24.1)★ | 8503／0 |
| ・乳頭状, のう胞内, 高異型度 上皮内腫瘍を伴う(C23.9)★ | 8503／2 |
| ・乳頭状, のう＜嚢＞胞内, 高度異形成を伴う (C23.9)★ | 8503／2 |
| ・乳頭状, のう＜嚢＞胞内, 浸潤癌成分を伴う (C23.9)★ | 8503／3 |
| ・乳頭状, のう＜嚢＞胞内, 中異型度 上皮内腫瘍を伴う(C23.9)★ | 8503／0 |
| ・乳頭状, のう＜嚢＞胞内, 低異型度 上皮内腫瘍を伴う(C23.9)★ | 8503／0 |
| ・乳頭状漿液性, 低悪性度(C56.9) | 8462／1 |
| ・乳頭状尿路上皮, 低悪性度(C67._) | 8130／1 |
| ・乳頭状粘液性, 低悪性度(C56.9) | 8473／1 |
| ・乳頭状のう＜嚢＞胞(C25._) | 8452／1 |
| ・粘液, 乳頭状, 導管内, 軽度異形成を伴う (C25._)★ | 8453／0 |
| ・粘液, 乳頭状, 導管内, 高度異形成を伴う (C25._)★ | 8453／2 |

— 288 —

形態（シーシ）

| | |
|---|---|
| ・粘液, 乳頭状, 導管内, 浸潤癌を伴う | |
| （C25._）★ | 8453／3 |
| ・粘液, 乳頭状, 導管内, 中等度異形成を伴う | |
| （C25._）★ | 8453／0 |
| ・粘液カルチノイド | 8243／3 |
| ・粘液性, NOS, 低悪性度（C56.9） | 8472／1 |
| ・粘表皮 | 8430／1 |
| ・胚細胞, NOS | 9064／3 |
| ・胚細胞, 非セミノーマ性（C62._） | 9065／3 |
| ・胚細胞, 非精上皮腫性（C62._） | 9065／3 |
| ・微少性索成分を伴う間質（C56.9） | 8593／1 |
| ・皮膚付属器, 良性（C44._） | 8390／0 |
| ・肥満細胞, NOS | 9740／1 |
| ・非被包性硬化（C73.9） | 8350／3 |
| ・副腎遺残 | 8671／0 |
| ・副腎皮質, NOS（C74.0） | 8370／0 |
| ・副腎皮質, 悪性（C74.0） | 8370／3 |
| ・副腎皮質, 良性（C74.0） | 8370／0 |
| ・副腎様[obs] | 8311／1 |
| ・分類されない, 悪性 | 8000／3 |
| ・分類されない, 悪性, 原発又は転移 | |
| の別不詳 | 8000／9 |
| ・分類されない, 境界悪性 | 8000／1 |
| ・分類されない, 良性 | 8000／0 |
| ・分類されない, 良性又は悪性の別不 | |
| 詳 | 8000／1 |
| ・平滑筋, NOS | 8897／1 |
| ・平坦型上皮内, 高異型度★ | 8148／2 |
| ・平坦型上皮内腺, 高異型度 | |
| （C24.1）★ | 8148／2 |
| ・扁平上皮性歯原性 | 9312／0 |
| ・扁平上皮内, Ⅰ度★ | 8077／0 |
| ・扁平上皮内, Ⅱ度★ | 8077／0 |
| ・扁平上皮内, Ⅲ度 | 8077／2 |
| ・扁平上皮内, 高異型度★ | 8077／2 |
| ・扁平上皮内, 低異型度★ | 8077／0 |
| ・傍糸球体（C64.9） | 8361／0 |
| ・房室結節のう＜嚢＞胞（C38.0） | 8454／0 |
| ・末梢性原始神経外胚葉, NOS | 9364／3 |
| ・末梢性神経外胚葉 | 9364／3 |
| ・明細胞, NOS | 8005／0 |

| | |
|---|---|
| ・明細胞歯原性 | 9341／1 |
| ・網膜原基 | 9363／0 |
| ・門細胞（C56.9） | 8660／0 |
| ・軟部巨細胞, 悪性 | 9251／3 |
| ・葉状, NOS（C50._） | 9020／1 |
| ・葉状, 悪性（C50._） | 9020／3 |
| ・葉状, 境界悪性（C50._） | 9020／1 |
| ・葉状, 良性（C50._） | 9020／0 |
| ・卵黄のう＜嚢＞ | 9071／3 |
| ・卵巣間質（C56.9） | 8590／1 |
| ・卵巣脂質細胞（C56.9） | 8670／0 |
| ・卵巣リポイド細胞（C56.9） | 8670／0 |
| ・良性 | 8000／0 |
| ・輪状細管を伴う性索（C56.9） | 8623／1 |
| ・類内膜, 低悪性度 | 8380／1 |
| **腫瘍細胞：** | |
| ・NOS | 8001／1 |
| ・悪性 | 8001／3 |
| ・良性 | 8001／0 |
| ・良性又は悪性の別不詳 | 8001／1 |
| **腫瘍塞栓** | **8000／6** |
| **小リンパ球性リンパ腫**（M-9670／3も参 | |
| 照） | **9823／3** |
| **上衣下アストロサイトーマ, NOS（C71._）** | **9383／1** |
| **上衣下グリオーマ（C71._）** | **9383／1** |
| **上衣下巨細胞性アストロサイトーマ** | |
| **（C71._）** | **9384／1** |
| **上衣下巨細胞性星細胞腫（C71._）** | **9384／1** |
| **上衣芽細胞腫（C71._）** | **9392／3** |
| **上衣下腫（C71._）** | **9383／1** |
| **上衣芽腫（C71._）** | **9392／3** |
| **上衣下星細胞腫, NOS（C71._）** | **9383／1** |
| **上衣腫：** | |
| ・NOS（C71._） | 9391／3 |
| ・なめし皮様細胞性（C71._） | 9391／3 |
| ・混合上衣下腫 | 9383／1 |
| ・上皮性（C71._） | 9391／3 |
| ・退形成性（C71._） | 9392／3 |
| ・乳頭状（C71._） | 9393／3 |
| ・粘液乳頭状（C71._） | 9394／1 |
| ・富細胞性（C71._） | 9391／3 |

－ 289 －

形態（シーシ）

| | |
|---|---|
| ・明細胞(C71._) | 9391／3 |
| 漿液性癌, NOS | 8441／3 |
| 漿液性腫瘍： | |
| ・NOS, 低悪性度(C56.9) | 8442／1 |
| ・異型増殖性(C56.9) | 8442／1 |
| ・異型増殖性乳頭状(C56.9) | 8462／1 |
| ・低悪性度乳頭状(C56.9) | 8462／1 |
| 漿液性小のう＜囊＞胞腺腫, NOS | 8441／0 |
| 漿液性腺癌, NOS | 8441／3 |
| 漿液性腺癌線維腫 | 9014／3 |
| 漿液性腺線維腫(C56.9) | 9014／0 |
| 漿液性のう＜囊＞胞腫, NOS | 8441／0 |
| 漿液性のう＜囊＞胞腺癌, NOS (C56.9) | 8441／3 |
| 漿液性のう＜囊＞胞腺癌線維腫 | 9014／3 |
| 漿液性のう＜囊＞胞腺腫： | |
| ・NOS | 8441／0 |
| ・境界悪性(C56.9) | 8442／1 |
| 漿液性のう＜囊＞胞腺線維腫(C56.9) | 9014／0 |
| 漿液性表在性乳頭癌(C56.9) | 8461／3 |
| 漿液性表在性乳頭腫(C56.9) | 8461／0 |
| 松果体芽細胞腫(C75.3) | 9362／3 |
| 松果体芽腫(C75.3) | 9362／3 |
| 松果体細胞腫(C75.3) | 9361／1 |
| 松果体腫(C75.3) | 9360／1 |
| 松果体腫瘍, 移行型(C75.3) | 9362／3 |
| 松果体部乳頭状腫瘍★ | 9395／3★ |
| 小管状腺腫 | 8149／0 |
| 小膠細胞腫(C71._)[obs] | 9590／3 |
| 小細胞： | |
| ・混合癌 | 8045／3 |
| ・腺混合癌 | 8045／3 |
| ・大細胞混合癌 | 8045／3 |
| ・扁平上皮混合癌 | 8045／3 |
| 小細胞・腺混合癌 | 8045／3 |
| 小細胞・大細胞混合癌 | 8045／3 |
| 小細胞・扁平上皮混合癌 | 8045／3 |
| 小細胞癌： | |
| ・NOS | 8041／3 |
| ・中細胞 | 8044／3 |
| ・紡錘形細胞 | 8043／3 |

| | |
|---|---|
| 小細胞混合癌 | 8045／3 |
| 小細胞神経内分泌癌 | 8041／3 |
| 小細胞性骨肉腫(C40._)(C41._) | 9185／3 |
| 小細胞性髄膜腫 | 9530／0 |
| 小細胞肉腫 | 8803／3 |
| 硝子化索状腺腫(C73.9) | 8336／0 |
| 硝子細胞癌 | 8015／3 |
| 小児血管腫 | 9131／0 |
| 小児全身EBV陽性T細胞リンパ 増殖性疾患★ | 9724／3 |
| 小児不応性血球減少★ | 9985／3 |
| 小脳異形成神経節細胞腫(Lhermitte-Duclos)(C71.6) | 9493／0 |
| 小脳異形成神経節細胞腫(レルミット・デュクロス)(C71.6) | 9493／0 |
| 小脳脂肪神経細胞腫(C71.6) | 9506／1 |
| 小脳肉腫： | |
| ・NOS(C71.6)[obs] | 9480／3 |
| ・限局性くも膜性(C71.6) | 9471／3 |
| 上皮癌： | |
| ・エナメル-エナメル上皮癌参照 | |
| ・リンパ-リンパ上皮癌参照 | |
| ・移行-移行上皮癌参照 | |
| ・細気管支肺胞(C34._) | |
| 　-細気管支肺胞上皮癌参照 | |
| ・細気管支肺胞, Ⅱ型肺胞細胞(C34._) | |
| 　-細気管支肺胞上皮癌参照 | |
| ・細気管支肺胞, Ⅱ型肺胞上皮細胞(C34._) | |
| 　-細気管支肺胞上皮癌参照 | |
| ・細気管支肺胞, クララ細胞(C34._) | |
| 　-細気管支肺胞上皮癌参照 | |
| ・細気管支肺胞, 中間型(C34._) | |
| 　-細気管支肺胞上皮癌参照 | |
| ・細気管支肺胞, 粘液性(C34._) | |
| 　-細気管支肺胞上皮癌参照 | |
| ・細気管支肺胞, 胚細胞型(C34._) | |
| 　-細気管支肺胞上皮癌参照 | |
| ・細気管支肺胞, 非粘液性(C34._) | |
| 　-細気管支肺胞上皮癌参照 | |
| ・上皮内移行-上皮内移行上皮癌参照 | |
| ・上皮内尿路-上皮内尿路上皮癌参照 | |

— 290 —

形態（シーシ）

- ・上皮内扁平-上皮内扁平上皮癌参照
- ・乳頭状移行(C67._)
  - -乳頭状移行上皮癌参照
- ・乳頭状移行, 非浸潤性(C67._)
  - -乳頭状移行上皮癌, 非浸潤性参照
- ・乳頭状尿路(C67._)
  - -乳頭状尿路上皮癌参照
- ・乳頭状尿路, 非浸潤性(C67._)
  - -乳頭状尿路上皮癌, 非浸潤性参照
- ・尿路-尿路上皮癌参照
- ・扁平-扁平上皮癌参照

**上皮歯芽肉腫, エナメル** 9290／3

**上皮腫：**
- ・NOS 8011／3
- ・Jadassohn表皮内(C44._)
  - - Jadassohn表皮内上皮腫参照
- ・Malherbe石灰化(C44._)
  - - Malherbe石灰化上皮腫参照
- ・エナメル, NOS-エナメル上皮腫参照
- ・エナメル, 悪性-エナメル上皮腫参照
- ・マレルブ石灰化(C44._)
  - -マレルブ石灰化上皮腫参照
- ・ヤダッソン表皮内(C44._)
  - -ヤダッソン表皮内上皮腫参照
- ・リンパ-リンパ上皮腫参照
- ・のう＜嚢＞胞性腺様(C44._) 8100／0
- ・悪性 8011／3
- ・感覚神経 9523／3
- ・奇形腫様髄-髄上皮腫参照
- ・基底細胞(C44._) 8090／3
- ・嗅神経(C30.0) 9523／3
- ・筋-筋上皮腫参照
- ・黒色エナメル(C40._)(C41._)
  - -黒色エナメル上皮腫参照
- ・歯芽エナメル-エナメル上皮腫参照
- ・脂腺(C44._) 8410／0
- ・絨毛-絨毛上皮腫参照
- ・神経, NOS 9503／3
- ・髄, NOS(C69.4)-髄上皮腫参照
- ・髄, 良性(C69.4)-髄上皮腫参照
- ・腺エナメル-腺エナメル上皮腫参照

- ・線維-線維上皮腫参照
- ・乳頭状(C71._) 9393／3
- ・扁平-扁平上皮腫参照
- ・毛包(C44._)-毛包上皮腫参照
- ・網膜-網膜上皮腫参照
- ・良性 8011／0

**上皮性・筋上皮性癌** 8562／3

**上皮性腫瘍：**
- ・悪性 8010／3
- ・良性 8010／0

**上皮性上衣腫(C71._)** 9391／3
**上皮線維・象牙腫, エナメル** 9290／3
**上皮線維腫, エナメル** 9330／0
**上皮線維象牙腫, エナメル** 9271／0
**上皮線維象牙肉腫, エナメル** 9290／3
**上皮内移行上皮癌** 8120／2

**上皮内癌：**
- ・NOS 8010／2
- ・ポリープ内, NOS 8210／2
- ・篩状(C50._) 8201／2
- ・小葉性, NOS(C50._) 8520／2
- ・腺腫性ポリープ内 8210／2
- ・乳頭状 8050／2
- ・乳頭状扁平 8052／2

**上皮内管状癌, 篩状型(C50._)** 8201／2
**上皮内黒色腫** 8720／2

**上皮内腫瘍：**
- ・外陰, Ⅲ度(C51._) 8077／2
- ・外陰部, Ⅲ度(C51._) 8077／2
- ・肛門, Ⅲ度(C21.1) 8077／2
- ・肛門部, Ⅲ度(C21.1) 8077／2
- ・子宮頚, Ⅲ度(C53._) 8077／2
- ・子宮頚部, Ⅲ度(C53._) 8077／2
- ・前立腺, Ⅲ度(C61.9) 8148／2
- ・膣, Ⅲ度(C52._) 8077／2
- ・導管3度(C50._) 8500／2
- ・乳管3度(C50._)-導管3度参照
- ・扁平, Ⅲ度 8077／2

**上皮内腺癌：**
- ・NOS 8140／2
- ・ポリープ内, NOS 8210／2

－ 291 －

形態（シーシ）

| | |
|---|---|
| ・ポリープ様腺腫内 | 8210／2 |
| ・管状腺腫内 | 8210／2 |
| ・絨毛状腺腫内 | 8261／2 |
| ・腺管絨毛腺腫内 | 8263／2 |
| ・腺腫性ポリープ内 | 8210／2 |
| 上皮内腺腫瘍： | |
| ・Ⅰ度★ | 8148／0★ |
| ・Ⅱ度★ | 8148／0★ |
| ・Ⅲ度 | 8148／2 |
| ・高異型度★ | 8148／2 |
| ・低異型度★ | 8148／0★ |
| 上皮内導管癌： | |
| ・NOS（C50._） | 8500／2 |
| ・コメド型（C50._） | 8501／2 |
| ・小乳頭状 | 8507／2 |
| ・浸潤性小葉癌（C50._） | 8522／3 |
| ・乳頭状（C50._） | 8503／2 |
| ・面胞型（C50._） | 8501／2 |
| 上皮内乳管癌：-上皮内導管癌参照 | |
| ・NOS（C50._） | |
| ・コメド型（C50._） | |
| ・小乳頭状 | |
| ・浸潤性小葉癌（C50._） | |
| ・乳頭状（C50._） | |
| ・面胞型（C50._） | |
| 上皮内尿路上皮癌 | 8120／2 |
| 上皮内扁平上皮癌： | |
| ・NOS | 8070／2 |
| ・間質浸潤の疑いを伴う | 8076／2 |
| 上皮内類表皮癌： | |
| ・NOS | 8070／2 |
| ・間質浸潤の疑いを伴う | 8076／2 |
| 上皮肉腫，エナメル | 9330／3 |
| 上皮乳頭腫 | |
| ・移行，NOS | 8120／1 |
| ・移行，内反性，NOS | 8121／1 |
| ・移行，内反性，良性 | 8121／0 |
| ・移行，良性 | 8120／0 |
| 静脈血管腫 | 9122／0 |
| 静脈性血管腫 | 9122／0 |
| 小葉・内分泌・導管混合癌★ | 8154／3 |
| 小葉・内分泌混合癌（C25._） | 8154／3 |
| 小葉癌： | |
| ・NOS（C50._） | 8520／3 |
| ・浸潤性，NOS（C50._） | 8520／3 |
| ・他の型の癌を伴う浸潤性（C50._） | 8524／3 |
| ・非浸潤性（C50._） | 8520／2 |
| 小葉性上皮内癌，NOS（C50._） | 8520／2 |
| 小葉腺癌（C50._） | 8520／3 |
| 小葉及び導管癌（C50._） | 8522／3 |
| 小葉及び乳管癌（C50._） | |
| 　-小葉及び導管癌参照 | |
| 小ろ＜濾＞胞腺腫，NOS（C73.9） | 8333／0 |
| 自律神経節腫，胃腸 | 8936／1 |
| 食道上皮内腫瘍，高異型度（C16._）★ | 8148／2 |
| 食道腺上皮異形成（上皮内腫瘍） | |
| ・高異型度（C16._）★ | 8148／2 |
| ・低異型度（C16._）★ | 8148／0 |
| 食道扁平上皮腫瘍（異形成），低異型度 | |
| 　（C15._）★ | 8077／0★ |
| 食道扁平上皮腫瘍（異形成），高異型 | |
| 　度（C15._）★ | 8077／2 |
| 腎芽細胞腫，NOS（C64.9） | 8960／3 |
| 腎芽腫，NOS（C64.9） | 8960／3 |
| 腎芽腫，のう＜嚢＞胞性部分的分化を示す | |
| 　（C64.9） | 8959／1 |
| 腎癌： | |
| ・chromophobe細胞（C64.9） | 8317／3 |
| ・嫌色素性細胞（C64.9） | 8317／3 |
| ・集合管型（C64.9） | 8319／3 |
| 神経外胚葉腫瘍： | |
| ・NOS | 9364／3 |
| ・原始（C71._） | 9473／3 |
| ・黒色細胞性 | 9363／0 |
| ・黒色性 | 9363／0 |
| ・中枢性原始，NOS（C71._） | 9473／3 |
| ・末梢性 | 9364／3 |
| ・末梢性原始，NOS | 9364／3 |
| 神経芽細胞腫-神経芽腫と同義 | |
| 神経芽腫： | |
| ・NOS | 9500／3 |
| ・嗅（C30.0） | 9522／3 |

形態（シーシ）

| | |
|---|---|
| ・交感 | 9500／3 |
| ・神経節 | 9490／3 |
| ・中枢（C71._） | 9500／3 |
| **神経原性肉腫[obs]** | **9540／3** |
| 神経膠腫－グリオーマを参照 | |
| **神経膠肉腫（C71._）** | **9442／3** |
| **神経細胞腫：** | **9506／1** |
| ・感覚 | 9521／3 |
| ・嗅（C30.0） | 9521／3 |
| ・嗅覚（C30.0） | 9521／3 |
| ・小脳脂肪（C71.6） | 9506／1 |
| ・中枢 | 9506／1 |
| ・脳室外★ | 9506／1 |
| **神経細胞腫瘍：** | |
| ・乳頭状グリア★ | 9509／1★ |
| ・ロゼット形成性グリア★ | 9509／1★ |
| **神経脂肪腫（C71.6）** | **9506／1** |
| **神経腫：** | |
| ・NOS | 9570／0 |
| ・そう＜叢＞状 | 9550／0 |
| ・膠[obs] | 9505／1 |
| ・神経節 | 9490／0 |
| ・神経節症 | 9491／0 |
| ・聴（C72.4） | 9560／0 |
| **神経周膜腫：** | |
| ・NOS | 9571／0 |
| ・MPNST | 9571／3 |
| ・悪性 | 9571／3 |
| ・神経内 | 9571／0 |
| ・軟部組織 | 9571／0 |
| **神経鞘腫** | **9560／0** |
| **神経鞘腫：** | |
| ・NOS | 9560／0 |
| ・悪性[obs] | 9560／3 |
| **神経鞘腫症** | **9560／1** |
| **神経鞘肉腫[obs]** | **9560／3** |
| **神経鞘粘液腫** | **9562／0** |
| **神経上皮腫：** | |
| ・NOS | 9503／3 |
| ・感覚 | 9523／3 |
| ・嗅（C30.0） | 9523／3 |

| | |
|---|---|
| **神経親和性黒色腫, 悪性（C44._）** | **8745／3** |
| **神経星細胞腫[obs]** | **9505／1** |
| **神経節：** | |
| ・膠腫, NOS | 9505／1 |
| ・膠腫, 退形成性 | 9505／3 |
| ・細胞腫 | 9492／0 |
| ・細胞傍神経節（C17.0） | 8683／0 |
| ・神経芽細胞腫 | 9490／3 |
| ・神経芽腫 | 9490／3 |
| ・神経腫 | 9490／0 |
| ・神経腫症 | 9491／0 |
| **神経節への分化を伴う横紋筋肉腫** | **8921／3** |
| **神経線維腫：** | |
| ・NOS | 9540／0 |
| ・メラニン性 | 9541／0 |
| ・そう＜叢＞状 | 9550／0 |
| **神経線維腫症：** | |
| ・NOS | 9540／1 |
| ・多発性 | 9540／1 |
| **神経線維肉腫[obs]** | **9540／3** |
| **神経内神経周膜腫** | **9571／0** |
| **神経内分泌癌：** | |
| ・NOS | 8246／3 |
| ・原発性皮膚（C44._） | 8247／3 |
| ・小細胞 | 8041／3 |
| ・大細胞 | 8013／3 |
| ・高分化★ | 8240／3 |
| ・中分化★ | 8249／3 |
| ・低異型度★ | 8240／3 |
| **神経内分泌への分化を伴う癌腫** | **8574／3** |
| **神経内分泌への分化を伴う腺癌** | **8574／3** |
| **神経内分泌腫瘍：** | |
| ・異型度Ⅰ★ | 8240／3 |
| ・異型度Ⅱ★ | 8249／3 |
| 神経肉腫 | 9540／3 |
| **神経母斑（C44._）** | **8725／0** |
| **深在性組織球腫** | **8831／0** |
| **腎細胞癌：** | |
| ・NOS（C64.9） | 8312／3 |
| ・chromophobe（C64.9） | 8317／3 |
| ・のう＜嚢＞胞随伴性（C64.9） | 8316／3 |

－ 293 －

形態（シーシ）

| | |
|---|---|
| ・嫌色素性型（C64.9） | 8317／3 |
| ・肉腫様（C64.9） | 8318／3 |
| ・乳頭状（C64.9） | 8260／3 |
| ・紡錘形細胞（C64.9） | 8318／3 |

腎腫：
| | |
|---|---|
| ・NOS（C64.9） | 8960／3 |
| ・悪性多房性のう＜嚢＞胞（C64.9） | 8959／3 |
| ・悪性のう＜嚢＞胞（C64.9） | 8959／3 |
| ・間葉芽 | 8960／1 |
| ・良性のう＜嚢＞胞（C64.9） | 8959／0 |
| ・良性のう＜嚢＞嚢胞（C64.9） | 8959／0 |

| | |
|---|---|
| 侵襲性NK細胞白血病 | 9948／3 |
| 侵襲性血管粘液腫 | 8841／1 |
| 侵襲性指状乳頭状腺腫（C44.＿） | 8408／1 |
| 侵襲性線維腫症 | 8821／1 |
| 浸潤癌を伴う導管内乳頭状腫瘍★ | 8503／3 |
| 浸潤癌を伴う導管内乳頭状粘液腫瘍★ | 8453／3 |
| 浸潤癌を伴う粘液性のう＜嚢＞胞腫瘍（C25.＿）★ | 8470／3 |
| 浸潤癌成分を伴うのう＜嚢＞胞内乳頭状腫瘍（C23.9）★ | 8503／3 |
| 浸潤性・乳頭状腺癌 | 8503／3 |
| 浸潤性・乳頭腺癌 | 8503／3 |

浸潤性基底細胞癌：
| | |
|---|---|
| ・NOS（C44.＿） | 8092／3 |
| ・硬化性（C44.＿） | 8092／3 |
| ・非硬化性（C44.＿） | 8092／3 |

| | |
|---|---|
| 浸潤性血管脂肪腫 | 8856／0 |
| 浸潤性骨芽細胞腫，NOS（C40.＿）（C41.＿） | 9200／1 |
| 浸潤性骨芽腫，NOS（C40.＿）（C41.＿） | 9200／1 |
| 浸潤性脂肪腫 | 8856／0 |
| 浸潤性小葉癌，NOS（C50.＿） | 8520／3 |
| 浸潤性小葉癌及び上皮内導管癌（C50.＿） | 8522／3 |
| 浸潤性小葉癌及び上皮内乳管癌（C50.＿）-浸潤性小葉癌及び上皮内導管癌参照 | |
| 浸潤性線維腫 | 8821／1 |

浸潤性導管：
| | |
|---|---|
| ・癌（C50.＿） | 8521／3 |
| ・管状癌（C50.＿） | 8523／3 |
| ・膠様癌（C50.＿） | 8523／3 |
| ・篩状癌（C50.＿） | 8523／3 |
| ・粘液癌（C50.＿） | 8523／3 |

| | |
|---|---|
| 浸潤性導管癌（C50.＿） | 8500／3 |
| 浸潤性導管癌（C50.＿） | 8521／3 |
| 浸潤性導管癌及び上皮内小葉癌（C50.＿） | 8522／3 |
| 浸潤性導管腺癌（C50.＿） | 8500／3 |
| 浸潤性導管内癌及び小葉癌（C50.＿） | 8522／3 |

浸潤性乳管：-浸潤性導管参照
| | |
|---|---|
| ・癌（C50.＿） | |
| ・管状癌（C50.＿） | |
| ・膠様癌（C50.＿） | |
| ・篩状癌（C50.＿） | |
| ・粘液癌（C50.＿） | |

浸潤性乳管癌（C50.＿）-浸潤性導管参照

浸潤性乳管癌（C50.＿）-浸潤性導管参照

浸潤性乳管癌及び上皮内小葉癌（C50.＿）-浸潤性導管癌及び上皮内小葉癌参照

浸潤性乳管腺癌（C50.＿）-浸潤性導管腺癌参照

浸潤性乳管内癌及び小葉癌（C50.＿）-浸潤性導管内癌及び小葉癌参照

| | |
|---|---|
| 浸潤性乳頭状腺癌 | 8503／3 |
| 浸潤性乳頭腺癌 | 8503／3 |
| 浸潤を伴う導管内乳頭腺癌，NOS（C50.＿）★ | 8503／3 |

浸潤を伴う乳管内乳頭状腺癌，NOS（C50.＿）-浸潤を伴う導管内乳頭腺癌，NOS参照

| | |
|---|---|
| 侵蝕性潰瘍（C44.＿） | 8090／3 |
| 腎髄質間質細胞腫瘍（C64.9） | 8966／0 |
| 腎髄様線維腫（C64.9） | 8966／0 |
| 真性赤血球増加症 | 9950／3 |
| 腎性腺線維腫（C64.9） | 8965／0 |
| 真性組織球肉腫症 | 9755／3 |
| 真性多血症 | 9950／3 |

形態（シース）

新生物：
- ・NOS　　　　　　　　　　　8000／1
- ・悪性　　　　　　　　　　　8000／3
- ・悪性，原発又は転移の別不詳　8000／9
- ・管内性胚細胞（C62._）　　　9064／2
- ・続発性　　　　　　　　　　8000／6
- ・転移性　　　　　　　　　　8000／6
- ・良性　　　　　　　　　　　8000／0
- ・良性又は悪性の別不詳　　　8000／1

侵入奇胎，NOS（C58.9）　　　9100／1
侵入胞状奇胎（C58.9）　　　　9100／1
真皮・表皮母斑（C44._）　　　8760／0
真皮内母斑（C44._）　　　　　8750／0
真皮母斑（C44._）　　　　　　8750／0
腎明細胞肉腫（C64.9）　　　　8964／3

## （ス）

ステロイド細胞腫瘍：
- ・NOS　　　　　　　　　　　8670／0
- ・悪性　　　　　　　　　　　8670／3

スピッツ母斑（C44._）　　　　8770／0
スポンジオニューロブラストーマ　9504／3
スポンジオブラストーマ：
- ・NOS（C71._）[obs]　　　　9421／1
- ・極性（C71._）　　　　　　9423／3
- ・原始極性（C71._）[obs]　　9423／3

膵芽細胞腫（C25._）　　　　　8971／3
髄芽細胞腫（C71.6）　　　　　9506／1
髄芽細胞腫：
- ・NOS（C71.6）　　　　　　9470／3
- ・高度結節性★　　　　　　　9471／3
- ・黒色（C71.6）　　　　　　9470／3
- ・線維形成性（C71.6）　　　9471／3
- ・線維形成性結節性（C71.6）　9471／3
- ・退形成性★　　　　　　　　9474／3
- ・大細胞（C71.6）　　　　　9474／3

膵芽腫（C25._）　　　　　　　8971／3
髄芽腫：
- ・NOS（C71.6）　　　　　　9470／3
- ・黒色（C71.6）　　　　　　9470／3
- ・線維形成性（C71.6）　　　9471／3

- ・線維形成性結節性（C71.6）　9471／3
- ・大細胞（C71.6）　　　　　9474／3

膵管内乳頭状粘液癌：
- －導管内乳頭状粘液癌参照
- ・浸潤性（C25._）
- ・非浸潤性（C25._）

膵管内乳頭状粘液腺腫（C25._）
- －導管内乳頭状粘液腺腫参照

膵管内乳頭状粘液腺腫，中等度異形成
を伴う（C25._）－導管内乳頭状
粘液腺腫，中等度異形成を伴う参照

膵胆管型癌（C24.1）★　　　　8163／3
膵胆管型腺癌（C24.1）★　　　8163／3
膵胆管腫瘍
- ・非浸潤性★　　　　　　　　8163／0
- ・非浸潤性乳頭状，
    軽度異形成を伴う★　　　　8163／0
- ・非浸潤性乳頭状，
    高度異形成を伴う（C24.1）★　8163／2
- ・非浸潤性乳頭状，高異型度
    上皮内腫瘍を伴う（C24.1）★　8163／2
- ・非浸潤性乳頭状，
    低異型度上皮内腫瘍を伴う★　8163／0

髄筋芽細胞腫（C71.6）　　　　9472／3
髄筋芽腫（C71.6）　　　　　　9472／3
髄上皮腫：
- ・NOS（C69.4）　　　　　　9501／3
- ・奇形腫様　　　　　　　　　9502／3
- ・奇形腫様，良性（C69.4）　　9502／0
- ・良性（C69.4）　　　　　　9501／0

膵島細胞腫（C25._）　　　　　8150／0
膵内分泌・外分泌細胞混合腫瘍，悪性
（C25._）★　　　　　　　　　8154／3
膵内分泌腫瘍：
- ・NOS（C25._）★　　　　　8150／1
- ・悪性★　　　　　　　　　　8150／3
- ・非機能性★　　　　　　　　8150／3
- ・良性（C25._）★　　　　　8150／0

膵微小腺腫（C25._）★　　　　8150／0
髄膜黒色細胞腫（C70.9）　　　8728／1
髄膜黒色腫症（C70.9）　　　　8728／3

－ 295 －

形態（ス－セ）

| | |
|---|---|
| 髄膜腫： | |
| ・NOS | 9530／0 |
| ・ラブドイド | 9538／3 |
| ・悪性 | 9530／3 |
| ・異型 | 9539／1 |
| ・移行 | 9537／0 |
| ・化生性 | 9530／0 |
| ・杵状 | 9538／3 |
| ・血管外皮細胞性（C70._）[obs] | 9150／1 |
| ・血管芽細胞腫性 | 9535／0 |
| ・血管芽腫性 | 9535／0 |
| ・血管周皮細胞性（C70._）[obs] | 9150／1 |
| ・血管腫性 | 9534／0 |
| ・血管内皮腫様 | 9531／0 |
| ・高リンパ形質細胞性 | 9530／0 |
| ・合胞性 | 9531／0 |
| ・混合 | 9537／0 |
| ・砂粒腫性 | 9533／0 |
| ・小細胞性 | 9530／0 |
| ・髄膜性 | 9531／0 |
| ・脊索様 | 9538／1 |
| ・線維芽細胞性 | 9532／0 |
| ・線維性 | 9532／0 |
| ・多発性 | 9530／1 |
| ・乳頭状 | 9538／3 |
| ・分泌性 | 9530／0 |
| ・未分化型 | 9530／3 |
| ・明細胞 | 9538／1 |
| 髄膜腫症： | |
| ・NOS | 9530／1 |
| ・びまん性 | 9530／1 |
| 髄膜性髄膜腫 | 9531／0 |
| 髄膜肉腫 | 9530／3 |
| 髄膜肉腫症 | 9539／3 |
| 髄様・乳頭混合癌（C73.9） | 8347／3 |
| 髄様・ろ＜濾＞胞混合癌（C73.9） | 8346／3 |
| 髄様癌： | |
| ・NOS | 8510／3 |
| ・アミロイド間質を伴う（C73.9） | 8345／3 |
| ・リンパ球性間質を伴う | 8512／3 |
| ・異型 | 8513／3 |

| | |
|---|---|
| ・《甲状腺》▼ | 8345／3 |
| 髄様骨肉腫（C40._）（C41._） | 9186／3 |
| 水様細胞癌（C75.0） | 8322／3 |
| 水様細胞腺癌（C75.0） | 8322／3 |
| 水様細胞腺腫（C75.0） | 8322／0 |
| 髄様腺癌 | 8510／3 |

（セ）

| | |
|---|---|
| セザリー症候群 | 9701／3 |
| セザリー病 | 9701／3 |
| セミノーマ： | |
| ・NOS（C62._） | 9061／3 |
| ・高度有糸分裂を伴う | 9062／3 |
| ・混合性奇形腫 | 9085／3 |
| ・精母細胞性（C62._） | 9063／3 |
| ・退形成性（C62._） | 9062／3 |
| セメント芽細胞腫，良性 | 9273／0 |
| セメント芽腫，良性 | 9273／0 |
| セメント質・骨性異形成，歯根尖性 | 9272／0 |
| セメント質異形成，歯根尖性 | 9272／0 |
| セメント質形成性線維腫 | 9274／0 |
| セメント質形成線維腫 | 9274／0 |
| セメント質骨化性線維腫 | 9274／0 |
| セメント質腫： | |
| ・NOS | 9272／0 |
| ・巨大型 | 9275／0 |
| セルトリ・ライディッヒ細胞腫瘍： | |
| ・NOS | 8631／1 |
| ・高分化型 | 8631／0 |
| ・中等度分化型 | 8631／1 |
| ・低分化型 | 8631／3 |
| ・低分化型・異所性成分を伴う | 8634／3 |
| ・中等度分化型・異所性成分を伴う | 8634／1 |
| ・肉腫様 | 8631／3 |
| ・網様 | 8633／1 |
| ・網様・異所性成分を伴う | 8634／1 |
| セルトリ細胞： | |
| ・癌（C62._） | 8640／3 |
| ・腫瘍，NOS | 8640／1 |
| ・腫瘍，高脂質 | 8641／0 |
| ・腫瘍，脂質蓄積を伴う（C56.9） | 8641／0 |

形態（セーセ）

| | |
|---|---|
| ・腫瘍, 大細胞石灰化 | 8642／1 |
| ・腺腫 | 8640／1 |
| セロトニン産生カルチノイド | 8241／3 |
| 星芽細胞腫（C71._） | 9430／3 |
| 星芽腫（C71._） | 9430／3 |
| 性器横紋筋腫（C51._）（C52.9） | 8905／0 |
| 星細胞腫： | |
| ・NOS（C71._） | 9400／3 |
| ・ゲミストサイト性 | 9411／3 |
| ・びまん性（C71._） | 9400／3 |
| ・びまん性, 低悪性度（C71._） | 9400／3 |
| ・ろ＜嚢＞胞性（C71._） | 9400／3 |
| ・希突起（C71._） | 9382／3 |
| ・原形質性（C71._） | 9410／3 |
| ・細線維性（C71._） | 9420／3 |
| ・若年性（C71._） | 9421／1 |
| ・上衣下, NOS（C71._） | 9383／1 |
| ・上衣下巨細胞性（C71._） | 9384／1 |
| ・神経[obs] | 9505／1 |
| ・線維形成性乳児（C71._） | 9412／1 |
| ・線維性（C71._） | 9420／3 |
| ・退形成性（C71._） | 9401／3 |
| ・退行性希突起（C71._） | 9382／3 |
| ・退行性乏突起（C71._） | 9382／3 |
| ・多形性黄色（C71._） | 9424／3 |
| ・低悪性度（C71._） | 9400／3 |
| ・肥大細胞性（C71._） | 9411／3 |
| ・乏突起（C71._） | 9382／3 |
| ・毛細胞性（C71._） | 9421／1 |
| ・毛様類粘液性（C71._） | 9425／3 |
| 星細胞性グリオーマ（C71._） | 9400／3 |
| 性索・性腺間質腫瘍： | |
| ・NOS | 8590／1 |
| ・混合型 | 8592／1 |
| ・不全分化型 | 8591／1 |
| 性索腫瘍： | |
| ・NOS | 8590／1 |
| ・輪状細管を伴う（C56.9） | 8623／1 |
| 成熟TALL | 9837／3 |
| 成熟T細胞リンパ腫, NOS | 9702／3 |
| 成熟奇形腫 | 9080／0 |

| | |
|---|---|
| 成熟を伴う急性骨髄性白血病 | 9874／3** |
| 成熟を伴わない急性骨髄性白血病 | 9873／3 |
| 精上皮腫： | |
| ・NOS（C62._） | 9061／3 |
| ・高度有糸分裂を伴う | 9062／3 |
| ・混合奇形腫 | 9085／3 |
| ・精母細胞性（C62._） | 9063／3 |
| ・退形成性（C62._） | 9062／3 |
| 青色母斑： | |
| ・NOS（C44._） | 8780／0 |
| ・Jadassohn, NOS（C44._） | 8780／0 |
| ・ヤダッソン, NOS（C44._） | 8780／0 |
| ・悪性（C44._） | 8780／3 |
| ・細胞性（C44._） | 8790／0 |
| 成人T細胞性白血病／リンパ腫（HTLV－1陽性）すべての変異体を含む | 9827／3 |
| 成人T細胞性白血病 | 9827／3 |
| 成人T細胞性リンパ腫 | 9827／3 |
| 成人T細胞性リンパ腫／白血病 | 9827／3 |
| 成人型横紋筋腫 | 8904／0 |
| 成人型奇形腫, NOS | 9080／0 |
| 成人型のう＜嚢＞胞奇形腫 | 9080／0 |
| 性腺： | |
| ・芽細胞腫 | 9073／1 |
| ・芽腫 | 9073／1 |
| ・間質腫瘍, NOS | 8590／1 |
| ・細胞腫 | 9073／1 |
| 精巣： | |
| ・芽細胞腫（C62._） | 9071／3 |
| ・芽腫（C62._） | 9071／3 |
| ・間質腫瘍（C62._） | 8590／1 |
| ・腺腫 | 8640／1 |
| 精母細胞腫（C62._） | 9063／3 |
| 精母細胞性セミノーマ（C62._） | 9063／3 |
| 精母細胞性精上皮腫（C62._） | 9063／3 |
| 赤血球増加症： | |
| ・真性 | 9950／3 |
| ・増殖性 | 9950／3 |
| 脊索腫： | |
| ・NOS | 9370／3 |
| ・脱分化型 | 9372／3 |

－ 297 －

形態（セーセ）

| | | | |
|---|---|---|---|
| ・軟骨様 | 9371／3 | ・腎髄様（C64.9） | 8966／0 |
| ・傍 | 9373／0 | ・線維形成性 | 8823／0 |
| 脊索様髄膜腫 | 9538／1 | ・腺－腺線維腫を参照 | |
| 赤白血病, 急性[obs] | 9840／3 | ・弾力 | 8820／0 |
| 赤白血病 | 9840／3 | ・中心性歯原性 | 9321／0 |
| 石灰化歯原性のう＜嚢＞胞 | 9301／0 | ・軟骨粘液様（C40._）（C41._） | 9241／0 |
| 石灰化上皮性歯原性腫瘍 | 9340／0 | ・粘液 | 8811／0 |
| 石灰化ネスト化間質上皮腫瘍（C22.0）★ | 8975／1 | ・粘液性 | 8811／0 |
| 赤血症性骨髄症: | | ・粘液性のう＜嚢＞胞腺癌 | 9015／3 |
| ・NOS | 9840／3 | ・皮膚, NOS（C44._） | 8832／0 |
| ・急性[obs] | 9840／3 | ・平滑筋 | 8890／0 |
| 赤血病, 慢性[obs] | 9950／3 | ・末梢性歯原性 | 9322／0 |
| 接合型母斑, NOS（C44._） | 8740／0 | ・毛包（C44._） | 8391／0 |
| 接合型母斑内の悪性黒色腫（C44._） | 8740／3 | ・毛包周囲性（C44._） | 8391／0 |
| 接合母斑（C44._） | 8740／0 | 線維エナメル上皮歯芽腫 | 9290／0 |
| 節外性NK-T細胞リンパ腫、鼻腔型★ | 9719／3 | 線維黄色腫: | |
| 節内性辺縁層リンパ腫 | 9699／3 | ・NOS | 8830／0 |
| 前BALL | 9836／3 | ・悪性 | 8830／3 |
| 前TALL | 9837／3 | ・異型 | 8830／1 |
| 前リンパ球性白血病: | | 線維芽細胞性骨肉腫（C40._）（C41._） | 9182／3 |
| ・B細胞型 | 9833／3 | 線維芽細胞性細網細胞腫瘍★ | 9759／3 |
| ・NOS | 9832／3 | 線維芽細胞性脂肪肉腫 | 8857／3 |
| ・T細胞型 | 9834／3 | 線維芽細胞性髄膜腫 | 9532／0 |
| 腺リンパ腫（C07._, C08._） | 8561／0 | 線維筋腫 | 8890／0 |
| ・そう＜叢＞状神経 | 9550／0 | 線維形成性結節性髄芽細胞腫（C71.6） | 9471／3 |
| ・巨細胞血管 | 9160／0 | 線維形成性結節性髄芽腫（C71.6） | 9471／3 |
| ・筋 | 8824／0 | 線維形成性黒色腫: | |
| ・筋膜 | 8813／0 | ・悪性（C44._） | 8745／3 |
| ・血管, NOS | 9160／0 | ・無色素性（C44._） | 8745／3 |
| ・膠（C71._） | 9442／1 | 線維形成性小円形細胞腫瘍 | 8806／3 |
| ・骨 | 9262／0 | 線維形成性髄芽細胞腫（C71.6） | 9471／3 |
| ・骨膜（C40._, C41._） | 8812／0 | 線維形成性髄芽腫（C71.6） | 9471／3 |
| ・細胞性（C56.9） | 8810／1 | 線維形成性線維腫 | 8823／0 |
| ・細胞性血管 | 9160／0 | 線維形成性乳児アストロサイトーマ | |
| ・歯原性, NOS | 9321／0 | （C71._） | 9412／1 |
| ・歯原性粘液 | 9320／0 | 線維形成性乳児神経節膠腫（C71._） | 9412／1 |
| ・若年性血管（C11._） | 9160／0 | 線維形成性中皮腫 | 9051／3 |
| ・漿液性腺癌 | 9014／3 | 線維骨腫 | 9262／0 |
| ・漿液性のう＜嚢＞胞腺癌 | 9014／3 | 線維脂肪腫 | 8851／0 |
| ・神経, NOS | 9540／0 | 線維脂肪肉腫 | 8850／3 |
| ・浸潤性 | 8821／1 | | |

形態（セーセ）

線維腫：
- ・NOS 8810／0
- ・エナメル上皮 9330／0
- ・セメント質形成 9274／0
- ・セメント質形成性 9274／0
- ・セメント質骨化性 9274／0
- ・メラニン性神経 9541／0
- ・レンズ形皮膚（C44._） 8832／0
- ・黄色 8830／0
- ・化骨性 9262／0
- ・癌 8934／3

線維腫症：
- ・筋 8824／1
- ・後腹膜（C48.1） 8822／1
- ・侵襲性 8821／1
- ・先天性全身性 8824／1
- ・腸間膜（C48.1） 8822／1
- ・腹部 8822／1
- ・幼児性筋 8824／1

線維症，表皮下結節性（C44._） 8832／0

線維上皮腫：
- ・NOS 8093／3
- ・Pinkus型 8093／3
- ・ピンカス型 8093／3

線維上皮性基底細胞癌，Pinkus型 8093／3

線維上皮性基底細胞癌，ピンカス型 8093／3

線維性アストロサイトーマ（C71._） 9420／3

線維性丘疹，鼻（C44.3）[obs] 9160／0

線維性髄膜腫 9532／0

線維性星細胞腫（C71._） 9420／3

線維性組織球腫：
- ・NOS 8830／0
- ・悪性 8830／3
- ・異型 8830／1
- ・血管腫様 8836／1
- ・良性 8830／0

線維性中皮腫：
- ・NOS 9051／3
- ・悪性 9051／3
- ・良性 9051／0

線維腺腫：
- ・NOS（C50._） 9010／0
- ・管周囲性（C50._） 9012／0
- ・汗腺（C44._） 8392／0
- ・管内性（C50._） 9011／0
- ・巨（C50._） 9016／0
- ・若年性（C50._） 9030／0

線維軟骨肉腫（C40._）（C41._） 9220／3

線維肉腫：
- ・NOS 8810／3
- ・エナメル上皮 9330／3
- ・筋膜 8813／3
- ・骨（C40._）（C41._） 9182／3
- ・骨膜（C40._，C41._） 8812／3
- ・色素性隆起性皮膚 8833／3
- ・歯原性 9330／3
- ・神経[obs] 9540／3
- ・皮膚，NOS（C44._） 8832／3
- ・幼児性 8814／3
- ・隆起性皮膚，NOS（C44._） 8832／3

線維粘液脂肪腫 8852／0

線維粘液腫：
- ・NOS 8811／0
- ・つる＜蔓＞状★ 8811／0

線維粘液肉腫 8811／3

線維毛包腫（C44._） 8391／0

線維様子宮（C55.9） 8890／0

腺エナメル上皮腫 9300／0

腺カルチノイド腫瘍 8245／3

腺癌：
- ・NOS 8140／3
- ・NOS，転移性 8140／6
- ・acidophil（C75.1） 8280／3
- ・basophil（C75.1） 8300／3
- ・basophil細胞（C75.1） 8300／3
- ・chromophobe（C75.1） 8270／3
- ・chromophobe細胞（C75.1） 8270／3
- ・Hurthle細胞（C73.9） 8290／3
- ・oxyphilic 8290／3
- ・oxyphilic細胞 8290／3
- ・アポクリン 8401／3

－ 299 －

形態（セーセ）

| | | | |
|---|---|---|---|
| ・アポクリン化生を伴う | 8573／3 | ・好酸性 | 8290／3 |
| ・アポクリン，上皮内《乳腺》▼ | 8500／2 | ・好酸性（C75.1） | 8280／3 |
| ・エオジン好性（C75.1） | 8280／3 | ・好酸性細胞 | 8290／3 |
| ・エオジン好性細胞（C75.1） | 8280／3 | ・硬性 | 8141／3 |
| ・エクリン | 8413／3 | ・肛門管（C21.1） | 8215／3 |
| ・エクリン乳頭状（C44._） | 8408／3 | ・肛門腺（C21.1） | 8215／3 |
| ・カルチノイドとの複合癌 | 8244／3 | ・膠様 | 8480／3 |
| ・コロイド | 8480／3 | ・骨化生を伴う | 8571／3 |
| ・ヒュルトル細胞（C73.9） | 8290／3 | ・混合細胞 | 8323／3 |
| ・ポリープ内，NOS | 8210／3 | ・細気管支（C34._） | 8250／3 |
| ・ポリープ内上皮内，NOS | 8210／2 | ・細気管支肺胞（C34._） | 8250／3 |
| ・ポリープ様腺腫内 | 8210／3 | ・索状 | 8190／3 |
| ・ポリープ様腺腫内上皮内 | 8210／2 | ・脂（C44._） | 8410／3 |
| ・ムチン産生を伴う充実性 | 8230／3 | ・耳垢（C44.2） | 8420／3 |
| ・のう＜嚢＞胞内乳頭 | 8504／3 | ・指状乳頭状（C44._） | 8408／3 |
| ・のう＜嚢＞胞内乳頭状 | 8504／3 | ・篩状面皰型 | |
| ・ろ＜濾＞胞, NOS（C73.9） | 8330／3 | 　（C18._, C19.9, C20.9）★ | 8201／3 |
| ・ろ＜濾＞胞, 高分化（C73.9） | 8331／3 | ・終末導管 | 8525／3 |
| ・ろ＜濾＞胞, 索状（C73.9） | 8332／3 | ・絨毛状 | 8262／3 |
| ・ろ＜濾＞胞, 中分化（C73.9） | 8332／3 | ・絨毛状腺腫内 | 8261／3 |
| ・亜型の混在を伴う | 8255／3 | ・絨毛状腺腫内上皮内 | 8261／2 |
| ・印環細胞 | 8490／3 | ・漿液性, NOS | 8441／3 |
| ・炎症性（C50._） | 8530／3 | ・上皮内, NOS | 8140／2 |
| ・顆粒細胞 | 8320／3 | ・小葉（C50._） | 8520／3 |
| ・管状, NOS | 8211／3 | ・神経内分泌への分化を伴う | 8574／3 |
| ・管状腺腫内 | 8210／3 | ・浸潤性・乳頭 | 8503／3 |
| ・管状腺腫内上皮内 | 8210／2 | ・浸潤性・乳頭状 | 8503／3 |
| ・管状絨毛腺腫内《大腸癌》▼ | 8263／3 | ・浸潤性導管（C50._） | 8500／3 |
| ・管状腺腫内 | 8210／3 | ・浸潤性乳管（C50._） | |
| ・管状腺腫内上皮内 | 8210／2 | 　－浸潤性導管参照 | |
| ・管状乳頭状 | 8263／3 | ・浸潤性乳頭 | 8503／3 |
| ・汗腺（C44._） | 8400／3 | ・浸潤性乳頭状 | 8503／3 |
| ・《肝内胆管　C22.1》▼ | 8160／3 | ・浸潤を伴う導管内乳頭, NOS | |
| ・肝様 | 8576／3 | 　（C50._） | 8503／3 |
| ・基底細胞 | 8147／3 | ・浸潤を伴う導管内乳頭状, NOS | |
| ・偽粘液性（C56.9） | 8470／3 | 　（C50._） | 8503／3 |
| ・鋸歯状★ | 8213／3 | ・浸潤を伴う乳管内乳頭, NOS | |
| ・嫌色素性（C75.1） | 8270／3 | 　（C50._）－浸潤を伴う導管内 | |
| ・嫌色素性細胞（C75.1） | 8270／3 | 　乳頭, NOS参照 | |
| ・好塩基性（C75.1） | 8300／3 | ・浸潤を伴う乳管内乳頭状, NOS | |
| ・好塩基性細胞（C75.1） | 8300／3 | 　（C50._）－浸潤を伴う導管内 | |

－ 300 －

形態（セ—セ）

乳頭状, NOS参照
・膵胆管（上皮）型(C24.1)★ 8163／3
・髄様 8510／3
・水様細胞(C75.0) 8322／3
・腺管絨毛腺腫内 8263／3
・腺管絨毛腺腫内上皮内 8263／2
・腺腫性ポリープ内 8210／3
・腺腫性ポリープ内上皮内 8210／2
・腺房 8550／3
・腺房細胞 8550／3
・胎芽児性 9070／3
・胎芽性 9070／3
・胎児性 8333／3
・大腸腺腫性ポリポーシス内(C18._) 8220／3
・多形低異型性 8525／3
・他の癌腫を伴う 8255／3
・多発性腺腫性ポリープ内 8221／3
・胆管(C22.1)(C24.0) 8160／3
・中腎性 9110／3
・腸型(C16._) 8144／3
・低分化, 充実型《胃癌》《大腸癌》▼ 8140／33
・低分化, 非充実型
　《胃癌》《大腸癌》▼ 8140／33
・導管内, 非浸潤性, NOS 8500／2
・導管内乳頭, NOS(C50._) 8503／2
・導管内乳頭状, NOS(C50._) 8503／2
・島細胞(C25._) 8150／3
・島細胞・外分泌細胞混合(C25._) 8154／3
・導管, NOS 8500／3
・内頚部型 8384／3
・内分泌・外分泌細胞混合(C25._)★ 8154／3
・軟骨化生・骨化生を伴う 8571／3
・軟骨化生を伴う 8571／3
・乳管, NOS-導管, NOS参照
・乳管内, 非浸潤性, NOS-導管内,
　非浸潤性, NOS参照
・乳管内乳頭, NOS(C50._) 
　-導管内乳頭, NOS参照
・乳管内乳頭状, NOS(C50._) 
　-導管内乳頭状, NOS参照
・乳頭《胃癌》《大腸癌》▼ 8260／3

・乳頭, ろ＜濾＞胞状亜型(C73.9) 8340／3
・乳頭・のう＜嚢＞胞状 8450／3
・乳頭・ろ＜濾＞胞(C73.9) 8340／3
・乳頭状, NOS 8260／3
・乳頭状漿液性(C56.9) 8460／3
・乳頭腺管 8263／3
・粘液産生 8481／3
・粘液性 8480／3
・粘液性, 内頚部型 8482／3
・粘液分泌 8481／3
・肺胞(C34._) 8251／3
・皮脂(C44._) 8410／3
・非浸潤性導管内乳頭(C50._) 8503／2
・非浸潤性導管内乳頭状(C50._) 8503／2
・非浸潤性乳管内乳頭(C50._)▼
　-非浸潤性導管内乳頭参照
・非浸潤性乳管内乳頭状(C50._)▼
　-非浸潤性導管内乳頭状
・びまん型(C16._) 8145／3
・表層拡大性 8143／3
・非被包性硬化(C73.9) 8350／3
・副腎皮質(C74.0) 8370／3
・壁細胞(C16._) 8214／3
・扁平上皮化生を伴う 8570／3
・扁平上皮癌混合癌 8560／3
・紡錘細胞化生を伴う 8572／3
・膨大細胞 8290／3
・明細胞, NOS 8310／3
・明細胞, 類中腎型 8310／3
・類円柱 8200／3
・類内膜, NOS 8380／3
・類内膜, 繊毛細胞変異型 8383／3
・類内膜, 分泌変異型 8382／3
・類粘液細胞(C75.1) 8300／3
・類粘液性 8480／3
・類表皮癌混合癌 8560／3
**腺管絨毛腺腫, NOS** **8263／0**
**前癌性黒色症, NOS(C44._)** **8741／2**
**前癌性黒色症内悪性黒色腫(C44._)** **8741／3**
**腺棘癌** **8570／3**
**腺棘細胞癌** **8570／3**

— 301 —

形態（セーセ）

| | | | |
|---|---|---|---|
| 腺筋腫 | 8932／0 | ・エオジン好性（C75.1） | 8280／0 |
| 腺筋腫，異型ポリープ状 | 8932／0 | ・エオジン好性細胞（C75.1） | 8280／0 |
| 腺筋上皮腫 | 8983／0 | ・エクリン乳頭状（C44._） | 8408／0 |
| 前駆B細胞リンパ芽球性白血病，NOS | | ・コロイド（C73.9） | 8334／0 |
| （M-9728／3も参照） | 9836／3 | ・セルトリ細胞 | 8640／1 |
| 前駆B細胞リンパ芽球性リンパ腫，NOS | | ・ピック管状 | 8640／1 |
| （M-9836／3も参照） | 9728／3 | ・ヒュルトル細胞（C73.9） | 8290／0 |
| 前駆T細胞リンパ芽球性白血病，NOS | | ・ベータ細胞（C25._） | 8151／0 |
| （M-9729／3も参照） | 9837／3 | ・ポリープ様 | 8210／0 |
| 前駆T細胞リンパ芽球性リンパ腫，NOS | | ・のう＜嚢＞胞内乳頭 | 8504／0 |
| （M-9837／3も参照） | 9729／3 | ・のう＜嚢＞胞内乳頭状 | 8504／0 |
| 前駆細胞リンパ芽球性白血病，NOS | | ・ろ＜濾＞胞（C73.9） | 8330／0 |
| （M-9727／3も参照） | 9835／3 | ・ろ＜濾＞胞, oxyphilic細胞（C73.9） | 8290／0 |
| 前駆細胞リンパ芽球性白血病，非表現 | | ・ろ＜濾＞胞, 好酸性細胞（C73.9） | 8290／0 |
| 型 | 9835／3 | ・異型 | 8140／1 |
| 前駆細胞リンパ芽球性リンパ腫，NOS | | ・異型ろ＜濾＞胞（C73.9） | 8330／1 |
| （M-9835／3も参照） | 9727／3 | ・下垂体，NOS（C75.1） | 8272／0 |
| 前駆細胞型，急性リンパ芽球性白血病 | 9835／3 | ・肝細胞（C22.0） | 8170／0 |
| 腺脂肪腫 | 8324／0 | ・管状，NOS | 8211／0 |
| 腺腫 | | ・管状絨毛《大腸癌》▼ | 8261／3 |
| ・NOS | 8140／0 | ・管状乳頭状 | 8263／0 |
| ・acidophil（C75.1） | 8280／0 | ・汗腺（C44._） | 8400／0 |
| ・acidophil・bosophil混合（C75.1） | 8281／0 | ・汗腺，NOS（C44._） | 8400／0 |
| ・acidophil・bosophil細胞混合（C75.1） | 8281／0 | ・気管支，NOS（C34._） | 8140／1 |
| ・acidophil・好塩基性混合（C75.1） | 8281／0 | ・気管支，カルチノイド（C34._） | 8240／3 |
| ・acidophil・好塩基性細胞混合 | | ・気管支，類円柱（C34.0）[obs] | 8200／3 |
| （C75.1） | 8281／0 | ・基底細胞 | 8147／0 |
| ・acidophil細胞（C75.1） | 8280／0 | ・鋸歯状（C18._） | 8213／0 |
| ・Aggressive指状乳頭状（C44._） | 8408／1 | ・鋸歯状，広基性★ | 8213／0 |
| ・basophil（C75.1） | 8300／0 | ・鋸歯状，通常型広基性★ | 8213／0 |
| ・basophil細胞（C75.1） | 8300／0 | ・筋上皮性 | 8982／0 |
| ・chromophobe（C75.1） | 8270／0 | ・嫌色素性（C75.1） | 8270／0 |
| ・chromophobe細胞（C75.1） | 8270／0 | ・嫌色素性細胞（C75.1） | 8270／0 |
| ・Hurthle細胞（C73.9） | 8290／0 | ・好塩基性（C75.1） | 8300／0 |
| ・oxyphilic | 8290／0 | ・好塩基性細胞（C75.1） | 8300／0 |
| ・oxyphilic細胞 | 8290／0 | ・睾丸 | 8640／1 |
| ・Pick管状 | 8640／1 | ・好酸性 | 8290／0 |
| ・Sertoli細胞 | 8640／1 | ・好酸性（C75.1） | 8280／0 |
| ・Wolff管 | 9110／0 | ・好酸性・bosophil混合（C75.1） | 8281／0 |
| ・アポクリン | 8401／0 | ・好酸性・bosophil細胞混合（C75.1） | 8281／0 |
| ・ウォルフ管 | 9110／0 | ・好酸性・好塩基性混合（C75.1） | 8281／0 |

形態（セーセ）

| | |
|---|---|
| ・好酸性・好塩基性細胞混合(C75.1) | 8281／0 |
| ・好酸性細胞 | 8290／0 |
| ・好酸性細胞(C75.1) | 8280／0 |
| ・後腎(C64.9) | 8325／0 |
| ・混合細胞 | 8323／0 |
| ・索状 | 8190／0 |
| ・脂(C44._) | 8410／0 |
| ・色素沈着性(C74.0) | 8372／0 |
| ・耳垢(C44.2) | 8420／0 |
| ・絨毛(C58.9) | 9100／1 |
| ・絨毛状, NOS | 8261／0 |
| ・絨毛状腺管 | 8263／0 |
| ・主細胞(C75.0) | 8321／0 |
| ・小管状 | 8149／0 |
| ・硝子化索状(C73.9) | 8336／0 |
| ・小のう＜嚢＞胞(C25._) | 8202／0 |
| ・小ろ＜濾＞胞, NOS(C73.9) | 8333／0 |
| ・膵管内乳頭状粘液(C25._) | |
| 　－導管内乳頭状粘液参照 | |
| ・膵微小(C25._)★ | 8150／0 |
| ・水様細胞(C75.0) | 8322／0 |
| ・精巣 | 8640／1 |
| ・腺管絨毛, NOS | 8263／0 |
| ・腺房 | 8550／0 |
| ・腺房細胞 | 8550／0 |
| ・胎芽児性 | 8191／0 |
| ・胎芽性 | 8191／0 |
| ・胎児性(C73.9) | 8333／0 |
| ・大ろ＜濾＞胞, NOS(C73.9) | 8334／0 |
| ・多形性 | 8940／0 |
| ・多発性内分泌 | 8360／1 |
| ・単一型 | 8146／0 |
| ・胆管(C22.1)(C24.0) | 8160／0 |
| ・中腎 | 9110／0 |
| ・中等度異形成を伴う膵管内乳頭状 | |
| 　粘液(C25._)－中等度異形成を | |
| 　伴う導管内乳頭状粘液参照 | |
| ・中等度異形成を伴う導管内乳頭状 | |
| 　粘液(C25._) | 8453／1 |
| ・導管, NOS | 8503／0 |
| ・導管内乳頭状粘液(C25._) | 8453／0 |

| | |
|---|---|
| ・島細胞(C25._) | 8150／0 |
| ・乳管, NOS－導管, NOS参照 | |
| ・乳汁分泌性(C50._) | 8204／0 |
| ・乳頭(C50.0) | 8506／0 |
| ・乳頭, NOS | 8260／0 |
| ・乳頭状, NOS | 8260／0 |
| ・乳頭状管状 | 8263／0 |
| ・乳頭状管状 | 8300／0 |
| ・粘液性 | 8480／0 |
| ・肺胞(C34._) | 8251／0 |
| ・皮脂(C44._) | 8410／0 |
| ・皮膚付属器, 良性(C44._) | 8390／0 |
| ・副腎皮質(C74.0) | 8370／0 |
| ・副腎皮質, 球状層細胞(C74.0) | 8374／0 |
| ・副腎皮質, 混合細胞(C74.0) | 8375／0 |
| ・副腎皮質, 色素沈着性(C74.0) | 8372／0 |
| ・副腎皮質, 緻密細胞(C74.0) | 8371／0 |
| ・副腎皮質, 明細胞(C74.0) | 8373／0 |
| ・扁平 | 8212／0 |
| ・膨大細胞 | 8290／0 |
| ・明細胞 | 8310／0 |
| ・類内膜, NOS | 8380／0 |
| ・類内膜, 境界悪性 | 8380／1 |
| **腺腫症：** | |
| ・NOS | 8220／0 |
| ・島細胞(C25._) | 8150／0 |
| ・内分泌 | 8360／1 |
| ・肺(C34._) | 8250／1 |
| **腺腫性・過形成性混合ポリープ(C18._)** | 8213／0 |
| **腺腫性ポリープ：** | |
| ・NOS | 8210／0 |
| ・多発性 | 8221／0 |
| **腺腫性ポリープ内癌** | 8210／3 |
| **腺腫性ポリープ内上皮内癌** | 8210／2 |
| **腺腫性ポリープ内上皮内腺癌** | 8210／2 |
| **腺腫性ポリープ内腺癌** | 8210／3 |
| **腺腫様歯原性腫瘍** | 9300／0 |
| **腺腫様腫瘍, NOS** | 9054／0 |
| **腺神経内分泌癌★** | 8244／3 |
| **全身性L鎖病** | 9769／1 |
| **全身性肥満細胞症** | 9741／3 |

— 303 —

形態（セーソ）

| | |
|---|---|
| 前前BALL | 9836／3 |
| 腺線維腫： | |
| ・NOS（C56.9） | 9013／0 |
| ・のう＜嚢＞胞-のう＜嚢＞胞腺線維腫を | |
| 参照 | |
| ・悪性漿液性 | 9014／3 |
| ・悪性度境界領域の粘液性（C56.9） | 9015／1 |
| ・悪性粘液性 | 9015／3 |
| ・境界悪性漿液性 | 9014／1 |
| ・境界悪性明細胞（C56.9） | 8313／1 |
| ・漿液性（C56.9） | 9014／0 |
| ・腎性（C64.9） | 8965／0 |
| ・乳頭状（C56.9） | 9013／0 |
| ・粘液性（C56.9） | 9015／0 |
| ・明細胞（C56.9） | 8313／0 |
| ・類内膜, NOS | 8381／0 |
| ・類内膜, 悪性 | 8381／3 |
| ・類内膜, 境界悪性 | 8381／1 |
| 先天性メラニン細胞性母斑内悪性黒色 | |
| 腫（C44._） | 8761／3 |
| 先天性気管支周囲性Myofibroblastic腫 | |
| 瘍（C34._） | 8827／1 |
| 先天性気管支周囲性筋線維芽細胞腫性 | |
| 腫（C34._） | 8827／1 |
| 先天性気管支周囲性筋線維芽腫性腫瘍 | |
| （C34._） | 8827／1 |
| 先天性全身性線維腫症 | 8824／1 |
| 先天性母斑内増殖性皮膚病変（C44._） | 8762／1 |
| 腺肉腫 | 8933／3 |
| 腺のう＜嚢＞胞癌 | 8200／3 |
| 前白血病[obs] | 9989／3 |
| 前白血病症候群[obs] | 9989／3 |
| 腺分化を伴うMPNST | 9540／3 |
| 腺扁平上皮癌 | 8560／3 |
| 腺房癌 | 8550／3 |
| 腺房細胞癌 | 8550／3 |
| 腺房細胞腫瘍[obs] | 8550／1 |
| 腺房細胞腺癌 | 8550／3 |
| 腺房細胞腺腫 | 8550／0 |
| 腺房細胞のう＜嚢＞胞腺癌 | 8551／3 |
| 全胞状奇胎（C58.9） | 9100／0 |

| | |
|---|---|
| 腺房腺癌 | 8550／3 |
| 腺房腺管癌, 混合型★ | 8552／3★ |
| 腺房腺腫 | 8550／0 |
| 腺様, 扁平上皮癌 | 8075／3 |
| 腺様基底細胞癌（C53._） | 8098／3 |
| 腺様上皮腫, のう＜嚢＞胞性（C44._） | 8100／0 |
| 腺様のう＜嚢＞胞癌 | 8200／3 |
| 前立腺上皮内腫瘍, Ⅲ度（C61.9） | 8148／2 |

## （ソ）

| | |
|---|---|
| ソマトスタチノーマ： | |
| ・NOS | 8156／1 |
| ・悪性 | 8156／3 |
| ソマトスタチン細胞腫瘍： | |
| ・NOS | 8156／1 |
| ・悪性 | 8156／3 |
| ソマトスタチン産生腫瘍： | |
| ・NOS | 8156／1 |
| ・悪性 | 8156／3 |
| そう＜叢＞状血管腫 | 9131／0 |
| そう＜叢＞状神経腫 | 9550／0 |
| そう＜叢＞状神経線維腫 | 9550／0 |
| そう＜叢＞状線維組織球性腫瘍 | 8835／1 |
| 象牙質腫 | 9271／0 |
| 象牙腫, エナメル上皮線維 | 9271／0 |
| 象牙肉腫, エナメル上皮線維 | 9290／3 |
| 増殖性赤血球増加症 | 9950／3 |
| 増殖性線維症を伴う癌 | 8141／3 |
| 増殖性線維症を伴う癌腫 | 8141／3 |
| 増殖性多血症 | 9950／3 |
| 増殖性毛根鞘腫瘍 | 8103／0 |
| 増殖性毛根鞘のう＜嚢＞胞 | 8103／0 |
| 総排泄孔原性癌（C21.1_） | 8124／3 |
| 続発性癌 | 8010／6 |
| 続発性腫瘍を伴う皮様のう＜嚢＞胞 | 9084／3 |
| 組織球腫： | |
| ・NOS | 8831／0 |
| ・悪性線維性 | 8830／3 |
| ・異型線維性 | 8830／1 |
| ・血管腫様線維性 | 8836／1 |
| ・腱鞘線維（C49._） | 9252／0 |

— 304 —

形態（ソータ）

| | |
|---|---|
| ・細網 | 8831／0 |
| ・若年性 | 8831／0 |
| ・深在性 | 8831／0 |
| ・線維性, NOS | 8830／0 |
| ・皮膚, NOS（C44.＿） | 8832／0 |
| ・良性線維性 | 8830／0 |
| 組織球症　X： | |
| ・NOS[obs] | 9751／1 |
| ・急性進行性 | 9754／3 |
| 組織球症： | |
| ・ランゲルハンス細胞, NOS | 9751／1 |
| ・ランゲルハンス細胞, 全身性 | 9754／3 |
| ・ランゲルハンス細胞, 多骨浸透性 | 9753／1 |
| ・ランゲルハンス細胞, 多病巣性 | 9753／1 |
| ・ランゲルハンス細胞, 単局性 | 9752／1 |
| ・ランゲルハンス細胞, 単局浸透性 | 9752／1 |
| ・ランゲルハンス細胞, 播種性 | 9754／3 |
| 組織球性骨髄細網症[obs] | 9750／3 |
| 組織球肉腫 | 9755／3 |
| 組織球様血管腫 | 9125／0 |

## （タ）

| | |
|---|---|
| ターバン腫瘍（C44.4） | 8200／0 |
| ダウン症関連骨髄性白血病★ | 9898／3★ |
| ダブスカ腫瘍： | |
| ・NOS | 9135／1 |
| ・亜急性, NOS[obs] | 9860／3 |
| 第3脳室脈絡そう＜叢＞グリオーマ | |
| （C71.＿） | 9444／1 |
| 第3脳室脈絡そう＜叢＞膠腫（C71.＿） | 9444／1 |
| 第3脳室脈絡そう＜叢＞神経膠腫 | |
| （C71.＿） | 9444／1 |
| 胎芽性： | |
| ・横紋筋腫 | 8903／0 |
| ・癌肉腫 | 8981／3 |
| ・奇形腫 | 9080／3 |
| ・脂肪種, NOS | 8881／0 |
| ・脂肪種症 | 8881／0 |
| ・腺癌 | 9070／3 |
| ・腺腫 | 8191／0 |

| | |
|---|---|
| ・腺腫（C73.9） | 8333／0 |
| ・肉腫 | 8991／3 |
| 胎芽性横紋筋肉腫： | |
| ・NOS | 8910／3 |
| ・多形性 | 8910／3 |
| 胎芽性癌： | |
| ・NOS | 9070／3 |
| ・奇形腫混合腫瘍 | 9081／3 |
| ・多胎芽腫型 | 9072／3 |
| ・幼児型 | 9071／3 |
| 胎芽性・奇形腫混合腫瘍 | 9081／3 |
| 胎芽性肝癌（C22.0） | 8970／3 |
| 胎芽性癌を伴う絨毛癌 | 9101／3 |
| 大顆粒リンパ球性白血病： | |
| ・NK細胞 | 9831／3 |
| ・T細胞 | 9831／3 |
| 大顆粒リンパ球増加症： | |
| ・NOS | 9831／3 |
| ・T細胞 | 9831／3 |
| 退形成髄芽腫★ | 9474／3 |
| 退行性希突起アストロサイトーマ（C71.＿） | 9382／3 |
| 退行性希突起星細胞腫（C71.＿） | 9382／3 |
| 退行性乏突起アストロサイトーマ（C71.＿） | 9382／3 |
| 退行性乏突起星細胞腫（C71.＿） | 9382／3 |
| 退行性母斑（C44.＿） | 8723／0 |
| 大細胞（Ki-1+）リンパ腫[obs] | 9714／3 |
| 大細胞癌： | |
| ・NOS | 8012／3 |
| ・ラブドイド型を伴う | 8014／3 |
| 大細胞神経内分泌癌 | 8013／3 |
| 大細胞髄芽細胞腫（C71.6） | 9474／3 |
| 大細胞髄芽腫（C71.6） | 9474／3 |
| 大細胞性母斑（C69.4） | 8726／0 |
| 大細胞石灰化Sertoli細胞腫瘍 | 8642／1 |
| 大細胞石灰化セルトリ細胞腫瘍 | 8642／1 |
| 胎児脂肪細胞性脂肪腫 | 8880／0 |
| 胎児性： | |
| ・横紋筋腫 | 8903／0 |
| ・癌肉腫 | 8981／3 |
| ・奇形腫 | 9080／3 |
| ・脂肪腫, NOS | 8881／0 |

－ 305 －

形態（タータ）

| | | | |
|---|---|---|---|
| ・脂肪腫症 | 8881／0 | 多形性膠芽腫（C71._） | 9440／3 |
| ・腺癌 | 9070／3 | 多形性細網症[obs] | 9719／3 |
| ・腺癌 | 8333／3 | 多形性脂肪腫 | 8854／0 |
| ・腺腫 | 8191／0 | 多形性脂肪肉腫 | 8854／3 |
| ・腺腫（C73.9） | 8333／0 | 多形性腺腫 | 8940／0 |
| ・肉腫 | 8991／3 | 多形性腺腫内癌（C07._, C08._） | 8941／3 |
| 胎児性横紋筋肉腫： | | 多形性平滑筋腫 | 8893／0 |
| ・NOS | 8910／3 | 多形低異型性腺癌 | 8525／3 |
| ・多形性 | 8910／3 | 多系統異形成を伴う不応性血球 | |
| 胎児性癌： | | 減少症▼ | 9985／3 |
| ・NOS | 9070／3 | 多系統形成異常を伴う急性骨髄性白血 | |
| ・奇形腫混合腫瘍 | 9081／3 | 病 | 9895／3 |
| ・多胎芽腫型 | 9072／3 | 多系統形成異常を伴う不応性血球減少 | 9985／3 |
| ・幼児型 | 9071／3 | 多血症 | 9950／3 |
| 胎児性癌・奇形腫混合腫瘍 | 9081／3 | 多彩浸潤型移植後リンパ増殖異常症* | 9971／3* |
| 胎児性肝癌（C22.0） | 8970／3 | 多胎芽腫 | 9072／3 |
| 胎児性癌を伴う絨毛癌 | 9101／3 | 多中心性基底細胞癌（C44._） | 8091／3 |
| 退縮性母斑（C44._）[obs] | 9160／0 | 脱分化型脂肪肉腫 | 8858／3 |
| 胎生期発育不全性神経上皮腫瘍 | 9413／0 | 脱分化型脊索腫 | 9372／3 |
| 大腸ポリポーシス，家族性（C18._） | 8220／0 | 脱分化型軟骨肉腫（C40._）（C41._） | 9243／3 |
| 大腸腺腫性ポリポーシス（C18._） | 8220／0 | 多のう＜嚢＞性卵黄腫瘍 | 9071／3 |
| 大腸腺腫性ポリポーシス内腺癌（C18._） | 8220／3 | 多のう＜嚢＞胞性中皮腫，良性 | 9055／0 |
| 大動脈小体腫瘍（C75.5） | 8691／1 | 他の型の癌を伴う浸潤性小葉癌（C50._） | 8524／3 |
| 大動脈小体傍神経節腫（C75.5） | 8691／1 | 他の型の癌を伴う浸潤性導管癌（C50._） | 8523／3 |
| 大動脈傍神経節腫（C75.5） | 8691／1 | 他の型の癌を伴う浸潤性乳管癌（C50._） | |
| 胎盤部トロホブラスト性腫瘍（C58.9） | 9104／1 | −他の型の癌を伴う浸潤性導管癌参照 | |
| 胎盤部栄養胚芽性腫瘍（C58.9） | 9104／1 | 他の癌腫を伴う腺癌 | 8255／3 |
| 大ろ＜濾＞胞腺腫，NOS（C73.9） | 8334／0 | 他の胚細胞腫瘍成分を伴う絨毛癌 | 9101／3 |
| 唾液腺芽細胞腫 | 8974／1 | 多発性骨髄腫（C42.1） | 9732／3 |
| 唾液腺芽腫 | 8974／1 | 多発性出血性肉腫 | 9140／3 |
| 多角形細胞癌 | 8034／3 | 多発性神経線維腫症 | 9540／1 |
| 多形横紋筋肉腫： | | 多発性髄膜腫 | 9530／1 |
| ・NOS | 8901／3 | 多発性腺腫性ポリープ | 8221／0 |
| ・成人型 | 8901／3 | 多発性腺腫性ポリープ内腺癌 | 8221／3 |
| 多形細胞癌 | 8022／3 | 多発性内分泌腺腫 | 8360／1 |
| 多形細胞肉腫 | 8802／3 | 多病巣性表在性基底細胞癌（C44._） | 8091／3 |
| 多形性黄色アストロサイトーマ（C71._） | 9424／3 | 単クローン性異常免疫グロブリン血症， | |
| 多形性黄色星細胞腫（C71._） | 9424／3 | NOS | 9765／1 |
| 多形性海綿芽細胞腫（C71._） | 9440／3 | 単一型腺腫 | 8146／0 |
| 多形性海綿芽腫（C71._） | 9440／3 | 単芽球性白血病： | |
| 多形性膠芽細胞腫（C71._） | 9440／3 | ・NOS | 9891／3 |

形態（ターチ）

| | | | |
|---|---|---|---|
| ・急性 | 9891／3 | 中腎腫： | |
| 胆管癌（C22.1）（C24.0） | 8160／3 | ・NOS | 9110／3 |
| 胆管癌・肝細胞癌の混合型（C22.0） | 8180／3 | ・悪性 | 9110／3 |
| 胆管細胞・肝細胞混合癌（C22.0） | 8180／3 | ・良性 | 9110／0 |
| 胆管腫（C22.1）（C24.0） | 8160／0 | 中心性骨肉腫（C40._）（C41._） | 9186／3 |
| 胆管上皮内腫瘍： | | 中心性骨肉腫, 通常型（C40._）（C41._） | 9186／3 |
| ・Ⅲ度（BilIN-3）★ | 8148／2 | 中心性歯原性線維腫 | 9321／0 |
| ・高異型度★ | 8148／2 | 中腎性腫瘍 | 9110／1 |
| ・低異型度★ | 8148／0★ | 中腎性腺癌 | 9110／3 |
| 胆管腺癌（C22.1）（C24.0） | 8160／3 | 中腎腺腫 | 9110／0 |
| 胆管腺腫（C22.1）（C24.0） | 8160／0 | 中枢神経芽細胞腫（C71._） | 9500／3 |
| 胆管乳頭腫症（C22.1, C24.0） | 8264／0 | 中枢神経芽腫（C71._） | 9500／3 |
| 胆管のう＜嚢＞胞腺癌（C22.1）（C24.0） | 8161／3 | 中枢神経系原発性びまん性大細胞性 | |
| 胆管のう＜嚢＞胞腺腫（C22.1）（C24.0） | 8161／0 | B細胞リンパ腫（C70._, C71._, C72._）★ | 9680／3 |
| 単球性白血病： | | 中枢神経細胞腫 | 9506／1 |
| ・NOS | 9860／3 | 中枢性原発神経外胚葉腫瘍, NOS | |
| ・急性 | 9891／3 | （C71._） | 9473／3 |
| 単球様B細胞リンパ腫 | 9699／3 | 中程度分化型松果体間質性腫瘍 | |
| 単純癌 | 8231／3 | （C75.3） | 9362／3 |
| 単純性血管腫 | 9131／0 | 中等度異形成を伴うIPMN（C25._）★ | 8453／0 |
| 男性化腫瘍： | | 中等度異形成を伴う膵管内乳頭状粘液 | |
| ・NOS | 8630／1 | 腺腫（C25._） | 8453／1 |
| ・悪性 | 8630／3 | 中等度異形成を伴う導管内乳頭状粘液腫 | |
| ・良性 | 8630／0 | 瘍（C25._）★ | 8453／0 |
| 男性化卵巣芽細胞腫（C56.9） | 8670／0 | 中等度異形成を伴う粘液性のう＜嚢＞腫瘍 | |
| 男性化卵巣芽腫（C56.9） | 8670／0 | （C25._）★ | 8470／0 |
| 弾力線維腫 | 8820／0 | 中等度分化型Sertoli-Lyedig細胞腫瘍 | 8631／1 |
| ・非白血性, NOS[obs] | 9860／3 | 中等度分化型セルトリ・ライディッヒ細胞 | |
| ・慢性, NOS[obs] | 9860／3 | 腫瘍 | 8631／1 |
| | | 中胚葉性混合腫瘍 | 8951／3 |
| **（チ）** | | 中皮腫： | |
| 地中海リンパ腫 | 9764／3 | ・NOS | 9050／3 |
| 腟上皮内腫瘍, Ⅲ度（C52._） | 8077／2 | ・のう＜嚢＞胞性, NOS（C48._） | 9055／1 |
| 中異型度上皮内腫瘍を伴う導管内 | | ・のう＜嚢＞胞性, 良性（C48._） | 9055／0 |
| 乳頭状腫瘍（C22._, C24.0）★ | 8503／0 | ・悪性 | 9050／3 |
| 中異型度上皮内腫瘍を伴う粘液性 | | ・高分化乳頭状, 良性 | 9052／0 |
| のう＜嚢＞胞腫瘍（C22._）★ | 8470／0 | ・線維形成性 | 9051／3 |
| 中異型度上皮内腫瘍を伴う | | ・線維性, NOS | 9051／3 |
| のう＜嚢＞胞内乳頭状腫瘍（C23.9）★ | 8503／0 | ・線維性, 悪性 | 9051／3 |
| 中型・巨大先天性母斑（C44._） | 8761／1 | ・線維性, 良性 | 9051／0 |
| | | ・多のう＜嚢＞胞性, 良性 | 9055／0 |

— 307 —

形態（チ－テ）

| | |
|---|---|
| ・肉腫様 | 9051／3 |
| ・二相性・NOS | 9053／3 |
| ・二相性・悪性 | 9053／3 |
| ・紡錘形 | 9051／3 |
| ・良性 | 9050／0 |
| ・類上皮性, NOS | 9052／3 |
| ・類上皮性, 悪性 | 9052／3 |
| ・類上皮性, 良性 | 9052／0 |
| 中皮性乳頭腫 | 9052／0 |
| 腸グルカゴン腫瘍： | |
| ・NOS | 8152／1 |
| ・悪性 | 8152／3 |
| 腸クロム親和性細胞カルチノイド | 8241／3 |
| 腸クロム親和性様細胞カルチノイド, NOS | 8242／1 |
| 腸クロム親和性様細胞腫瘍, 悪性 | 8242／3 |
| 腸管T細胞リンパ腫 | 9717／3 |
| 長管骨アダマンチノーマ（C40._） | 9261／3 |
| 腸間膜線維腫症（C48.1） | 8822／1 |
| 長骨アダマンチノーマ（C40._） | 9261／3 |
| 腸症型腸管T細胞リンパ腫 | 9717／3 |
| 腸管関連T細胞リンパ腫 | 9717／3 |
| 聴神経腫（C72.4） | 9560／0 |
| 治療関連急性骨髄性白血病： | |
| ・NOS | 9920／3 |
| ・アルキル化剤関連 | 9920／3 |
| ・エピポドフィロトキシン関連 | 9920／3 |
| 治療関連骨髄異形成症候群： | |
| ・NOS | 9987／3 |
| ・アルキル化剤関連による | 9987／3 |
| ・エピポドフィロトキシン関連による | 9987／3 |
| 治療関連骨髄性新生物（腫瘍）★ | 9920／3 |
| 陳旧性 Schwann腫 | 9560／0 |
| 陳旧性 シュワン腫 | 9560／0 |

（ツ）

| | |
|---|---|
| ツモレット： | |
| ・NOS | 8040／1 |
| ・良性 | 8040／0 |
| つる＜蔓＞状Schwann腫 | 9560／0 |
| つる＜蔓＞状シュワン腫 | 9560／0 |

| | |
|---|---|
| つる＜蔓＞状血管腫 | 9123／0 |
| 通常型中心性骨肉腫（C40._）（C41._） | 9186／3 |

（テ）

| | |
|---|---|
| ディ・グリエルモ病[obs] | 9840／3 |
| テコーマ： | |
| ・NOS（C56.9） | 8600／0 |
| ・悪性（C56.9） | 8600／3 |
| ・黄体化（C56.9） | 8601／0 |
| デスモイド： | |
| ・NOS | 8821／1 |
| ・腹部 | 8822／1 |
| ・腹部外 | 8821／1 |
| テント上PNET（C71._） | 9473／3 |
| 低悪性度乳頭状移行上皮腫瘍（C67._） | 8130／1 |
| 低悪性度乳頭状漿液性腫瘍（C56.9） | 8462／1 |
| 低悪性度乳頭状尿路上皮腫瘍,（C67._） | 8130／1 |
| 低悪性度乳頭状粘液性腫瘍（C56.9） | 8473／1 |
| 低悪性度粘液性腫瘍, NOS（C56.9） | 8472／1 |
| 低悪性度類内膜腫瘍 | 8380／1 |
| 低異型度, 導管内管状乳頭状腫瘍 （C22._, C24.0）★ | 8503／0 |
| 低異型度上皮内腫瘍を伴う腺内乳頭状 腫瘍（C22.1, C24.0）★ | 8503／0 |
| 低異型度上皮内腫瘍を伴う粘液性 のう＜嚢＞胞腫瘍（C22._）★ | 8470／0 |
| 低異型度上皮内腫瘍を伴うのう＜嚢＞ 胞内乳頭状腫瘍（C23.9）★ | 8503／0 |
| 低異型度上皮内腫瘍を伴う非浸潤性乳 頭状膵胆管腫瘍★ | 8163／0 |
| 低異型度虫垂粘液腫瘍（C18.1）★ | 8480／1 |
| 定型的カルチノイド | 8240／3 |
| 低等度異形成を伴う粘液性のう＜嚢＞ 胞腫瘍（C25._）★ | 8470／0 |
| 低二倍性B細胞リンパ芽球性白血病／ リンパ腫（Hypodiploid ALL）★ | 9816／3 |
| 低粘着性癌★ | 8490／3 |
| 鉄芽球を伴う不応性貧血 | 9982／3 |
| 鉄芽球を伴わない不応性貧血 | 9980／3 |
| 転移性印環細胞癌 | 8490／6 |
| 転移性平滑筋腫 | 8898／1 |

形態（トート）

## （ト）

| | |
|---|---|
| トライトン腫瘍, 悪性 | 9561／3 |
| トランスフォーメーションした慢性骨髄単 | |
| 　球性白血病[obs] | 9945／3 |
| トルコ鞍部顆粒細胞腫瘍(C75.1) | 9582／0 |
| トロホブラスト性悪性奇形腫種(C62._) | 9102／3 |
| トロホブラスト性腫瘍： | |
| 　・胎盤部(C58.9) | 9104／1 |
| 　・類上皮性 | 9105／3 |
| 頭円柱腫(C44.4) | 8200／0 |
| 頭蓋咽頭管腫： | |
| 　・NOS(C75.2) | 9350／1 |
| 　・エナメル上皮腫様(C75.2) | 9351／1 |
| 　・乳頭状(C75.2) | 9352／1 |
| 頭蓋咽頭腫： | |
| 　・NOS(C75.2) | 9350／1 |
| 　・エナメル上皮腫様(C75.2) | 9351／1 |
| 　・乳頭状(C75.2) | 9352／1 |
| 導管・内分泌混合癌(C25._) | 8154／3 |
| 導管及び上皮内小葉癌, 浸潤性(C50._) | 8522／3 |
| 導管癌： | |
| 　・NOS | 8500／3 |
| 　・上皮内, NOS(C50._) | 8500／2 |
| 　・上皮内, コメド型(C50._) | 8501／2 |
| 　・上皮内, 小乳頭状 | 8507／2 |
| 　・上皮内, 乳頭状(C50._) | 8503／2 |
| 　・上皮内, 面皰型(C50._) | 8501／2 |
| 　・浸潤性(C50._) | 8521／3 |
| 　・浸潤性(C50._) | 8500／3 |
| 　・浸潤性・管状癌(C50._) | 8523／3 |
| 　・浸潤性・膠様癌(C50._) | 8523／3 |
| 　・浸潤性・篩状癌(C50._) | 8523／3 |
| 　・浸潤性・粘液癌(C50._) | 8523／3 |
| 　・線維形成型 | 8514／3 |
| 　・他の型の癌を伴う浸潤性(C50._) | 8523／3 |
| 導管癌及び小葉癌(C50._) | 8522／3 |
| 導管細胞癌 | 8500／3 |
| 導管上皮内癌, 充実型(C50._) | 8230／2 |
| 導管上皮内腫瘍3度(C50._) | 8500／2 |
| 導管腺癌： | |
| 　・NOS | 8500／3 |

| | |
|---|---|
| 　・浸潤性(C50._) | 8500／3 |
| 導管腺腫, NOS | 8503／0 |
| 導管内及び小葉癌(C50._) | 8522／3 |
| 導管内癌： | |
| 　・NOS | 8500／2 |
| 　・充実型 | 8230／2 |
| 　・乳房Paget病(C50._) | 8543／3 |
| 　・乳房パジェット病(C50._) | 8543／3 |
| 　・非浸潤性, NOS | 8500／2 |
| 　・匍匐(C50._) | 8507／2 |
| 導管内癌及び上皮内小葉癌(C50._) | 8522／2 |
| 導管内小乳頭状癌(C50._) | 8507／2 |
| 導管内浸潤を伴う, 乳頭状腺癌, NOS | |
| 　(C50._) | 8503／3 |
| 導管内腺癌, 非浸潤性, NOS | 8500／2 |
| 導管内乳頭腫 | 8503／0 |
| 導管内乳頭腫症： | |
| 　・NOS | 8505／0 |
| 　・びまん性 | 8505／0 |
| 導管内乳頭状癌： | |
| 　・NOS(C50._) | 8503／2 |
| 　・非浸潤性(C50._) | 8503／2 |
| 導管内乳頭状腺癌： | |
| 　・NOS(C50._) | 8503／2 |
| 　・浸潤を伴う, NOS(C50._) | 8503／3 |
| 　・非浸潤性(C50._) | 8503／2 |
| 導管内乳頭状粘液癌： | |
| 　・浸潤性(C25._) | 8453／3 |
| 　・非浸潤性(C25._) | 8453／2 |
| 導管内乳頭状粘液腺腫(C25._) | 8453／0 |
| 導管乳頭腫 | 8503／0 |
| 島細胞： | |
| 　・外分泌細胞混合腺癌(C25._) | 8154／3 |
| 　・癌(C25._) | 8150／3 |
| 　・腫瘍, NOS(C25._) | 8150／1 |
| 　・腫瘍, 良性(C25._) | 8150／0 |
| 　・腺癌(C25._) | 8150／3 |
| 　・腺腫(C25._) | 8150／0 |
| 　・腺腫症(C25._) | 8150／0 |
| 島細胞・外分泌細胞混合腺癌(C25._)★ | 8154／3 |
| 島状癌(C73.9) | 8337／3 |

— 309 —

形態(ト－ニ)

| | | | |
|---|---|---|---|
| 動静脈血管腫 | 9123／0 | ・脱分化型(C40._)(C41._) | 9243／3 |
| 動静脈性血管腫 | 9123／0 | ・粘液様 | 9231／3 |
| 洞鼻乳頭腫： | | ・傍皮質性(C40._)(C41._) | 9221／3 |
| ・NOS(C30.0, C31._) | 8121／0 | ・明細胞(C40._)(C41._) | 9242／3 |
| ・外向型(C30.0, C31._) | 8121／0 | 軟骨粘液様線維腫(C40._)(C41._) | 9241／0 |
| ・茸状(C30.0, C31._) | 8121／0 | 軟骨様汗管腫(C44._) | 8940／0 |
| 冬眠腫 | 8880／0 | 軟骨様汗管腫, 悪性(C44._) | 8940／3 |
| 特発性血小板血症 | 9962／3 | 軟骨様脂肪腫 | 8862／0 |
| 特発性出血性血小板血症 | 9962／3 | 軟骨様脊索腫 | 9371／3 |
| | | 軟部巨細胞腫： | |

## （ナ）

| | | | |
|---|---|---|---|
| | | ・NOS | 9251／1 |
| なめし皮様細胞性上衣腫(C71._) | 9391／3 | ・悪性 | 9251／3 |
| 内軟骨腫(C40._)(C41._) | 9220／0 | 軟部巨細胞腫瘍： | |
| 内胚葉洞腫瘍 | 9071／3 | ・NOS | 9251／1 |
| 内分泌・外分泌細胞混合腺癌(C25._)★ | 8154／3 | ・悪性 | 9251／3 |
| 内分泌・小葉混合癌(C25._) | 8154／3 | 軟部組織Perineurioma | 9571／0 |
| 内分泌腺腫, 多発性 | 8360／1 | 軟部組織腫瘍： | |
| 内分泌腺腫症 | 8360／1 | ・悪性 | 8800／3 |
| 内分泌・導管混合癌(C25._) | 8154／3 | ・良性 | 8800／0 |
| 軟骨芽細胞腫： | | 軟部組織神経周膜腫 | 9571／0 |
| ・NOS(C40._)(C41._) | 9230／0 | 軟部組織肉腫 | 8800／3 |
| ・悪性(C40._)(C41._) | 9230／3 | 軟部組織肉腫, 胞巣状 | 9581／3 |
| 軟骨芽細胞性骨肉腫(C40._)(C41._) | 9181／3 | | |
| 軟骨芽腫： | | | |

## （ニ）

| | | | |
|---|---|---|---|
| ・NOS(C40._)(C41._) | 9230／0 | ニューロブラストーマ： | |
| ・悪性(C40._)(C41._) | 9230／3 | ・NOS | 9500／3 |
| 軟骨化生・骨化生を伴う腺癌 | 8571／3 | ・中枢(C71._) | 9500／3 |
| 軟骨化生を伴う腺癌 | 8571／3 | 肉腫： | |
| 軟骨腫： | | ・NOS | 8800／3 |
| ・NOS(C40._)(C41._) | 9220／0 | ・Ewing | 9260／3 |
| ・骨膜性(C40._)(C41._) | 9221／0 | ・Hodgkin[obs] | 9662／3 |
| ・傍皮質(C40._)(C41._) | 9221／0 | ・interdigitating樹状細胞 | 9757／3 |
| 軟骨腫症, NOS | 9220／1 | ・Kaposi | 9140／3 |
| 軟骨腫性巨細胞腫瘍(C40._)(C41._) | 9230／0 | ・Kupffer細胞(C22.0) | 9124／3 |
| 軟骨性外骨症(C40._)(C41._) | 9210／0 | ・rhabdoid | 8963／3 |
| 軟骨肉腫： | | ・エナメル上皮 | 9330／3 |
| ・NOS(C40._)(C41._) | 9220／3 | ・カポジ | 9140／3 |
| ・間葉性 | 9240／3 | ・クッパー細胞(C22.0) | 9124／3 |
| ・骨(C40._)(C41._) | 9180／3 | ・グロムス | 8710／3 |
| ・骨腫性 | 9221／3 | ・ブドウ状 | 8910／3 |
| ・線維(C40._)(C41._) | 9220／3 | ・ホジキン[obs] | 9662／3 |

－ 310 －

形態（二－二）

| | | | |
|---|---|---|---|
| ・ユーイング | 9260／3 | ・胎児性 | 8991／3 |
| ・ラブドイド | 8963／3 | ・多形細胞 | 8802／3 |
| ・ランゲルハンス細胞 | 9756／3 | ・多発性出血性 | 9140／3 |
| ・リンパ管内皮 | 9170／3 | ・軟部組織 | 8800／3 |
| ・ろ＜濾＞胞性樹状細胞 | 9758／3 | ・脳軟膜 | 9530／3 |
| ・胃腸間質 | 8936／3 | ・肥満細胞 | 9740／3 |
| ・円形細胞 | 8803／3 | ・紡錘形細胞 | 8801／3 |
| ・怪奇細胞形(C71._)[obs] | 9441／3 | ・胞巣状軟部組織 | 9581／3 |
| ・滑膜, NOS | 9040／3 | ・未分化 | 8805／3 |
| ・滑膜, 単相性線維性 | 9041／3 | ・未分化《肝癌》▼ | 8991／3 |
| ・滑膜, 二相性 | 9043／3 | ・明細胞(腎M-8964／3を除く) | 9044／3 |
| ・滑膜, 紡錘形細胞 | 9041／3 | ・明細胞, 腱及び腱膜(C49._) | 9044／3 |
| ・滑膜, 類上皮細胞 | 9042／3 | ・免疫芽球性[obs] | 9684／3 |
| ・顆粒球性 | 9930／3 | ・類上皮 | 8804／3 |
| ・間質, NOS | 8935／3 | ・類上皮細胞 | 8804／3 |
| ・巨細胞(骨M-9250／3を除く) | 8802／3 | 肉腫症: | |
| ・血管内皮 | 9130／3 | ・NOS | 8800／9 |
| ・限局性くも膜性小脳(C71.6) | 9471／3 | ・真性組織球 | 9755／3 |
| ・骨芽細胞(C40._)(C41._) | 9180／3 | ・髄膜 | 9539／3 |
| ・骨巨細胞(C40._)(C41._) | 9250／3 | **肉腫性成分を伴う膠芽細胞腫(C71._)** | **9442／3** |
| ・骨原性(C40._)(C41._) | 9180／3 | **肉腫性成分を伴う膠芽腫(C71._)** | **9442／3** |
| ・骨髄性(M-9861／3も参照) | 9930／3 | **肉腫様癌** | **8033／3** |
| ・骨膜, NOS(C40._, C41._) | 8812／3 | **肉腫様中皮腫** | **9051／3** |
| ・混合間葉 | 8990／3 | **乳管癌:-導管癌参照** | |
| ・細網細胞, NOS[obs] | 9591／3 | ・NOS | |
| ・細網細胞, びまん性[obs] | 9591／3 | ・充実型(C50._) | |
| ・指間樹状細胞 | 9757／3 | ・上皮内, NOS(C50._) | |
| ・子宮内膜, NOS(C54.1) | 8930／3 | ・上皮内, コメド型(C50._) | |
| ・子宮内膜間質, NOS(C54.1) | 8930／3 | ・上皮内, 小乳頭状 | |
| ・子宮内膜間質, 軽度(C54.1) | 8931／3 | ・上皮内, 乳頭状(C50._) | |
| ・子宮内膜間質, 高度(C54.1) | 8930／3 | ・上皮内, 面皰型(C50._) | |
| ・歯原性 | 9270／3 | ・浸潤性(C50._) | |
| ・樹枝状細胞 | 9757／3 | ・浸潤性(C50._) | |
| ・樹状細胞, NOS | 9757／3 | ・浸潤性・管状癌(C50._) | |
| ・小細胞 | 8803／3 | ・浸潤性・膠様癌(C50._) | |
| ・小脳, NOS(C71.6)[obs] | 9480／3 | ・浸潤性・篩状癌(C50._) | |
| ・神経原性[obs] | 9540／3 | ・浸潤性・粘液癌(C50._) | |
| ・腎明細胞(C64.9) | 8964／3 | ・線維形成型 | |
| ・髄膜 | 9530／3 | ・他の型の癌を伴う浸潤性(C50._) | |
| ・組織球 | 9755／3 | **乳管癌及び上皮内小葉癌, 浸潤性** | |
| ・胎芽性 | 8991／3 | **(C50._)-導管癌及び上皮内小葉癌,** | |

— 311 —

形態（二－二）

浸潤性参照

乳管癌及び小葉癌（C50._）-導管癌及び
　小葉癌参照

乳管細胞癌-導管細胞癌参照

乳管上皮内腫瘍３度（C50._）
　-導管上皮内腫瘍３度参照

乳管腺癌：-導管腺癌参照
　・NOS
　・浸潤性（C50._）

乳管腺腫，NOS-導管腺腫参照

乳管内及び小葉癌（C50._）-導
　管内及び小葉癌参照

乳管内癌：-導管内癌参照
　・NOS
　・充実型
　・乳房Paget病（C50._）
　・乳房パジェット病（C50._）
　・非浸潤性，NOS
　・匍匐（C50._）

乳管内癌及び上皮内小葉癌（C50._）
　-導管内癌及び上皮内小葉癌参照

乳管内小乳頭状癌（C50._）
　-導管内小乳頭状癌参照

乳管内浸潤を伴う，乳頭状腺癌，NOS
　（C50._）-導管内浸潤を伴う，
　乳頭状腺癌参照

乳管内腺癌，非浸潤性，NOS
　-導管内腺癌，非浸潤性，NOS

乳管内乳頭腫症，NOS
　-導管内乳頭腫症，NOS参照

乳管内乳頭腫症：-導管内乳頭腫症参照
　・NOS
　・びまん性

乳管内乳頭状癌：-導管内乳頭状癌参照
　・NOS（C50._）
　・非浸潤性（C50._）

乳管内乳頭状腺癌：-導管内乳頭状腺癌参照
　・NOS（C50._）
　・浸潤を伴う，NOS（C50._）
　・非浸潤性（C50._）

乳児アストロサイトーマ，線維形成性

| | |
|---|---|
| 　（C71._） | 9412／1 |
| 乳児神経節膠腫，線維形成性（C71._） | 9412／1 |
| 乳児性筋線維腫症 | 8824／1 |
| 乳児性血管腫 | 9131／0 |
| 乳汁分泌性腺腫（C50._） | 8204／0 |
| 乳腺若年性癌（C50._） | 8502／3 |
| 乳腺分泌性癌（C50._） | 8502／3 |
| 乳頭・のう＜嚢＞胞状腺癌 | 8450／3 |
| 乳頭・ろ＜濾＞胞腺腫（C73.9） | 8340／3 |
| 乳頭・ろ＜濾＞胞腺癌（C73.9） | 8340／3 |
| 乳頭のう＜嚢＞胞腺腫，リンパ腫様 | |
| 　（C07._，C08._） | 8561／0 |
| 乳頭の腺腫（C50.0） | 8506／0 |
| 乳頭癌： | |
| 　・oxyphilic細胞（C73.9） | 8342／3 |
| 　・tall細胞（C73.9） | 8344／3 |
| 　・び慢性硬化（C73.9） | 8350／3 |
| 　・ろ＜濾＞胞状亜型（C73.9） | 8340／3 |
| 　・円柱上皮細胞（C73.9） | 8344／3 |
| 　・好酸性細胞（C73.9） | 8342／3 |
| 　・甲状腺（C73.9） | 8260／3 |
| 　・漿液性表在性（C56.9） | 8461／3 |
| 　・微小（C73.9） | 8341／3 |
| 　・被包性（C73.9） | 8343／3 |
| 　・腹膜原発性漿液性（C56.9） | 8461／3 |
| 乳頭腫 | |
| 　・NOS（膀胱のM-8120／1を除く） | 8050／0 |
| 　・Oncocytic Schneider（C30.0, C31._） | 8121／1 |
| 　・Oncocytic　シュナイダー | |
| 　　（C30.0, C31._） | 8121／1 |
| 　・Schneider, NOS（C30.0, C31._） | 8121／0 |
| 　・Schneider, 内反性（C30.0, C31._） | 8121／1 |
| 　・シュナイダー，NOS（C30.0, C31._） | 8121／0 |
| 　・シュナイダー，内反性（C30.0, C31._） | |
| | 8121／1 |
| 　・のう＜嚢＞胞内 | 8504／0 |
| 　・ゆう＜疣＞状 | 8051／0 |
| 　・異型脈絡そう＜叢＞（C71.5） | 9390／1 |
| 　・移行上皮，NOS | 8120／1 |
| 　・移行上皮，内反性，NOS | 8121／1 |
| 　・移行上皮，内反性，良性 | 8121／0 |

形態（二一二）

| | |
|---|---|
| ・移行上皮, 良性 | 8120／0 |
| ・移行性 | 8120／0 |
| ・円柱細胞(C30.0, C31._) | 8121／1 |
| ・円柱上皮細胞(C30.0, C31._) | 8121／1 |
| ・角化性 | 8052／0 |
| ・境界悪性漿液性表在性(C56.9) | 8463／1 |
| ・絨毛状, NOS | 8261／0 |
| ・漿液性表在性(C56.9) | 8461／0 |
| ・腺状 | 8260／0 |
| ・中皮性 | 9052／0 |
| ・導管 | 8503／0 |
| ・導管内 | 8503／0 |
| ・洞鼻, NOS(C30.0, C31._) | 8121／0 |
| ・洞鼻, 外向型(C30.0, C31._) | 8121／0 |
| ・洞鼻, 茸状(C30.0, C31._) | 8121／0 |
| ・尿路上皮, NOS | 8120／1 |
| ・鼻腔, NOS(C30.0, C31._) | 8121／0 |
| ・鼻腔, 外向型(C30.0, C31._) | 8121／0 |
| ・鼻腔, 茸状(C30.0, C31._) | 8121／0 |
| ・副鼻腔, NOS(C30.0, C31._) | 8121／0 |
| ・副鼻腔, 外向型(C30.0, C31._) | 8121／0 |
| ・副鼻腔, 茸状(C30.0, C31._) | 8121／0 |
| ・扁平上皮, NOS | 8052／0 |
| ・扁平上皮, 内反性 | 8053／0 |
| ・扁平上皮・腺混合 | 8560／0 |
| ・膀胱(C67._) | 8120／1 |
| ・膨大細胞性 シュナイダー (C30.0, C31._) | 8121／1 |
| ・膨大細胞性Schneider (C30.0, C31._) | 8121／1 |
| ・脈絡そう＜叢＞ー脈絡そう＜叢＞乳頭腫, を参照 | |

**乳頭腫症：**

| | |
|---|---|
| ・NOS | 8060／0 |
| ・びまん性導管内 | 8505／0 |
| ・びまん性乳管内-びまん性導管内参照 | |
| ・腺状 | 8264／0 |
| ・胆管(C22.1, C24.0) | 8264／0 |
| ・導管内, NOS | 8505／0 |
| ・乳管内, NOS-導管内, NOS参照 | |
| ・乳輪下導管(C50.0) | 8506／0 |

| | |
|---|---|
| ・乳輪下乳管(C50.0) | 8506／0 |
| ・扁平上皮 | 8060／0 |

**乳頭状：**

| | |
|---|---|
| ・papilliferum(C44._) | 8405／0 |
| ・Syringocystadenoma papilliferum | 8406／0 |
| ・グリア神経細胞腫瘍★ | 9509／1★ |
| ・のう＜嚢＞胞腫瘍(C25._) | 8452／1 |
| ・のう＜嚢＞胞腺癌, NOS(C56.9) | 8450／3 |
| ・のう＜嚢＞胞腺腫, NOS(C56.9) | 8450／0 |
| ・のう＜嚢＞胞腺腫, 境界悪性 (C56.9) | 8451／1 |
| ・移行上皮癌(C67._) | 8130／3 |
| ・移行上皮癌, 微小(C67._) | 8131／3 |
| ・移行上皮癌, 非浸潤性(C67._) | 8130／2 |
| ・癌, NOS | 8050／3 |
| ・管状腺腫 | 8263／0 |
| ・管状腺腫 | 8300／0 |
| ・汗腺腫(C44._) | 8405／0 |
| ・汗腺腫(C44._) | 8406／0 |
| ・汗のう＜嚢＞胞腺腫 | 8406／0 |
| ・偽粘液性のう＜嚢＞胞腺癌 (C56.9) | 8471／3 |
| ・偽粘液性のう＜嚢＞胞腺腫, NOS(C56.9) | 8471／0 |
| ・偽粘液性のう＜嚢＞胞腺腫, 境界悪性(C56.9) | 8473／1 |
| ・漿液性腫瘍, 低悪性度(C56.9) | 8462／1 |
| ・漿液性腺癌(C56.9) | 8460／3 |
| ・漿液性のう＜嚢＞胞腺癌(C56.9) | 8460／3 |
| ・漿液性のう＜嚢＞胞腺腫, NOS(C56.9) | 8460／0 |
| ・漿液性のう＜嚢＞胞腺腫, 境界悪性(C56.9) | 8462／1 |
| ・上皮腫(C71._) | 9393／3 |
| ・上皮内癌 | 8050／2 |
| ・腎細胞癌(C64.9) | 8260／3 |
| ・髄膜腫 | 9538／3 |
| ・腺癌, NOS | 8260／3 |
| ・腺線維種(C56.9) | 9013／0 |
| ・尿路上皮癌(C67._) | 8130／3 |
| ・尿路上皮癌, 非浸潤性(C67._) | 8130／2 |

— 313 —

形態（ニ－ニ）

| | | | |
|---|---|---|---|
| ・粘液性腫瘍, 低悪性度（C56.9） | 8473／1 | ・非浸潤性導管内（C50._） | 8503／2 |
| ・粘液性のう＜嚢＞胞腺癌, | | ・非浸潤性乳管内（C50._） | 8503／2 |
| 　NOS（C56.9） | 8471／3 | 乳頭状腺腫： | |
| ・扁平上皮癌 | 8052／3 | ・エクリン（C44._） | 8408／0 |
| ・扁平上皮癌, 非浸潤性 | 8052／2 | ・侵襲性指状（C44._） | 8408／1 |
| ・扁平上皮内癌 | 8052／2 | 乳頭状腺線維腫（C56.9） | 9013／0 |
| ・類表皮癌 | 8052／3 | 乳頭状尿路上皮癌（C67._） | 8130／3 |
| 乳頭状移行上皮癌, 非浸潤性（C67._） | 8130／2 | 乳頭状尿路上皮癌, 非浸潤性（C67._） | 8130／2 |
| 乳頭状癌, NOS | 8050／3 | 乳頭状粘液性腫瘍, 低悪性度（C56.9） | 8473／1 |
| 乳頭状癌, 微小, NOS | | 乳頭状粘液性のう＜嚢＞胞腺癌, | |
| 　（C18._, C19.9, C20.9）★ | 8265／3 | 　NOS（C56.9） | 8471／3 |
| 乳頭状汗腺腫（C44._） | 8405／0 | 乳頭状粘液性のう＜嚢＞胞腺腫： | |
| 乳頭状汗腺腫（C44._） | 8406／0 | ・NOS（C56.9） | 8471／0 |
| 乳頭状汗のう＜嚢＞胞腺腫 | 8406／0 | ・境界悪性（C56.9） | 8473／1 |
| 乳頭状偽粘液性のう＜嚢＞胞腺癌 | | 乳頭状のう＜嚢＞胞腫瘍（C25._） | 8452／1 |
| 　（C56.9） | 8471／3 | 乳頭状のう＜嚢＞胞腺癌, NOS | |
| 乳頭状偽粘液性のう＜嚢＞胞腺腫： | | 　（C56.9） | 8450／3 |
| ・NOS（C56.9） | 8471／0 | 乳頭状のう＜嚢＞胞腺腫： | |
| ・境界悪性（C56.9） | 8473／1 | ・NOS（C56.9） | 8450／0 |
| 乳頭状腫瘍, 高異型度上皮内腫瘍を伴う, | | ・境界悪性（C56.9） | 8451／1 |
| 　膵胆管型（C24.1）★ | 8163／2 | 乳頭状扁平上皮癌, 非浸潤性 | 8052／2 |
| 乳頭状腫瘍, 松果体部★ | 9395／3★ | 乳頭状扁平上皮内癌 | 8052／2 |
| 乳頭状漿液性腫瘍： | | 乳頭腺癌《胃癌》《大腸癌》▼ | 8260／3 |
| ・異型増殖性（C56.9） | 8462／1 | 乳頭腺管癌, 浸潤性《乳癌》▼ | 8500／31 |
| ・低悪性度（C56.9） | 8462／1 | 乳頭腺管腺癌 | 8263／3 |
| 乳頭状漿液性腺癌（C56.9） | 8460／3 | 乳頭嚢胞腺腫, リンパ腫様（C07._, | |
| 乳頭状漿液性のう＜嚢＞胞腺腫： | | 　C08._） | 8561／0 |
| ・NOS（C56.9） | 8460／0 | 乳房Paget病（C50._） | 8540／3 |
| ・境界悪性（C56.9） | 8462／1 | 乳房Paget病及び浸潤性導管癌（C50._） | 8541／3 |
| 乳頭状腎細胞癌（C64.9） | 8260／3 | 乳房Paget病及び浸潤性乳管癌（C50._） | |
| 乳頭状髄膜腫 | 9538／3 | 　－乳房Paget病及び浸潤性導管癌 | |
| 乳頭状腺癌： | | 　参照 | |
| ・NOS | 8260／3 | 乳房Paget病及び導管内癌（C50._） | 8543／3 |
| ・エクリン（C44._） | 8408／3 | 乳房Paget病及び乳管内癌（C50._） | |
| ・のう＜嚢＞胞内 | 8504／3 | 　－乳房Paget病及び導管内癌参照 | |
| ・指状（C44._） | 8408／3 | 乳房パジェット病（C50._） | 8540／3 |
| ・浸潤性 | 8503／3 | 乳房パジェット病及び浸潤性導管癌 | |
| ・浸潤を伴う導管内, NOS（C50._） | 8503／3 | 　（C50._） | 8541／3 |
| ・浸潤を伴う乳管内, NOS（C50._） | 8503／3 | 乳房パジェット病及び浸潤性乳管癌 | |
| ・導管内, NOS（C50._） | 8503／2 | 　（C50._）－乳房パジェット病及び | |
| ・乳管内, NOS（C50._） | 8503／2 | 　浸潤性導管癌参照 | |

形態（ニーノ）

| | |
|---|---|
| 乳房パジェット病及び導管内癌（C50._） | 8543／3 |
| 乳房パジェット病及び乳管内癌（C50._） | |
| 　－乳房パジェット病及び導管内癌参照 | |
| 乳輪下導管乳頭腫症（C50.0） | 8506／0 |
| 乳輪下乳管乳頭腫症（C50.0） | 8506／0 |
| 尿路上皮癌： | |
| 　・NOS | 8120／3 |
| 　・上皮内 | 8120／2 |
| 　・乳頭状（C67._） | 8130／3 |
| 　・乳頭状，非浸潤性（C67._） | 8130／2 |
| 尿路上皮腫瘍，低悪性度乳頭状（C67._） | 8130／1 |
| 尿路上皮乳頭腫，NOS | 8120／1 |

## （ネ）

| | |
|---|---|
| 粘液カルチノイド | 8243／3 |
| 粘液カルチノイド腫瘍 | 8243／3 |
| 粘液産生癌 | 8481／3 |
| 粘液産生腺癌 | 8481／3 |
| 粘液脂肪腫 | 8852／0 |
| 粘液脂肪肉腫 | 8852／3 |
| 粘液腫： | |
| 　・NOS | 8840／0 |
| 　・歯原性 | 9320／0 |
| 粘液性： | |
| 　・のう＜嚢＞胞腫（C56.9） | 8470／0 |
| 　・のう＜嚢＞胞腺癌，NOS（C56.9） | 8470／3 |
| 　・のう＜嚢＞胞腺癌，非浸潤性 | |
| 　　（C56.9） | 8470／2 |
| 　・のう＜嚢＞胞腺腫，NOS（C56.9） | 8470／0 |
| 　・のう＜嚢＞胞腺腫，境界悪性 | |
| 　　（C56.9） | 8472／1 |
| 　・癌 | 8480／3 |
| 　・線維腫 | 8811／0 |
| 　・腺癌 | 8480／3 |
| 　・腺癌，内頚部型 | 8482／3 |
| 　・腺癌線維腫 | 9015／3 |
| 　・腺腫 | 8480／0 |
| 　・腺線維腫（C56.9） | 9015／0 |
| 粘液性線維腫 | 8811／0 |
| 粘液性のう＜嚢＞胞腺癌： | |
| 　・NOS（C56.9） | 8470／3 |

| | |
|---|---|
| 　・乳頭状，NOS（C56.9） | 8471／3 |
| 　・非浸潤性（C56.9） | 8470／2 |
| 粘液性のう＜嚢＞胞腺腫： | |
| 　・NOS（C56.9） | 8470／0 |
| 　・境界悪性（C56.9） | 8472／1 |
| 　・境界悪性乳頭状（C56.9） | 8473／1 |
| 　・乳頭状，NOS（C56.9） | 8471／0 |
| 粘液性のう＜嚢＞胞腺線維腫（C56.9） | 9015／0 |
| 粘液性のう＜嚢＞胞腺癌線維腫 | 9015／3 |
| 粘液線維腫，歯原性 | 9320／0 |
| 粘液肉腫 | 8840／3 |
| 粘液乳頭状上衣腫（C71._） | 9394／1 |
| 粘液分泌癌 | 8481／3 |
| 粘液分泌腺癌 | 8481／3 |
| 粘液様脂肪肉腫 | 8852／3 |
| 粘液様軟骨肉腫 | 9231／3 |
| 粘液様平滑筋肉腫 | 8896／3 |
| 粘表皮癌 | 8430／3 |
| 粘表皮腫瘍 | 8430／1 |
| 粘膜関連リンパ様組織リンパ腫 | 9699／3* |
| 粘膜関連リンパ様組織の節外性辺縁層 | |
| 　リンパ腫★ | 9699／3 |
| 粘膜黒子性黒色腫（C44._） | 8746／3 |

## （ノ）

| | |
|---|---|
| ノイリノーマ | 9560／0 |
| ノイリレモーマ： | |
| 　・NOS | 9560／0 |
| 　・悪性[obs] | 9560／3 |
| のう＜嚢＞胞，石灰化歯原性 | 9301／0 |
| のう＜嚢＞胞ヒグローマ | 9173／0 |
| のう＜嚢＞胞リンパ管腫 | 9173／0 |
| のう＜嚢＞胞奇形腫： | |
| 　・NOS | 9080／0 |
| 　・成人型 | 9080／0 |
| のう＜嚢＞胞腫： | |
| 　・NOS | 8440／0 |
| 　・漿液性，NOS | 8441／0 |
| 　・粘液性（C56.9） | 8470／0 |
| のう＜嚢＞胞腫瘍： | |
| 　・境界悪性（C56.9） | 8444／1 |

— 315 —

形態（ノ—ノ）

- ・境界悪性漿液性乳頭状（C56.9）　8462／1
- ・境界悪性粘液性（C56.9）　8472／1
- ・充実性（C25._）　8452／1
- ・中等度異形成を伴う粘液性, NOS
　（C25._）　8470／1
- ・乳頭状（C25._）　8452／1
- ・房室結節（C38.0）　8454／0

**のう＜嚢＞胞腎腫：**
- ・悪性（C64.9）　9015／3
- ・悪性多房性（C64.9）　8959／3
- ・良性（C64.9）　8959／0

**のう＜嚢＞胞随伴性腎細胞癌（C64.9）**　8316／3

**のう＜嚢＞胞性アストロサイトーマ（C71._）**　9400／3

**のう＜嚢＞胞性高分泌癌（C50._）**　8508／3

**のう＜嚢＞胞性腺様上皮腫（C44._）**　8100／0

**のう＜嚢＞胞性中皮腫：**
- ・NOS（C48._）　9055／1
- ・良性（C48._）　9055／0

**のう＜嚢＞胞性部分的分化を示す腎芽腫**
　（C64.9）　8959／1

**のう＜嚢＞胞腺癌：**
- ・NOS　8440／3
- ・偽粘液性, NOS（C56.9）　8470／3
- ・漿液性, NOS（C56.9）　8441／3
- ・腺房細胞　8551／3
- ・胆管（C22.1）（C24.0）　8161／3
- ・乳頭状, NOS（C56.9）　8450／3
- ・乳頭状偽粘液性（C56.9）　8471／3
- ・乳頭状漿液性（C56.9）　8460／3
- ・乳頭状粘液性, NOS（C56.9）　8471／3
- ・粘液性, NOS（C56.9）　8470／3
- ・粘液性, 非浸潤性（C56.9）　8470／2
- ・類内膜　8380／3

**のう＜嚢＞胞腺癌線維腫：**
- ・漿液性　9014／3
- ・粘液性　9015／3
- ・明細胞（C56.9）　8313／3

**のう＜嚢＞胞腺腫：**
- ・NOS　8440／0
- ・アポクリン　8401／0
- ・エクリン（C44._）　8404／0

- ・リンパ腫様乳頭（C07._, C08._）　8561／0
- ・偽粘液性, NOS（C56.9）　8470／0
- ・偽粘液性, 境界悪性（C56.9）　8472／1
- ・境界悪性乳頭状漿液性（C56.9）　8473／1
- ・漿液性, NOS　8441／0
- ・漿液性, 境界悪性（C56.9）　8442／1
- ・胆管（C22.1）（C24.0）　8161／0
- ・乳頭状, NOS（C56.9）　8450／0
- ・乳頭状, 境界悪性（C56.9）　8451／1
- ・乳頭状偽粘液性, NOS（C56.9）　8471／0
- ・乳頭状偽粘液性, 境界悪性（C56.9）8473／1
- ・乳頭状漿液性, NOS（C56.9）　8460／0
- ・乳頭状漿液性, 境界悪性（C56.9）　8462／1
- ・乳頭状粘液性, NOS（C56.9）　8471／1
- ・粘液性, NOS（C56.9）　8470／0
- ・粘液性, 境界悪性（C56.9）　8472／1
- ・明細胞（C56.9）　8443／0
- ・類内膜, NOS　8380／0
- ・類内膜, 境界悪性　8380／1

**のう＜嚢＞胞腺線維腫：**
- ・NOS（C56.9）　9013／0
- ・悪性漿液性　9014／3
- ・悪性度境界領域の粘液性（C56.9）　9015／1
- ・悪性粘液性　9015／3
- ・境界悪性（C56.9）　9014／1
- ・境界悪性明細胞（C56.9）　8313／1
- ・漿液性（C56.9）　9014／0
- ・粘液性（C56.9）　9015／0
- ・明細胞（C56.9）　8313／0
- ・類内膜, NOS　8381／0
- ・類内膜, 悪性　8381／3
- ・類内膜, 境界悪性　8381／1

**のう＜嚢＞胞内：**
- ・乳頭腫　8504／0
- ・乳頭状腺癌　8504／3
- ・乳頭状腺腫　8504／0
- ・乳頭腺癌　8504／3
- ・乳頭腺腫　8504／0

**のう＜嚢＞胞内癌：**
- ・NOS　8504／3
- ・非浸潤性　8504／2

形態（ノ～ハ）

| | |
|---|---|
| 脳膠腫症(C71._) | 9381／3 |
| 脳室外神経細胞腫★ | 9506／1 |
| 脳軟膜肉腫 | 9530／3 |

## （ハ）

| | |
|---|---|
| バーキットリンパ腫, NOS(すべての変異体を含む) | 9687／3 |
| バーキット細胞性白血病(M-9687／3も参照) | 9826／3 |
| バーキット細胞白血病 | 9826／3 |
| バーキット腫瘍[obs] | 9687／3 |
| バーキット様リンパ腫 | 9687／3 |
| ハイベルノーマ | 8880／0 |
| パジェット病: | |
| ・乳房(C50._) | 8540／3 |
| ・乳房, 浸潤性導管癌(C50._) | 8541／3 |
| ・乳房, 浸潤性乳管癌(C50._) | |
| 　-乳房, 浸潤性導管癌参照 | |
| ・乳房, 導管内癌(C50._) | 8543／3 |
| ・乳房, 乳管内癌(C50._) | |
| 　-乳房, 導管内癌参照 | |
| ・乳房, 表皮内(C50._)▼ | 8540／2▼ |
| ・乳房外(骨Paget病を除く) | 8542／3 |
| ・乳房外, 表皮内▼ | 8542／2▼ |
| パジェット病様細網症 | 9700／3 |
| パチニ体腫瘍 | 9507／0 |
| ハッチンソン黒色雀卵斑(C44._) | 8742／2 |
| ハッチンソン黒色雀卵斑内悪性黒色腫, NOS(C44._) | 8742／3 |
| ハンド・シューラー・クリスチャン病[obs] | 9751／3 |
| 肺芽細胞腫(C34._) | 8972／3 |
| 肺芽腫(C34._) | 8972／3 |
| 胚細胞, 管内性悪性(C62._) | 9064／2 |
| 杯細胞カルチノイド | 8243／3 |
| 胚細胞腫瘍: | |
| ・NOS | 9064／3 |
| ・混合性 | 9085／3 |
| ・非セミノーマ性(C62._) | 9065／3 |
| ・非胚上皮腫性(C62._) | 9065／3 |
| 肺腺腫症(C34._) | 8250／1 |
| 肺胞癌 | 8251／3 |

| | |
|---|---|
| 肺胞上皮細胞癌(C34._) | 8250／3 |
| 肺胞腺癌(C34._) | 8251／3 |
| 肺胞腺腫(C34._) | 8251／0 |
| 破壊性絨毛腺腫(C58.9) | 9100／1 |
| 破骨細胞腫: | |
| ・NOS(C40._)(C41._) | 9250／1 |
| ・悪性(C40._)(C41._) | 9250／3 |
| 破骨細胞様巨細胞を伴う癌 | 8035／3 |
| 白血性細網内皮症 | 9940／3 |
| 白血病 | |
| ・NOS | 9800／3 |
| ・Burkitt細胞 | 9826／3 |
| ・Burkitt細胞性(M-9687／3も参照) | 9826／3 |
| ・B細胞リンパ芽球性, NOS★ | 9811／3★ |
| ・B細胞リンパ芽球性, t(9;22)(q34;q11.2); BCR-ABL1★ | 9812／3★ |
| ・B細胞リンパ芽球性, t(v;11q23);MLL再構成を伴う★ | 9813／3★ |
| ・B細胞リンパ芽球性, t(12;21)(p13;q22);TEL-AML1 (ETV6-RUNX1)★ | 9814／3★ |
| ・B細胞リンパ芽球性, t(5;14)(q31;q32);IL3-IGH★ | 9817／3★ |
| ・B細胞リンパ芽球性, t(1;19)(q23;p13.3);E2A-PBX1 (TCF3-PBX1)★ | 9818／3★ |
| ・B細胞慢性リンパ球性／小リンパ球性リンパ腫(M-9670／3も参照) | 9823／3 |
| ・hairy cell(C42.1) | 9940／3 |
| ・NK細胞大顆粒リンパ球性 | 9831／3 |
| ・T細胞リンパ芽球性★ | 9831／3★ |
| ・T細胞大顆粒リンパ球性 | 9831／3 |
| ・トランスフォーメーションした慢性骨髄単球性[obs] | 9945／3 |
| ・バーキット細胞 | 9826／3 |
| ・バーキット細胞性(M-9687／3も参照) | 9826／3 |
| ・リンパ芽球性, NOS | 9835／3 |
| ・リンパ球性, NOS[obs] | 9820／3 |
| ・リンパ性, NOS | 9820／3 |

形態（ハ−ハ）

| | |
|---|---|
| ・リンパ肉腫細胞[obs] | 9820／3 |
| ・亜急性, NOS[obs] | 9800／3 |
| ・亜急性リンパ球性[obs] | 9820／3 |
| ・亜急性リンパ性[obs] | 9820／3 |
| ・亜急性顆粒球性[obs] | 9860／3 |
| ・亜急性骨髄原性[obs] | 9860／3 |
| ・亜急性骨髄性[obs] | 9860／3 |
| ・亜急性単球性, NOS[obs] | 9860／3 |
| ・異型性慢性骨髄性, BCR／ABL陰性 | 9876／3 |
| ・異型性慢性骨髄性, Philadelphia染色体(Ph1)陰性 | 9876／3 |
| ・異型性慢性骨髄性, フィラデルフィア染色体(Ph1)陰性 | 9876／3 |
| ・移行期芽球過剰性不応性貧血[obs] | 9984／3 |
| ・異常骨髄好酸球を伴う急性骨髄性 | 9871／3** |
| ・異常骨髄好酸球を伴う急性骨髄単球性 | 9871／3** |
| ・芽球性 | 9801／3 |
| ・活動性NK細胞 | 9948／3 |
| ・顆粒球性, NOS | 9860／3 |
| ・幹細胞 | 9801／3 |
| ・既往に骨髄異形成症候群を伴う急性骨髄性 | 9895／3 |
| ・既往に骨髄異形成症候群を伴わない急性骨髄性 | 9895／3 |
| ・急性, NOS | 9801／3 |
| ・急性, Burkitt型[obs] | 9826／3 |
| ・急性, バーキット型[obs] | 9826／3 |
| ・急性リンパ芽球性, L2型, NOS | 9835／3** |
| ・急性リンパ芽球性, NOS (M-9727／3も参照) | 9835／3 |
| ・急性リンパ芽球性, 成熟B細胞型 | 9826／3 |
| ・急性リンパ芽球性, 前駆細胞型 | 9835／3 |
| ・急性リンパ球性 | 9835／3 |
| ・急性リンパ球様 | 9835／3 |
| ・急性リンパ性 | 9835／3 |
| ・急性リンパ性, フィラデルフィア染色体(Ph1)陽性▼ | 9835／3 |
| ・急性リンパ性(B細胞性), フィラデルフィア染色体(Ph1)陽性▼ | 9836／3 |

| | |
|---|---|
| ・急性リンパ性(T細胞性), フィラデルフィア染色体(Ph1)陽性▼ | 9837／3 |
| ・急性顆粒球性 | 9861／3 |
| ・急性巨核芽球性 | 9910／3 |
| ・急性好塩基球性 | 9870／3 |
| ・急性骨髄芽球性 | 9872／3** |
| ・急性骨髄球性 | 9861／3 |
| ・急性骨髄原性 | 9861／3 |
| ・急性骨髄性, 11q23異常 | 9897／3 |
| ・急性骨髄性, AML1(CBF−アルファ)／ETO | 9896／3 |
| ・急性骨髄性, CBF−ベータ／MYH11 | 9871／3** |
| ・急性骨髄性, CEBPA変異を伴う★ | 9861／3 |
| ・急性骨髄性, NPMI変異を伴う★ | 9861／3 |
| ・急性骨髄性, inv(3)(q21q26.2)or t(3;3)(q21;q26.2); RPN1-EVI1★ | 9869／3★ |
| ・急性骨髄性, inv(16)(p13;q22) | 9871／3** |
| ・急性骨髄性, M6型 | 9840／3 |
| ・急性骨髄性, MLL | 9897／3 |
| ・急性骨髄性, NOS(FAB又はWHO型の明示されないもの)(M-9930／3も参照) | 9861／3 |
| ・急性骨髄性, PML／RAR−アルファ | 9866／3 |
| ・急性骨髄性(巨核芽球性), t(1;22)(p13;q13); RBM15-MKL1★ | 9911／3★ |
| ・急性骨髄性, t(6;9)(p23;q34); DEK-NUP214★ | 9866／3★ |
| ・急性骨髄性, t(8;21)(q22;q22) | 9896／3 |
| ・急性骨髄性, t(8;21)(q22;q22); RUNX1-RUNX1T1★ | 9896／3 |
| ・急性骨髄性, t(9;11)(p22;q23); MLLT3-MLL★ | 9897／3 |
| ・急性骨髄性, t(15;17)(q22;q11-12) | 9866／3 |
| ・急性骨髄性, t(16;16)(p13;q11) | 9871／3** |
| ・急性骨髄性, 骨髄異形成変化を伴う★ | 9895／3 |

形態（ハ－ハ）

- 急性骨髄性, 最小分化　9872／3**
- 急性骨髄単球性　9867／3
- 急性混合系　9805／3
- 急性赤血性　9840／3
- 急性前骨髄球性, NOS　9866／3
- 急性前骨髄球性, PML／RAR－
　アルファ　9866／3
- 急性前骨髄球性, t(15;17)
　(q22;q11-12)　9866／3
- 急性単芽球性　9891／3
- 急性単芽球性／単球性★　9891／3
- 急性単球性　9891／3
- 急性二形質性　9805／3
- 急性二系統　9805／3
- 急性非リンパ球性　9861／3
- 巨核芽球性　9910／3
- 形質細胞性(C42.1)　9733／3
- 好酸球性　9860／3
- 高二倍性B細胞リンパ芽球性★　9815／3★
- 骨髄球性, NOS　9860／3
- 骨髄原性, NOS　9860／3
- 骨髄性, NOS　9860／3
- 骨髄性, ダウン症候群に伴う★　9898／3★
- 骨髄単球性, NOS　9860／3
- 混合表現性急性, t(9;22)(q34;q11.2)；
　BCR-ABL1★　9806／3★
- 混合形質性急性, t(v;11q23)；骨髄性
　白血病／MLL再構成を伴う★　9807／3★
- 混合形質性急性, t(v;11q23)；
　B細胞性／骨髄性, NOS★　9808／3★
- 若年性骨髄単球性　9946／3
- 若年性慢性骨髄単球性　9946／3
- 成熟を伴う急性骨髄性　9874／3**
- 成熟を伴わない急性骨髄性　9873／3**
- 成人T細胞性　9827／3
- 成人T細胞性／リンパ腫(HTLV-1
　陽性)すべての変異体を含む　9827／3
- 成人T細胞性リンパ腫／　9827／3
- 前リンパ球性, NOS　9832／3
- 前リンパ球性, B細胞型　9833／3
- 前リンパ球性, T細胞型　9834／3

- 前駆B細胞リンパ芽球性, NOS
　(M-9728／3も参照)　9836／3
- 前駆T細胞リンパ芽球性, NOS
　(M-9729／3も参照)　9837／3
- 前駆細胞リンパ芽球性, NOS
　(M-9727／3も参照)　9835／3
- 前駆細胞リンパ芽球性, 非表現型　9835／3
- 前症候群[obs]　9989／3
- 多系統形成異常を伴う急性骨髄性　9895／3
- 単芽球性, NOS　9891／3
- 単球性, NOS　9860／3
- 治療関連急性骨髄性, NOS　9920／3
- 治療関連急性骨髄性, アルキル化
　剤関連　9920／3
- 治療関連急性骨髄性, エピポドフィ
　ロトキシン関連　9920／3
- 低二倍体性B細胞リンパ芽球性
　(Hypodiploid ALL)★　9816／3★
- 非リンパ球性, NOS　9860／3
- 非白血性, NOS[obs]　9800／3
- 非白血性リンパ球性[obs]　9820／3
- 非白血性リンパ様[obs]　9820／3
- 非白血性顆粒球性[obs]　9860／3
- 非白血性骨髄原性[obs]　9860／3
- 非白血性骨髄性[obs]　9860／3
- 非白血性単球性, NOS[obs]　9860／3
- 肥満細胞(C42.1)　9742／3
- 慢性, NOS[obs]　9800／3
- 慢性リンパ球性　9823／3
- 慢性リンパ球性, B細胞型(BCLL
　のすべての変異体を含む)　9823／3
- 慢性リンパ性　9823／3
- 慢性顆粒球性, NOS　9863／3
- 慢性顆粒球性, BCR／ABL　9875／3
- 慢性顆粒球性, Philadelphia染色体
　(Ph1)陽性　9875／3
- 慢性顆粒球性, t(9;22)(q34;q11)　9875／3
- 慢性顆粒球性, フィラデルフィア染
　色体(Ph1)陽性　9875／3
- 慢性好酸球性　9964／3
- 慢性好中球性　9963／3

－ 319 －

形態（ハーヒ）

| | |
|---|---|
| ・慢性骨髄原性, NOS | 9863／3 |
| ・慢性骨髄性, BCR／ABL陽性 | 9875／3 |
| ・慢性骨髄性, NOS | 9863／3 |
| ・慢性骨髄性, Philadelphia染色体 | |
| 　（Ph1）陽性 | 9875／3 |
| ・慢性骨髄性, t(9;22)(q34;q11) | 9875／3 |
| ・慢性骨髄性, フィラデルフィア染色体 | |
| 　（Ph1）陽性 | 9875／3 |
| ・慢性骨髄単球性, Ⅰ型 | 9945／3 |
| ・慢性骨髄単球性, Ⅱ型 | 9945／3 |
| ・慢性骨髄単球性, NOS | 9945／3 |
| ・慢性骨髄球性, NOS | 9863／3 |
| ・慢性単球性, NOS[obs] | 9860／3 |
| ・未分化型 | 9801／3 |
| ・有毛細胞(C42.1) | 9940／3 |
| ・有毛細胞－亜型★ | 9591／3 |
| 白血病移行期芽球過剰性不応性貧血 | |
| [obs] | 9984／3 |
| 汎骨髄症, NOS, 急性 | 9931／3 |

（ヒ）

| | |
|---|---|
| ヒグローマ： | |
| ・NOS | 9173／0 |
| ・のう＜嚢＞胞 | 9173／0 |
| ピック管状腺腫 | 8640／1 |
| ヒベルノーマ | 8880／0 |
| ヒュルトル細胞癌(C73.9) | 8290／3 |
| ヒュルトル細胞腫瘍(C73.9) | 8290／0 |
| ヒュルトル細胞腺癌(C73.9) | 8290／3 |
| ヒュルトル細胞腺腫(C73.9) | 8290／0 |
| ピンカス腫瘍 | 8093／3 |
| ピンドボルグ腫瘍 | 9340／0 |
| びまん性アストロサイトーマ(C71._) | 9400／3 |
| びまん性アストロサイトーマ, 低悪性度 | |
| （C71._) | 9400／3 |
| びまん性黒色細胞腫症(C70.9) | 8728／0 |
| びまん性髄膜腫症 | 9530／1 |
| びまん性大細胞性B細胞リンパ腫, | |
| 　NOS | 9680／3 |
| びまん性大細胞型B細胞リンパ腫と古典 | |
| 　的ホジキンリンパ腫の中間の特徴を有 | |

| | |
|---|---|
| する分類不能型のB細胞リンパ腫★ | 9596／3 |
| びまん性大細胞性B細胞リンパ腫とバー | |
| 　キット★ | 9680／3 |
| びまん性導管内乳頭腫症 | 8505／0 |
| びまん性皮膚肥満細胞症★ | 9740／1 |
| びまん性乳管内乳頭腫症 | 8505／0 |
| 非クロム親和性傍神経節腫： | |
| 非ホジキンリンパ腫, NOS | 9591／3 |
| 非リンパ球性白血病, NOS | 9860／3 |
| 皮下脂肪組織炎様T細胞リンパ腫 | 9708／3 |
| 鼻腔乳頭腫： | |
| ・NOS | 8693／1 |
| ・NOS（C30.0, C31._) | 8121／0 |
| ・外向型（C30.0, C31._) | 8121／0 |
| ・茸状（C30.0, C31._) | 8121／0 |
| ・悪性 | 8693／3 |
| 皮脂癌(C44._) | 8410／3 |
| 非脂質性細網上皮症[obs] | 9751／3 |
| 非脂質性細網上皮増殖症[obs] | 9754／3 |
| 皮脂上皮腫(C44._) | 8410／0 |
| 皮脂腺癌(C44._) | 8410／3 |
| 皮脂腺腫(C44._) | 8410／0 |
| 皮質性TALL | 9837／3 |
| 皮質内骨肉腫(C40._)(C41._) | 9195／3 |
| 非小細胞癌(C34._) | 8046／3 |
| 微小のう胞性付属器癌(C44._) | 8407／3 |
| 微小のう胞腺腫(C25._) | 8202／0 |
| 微少性索成分を伴う間質腫瘍(C56.9) | 8593／1 |
| 微小乳頭癌(C73.9) | 8341／3 |
| 微小乳頭状癌, NOS | |
| 　（C18._, C19.9, C20.9)★ | 8265／3★ |
| 微小乳頭状, 移行上皮癌(C67._) | 8131／3 |
| 微小乳頭状漿液性癌(C56.9) | 8460／3 |
| 微小のう＜嚢＞胞性付属器癌(C44._) | 8407／3 |
| 微小のう＜嚢＞胞腺腫(C25._) | 8202／0 |
| 非浸潤性導管内乳頭癌(C50._) | 8503／2 |
| 非浸潤性導管内乳頭状癌(C50._) | 8503／2 |
| 非浸潤性導管内乳頭状腺癌(C50._) | 8503／2 |
| 非浸潤性導管内乳頭腺癌(C50._) | 8503／2 |
| 非浸潤性乳管内乳頭癌(C50._) | |
| 　－非浸潤性導管内乳頭癌参照 | |

－ 320 －

形態（ヒーフ）

| | |
|---|---|
| 非浸潤性乳管内乳頭状癌（C50._） | |
| 　－非浸潤性導管内乳頭状癌参照 | |
| 非浸潤性乳管内乳頭状腺癌（C50._） | |
| 　－非浸潤性導管内乳頭状腺癌参照 | |
| 非浸潤性乳管内乳頭腺癌（C50._） | |
| 　－非浸潤性導管内乳頭腺癌参照 | |
| 非浸潤性のう＜嚢＞胞内癌 | 8504／2 |
| 脾性B細胞リンパ腫／白血病, NOS★ | 9591／3 |
| 脾性リンパ腫, 絨毛リンパ球を伴う | |
| 　（C42.2） | 9689／3 |
| 脾性びまん性赤脾髄小B細胞リンパ腫★ | 9591／3 |
| 脾性辺縁層B細胞リンパ腫（C42.2） | 9689／3 |
| 脾性辺縁層リンパ腫, NOS（C42.2） | 9689／3 |
| 脾辺縁帯B細胞リンパ腫, NOS | |
| 　（C42.2）▼ | 9689／3 |
| 鼻線維性丘疹（C44.3）[obs] | 9160／0 |
| 肥大細胞性星細胞腫（C71._） | 9411／3 |
| 非白血性リンパ球性白血病[obs] | 9820／3 |
| 非白血性リンパ様白血病[obs] | 9820／3 |
| 非白血性骨髄原性白血病[obs] | 9860／3 |
| 非白血性単球性白血病, NOS[obs] | 9860／3 |
| 非白血性顆粒球性白血病[obs] | 9860／3 |
| 非白血性骨髄性白血病[obs] | 9860／3 |
| 非白血性白血病, NOS[obs] | 9800／3 |
| 非被包性硬化癌（C73.9） | 8350／3 |
| 皮膚T細胞リンパ腫, NOS（C44._） | 9709／3 |
| 皮膚エクリン円柱腫（C44._） | 8200／0 |
| 皮膚リンパ腫, NOS（C44._）[obs] | 9709／3 |
| 皮膚の円柱腫（C44._） | 8200／0 |
| 皮膚の孤立性肥満細胞腫★ | 9740／1 |
| 皮膚関連リンパ様組織リンパ腫 | 9699／3 |
| 皮膚外性肥満細胞腫★ | 9740／1 |
| 皮膚原発濾胞中心リンパ腫★ | 9597／3 |
| 皮膚線維腫, NOS（C44._） | 8832／0 |
| 皮膚線維肉腫: | |
| 　・NOS（C44._） | 8832／3 |
| 　・色素性隆起性 | 8833／3 |
| 　・隆起性, NOS（C44._） | 8832／3 |
| 皮膚組織球腫, NOS（C44._） | 8832／0 |
| 皮膚肥満細胞症★ | 9740／1 |
| 皮膚付属器癌（C44._） | 8390／3 |

| | |
|---|---|
| 皮膚付属器腫瘍, 良性（C44._） | 8390／0 |
| 皮膚付属器腺腫, 良性（C44._） | 8390／0 |
| 肥満細胞腫: | |
| 　・NOS | 9740／1 |
| 　・悪性 | 9740／3 |
| 　・皮膚の孤立性★ | 9740／1 |
| 　・皮膚外★ | 9740／1 |
| 肥満細胞腫瘍: | |
| 　・NOS | 9740／1 |
| 　・悪性 | 9740／3 |
| 肥満細胞症: | |
| 　・アグレッシブ全身性★ | 9741／3 |
| 　・びまん性皮膚★ | 9740／1 |
| 　・悪性 | 9741／3 |
| 　・全身性 | 9741／3 |
| 　・全身性, AHNMDを伴う★ | 9741／3 |
| 　・全身性, 肥満細胞以外のクローナルな | |
| 　　　造血細胞異常を伴う★ | 9741／3 |
| 　・皮膚★ | 9740／1 |
| 　・無症候性全身性★ | 9741／1★ |
| 肥満細胞肉腫 | 9740／3 |
| 肥満細胞白血病（C42.1） | 9742／3 |
| 表在性高分化型脂肪肉腫 | 8850／1 |
| 表在性軟部組織高分化型脂肪肉腫 | 8850／1 |
| 表層拡大性黒色腫（C44._） | 8743／3 |
| 表層拡大性腺癌 | 8143／3 |
| 表皮下結節性線維症（C44._） | 8832／0 |
| 表皮内癌, NOS | 8070／2 |
| 表皮内扁平上皮癌, Bowen型（C44._） | 8081／2 |
| 表皮内扁平上皮癌, ボウエン型（C44._） | 8081／2 |
| 表皮内母斑（C44._） | 8740／0 |
| 非被包性硬化腫瘍（C73.9） | 8350／3 |
| 非被包性硬化腺癌（C73.9） | 8350／3 |
| 皮様のう＜嚢＞胞: | |
| 　・NOS | 9084／0 |
| 　・悪性転化を伴う（C56.9） | 9084／3 |
| 　・続発性腫瘍を伴う | 9084／3 |

### （フ）

| | |
|---|---|
| フィラデルフィア染色体（Ph1）陰性, 異 | |
| 　型性慢性骨髄性白血病 | 9876／3 |

－ 321 －

形態（フーフ）

| | |
|---|---|
| フェオクロモブラストーマ（C74.1） | 8700／3 |
| フォリクローム・リピディーク（C56.9） | 8641／0 |
| フォン・レックリングハウゼン病（骨を除く） | 9540／1 |
| ブドウ状肉腫 | 8910／3 |
| フランクリン病 | 9762／3 |
| ブルック腫瘍（C44._） | 8100／0 |
| ブレンナー腫瘍： | |
| ・NOS（C56.9） | 9000／0 |
| ・悪性（C56.9） | 9000／3 |
| ・境界悪性（C56.9） | 9000／1 |
| ・増殖性（C56.9） | 9000／1 |
| プロゴノーマ，黒色性 | 9363／0 |
| プロラクチノーマ（C75.1） | 8271／0 |
| 風船細胞黒色腫（C44._） | 8722／3 |
| 風船細胞母斑（C44._） | 8722／0 |
| 不応性血球減少症，多系統異形成を伴う▼ | 9985／3 |
| 不応性血小板減少症★ | 9992／3★ |
| 不応性好中球減少症★ | 9991／3★ |
| 不応性貧血： | |
| ・NOS | 9980／3 |
| ・芽球増加を伴う | 9983／3 |
| ・環状鉄芽球を伴う | 9982／3 |
| ・鉄芽球を伴う | 9982／3 |
| ・鉄芽球を伴わない | 9980／3 |
| ・白血病移行期芽球過剰性[obs] | 9984／3 |
| 副交感神経傍神経節腫 | 8682／1 |
| 複合Hodgkin及びnon-Hodgkinリンパ腫 | 9596／3 |
| 複合カルチノイド★ | 8244／3 |
| 複合ホジキン及び非ホジキンリンパ腫★ | 9596／3 |
| 複合性歯芽腫 | 9281／0 |
| 複合母斑（C44._） | 8760／0 |
| 複雑性歯牙腫 | 9282／0 |
| 副腎遺残腫瘍 | 8671／0 |
| 副腎外傍神経節腫： | |
| ・NOS | 8693／1 |
| ・悪性 | 8693／3 |
| 副腎腫（C64.9）[obs] | 8312／3 |
| 副腎髄質傍神経節腫（C74.1） | 8700／0 |
| 副腎髄質傍神経節腫，悪性（C74.1） | 8700／3 |
| 副腎皮質癌（C74.0） | 8370／3 |

| | |
|---|---|
| 副腎皮質腫瘍： | |
| ・NOS（C74.0） | 8370／0 |
| ・悪性（C74.0） | 8370／3 |
| ・良性（C74.0） | 8370／0 |
| 副腎皮質腺癌（C74.0） | 8370／3 |
| 副腎皮質腺腫： | |
| ・NOS（C74.0） | 8370／0 |
| ・球状層細胞（C74.0） | 8374／0 |
| ・混合細胞（C74.0） | 8375／0 |
| ・色素沈着性（C74.0） | 8372／0 |
| ・緻密細胞（C74.0） | 8371／0 |
| ・明細胞（C74.0） | 8373／0 |
| 副腎様腫瘍[obs] | 8311／1 |
| 副鼻腔乳頭腫： | |
| ・NOS（C30.0, C31._） | 8121／0 |
| ・外向型（C30.0, C31._） | 8121／0 |
| ・茸状（C30.0, C31._） | 8121／0 |
| 腹部デスモイド | 8822／1 |
| 腹部外デスモイド | 8821／1 |
| 腹部線維腫症 | 8822／1 |
| 腹膜偽粘液腫 | 8480／6 |
| 腹膜偽粘液腫，原発部位不詳（C80.9） | 8480／3 |
| 腹膜原発性漿液性乳頭癌（C56.9） | 8461／3 |
| 富細胞性Schwann腫 | 9560／0 |
| 富細胞性シュワン腫 | 9560／0 |
| 富細胞性血管線維腫 | 9160／0 |
| 富細胞性上衣腫（C71._） | 9391／3 |
| 富細胞性青色母斑（C44._） | 8790／0 |
| 富細胞性線維腫（C56.9） | 8810／1 |
| 富細胞性平滑筋腫 | 8892／0 |
| 部分胞状奇胎（C58.9） | 9103／0 |
| 分泌性髄膜腫 | 9530／0 |
| 分泌性癌，乳腺（C50._） | 8502／3 |
| 分類されない腫瘍： | |
| ・悪性 | 8000／3 |
| ・悪性，原発又は転移の別不詳 | 8000／9 |
| ・境界悪性 | 8000／1 |
| ・良性 | 8000／0 |
| ・良性又は悪性の別不詳 | 8000／1 |
| 未定型樹状細胞腫瘍★ | 9757／3 |

形態（ヘーヘ）

（ヘ）

| | |
|---|---|
| ページェット病－パジェット病を参照 | 9184／3 |
| ベータ細胞腫瘍, 悪性（C25._） | 8151／3 |
| ベータ細胞腺腫（C25._） | 8151／0 |
| ベドナー腫瘍 | 8833／3 |
| ヘパトイドヨークサック腫瘍 | 9071／3 |
| ヘパトイド卵黄のう＜嚢＞腫瘍 | 9071／3 |
| ヘパトーマ, NOS（C22.0） | 8170／3 |
| ベリーニ管癌（C64.9） | 8319／3 |
| 悪性度不明 | 8897／1 |
| 平滑筋芽細胞腫 | 8891／0 |
| 平滑筋芽腫 | 8891／0 |
| 平滑筋腫： | |
| ・NOS | 8890／0 |
| ・Symplastic合胞体 | 8893／0 |
| ・悪性度不明 | 8897／1 |
| ・異型 | 8893／0 |
| ・血管 | 8894／0 |
| ・細胞性 | 8892／0 |
| ・脂肪 | 8890／0 |
| ・叢状 | 8890／0 |
| ・多形性 | 8893／0 |
| ・転移性 | 8898／1 |
| ・変形 | 8893／0 |
| ・類上皮 | 8891／0 |
| 平滑筋腫症： | |
| ・NOS | 8890／1 |
| ・リンパ管 | 9174／1 |
| ・血管内 | 8890／1 |
| 平滑筋腫瘍, NOS | 8897／1 |
| 平滑筋線維腫 | 8890／0 |
| 平滑筋肉腫： | |
| ・NOS | 8890／3 |
| ・粘液様 | 8896／3 |
| ・類上皮 | 8891／3 |
| 平坦型腺上皮内腫瘍, 高異型度 | |
| （C24.1★） | 8148／2 |
| 平坦型上皮内腫瘍, 高異型度★ | 8148／2 |
| 平坦型上皮内腫瘍（異形成）, | |
| 高異型度（C24.1）★ | 8148／2 |
| 壁細胞癌（C16._） | 8214／3 |

| | |
|---|---|
| 壁細胞腺癌（C16._） | 8214／3 |
| 辺縁層B細胞リンパ腫, NOS | 9699／3 |
| 辺縁層B細胞リンパ腫, 脾性（C42.2） | 9689／3 |
| 辺縁層リンパ腫, NOS | 9699／3* |
| 辺縁層リンパ腫, 節内性 | 9699／3 |
| 辺縁層リンパ腫, 脾性, NOS（C42.2） | 9689／3 |
| 辺縁帯B細胞リンパ腫, NOS▼ | 9699／3 |
| 辺縁帯B細胞リンパ腫、脾性（C42.2）▼ | 9689／3 |
| 辺縁帯リンパ腫, NOS▼ | 9699／3 |
| 辺縁帯リンパ腫, 脾, NOS（C42.2）▼ | 9689／3 |
| 変形平滑筋腫 | 8893／0 |
| 変形癌（C44._） | 8095／3 |
| 扁平上皮・腺混合乳頭腫 | 8560／0 |
| 扁平上皮化生を伴う腺癌 | 8570／3 |
| 扁平上皮癌： | |
| ・NOS | 8070／3 |
| ・ゆう＜疣＞状 | 8051／3 |
| ・角化, NOS | 8071／3 |
| ・角化真珠を伴う | 8078／3 |
| ・間質浸潤の疑いを伴う上皮内 | 8076／2 |
| ・偽腺様 | 8075／3 |
| ・基底（C44._） | 8094／3 |
| ・基底細胞様 | 8083／3 |
| ・棘融解性 | 8075／3 |
| ・小細胞性, 非角化 | 8073／3 |
| ・上皮内, NOS | 8070／2 |
| ・腺様 | 8075／3 |
| ・大細胞性, 角化 | 8071／3 |
| ・大細胞性, 非角化 | 8072／3 |
| ・転移性, NOS | 8070／6 |
| ・肉腫様 | 8074／3 |
| ・乳頭状 | 8052／3 |
| ・乳頭状, 非浸潤性 | 8052／2 |
| ・非角化, NOS | 8072／3 |
| ・微小浸潤性 | 8076／3 |
| ・表皮内, Bowen型（C44._） | 8081／2 |
| ・表皮内, ボウエン型（C44._） | 8081／2 |
| ・紡錘形細胞 | 8074／3 |
| ・明細胞型 | 8084／3 |
| 扁平上皮腫 | 8070／3 |
| 扁平上皮性歯原性腫瘍 | 9312／0 |

－ 323 －

形態（ヘーホ）

扁平上皮内腫瘍:
- ・Ⅰ度★ 8077／0★
- ・Ⅱ度★ 8077／0★
- ・Ⅲ度 8077／2
- ・高異型度★ 8077／2
- ・低異型度★ 8077／0★

扁平上皮乳頭腫:
- ・NOS 8052／0
- ・内反性 8053／0

扁平上皮乳頭腫症 8060／0

扁平腺腫 8212／0

## （ホ）

ボウエン病（C44._） 8081／2

ホジキン肉芽腫[obs] 9661／3

ホジキン肉腫[obs] 9662／3

ホジキン病:
- ・NOS 9650／3
- ・リンパ球優勢型, NOS[obs] 9651／3
- ・リンパ球優勢型, 結節硬化型 9665／3
- ・リンパ球優勢型, びまん性[obs] 9651／3
- ・リンパ球性・組織球性優勢型, NOS
   [obs] 9651／3
- ・結節硬化型, リンパ球減少型 9667／3
- ・結節硬化型, リンパ球優勢型 9665／3
- ・結節硬化型, 合胞性変異体 9667／3
- ・結節硬化型, 混合細胞型 9665／3
- ・結節性硬化型, NOS 9663／3

ホジキン傍肉芽腫:
- ・NOS[obs] 9659／3
- ・結節性[obs] 9659／3

ホジキンリンパ腫:
- ・NOS 9650／3
- ・リンパ球減少型, NOS 9653／3
- ・リンパ球減少型, 細網型 9655／3
- ・リンパ球減少型, びまん性線維症性 9654／3
- ・リンパ球優勢型, 結節性 9659／3
- ・結節硬化型, 悪性度1 9665／3
- ・結節硬化型, 悪性度2 9667／3
- ・結節性リンパ球優勢型 9659／3
- ・結節性硬化型, NOS 9663／3

- ・結節性硬化型, 細胞期 9664／3
- ・高リンパ球型 9651／3
- ・混合細胞型, NOS 9652／3

ポリープ:
- ・鋸歯状, 広基性★ 8213／0
- ・腺腫性, NOS 8210／0
- ・腺腫性・過形成性混合（C18._） 8213／0
- ・多発性腺腫性 8221／0

ポリープ内癌, NOS 8210／3

ポリープ内上皮内癌, NOS 8210／2

ポリープ内上皮内腺癌, NOS 8210／2

ポリープ内腺癌, NOS 8210／3

ポリープ様腺腫 8210／0

ポリープ様腺腫内上皮内腺癌 8210／2

ポリープ様腺腫内腺癌 8210／3

ポリポーシス:
- ・悪性リンパ腫性 9673／3
- ・家族性大腸（C18._） 8220／0
- ・大腸腺腫性（C18._） 8220／0

膀胱乳頭腫（C67._） 8120／1

傍骨性骨肉腫（C40._）（C41._） 9192／3

傍糸球体腫瘍（C64.9） 8361／0

房室結節のう＜嚢＞胞腫瘍（C38.0） 8454／0

胞状奇胎:
- ・NOS（C58.9） 9100／0
- ・悪性（C58.9） 9100／1
- ・侵入（C58.9） 9100／1
- ・全（C58.9） 9100／0
- ・部分（C58.9） 9103／0

傍神経節腫:
- ・NOS 8680／1
- ・Aorticopulmonary（C75.5） 8691／1
- ・Jugulotympanic（C75.5） 8690／1
- ・クロム親和性 8700／0
- ・悪性 8680／3
- ・頚静脈（C75.5） 8690／1
- ・頚静脈鼓室（C75.5） 8690／1
- ・頚動脈小体（C75.4） 8692／1
- ・交感神経 8681／1
- ・神経節細胞（C17.0） 8683／0
- ・大動脈小体（C75.5） 8691／1

－ 324 －

形態（ホーホ）

| | |
|---|---|
| ・大動脈肺(C75.5) | 8691／1 |
| ・非クロム親和性, NOS | 8693／1 |
| ・非クロム親和性, 悪性 | 8693／3 |
| ・副交感神経 | 8682／1 |
| ・副腎外, NOS | 8693／1 |
| ・副腎外, 悪性 | 8693／3 |
| ・副腎髄質(C74.1) | 8700／0 |
| ・副腎髄質, 悪性(C74.1) | 8700／3 |
| ・良性 | 8680／0 |
| 紡錘形細胞: | |
| ・横紋筋肉腫 | 8912／3 |
| ・血管内皮腫 | 9136／1 |
| ・脂肪腫 | 8857／0 |
| ・肉腫 | 8801／3 |
| ・母斑, NOS(C44._) | 8772／0 |
| 紡錘形細胞癌 | |
| ・NOS | 8032／3 |
| 《頭頸部癌》▼ | 8074／3 |
| 《乳癌》▼ | 8572／3 |
| 紡錘形細胞黒色腫: | |
| ・NOS | 8772／3 |
| ・A型(C69._) | 8773／3 |
| ・B型(C69._) | 8774／3 |
| 紡錘細胞化生を伴う腺癌 | 8572／3 |
| 紡錘細胞膨大細胞腫(C75.1)★ | 8290／0 |
| 傍脊索腫 | 9373／0 |
| 胞巣状横紋筋肉腫 | 8920／3 |
| 胞巣状横紋筋肉腫・混合胎芽性横紋筋 | |
| 肉腫 | 8902／3 |
| 胞巣状軟部組織肉腫 | 9581／3 |
| 膨大細胞癌 | 8290／3 |
| 膨大細胞性 シュナイダー乳頭腫 | |
| (C30.0, C31._) | 8121／1 |
| 膨大細胞腺癌 | 8290／3 |
| 膨大細胞腺腫 | 8290／0 |
| 乏突起アストロサイトーマ(C71._) | 9382／3 |
| 乏突起膠芽腫(C71._)[obs] | 9460／3 |
| 乏突起膠腫: | |
| ・NOS(C71._) | 9450／3 |
| ・退形成性(C71._) | 9451／3 |
| 乏突起星細胞腫(C71._) | 9382／3 |

| | |
|---|---|
| 傍皮質骨肉腫(C40._)(C41._) | 9192／3 |
| 傍皮質性骨肉腫(C40._)(C41._) | 9221／3 |
| 傍皮質軟骨腫(C40._)(C41._) | 9221／0 |
| 傍ろ＜濾＞胞細胞癌(C73.9) | 8345／3 |
| 母斑: | |
| ・NOS(C44._) | 8720／0 |
| ・Jadassohn青色, NOS(C44._) | 8780／0 |
| ・スピッツ(C44._) | 8770／0 |
| ・メラニン細胞(C44._) | 8720／0 |
| ・ヤダッソン青色, NOS(C44._) | 8780／0 |
| ・リード色素性紡錘形細胞(C44._) | 8770／0 |
| ・異形成(C44._) | 8727／0 |
| ・巨大色素性, NOS(C44._) | 8761／1 |
| ・細胞性青色(C44._) | 8790／0 |
| ・色素性, NOS(C44._) | 8720／0 |
| ・若年性(C44._) | 8770／0 |
| ・周暈(C44._) | 8723／0 |
| ・小型先天性(C44._) | 8761／0 |
| ・神経(C44._) | 8725／0 |
| ・真皮(C44._) | 8750／0 |
| ・真皮・表皮(C44._) | 8760／0 |
| ・真皮内(C44._) | 8750／0 |
| ・青色, NOS(C44._) | 8780／0 |
| ・青色, 悪性(C44._) | 8780／3 |
| ・接合(C44._) | 8740／0 |
| ・接合型, NOS(C44._) | 8740／0 |
| ・退行性(C44._) | 8723／0 |
| ・大細胞性(C69.4) | 8726／0 |
| ・退縮性(C44._)[obs] | 9160／0 |
| ・中型・巨大先天性(C44._) | 8761／1 |
| ・表皮内(C44._) | 8740／0 |
| ・風船細胞(C44._) | 8722／0 |
| ・複合(C44._) | 8760／0 |
| ・紡錘形細胞, NOS(C44._) | 8772／0 |
| ・無色素性(C44._) | 8730／0 |
| ・有毛(C44._) | 8720／0 |
| ・類上皮細胞(C44._) | 8771／0 |
| ・類上皮細胞・紡錘形細胞(C44._) | 8770／0 |
| 本態性血小板血症 | 9962／3 |
| 本態性出血性血小板血症 | 9962／3 |

－ 325 －

形態（マーミ）

## （マ）

| | |
|---|---|
| マレルブ石灰化上皮腫（C44._） | 8110／0 |
| マントル細胞リンパ腫（すべての変異体 | |
| を含む：芽球性，多形性，小細胞性） | 9673／3 |
| マントルゾーンリンパ腫[obs] | 9673／3 |
| 末梢神経鞘性腫瘍，悪性 | 9540／3 |
| 末梢性T細胞リンパ腫： | |
| ・NOS | 9702／3 |
| ・AILD（異常たんぱく血症を伴う血管性 | |
| 　免疫芽球性リンパ節症）型[obs] | 9705／3 |
| ・大細胞 | 9702／3 |
| ・多形性小細胞 | 9702／3 |
| ・多形性中及び大細胞 | 9702／3 |
| 末梢性原始神経外胚葉腫瘍，NOS | 9364／3 |
| 末梢性歯原性線維腫 | 9322／0 |
| 末梢性神経外胚葉腫瘍 | 9364／3 |
| 蔓状血管腫 | 9123／0 |
| 慢性リンパ球性白血病 | 9823／3 |
| 慢性リンパ球性白血病，B細胞型（BCLL | |
| のすべての変異体を含む） | 9823／3 |
| 慢性リンパ性白血病 | 9823／3 |
| 慢性炎症を伴ったびまん性大細胞性 | |
| 　B細胞リンパ腫★ | 9680／3 |
| 慢性顆粒球性白血病： | |
| ・BCR／ABL | 9875／3 |
| ・Philadelphia染色体（Ph1）陽性 | 9875／3 |
| ・t（9;22）（q34;q11） | 9875／3 |
| ・フィラデルフィア染色体（Ph1）陽性 | 9875／3 |
| 慢性好酸球性白血病 | 9964／3 |
| 慢性好中球性白血病 | 9963／3 |
| 慢性骨髄球性白血病，NOS | 9863／3 |
| 慢性骨髄原性白血病，NOS | 9863／3 |
| 慢性骨髄性白血病： | |
| ・NOS | 9863／3 |
| ・BCR／ABL陽性 | 9875／3 |
| ・BCR／ABL陰性，異型性 | 9876／3 |
| ・Philadelphia染色体（Ph1）陽性 | 9875／3 |
| ・Philadelphia染色体（Ph1）陰性，異型 | |
| 　性 | 9876／3 |
| ・t（9;22）（q34;q11） | 9875／3 |
| ・フィラデルフィア染色体（Ph1）陽性 | 9875／3 |

| | |
|---|---|
| ・フィラデルフィア染色体（Ph1）陰性， | |
| 　異型性 | 9876／3 |
| 慢性骨髄増殖性疾患 | 9960／3 |
| 慢性骨髄増殖性疾患，NOS | 9960／3 |
| 慢性骨髄単球性白血病： | |
| ・NOS | 9945／3 |
| ・トランスフォーメーションした[obs] | 9945／3 |
| ・I型 | 9920／3 |
| ・II型 | 9920／3 |
| ・若年性 | 9946／3 |
| 慢性赤血病[obs] | 9950／3 |
| 慢性単球性白血病，NOS[obs] | 9860／3 |
| 慢性特発性骨髄線維症 | 9961／3 |
| 慢性白血病，NOS[obs] | 9800／3 |

## （ミ）

| | |
|---|---|
| ミクログリオーマ（C71._）[obs] | 9590／3 |
| ミュー重鎖病 | 9762／3 |
| ミューラー管混合腫瘍（C54._） | 8950／3 |
| 未熟奇形腫： | |
| ・NOS | 9080／3 |
| ・悪性 | 9080／3 |
| 未分化型白血病 | 9801／3 |
| 未分化大細胞リンパ腫： | |
| ・NOS | 9714／3 |
| ・ALK陰性★ | 9702／3 |
| ・B細胞型 | 9680／3 |
| ・CD30+ | 9714／3 |
| ・T細胞及びヌル細胞型 | 9714／3 |
| 未分化大細胞性B細胞型リンパ腫 | 9680／3 |
| 未分化肉腫 | 8805／3 |
| 未分化肉腫《肝癌》▼ | 8991／3 |
| 未分化胚細胞腫 | 9060／3 |
| 未分化胚腫 | 9060／3 |
| 脈絡そう＜叢＞癌（C71.5） | 9390／3 |
| 脈絡そう＜叢＞グリオーマ（C71._） | 9444／1 |
| 脈絡そう＜叢＞膠腫（C71._） | 9444／1 |
| 脈絡そう＜叢＞神経膠腫（C71._） | 9444／1 |
| 脈絡そう＜叢＞乳頭腫： | |
| ・NOS（C71.5） | 9390／0 |
| ・悪性（C71.5） | 9390／3 |

形態（ミーモ）

| | |
|---|---|
| ・異型（C71.5） | 9390／1 |
| ・退形成性（C71.5） | 9390／3 |

## （ム）

| | |
|---|---|
| ムチン産生を伴う充実性癌 | 8230／3 |
| ムチン産生を伴う充実性腺癌 | 8230／3 |
| 無色素性，線維形成性黒色腫（C44._） | 8745／3 |
| 無色素性黒色腫（C44._） | 8730／3 |
| 無色素性母斑（C44._） | 8730／0 |
| 無症候性全身性肥満細胞症 | 9741／1 |

## （メ）

| | |
|---|---|
| メラニン細胞母斑（C44._） | 8720／0 |
| メラニン性MPNST | 9540／3 |
| メラニン性Schwann腫 | 9560／0 |
| メラニン性シュワン腫 | 9560／0 |
| メラニン性砂粒腫状MPNST | 9540／3 |
| メラニン性神経線維腫 | 9541／0 |
| メルケル細胞癌（C44._） | 8247／3 |
| メルケル細胞腫瘍（C44._） | 8247／3 |
| 明細胞癌 | 8310／3 |
| 明細胞汗腺腫（C44._） | 8402／0 |
| 明細胞歯原性腫瘍 | 9341／1 |
| 明細胞腫瘍： | |
| ・NOS | 8005／0 |
| ・異型増殖性（C56.9） | 8444／1 |
| ・境界悪性（C56.9）▼ | 8444／1 |
| 明細胞上衣腫（C71._） | 9391／3 |
| 明細胞髄膜腫 | 9538／1 |
| 明細胞腺癌： | |
| ・NOS | 8310／3 |
| ・類中腎型 | 8310／3 |
| 明細胞腺癌線維腫（C56.9） | 8313／3 |
| 明細胞腺腫 | 8310／0 |
| 明細胞腺線維腫（C56.9） | 8313／0 |
| 明細胞腺線維腫，境界悪性（C56.9） | 8313／1 |
| 明細胞軟骨肉腫（C40._）（C41._） | 9242／3 |
| 明細胞肉腫： | |
| ・腱及び腱膜（C49._） | 9044／3 |
| ・腎（C64.9） | 8964／3 |
| ・腎（M-8964／3を除く） | 9044／3 |

| | |
|---|---|
| 明細胞のう＜嚢＞胞腺癌線維腫（C56.9） | 8313／3 |
| 明細胞のう＜嚢＞胞腺腫（C56.9） | 8443／0 |
| 明細胞のう＜嚢＞胞腺線維腫（C56.9） | 8313／0 |
| 明細胞のう＜嚢＞胞腺線維腫，境界悪性（C56.9） | 8313／1 |
| 免疫グロブリン沈着病 | 9769／1 |
| 免疫芽球性肉腫[obs] | 9684／3 |
| 免疫細胞腫[obs] | 9671／3 |
| 免疫増殖性疾患，NOS | 9760／3 |
| 免疫増殖性小腸疾患（C17._） | 9764／3 |
| 免疫増殖性病変，血管中心性 | 9766／1 |
| 面皰型： | |
| ・NOS（C50._） | 8501／3 |
| ・DCIS（C50._） | 8501／2 |
| ・上皮内導管癌（C50._） | 8501／2 |
| ・上皮内乳管癌（C50._） −上皮内導管癌参照 | |
| ・非浸潤性（C50._） | 8501／2 |

## （モ）

| | |
|---|---|
| 毛基質癌，NOS（C44._） | 8110／3 |
| 毛基質腫： | |
| ・NOS（C44._） | 8110／0 |
| ・悪性（C44._） | 8110／3 |
| 毛根鞘癌（C44._） | 8102／3 |
| 毛根鞘腫（C44._） | 8102／0 |
| 毛細リンパ管腫 | 9171／0 |
| 毛細血管腫 | 9131／0 |
| 毛細胞性アストロサイトーマ（C71._） | 9421／1 |
| 毛様類粘液性星細胞腫（C71._） | 9425／3 |
| 毛髪癌（C44._） | 8103／0 |
| 毛包周囲性線維腫（C44._） | 8391／0 |
| 毛包上皮腫（C44._） | 8100／0 |
| 毛包線維腫（C44._） | 8391／0 |
| 毛包のう＜嚢＞腫（C44._） | 8101／0 |
| 網膜芽細胞腫−網膜芽腫と同義 | |
| 網膜芽腫： | |
| ・NOS（C69.2） | 9510／3 |
| ・自然退縮型（C69.2） | 9514／1 |
| ・びまん性（C69.2） | 9513／3 |
| ・分化型（C69.2） | 9511／3 |

— 327 —

形態（モーラ）

| | |
|---|---|
| ・未分化型（C69.2） | 9512／3 |
| 網膜原基腫瘍 | 9363／0 |
| 網膜細胞腫（C69.2） | 9510／0 |
| 網膜上皮腫： | |
| ・悪性（C69._） | 9501／3 |
| ・良性（C69._） | 9501／0 |
| 毛様アストロサイトーマ（C71._） | 9421／1 |
| 毛様星細胞腫（C71._） | 9421／1 |
| 門細胞腫瘍（C56.9） | 8660／0 |

## （ヤ）

| | |
|---|---|
| ヤダッソン青色母斑，NOS（C44._） | 8780／0 |
| ヤダッソン表皮内上皮腫（C44._） | 8096／0 |

## （ユ）

| | |
|---|---|
| ユーイング腫瘍 | 9260／3 |
| ユーイング肉腫 | 9260／3 |
| ユーイング肉腫，骨外性▼ | 9364／3 |
| ゆう＜疣＞状角化性血管腫 | 9142／0 |
| ゆう＜疣＞状癌 | 8051／3 |
| ゆう＜疣＞状癌，NOS | 8051／3 |
| ゆう＜疣＞状乳頭腫 | 8051／0 |
| ゆう＜疣＞状扁平上皮癌 | 8051／3 |
| ゆう＜疣＞状類表皮癌 | 8051／3 |
| 有毛細胞白血病（C42.1） | 9940／3 |
| 有毛細胞白血病変異体 | 9940／3 |
| 有毛母斑（C44._） | 8720／0 |

## （ヨ）

| | |
|---|---|
| ヨークサック腫瘍 | 9071／3 |
| 幼児性線維肉腫 | 8814／3 |
| 葉状腫瘍： | |
| ・NOS（C50._） | 9020／1 |
| ・悪性（C50._） | 9020／3 |
| ・境界悪性（C50._） | 9020／1 |
| ・良性（C50._） | 9020／0 |
| 葉状のう＜嚢＞胞肉腫： | |
| ・NOS（C50._） | 9020／1 |
| ・悪性（C50._） | 9020／3 |
| ・良性（C50._）［obs］ | 9020／0 |
| 予備細胞癌 | 8041／3 |

## （ラ）

| | |
|---|---|
| ライディッヒ細胞腫瘍： | |
| ・NOS（C62._） | 8650／1 |
| ・悪性（C62._） | 8650／3 |
| ・良性（C62._） | 8650／0 |
| ラトケのう＜嚢＞腫瘍（C75.1） | 9350／1 |
| ラブドイド型を伴う大細胞癌 | 8014／3 |
| ラブドイド腫瘍： | |
| ・NOS | 8963／3 |
| ・悪性 | 8963／3 |
| ラブドイド髄膜腫 | 9538／3 |
| ラブドイド肉腫 | 8963／3 |
| ランゲルハンス細胞組織球症： | |
| ・NOS | 9751／3 |
| ・全身性 | 9751／3 |
| ・多骨浸透性 | 9751／3 |
| ・多病巣性 | 9751／3 |
| ・単局性 | 9751／3 |
| ・単骨浸透性 | 9751／3 |
| ・播種性 | 9751／3 |
| ランゲルハンス細胞肉腫 | 9756／3 |
| ランゲルハンス肉芽腫症： | |
| ・NOS | 9751／3 |
| ・単局性 | 9751／3 |
| らせん腺腫： | |
| ・NOS（C44._） | 8403／0 |
| ・エクリン（C44._） | 8403／0 |
| ・悪性エクリン（C44._） | 8403／3 |
| 卵黄腫瘍，多のう＜嚢＞性 | 9071／3 |
| 卵黄のう＜嚢＞腫瘍 | 9071／3 |
| 卵黄のう＜嚢＞腫瘍，ヘパトイド | 9071／3 |
| 卵黄のう＜嚢＞腫瘍，肝様 | 9071／3 |
| 卵巣リポイド細胞腫瘍（C56.9） | 8670／0 |
| 卵巣間質腫瘍（C56.9） | 8590／1 |
| 卵巣甲状腺腫： | |
| ・NOS（C56.9） | 9090／0 |
| ・悪性（C56.9） | 9090／3 |
| 卵巣甲状腺腫・カルチノイド（C56.9） | 9091／1 |
| 卵巣脂質細胞腫瘍（C56.9） | 8670／0 |

形態（リーリ）

## （リ）

| | |
|---|---|
| リード色素性紡錘形細胞母斑（C44._） | 8770／0 |
| リポイド細胞腫瘍, 卵巣（C56.9） | 8670／0 |
| リンパ芽球腫[obs] | 9727／3 |
| リンパ芽球性白血病, NOS | 9835／3 |
| リンパ管筋腫 | 9174／0 |
| リンパ管筋腫症 | 9174／1 |
| リンパ管腫： | |
| ・NOS | 9170／0 |
| ・のう＜嚢＞胞 | 9173／0 |
| ・海綿状 | 9172／0 |
| ・毛細 | 9171／0 |
| リンパ管内間質筋症（C54.1） | 8931／3 |
| リンパ管内皮腫： | |
| ・NOS | 9170／0 |
| ・悪性 | 9170／3 |
| リンパ管内皮肉腫 | 9170／3 |
| リンパ管肉腫 | 9170／3 |
| リンパ管平滑筋症 | 9174／1 |
| リンパ球性間質を伴う髄様癌 | 8512／3 |
| リンパ球性白血病： | |
| ・NOS[obs] | 9820／3 |
| ・B細胞慢性／小リンパ球性リンパ腫 （M-9670／3も参照） | 9823／3 |
| ・亜急性[obs] | 9820／3 |
| ・急性 | 9835／3 |
| ・慢性 | 9823／3 |
| ・慢性, B細胞型（BCLLのすべての変 異体を含む） | 9823／3 |
| リンパ球増加症： | |
| ・T細胞大顆粒 | 9831／3 |
| ・大顆粒, NOS | 9831／3 |
| リンパ球増殖性疾患, NOS | 9970／1 |
| リンパ球肉腫： | |
| ・NOS[obs] | 9591／3 |
| ・びまん性[obs] | 9591／3 |
| リンパ増殖症, NK細胞慢性★ | 9831／3 |
| リンパ腫： | |
| ・NOS | 9590／3 |
| ・ALK陽性大細胞型B細胞★ | 9737／3 |
| ・BALT | 9699／3 |

| | |
|---|---|
| ・Burkitt, NOS | 9687／3 |
| ・Burkitt様 | 9687／3 |
| ・B細胞, NOS | 9591／3 |
| ・B細胞, NOS▼ | 9599／3▼ |
| ・B細胞慢性リンパ球性白血病／小リ ンパ球性（M-9670／3も参照） | 9823／3 |
| ・EBV陽性老人性 びまん性大細胞型B細胞★ | 9680／3 |
| ・HHV8関連キャッスルマン病に 発生する大細胞型B細胞★ | 9738／3 |
| ・Hodgkin, NOS | 9650／3 |
| ・Hodgkin, リンパ球減少型, NOS | 9653／3 |
| ・Hodgkin, リンパ球減少型, 細網型 | 9655／3 |
| ・Hodgkin, リンパ球減少型, びまん性 線維症性 | 9654／3 |
| ・Hodgkin, リンパ球優勢型, 結節性 | 9659／3 |
| ・Hodgkin, 結節性リンパ球優勢型 | 9659／3 |
| ・Hodgkin, 結節硬化型, 悪性度1 | 9665／3 |
| ・Hodgkin, 結節硬化型, 悪性度2 | 9667／3 |
| ・Hodgkin, 結節性硬化型, NOS | 9663／3 |
| ・Hodgkin, 結節性硬化型, 細胞期 | 9664／3 |
| ・Hodgkin, 高リンパ球型 | 9651／3 |
| ・Hodgkin, 混合細胞型, NOS | 9652／3 |
| ・MALT | 9699／3* |
| ・NK／T細胞, 鼻腔及び鼻腔型 | 9719／3 |
| ・SALT | 9699／3 |
| ・T／NK細胞 | 9719／3 |
| ・T細胞, NOS | 9702／3 |
| ・T細胞／組織球豊富型大細胞型 B細胞 ※2 ★ | 9688／3 |
| ・T細胞豊富型大細胞型B細胞▼ | 9688／3 |
| ・Tゾーン | 9702／3 |
| ・バーキット, NOS | 9687／3 |
| ・バーキット様 | 9687／3 |
| ・ホジキン, NOS | 9650／3 |
| ・ホジキン, リンパ球減少型, NOS | 9653／3 |
| ・ホジキン, リンパ球減少型, 細網型 | 9655／3 |
| ・ホジキン, リンパ球減少型, びまん性 線維症性 | 9654／3 |
| ・ホジキン, リンパ球優勢型, 結節性 | 9659／3 |
| ・ホジキン, 結節性リンパ球優勢型 | 9659／3 |

形態（リーリ）

- ホジキン, 結節硬化型, 悪性度1　9665／3
- ホジキン, 結節硬化型, 悪性度2　9667／3
- ホジキン, 結節性硬化型, NOS　9663／3
- ホジキン, 結節性硬化型, 細胞期　9664／3
- ホジキン, 高リンパ球型　9651／3
- ホジキン, 混合細胞型, NOS　9652／3
- マントル細胞　9673／3
- マントルゾーン[obs]　9673／3
- リンパ形質細胞性▼　9671／3
- リンパ類上皮性　9702／3
- びまん性大細胞性B細胞, NOS　9680／3
- ろ＜濾＞胞性, 悪性度3A★　9698／3
- ろ＜濾＞胞性, 悪性度3B★　9698／3
- 悪性, 切れ込み核型細胞, NOS
  [obs]　9591／3
- 悪性, 小切れ込み核型細胞, NOS
  [obs]　9591／3
- 肝脾T細胞★　9716／3
- 肝脾型 γσ（ガンマ・デルタ）細胞　9716／3
- 気管支関連リンパ様組織　9699／3
- 急性リンパ芽球性白血病性, NOS　9835／3
- 胸腺大細胞性B細胞（C37.9）　9679／3
- 形質芽球型　9684／3
- 形質芽細胞★　9735／3
- 形質細胞性[obs]　9671／3
- 血管性免疫芽球性[obd]　9705／3
- 血管性免疫芽球性T細胞　9705／3
- 血管中心性　9680／3
- 血管中心性T細胞[obs]　9719／3
- 血管内B細胞型　9712／3
- 血管内大細胞型B細胞（C49.9）★　9712／3★
- 原発性滲出性　9678／3
- 原発性皮膚CD4陽性小／中
  T細胞★　9709／3
- 原発性皮膚CD8陽性アグレッシブ
  表皮向性細胞傷害性T細胞★　9709／3
- 原発性皮膚CD30+大T細胞（C44._）9718／3
- 原発性皮膚ガンマデルタT細胞★　9726／3
- 原発性皮膚未分化大細胞（C44._）9718／3
- 高T細胞／高組織球大細胞性B細
  胞型　9680／3

- 高T細胞大細胞性B細胞型　9680／3*
- 高組織球大細胞性B細胞型　9680／3
- 古典的Hodgkin, リンパ球減少型,
  NOS　9653／3
- 古典的Hodgkin, リンパ球減少型,
  細網型　9655／3
- 古典的Hodgkin, リンパ球減少型,
  びまん性線維症性　9654／3
- 古典的Hodgkin, 結節硬化型, 悪性
  度1　9665／3
- 古典的Hodgkin, 結節硬化型, 悪性
  度2　9667／3
- 古典的Hodgkin, 結節性硬化型,
  NOS　9663／3
- 古典的Hodgkin, 結節性硬化型, 細
  胞期　9664／3
- 古典的Hodgkin, 高リンパ球型　9651／3
- 古典的Hodgkin, 混合細胞型, NOS 9652／3
- 古典的ホジキン, リンパ球減少型,
  NOS　9653／3
- 古典的ホジキン, リンパ球減少型,
  細網型　9655／3
- 古典的ホジキン, リンパ球減少型,
  びまん性線維症性　9654／3
- 古典的ホジキン, 結節硬化型, 悪性
  度1　9665／3
- 古典的ホジキン, 結節硬化型, 悪性
  度2　9667／3
- 古典的ホジキン, 結節性硬化型,
  NOS　9663／3
- 古典的ホジキン, 結節性硬化型, 細
  胞期　9664／3
- 古典的ホジキン, 高リンパ球型　9651／3
- 古典的ホジキン, 混合細胞型, NOS 9652／3
- 縦隔大細胞性B細胞（C38.3）　9679／3
- 絨毛リンパ球を伴う脾性（C42.2）　9689／3
- 種痘様T水疱症類似★　9725／3
- 成熟T細胞, NOS　9702／3
- 成人T細胞性　9827／3
- 節外性粘膜関連
  リンパ組織型辺縁帯★　9699／3

－ 330 －

形態（リーリ）

・節外性鼻型T細胞★ 9719／3
・節性辺縁帯▼ 9699／3
・節内性辺縁層 9699／3
・腺（C07._, C08._） 8561／0
・前駆B細胞リンパ芽球性, NOS
　（M-9836／3も参照） 9728／3
・前駆T細胞リンパ芽球性, NOS
　（M-9837／3も参照） 9729／3
・前駆細胞リンパ芽球性, NOS
　（M-9835／3も参照） 9727／3
・組織球豊富型大細胞型B細胞▼ 9680／3
・大細胞（Ki-1+）[obs] 9714／1
・単球様B細胞 9699／3
・地中海 9764／3
・中枢神経系原発びまん性大細胞型
　B細胞（C70._, C71._, C72._）★ 9680／3
・腸管症型T細胞▼ 9717／3
・腸管T細胞 9717／3
・腸症型腸管T細胞 9717／3
・腸症関連T細胞 9717／3
・粘膜関連リンパ様組織 9699／3*
・皮下脂肪組織炎様T細胞 9708／3
・脾B細胞, NOS★ 9591／3
・脾びまん性赤脾髄小B細胞★ 9591／3
・脾性辺縁層, NOS（C42.2） 9689／3
・脾性辺縁層B細胞（C42.2） 9689／3
・脾辺縁帯B細胞, NOS（C42.2）▼ 9689／3
・脾辺縁帯, NOS（C42.2）▼ 9689／3
・皮膚, NOS（C44._）[obs] 9709／3
・皮膚T細胞, NOS（C44._） 9709／3
・皮膚関連リンパ様組織 9699／3
・非ホジキン, NOS 9591／3
・皮膚原発びまん性大細胞型
　B細胞, 下肢型（C44.7）★ 9680／3
・皮膚原発濾胞中心★ 9597／3★
・びまん性大細胞型B細胞,
　慢性炎症に伴う★ 9680／3
・複合Hodgkin及びnon-Hodgkin 9596／3
・複合ホジキン及び非ホジキン 9596／3
・分類不能型B細胞,
　びまん性大細胞型B細胞リンパ腫と

バーキットリンパ腫との中間型★ 9680／3
・分類不能型B細胞, びまん性大細胞型
　B細胞リンパ腫と古典的ホジキンリンパ腫
　との中間型★ 9596／3
・辺縁層, NOS 9699／3*
・辺縁層B細胞, NOS 9699／3
・辺縁帯, NOS▼ 9699／3
・辺縁帯B細胞, NOS▼ 9699／3
・末梢性T細胞, AILD（異常たんぱく
　血症を伴う血管性免疫芽球性リン
　パ節症）型[obd] 9705／3
・末梢性T細胞, NOS 9702／3
・末梢性T細胞, 大細胞 9702／3
・末梢性T細胞, 多形性中及び大細
　胞 9702／3
・末梢性T細胞, 多形性小細胞 9702／3
・未分化大細胞, ALK陰性★ 9702／3
・未分化大細胞, ALK陽性★ 9714／3
・未分化大細胞　CD30+ 9714／3
・未分化大細胞, NOS 9714／3
・未分化大細胞, T細胞及びヌル細
　胞型 9714／3
・未分化大細胞性B細胞型 9680／3
リンパ腫の中間型を伴う分類不能型
　B細胞性リンパ腫★ 9680／3
リンパ腫様丘疹症（C44._） 9718／3
リンパ腫様肉芽腫症 9766／1
リンパ腫様乳頭のう胞腺腫（C07._, C08._）8561／0
リンパ腫様乳頭嚢胞腺腫（C07._, C08._） 8561／0
リンパ上皮癌 8082／3
リンパ上皮腫 8082／3
リンパ上皮腫様癌 8082／3
リンパ性白血病, NOS 9820／3
リンパ節症, 血管性免疫芽球性 9767／1
リンパ増殖異常症:
　・原発性皮膚CD30陽性T細胞▼ 9718／3
　・小児期全身性, EBV陽性T細胞★ 9724／3
リンパ増殖症, 有毛細胞白血病亜型★ 9591／3
リンパ肉腫細胞白血病[obs] 9820／3
リンパ類上皮性リンパ腫 9702／3

形態（リーロ）

| | | | |
|---|---|---|---|
| 隆起性皮膚線維肉腫： | | ・繊毛細胞変異型 | 8383／3 |
| ・NOS（C44._） | 8832／3 | ・分泌変異型 | 8382／3 |
| ・色素性 | 8833／3 | 類内膜腺腫： | |
| 良性のう胞腎腫（C64.9） | 8959／0 | ・NOS | 8380／0 |
| 良性線維性組織球腫 | 8830／0 | ・境界悪性 | 8380／1 |
| 良性嚢胞腎腫（C64.9） | 8959／0 | 類内膜腺線維腫： | |
| 量的に有意性のない単クローン性異常 | | ・NOS | 8381／0 |
| 　免疫グロブリン血症 | 9765／1 | ・悪性 | 8381／3 |
| 緑色腫 | 9930／3 | ・境界悪性 | 8381／1 |
| 輪状細管を伴う性索腫瘍（C56.9） | 8623／1 | 類内膜のう＜嚢＞胞腺癌 | 8380／3 |
| | | 類内膜のう＜嚢＞胞腺腫： | |

（ル）

| | | | |
|---|---|---|---|
| | | ・NOS | 8380／0 |
| 類基底細胞癌 | 8123／3 | ・境界悪性 | 8380／1 |
| 類骨骨腫： | | 類内膜のう＜嚢＞胞腺線維腫： | |
| ・NOS（C40._）（C41._） | 9191／0 | ・NOS | 8381／0 |
| ・巨大（C40._）（C41._） | 9200／0 | ・悪性 | 8381／3 |
| 類上皮MPNST | 9540／3 | ・境界悪性 | 8381／1 |
| 類上皮肝芽腫（C22.0）★ | 8970／3 | 類粘液細胞腺癌（C75.1） | 8300／3 |
| 類上皮間葉混合型肝芽腫（C22.0）★ | 8970／3 | 類粘液性癌 | 8480／3 |
| 類上皮血管腫 | 9125／0 | 類粘液性腺癌 | 8480／3 |
| 類上皮血管内皮腫： | | 類表皮癌： | |
| ・NOS | 9133／1 | ・NOS | 8070／3 |
| ・悪性 | 9133／3 | ・ゆう＜疣＞状 | 8051／3 |
| 類上皮細胞・紡錘形細胞混合黒色腫 | 8770／3 | ・角化 | 8071／3 |
| 類上皮細胞・紡錘形細胞母斑（C44._） | 8770／0 | ・間質浸潤の疑いを伴う上皮内 | 8076／2 |
| 類上皮細胞黒色腫 | 8771／3 | ・小細胞性, 非角化 | 8073／3 |
| 類上皮細胞肉腫 | 8804／3 | ・上皮内, NOS | 8070／2 |
| 類上皮細胞母斑（C44._） | 8771／0 | ・腺癌との混合癌 | 8560／3 |
| 類上皮性中皮腫： | | ・大細胞性, 非角化 | 8072／3 |
| ・NOS | 9052／3 | ・乳頭状 | 8052／3 |
| ・悪性 | 9052／3 | ・紡錘形細胞 | 8074／3 |
| ・良性 | 9052／0 | | |
| 類上皮肉腫 | 8804／3 | （レ） | |
| 類上皮平滑筋腫 | 8891／0 | レックリングハウゼン病（骨を除く） | 9540／1 |
| 類上皮平滑筋肉腫 | 8891／3 | レッテラー・ジーベ病 | 9751／3 |
| 類内膜癌, NOS | 8380／3 | レナートリンパ腫 | 9702／3 |
| 類内膜腫瘍： | | レニン産生腫瘍（C64.9） | 8361／0 |
| ・異型増殖性 | 8380／1 | レンズ形皮膚線維腫（C44._） | 8832／0 |
| ・低悪性度 | 8380／1 | | |
| 類内膜腺癌： | | （ロ） | |
| ・NOS | 8380／3 | ロゼット形成性グリア神経細胞腫瘍★ | 9509／1★ |

— 332 —

形態（ローワ）

ろ＜濾＞胞癌：
- ・NOS（C73.9） 8330／3
- ・oxyphilic細胞（C73.9） 8290／3
- ・高分化（C73.9） 8331／3
- ・好酸性細胞（C73.9） 8290／3
- ・索状（C73.9） 8332／3
- ・中分化（C73.9） 8332／3
- ・微少浸潤性（C73.9） 8335／3
- ・被胞性（C73.9） 8335／3

**ろ＜濾＞胞性樹状細胞腫瘍** **9758／3**

**ろ＜濾＞胞性樹状細胞肉腫** **9758／3**

ろ＜濾＞胞性リンパ腫：
- ・NOS（M-9675／3も参照） 9690／3
- ・悪性度1 9695／3
- ・悪性度2 9691／3
- ・悪性度3 9698／3
- ・悪性度3A★ 9698／3
- ・悪性度3B★ 9698／3

ろ＜濾＞胞腺癌：
- ・NOS（C73.9） 8330／3
- ・高分化（C73.9） 8331／3
- ・索状（C73.9） 8332／3
- ・中分化（C73.9） 8332／3

ろ＜濾＞胞腺腫：
- ・NOS（C73.9） 8330／0
- ・oxyphilic細胞（C73.9） 8290／0
- ・異型（C73.9） 8330／1
- ・好酸性細胞（C73.9） 8290／0

## （ワ）

ワルチン腫瘍（C07._, C08._） 8561／0

ワルデンストレームマクログロブリン血
症（C42.0）（M-9671／3も参照） 9761／3

---

\* アメリカのみ使用（1995-2000）

\*\* アメリカのみ使用（1998-2000）

# ALPHABETIC INDEX

NOS - Not Otherwise Specified

## A

### Abdomen
| | |
|---|---|
| C76.2 | NOS |
| C47.4 | autonomic nervous system |
| C49.4 | connective tissue |
| C49.4 | muscle |
| C47.4 | peripheral nerve |
| C44.5 | skin |
| C49.4 | subcutaneous tissue |

| | |
|---|---|
| M-8822/1 | Abdominal desmoid |
| M-8822/1 | Abdominal fibromatosis |

### Abdominal
| | |
|---|---|
| C49.4 | aorta |
| C15.2 | esophagus |
| C77.2 | lymph node |
| C49.4 | vena cava |

### Abdominal wall
| | |
|---|---|
| C76.2 | NOS |
| C44.5 | NOS (carcinoma, melanoma, nevus) |
| C49.4 | NOS (sarcoma, lipoma) |
| C49.4 | adipose tissue |
| C47.4 | autonomic nervous system |
| C49.4 | connective tissue |
| C49.4 | fatty tissue |
| C49.4 | fibrous tissue |
| C49.4 | muscle |
| C47.4 | peripheral nerve |
| C49.4 | skeletal muscle |
| C44.5 | skin |
| C49.4 | soft tissue |
| C49.4 | subcutaneous tissue |

| | |
|---|---|
| C72.5 | Abducens nerve |

| | |
|---|---|
| M-9871/3 | Abnormal marrow eosinophils, acute myeloid leukemia with *(includes all variants)* |
| M-9871/3 | Abnormal marrow eosinophils, acute myelomonocytic leukemia with *(includes all variants)* |
| M-8075/3 | Acantholytic squamous cell carcinoma |
| M------ | Acanthoma, clear cell *(see SNOMED)* |
| M------ | Acanthosis nigricans *(see SNOMED)* |

### Accessory
| | |
|---|---|
| C31.9 | nasal sinus |
| C72.5 | nerve, NOS |
| C72.5 | nerve, spinal |
| C31.9 | sinus, NOS |
| C31.9 | sinus, nasal |

| | |
|---|---|
| C41.4 | Acetabulum |

| | |
|---|---|
| M-8730/0 | Achromic nevus (C44._) |

### Acidophil
| | |
|---|---|
| M-8280/3 | adenocarcinoma (C75.1) |
| M-8280/0 | adenoma (C75.1) |
| M-8280/3 | carcinoma (C75.1) |

| | |
|---|---|
| M-8281/0 | Acidophil-basophil adenoma, mixed (C75.1) |
| M-8281/3 | Acidophil-basophil carcinoma, mixed (C75.1) |

### Acinar
| | |
|---|---|
| M-8550/3 | adenocarcinoma |
| M-8550/0 | adenoma |
| M-8550/3 | carcinoma |

| | |
|---|---|
| M-8154/3 | Acinar-endocrine carcinoma, mixed (C25._) |

### Acinar cell
| | |
|---|---|
| M-8550/0 | adenoma |
| M-8550/3 | carcinoma |
| M-8551/3 | cystadenocarcinoma |
| M-8550/1 | tumor [obs] |

### Acinic cell
| | |
|---|---|
| M-8550/3 | adenocarcinoma |
| M-8550/0 | adenoma |
| M-8550/1 | tumor [obs] |

| | |
|---|---|
| C72.4 | Acoustic nerve |

| | |
|---|---|
| M-9560/0 | Acoustic neuroma (C72.4) |
| M-9161/0 | Acquired tufted hemangioma |
| M-8744/3 | Acral lentiginous melanoma, malignant (C44._) |

| | |
|---|---|
| C40.0 | Acromioclavicular joint |

| | |
|---|---|
| M-8402/0 | Acrospiroma, eccrine (C44._) |

— 335 —

Alphabetic Index "A" (continued)

M------- Actinic keratosis *(see SNOMED)*

### Acute
| | |
|---|---|
| M-9840/3 | erythremia (C42.1) [obs] |
| M-9840/3 | erythremic myelosis (C42.1) [obs] |
| M-9931/3 | myelofibrosis (C42.1) |
| M-9931/3 | myelosclerosis, NOS (C42.1) |
| M-9931/3 | panmyelosis, NOS (C42.1) [obs] |
| M-9931/3 | panmyelosis with myelofibrosis (C42.1) |
| M-9754/3 | progressive histiocytosis X |

### Adamantinoma
| | |
|---|---|
| M-9310/0 | NOS *(except of long bones M-9261/3)* (C41._) |
| M-9261/3 | long bones (C40._) |
| M-9310/3 | malignant *(except of long bones M-9261/3)* (C41._) |
| M-9261/3 | tibial (C40.2) |

M-9351/1 Adamantinomatous craniopharyngioma (C75.2)
M-8570/3 Adenoacanthoma
M-9300/0 Adenoameloblastoma (C41._)

### Adenocarcinofibroma
| | |
|---|---|
| M-8313/3 | clear cell (C56.9) |
| M-9015/3 | mucinous |
| M-9014/3 | serous |

M-8245/3 Adenocarcinoid tumor

### Adenocarcinoma *(see also carcinoma)*
| | |
|---|---|
| M-8140/3 | NOS |
| M-8140/6 | NOS, metastatic |
| M-8160/3 | NOS, 《C22.1》▼ |
| M-8280/3 | acidophil (C75.1) |
| M-8550/3 | acinar |
| M-8550/3 | acinic cell |
| M-8370/3 | adrenal cortical (C74.0) |
| M-8251/3 | alveolar (C34._) |
| M-8215/3 | anal ducts (C21.1) |
| M-8215/3 | anal glands (C21.1) |
| M-8244/3 | and carcinoid, combined |
| M-8560/3 | and epidermoid carcinoma, mixed |
| M-8560/3 | and squamous cell carcinoma, mixed |
| M-8401/3 | apocrine |
| M-8500/2 | apocrine, in situ (breast)▼ |
| M-8147/3 | basal cell (C07._, C08._) |
| M-8300/3 | basophil (C75.1) |
| M-8160/3 | bile duct (C22.1, C24.0) |

### *Adenocarcinoma, continued*
| | |
|---|---|
| M-8250/3 | bronchiolar (C34.1) |
| M-8250/3 | bronchiolo-alveolar, NOS (C34._) |
| M-8420/3 | ceruminous (C44.2) |
| M-8270/3 | chromophobe (C75.1) |
| M-8310/3 | clear cell, NOS |
| M-8310/3 | clear cell, mesonephroid |
| M-8480/3 | colloid |

Combined
| | |
|---|---|
| M-8244/3 | carcinoid and adenocarcinoma |
| M-8244/3 | mixed carcinoid and adenocarcinoma★ |
| M-8045/3 | small cell-adenocarcinoma (C34._) |
| M-8255/3 | with other types of carcinoma |

| | |
|---|---|
| M-8201/3 | cribriform comedo-type (C18._, C19.9, C20.9)★ |
| M-8200/3 | cylindroid |
| M-8145/3 | diffuse type (C16._) |
| M-8408/3 | digital papillary (C44._) |
| M-8500/3 | duct, NOS (C50._) |
| M-8500/3 | duct, infiltrating (C50._) |
| M-8413/3 | eccrine, NOS (C44._) |
| M-8408/3 | eccrine papillary (C44._) |
| M-9070/3 | embryonal |
| M-8384/3 | endocervical type |

Endometrioid
| | |
|---|---|
| M-8380/3 | NOS |
| M-8383/3 | ciliated cell variant |
| M-8382/3 | secretory variant |

| | |
|---|---|
| M-8280/3 | eosinophil (C75.1) |
| M-8154/3 | exocrine and islet cell, mixed (C25._) |
| M-8333/3 | fetal (C73.9) |

Follicular
| | |
|---|---|
| M-8330/3 | NOS (C73.9) |
| M-8340/3 | and papillary (C73.9) |
| M-8332/3 | moderately differentiated (C73.9) |
| M-8332/3 | trabecular (C73.9) |
| M-8331/3 | well differentiated (C73.9) |

| | |
|---|---|
| M-8480/3 | gelatinous [obs] |
| M-8320/3 | granular cell |
| M-8576/3 | hepatoid |
| M-8290/3 | Hurthle cell (C73.9) |
| M-8210/3 | in a polyp, NOS |
| M-8210/3 | in adenomatous polyp |

— 336 —

Alphabetic Index "A" (continued)

*Adenocarcinoma, continued*

| | |
|---|---|
| M-8220/3 | in adenomatous polyposis coli (C18._) |
| M-8221/3 | in multiple adenomatous polyps |
| M-8210/3 | in polypoid adenoma |

In situ

| | |
|---|---|
| M-8140/2 | NOS |
| M-8500/2 | apocrine (breast)★ |
| M-8210/2 | in a polyp, NOS |
| M-8210/2 | in adenomatous polyp |
| M-8210/2 | in polypoid adenoma |
| M-8210/2 | in tubular adenoma |
| M-8263/2 | in tubulovillous adenoma |
| M-8261/2 | in villous adenoma |

| | |
|---|---|
| M-8210/3 | in tubular adenoma |
| M-8263/3 | in tubulovillous adenoma |
| M-8261/3 | in villous adenoma |
| M-8503/3 | infiltrating and papillary |
| M-8500/3 | infiltrating duct (C50._) |
| M-8530/3 | inflammatory (C50._) |
| M-8144/3 | intestinal type   (C16._) |
| M-8504/3 | intracystic papillary |

Intraductal

| | |
|---|---|
| M-8500/2 | noninfiltrating, NOS |
| M-8503/2 | noninfiltrating,   papillary (C50._) |
| M-8503/2 | papillary, NOS (C50._) |
| M-8503/3 | papillary, with invasion (C50._) |

| | |
|---|---|
| M-8150/3 | islet cell (C25._) |
| M-8154/3 | islet cell and exocrine, mixed (C25._) |
| M-8520/3 | lobular (C50._) |
| M-8525/3 | low grade, polymorphous |
| M-8510/3 | medullary |
| M-9110/3 | mesonephric |
| M-8310/3 | mesonephroid, clear cell |

Mixed

| | |
|---|---|
| M-8560/3 | adenocarcinoma and epidermoid carcinoma |
| M-8560/3 | adenocarcinoma and squamous cell carcinoma |
| M-8244/3 | carcinoid-adenocarcinoma |
| M-8323/3 | cell |
| M-8244/3 | combined carcinoid and adenocarcinoma★ |
| M-8154/3 | endocrine and exocrine (C25._)★ |
| M-8154/3 | islet cell and exocrine (C25._)☆ |

*Adenocarcinoma, continued*

| | |
|---|---|
| M-8480/3 | mucinous, NOS |
| M-8482/3 | mucinous, endocervical type |
| M-8481/3 | mucin-producing |
| M-8481/3 | mucin-secreting |
| M-8480/3 | mucoid |
| M-8300/3 | mucoid cell (C75.1) |
| M-8480/3 | mucous |
| M-8350/3 | nonencapsulated sclerosing (C73.9) |
| M-8500/2 | noninfiltrating, intraductal, NOS |
| M-8503/2 | noninfiltrating, intraductal, papillary (C50._) |
| M-8290/3 | oncocytic |
| M-8290/3 | oxyphilic |
| M-8163/3★ | pancreatobiliary type (C24.1) ★ |

Papillary

| | |
|---|---|
| M-8260/3 | NOS |
| M-8340/3 | and follicular (C73.9) |
| M-8503/3 | and infiltrating (C50._) |
| M-8408/3 | digital (C44._) |
| M-8408/3 | eccrine (C44._) |
| M-8340/3 | follicular variant (C73.9) |
| M-8503/3 | infiltrating (C50._) |
| M-8504/3 | intracystic |
| M-8503/2 | intraductal, NOS (C50._) |
| M-8503/2 | intraductal, noninfiltrating (C50._) |
| M-8503/3 | intraductal, with invasion   (C50._) |
| M-8460/3 | serous (C56.9) |

| | |
|---|---|
| M-8450/3 | papillocystic |
| M-8263/3 | papillotubular |
| M-8214/3 | parietal cell (C16._) |
| M-8525/3 | polymorphous low grade |
| M-8470/3 | pseudomucinous (C56.9) |
| M-8312/3 | renal cell (C64.9) |
| M-8141/3 | scirrhous |
| M-8350/3 | sclerosing, nonencapsulated (C73.9) |
| M-8410/3 | sebaceous (C44._) |
| M-8441/3 | serous, NOS |
| M-8460/3 | serous, papillary (C56.9) |
| M-8213/3★ | serrated★ |
| M-8490/3 | signet ring cell |
| M-8230/3 | solid, with mucin formation |
| M-8143/3 | superficial spreading |
| M-8400/3 | sweat gland (C44._) |
| M-8525/3 | terminal duct |
| M-8190/3 | trabecular |
| M-8211/3 | tubular |
| M-8263/3 | tubulopapillary |

— 337 —

Alphabetic Index "A" (continued)

### Adenocarcinoma, continued

| | |
|---|---|
| M-8262/3 | villous |
| M-8322/3 | water-clear cell (C75.0) |
| M-8573/3 | with apocrine metaplasia |
| M-8571/3 | with cartilaginous and osseous metaplasia |
| M-8571/3 | with cartilaginous metaplasia |
| M-8255/3 | with mixed subtypes |
| M-8574/3 | with neuroendocrine differentiation |
| M-8571/3 | with osseous metaplasia |
| M-8255/3 | with other types of carcinoma, combined |
| M-8572/3 | with spindle cell metaplasia |
| M-8570/3 | with squamous metaplasia |
| | |
| M-8200/3 | Adenocystic carcinoma |

### Adenofibroma

| | |
|---|---|
| M-9013/0 | NOS |
| M-8313/0 | clear cell (C56.9) |
| M-8313/1 | clear cell, of borderline malignancy (C56.9) |

Endometrioid

| | |
|---|---|
| M-8381/0 | NOS |
| M-8381/1 | borderline malignancy |
| M-8381/3 | malignant |

| | |
|---|---|
| M-9015/0 | mucinous |
| M-9015/1 | mucinous, of borderline malignancy |
| M-8965/0 | nephrogenic (C64.9) |
| M-9013/0 | papillary |

Serous

| | |
|---|---|
| M-9014/0 | NOS |
| M-9014/1 | borderline malignancy |
| M-9014/3 | malignant |

M------- Adenofibrosis *(see SNOMED)*

C11.1     Adenoid

### Adenoid

| | |
|---|---|
| M-8098/3 | basal carcinoma (C53._) |
| M-8200/3 | cystic carcinoma |
| M-8075/3 | squamous cell carcinoma |

| | |
|---|---|
| M-8100/0 | Adenoides cysticum, epithelioma (C44._) |
| M-8324/0 | Adenolipoma |
| M-8561/0 | Adenolymphoma (C07._, C08._) |

### Adenoma

| | |
|---|---|
| M-8140/0 | NOS |
| M-8280/0 | acidophil (C75.1) |
| M-8281/0 | acidophil-basophil, mixed (C75.1) |
| M-8550/0 | acinar |
| M-8550/0 | acinar cell |
| M-8550/0 | acinic cell |
| M-8210/3 | adenocarcinoma in polypoid |

Adrenal cortical

| | |
|---|---|
| M-8370/0 | NOS (C74.0) |
| M-8373/0 | clear cell (C74.0) |
| M-8371/0 | compact cell (C74.0) |
| M-8374/0 | glomerulosa cell (C74.0) |
| M-8375/0 | mixed cell (C74.0) |
| M-8372/0 | pigmented (C74.0) |

| | |
|---|---|
| M-8408/1 | aggressive digital papillary (C44._) |
| M-8251/0 | alveolar (C34._) |
| M-8401/0 | apocrine |
| M-8140/1 | atypical |
| M-8147/0 | basal cell (C07._, C08._) |
| M-8300/0 | basophil (C75.1) |
| M-8281/0 | basophil-acidophil, mixed (C75.1) |
| M-8151/0 | beta cell (C25._) |
| M-8160/0 | bile duct (C22.1, C24.0) |
| M-8372/0 | black (C74.0) |

Bronchial

| | |
|---|---|
| M-8140/1 | NOS (C34._) |
| M-8240/3 | carcinoid (C34._) |
| M-8200/3 | cylindroid (C34._) |

| | |
|---|---|
| M-8149/0 | canalicular |
| M-8420/0 | ceruminous (C44.2) |
| M-8321/0 | chief cell (C75.0) |
| M-8270/0 | chromophobe (C75.1) |
| M-8310/0 | clear cell |
| M-8334/0 | colloid (C73.9) |
| M-8408/1 | digital papillary, aggressive (C44._) |
| M-8503/0 | duct, NOS |
| M-8408/0 | eccrine papillary (C44._) |
| M-8191/0 | embryonal |
| M-8380/0 | endometrioid, NOS |
| M-8380/1 | endometrioid, borderline malignancy |
| M-8280/0 | eosinophil (C75.1) |
| M-8333/0 | fetal (C73.9) |
| M-8212/0 | flat |

— 338 —

Alphabetic Index "A" (continued)

## Adenoma, continued

Follicular

| M-8330/0 | NOS (C73.9) |
| M-8330/1 | atypical (C73.9) |
| M-8290/0 | oxyphilic cell (C73.9) |

| M-8170/0 | hepatocellular (C22.0) |
| M-8290/0 | Hurthle cell (C73.9) |
| M-8504/0 | intracystic, papillary |
| M-8453/0 | intraductal papillary-mucinous (C25._) |
| M-8150/0 | islet cell (C25._)☆ |
| M-8204/0 | lactating (C50._) |
| M-8170/0 | liver cell (C22.0) |
| M-8334/0 | macrofollicular (C73.9) |
| M-9110/0 | mesonephric |
| M-8325/0 | metanephric (C64.9) |
| M-8202/0 | microcystic, NOS (C25._) |
| M-8441/0 | microcystic, serous |
| M-8333/0 | microfollicular (C73.9) |
| M-8281/0 | mixed acidophil-basophil (C75.1) |
| M-8323/0 | mixed cell |
| M-8146/0 | monomorphic |
| M-8480/0 | mucinous |
| M-8453/0 | mucinous-papillary, intraductal (C25._) |
| M-8300/0 | mucoid cell (C75.1) |
| M-8982/0 | myoepithelial |
| M-8506/0 | nipple (C50.0) |
| M-8290/0 | oncocytic |
| M-8290/0 | oxyphilic |
| M-8290/0 | oxyphilic cell follicular (C73.9) |

Papillary

| M-8260/0 | NOS |
| M-8408/1 | aggressive digital (C44._) |
| M-8408/0 | eccrine (C44._) |
| M-8504/0 | intracystic |

| M-8453/0 | papillary-mucinous, intraductal (C25._) |
| M-8263/0 | papillotubular |
| M-8640/1 | Pick tubular |
| M-8372/0 | pigmented (C74.0) |
| M-8272/0 | pituitary, NOS (C75.1) |
| M-8940/0 | pleomorphic |
| M-8941/3 | pleomorphic, carcinoma in (C07._,C08._) |

Polypoid

| M-8210/0 | NOS |
| M-8210/3 | adenocarcinoma in |
| M-8210/2 | adenocarcinoma in situ in |

## Adenoma, continued

| M-8410/0 | sebaceous (C44._) |
| M------- | sebaceum (see SNOMED) |
| M-8213/0 | serrated (C18._) |
| M-8441/0 | serous microcystic |
| M-8640/1 | Sertoli cell |
| M-8213/0 | Sessile serrated★ |
| M-8390/0 | skin appendage (C44._) |
| M-8400/0 | sweat gland (C44._) |
| M-8640/1 | testicular |
| M-8190/0 | trabecular |
| M-8336/0 | trabecular, hyalinizing (C73.9) |
| M-8213/0 | traditional serrated★ |
| M-8213/0 | traditional sessile serrated★ |

Tubular

| M-8211/0 | NOS |
| M-8210/3 | adenocarcinoma in |
| M-8210/2 | adenocarcinoma in situ in |
| M-8640/1 | Pick |

| M-8263/0 | tubulo-papillary★ |

Tubulovillous

| M-8263/0 | NOS |
| M-8263/3 | adenocarcinoma in |
| M-8263/2 | adenocarcinoma in situ in |

| M-8263/0 | villoglandular |

Villous

| M-8261/0 | NOS |
| M-8261/3 | adenocarcinoma in |
| M-8261/2 | adenocarcinoma in situ in |

| M-8322/0 | water-clear cell (C75.0) |
| M-9110/0 | Wolffian duct |

| M-8360/1 | Adenomas, multiple, endocrine |
| M-9054/0 | Adenomatoid tumor, NOS |
| M-9300/0 | Adenomatoid tumor, odontogenic (C41._) |

## Adenomatosis

| M-8220/0 | NOS |
| M-8360/1 | endocrine |
| M------- | fibrosing (see SNOMED) |
| M-8150/0 | islet cell (C25._) |
| M-8250/1 | pulmonary (C34._) |

— 339 —

## Alphabetic Index "A" (continued)

### Adenomatous

| | |
|---|---|
| M-8213/0 | and hyperplastic polyp, mixed (C18._) |
| M------- | goiter (see SNOMED) |
| M------- | hyperplasia (see SNOMED) |
| | Polyp |
| M-8210/0 | NOS |
| M-8210/3 | adenocarcinoma in |
| M-8210/2 | adenocarcinoma in situ in |
| M-8210/3 | carcinoma in |
| M-8210/2 | carcinoma in situ in |
| M-8213/0 | mixed, and hyperplastic (C18._) |
| M-8220/0 | polyposis coli (C18._) |
| M-8220/3 | polyposis coli, adenocarcinoma in (C18._) |
| M-8221/0 | polyps, multiple |
| M-8221/3 | polyps, multiple, adenocarcinoma in |

| | |
|---|---|
| M-8983/0 | Adenomyoepithelioma (C50._) |
| M-8932/0 | Adenomyoma |
| M-8932/0 | Adenomyoma, atypical polypoid |
| M------- | Adenomyomatous hyperplasia (see SNOMED) |
| M------- | Adenomyosis, NOS (see SNOMED) |
| M-8933/3 | Adenosarcoma |

### Adenosis

| | |
|---|---|
| M------- | NOS (see SNOMED) |
| M------- | fibrosing (see SNOMED) |
| M------- | florid (see SNOMED) |
| M------- | sclerosing (see SNOMED) |
| M-8560/3 | Adenosquamous carcinoma |

### Adipose tissue

| | |
|---|---|
| C49.9 | NOS |
| C49.4 | abdominal wall |
| C49.1 | antecubital space |
| C49.1 | arm |
| C49.3 | axilla |
| C49.6 | back |
| C49.5 | buttock |
| C49.2 | calf |
| C49.0 | cervical region |
| C49.0 | cheek |
| C49.3 | chest wall |
| C49.0 | face |
| C49.6 | flank |
| C49.2 | foot |

### Adipose tissue, continued

| | |
|---|---|
| C49.1 | forearm |
| C49.5 | gluteal region |
| C49.5 | groin |
| C49.1 | hand |
| C49.0 | head |
| C49.2 | hip |
| C49.3 | infraclavicular region |
| C49.5 | inguinal region |
| C49.2 | knee |
| C49.2 | leg |
| C49.0 | neck |
| C49.2 | popliteal space |
| C49.5 | sacrococcygeal region |
| C49.0 | scalp |
| C49.3 | scapular region |
| C49.1 | shoulder |
| C49.0 | supraclavicular region |
| C49.0 | temple |
| C49.2 | thigh |
| C49.3 | thoracic wall |
| C49.6 | trunk, NOS |

| | |
|---|---|
| C57.4 | Adnexa, NOS |
| C57.4 | Adnexa, uterine |

### Adnexal

| | |
|---|---|
| M-8390/3 | carcinoma (C44._) |
| M-8407/3 | microcystic, carcinoma (C44._) |
| M-8390/0 | tumor, benign (C44._) |

### Adrenal cortical

| | |
|---|---|
| M-8370/3 | adenocarcinoma (C74.0) |
| | Adenoma |
| M-8370/0 | NOS (C74.0) |
| M-8373/0 | clear cell (C74.0) |
| M-8371/0 | compact cell (C74.0) |
| M-8374/0 | glomerulosa cell (C74.0) |
| M-8375/0 | mixed cell (C74.0) |
| M-8372/0 | pigmented (C74.0) |
| M-8370/3 | carcinoma (C74.0) |
| | Tumor |
| M-8370/0 | NOS (C74.0) |
| M-8370/0 | benign (C74.0) |
| M-8370/3 | malignant (C74.0) |

Alphabetic Index "A" (continued)

## Adrenal gland
C74.9     NOS
C74.0     cortex
C74.1     medulla

M-8700/0 Adrenal medullary paraganglioma (C74.1)
M-8700/3 Adrenal medullary paraganglioma, malignant
          (C74.1)
M-8671/0 Adrenal rest tumor

## Adult
M-9080/0     cystic teratoma
M-8904/0     rhabdomyoma
M-9080/0     teratoma, NOS
M-9080/0     teratoma, cystic
M-8620/1     type, granulosa cell tumor (C56.9)
M-8901/3     type, pleomorphic rhabdomyosarcoma

## Adult T-cell
M-9827/3     leukemia *(includes all variants)*
M-9827/3     leukemia/lymphoma (HTLV-1 positive)
          *(includes all variants)*
M-9827/3     lymphoma *(includes all variants)*
M-9827/3     lymphoma/leukemia *(includes all*
          *variants)*

## Aggressive
M-8841/1     angiomyxoma
M-8408/1     digital papillary adenoma (C44._)
M-8821/1     fibromatosis
M-9948/3     NK-cell leukemia
M-9200/1     osteoblastoma (C40._, C41._)
M-8408/1     papillary adenoma, digital (C44._)

M-9961/3 Agnogenic myeloid metaplasia
M-9767/1 AIL (Angioimmunoblastic
          lymphadenopathy)
M-9705/3 AILD, peripheral T-cell lymphoma
          (Angioimmunoblastic Lymphadenopathy
          with Dysproteinemia) [obs]
M-8077/2 AIN III (C21.1)

C44.3     Ala nasi
C26.9     Alimentary tract, NOS

## ALL
M-9826/3     B *(see also M-9687/3)*
M-9836/3     c *(see also M-9728/3)*
M-9836/3     common precursor B *(see also*
          *M-9728/3)*

## ALL, continued
M-9837/3     cortical T *(see also M-9729/3)*
M-9837/3     mature T *(see also M-9729/3)*
M-9836/3     Pre-B   *(see also M-9728/3)*
M-9836/3     Pre-pre-B *(see also M-9728/3)*
M-9837/3     Pre-T *(see also M-9729/3)*
M-9836/3     Pro-B *(see also M-9728/3)*
M-9837/3     Pro-T *(see also M-9729/3)*

## Alpha
M-8152/1     cell tumor, NOS (C25._)
M-8152/3     cell tumor, malignant (C25._)
M-9762/3     heavy chain disease

## Alveolar
M-8251/3     adenocarcinoma (C34._)
M-8251/0     adenoma (C34._)
M-8902/3     and embryonal rhabdomyosarcoma,
          mixed
M-8251/3     carcinoma (C34._)
M-8250/3     cell carcinoma (C34._)
M-8920/3     rhabdomyosarcoma
M-8902/3     rhabdomyosarcoma and embryonal
          rhabdomyosarcoma, mixed
M-9581/3     soft part sarcoma
M-9133/3     tumor, intravascular bronchial (C34._)
          [obs]

## Alveolar mucosa
C03.9     NOS
C03.1     lower
C03.0     upper

## Alveolar ridge mucosa
C03.9     NOS
C03.1     lower
C03.0     upper

C06.1     Alveolar sulcus

## Alveolus
C03.9     NOS
C03.1     lower
C03.0     upper

M-8745/3 Amelanotic desmoplastic melanoma (C44._)
M-8730/3 Amelanotic melanoma (C44._)

## Ameloblastic
M-9270/3     carcinoma (C41._)

— 341 —

Alphabetic Index "A" (continued)

### Ameloblastic, continued

M-9271/0    fibrodentinoma (C41._)
M-9290/3    fibrodentinosarcoma (C41._)
M-9330/0    fibroma (C41._)
M-9290/0    fibro-odontoma (C41._)
M-9290/3    fibro-odontosarcoma (C41._)
M-9330/3    fibrosarcoma (C41._)
M-9290/3    odontosarcoma (C41._)
M-9330/3    sarcoma (C41._)

M-9310/0 Ameloblastoma, NOS (C41._)
M-9310/3 Ameloblastoma, malignant (C41._)
M------- AML *(see leukemia, AML)*

C24.1    Ampulla of Vater
C20.9    Ampulla, rectal

M------- Amputation neuroma *(see SNOMED)*
M-8345/3 Amyloid stroma, medullary carcinoma with (C73.9)
M------- Amyloid tumor *(see SNOMED)*
M-9769/1 Amyloidosis, primary

C21.1    Anal canal
C21.1    Anal sphincter

M-8215/3 Anal ducts adenocarcinoma (C21.1)
M-8215/3 Anal glands adenocarcinoma (C21.1)
M-8077/2 Anal intraepithelial neoplasia, grade III (C21.1)
M----/-4 Anaplastic *(see grading code, page 30)*

### Anaplastic

M-9401/3    astrocytoma (C71._)
M-8021/3    carcinoma, NOS
M-9390/3    choroid plexus papilloma (C71.5)
M-9392/3    ependymoma (C71._)
M-9505/3    ganglioglioma
M-9082/3    malignant teratoma
M-9530/3    meningioma (C70._)
M-9382/3    oligoastrocytoma (C71._)
M-9451/3    oligodendroglioma (C71._)
M-9062/3    seminoma (C62._)
M-9082/3    teratoma, malignant

M-9560/0 Ancient schwannoma

### Androblastoma

M-8630/1    NOS
M-8630/0    benign

### Androblastoma, continued

M-8630/3    malignant
M-8640/1    tubular, NOS
M-8641/0    tubular, with lipid storage (C56.9)

### Anemia

M-9980/3    refractory, NOS (C42.1)
M-9983/3    refractory, with excess blasts (RAEB) (C42.1)
M-9984/3    refractory, with excess blasts in transformation (RAEB-T) (C42.1) [obs]
M-9982/3    refractory, with ringed sideroblasts (RARS) (C42.1)
M-9982/3★    refractory, with ring sideroblasts associated with marked thrombocytosis★
M-9982/3    refractory, with sideroblasts (C42.1)
M-9980/3    refractory, without sideroblasts (C42.1)

M------- Aneurysmal bone cyst *(see SNOMED)*
M-9535/0 Angioblastic meningioma (C70._) [obs]
M-9161/1 Angioblastoma
M-9766/1 Angiocentric immunoproliferative lesion

### Angioendothelioma

M-9130/1    NOS
M-9135/1    endovascular papillary
M-9130/1    spindle cell

M-9680/3 Angioendotheliomatosis

### Angiofibroma

M-9160/0    NOS
M-9160/0    cellular
M-9160/0    giant cell
M-9160/0    juvenile

M------- Angiofollicular hyperplasia, benign *(see SNOMED)*
M-9705/3 Angioimmunoblastic Lymphadenopathy with Dysproteinemia (AILD), peripheral T-cell lymphoma [obs]
M-9767/1 Angioimmunoblastic lymphadenopathy (AIL)
M-9141/0 Angiokeratoma
M-8894/0 Angioleiomyoma
M-8861/0 Angiolipoma, NOS
M-8856/0 Angiolipoma, infiltrating
M-9120/0 Angioma, NOS

— 342 —

Alphabetic Index "A" (continued)

M------- Angioma, spider *(see SNOMED)*
M-8836/1 Angiomatoid fibrous histiocytoma
M------- Angiomatosis, NOS *(see SNOMED)*
M------- Angiomatous lymphoid hamartoma *(see SNOMED)*
M-9534/0 Angiomatous meningioma (C70._)
M-8826/0 Angiomyofibroblastoma
M-8860/0 Angiomyolipoma
M-8894/0 Angiomyoma
M-8894/3 Angiomyosarcoma
M-8841/1 Angiomyxoma
M-8841/1 Angiomyxoma, aggressive
M-9120/3 Angiosarcoma

### Ankle
| | |
|---|---|
| C76.5 | NOS |
| C44.7 | NOS (carcinoma, melanoma, nevus) |
| C49.2 | NOS (sarcoma, lipoma) |
| C47.2 | autonomic nervous system |
| C40.3 | bone |
| C49.2 | connective tissue |
| C49.2 | fibrous tissue |
| C40.3 | joint |
| C47.2 | peripheral nerve |
| C44.7 | skin |
| C49.2 | soft tissue |
| C49.2 | subcutaneous tissue |
| C49.2 | tendon |
| C49.2 | tendon sheath |

M-9363/0 Anlage tumor, retinal
M-8623/1 Annular tubules, sex cord tumor with (C56.9)

| | |
|---|---|
| C21.8 | Anorectal junction |
| C21.8 | Anorectum |

### Antecubital space
| | |
|---|---|
| C76.4 | NOS |
| C44.6 | NOS (carcinoma, melanoma, nevus) |
| C49.1 | NOS (sarcoma, lipoma) |
| C49.1 | adipose tissue |
| C47.1 | autonomic nervous system |
| C49.1 | connective tissue |
| C49.1 | fatty tissue |
| C49.1 | fibrous tissue |
| C47.1 | peripheral nerve |
| C44.6 | skin |
| C49.1 | soft tissue |
| C49.1 | subcutaneous tissue |

### Anterior
| | |
|---|---|
| C71.9 | cranial fossa |
| C04.0 | floor of mouth |
| C38.1 | mediastinum |
| C10.1 | surface of epiglottis |

### Anterior tongue
| | |
|---|---|
| C02.3 | NOS |
| C02.0 | dorsal surface |
| C02.2 | ventral surface |

### Anterior 2/3 of tongue
| | |
|---|---|
| C02.3 | NOS |
| C02.0 | dorsal surface |
| C02.2 | ventral surface |

### Anterior wall
| | |
|---|---|
| C67.3 | bladder |
| C11.3 | nasopharynx |
| C16.8 | stomach, NOS *(not classifiable to C16.0 to C16.4)* |

### Antrum
| | |
|---|---|
| C31.0 | NOS |
| C16.3 | gastric |
| C30.1 | mastoid |
| C31.0 | maxillary |
| C16.3 | pyloric |
| C16.3 | stomach |

| | |
|---|---|
| C21.0 | Anus, NOS *(excludes skin of anus and perianal skin C44.5)* |
| C44.5 | Anus, skin |
| C49.3 | Aorta, NOS |
| C49.4 | Aorta, abdominal |
| C75.5 | Aortic body |

M-8691/1 Aortic body paraganglioma (C75.5)
M-8691/1 Aortic body tumor (C75.5)

C77.2     Aortic lymph node

M-8691/1 Aorticopulmonary paraganglioma (C75.5)

### Apocrine
| | |
|---|---|
| M-8401/3 | adenocarcinoma |
| M-8500/2 | adenocarcinoma, in situ(breast)★ |
| M-8401/0 | adenoma |
| M-8401/0 | cystadenoma |
| M-8573/3 | metaplasia, adenocarcinoma with |

— 343 —

Alphabetic Index "A" (continued)

### Apocrine, continued
M-8573/3     metaplasia, carcinoma with

M-9044/3 Aponeuroses and tendons, clear cell
    sarcoma, (C49._)

### Aponeurosis
C49.9     NOS
C49.1     palmar
C49.2     plantar

M------ Aponeurotic fibroma, juvenile *(see*
    *SNOMED)*
-------- Appendage *(see skin appendage)*

C18.1     Appendix

M-8248/1 Apudoma

### Arachnoid
C70.9     NOS
C70.0     intracranial
C70.1     spinal

M-9471/3 Arachnoidal cerebellar sarcoma,
    circumscribed (C71.6) [obs]

C50.0     Areola

M-8240/1 Argentaffin carcinoid tumor, NOS
M-8241/3 Argentaffin carcinoid tumor, malignant
    *(except of appendix M-8240/1)*
M-8240/1 Argentaffinoma, NOS [obs]
M-8241/3 Argentaffinoma, malignant [obs]

### Arm
C76.4     NOS
C44.6     NOS (carcinoma, melanoma, nevus)
C49.1     NOS (sarcoma, lipoma)
C49.1     adipose tissue
C47.1     autonomic nervous system
C40.0     bone
C49.1     connective tissue
C49.1     fatty tissue
C49.1     fibrous tissue
C77.3     lymph node
C49.1     muscle
C47.1     peripheral nerve
C49.1     skeletal muscle
C44.6     skin

### Arm, continued
C49.1     soft tissue
C49.1     subcutaneous tissue
C49.1     tendon
C49.1     tendon sheath

### Arrhenoblastoma
M-8630/1     NOS
M-8630/0     benign
M-8630/3     malignant

M-9123/0 Arteriovenous hemangioma

### Artery
C49.9     NOS
C49.3     aorta, NOS
C49.4     aorta, abdominal
C49.3     axillary
C49.0     carotid
C49.4     celiac
C49.2     femoral
C49.5     iliac
C49.3     internal mammary
C49.4     mesenteric
C49.1     radial
C49.4     renal
C49.3     subclavian
C49.1     ulnar

C41.9     Articular cartilage, NOS
C40.9     Articular cartilage, limb, NOS

### Aryepiglottic fold
C13.1     NOS *(excludes laryngeal aspect of*
    *aryepiglottic fold C32.1)*
C13.1     hypopharyngeal aspect
C32.1     laryngeal aspect

C32.3     Arytenoid cartilage
C13.1     Arytenoid fold
C18.2     Ascending colon

M-9365/3 Askin tumor
M-9430/3 Astroblastoma (C71._)
M-9400/3 Astrocytic glioma (C71._)

### Astrocytoma
M-9400/3     NOS (C71._)
M-9401/3     anaplastic (C71._)
M-9400/3     cystic (C71._) [obs]

— 344 —

Alphabetic Index "A" (continued)

### Astrocytoma, continued

| | |
|---|---|
| M-9412/1 | desmoplastic infantile (C71._) |
| M-9400/3 | diffuse (C71._) |
| M-9400/3 | diffuse, low grade   (C71._) |
| M-9420/3 | fibrillary (C71._) |
| M-9420/3 | fibrous (C71._) |
| M-9411/3 | gemistocytic (C71._) |
| M-9421/1 | juvenile (C71._) |
| | *Note: In North America, report as 9421/3* |
| M-9400/3 | low grade (C71._) |
| M-9400/3 | low grade diffuse (C71._) |
| M-9421/1 | pilocytic (C71._) |
| | *Note: In North America, report as 9421/3* |
| M-9421/1 | piloid (C71._) |
| | *Note: In North America, report as 9421/3* |
| M-9425/3★ | pilomyxoid★ |
| M-9410/3 | protoplasmic (C71._) |
| M-9383/1 | subependymal, NOS (C71._) |
| M-9384/1 | subependymal, giant cell (C71._) |

M-9400/3  Astroglioma (C71._) [obs]

| | |
|---|---|
| C41.2 | Atlas |
| C38.0 | Atrium, cardiac |

### Atypical

| | |
|---|---|
| M-8140/1 | adenoma |
| M-8249/3 | carcinoid tumor |
| M-9390/1 | choroid plexus papilloma (C71.5) |
| M-8830/1 | fibrous histiocytoma |
| M-8830/1 | fibroxanthoma |
| M-8330/1 | follicular adenoma (C73.9) |
| M------- | hyperplasia *(see SNOMED)* |
| M-8893/0 | leiomyoma |
| M-8850/1 | lipoma |
| M-8513/3 | medullary carcinoma (C50._) |
| M-9539/1 | meningioma (C70._) |
| M-8932/0 | polypoid adenomyoma |
| M-8444/1 | proliferating clear cell tumor (C56.9) |
| M-8442/1 | proliferating serous tumor (C56.9) |

### Proliferative

| | |
|---|---|
| M-8380/1 | endometrioid tumor |
| M-8472/1 | mucinous tumor (C56.9) |
| M-8462/1 | papillary serous tumor (C56.9) |

| | |
|---|---|
| M-9508/3 | teratoid/rhabdoid tumor (C71._) |
| M-8585/1 | thymoma, NOS (C37.9) |
| M-8585/3 | thymoma, malignant (C37.9) |

### Auditory

| | |
|---|---|
| C44.2 | canal, NOS |
| C44.2 | canal, external |
| C44.2 | meatus, external |
| C30.1 | tube |
| C44.2 | Auricle, NOS |
| C44.2 | Auricle, skin |

### Auricular

| | |
|---|---|
| C44.2 | canal, NOS |
| C44.2 | canal, external |
| C49.0 | cartilage |
| C77.0 | lymph node |

M-8936/1  Autonomic nerve tumor, gastrointestinal

### Autonomic nervous system

| | |
|---|---|
| C47.9 | NOS |
| C47.4 | abdomen |
| C47.4 | abdominal wall |
| C47.2 | ankle |
| C47.1 | antecubital space |
| C47.1 | arm |
| C47.3 | axilla |
| C47.6 | back |
| C47.5 | buttock |
| C47.2 | calf |
| C47.0 | cervical region |
| C47.0 | cheek |
| C47.3 | chest |
| C47.3 | chest wall |
| C47.0 | chin |
| C47.1 | elbow |
| C47.0 | face |
| C47.1 | finger |
| C47.6 | flank |
| C47.2 | foot |
| C47.1 | forearm |
| C47.0 | forehead |
| C47.5 | gluteal region |
| C47.5 | groin |
| C47.1 | hand |
| C47.0 | head |
| C47.2 | heel |
| C47.2 | hip |
| C47.3 | infraclavicular region |
| C47.5 | inguinal region |
| C47.2 | knee |
| C47.2 | leg |

— 345 —

Alphabetic Index "A" (continued), "B"

### Autonomic nervous system, continued

| | |
|---|---|
| C47.0 | neck |
| C69.6 | orbit |
| C47.5 | pelvis |
| C47.5 | perineum |
| C47.2 | popliteal space |
| C47.0 | pterygoid fossa |
| C47.5 | sacrococcygeal region |
| C47.0 | scalp |
| C47.3 | scapular region |
| C47.1 | shoulder |
| C47.0 | supraclavicular region |
| C47.0 | temple |
| C47.2 | thigh |
| C47.3 | thoracic wall |
| C47.3 | thorax *(excludes thymus, heart and mediastinum C37._, C38._)* |
| C47.1 | thumb |
| C47.2 | toe |
| C47.6 | trunk |
| C47.4 | umbilicus |
| C47.1 | wrist |

### Axilla

| | |
|---|---|
| C76.1 | NOS |
| C44.5 | NOS (carcinoma, melanoma, nevus) |
| C49.3 | NOS (sarcoma, lipoma) |
| C49.3 | adipose tissue |
| C47.3 | autonomic nervous system |
| C49.3 | connective tissue |
| C49.3 | fatty tissue |
| C49.3 | fibrous tissue |
| C77.3 | lymph node |
| C47.3 | peripheral nerve |
| C44.5 | skin |
| C49.3 | soft tissue |
| C49.3 | subcutaneous tissue |

### Axillary

| | |
|---|---|
| C49.3 | artery |
| C77.3 | lymph node |
| C50.6 | tail of breast |
| | |
| C41.2 | Axis |

# B

### Back

| | |
|---|---|
| C76.7 | NOS |
| C44.5 | NOS (carcinoma, melanoma, nevus) |
| C49.6 | NOS (sarcoma, lipoma) |
| C49.6 | adipose tissue |
| C47.6 | autonomic nervous system |
| C41.2 | bone |
| C49.6 | connective tissue |
| C49.6 | fascia |
| C49.6 | fatty tissue |
| C49.6 | fibrous tissue |
| C49.6 | muscle |
| C47.6 | peripheral nerve |
| C49.6 | skeletal muscle |
| C44.5 | skin |
| C49.6 | soft tissue |
| C49.6 | subcutaneous tissue |
| C49.6 | tendon |
| C49.6 | tendon sheath |

| | |
|---|---|
| M-9826/3 | B-ALL *(see also M-9687/3)* |
| M-9836/3 | B-ALL, common precursor *(see also M-9728/3)* |
| M-8722/3 | Balloon cell melanoma (C44._) |
| M-8722/0 | Balloon cell nevus (C44._) |
| M-9699/3 | BALT lymphoma |
| M------- | Barrett esophagus *(see SNOMED)* |
| | |
| C51.0 | Bartholin gland |
| | |
| M-8098/3 | Basal carcinoma, adenoid (C53._) |

### Basal cell

| | |
|---|---|
| M-8147/3 | adenocarcinoma (C07._, C08._) |
| M-8147/0 | adenoma (C07._, C08._) |
| | Carcinoma |
| M-8090/3 | NOS (C44._) |
| M-8092/3 | desmoplastic type (C44._) |
| M-8093/3 | fibroepithelial (C44._) |
| M-8093/3 | fibroepithelial, Pinkus type |
| M-8092/3 | infiltrating, NOS (C44._) |
| M-8092/3 | infiltrating, non-sclerosing (C44._) |
| M-8092/3 | infiltrating, sclerosing (C44._) |
| M-8097/3 | micronodular (C44._) |
| M-8092/3 | morpheic (C44._) |
| M-8091/3 | multicentric (C44._) |

— 346 —

Alphabetic Index "B" (continued)

### Basal cell, continued

| | |
|---|---|
| M-8091/3 | multifocal superficial (C44._) |
| M-8097/3 | nodular (C44._) |
| M-8090/3 | pigmented (C44._) |
| | |
| M-8090/3 | epithelioma (C44._) |
| M------- | papilloma *(see SNOMED)* |
| M-8090/1 | tumor (C44._) |

C71.0 Basal ganglia

M-8094/3 Basal-squamous cell carcinoma, mixed
(C44._)
M-8123/3 Basaloid carcinoma (C21.1)
M-8083/3 Basaloid squamous cell carcinoma

C01.9 Base of tongue, NOS
C01.9 Base of tongue, dorsal surface
C71.7 Basis pedunculi

### Basophil

| | |
|---|---|
| M-8281/0 | acidophil adenoma, mixed (C75.1) |
| M-8281/3 | acidophil carcinoma, mixed (C75.1) |
| M-8300/3 | adenocarcinoma (C75.1) |
| M-8300/0 | adenoma (C75.1) |
| M-8300/3 | carcinoma (C75.1) |

M-8281/0 Basophil-acidophil adenoma, mixed (C75.1)
M-8281/3 Basophil-acidophil carcinoma, mixed
(C75.1)
M-8094/3 Basosquamous carcinoma (C44._)
M------- Basosquamous papilloma *(see SNOMED)*
M-8833/3 Bednar tumor (C44._)
M-8319/3 Bellini duct carcinoma (C64.9)
M-----/0 Benign *(see behavior code, page 27)*
M-8151/0 Beta cell adenoma (C25._)
M-8151/3 Beta cell tumor, malignant (C25._)

C49.1 Biceps brachii muscle
C49.2 Biceps femoris muscle

### Bile duct

| | |
|---|---|
| C24.0 | NOS |
| C24.0 | common |
| C24.0 | cystic |
| C24.0 | extrahepatic |
| C24.0 | hepatic |
| C22.1 | intrahepatic |
| | |
| M-8160/3 | adenocarcinoma (C22.1, C24.0) |

### Bile duct, continued

| | |
|---|---|
| M-8160/0 | adenoma (C22.1, C24.0) |
| M-8160/3 | carcinoma (C22.1, C24.0) |
| M-8180/3 | carcinoma and hepatocellular carcinoma, mixed (C22.0) |
| M-8161/3 | cystadenocarcinoma (C22.1, C24.0) |
| M-8161/0 | cystadenoma (C22.1, C24.0) |

### Biliary

| | |
|---|---|
| C22.1 | canaliculus |
| C24.0 | duct, NOS |
| C24.9 | tract, NOS |

M-8264/0 Biliary papillomatosis (C22.1, C24.0)

### Biphasic

| | |
|---|---|
| M-9053/3 | mesothelioma, NOS |
| M-9053/3 | mesothelioma, malignant |
| M-9043/3 | synovial sarcoma |

M------- Birthmark *(see SNOMED)*
M-8893/0 Bizarre leiomyoma
M-8372/0 Black adenoma (C74.0)
M-8120/1 Bladder, papilloma of (C67._)

### Bladder

| | |
|---|---|
| C67.9 | NOS |
| C67.3 | anterior wall |
| C67.1 | dome |
| C67.5 | internal urethral orifice |
| C67.2 | lateral wall |
| C67.5 | neck |
| C67.4 | posterior wall |
| C67.0 | trigone |
| C67.7 | urachus |
| C67.6 | ureteric orifice |
| C67.9 | urinary, NOS |
| C67.9 | wall, NOS |
| C67.3 | wall, anterior |
| C67.2 | wall, lateral |
| C67.4 | wall, posterior |

### Blastoma

| | |
|---|---|
| M-8000/3 | NOS |
| M-8973/3 | pleuropulmonary |
| M-8972/3 | pulmonary (C34._) |

C42.0 Blood
C49.9 Blood vessel, NOS

— 347 —

Alphabetic Index "B" (continued)

### Blue nevus

| | |
|---|---|
| M-8780/0 | NOS (C44._) |
| M-8790/0 | cellular (C44._) |
| M-8780/0 | Jadassohn (C44._) |
| M-8780/3 | malignant (C44._) |

### Body

| | |
|---|---|
| C75.5 | aortic |
| C75.4 | carotid |
| C69.4 | ciliary |
| C75.5 | coccygeal |
| C25.1 | pancreas |
| C75.5 | para-aortic |
| C60.2 | penis |
| C16.2 | stomach |
| C54.9 | uterus |
| C57.7 | Wolffian |

### Bone

| | |
|---|---|
| C41.9 | NOS |
| C41.4 | acetabulum |
| C40.3 | ankle |
| C40.0 | arm |
| C41.2 | atlas |
| C41.2 | axis |
| C41.2 | back |
| C41.0 | calvarium |
| C40.1 | carpal |
| C41.3 | clavicle |
| C41.4 | coccyx |
| C41.0 | cranial |
| C41.0 | ethmoid |
| C41.0 | face *(excludes mandible C41.1)* |
| C41.0 | facial |
| C40.2 | femur |
| C40.2 | fibula |
| C40.1 | finger |
| C40.3 | foot |
| C40.0 | forearm |
| C41.0 | frontal |
| C40.1 | hand |
| C40.3 | heel |
| C41.4 | hip |
| C40.0 | humerus |
| C41.0 | hyoid |
| C41.4 | ilium |
| C41.4 | innominate |
| C41.4 | ischium |
| C41.1 | jaw, NOS |
| C41.1 | jaw, lower |

### Bone, continued

| | |
|---|---|
| C41.0 | jaw, upper |
| C40.2 | leg |
| C40.9 | limb, NOS |
| C40.2 | long, lower limb |
| C40.0 | long, upper limb |
| C41.1 | lower jaw |
| C40.2 | lower limb, long |
| C40.3 | lower limb, short |
| C41.1 | mandible |
| C42.1 | marrow |
| C41.0 | maxilla |
| C40.1 | metacarpal |
| C40.3 | metatarsal |
| C41.0 | nasal |
| C41.0 | occipital |
| C41.0 | orbital |
| C41.0 | parietal |
| C40.3 | patella |
| C41.4 | pelvic |
| C40.3 | phalanx of foot |
| C40.1 | phalanx of hand |
| C41.4 | pubic |
| C40.0 | radius |
| C41.3 | rib |
| C41.4 | sacrum |
| C40.0 | scapula |
| C40.3 | short, lower limb |
| C40.1 | short, upper limb |
| C40.0 | shoulder |
| C40.0 | shoulder girdle |
| C41.9 | skeletal |
| C41.0 | skull |
| C41.0 | sphenoid |
| C41.2 | spinal column |
| C41.2 | spine |
| C41.3 | sternum |
| C40.3 | tarsal |
| C41.0 | temporal |
| C40.1 | thumb |
| C40.2 | tibia |
| C40.3 | toe |
| C40.0 | ulna |
| C41.0 | upper jaw |
| C40.0 | upper limb, long |
| C40.1 | upper limb, short |
| C41.2 | vertebra |
| C41.2 | vertebral column *(excludes sacrum and coccyx C41.4)* |
| C40.1 | wrist |

## Bone, continued

| | |
|---|---|
| C41.0 | zygomatic |
| | |
| C02.1 | Border of tongue |
| | |
| M-----/1 | Borderline malignancy *(see behavior* |
| | *code, page 27)* |
| M-8910/3 | Botryoid sarcoma |
| M-8910/3 | Botryoides, sarcoma |

### Bowel

| | |
|---|---|
| C26.0 | NOS |
| C18.9 | large, NOS |
| C17.9 | small, NOS |

| | |
|---|---|
| M-8081/2 | Bowen disease (C44._) |
| M-8081/2 | Bowen type, intraepidermal squamous cell |
| | carcinoma (C44._) |
| M----/-6 | B-precursor *(see cell designation code,* |
| | *page 31)* |

### Brachial

| | |
|---|---|
| C77.3 | lymph node |
| C47.1 | nerve |
| C47.1 | plexus |
| | |
| C49.1 | Brachialis muscle |

### Brain

| | |
|---|---|
| C71.9 | NOS |
| C70.9 | arachnoid, NOS |
| C70.0 | arachnoid, intracranial |
| C71.0 | basal ganglia |
| C71.7 | basis pedunculi |
| C71.0 | capsule, internal |
| C71.0 | central white matter |
| C71.6 | cerebellopontine angle |
| C71.6 | cerebellum, NOS |
| C71.6 | cerebellum, vermis |
| C71.0 | cerebral cortex |
| C71.0 | cerebral hemisphere |
| C70.0 | cerebral meninges |
| C71.7 | cerebral peduncle |
| C71.5 | cerebral ventricle |
| C71.0 | cerebral white matter |
| C71.0 | cerebrum |
| C72.3 | chiasm, optic |
| C71.5 | choroid plexus, NOS |
| C71.7 | choroid plexus, fourth ventricle |
| C71.5 | choroid plexus, lateral ventricle |

## Brain, continued

| | |
|---|---|
| C71.5 | choroid plexus, third ventricle |
| C71.8 | corpus callosum |
| C71.0 | corpus striatum |
| C71.0 | cortex, cerebral |
| C70.0 | cranial dura mater |
| C71.9 | cranial fossa, NOS |
| C71.9 | cranial fossa, anterior |
| C71.9 | cranial fossa, middle |
| C71.9 | cranial fossa, posterior |
| C70.0 | cranial meninges |
| C70.0 | cranial pia mater |
| C70.9 | dura, NOS |
| C70.9 | dura mater, NOS |
| C70.0 | dura mater, cranial |
| C71.5 | ependyma |
| C70.0 | falx, NOS |
| C70.0 | falx cerebelli |
| C70.0 | falx cerebri |
| C71.7 | fourth ventricle, NOS |
| C71.7 | fourth ventricle, choroid plexus |
| C71.1 | frontal lobe |
| C71.1 | frontal pole |
| C71.0 | ganglia, basal |
| C71.0 | globus pallidus |
| C71.0 | hemisphere, cerebral |
| C71.2 | hippocampus |
| C71.0 | hypothalamus |
| C71.7 | infratentorial, NOS |
| C71.0 | insula |
| C71.0 | internal capsule |
| C70.0 | intracranial arachnoid |
| C70.0 | intracranial meninges |
| C71.9 | intracranial site |
| C71.0 | island of Reil |
| C71.5 | lateral ventricle, NOS |
| C71.5 | lateral ventricle, choroid plexus |
| C71.1 | lobe, frontal |
| C71.4 | lobe, occipital |
| C71.3 | lobe, parietal |
| C71.2 | lobe, temporal |
| C71.7 | medulla oblongata |
| C70.9 | meninges, NOS |
| C70.0 | meninges, cerebral |
| C70.0 | meninges, cranial |
| C71.7 | midbrain |
| C71.4 | occipital lobe |
| C71.4 | occipital pole |
| C71.7 | olive |
| C71.0 | operculum |

— 349 —

Alphabetic Index "B" (continued)

## Brain, continued

| | |
|---|---|
| C72.3 | optic chiasm |
| C72.3 | optic tract |
| C71.0 | pallium |
| C71.3 | parietal lobe |
| C71.7 | peduncle, cerebral |
| C70.9 | pia mater, NOS |
| C70.0 | pia mater, cranial |
| C71.5 | plexus, choroid |
| C71.1 | pole, frontal |
| C71.4 | pole, occipital |
| C71.7 | pons |
| C71.0 | putamen |
| C71.7 | pyramid |
| C71.0 | rhinencephalon |
| C71.7 | stem |
| C71.9 | suprasellar |
| C71.0 | supratentorial, NOS |
| C71.8 | tapetum |
| C71.2 | temporal lobe |
| C70.0 | tentorium, NOS |
| C70.0 | tentorium cerebelli |
| C71.0 | thalamus |
| C71.5 | third ventricle, NOS |
| C71.5 | third ventricle, choroid plexus |
| C72.3 | tract, optic |
| C71.2 | uncus |
| C71.5 | ventricle, NOS |
| C71.5 | ventricle, cerebral |
| C71.7 | ventricle, fourth, NOS |
| C71.7 | ventricle, fourth, choroid plexus |
| C71.5 | ventricle, lateral, NOS |
| C71.5 | ventricle, lateral, choroid plexus |
| C71.5 | ventricle, third, NOS |
| C71.5 | ventricle, third, choroid plexus |
| C71.6 | vermis, cerebellum |
| C71.0 | white matter, central |
| C71.0 | white matter, cerebral |

C10.4    Branchial cleft *(site of neoplasm)*

## Breast

| | |
|---|---|
| C50.9 | NOS *(excludes skin of breast C44.5)* |
| C50.0 | areola |
| C50.6 | axillary tail |
| C50.1 | central portion |
| C50.8 | inner |
| C50.8 | lower |
| C50.3 | lower-inner quadrant |
| C50.5 | lower-outer quadrant |

## Breast, continued

| | |
|---|---|
| C50.8 | midline |
| C50.0 | nipple |
| C50.8 | outer |
| C50.3 | quadrant, lower-inner |
| C50.5 | quadrant, lower-outer |
| C50.2 | quadrant, upper-inner |
| C50.4 | quadrant, upper-outer |
| C44.5 | skin |
| C50.6 | tail |
| C50.8 | upper |
| C50.2 | upper-inner quadrant |
| C50.4 | upper-outer quadrant |

## Brenner tumor

| | |
|---|---|
| M-9000/0 | NOS (C56.9) |
| M-9000/1 | borderline malignancy (C56.9) |
| M-9000/3 | malignant (C56.9) |
| M-9000/1 | proliferating (C56.9) |

C57.1    Broad ligament

## Bronchial adenoma

| | |
|---|---|
| M-8140/1 | NOS (C34._) |
| M-8240/3 | carcinoid (C34._) |
| M-8200/3 | cylindroid (C34._) |

M-9133/3    Bronchial alveolar tumor, intravascular (C34._) [obs]

C77.1    Bronchial lymph node

M-8250/3    Bronchiolar adenocarcinoma (C34._)
M-8250/3    Bronchiolar carcinoma    (C34._)

C34.9    Bronchiole

## Bronchiolo-alveolar

| | |
|---|---|
| M-8250/3 | adenocarcinoma, NOS (C34._) |

| | Carcinoma |
|---|---|
| M-8250/3 | NOS (C34._) |
| M-8252/3 | Clara cell (C34._) |
| M-8254/3 | Clara cell and goblet cell type (C34._) |
| M-8253/3 | goblet cell type (C34._) |
| M-8254/3 | indeterminate type (C34._) |
| M-8254/3 | mixed mucinous and non-mucinous (C34._) |
| M-8253/3 | mucinous (C34._) |

— 350 —

Alphabetic Index "B" (continued), "C"

### Bronchiolo-alveolar, continued

| | |
|---|---|
| M-8252/3 | non-mucinous (C34._) |
| M-8252/3 | type II pneumocyte (C34._) |
| M-8254/3 | type II pneumocyte and goblet cell type (C34._) |

| | |
|---|---|
| C34.9 | Bronchogenic |
| C77.1 | Bronchopulmonary lymph node |

### Bronchus

| | |
|---|---|
| C34.9 | NOS |
| C34.0 | carina |
| C34.3 | lower lobe |
| C34.0 | main |
| C34.2 | middle lobe |
| C34.1 | upper lobe |

M-8100/0 Brooke tumor (C44._)

| | |
|---|---|
| C44.3 | Brow |

M-8880/0 Brown fat tumor

### Buccal

| | |
|---|---|
| C06.9 | cavity |
| C06.0 | mucosa |
| C06.1 | sulcus |

### Burkitt

| | |
|---|---|
| M-9826/3 | cell leukemia *(see also M-9687/3)* |
| M-9687/3 | lymphoma, NOS *(includes all variants) (see also M-9826/3)* |
| M-9687/3 | tumor [obs] *(includes all variants) (see also M-9826/3)* |
| M-9826/3 | type, acute leukemia *(see also M-9687/3)* |
| M-9687/3 | type, malignant lymphoma, small noncleaved [obs] *(includes all variants) (see also M-9826/3)* |
| M-9687/3 | type, malignant lymphoma, undifferentiated [obs] *(includes all variants) (see also M-9826/3)* |

M-9687/3 Burkitt-like lymphoma

| | |
|---|---|
| C49.9 | Bursa, NOS |

### Buttock

| | |
|---|---|
| C76.3 | NOS |
| C44.5 | NOS (carcinoma, melanoma, nevus) |

### Buttock, continued

| | |
|---|---|
| C49.5 | NOS (sarcoma, lipoma) |
| C49.5 | adipose tissue |
| C47.5 | autonomic nervous system |
| C49.5 | connective tissue |
| C49.5 | fatty tissue |
| C49.5 | fibrous tissue |
| C49.5 | muscle |
| C47.5 | peripheral nerve |
| C49.5 | skeletal muscle |
| C44.5 | skin |
| C49.5 | soft tissue |
| C49.5 | subcutaneous tissue |

# C

M-8345/3 C cell carcinoma (C73.9)

| | |
|---|---|
| C18.0 | Caecum |

### Calcifying

| | |
|---|---|
| M-9340/0 | epithelial odontogenic tumor (C41._) |
| M-8110/0 | epithelioma of Malherbe (C44._) |
| M-9301/0 | odontogenic cyst (C41._) |
| M-8642/1 | Sertoli cell tumor, large cell |

M------- Calcinosis, tumoral *(see SNOMED)*

### Calf

| | |
|---|---|
| C76.5 | NOS |
| C44.7 | NOS (carcinoma, melanoma, nevus) |
| C49.2 | NOS (sarcoma, lipoma) |
| C49.2 | adipose tissue |
| C49.2 | connective tissue |
| C49.2 | fatty tissue |
| C49.2 | fibrous tissue |
| C49.2 | muscle |
| C49.2 | skeletal muscle |
| C44.7 | skin |
| C49.2 | soft tissue |
| C49.2 | subcutaneous tissue |
| C49.2 | tendon |
| C49.2 | tendon sheath |

M-9836/3 C-ALL *(see also M-9728/3)*

| | |
|---|---|
| C41.0 | Calvarium |
| C65.9 | Calyces, renal |

— 351 —

Alphabetic Index "C" (continued)

| | | | | |
|---|---|---|---|---|
| C65.9 | Calyx, renal | | | *Carcinoid, continued* |
| | | | M-8245/1 | tubular |
| | **Canal** | | | |
| C21.1 | anal | | | Tumor |
| C44.2 | auditory, NOS | | M-8240/3☆ | NOS |
| C44.2 | auditory, external | | M-8240/1☆ | argentaffin, NOS |
| C44.2 | auricular, NOS | | M-8241/3 | argentaffin, malignant |
| C44.2 | auricular, external | | M-8249/3 | atypical |
| C53.0 | cervical | | M-8240/1 | uncertain malignant potential |
| C44.2 | ear | | | |
| C53.0 | endocervical | | M-8240/3 | typical |
| C16.4 | pyloric | | | |

M-8149/0 Canalicular adenoma

C22.1     Canaliculus, biliary

M-8000/3 Cancer *(see coding guidelines, page 27)*

**Canthus**

| | |
|---|---|
| C44.1 | NOS |
| C44.1 | inner |
| C44.1 | outer |

M-9131/0 Capillary hemangioma
M-9171/0 Capillary lymphangioma

C71.0     Capsule, internal

M-8934/3 Carcinofibroma

**Carcinoid**

| | |
|---|---|
| M-8240/3 | NOS |
| M-8244/3 | adenocarcinoma and, combined |
| M-8244/3 | adenocarcinoma and, mixed |
| M-8240/3 | bronchial adenoma (C34._) |
| M-8244/3 | combined carcinoid and adenocarcinoma |
| M-8244/3 | composite |
| M-8241/3 | EC cell |
| M-8242/1 | ECL cell, NOS |
| M-8242/3 | ECL cell, malignant |
| M-8241/3 | enterochromaffin cell |
| M-8242/1 | enterochromaffin-like cell, NOS |
| M-8243/3 | goblet cell |
| M-8244/3 | mixed carcinoid-adenocarcinoma |
| M-8243/3 | mucinous |
| M-8241/3 | serotonin producing |
| M-9091/1 | struma ovarii and (C56.9) |
| M-9091/1 | strumal (C56.9) |

**Carcinoma** *(see also adenocarcinoma)*

| | |
|---|---|
| M-8010/3 | NOS |
| M-8010/6 | NOS, metastatic |
| M-8075/3 | acantholytic squamous cell |
| M-8280/3 | acidophil (C75.1) |
| M-8281/3 | acidophil-basophil, mixed    (C75.1) |
| M-8550/3 | acinar |
| M-8550/3 | acinar cell |
| M-8200/3 | adenocystic |

Adenoid

| | |
|---|---|
| M-8098/3 | basal (C53._) |
| M-8200/3 | cystic |
| M-8075/3 | squamous cell |

| | |
|---|---|
| M-8560/3 | adenosquamous |
| M-8390/3 | adnexal (C44._) |
| M-8407/3 | adnexal, microcystic (C44._) |
| M-8370/3 | adrenal cortical (C74.0) |
| M-8251/3 | alveolar (C34._) |
| M-8250/3 | alveolar cell (C34._) |
| M-9270/3 | ameloblastic (C41._) |
| M-8021/3 | anaplastic, NOS |
| M-8098/3 | basal, adenoid (C53._) |

Basal cell

| | |
|---|---|
| M-8090/3 | NOS (C44._) |
| M-8092/3 | desmoplastic type (C44._) |
| M-8093/3 | fibroepithelial (C44._) |
| M-8093/3 | fibroepithelial, Pinkus type |
| M-8097/3 | micronodular (C44._) |
| M-8092/3 | morpheic (C44._) |
| M-8091/3 | multicentric (C44._) |
| M-8091/3 | multifocal superficial (C44._) |
| M-8097/3 | nodular (C44._) |
| M-8092/3 | non-sclerosing, infiltrating (C44._) |
| M-8090/3 | pigmented (C44._) |

— 352 —

Alphabetic Index "C" (continued)

*Carcinoma, continued*

| | |
|---|---|
| M-8092/3 | sclerosing, infiltrating (C44._) |
| M-8091/3 | superficial, multifocal (C44._) |
| | |
| M-8094/3 | basal-squamous cell, mixed (C44._) |
| M-8123/3 | basaloid (C21.1) |
| M-8083/3 | basaloid squamous cell |
| M-8300/3 | basophil (C75.1) |
| M-8281/3 | basophil-acidophil, mixed (C75.1) |
| M-8094/3 | basosquamous (C44._) |
| M-8319/3 | Bellini duct (C64.9) |
| M-8160/3 | bile duct (C22.1, C24.0) |
| M-8180/3 | bile duct and hepatocellular, mixed (C22.0) |
| M-8081/2 | Bowen type, intraepidermal squamous cell (C44._) |
| M-8250/3 | bronchiolar (C34._) |
| | |
| | Bronchiolo-alveolar |
| M-8250/3 | NOS (C34._) |
| M-8252/3 | Clara cell (C34._) |
| M-8254/3 | Clara cell and goblet cell type (C34._) |
| M-8253/3 | goblet cell type (C34._) |
| M-8254/3 | indeterminate type (C34._) |
| M-8254/3 | mixed mucinous and non-mucinous (C34._) |
| M-8253/3 | mucinous (C34._) |
| M-8252/3 | non-mucinous (C34._) |
| M-8252/3 | type II pneumocyte (C34._) |
| M-8254/3 | type II pneumocyte and goblet cell type (C34._) |
| | |
| M-8345/3 | C cell (C73.9) |
| M-8420/3 | ceruminous (C44.2) |
| M-9390/3 | choroid plexus (C71.5) |
| M-8270/3 | chromophobe (C75.1) |
| M-8317/3 | chromophobe cell renal (C64.9) |
| M-8310/3 | clear cell |
| M-8507/2 | clinging, intraductal (C50._) |
| M-8124/3 | cloacogenic (C21.2) |
| M-8490/3 | cohesive, poorly★ |
| M-8319/3 | collecting duct (C64.9) |
| M-8480/3 | colloid |
| M-8523/3 | colloid and infiltrating duct (C50._) |
| | |
| | Combined |
| M-8255/3 | adenocarcinoma with other types of carcinoma |

*Carcinoma, continued*

| | |
|---|---|
| M-8180/3 | hepatocellular and cholangio-carcinoma (C22.0) |
| M-8045/3 | small cell |
| M-8045/3 | small cell-large cell (C34._) |
| M-8045/3 | small cell-squamous cell (C34._) |
| | |
| M-8051/3 | condylomatous |
| | |
| | Cribriform |
| M-8201/3 | NOS |
| M-8523/3 | and infiltrating duct (C50._) |
| M-8201/3 | comedo-type (C18._, C19.9, C20.9)★ |
| M-8201/2 | in situ (C50._) |
| | |
| M-8121/3 | cylindrical cell (C30.0, C31._) |
| M-8508/3 | cystic hypersecretory (C50._) |
| M-8145/3 | diffuse type (C16._) |
| | |
| | Duct |
| M-8500/3 | NOS |
| M-8500/3 | cell |
| M-8319/3 | collecting (C64.9) |
| M-8514/3 | desmoplastic type |
| M-8500/3 | infiltrating (C50._) |
| M-8523/3 | infiltrating and colloid (C50._) |
| M-8523/3 | infiltrating and cribriform (C50._) |
| M-8522/3 | infiltrating and lobular carcinoma (C50._) |
| M-8522/3 | infiltrating and lobular carcinoma in situ (C50._) |
| M-8523/3 | infiltrating and mucinous (C50._) |
| M-8541/3 | infiltrating and Paget disease, breast (C50._) |
| M-8523/3 | infiltrating and tubular (C50._) |
| | |
| | Ductal |
| M-8500/3 | NOS |
| M-8522/3 | and lobular (C50._) |
| M-8201/3 | cribriform type (C50._) |
| M-8500/2 | in situ, NOS (C50._) |
| M-8522/3 | in situ and infiltrating lobular (C50._) |
| M-8501/2 | in situ, comedo type (C50._) |
| M-8201/2 | in situ, cribriform type (C50._) |
| M-8507/2 | in situ, micropapillary (C50._) |
| M-8503/2 | in situ, papillary (C50._) |
| M-8230/2 | in situ, solid type (C50._) |

— 353 —

Alphabetic Index "C" (continued)

*Carcinoma, continued*

| | |
|---|---|
| M-8521/3 | ductular, infiltrating (C50._) |
| | Embryonal |
| M-9070/3 | NOS |
| M-9081/3 | and teratoma, mixed |
| M-9101/3 | combined with choriocarcinoma |
| M-9071/3 | infantile |
| M-9072/3 | polyembryonal type |
| M-8380/3 | endometrioid, NOS |
| M-8280/3 | eosinophil (C75.1) |
| | Epidermoid |
| M-8070/3 | NOS |
| M-8560/3 | and adenocarcinoma, mixed |
| M-8070/2 | in situ, NOS |
| M-8076/2 | in situ with questionable stromal invasion |
| M-8071/3 | keratinizing |
| M-8072/3 | large cell, nonkeratinizing |
| M-8052/3 | papillary |
| M-8073/3 | small cell, nonkeratinizing |
| M-8074/3 | spindle cell |
| M-8051/3 | verrucous |
| M-8562/3 | epithelial-myoepithelial |
| M-8171/3 | fibrolamellar hepatocellular (C22.0) |
| | Follicular |
| M-8330/3 | NOS (C73.9) |
| M-8340/3 | and papillary (C73.9) |
| M-8335/3 | encapsulated (C73.9) |
| M-8335/3 | minimally invasive (C73.9) |
| M-8332/3 | moderately differentiated (C73.9) |
| M-8290/3 | oxyphilic cell (C73.9) |
| M-8332/3 | trabecular (C73.9) |
| M-8331/3 | well differentiated (C73.9) |
| M-8346/3 | follicular-medullary, mixed (C73.9) |
| M-8480/3 | gelatinous [obs] |
| M-8031/3 | giant cell |
| M-8030/3 | giant cell and spindle cell |
| M-8015/3 | glassy cell |
| M-8315/3 | glycogen-rich (C50._) |
| M-8320/3 | granular cell |
| M-8620/3 | granulosa cell (C56.9) |
| M-8172/3 | hepatic, sclerosing (C22.0) |

*Carcinoma, continued*

| | |
|---|---|
| | Hepatocellular |
| M-8170/3 | NOS (C22.0) |
| M-8180/3 | and bile duct, mixed (C22.0) |
| M-8180/3 | and cholangiocarcinoma, combined (C22.0) |
| M-8174/3 | clear cell type (C22.0) |
| M-8171/3 | fibrolamellar (C22.0) |
| M-8175/3 | pleomorphic type (C22.0) |
| M-8173/3 | sarcomatoid (C22.0) |
| M-8172/3 | scirrhous (C22.0) |
| M-8173/3 | spindle cell variant (C22.0) |
| M-8575/3 | hepatoid |
| M-8290/3 | Hurthle cell (C73.9) |
| M-8210/3 | in a polyp, NOS |
| M-8210/3 | in adenomatous polyp |
| M-8941/3 | in pleomorphic adenoma (C07._, C08._) |
| | In situ |
| M-8010/2 | NOS |
| M-8522/3 | ductal and infiltrating lobular (C50._) |
| M-8070/2 | epidermoid, NOS |
| M-8076/2 | epidermoid, with questionable stromal invasion |
| M-8210/2 | in a polyp, NOS |
| M-8210/2 | in adenomatous polyp |
| M-8520/2 | lobular, NOS (C50._) |
| M-8522/3 | lobular carcinoma and infiltrating duct (C50._) |
| M-8522/2 | lobular and intraductal (C50._) |
| M-8050/2 | papillary |
| M-8120/2 | urothelial (C67._) |
| M-9071/3 | infantile, embryonal |
| | Infiltrating duct |
| M-8500/3 | NOS (C50._) |
| M-8523/3 | and colloid (C50._) |
| M-8523/3 | and cribriform (C50._) |
| M-8522/3 | and lobular (C50._) |
| M-8522/3 | and lobular in situ (C50._) |
| M-8523/3 | and mucinous (C50._) |
| M-8541/3 | and Paget disease, breast (C50._) |
| M-8523/3 | and tubular (C50._) |
| M-8523/3 | mixed with other types (C50._) |
| M-8521/3 | infiltrating ductular (C50._) |

— 354 —

Alphabetic Index "C" (continued)

*Carcinoma, continued*

Infiltrating lobular
M-8520/3    NOS (C50._)
M-8522/3    and ductal carcinoma in situ (C50._)
M-8524/3    mixed with other types (C50._)

M-8530/3    inflammatory (C50._)
M-8337/3    insular (C73.9)
M-8144/3    intestinal type   (C16._)
M-8504/3    intracystic, NOS
M-8504/2    intracystic, noninfiltrating
M-8504/3    intracystic, papillary

Intraductal
M-8500/2    NOS
M-8522/3    and lobular (C50._)
M-8522/2    and lobular in situ (C50._)
M-8543/3    and Paget disease, breast (C50._)
M-8507/2    clinging (C50._)
M-8507/2    micropapillary (C50._)
M-8500/2    noninfiltrating, NOS
M-8503/2    noninfiltrating, papillary (C50._)
M-8503/2    papillary, NOS (C50._)
M-8503/2    papillary, noninfiltrating (C50._)
M-8230/2    solid type

M-8070/2    intraepidermal, NOS
M-8081/2    intraepidermal squamous cell, Bowen
            type (C44._)
M-8010/2    intraepithelial, NOS
M-8070/2    intraepithelial squamous cell
M-9270/3    intraosseous, primary (C41.1)
M-8150/3    islet cell (C25._) ☆
M-8502/3    juvenile, breast (C50._)

Large cell
M-8012/3    NOS
M-8072/3    epidermoid, nonkeratinizing
M-8013/3    neuroendocrine
M-8071/3    squamous cell, keratinizing
M-8072/3    squamous cell, nonkeratinizing,
            NOS
M-8014/3    with rhabdoid phenotype

M-8045/3    large cell-small cell, combined (C34._)
M-8314/3    lipid-rich (C50._)
M-8170/3    liver cell (C22.0)

Lobular
M-8520/3    NOS (C50._)

*Carcinoma, continued*

M-8522/3    and ductal (C50._)
M-8522/3    and infiltrating duct (C50._)
M-8522/3    and intraductal (C50._)
M-8520/3    infiltrating (C50._)
M-8522/3    infiltrating and ductal in situ
            (C50._)
M-8520/2    in situ (C50._)
M-8522/3    in situ and infiltrating duct (C50._)
M-8522/2    in situ and intraductal (C50._)
M-8520/2    noninfiltrating (C50._)

M-8082/3    lymphoepithelial
M-8082/3    lymphoepithelioma-like
M-8110/3    matrical (C44._)

Medullary
M-8510/3    NOS
M-8513/3    atypical   (C50._)
M-8345/3    《thyroid》▼
M-8345/3    with amyloid stroma (C73.9)
M-8512/3    with lymphoid stroma

M-8346/3    medullary-follicular   mixed (C73.9)
M-8347/3    medullary-papillary, mixed (C73.9)
M-8247/3    Merkel cell (C44._)
M-8575/3    metaplastic, NOS
M-8010/6    metastatic, NOS
M-8490/6    metastatic signet ring cell
M-8095/3    metatypical (C44._)
M-8407/3    microcystic adnexal (C44._)
M-8076/3    microinvasive squamous cell (C53._)

Micropapillary
M-8265/3★   NOS (C18._, C19.9, C20.9) ★
M-8507/2    intraductal (C50._)
M-8460/3    serous (C56.9)
M-8131/3    transitional cell (C67._)

Mixed
M-8552/3★   acinar-ductal★
M-8154/3    acinar-endocrine (C25._)
M-8154/3    acinar-endocrine-ductal★
M-8560/3    adenocarcinoma and epidermoid
M-8560/3    adenocarcinoma and squamous cell
M-8244/3    adenoneuroendocrine (MANEC) ★
M-8094/3    basal-squamous cell (C44._)
M-8154/3    ductal-endocrine (C25._)
M-8346/3    follicular-medullary (C73.9)

— 355 —

Alphabetic Index "C" (continued)

### Carcinoma, continued

| | |
|---|---|
| M-8180/3 | hepatocellular and bile duct (C22.0) |
| M-8346/3 | medullary-follicular (C73.9) |
| M-8347/3 | medullary-papillary (C73.9) |
| M-8347/3 | papillary-medullary (C73.9) |
| M-8045/3 | small cell |
| M-8560/3 | squamous cell and adenocarcinoma |
| M-8523/3 | with other types, infiltrating duct (C50._) |
| M-8524/3 | with other types, infiltrating lobular (C50._) |
| | |
| M-8140/32 | moderately-differeciated▼ |
| M-8481/3 | mucin-producing |
| M-8481/3 | mucin-secreting |
| M-8480/3 | mucinous |
| M-8523/3 | mucinous and infiltrating duct (C50._) |
| M-8430/3 | mucoepidermoid |
| M-8480/3 | mucoid |
| M-8480/3 | mucous |
| M-8091/3 | multicentric basal cell (C44._) |
| M-8091/3 | multifocal superficial basal cell (C44._) |
| M-8982/3 | myoepithelial |
| M-8562/3 | myoepithelial-epithelial |
| | |
| | Neuroendocrine |
| M-8246/3 | NOS |
| M-8013/3 | large cell |
| M-8240/3 | low grade★ |
| M-8249/3 | moderately differentiated★ |
| M-8247/3 | primary cutaneous (C44._) |
| M-8240/3 | well-differentiated★ |
| | |
| M-8350/3 | nonencapsulated sclerosing (C73.9) |
| | |
| | Noninfiltrating |
| M-8504/2 | intracystic |
| M-8500/2 | intraductal, NOS |
| M-8503/2 | intraductal papillary (C50._) |
| M-8520/2 | lobular (C.50_) |
| | |
| M-8130/2 | non-invasive, papillary transitional cell (C67._) |
| M-8130/2 | non-invasive, papillary urothelial (C67._) |
| M-8046/3 | non-small cell (C34._) |
| M-8042/3 | oat cell (C34._) |
| M-9270/3 | odontogenic (C41._) |
| M-8290/3 | oncocytic |

### Carcinoma, continued

| | |
|---|---|
| M-8523/3 | other types, infiltrating duct mixed with (C50._) |
| M-8524/3 | other types, infiltrating lobular mixed with (C50._) |
| M-8163/3★ | pancreatobiliary-type (C24.1)★ |
| | |
| | Papillary |
| M-8050/3 | NOS |
| M-8340/3 | and follicular (C73.9) |
| M-8344/3 | columnar cell (C73.9) |
| M-8350/3 | diffuse sclerosing (C73.9) |
| M-8343/3 | encapsulated (C73.9) |
| M-8052/3 | epidermoid |
| M-8340/3 | follicular variant (C73.9) |
| M-8050/2 | in situ |
| M-8504/3 | intracystic |
| M-8503/2 | intraductal, NOS (C50._) |
| M-8503/2 | intraductal, noninfiltrating (C50._) |
| M-8342/3 | oxyphilic cell (C73.9) |
| M-8260/3 | renal cell (C64.9) |
| M-8461/3 | serous, primary, peritoneum (C48.1) |
| M-8461/3 | serous surface (C56.9) |
| M-8052/3 | squamous cell |
| M-8052/2 | squamous cell in situ |
| M-8052/2 | squamous cell, non-invasive |
| M-8344/3 | tall cell (C73.9) |
| M-8260/3 | thyroid (C73.9) |
| M-8130/3 | transitional cell　(C67._) |
| M-8130/2 | transitional cell, non-invasive (C67._) |
| M-8130/3 | urothelial (C67._) |
| M-8130/2 | urothelial, non-invasive (C67._) |
| | |
| M-8347/3 | papillary-medullary, mixed (C73.9) |
| M-8453/2 | papillary-mucinous, intraductal, non- invasive (C25._) |
| M-8500/3 | papillotubular (breast)▼ |
| M-8345/3 | parafollicular cell (C73.9) |
| M-8214/3 | parietal cell (C16._) |
| M-8090/3 | pigmented basal cell (C44._) |
| M-8110/3 | pilomatrix (C44._) |
| | |
| M-8272/3 | pituitary, NOS (C75.1) |
| M-8022/3 | pleomorphic |
| M-8034/3 | polygonal cell |
| M-8140/33 | poorly-differeciated▼ |
| M-8140/33 | poorly-differeciated, solid type (por1)▼ |

— 356 —

Alphabetic Index "C" (continued)

### Carcinoma, continued

| | |
|---|---|
| M-8140/33 | poorly-differeciated, non-solid type (por2)▼ |
| M-9270/3 | primary intraosseous carcinoma (C41.1) |
| M-8461/3 | primary serous papillary, peritoneum (C48.1) |
| M-8075/3 | pseudoglandular squamous cell |
| M-8033/3 | pseudosarcomatous |

Renal cell

| | |
|---|---|
| M-8312/3 | NOS (C64.9) |
| M-8317/3 | chromophobe type (C64.9) |
| M-8316/3 | cyst-associated (C64.9) |
| M-8260/3 | papillary (C64.9) |
| M-8318/3 | sarcomatoid (C64.9) |
| M-8318/3 | spindle cell (C64.9) |

| | |
|---|---|
| M-8317/3 | renal, chromophobe cell (C64.9) |
| M-8319/3 | renal, collecting duct type (C64.9) |
| M-8041/3 | reserve cell |
| M-8041/3 | round cell |
| M-8033/3 | sarcomatoid |
| M-8318/3 | sarcomatoid renal cell (C64.9) |
| M-8121/3 | Schneiderian (C30.0, C31._) |
| M-8141/3 | scirrhous |
| M-8500/3 | scirrhous (breast)▼ |
| M-8350/3 | sclerosing, nonencapsulated (C73.9) |
| M-8407/3 | sclerosing sweat duct (C44._) |
| M-8410/3 | sebaceous (C44._) |
| M-8010/6 | secondary |
| M-8502/3 | secretory, breast (C50._) |

Serous

| | |
|---|---|
| M-8441/3 | NOS |
| M-8461/3 | papillary, primary, peritoneum (C48.1) |
| M-8461/3 | surface papillary (C56.9) |

| | |
|---|---|
| M-8640/3 | Sertoli cell (C62._) |
| M-8589/3 | showing thymus-like differentiation |
| M-8589/3 | showing thymus-like element |
| M-8490/3 | signet ring cell |
| M-8490/6 | signet ring cell, metastatic |
| M-8231/3 | simplex |
| M-8390/3 | skin appendage (C44._) |

Small cell

| | |
|---|---|
| M-8041/3 | NOS |
| M-8043/3 | fusiform cell |
| M-8044/3 | intermediate cell |

### Carcinoma, continued

| | |
|---|---|
| M-8041/3 | neuroendocrine |
| M-8073/3 | squamous cell, nonkeratinizing |
| M-8045/3 | small cell-large cell, combined (C34._) |

Solid

| | |
|---|---|
| M-8230/3 | NOS |
| M-8452/3 | pseudopapillary (C25._) |
| M-8500/3 | tubular (breast)▼ |
| M-8230/3 | with mucin formation |

Spindle cell

| | |
|---|---|
| M-8032/3 | NOS |
| M-8030/3 | and giant cell |
| M-8572/3 | breast▼ |
| M-8074/3 | head & neck▼ |
| M-8318/3 | renal cell (C64.9) |

| | |
|---|---|
| M-8070/3 | squamous |

Squamous cell

| | |
|---|---|
| M-8070/3 | NOS |
| M-8070/6 | NOS, metastatic |
| M-8075/3 | acantholytic |
| M-8075/3 | adenoid |
| M-8083/3 | basaloid |
| M-8084/3 | clear cell type |
| M-8070/2 | in situ, NOS |
| M-8076/2 | in situ with questionable stromal invasion |
| M-8081/2 | intraepidermal, Bowen type (C44._) |
| M-8070/2 | intraepithelial |
| M-8071/3 | keratinizing, NOS |
| M-8071/3 | large cell, keratinizing |
| M-8072/3 | large cell, nonkeratinizing, NOS |
| M-8070/6 | metastatic, NOS |
| M-8076/3 | microinvasive |
| M-8072/3 | nonkeratinizing, NOS |
| M-8052/3 | papillary |
| M-8052/2 | papillary, non-invasive |
| M-8075/3 | pseudoglandular |
| M-8074/3 | sarcomatoid |
| M-8073/3 | small cell, nonkeratinizing |
| M-8074/3 | spindle cell |
| M-8051/3 | verrucous |
| M-8078/3 | with horn formation |

| | |
|---|---|
| M-8407/3 | sweat duct, sclerosing (C44._) |
| M-8400/3 | sweat gland (C44._) |

Alphabetic Index "C" (continued)

### Carcinoma, continued

| | |
|---|---|
| M-8407/3 | syringomatous (C44._) |
| M-8586/3 | thymic, NOS (C37.9) |
| M-8585/3 | thymic, well differentiated (C37.9) |
| M-8190/3 | trabecular |
| M-8120/3 | transitional |

Transitional cell

| | |
|---|---|
| M-8120/3 | NOS |
| M-8120/2 | in situ |
| M-8131/3 | micropapillary (C67._) |
| M-8130/3 | papillary   (C67._) |
| M-8130/2 | papillary, non-invasive (C67._) |
| M-8122/3 | sarcomatoid |
| M-8122/3 | spindle cell |
| M-8102/3 | trichilemmal (C44._) |
| M-8211/3 | tubular |
| M-8523/3 | tubular and infiltrating duct (C50._) |
| M-8020/3 | undifferentiated, NOS |

Urothelial

| | |
|---|---|
| M-8120/3 | NOS |
| M-8120/2 | in situ |
| M-8130/2 | non-invasive, papillary (C67._) |
| M-8130/2 | papillary, non-invasive (C67._) |

Verrucous

| | |
|---|---|
| M-8051/3 | NOS |
| M-8051/3 | epidermoid |
| M-8051/3 | squamous cell |
| M-8051/3 | warty |
| M-8322/3 | water-clear cell (C75.0) |
| M-8140/31 | well-diffreciated▼ |
| M-8573/3 | with apocrine metaplasia |
| M-8574/3 | with neuroendocrine differentiation |
| M-8035/3 | with osteoclast-like giant cells |
| M-8141/3 | with productive fibrosis |
| M-9110/3 | Wolffian duct |

M-8010/9  Carcinomatosis

### Carcinosarcoma

| | |
|---|---|
| M-8980/3 | NOS |
| M-8981/3 | embryonal |
| M-9342/3 | odontogenic (C41._) |

| | |
|---|---|
| C16.0 | Cardia, NOS |
| C16.0 | Cardia, gastric |

| | |
|---|---|
| C38.0 | Cardiac atrium |
| C38.0 | Cardiac ventricle |
| C16.0 | Cardioesophageal junction |
| C34.0 | Carina |
| C49.0 | Carotid artery |
| C75.4 | Carotid body |

| | |
|---|---|
| M-8692/1 | Carotid body paraganglioma (C75.4) |
| M-8692/1 | Carotid body tumor (C75.4) |

| | |
|---|---|
| C40.1 | Carpal bone |

### Cartilage

| | |
|---|---|
| C41.9 | NOS |
| C41.9 | articular, NOS |
| C40.9 | articular of limb, NOS |
| C32.3 | arytenoid |
| C49.0 | auricular |
| C41.3 | costal |
| C32.3 | cricoid |
| C32.3 | cuneiform |
| C49.0 | ear |
| C32.3 | laryngeal |
| C40.9 | limb, NOS |
| C30.0 | nasal |
| C40.2 | semilunar |
| C32.3 | thyroid |

### Cartilaginous

| | |
|---|---|
| M-8571/3 | and osseous metaplasia, adenocarcinoma with |
| M-9210/0 | exostosis (C40._, C41._) |
| M-8571/3 | metaplasia, adenocarcinoma with |

M-8589/3  CASTLE

| | |
|---|---|
| C72.1 | Cauda equina |

| | |
|---|---|
| M-9121/0 | Cavernous hemangioma |
| M-9172/0 | Cavernous lymphangioma |

### Cavity

| | |
|---|---|
| C06.9 | buccal |
| C30.0 | nasal (excludes nose, NOS C76.0) |
| C06.9 | oral |
| C48.2 | peritoneal |
| C30.1 | tympanic |

| | |
|---|---|
| M-9718/3 | CD30+ T-cell lymphoma, primary cutaneous (C44._) |

Alphabetic Index "C" (continued)

M-9718/3 CD30+ T-cell lymphoproliferative disorder,
          primary cutaneous (C44._)

C18.0     Cecum
C49.4     Celiac artery
C77.2     Celiac lymph node

M----/-9  Cell type not determined, not stated or
          not applicable (see cell designation code,
          page 31)

### Cellular
M-9160/0  angiofibroma
M-8790/0  blue nevus (C44._)
M-9391/3  ependymoma (C71._)
M-8810/1  fibroma (C56.9)
M-8892/0  leiomyoma
M-9560/0  schwannoma

M-9272/0  Cemental dysplasia, periapical (C41._)
M-9274/0  Cementifying fibroma (C41._)
M-9273/0  Cementoblastoma, benign (C41._)
M-9272/0  Cementoma, NOS (C41._)
M-9275/0  Cementoma, gigantiform (C41._)
M-9272/0  Cemento-osseous dysplasia, periapical
          (C41._)
M-9274/0  Cemento-ossifying fibroma (C41._)

### Central
C72.9     nervous system
C50.1     portion of breast
C71.0     white matter

### Central
M-9321/0  fibroma, odontogenic (C41._)
M------   giant cell granuloma (see SNOMED)
M-9500/3  neuroblastoma (C71._)
M-9506/1  neurocytoma
M-9321/0  odontogenic fibroma (C41._)
M-9186/3  osteosarcoma (C40._, C41._)
M-9186/3  osteosarcoma, conventional
          (C40._,C41._)
M-9473/3  primitive neuroectodermal tumor, NOS
          (C71._)

### Cerebellar
M-9506/1  liponeurocytoma
M-9480/3  sarcoma, NOS (C71.6) [obs]
M-9471/3  sarcoma, arachnoidal, circumscribed
          (C71.6) [obs]

C71.6     Cerebellopontine angle
C71.6     Cerebellum, NOS
C71.6     Cerebellum, vermis

### Cerebral
C71.0     cortex
C71.0     hemisphere
C70.0     meninges
C71.7     peduncle
C71.5     ventricle
C71.0     white matter

M-9381/3  Cerebri, gliomatosis (C71._)

C71.0     Cerebrum
C44.2     Ceruminal gland

### Ceruminous
M-8420/3  adenocarcinoma (C44.2)
M-8420/0  adenoma (C44.2)
M-8420/3  carcinoma (C44.2)

### Cervical
C53.0     canal
C72.0     cord
C15.0     esophagus
C77.0     lymph node
C47.0     plexus
C76.0     region, NOS
C53.8     stump

M-8077/2  Cervical intraepithelial neoplasia,
          grade III (C53._)

### Cervical region
C76.0     NOS
C44.4     NOS (carcinoma, melanoma, nevus)
C49.0     NOS (sarcoma, lipoma)
C49.0     adipose tissue
C47.0     autonomic nervous system
C49.0     connective tissue
C49.0     fatty tissue
C49.0     fibrous tissue
C47.0     peripheral nerve
C44.4     skin
C49.0     soft tissue
C49.0     subcutaneous tissue

### Cervix
C53.9     NOS

— 359 —

Alphabetic Index "C" (continued)

### Cervix, continued

| | |
|---|---|
| C53.8 | squamocolumnar junction |
| C53.9 | uteri |
| C53.9 | uterine |

### Chain disease

| | |
|---|---|
| M-9762/3 | NOS, heavy |
| M-9762/3 | alpha heavy |
| M-9762/3 | gamma heavy |
| M-9762/3 | mu heavy |

M------- Chalazion *(see SNOMED)*

### Cheek

| | |
|---|---|
| C76.0 | NOS |
| C44.3 | NOS (carcinoma, melanoma, nevus) |
| C49.0 | NOS (sarcoma, lipoma) |
| C49.0 | adipose tissue |
| C47.0 | autonomic nervous system |
| C49.0 | connective tissue |
| C44.3 | external |
| C49.0 | fatty tissue |
| C49.0 | fibrous tissue |
| C06.0 | internal |
| C06.0 | mucosa |
| C47.0 | peripheral nerve |
| C44.3 | skin |
| C49.0 | soft tissue |
| C49.0 | subcutaneous tissue |

M-8693/1 Chemodectoma

### Chest

| | |
|---|---|
| C76.1 | NOS |
| C44.5 | NOS (carcinoma, melanoma, nevus) |
| C49.3 | NOS (sarcoma, lipoma) |
| C47.3 | autonomic nervous system |
| C49.3 | connective tissue |
| C49.3 | fibrous tissue |
| C47.3 | peripheral nerve |
| C44.5 | skin |
| C49.3 | soft tissue |
| C49.3 | subcutaneous tissue |

### Chest wall

| | |
|---|---|
| C76.1 | NOS |
| C44.5 | NOS (carcinoma, melanoma, nevus) |
| C49.3 | NOS (sarcoma, lipoma) |
| C49.3 | adipose tissue |
| C47.3 | autonomic nervous system |

### Chest wall, continued

| | |
|---|---|
| C49.3 | connective tissue |
| C49.3 | fatty tissue |
| C49.3 | fibrous tissue |
| C49.3 | muscle |
| C47.3 | peripheral nerve |
| C49.3 | skeletal muscle |
| C44.5 | skin |
| C49.3 | soft tissue |
| C49.3 | subcutaneous tissue |

| | |
|---|---|
| C72.3 | Chiasm, optic |

M-8321/0 Chief cell adenoma (C75.0)

### Chin

| | |
|---|---|
| C44.3 | NOS |
| C44.3 | NOS (carcinoma, melanoma, nevus) |
| C49.0 | NOS (sarcoma, lipoma) |
| C47.0 | autonomic nervous system |
| C49.0 | connective tissue |
| C49.0 | fibrous tissue |
| C47.0 | peripheral nerve |
| C44.3 | skin |
| C49.0 | soft tissue |
| C49.0 | subcutaneous tissue |

M-9930/3 Chloroma

| | |
|---|---|
| C11.3 | Choana |

M-8160/3 Cholangiocarcinoma (C22.1, C24.0)
M-8180/3 Cholangiocarcinoma and hepatocellular carcinoma, combined   (C22.0)

| | |
|---|---|
| C22.1 | Cholangiole |

M-8160/0 Cholangioma (C22.1, C24.0)

| | |
|---|---|
| C24.0 | Choledochal duct |

M------- Cholesteatoma, NOS *(see SNOMED)*
M------- Cholesteatoma, epidermoid *(see SNOMED)*
M-9181/3 Chondroblastic osteosarcoma (C40._, C41._)
M-9230/0 Chondroblastoma, NOS (C40._, C41._)
M-9230/3 Chondroblastoma, malignant (C40._, C41._)

### Chondroid

| | |
|---|---|
| M-9371/3 | chordoma |

— 360 —

Alphabetic Index "C" (continued)

### Chondroid, continued

| | |
|---|---|
| M-8862/0 | lipoma |
| M-8940/0 | syringoma (C44._) |
| M-8940/3 | syringoma, malignant (C44._) |

### Chondroma

| | |
|---|---|
| M-9220/0 | NOS (C40._, C41._) |
| M-9221/0 | juxtacortical (C40._, C41._) |
| M-9221/0 | periosteal (C40._, C41._) |

| | |
|---|---|
| M-9220/1 | Chondromatosis, NOS |
| M------- | Chondromatosis, synovial *(see SNOMED)* |
| M-9230/0 | Chondromatous giant cell tumor (C40._, C41._) |
| M-9241/0 | Chondromyxoid fibroma (C40._, C41._) |

### Chondrosarcoma

| | |
|---|---|
| M-9220/3 | NOS (C40._, C41._) |
| M-9242/3 | clear cell (C40._, C41._) |
| M-9243/3 | dedifferentiated (C40._, C41._) |
| M-9221/3 | juxtacortical (C40._, C41._) |
| M-9240/3 | mesenchymal |
| M-9231/3 | myxoid |
| M-9221/3 | periosteal (C40._, C41._) |

### Chordoid

| | |
|---|---|
| M-9444/1 | glioma (C71._) |
| M-9444/1 | glioma of third ventricle (C71.5) |
| M-9538/1 | meningioma (C70._) |

### Chordoma

| | |
|---|---|
| M-9370/3 | NOS |
| M-9371/3 | chondroid |
| M-9372/3 | dedifferentiated |

| | |
|---|---|
| M-9100/1 | Chorioadenoma (C58.9) |
| M-9100/1 | Chorioadenoma destruens (C58.9) |
| M-9120/0 | Chorioangioma (C58.9) |

### Choriocarcinoma

| | |
|---|---|
| M-9100/3 | NOS |
| M-9101/3 | combined with embryonal carcinoma |
| M-9101/3 | combined with other germ cell elements |
| M-9101/3 | combined with teratoma |

| | |
|---|---|
| M-9100/3 | Chorioepithelioma |
| M-9100/3 | Chorionepithelioma |
| M------- | Choristoma *(see SNOMED)* |

| | |
|---|---|
| C69.3 | Choroid |

### Choroid plexus

| | |
|---|---|
| C71.5 | NOS |
| C71.7 | fourth ventricle |
| C71.5 | lateral ventricle |
| C71.5 | third ventricle |

| | |
|---|---|
| M-9390/3 | Choroid plexus carcinoma (C71.5) |

### Choroid plexus papilloma

| | |
|---|---|
| M-9390/0 | NOS (C71.5) |
| M-9390/3 | anaplastic (C71.5) |
| M-9390/1 | atypical (C71.5) |
| M-9390/3 | malignant (C71.5) |

| | |
|---|---|
| M-8700/0 | Chromaffin paraganglioma |
| M-8700/0 | Chromaffin tumor |
| M-8700/0 | Chromaffinoma |

### Chromophobe

| | |
|---|---|
| M-8270/3 | adenocarcinoma (C75.1) |
| M-8270/0 | adenoma (C75.1) |
| M-8270/3 | carcinoma (C75.1) |
| M-8317/3 | cell renal carcinoma (C64.9) |

### Chronic

| | |
|---|---|
| M-9950/3 | erythremia [obs] |
| M-9961/3 | idiopathic myelofibrosis |
| M-9960/3 | myeloproliferative disease |
| M-9960/3 | myeloproliferative disorder |

| | |
|---|---|
| M------- | Cicatricial fibromatosis *(see SNOMED)* |
| M-8383/3 | Ciliated cell variant, endometrioid adenocarcinoma |

| | |
|---|---|
| C69.4 | Ciliary body |

| | |
|---|---|
| M-8077/2 | CIN III, NOS (C53._) *(see coding guidelines, page 28)* |
| M-8077/2 | CIN III, with severe dysplasia (C53._) *(see coding guidelines, page 28)* |
| M-9471/3 | Circumscribed arachnoidal cerebellar sarcoma [obs] (C71.6) |
| M-8254/3 | Clara cell and goblet cell type bronchiolo-alveolar carcinoma (C34._) |
| M-8252/3 | Clara cell bronchiolo-alveolar carcinoma (C34._) |

| | |
|---|---|
| C41.3 | Clavicle |

— 361 —

Alphabetic Index "C" (continued)

### Clear cell (type)

| | |
|---|---|
| M------- | acanthoma *(see SNOMED)* |
| M-8313/3 | adenocarcinofibroma (C56.9) |
| M-8310/3 | adenocarcinoma, NOS |
| M-8310/3 | adenocarcinoma, mesonephroid |
| M-8313/0 | adenofibroma (C56.9) |
| M-8313/1 | adenofibroma of borderline malignancy (C56.9) |
| M-8310/0 | adenoma |
| M-8373/0 | adrenal cortical adenoma (C74.0) |
| M-8310/3 | carcinoma |
| M-9242/3 | chondrosarcoma (C40._, C41._) |
| M-8313/3 | cystadenocarcinofibroma (C56.9) |
| M-8313/0 | cystadenofibroma (C56.9) |
| M-8313/1 | cystadenofibroma of borderline malignancy (C56.9) |
| M-8443/0 | cystadenoma (C56.9) |
| M-8444/1 | cystic tumor of borderline malignancy (C56.9) |
| M-9391/3 | ependymoma |
| M-8174/3 | hepatocellular carcinoma, (C22.0) |
| M-8402/0 | hidradenoma (C44._) |
| M-8005/3 | malignant tumor |
| M-9538/1 | meningioma (C70._) |
| M-9341/1 | odontogenic tumor (C41._) |
| M-9044/3 | sarcoma *(except of kidney M-8964/3)* |
| M-8964/3 | sarcoma of kidney (C64.9) |
| M-9044/3 | sarcoma of tendons and aponeuroses (C49._) |
| M-8084/3 | squamous cell carcinoma |
| M-8005/0 | tumor, NOS |
| M-8444/1 | tumor, atypical proliferating (C56.9) |

| | |
|---|---|
| C10.4 | Cleft, branchial *(site of neoplasm)* |
| M-8507/2 | Clinging intraductal carcinoma (C50._) |
| C51.2 | Clitoris |
| M-8124/3 | Cloacogenic carcinoma (C21.2) |
| C21.2 | Cloacogenic zone |
| C77.4 | Cloquet lymph node |
| C75.5 | Coccygeal body |
| C75.5 | Coccygeal glomus |
| C41.4 | Coccyx |
| M-9230/0 | Codman tumor (C40._, C41._) |
| C77.2 | Colic lymph node |

| | |
|---|---|
| M------- | Colitis cystica profunda *(see SNOMED)* |
| M-8319/3 | Collecting duct carcinoma (C64.9) |
| M-8319/3 | Collecting duct type renal carcinoma (C64.9) |

### Colloid

| | |
|---|---|
| M-8480/3 | adenocarcinoma |
| M-8334/0 | adenoma (C73.9) |
| M-8480/3 | carcinoma |
| M-8523/3 | carcinoma and infiltrating duct (C50._) |
| M------- | goiter *(see SNOMED)* |

### Colon

| | |
|---|---|
| C18.9 | NOS |
| C18.1 | appendix |
| C18.2 | ascending |
| C18.0 | cecum |
| C18.6 | descending |
| C18.3 | hepatic flexure |
| C18.6 | left |
| C18.7 | pelvic |
| C19.9 | rectosigmoid |
| C18.2 | right |
| C18.7 | sigmoid |
| C18.7 | sigmoid flexure |
| C18.5 | splenic flexure |
| C18.4 | transverse |

| | |
|---|---|
| C19.9 | Colon and rectum |
| C41.2 | Column, spinal |
| C41.2 | Column, vertebral *(excludes sacrum and coccyx C41.4)* |
| M-8344/3 | Columnar cell papillary carcinoma (C73.9) |
| M-8121/1 | Columnar cell papilloma |
| C44.3 | Columnella |

### Combined

| | |
|---|---|
| M-8244/3 | carcinoid and adenocarcinoma |
| M-9101/3 | choriocarcinoma with embryonal carcinoma |
| M-9101/3 | choriocarcinoma with other germ cell elements |
| M-9101/3 | choriocarcinoma with teratoma |
| M-8180/3 | hepatocellular carcinoma and cholangiocarcinoma (C22.0) |
| M-8045/3 | small cell-adenocarcinoma (C34._) |
| M-8045/3 | small cell carcinoma |
| M-8045/3 | small cell-large cell carcinoma (C34._) |

— 362 —

Alphabetic Index "C" (continued)

### Combined, continued

M-8045/3  small cell-squamous cell carcinoma
(C34._)

M-8501/2  Comedo type DCIS (C50._)
M-8501/2  Comedo type ductal carcinoma in situ
(C50._)
M-8501/3  Comedocarcinoma, NOS (C50._)
M-8501/2  Comedocarcinoma, noninfiltrating (C50._)

### Commissure

C00.6  labial
C32.0  laryngeal
C00.6  lip

### Common

C24.0  bile duct
C24.0  duct
C77.2  duct lymph node

M-8371/0  Compact cell adrenal cortical adenoma
(C74.0)
M-9100/0  Complete hydatidiform mole (C58.9)
M-9282/0  Complex odontoma (C41._)
M-9442/3  Component, glioblastoma with sarcomatous
(C71._)
M-8244/3  Composite carcinoid
M-9596/3  Composite Hodgkin and non-Hodgkin
lymphoma
M-8760/0  Compound nevus (C44._)
M-9281/0  Compound odontoma (C41._)

C44.2  Concha

### Condyloma

M------  NOS (see SNOMED)
M------  acuminatum (see SNOMED)
M------  giant, acuminatum (see SNOMED)

M-8051/3  Condylomatous carcinoma

### Congenital

M------  cyst, NOS (see SNOMED)
M------  dysplasia, NOS (see SNOMED)
M-8824/1  fibromatosis, generalized
M-8814/3  fibrosarcoma
M-8761/3  melanocytic nevus, malignant
melanoma in (C44._)
M------  melanosis (see SNOMED)

### Congenital, continued

M-8827/1  myofibroblastic tumor, peribronchial
(C34._)
M-8761/1  nevus, intermediate and giant (C44._)
M-8762/1  nevus, proliferative dermal lesion in
(C44._)
M-8761/0  nevus, small (C44._)

C69.0  Conjunctiva

### Connective tissue

C49.9  NOS
C49.4  abdomen
C49.4  abdominal wall
C49.2  ankle
C49.1  antecubital space
C49.1  arm
C49.3  axilla
C49.6  back
C49.5  buttock
C49.2  calf
C49.0  cervical region
C49.0  cheek
C49.3  chest
C49.3  chest wall
C49.0  chin
C49.1  elbow
C49.0  face
C49.1  finger
C49.6  flank
C49.2  foot
C49.1  forearm
C49.0  forehead
C49.5  gluteal region
C49.5  groin
C49.1  hand
C49.0  head
C49.2  heel
C49.2  hip
C49.3  infraclavicular region
C49.5  inguinal region
C49.2  knee
C49.2  leg
C49.0  neck
C69.6  orbit
C49.5  pelvis
C49.5  perineum
C49.2  popliteal space
C49.0  pterygoid fossa
C49.5  sacrococcygeal region

— 363 —

Alphabetic Index "C" (continued)

### Connective tissue, continued

| | |
|---|---|
| C49.0 | scalp |
| C49.3 | scapular region |
| C49.1 | shoulder |
| C49.0 | supraclavicular region |
| C49.0 | temple |
| C49.2 | thigh |
| C49.3 | thoracic wall |
| C49.3 | thorax *(excludes thymus, heart and mediastinum C37._, C38._)* |
| C49.1 | thumb |
| C49.2 | toe |
| C49.6 | trunk, NOS |
| C49.4 | umbilicus |
| C49.1 | wrist |

| | |
|---|---|
| C72.0 | Conus medullaris |

| | |
|---|---|
| M-9186/3 | Conventional central osteosarcoma (C40._, C41._) |

| | |
|---|---|
| C49.1 | Coracobrachialis muscle |

### Cord

| | |
|---|---|
| C72.0 | cervical |
| C32.1 | false |
| C72.0 | lumbar |
| C72.0 | sacral |
| C63.1 | spermatic |
| C72.0 | spinal |
| C72.0 | thoracic |
| C32.0 | true |

### Cord, vocal

| | |
|---|---|
| C32.0 | NOS |
| C32.1 | false |
| C32.0 | true |

| | |
|---|---|
| C69.1 | Cornea, NOS |
| C69.1 | Cornea, limbus |

### Corpus

| | |
|---|---|
| C71.8 | callosum |
| C60.2 | cavernosum |
| C16.2 | gastric |
| C60.2 | penis |
| C16.2 | stomach |
| C71.0 | striatum |
| C54.9 | uteri |

| | |
|---|---|
| C71.0 | Cortex, cerebral |
| C74.0 | Cortex of adrenal gland |

| | |
|---|---|
| M-9837/3 | Cortical T ALL *(see also M-9729/3)* |

### Cortical thymoma *(see also adrenal cortical)*

| | |
|---|---|
| M-8584/1 | NOS (C37.9) |
| M-8584/3 | malignant (C37.9) |
| M-8583/1 | predominantly cortical, NOS (C37.9) |
| M-8583/3 | predominantly cortical, malignant (C37.9) |

| | |
|---|---|
| C41.3 | Costal cartilage |
| C41.3 | Costovertebral joint |
| C68.0 | Cowper gland |

| | |
|---|---|
| M-9473/3 | CPNET (C71._) |

### Cranial

| | |
|---|---|
| C41.0 | bone |
| C70.0 | dura mater |
| C70.0 | meninges |
| C72.5 | nerve, NOS |
| C70.0 | pia mater |

### Cranial fossa

| | |
|---|---|
| C71.9 | NOS |
| C71.9 | anterior |
| C71.9 | middle |
| C71.9 | posterior |

| | |
|---|---|
| C75.2 | Craniopharyngeal duct |

### Craniopharyngioma

| | |
|---|---|
| M-9350/1 | NOS (C75.2) |
| M-9351/1 | adamantinomatous (C75.2) |
| M-9352/1 | papillary (C75.2) |

### Cribriform (type)

| | |
|---|---|
| M-8201/3 | carcinoma |
| M-8523/3 | carcinoma, infiltrating duct and (C50._) |
| M-8201/2 | carcinoma in situ (C50._) |
| M-8201/3 | ductal carcinoma (C50._) |
| M-8201/2 | ductal carcinoma in situ (C50._) |

| | |
|---|---|
| C13.0 | Cricoid, NOS |
| C32.3 | Cricoid cartilage |
| C13.0 | Cricopharynx |
| C69.4 | Crystalline lens |

— 364 —

Alphabetic Index "C" (continued)

C77.3 Cubital lymph node
C48.1 Cul de sac
C32.3 Cuneiform cartilage

**Cutaneous**
M-9718/3   CD30+ T-cell lymphoproliferative
     disorder, primary (C44._)
M-8832/0   histiocytoma, NOS (C44._)
M-------   horn *(see SNOMED)*
M-9709/3   lymphoma, NOS (C44._) [obs]
M-8247/3   neuroendocrine carcinoma, primary
     (C44._)

M-8121/3 Cylindrical cell carcinoma (C30.0, C31._)
M-8121/1 Cylindrical cell papilloma (C30.0, C31._)
M-8200/3 Cylindroid adenocarcinoma
M-8200/3 Cylindroid bronchial adenoma (C34._)

**Cylindroma**
M-8200/3   NOS *(except cylindroma of skin*
     *M-8200/0)*
M-8200/0   eccrine dermal (C44._)
M-8200/0   skin (C44._)

**Cyst**
M-------   NOS *(see SNOMED)*
M-------   aneurysmal bone *(see SNOMED)*
M-9301/0   calcifying odontogenic (C41._)
M-------   congenital, NOS *(see SNOMED)*
M-------   dentigerous *(see SNOMED)*

  Dermoid
M-9084/0     NOS
M-9084/3     with malignant transformation
     (C56.9)
M-9084/3     with secondary tumor

M-------   enterogenous *(see SNOMED)*
M-------   epidermoid *(see SNOMED)*
M-------   eruption *(see SNOMED)*
M-------   follicular, jaw *(see SNOMED)*
M-------   ganglion *(see SNOMED)*
M-------   gingival, NOS *(see SNOMED)*
M-------   gingival, odontogenic *(see SNOMED)*
M-------   nasopalatine duct *(see SNOMED)*

  Odontogenic
M-------     NOS *(see SNOMED)*
M-9301/0     calcifying (C41._)
M-------     dentigerous *(see SNOMED)*

*Cyst, continued*
M-------   eruptive *(see SNOMED)*
M-------   gingival *(see SNOMED)*
M-------   primordial *(see SNOMED)*

M-------   pilar *(see SNOMED)*
M-------   primordial *(see SNOMED)*
M-8103/0   proliferating trichilemmal
M-------   radicular *(see SNOMED)*
M-------   sebaceous *(see SNOMED)*
M-------   solitary *(see SNOMED)*
M-------   thyroglossal duct *(see SNOMED)*
M-8103/0   trichilemmal, proliferating

**Cystadenocarcinofibroma**
M-8313/3   clear cell (C56.9)
M-9015/3   mucinous
M-9014/3   serous

**Cystadenocarcinoma**
M-8440/3   NOS
M-8551/3   acinar cell
M-8161/3   bile duct (C22.1, C24.0)
M-8380/3   endometrioid
M-8470/3   mucinous, NOS (C56.9)
M-8470/2   mucinous, non-invasive (C25._)

  Papillary
M-8450/3     NOS (C56.9)
M-8471/3     mucinous (C56.9)
M-8471/3     pseudomucinous (C56.9)
M-8460/3     serous (C56.9)

M-8470/3   pseudomucinous, NOS (C56.9)
M-8441/3   serous, NOS (C56.9)

**Cystadenofibroma**
M-9013/0   NOS
M-8313/0   clear cell (C56.9)
M-8313/1   clear cell, borderline malignancy
     (C56.9)

  Endometrioid
M-8381/0     NOS
M-8381/1     borderline malignancy
M-8381/3     malignant

  Mucinous
M-9015/0     NOS
M-9015/1     borderline malignancy

Alphabetic Index "C" (continued)

### Cystadenofibroma, continued

M-9015/3    malignant

Serous

M-9014/0    NOS
M-9014/1    borderline malignancy
M-9014/3    malignant

### Cystadenoma

M-8440/0    NOS
M-8401/0    apocrine
M-8161/0    bile duct    (C22.1, C24.0)
M-8443/0    clear cell (C56.9)
M-8404/0    eccrine (C44._)
M-8380/0    endometrioid, NOS
M-8380/1    endometrioid, borderline malignancy
M-8561/0    lymphomatosum, papillary
              (C07._, C08._)
M-8470/0    mucinous, NOS (C56.9)
M-8472/1    mucinous, borderline malignancy
              (C56.9)

Papillary

M-8450/0    NOS (C56.9)
M-8451/1    borderline malignancy (C56.9)
M-8561/0    lymphomatosum (C07._, C08._)
M-8471/0    mucinous, NOS (C56.9)
M-8473/1    mucinous, borderline malignancy
              (C56.9)
M-8471/0    pseudomucinous, NOS (C56.9)
M-8473/1    pseudomucinous, borderline
              malignancy (C56.9)
M-8460/0    serous, NOS (C56.9)
M-8462/1    serous, borderline malignancy
              (C56.9)

M-8470/0    pseudomucinous, NOS (C56.9)
M-8472/1    pseudomucinous, borderline malignancy
              (C56.9)
M-8441/0    serous, NOS (C56.9)
M-8442/1    serous, borderline malignancy (C56.9)

M-8316/3    Cyst-associated renal cell carcinoma
              (C64.9)

### Cystic

M-8452/1    and solid tumor (C25._)
M-9400/3    astrocytoma (C71._) [obs]
M-8200/3    carcinoma, adenoid

### Cystic, continued

M-8444/1    clear cell,   tumor of borderline
              malignancy (C56.9)
M-------    disease of the breast (see SNOMED)
M-9173/0    hygroma
M-8508/3    hypersecretory carcinoma (C50._)
M-9173/0    lymphangioma
M-9055/1    mesothelioma, NOS (C48._)
M-9055/0    mesothelioma, benign (C48._) [obs]
M-8472/1    mucinous, tumor of borderline
              malignancy (C56.9)
M-8470/1    mucinous, tumor with moderate
              dysplasia (C25._)
M-8959/1    nephroblastoma, partially differentiated
              (C64.9)

Nephroma

M-8959/0    benign (C64.9)
M-8959/3    malignant (C64.9)
M-8959/3    multilocular, malignant (C64.9)
M-8452/1    papillary, tumor (C25._)
M-8959/1    partially differentiated, nephroblastoma
              (C64.9)
M-8462/1    serous papillary, tumor, borderline
              malignancy (C56.9)
M-9080/0    teratoma, NOS
M-9080/0    teratoma, adult

Tumor

M-8454/0    atrio-ventricular node (C38.0)
M-8444/1    clear cell, borderline malignancy
              (C56.9)
M-8472/1    mucinous, borderline malignancy
              (C56.9)
M-8470/1    mucinous, with moderate dysplasia
              (C25._)
M-8452/1    papillary (C25._)
M-8462/1    serous papillary, borderline
              malignancy (C56.9)

C24.0    Cystic bile duct
C24.0    Cystic duct

M-8100/0 Cysticum, epithelioma adenoides (C44._)
M-------  Cystitis cystica (see SNOMED)
M-------  Cystitis, papillary (see SNOMED)

### Cystoma

M-8440/0    NOS
M-8470/0    mucinous (C56.9)

— 366 —

Alphabetic Index "C" (continued), "D"

### Cystoma, continued
M-8441/0      serous (C56.9)

### Cystosarcoma phyllodes
M-9020/1      NOS (C50._)
M-9020/0      benign (C50._) [obs]
M-9020/3      malignant (C50._)

M-9985/3★Cytopenia, refractory, childhood★

M-9985/3 Cytopenia with multilineage dysplasia,
            refractory

# D

M-9135/1 Dabska tumor

### DCIS
M-8500/2      NOS
M-8501/2      comedo type (C50._)
M-8503/2      papillary (C50._)
M------- Decidual change *(see SNOMED)*

### Dedifferentiated
M-9243/3      chondrosarcoma (C40._, C41._)
M-9372/3      chordoma
M-8858/3      liposarcoma

M-8831/0 Deep histiocytoma
M-9560/0 Degenerated schwannoma

C49.1        Deltoideus muscle

### Dendritic cell
M-9757/3      sarcoma, NOS
M-9758/3      sarcoma, follicular
M-9757/3      sarcoma, interdigitating
M-9758/3      tumor, follicular

M------- Dentigerous cyst *(see SNOMED)*
M-9271/0 Dentinoma (C41._)
M-9769/1 Deposition disease, immunoglobulin

### Dermal
M-8760/0      and epidermal nevus (C44._)
M-8200/0      cylindroma, eccrine (C44._)
M-8200/0      eccrine, cylindroma (C44._)

### Dermal, continued
M-8762/1      lesion, proliferative in congenital nevus
            (C44._)
M-8750/0      nevus (C44._)
M-8762/1      proliferative, lesion in congenital nevus
            (C44._)

M-8832/0 Dermatofibroma, NOS (C44._)
M-8832/0 Dermatofibroma lenticulare (C44._)

### Dermatofibrosarcoma
M-8832/3      NOS (C44._)
M-8832/3      protuberans, NOS (C44._)
M-8833/3      protuberans, pigmented (C44._)

### Dermoid
M-9084/0      NOS
M-9084/0      cyst, NOS
M-9084/3      cyst with malignant transformation
            (C56.9)
M-9084/3      cyst with secondary tumor

C62.1        Descended testis
C18.6        Descending colon

### Desmoid
M-8821/1      NOS
M-8822/1      abdominal
M-8821/1      extra-abdominal

### Desmoplastic
M-9412/1      astrocytoma, infantile
M-8823/0      fibroma
M-9412/1      ganglioglioma, infantile
M-9412/1      infantile astrocytoma (C71._)
M-9412/1      infantile ganglioglioma
M-9471/3      medulloblastoma (C71.6)
M-9471/3      medulloblastoma, nodular (C71.6)
M-8745/3      melanoma, amelanotic (C44._)
M-8745/3      melanoma, malignant (C44._)
M-9051/3      mesothelioma
M-8806/3      small round cell tumor
M-8092/3      type, basal cell carcinoma (C44._)
M-8514/3      type, duct carcinoma

M-9100/1 Destruens, chorioadenoma (C58.9)
M-9840/3 Di Guglielmo disease (C42.1) [obs]

C49.3        Diaphragm
C77.1        Diaphragmatic lymph node

— 367 —

Alphabetic Index "D" (continued)

M-9724/3★Disease, systemic EBV positive T-cell
  lymphoproliferative, childhood★
M----/-1 Differentiated, NOS (see grading code,
  page 30)

### Differentiated
M-8851/3  liposarcoma
M-9511/3  retinoblastoma (C69.2)
M-9080/0  teratoma

### Differentiation
M-8574/3  adenocarcinoma with neuroendocrine
M-8589/3  carcinoma showing thymus-like
M-8574/3  carcinoma with neuroendocrine
M-9561/3  malignant peripheral nerve sheath
  tumor with rhabdomyoblastic
M-9561/3  malignant schwannoma with
  rhabdomyoblastic
M-9540/3  MPNST with glandular
M-9540/3  MPNST with mesenchymal
M-9561/3  MPNST with rhabdomyoblastic
M-9362/3  pineal parenchymal tumor,
  intermediate (C75.3)
M-8921/3  rhabdomyosarcoma with ganglionic
M-8631/1  Sertoli-Leydig cell tumor, intermediate
M-8634/1  Sertoli-Leydig cell tumor,
  intermediate, with heterologous
  elements
M-8588/3  spindle epithelial tumor with
  thymus-like

### Diffuse
M-9400/3  astrocytoma (C71._)
M-9400/3  astrocytoma, low grade (C71._)
M-8505/0  intraductal papillomatosis
M-------  lipomatosis (see SNOMED)
M-9591/3  lymphosarcoma
M-8728/0  melanocytosis (C70.9)
M-9530/1  meningiomatosis  (C70._)
M-8350/3  papillary carcinoma, sclerosing (C73.9)
M-8505/0  papillomatosis, intraductal
M-9513/3  retinoblastoma (C69.2)
M-8145/3  type, adenocarcinoma (C16._)
M-8145/3  type, carcinoma (C16._)

C26.9  Digestive organs, NOS

M-8408/3 Digital papillary adenocarcinoma (C44._)
M-8408/1 Digital papillary adenoma, aggressive
  (C44._)

M-9501/0 Diktyoma, benign (C69._)
M-9501/3 Diktyoma, malignant (C69._)
M-8500/2 DIN 3 (C50._)

C41.2  Disc, intervertebral

### Disease
M-9762/3  alpha heavy chain
M-8081/2  Bowen (C44._)
M-9960/3  chronic myeloproliferative, NOS
M-9769/1  deposition, immunoglobulin
M-9840/3  Di Guglielmo [obs]
M-9762/3  Franklin
M-9762/3  gamma heavy chain
M-9751/3★  Hand-Schuller-Christian [obs]
  Heavy chain
M-9762/3    NOS
M-9762/3    alpha
M-9762/3    gamma
M-9762/3    mu
M-------  Hodgkin (see Hodgkin disease)
M-9769/1  immunoglobulin deposition
M-9760/3  immunoproliferative, NOS
M-9764/3  immunoproliferative small intestinal
  (C17._)
M-9751/3★  Letterer-Siwe☆
M-9970/1  lymphoproliferative, NOS
M-9724/3★  lymphoproliferative, T-cell, systemic
  EBV positive, childhood★
M-9768/1  lymphoproliferative, T-gamma
M-9741/3  mast cell, systemic tissue
M-9762/3  mu heavy chain
M-9960/3  myeloproliferative, NOS ★
M-9960/3  myeloproliferative, chronic, NOS
M-------  Paget (see Paget disease)
M-9540/1  Recklinghausen (except of bone)
M-9701/3  Sezary
M-9764/3  small intestinal, immunoproliferative
  (C17._)
M-9769/1  systemic light chain
M-9741/3  systemic tissue mast cell
M-9724/3★  T-cell lymphoproliferative, systemic
  EBV positive, childhood★
M-9768/1  T-gamma lymphoproliferative
M-9540/1  von Recklinghausen (except of bone)

### Disorder
M-9831/3★  chronic lymphoproliferative, NK cells★

— 368 —

## Alphabetic Index "D" (continued)

### Disorder, continued

| | |
|---|---|
| M-9960/3 | chronic myeloproliferative, NOS |
| M-9970/1 | lymphoproliferative, NOS |
| M-9971/1★ | lymphoproliferative, post transplant, NOS★ |
| M-9971/3★ | lymphoproliferative, polymorphic post transplant, NOS★ |
| M-9718/3 | lymphoproliferative, T-cell, CD30 positive, primary cutaneous (C44._) |
| M-9971/3★ | polymorphic post transplant lymphoproliferative★ |
| M-9971/1★ | post transplant lymphoproliferative, NOS★ |

| | |
|---|---|
| M-9754/3 | Disseminated Langerhans cell histiocytosis |

| | |
|---|---|
| C15.5 | Distal third of esophagus |
| C17.3 | Diverticulum, Meckel *(site of neoplasm)* |
| C67.1 | Dome, bladder |

### Dorsal surface

| | |
|---|---|
| C02.0 | anterior tongue |
| C02.0 | tongue, NOS |
| C02.0 | tongue, anterior 2/3 |
| C01.9 | tongue, base |

| | |
|---|---|
| C48.1 | Douglas pouch |

### Duct

| | |
|---|---|
| C24.0 | bile, NOS |
| C24.0 | biliary, NOS |
| C24.0 | choledochal |
| C24.0 | common |
| C24.0 | common bile |
| C75.2 | craniopharyngeal |
| C24.0 | cystic |
| C24.0 | cystic bile |
| C24.0 | extrahepatic bile |
| C52.9 | Gartner |
| C24.0 | hepatic |
| C24.0 | hepatic bile |
| C22.1 | intrahepatic bile |
| C69.5 | lacrimal, NOS |
| C69.5 | nasal lacrimal |
| C69.5 | nasolacrimal |
| C25.3 | pancreatic |
| C07.9 | parotid gland |
| C25.3 | Santorini |
| C07.9 | Stensen |

### Duct, continued

| | |
|---|---|
| C08.1 | sublingual gland |
| C08.0 | submaxillary gland |
| C49.3 | thoracic |
| C73.9 | thyroglossal |
| C08.0 | Wharton |
| C25.3 | Wirsung |
| C57.7 | Wolffian |

| | |
|---|---|
| M-8500/3 | adenocarcinoma, NOS |
| M-8500/3 | adenocarcinoma, infiltrating (C50._) |
| M-8503/0 | adenoma, NOS |
| M-8319/3 | Bellini, carcinoma (C64.9) |

Carcinoma

| | |
|---|---|
| M-8500/3 | NOS |
| M-8319/3 | Bellini (C64.9) |
| M-8319/3 | collecting (C64.9) |
| M-8514/3 | desmoplastic type |
| M-8407/3 | sclerosing sweat (C44._) |

| | |
|---|---|
| M-8500/3 | cell carcinoma |
| M------- | ectasia, mammary *(see SNOMED)* |

Infiltrating

| | |
|---|---|
| M-8500/3 | adenocarcinoma (C50._) |
| M-8523/3 | and colloid carcinoma (C50._) |
| M-8523/3 | and cribriform carcinoma (C50._) |
| M-8522/3 | and lobular carcinoma (C50._) |
| M-8522/3 | and lobular carcinoma in situ (C50._) |
| M-8523/3 | and mucinous carcinoma (C50._) |
| M-8541/3 | and Paget disease, breast (C50._) |
| M-8523/3 | and tubular carcinoma (C50._) |
| M-8500/3 | carcinoma (C50._) |
| M-8523/3 | mixed with other types of carcinoma (C50._) |

| | |
|---|---|
| M-8506/0 | papillomatosis, subareolar (C50.0) |
| M-8319/3 | renal carcinoma, collecting duct type (C64.9) |
| M-8407/3 | sweat, carcinoma, sclerosing (C44._) |
| M-8525/3 | terminal, adenocarcinoma |

Wolffian

| | |
|---|---|
| M-9110/0 | adenoma |
| M-9110/3 | carcinoma |
| M-9110/1 | tumor |

— 369 —

Alphabetic Index "D" (continued), "E"

### Ductal
#### Carcinoma
| | |
|---|---|
| M-8500/3 | NOS |
| M-8522/3 | and lobular (C50._) |
| M-8201/3 | cribriform type (C50._) |
| M-8201/2 | cribriform type, in situ (C50._) |

#### Carcinoma in situ
| | |
|---|---|
| M-8500/2 | NOS (C50._) |
| M-8522/3 | and infiltrating lobular carcinoma (C50._) |
| M-8501/2 | comedo type (C50._) |
| M-8201/2 | cribriform type (C50._) |
| M-8507/2 | micropapillary (C50._) |
| M-8503/2 | papillary (C50._) |
| M-8230/2 | solid type (C50._) |

| | |
|---|---|
| M-8500/2 | intraepithelial neoplasia 3 (C50._) |
| M-8522/3 | lobular and ductal carcinoma (C50._) |
| M-8154/3 | mixed ductal-endocrine carcinoma (C25._) |
| M-8503/0 | papilloma |

M-8521/3 Ductular carcinoma, infiltrating (C50._)

| | |
|---|---|
| C17.0 | Duodenum |
| C70.9 | Dura, NOS |

### Dura mater
| | |
|---|---|
| C70.9 | NOS |
| C70.0 | cranial |
| C70.1 | spinal |

M-9413/0 Dysembryoplastic neuroepithelial tumor
M------- Dysgenesis, NOS *(see SNOMED)*
M-9060/3 Dysgerminoma

### Dysplasia
| | |
|---|---|
| M------- | NOS *(see SNOMED)* |
| M-8077/2 | CIN III with severe (C53._) |
| M------- | congenital, NOS *(see SNOMED)* |
| M-8148/2 | esophageal glandular, high grade (C16._)★ |
| M-8148/0★ | esophageal glandular, low grade (C16._)★ |
| M-8077/0★ | esophageal squamous, low grade (C15._)★ |
| M------- | fibrous, NOS *(see SNOMED)* |
| M-8148/2 | Flat, high grade (C24.1) |
| M-9275/0 | florid osseous (C41._) |

### Dysplasia, continued
| | |
|---|---|
| M-8453/1 | intraductal papillary-mucinous tumor with moderate (C25._) |
| M------- | mild *(see SNOMED)* |
| M------- | moderate *(see SNOMED)* |
| M-8470/1 | mucinous cystic tumor with moderate (C25._) |
| M-9895/3 | multilineage, acute myeloid leukemia with |
| M-9985/3 | multilineage, refractory cytopenia with |
| M-9272/0 | periapical cemental (C41._) |
| M-9272/0 | periapical cemento-osseous (C41._) |
| M------- | severe *(see SNOMED)* |

M-9493/0 Dysplastic gangliocytoma of cerebellum (Lhermitte-Duclos) (C71.6)
M-8727/0 Dysplastic nevus (C44._)
M-9705/3 Dysproteinemia, peripheral T-cell lymphoma, Angioimmunoblastic Lymphadenopathy with (AILD) [obs]

# E

### Ear
| | |
|---|---|
| C44.2 | NOS |
| C44.2 | canal |
| C49.0 | cartilage |
| C44.2 | external |
| C30.1 | inner |
| C44.2 | lobule |
| C30.1 | middle |
| C44.2 | skin, NOS |

| | |
|---|---|
| C44.2 | Earlobe |

| | |
|---|---|
| M-8241/3 | EC cell carcinoid |
| M-9210/0 | Ecchondroma (C40._, C41._) |
| M-9210/1 | Ecchondrosis (C40._, C41._) |

### Eccrine
| | |
|---|---|
| M-8402/0 | acrospiroma (C44._) |
| M-8413/3 | adenocarcinoma (C44._) |
| M-8408/3 | adenocarcinoma, papillary (C44._) |
| M-8408/0 | adenoma, papillary (C44._) |
| M-8404/0 | cystadenoma (C44._) |
| M-8200/0 | dermal cylindroma (C44._) |
| M-8408/3 | papillary adenocarcinoma (C44._) |
| M-8408/0 | papillary adenoma (C44._) |

— 370 —

Alphabetic Index "E" (continued)

### Eccrine, continued

M-8409/0   poroma (C44._)
M-8409/3   poroma, malignant (C44._)
M-8403/0   spiradenoma (C44._)
M-8403/3   spiradenoma, malignant (C44._)

M-8242/1 ECL cell carcinoid, NOS
M-8242/3 ECL cell carcinoid, malignant
M------- Ectasia, mammary duct *(see SNOMED)*
M-8921/3 Ectomesenchymoma
M------- Ectopia, NOS *(see SNOMED)*
M------- Ectopic glial tissue *(see SNOMED)*
M-8587/0 Ectopic hamartomatous thymoma

C62.0    Ectopic testis *(site of neoplasm)*

M-8820/0 Elastofibroma

### Elbow

C76.4    NOS
C44.6    NOS (carcinoma, melanoma, nevus)
C49.1    NOS (sarcoma, lipoma)
C47.1    autonomic nervous system
C49.1    connective tissue
C49.1    fibrous tissue
C40.0    joint
C47.1    peripheral nerve
C44.6    skin
C49.1    soft tissue
C49.1    subcutaneous tissue

### Element

M-8634/1   Sertoli-Leydig cell tumor, intermediate
           differentiation, with heterologous
M-8634/3   Sertoli-Leydig cell tumor, poorly
           differentiated, with heterologous
M-8634/1   Sertoli-Leydig cell tumor, retiform,
           with heterologous
M-8588/3   spindle epithelial tumor with
           thymus-like

M-9101/3 Elements, choriocarcinoma combined with
           other germ cell
M-8593/1 Elements, stromal tumor with minor sex
           cord (C56.9)
M-8000/6 Embolus, tumor

### Embryonal

M-9070/3   adenocarcinoma
M-8191/0   adenoma

### Embryonal, continued

M-8902/3   and alveolar rhabdomyosarcoma, mixed

           Carcinoma
M-9070/3     NOS
M-9081/3     and teratoma, mixed
M-9101/3     combined with choriocarcinoma
M-9071/3     infantile
M-9072/3     polyembryonal type

M-8981/3   carcinosarcoma
M-8970/3   hepatoma (C22.0)
M-------   rest, NOS *(see SNOMED)*

           Rhabdomyosarcoma
M-8910/3     NOS
M-8902/3     and alveolar, mixed
M-8910/3     pleomorphic

M-8991/3   sarcoma
M-9080/3   teratoma

M-8335/3 Encapsulated follicular carcinoma (C73.9)
M-8343/3 Encapsulated papillary carcinoma (C73.9)
M-9220/0 Enchondroma (C40._, C41._)
M------- Endemic goiter *(see SNOMED)*
M-8384/3 Endocervical type adenocarcinoma
M-8482/3 Endocervical type mucinous
           adenocarcinoma

C38.0    Endocardium
C53.0    Endocervical canal
C53.0    Endocervical gland
C53.0    Endocervix

### Endocrine

C75.9    gland, NOS
C75.8    glands, multiple
C25.4    pancreas

M-8360/1 Endocrine adenomas, multiple
M-8360/1 Endocrine adenomatosis
M-8154/3 Endocrine-acinar carcinoma, mixed (C25._)
M-8154/3 Endocrine-ductal carcinoma, mixed (C25._)
M-9071/3 Endodermal sinus tumor
M-8931/3 Endolymphatic stromal myosis (C54.1)
M-8930/3 Endometrial sarcoma, NOS (C54.1)

C54.1    Endometrial stroma

— 371 —

Alphabetic Index "E" (continued)

**Endometrial stromal**
M-8930/0  nodule (C54.1)
M-8930/3  sarcoma, NOS (C54.1)
M-8930/3  sarcoma, high grade (C54.1)
M-8931/3  sarcoma, low grade (C54.1)

M-8931/3 Endometrial stromatosis

**Endometrioid**
Adenocarcinoma
M-8380/3    NOS
M-8383/3    ciliated cell variant
M-8382/3    secretory variant

Adenofibroma
M-8381/0    NOS
M-8381/1    borderline malignancy
M-8381/3    malignant

M-8380/0  adenoma, NOS
M-8380/1  adenoma, borderline malignancy
M-8380/3  carcinoma, NOS
M-8380/3  cystadenocarcinoma

Cystadenofibroma
M-8381/0    NOS
M-8381/1    borderline malignancy
M-8381/3    malignant

M-8380/0  cystadenoma, NOS
M-8380/1  cystadenoma, borderline malignancy
M-8380/1  tumor, atypical proliferative
M-8380/1  tumor of low malignant potential

M------- Endometrioma *(see SNOMED)*

**Endometriosis**
M-------    NOS *(see SNOMED)*
M-------    external *(see SNOMED)*
M-------    internal *(see SNOMED)*
M-8931/3    stromal (C54.1)

C54.1    Endometrium

M-9531/0 Endotheliomatous meningioma (C70._)
M-9135/1 Endovascular papillary angioendothelioma
M-8241/3 Enterochromaffin cell carcinoid
M-8242/1 Enterochromaffin-like cell carcinoid, NOS
M-8242/3 Enterochromaffin-like cell tumor, malignant
M------- Enterogenous cyst *(see SNOMED)*

M-8152/1 Enteroglucagonoma, NOS☆
M-8152/3 Enteroglucagonoma, malignant☆

**Eosinophil**
M-8280/3    adenocarcinoma (C75.1)
M-8280/0    adenoma (C75.1)
M-8280/3    carcinoma (C75.1)

M-9752/1 Eosinophilic granuloma

C71.5    Ependyma

M-9392/3 Ependymoblastoma (C71._)

**Ependymoma**
M-9391/3    NOS (C71._)
M-9392/3    anaplastic (C71._)
M-9391/3    cellular (C71._)
M-9391/3    clear cell (C71._)
M-9391/3    epithelial (C71._)
M-9394/1    myxopapillary (C72.0)
M-9393/3    papillary (C71._)
M-9391/3    tanycytic (C71._)

M-9383/1 Ependymoma-subependymoma, mixed
         (C71._)

M------- Ephelis *(see SNOMED)*

C38.0    Epicardium

M-8760/0 Epidermal and dermal nevus (C44._)

**Epidermoid carcinoma**
M-8070/3    NOS
M-8560/3    and adenocarcinoma, mixed
M-8070/2    in situ, NOS
M-8076/2    in situ with questionable stromal
            invasion
M-8071/3    keratinizing
M-8072/3    large cell, nonkeratinizing
M-8052/3    papillary
M-8073/3    small cell, nonkeratinizing
M-8074/3    spindle cell
M-8051/3    verrucous

M------ Epidermoid cholesteatoma *(see SNOMED)*
M------ Epidermoid cyst *(see SNOMED)*

C63.0    Epididymis

— 372 —

Alphabetic Index "E" (continued)

C72.9    Epidural

### Epiglottis
C32.1    NOS *(excludes anterior surface of epiglottis C10.1)*
C10.1    anterior surface
C32.1    posterior surface

### Epithelial
M-9391/3    ependymoma (C71.1)
M-8452/1    neoplasm, solid and papillary (C25._)
M-9340/0    odontogenic tumor, calcifying (C41._)
M-8585/1    thymoma, NOS (C37.9)
M-8585/3    thymoma, malignant (C37.9)

        Tumor
M-8010/0    benign
M-8010/3    malignant
M-8588/3    spindle, with thymus-like differentiation
M-8588/3    spindle, with thymus-like element

M-8562/3 Epithelial-myoepithelial carcinoma

### Epithelioid
M-8770/3    and spindle cell melanoma, mixed
M-8770/0    and spindle cell nevus (C44._)

        Cell
M-8771/3    melanoma
M-8771/0    nevus (C44._)
M-8804/3    sarcoma
M-9042/3    synovial sarcoma

M-9133/1    hemangioendothelioma, NOS
M-9133/3    hemangioendothelioma, malignant
M-9125/0    hemangioma
M-8891/0    leiomyoma
M-8891/3    leiomyosarcoma

        Mesothelioma
M-9052/3    NOS
M-9052/0    benign
M-9052/3    malignant

M-9540/3    MPNST
M-8804/3    sarcoma
M-9105/3    trophoblastic tumor

### Epithelioma
M-8011/3    NOS
M-8100/0    adenoides cysticum (C44._)
M-8090/3    basal cell (C44._)
M-8011/0    benign
M-8110/0    calcifying, Malherbe (C44._)
M-8096/0    intraepidermal, Jadassohn (C44._)
M-8011/3    malignant
M-8410/0    sebaceous (C44._)
M-8070/3    squamous cell

C77.3    Epitrochlear lymph node

M-------    Eruption cyst *(see SNOMED)*
M-9840/3 Erythremia, acute (C42.1) [obs]
M-9950/3 Erythremia, chronic (C42.1) [obs]
M-9840/3 Erythremic myelosis, NOS (C42.1)
M-9840/3 Erythremic myelosis, acute (C42.1) [obs]
M-9840/3 Erythroleukemia (C42.1)
M-8080/2 Erythroplasia, Queyrat (C60._)

C77.1    Esophageal lymph node
C16.0    Esophagogastric junction

### Esophagus
C15.9    NOS
C15.2    abdominal
C15.0    cervical
C15.5    distal third
C15.5    lower third
C15.4    middle third
C15.3    proximal third
C15.1    thoracic
C15.3    upper third

M-------    Esophagus, Barrett *(see SNOMED)*
M-9962/3 Essential thrombocythemia (C42.1)
M-9962/3 Essential thrombocythemia, hemorrhagic (C42.1)
M-9522/3 Esthesioneuroblastoma (C30._)
M-9521/3 Esthesioneurocytoma (C30._)
M-9523/3 Esthesioneuroepithelioma (C30._)

C41.0    Ethmoid bone
C31.1    Ethmoid sinus
C30.1    Eustachian tube

M-9260/3 Ewing sarcoma (C40._, C41._)
M-9260/3 Ewing tumor (C40._, C41._)

— 373 —

Alphabetic Index "E" (continued), "F"

M-9984/3 Excess blasts in transformation, refractory
        anemia with (RAEB–T) [obs]
M-9983/3 Excess blasts, refractory anemia with

C53.1    Exocervix

M-8154/3 Exocrine and islet cell adenocarcinoma,
        mixed (C25._)
M-8121/0 Exophytic sinonasal papilloma (C30.0,
        C31._)

### Exostosis
M-------    NOS *(see SNOMED)*
M-9210/0    cartilaginous (C40._, C41._)
M-9210/0    osteocartilaginous (C40._, C41._)

### External
C44.2    auditory canal
C44.2    auditory meatus
C44.2    auricular canal
C44.3    cheek
C44.2    ear
C51.9    female genitalia
C00.2    lip, NOS
C00.1    lip, lower
C00.0    lip, upper
C44.3    nose
C53.1    os

M------- External endometriosis *(see SNOMED)*
M-8821/1 Extra–abdominal desmoid
M-8693/1 Extra–adrenal paraganglioma, NOS
M-8693/3 Extra–adrenal paraganglioma, malignant

C72.9    Extradural
C24.0    Extrahepatic bile duct

M-8542/3 Extramammary Paget disease
        *(except Paget disease of bone)*
M-9734/3 Extramedullary plasmacytoma
        *(not occurring in bone)*

C69.6    Extraocular muscle
C32.1    Extrinsic larynx

### Eye
C69.9    NOS
C44.1    canthus, NOS
C44.1    canthus, inner
C44.1    canthus, outer

### Eye, continued
C69.3    choroid
C69.4    ciliary body
C69.0    conjunctiva
C69.6    connective tissue, orbit
C69.1    cornea, NOS
C69.1    cornea, limbus
C69.4    crystalline lens
C69.6    extraocular muscle
C69.4    eyeball
C44.3    eyebrow
C44.1    eyelid, NOS
C44.1    eyelid, lower
C44.1    eyelid, upper
C44.1    inner canthus
C69.4    intraocular
C69.4    iris
C69.5    lacrimal duct, NOS
C69.5    lacrimal duct, nasal
C69.5    lacrimal gland
C69.5    lacrimal sac
C69.4    lens, crystalline
C44.1    Meibomian gland
C69.6    muscle, extra–ocular
C69.5    nasal lacrimal duct
C69.5    nasolacrimal duct
C72.3    optic nerve
C69.6    orbit, NOS
C69.6    orbit, connective tissue
C69.6    orbit, soft tissue
C44.1    outer canthus
C44.1    palpebra
C69.2    retina
C69.6    retrobulbar tissue
C69.4    sclera
C69.4    uveal tract

C69.4    Eyeball

### Eyelid
C44.1    NOS
C44.1    lower
C44.1    upper

# F

M------- FAB *(see Leukemia, FAB)*

Alphabetic Index "F" (continued)

## Face

| | |
|---|---|
| C76.0 | NOS |
| C44.3 | NOS (carcinoma, melanoma, nevus) |
| C49.0 | NOS (sarcoma, lipoma) |
| C49.0 | adipose tissue |
| C41.0 | bone *(excludes mandible C41.1)* |
| C49.0 | connective tissue |
| C49.0 | fatty tissue |
| C49.0 | fibrous tissue |
| C77.0 | lymph node |
| C49.0 | muscle |
| C49.0 | skeletal muscle |
| C44.3 | skin |
| C49.0 | soft tissue |
| C49.0 | subcutaneous tissue |

## Facial

| | |
|---|---|
| C41.0 | bone |
| C77.0 | lymph node |
| C72.5 | nerve |

| | |
|---|---|
| C57.0 | Fallopian tube |
| C32.1 | False cord |
| C32.1 | False vocal cord |

## Falx

| | |
|---|---|
| C70.0 | NOS |
| C70.0 | cerebelli |
| C70.0 | cerebri |

| | |
|---|---|
| M-8220/0 | Familial polyposis coli (C18._) |

## Fascia

| | |
|---|---|
| C49.9 | NOS |
| C49.1 | palmar |
| C49.2 | plantar |

| | |
|---|---|
| M-8813/0 | Fascial fibroma |
| M-8813/3 | Fascial fibrosarcoma |

## Fasciitis

| | |
|---|---|
| M------- | infiltrative *(see SNOMED)* |
| M------- | nodular *(see SNOMED)* |
| M------- | pseudosarcomatous *(see SNOMED)* |

## Fat

| | |
|---|---|
| M-8880/0 | cell lipoma, fetal |
| M------- | necrosis *(see SNOMED)* |
| M-8880/0 | tumor, brown |

## Fatty tissue

| | |
|---|---|
| C49.9 | NOS |
| C49.4 | abdominal wall |
| C49.1 | antecubital space |
| C49.1 | arm |
| C49.3 | axilla |
| C49.6 | back |
| C49.5 | buttock |
| C49.2 | calf |
| C49.0 | cervical region |
| C49.0 | cheek |
| C49.3 | chest wall |
| C49.0 | face |
| C49.6 | flank |
| C49.2 | foot |
| C49.1 | forearm |
| C49.5 | gluteal region |
| C49.5 | groin |
| C49.1 | hand |
| C49.0 | head |
| C49.2 | hip |
| C49.3 | infraclavicular region |
| C49.5 | inguinal region |
| C49.2 | knee |
| C49.2 | leg |
| C49.0 | neck |
| C49.2 | popliteal space |
| C49.5 | sacrococcygeal region |
| C49.0 | scalp |
| C49.1 | shoulder |
| C49.0 | supraclavicular region |
| C49.0 | temple |
| C49.2 | thigh |
| C49.6 | trunk, NOS |

| | |
|---|---|
| C10.9 | Fauces, NOS |
| C09.1 | Faucial pillar |
| C09.9 | Faucial tonsil |

## Female

| | |
|---|---|
| C57.9 | genital organs, NOS |
| C57.9 | genital tract, NOS |
| C51.9 | genitalia, external |
| C57.9 | genitourinary tract, NOS |

## Femoral

| | |
|---|---|
| C49.2 | artery |
| C77.4 | lymph node |
| C47.2 | nerve |

— 375 —

Alphabetic Index "F" (continued)

C40.2     Femur

### Fetal
M-8333/3     adenocarcinoma (C73.9)
M-8333/0     adenoma (C73.9)
M-8880/0     fat cell lipoma
M-8881/0     lipoma, NOS
M-8881/0     lipomatosis
M-8903/0     rhabdomyoma

C58.9     Fetal membranes

M-9420/3 Fibrillary astrocytoma (C71._)

### Fibroadenoma
M-9010/0     NOS (C50._)
M-9016/0     giant (C50._)
M-9011/0     intracanalicular (C50._)
M-9030/0     juvenile (C50._)
M-9012/0     pericanalicular (C50._)

M-9290/0 Fibroameloblastic odontoma (C41._)

### Fibroblastic
M-8857/3     liposarcoma
M-9532/0     meningioma (C70._)
M-9182/3     osteosarcoma (C40._, C41._)

M-8834/1 Fibroblastoma, giant cell
M-9220/3 Fibrochondrosarcoma (C40._, C41._)
M------- Fibrocystic disease, NOS (see SNOMED)
M-9271/0 Fibrodentinoma, ameloblastic (C41._)
M-9290/3 Fibrodentinosarcoma, ameloblastic (C41._)

### Fibroepithelial
M-8093/3     basal cell carcinoma (C44._)
M-8093/3     basal cell carcinoma, Pinkus type
M-------     papilloma (see SNOMED)
M-------     polyp (see SNOMED)

M-8093/3 Fibroepithelioma, NOS
M-8093/3 Fibroepithelioma of Pinkus type
M-8391/0 Fibrofolliculoma (C44._)
M-8835/1 Fibrohistiocytic tumor, plexiform
M-8890/0 Fibroid uterus (C55.9)
M-8171/3 Fibrolamellar hepatocellular carcinoma
       (C22.0)
M-8851/0 Fibrolipoma
M-8850/3 Fibroliposarcoma

### Fibroma
M-8810/0     NOS
M-9330/0     ameloblastic (C41._)
M-8810/1     cellular (C56.9)
M-9274/0     cementifying (C41._)
M-9274/0     cemento-ossifying (C41._)
M-9321/0     central odontogenic (C41._)
M-9241/0     chondromyxoid (C40._, C41._)
M-8823/0     desmoplastic
M-8813/0     fascial
M-8391/0     follicular (C44._)
M-8821/1     invasive
M-------     juvenile aponeurotic (see SNOMED)
M-8811/0     myxoid
M-------     nonossifying (see SNOMED)
M-9321/0     odontogenic, NOS (C41._)
M-9321/0     odontogenic, central (C41._)
M-9322/0     odontogenic, peripheral (C41._)
M-9262/0     ossifying (C41._)
M-8391/0     perifollicular (C44._)
M-8812/0     periosteal (C40._, C41._)
M-9322/0     peripheral odontogenic (C41._)
M-8966/0     renomedullary (C64.9)

### Fibromatosis
M-------     NOS (see SNOMED)
M-8822/1     abdominal
M-8821/1     aggressive
M-------     cicatricial (see SNOMED)
M-8824/1     congenital generalized
M-8822/1     mesenteric (C48.1)
M-------     musculo-aponeurotic (see SNOMED)
M-------     pseudosarcomatous
M-8822/1     retroperitoneal (C48.0)

M-8890/0 Fibromyoma

M-8842/0 Fibromyxoid tumor, ossifying
M-8852/0 Fibromyxolipoma
M-8811/0 Fibromyxoma
M-8811/0 Fibromyxoma, plexiform★
M-8811/3 Fibromyxosarcoma
M-9290/0 Fibro-odontoma, ameloblastic (C41._)
M-9290/3 Fibro-odontosarcoma, ameloblastic
M-9262/0 Fibro-osteoma (C40._, C41._)

### Fibrosarcoma
M-8810/3     NOS
M-9330/3     ameloblastic (C41._)
M-8814/3     congenital

— 376 —

Alphabetic Index "F" (continued)

### Fibrosarcoma, continued

| | |
|---|---|
| M-8813/3 | fascial |
| M-8814/3 | infantile |
| M-9330/3 | odontogenic (C41._) |
| M-8812/3 | periosteal (C40._, C41._) |

| | |
|---|---|
| M------- | Fibrosclerosis *(see SNOMED)* |
| M------- | Fibrosing adenomatosis *(see SNOMED)* |
| M------- | Fibrosing adenosis *(see SNOMED)* |

### Fibrosis

| | |
|---|---|
| M------- | NOS *(see SNOMED)* |
| M-8141/3 | carcinoma with productive |
| M-8832/0 | subepidermal nodular (C44._) |

### Fibrous

| | |
|---|---|
| M-9420/3 | astrocytoma (C71._) |
| M------- | defect, metaphyseal *(see SNOMED)* |
| M------- | dysplasia, NOS *(see SNOMED)* |

| | |
|---|---|
| | Histiocytoma |
| M-8830/0 | NOS |
| M-8836/1 | angiomatoid |
| M-8830/1 | atypical |
| M-8830/0 | benign |
| M-8830/3 | malignant |
| M-9252/0 | tendon sheath (C49.0) |

| | |
|---|---|
| M-9532/0 | meningioma (C70._) |

| | |
|---|---|
| | Mesothelioma |
| M-9051/3 | NOS |
| M-9051/0 | benign |
| M-9051/3 | malignant |

| | |
|---|---|
| M-9160/0 | papule of nose (C44.3) [obs] |
| M------- | polyp *(see SNOMED)* |
| M-9041/3 | synovial sarcoma, monophasic tissue (see next page) |

| | |
|---|---|
| | Tumor |
| M-8815/0 | localized |
| M-8815/0 | solitary |
| M-8815/3 | solitary, malignant |

### Fibrous tissue

| | |
|---|---|
| C49.9 | NOS |
| C49.4 | abdominal wall |
| C49.2 | ankle |
| C49.1 | antecubital space |

### Fibrous tissue, continued

| | |
|---|---|
| C49.1 | arm |
| C49.3 | axilla |
| C49.6 | back |
| C49.5 | buttock |
| C49.2 | calf |
| C49.0 | cervical region |
| C49.0 | cheek |
| C49.3 | chest |
| C49.3 | chest wall |
| C49.0 | chin |
| C49.1 | elbow |
| C49.0 | face |
| C49.1 | finger |
| C49.6 | flank |
| C49.2 | foot |
| C49.1 | forearm |
| C49.0 | forehead |
| C49.5 | gluteal region |
| C49.5 | groin |
| C49.1 | hand |
| C49.0 | head |
| C49.2 | heel |
| C49.2 | hip |
| C49.3 | infraclavicular region |
| C49.5 | inguinal region |
| C49.2 | knee |
| C49.2 | leg |
| C49.0 | neck |
| C49.5 | perineum |
| C49.2 | popliteal space |
| C49.0 | pterygoid fossa |
| C49.5 | sacrococcygeal region |
| C49.0 | scalp |
| C49.3 | scapular region |
| C49.1 | shoulder |
| C49.0 | supraclavicular region |
| C49.0 | temple |
| C49.2 | thigh |
| C49.3 | thoracic wall |
| C49.1 | thumb |
| C49.2 | toe |
| C49.6 | trunk, NOS |
| C49.4 | umbilicus |
| C49.1 | wrist |

### Fibroxanthoma

| | |
|---|---|
| M-8830/0 | NOS |
| M-8830/1 | atypical |
| M-8830/3 | malignant |

— 377 —

Alphabetic Index "F" (continued)

| C40.2 | Fibula |
| C72.0 | Filum terminale |

### Finger

| C76.4 | NOS |
| C44.6 | NOS (carcinoma, melanoma, nevus) |
| C49.1 | NOS (sarcoma, lipoma) |
| C47.1 | autonomic nervous system |
| C40.1 | bone |
| C49.1 | connective tissue |
| C49.1 | fibrous tissue |
| C49.1 | muscle |
| C44.6 | nail |
| C47.1 | peripheral nerve |
| C49.1 | skeletal muscle |
| C44.6 | skin |
| C49.1 | soft tissue |
| C49.1 | subcutaneous tissue |
| C49.1 | tendon |
| C49.1 | tendon sheath |

### Flank

| C76.7 | NOS |
| C44.5 | NOS (carcinoma, melanoma, nevus) |
| C49.6 | NOS (sarcoma, lipoma) |
| C49.6 | adipose tissue |
| C47.6 | autonomic nervous system |
| C49.6 | connective tissue |
| C49.6 | fatty tissue |
| C49.6 | fibrous tissue |
| C49.6 | muscle |
| C47.6 | peripheral nerve |
| C49.6 | skeletal muscle |
| C44.5 | skin |
| C49.6 | soft tissue |
| C49.6 | subcutaneous tissue |
| C49.6 | tendon |
| C49.6 | tendon sheath |

M-8212/0 Flat adenoma

### Floor of mouth

| C04.9 | NOS |
| C04.0 | anterior |
| C04.1 | lateral |

M------- Florid adenosis *(see SNOMED)*
M-9275/0 Florid osseous dysplasia (C41._)
M------- Focal nodular hyperplasia *(see SNOMED)*

### Fold

| C13.1 | aryepiglottic, NOS *(excludes laryngeal aspect of aryepiglottic fold C32.1)* |
| C13.1 | aryepiglottic, hypopharyngeal aspect |
| C32.1 | aryepiglottic, laryngeal aspect |
| C13.1 | arytenoid |
| C09.1 | glossopalatine |

### Follicular

Adenocarcinoma

| M-8330/3 | NOS (C73.9) |
| M-8332/3 | moderately differentiated (C73.9) |
| M-8332/3 | trabecular (C73.9) |
| M-8331/3 | well differentiated (C73.9) |

Adenoma

| M-8330/0 | NOS (C73.9) |
| M-8330/1 | atypical (C73.9) |
| M-8290/0 | oxyphilic cell (C73.9) |

| M-8340/3 | and papillary adenocarcinoma (C73.9) |
| M-8340/3 | and papillary carcinoma (C73.9) |

Carcinoma

| M-8330/3 | NOS (C73.9) |
| M-8335/3 | encapsulated (C73.9) |
| M-8335/3 | minimally invasive (C73.9) |
| M-8332/3 | moderately differentiated (C73.9) |
| M-8290/3 | oxyphilic cell (C73.9) |
| M-8332/3 | trabecular (C73.9) |
| M-8331/3 | well differentiated (C73.9) |

| M------- | cyst, jaw *(see SNOMED)* |
| M-9758/3 | dendritic cell sarcoma |
| M-9758/3 | dendritic cell tumor |
| M-8391/0 | fibroma (C44._) |
| M------- | keratosis, inverted *(see SNOMED)* |
| M------- | lymphoma *(see lymphoma, malignant, follicular)* |
| M-8340/3 | variant, papillary adenocarcinoma (C73.9) |
| M-8340/3 | variant, papillary carcinoma (C73.9) |

M-8346/3 Follicular-medullary carcinoma, mixed (C73.9)
M-8641/0 Folliculome lipidique (C56.9)

### Foot

| C76.5 | NOS |
| C44.7 | NOS (carcinoma, melanoma, nevus) |

— 378 —

Alphabetic Index "F" (continued)

### Foot, continued

| | |
|---|---|
| C49.2 | NOS (sarcoma, lipoma) |
| C49.2 | adipose tissue |
| C47.2 | autonomic nervous system |
| C40.3 | bone |
| C49.2 | connective tissue |
| C49.2 | fatty tissue |
| C49.2 | fibrous tissue |
| C40.3 | joint |
| C49.2 | muscle |
| C47.2 | peripheral nerve |
| C40.3 | phalanx |
| C49.2 | skeletal muscle |
| C44.7 | skin |
| C49.2 | soft tissue |
| C44.7 | sole |
| C49.2 | subcutaneous tissue |
| C49.2 | tendon |
| C49.2 | tendon sheath |

M------- Fordyce disease *(see SNOMED)*

### Forearm

| | |
|---|---|
| C76.4 | NOS |
| C44.6 | NOS (carcinoma, melanoma, nevus) |
| C49.1 | NOS (sarcoma, lipoma) |
| C49.1 | adipose tissue |
| C47.1 | autonomic nervous system |
| C40.0 | bone |
| C49.1 | connective tissue |
| C49.1 | fatty tissue |
| C49.1 | fibrous tissue |
| C49.1 | muscle |
| C47.1 | peripheral nerve |
| C49.1 | skeletal muscle |
| C44.6 | skin |
| C49.1 | soft tissue |
| C49.1 | subcutaneous tissue |
| C49.1 | tendon |
| C49.1 | tendon sheath |

### Forehead

| | |
|---|---|
| C44.3 | NOS |
| C44.3 | NOS (carcinoma, melanoma, nevus) |
| C49.0 | NOS (sarcoma, lipoma) |
| C47.0 | autonomic nervous system |
| C49.0 | connective tissue |
| C49.0 | fibrous tissue |
| C47.0 | peripheral nerve |
| C44.3 | skin |

### Forehead, continued

| | |
|---|---|
| C49.0 | soft tissue |
| C49.0 | subcutaneous tissue |
| | |
| C60.0 | Foreskin |
| C11.3 | Fornix, pharyngeal |
| C52.9 | Fornix, vagina |

### Fossa

| | |
|---|---|
| | Cranial |
| C71.9 | NOS |
| C71.9 | anterior |
| C71.9 | middle |
| C71.9 | posterior |
| | |
| C76.3 | ischiorectal |
| C75.1 | pituitary |
| C49.0 | pterygoid, NOS |
| C12.9 | pyriform |
| C11.2 | Rosenmuller |
| C09.0 | tonsillar |
| | |
| C51.9 | Fourchette |
| C71.7 | Fourth ventricle |
| | |
| M-9762/3 | Franklin disease |

### Freckle

| | |
|---|---|
| M------- | NOS *(see SNOMED)* |
| M-8742/2 | Hutchinson melanotic, NOS (C44._) |
| M-8742/3 | malignant melanoma in Hutchinson melanotic (C44._) |

### Frenulum

| | |
|---|---|
| C00.5 | labii, NOS |
| C02.2 | linguae |
| C00.5 | lip, NOS |
| C00.4 | lower lip |
| C00.3 | upper lip |

### Frontal

| | |
|---|---|
| C41.0 | bone |
| C71.1 | lobe |
| C71.1 | pole |
| C31.2 | sinus |

### Fundus

| | |
|---|---|
| C16.1 | gastric |
| C16.1 | stomach |
| C54.3 | uteri |

Alphabetic Index "F" (continued), "G"

M-8121/0 Fungiform sinonasal papilloma (C30.0,
          C31._)
M-9700/3 Fungoides, mycosis (C44._)
M-8043/3 Fusiform cell, small cell carcinoma (C34._)
M-8004/3 Fusiform cell type, malignant tumor

# G

M-8153/1 G cell tumor, NOS
M-8153/3 G cell tumor, malignant

C23.9      Gallbladder

M-9762/3 Gamma heavy chain disease
M-9765/1 Gammopathy, monoclonal, NOS
M-9765/1 Gammopathy, monoclonal, of undetermined
          significance

C47.9      Ganglia, NOS
C71.0      Ganglia, basal

M-8683/0 Gangliocytic paraganglioma (C17.0)
M-9492/0 Gangliocytoma
M-9493/0 Gangliocytoma of cerebellum, dysplastic
          (Lhermitte-Duclos) (C71.6)

**Ganglioglioma**
M-9505/1    NOS
M-9505/3    anaplastic
M-9412/1    desmoplastic infantile

M------- Ganglion cyst *(see SNOMED)*
M-9490/3 Ganglioneuroblastoma
M-9490/0 Ganglioneuroma
M-9491/0 Ganglioneuromatosis
M-8921/3 Ganglionic differentiation,
          rhabdomyosarcoma with
M-8936/1 GANT

C52.9      Gartner duct

**Gastric** *(see also stomach)*
C16.9      NOS
C16.3      antrum
C16.0      cardia
C16.2      corpus
C16.1      fundus
C77.2      lymph node

M-8153/1 Gastrin cell tumor
M-8153/3 Gastrin cell tumor, malignant
M-8153/1 Gastrinoma, NOS
M-8153/3 Gastrinoma, malignant

C49.2      Gastrocnemius muscle
C16.0      Gastroesophageal junction

M-8936/1 Gastrointestinal autonomic nerve tumor
M-8936/1 Gastrointestinal pacemaker cell tumor

**Gastrointestinal stromal**
M-8936/3    sarcoma

           Tumor
M-8936/1    NOS
M-8936/0    benign
M-8936/3    malignant
M-8936/1    uncertain malignant potential

C26.9      Gastrointestinal tract, NOS

M-8480/3 Gelatinous adenocarcinoma [obs]
M-8480/3 Gelatinous carcinoma [obs]
M-9411/3 Gemistocytic astrocytoma (C71._)
M-9411/3 Gemistocytoma (C71._)
M-8824/1 Generalized fibromatosis, congenital
M-9754/3 Generalized Langerhans cell histiocytosis
M-8905/0 Genital rhabdomyoma (C51._, C52.9)

**Genital**
C57.9      organs, female, NOS
C63.9      organs, male, NOS
C57.9      tract, female, NOS
C63.9      tract, male, NOS

C51.9      Genitalia, female, external
C57.9      Genitourinary tract, female, NOS
C63.9      Genitourinary tract, male, NOS

**Germ cell**
M-9101/3    elements, choriocarcinoma combined
          with other
M-9064/2    neoplasia, intratubular (C62._)
M-9064/3    tumor, NOS
M-9085/3    tumor, mixed
M-9065/3    tumor, nonseminomatous (C62._)
M-9064/2    intratubular malignant (C62._)

M-9064/3 Germinoma

— 380 —

Alphabetic Index "G" (continued)

M-9302/0 Ghost cell tumor, odontogenic (C41._)

### Giant
M-------　　condyloma acuminatum *(see SNOMED)*
M-8761/1　　congenital nevus, intermediate and
　　　　　　　　(C44._)
M-9016/0　　fibroadenoma (C50._)
M-9200/0　　osteoid osteoma (C40._, C41._)
M-8761/1　　pigmented nevus, NOS (C44._)
M-8761/3　　pigmented nevus, malignant melanoma
　　　　　　　　in (C44._)
M-------　　rugal hypertrophy *(see SNOMED)*

### Giant cell
M-8030/3　　and spindle cell carcinoma
M-9160/0　　angiofibroma
M-9384/1　　astrocytoma, subependymal (C71._)
M-8031/3　　carcinoma
M-8035/3　　carcinoma with osteoclast-like
M-8834/1　　fibroblastoma
M-9441/3　　glioblastoma (C71._)
M-------　　granuloma, central *(see SNOMED)*
M-------　　reparative granuloma *(see SNOMED)*
M-8802/3　　sarcoma *(except of bone M-9250/3)*
M-9250/3　　sarcoma of bone (C40._, C41._)
M-------　　tendon sheath *(see SNOMED)*

### Tumor
M-9250/1　　　bone, NOS (C40._, C41._)
M-9250/3　　　bone, malignant (C40._, C41._)
M-9230/0　　　chondromatous　(C40._, C41._)
M-9251/1　　　soft parts, NOS
M-9251/3　　　soft parts, malignant
M-9252/0　　　tendon sheath (C49._)
M-9252/3　　　tendon sheath, malignant (C49._)
M-9252/0　　　tenosynovial (C49._)
M-9252/3　　　tenosynovial, malignant (C49._)

M-8003/3　　type, malignant tumor

M-9275/0 Gigantiform cementoma (C41._)

### Gingiva
C03.9　　　NOS
C03.1　　　lower
C03.1　　　mandibular
C03.0　　　maxillary
C03.0　　　upper

M------- Gingival cyst, NOS *(see SNOMED)*

M------- Gingival cyst, odontogenic *(see SNOMED)*

C40.0　　　Girdle, shoulder

### GIST
M-8936/1　　NOS
M-8936/0　　benign
M-8936/3　　malignant

### Gland
C74.9　　　adrenal
C51.0　　　Bartholin
C44.2　　　ceruminal
C68.0　　　Cowper
C53.0　　　endocervical
C75.9　　　endocrine, NOS
C75.8　　　endocrine, multiple
C54.1　　　endometrial
C69.5　　　lacrimal
C50.9　　　mammary
C44.1　　　Meibomian
.C53.0　　　Nabothian
C75.0　　　parathyroid
C68.1　　　paraurethral
C07.9　　　parotid
C07.9　　　parotid, duct
C75.3　　　pineal
C75.1　　　pituitary
C61.9　　　prostate
C08.9　　　salivary, NOS *(excludes minor salivary*
　　　　　　　　*gland, NOS C06.9; see coding*
　　　　　　　　*guidelines page 33 and note under*
　　　　　　　　*C08)*
C08.9　　　salivary, major, NOS
C06.9　　　salivary, minor, NOS *(see coding*
　　　　　　　　*guidelines, page 33 and note under*
　　　　　　　　*C08)*
C08.1　　　sublingual
C08.1　　　sublingual, duct
C08.0　　　submandibular
C08.0　　　submaxillary
C08.0　　　submaxillary, duct
C74.9　　　suprarenal
C73.9　　　thyroid
C68.0　　　urethral

C75.8　　　Glands, endocrine, multiple

### Glandular
M-------　　and stromal hyperplasia *(see SNOMED)*

— 381 —

Alphabetic Index "G" (continued)

### Glandular, continued

| | |
|---|---|
| M-9540/3 | differentiation, MPNST with glandular |
| M------- | hyperplasia (see SNOMED) |
| M-8148/2 | intraepithelial neoplasia, grade III |
| M------- | metaplasia (see SNOMED) |
| M-8260/0 | papilloma |
| M-8560/0 | papilloma, squamous cell and, mixed |
| M-8264/0 | papillomatosis |

C60.1    Glans penis

M-8015/3 Glassy cell carcinoma
M------- Glial heterotopia, nasal (see SNOMED)

### Glioblastoma

| | |
|---|---|
| M-9440/3 | NOS (C71._) |
| M-9441/3 | giant cell (C71._) |
| M-9440/3 | multiforme (C71._) |
| M-9442/3 | with sarcomatous component (C71._) |

M-9442/1 Gliofibroma (C71._)

### Glioma

| | |
|---|---|
| M-9380/3 | NOS (except nasal glioma—not neoplastic) (C71._) |
| M-9431/1★ | angiocentric★ |
| M-9400/3 | astrocytic (C71._) |
| M-9444/1 | chordoid (C71._) |
| M-9444/1 | chordoid, third ventricle (C71.5) |
| M-9380/3 | malignant (C71._) |
| M-9382/3 | mixed (C71._) |
| M------- | nasal (see SNOMED) |
| M-9383/1 | subependymal (C71._) |

M-9381/3 Gliomatosis cerebri (C71._)
M-9505/1 Glioneuroma [obs]
M-9442/3 Gliosarcoma (C71._)

C71.0    Globus pallidus

M-8712/0 Glomangioma
M-8713/0 Glomangiomyoma
M-8710/3 Glomangiosarcoma

M-8374/0 Glomerulosa cell adrenal cortical
          adenoma (C74.0)
M-8710/3 Glomoid sarcoma

C75.5    Glomus, coccygeal
C75.5    Glomus jugulare

### Glomus

| | |
|---|---|
| M-8690/1 | jugulare tumor, NOS (C75.5) |
| M-8711/0 | tumor, NOS |
| M-8711/3 | tumor, malignant |

C09.1    Glossopalatine fold
C72.5    Glossopharyngeal nerve
C32.0    Glottis

### Gluteal region

| | |
|---|---|
| C76.3 | NOS |
| C44.5 | NOS (carcinoma, melanoma, nevus) |
| C49.5 | NOS (sarcoma, lipoma) |
| C49.5 | adipose tissue |
| C47.5 | autonomic nervous system |
| C49.5 | connective tissue |
| C49.5 | fatty tissue |
| C49.5 | fibrous tissue |
| C49.5 | muscle |
| C47.5 | peripheral nerve |
| C49.5 | skeletal muscle |
| C44.5 | skin |
| C49.5 | soft tissue |
| C49.5 | subcutaneous tissue |

C49.5    Gluteus maximus muscle

M-8904/0 Glycogenic rhabdomyoma
M-8315/3 Glycogen-rich carcinoma (C50._)

### Goblet cell

| | |
|---|---|
| M-8243/3 | carcinoid |
| M-8253/3 | type, bronchiolo-alveolar carcinoma (C34._) |
| M-8254/3 | type, bronchiolo-alveolar carcinoma, Clara cell and (C34._) |
| M-8254/3 | type, bronchiolo-alveolar carcinoma, type II pneumocyte and (C34._) |

### Goiter

| | |
|---|---|
| M------- | NOS (see SNOMED) |
| M------- | adenomatous (see SNOMED) |
| M------- | colloid (see SNOMED) |
| M------- | endemic (see SNOMED) |

### Gonadal stromal tumor

| | |
|---|---|
| M-8590/1 | NOS |
| M-8590/1 | and sex cord tumor |
| M-8591/1 | sex cord, incompletely differentiated |
| M-8592/1 | sex cord, mixed forms |

— 382 —

Alphabetic Index "G" (continued), "H"

M-9073/1 Gonadoblastoma
M-9073/1 Gonocytoma

### Grade *(see grading code, page 31)*

| | |
|---|---|
| M------/-1 | I |
| M------/-2 | II |
| M------/-3 | III |
| M------/-4 | IV |
| M------/-9 | not determined, not stated or not applicable |

### Grade III

| | |
|---|---|
| M-8077/2 | anal intraepithelial neoplasia (C21.1) |
| M-8077/2 | cervical intraepithelial neoplasia (C53.) |
| M-8148/2 | glandular intraepithelial neoplasia |
| M-8077/2 | squamous intraepithelial neoplasia |
| M-8077/2 | vaginal intraepithelial neoplasia (C52.) |
| M-8077/2 | vulvar intraepithelial neoplasia (C51.) |

### Granular cell

| | |
|---|---|
| M-8320/3 | adenocarcinoma |
| M-8320/3 | carcinoma |
| M-9580/0 | myoblastoma, NOS |
| M-9580/3 | myoblastoma, malignant |
| M-9580/0 | tumor, NOS |
| M-9580/3 | tumor, malignant |
| M-9582/0 | tumor, sellar region (C75.1) |

M-9831/1 Granular lymphocytosis, T-cell large
M------- Granulation tissue type hemangioma
　　　　　*(see SNOMED)*
M-9930/3 Granulocytic sarcoma

### Granuloma

| | |
|---|---|
| M------- | NOS *(see SNOMED)* |
| M------- | central giant cell *(see SNOMED)* |
| M-9751/3 | eosinophilic |
| M------- | giant cell reparative *(see SNOMED)* |
| M-9661/3 | Hodgkin |
| M------- | plasma cell *(see SNOMED)* |
| M------- | pyogenic *(see SNOMED)* |
| M------- | reticulohistiocytic *(see SNOMED)* |
| M------- | sarcoid *(see SNOMED)* |

M-9751/3★Granulomatosis, Langerhans cell, NOS☆
M-9751/3★Granulomatosis, Langerhans cell, unifocal☆
M-9766/1 Granulomatosis, lymphomatoid

### Granulosa cell

| | |
|---|---|
| M-8620/3 | carcinoma (C56.9) |

Tumor

| | |
|---|---|
| M-8620/1 | NOS (C56.9) |
| M-8620/1 | adult type (C56.9) |
| M-8622/1 | juvenile (C56.9) |
| M-8620/3 | malignant (C56.9) |
| M-8620/3 | sarcomatoid (C56.9) |

M-8621/1 Granulosa cell-theca cell tumor (C56.9)
M-8312/3 Grawitz tumor (C64.9) [obs]

C16.6　　Greater curvature of stomach, NOS *(not classifiable to C16.0 to C16.4)*

### Groin

| | |
|---|---|
| C76.3 | NOS |
| C44.5 | NOS (carcinoma, melanoma, nevus) |
| C49.5 | NOS (sarcoma, lipoma) |
| C49.5 | adipose tissue |
| C47.5 | autonomic nervous system |
| C49.5 | connective tissue |
| C49.5 | fatty tissue |
| C49.5 | fibrous tissue |
| C77.4 | lymph node |
| C47.5 | peripheral nerve |
| C44.5 | skin |
| C49.5 | soft tissue |
| C49.5 | subcutaneous tissue |

### Gum

| | |
|---|---|
| C03.9 | NOS |
| C03.1 | lower |
| C03.0 | upper |

M-8632/1 Gynandroblastoma (C56.9)
M------- Gynecomastia *(see SNOMED)*

# H

M-9940/3 Hairy cell leukemia (C42.1)
M-8720/0 Hairy nevus (C44.)
M-8723/0 Halo nevus (C44.)

### Hamartoma

| | |
|---|---|
| M------- | NOS *(see SNOMED)* |
| M------- | angiomatous lymphoid *(see SNOMED)* |

— 383 —

Alphabetic Index "H" (continued)

### Hamartoma, continued

| | |
|---|---|
| M------- | mesenchymal *(see SNOMED)* |
| M-8587/0 | Hamartomatous thymoma, ectopic |

### Hand

| | |
|---|---|
| C76.4 | NOS |
| C44.6 | NOS (carcinoma, melanoma, nevus) |
| C49.1 | NOS (sarcoma, lipoma) |
| C49.1 | adipose tissue |
| C47.1 | autonomic nervous system |
| C40.1 | bone |
| C49.1 | connective tissue |
| C49.1 | fatty tissue |
| C49.1 | fibrous tissue |
| C40.1 | joint |
| C49.1 | muscle |
| C47.1 | peripheral nerve |
| C40.1 | phalanx |
| C49.1 | skeletal muscle |
| C44.6 | skin |
| C49.1 | soft tissue |
| C49.1 | subcutaneous tissue |
| C49.1 | tendon |
| C49.1 | tendon sheath |

| | |
|---|---|
| M-9751/3 | Hand-Schuller-Christian disease [obs] |
| C05.0 | Hard palate |
| C05.8 | Hard palate and soft palate, junction |

### Head

| | |
|---|---|
| C76.0 | NOS |
| C44.4 | NOS (carcinoma, melanoma, nevus) |
| C49.0 | NOS (sarcoma, lipoma) |
| C49.0 | adipose tissue |
| C47.0 | autonomic nervous system |
| C49.0 | connective tissue |
| C49.0 | fatty tissue |
| C49.0 | fibrous tissue |
| C77.0 | lymph node |
| C49.0 | muscle |
| C47.0 | peripheral nerve |
| C49.0 | skeletal muscle |
| C44.4 | skin, NOS |
| C49.0 | soft tissue |
| C49.0 | subcutaneous tissue |

| | |
|---|---|
| C25.0 | Head of pancreas |
| C38.0 | Heart |

### Heavy chain disease

| | |
|---|---|
| M-9762/3 | NOS |
| M-9762/3 | alpha |
| M-9762/3 | gamma |
| M-9762/3 | mu |

### Heel

| | |
|---|---|
| C76.5 | NOS |
| C44.7 | NOS (carcinoma, melanoma, nevus) |
| C49.2 | NOS (sarcoma, lipoma) |
| C47.2 | autonomic nervous system |
| C40.3 | bone |
| C49.2 | connective tissue |
| C49.2 | fibrous tissue |
| C47.2 | peripheral nerve |
| C44.7 | skin |
| C49.2 | soft tissue |
| C49.2 | subcutaneous tissue |
| C49.2 | tendon sheath |

| | |
|---|---|
| C44.2 | Helix |

| | |
|---|---|
| M-9535/0 | Hemangioblastic meningioma (C70._) [obs] |
| M-9161/1 | Hemangioblastoma |
| M-9130/3 | Hemangioendothelial sarcoma |

### Hemangioendothelioma

| | |
|---|---|
| M-9130/1 | NOS |
| M-9130/0 | benign |
| M-9133/1 | epithelioid, NOS |
| M-9133/3 | epithelioid, malignant |
| M-9130/1 | Kaposiform |
| M-9130/3 | malignant |
| M-9136/1 | spindle cell |

### Hemangioma

| | |
|---|---|
| M-9120/0 | NOS |
| M-9161/0 | acquired tufted |
| M-9123/0 | arteriovenous |
| M-9131/0 | capillary |
| M-9121/0 | cavernous |
| M-9125/0 | epithelioid |
| M------- | granulation tissue type *(see SNOMED)* |
| M-9125/0 | histiocytoid |
| M-9131/0 | infantile |
| M-9132/0 | intramuscular |
| M-9131/0 | juvenile |
| M-9131/0 | plexiform |
| M-9123/0 | racemose |
| M-8832/0 | sclerosing (C44._) |

— 384 —

Alphabetic Index "H" (continued)

### Hemangioma, continued
| | |
|---|---|
| M-9131/0 | simplex |
| M-9122/0 | venous |
| M-9142/0 | verrucous keratotic |

| | |
|---|---|
| M------- | Hemangiomatosis, NOS *(see SNOMED)* |
| M------- | Hemangiomatosis, systemic *(see SNOMED)* |
| M-9150/1 | Hemangiopericytic meningioma (C70._) |
| | [obs] |

### Hemangiopericytoma
| | |
|---|---|
| M-9150/1 | NOS |
| M-9150/0 | benign |
| M-9150/3 | malignant |

| | |
|---|---|
| M-9120/3 | Hemangiosarcoma |
| M------- | Hematoma, NOS *(see SNOMED)* |

| | |
|---|---|
| C42.4 | Hematopoietic system, NOS |
| C71.0 | Hemisphere, cerebral |

| | |
|---|---|
| M-9175/0 | Hemolymphangioma |

### Hemorrhagic
| | |
|---|---|
| M-9140/3 | sarcoma, multiple |
| M-9962/3 | thrombocythemia, essential (C42.1) |
| M-9962/3 | thrombocythemia, idiopathic (C42.1) |

### Hepatic
| | |
|---|---|
| C22.0 | NOS |
| C24.0 | bile duct |
| C24.0 | duct |
| C18.3 | flexure of colon |
| C77.2 | lymph node |

| | |
|---|---|
| M-8172/3 | Hepatic carcinoma, sclerosing (C22.0) |

### Hepatoblastoma
| | |
|---|---|
| M-8970/3 | NOS  (C22.0) |
| M-8970/3 | epithelioid   (C22.0)★ |
| M-8970/3 | mixed epithelial–mesenchymal (C22.0)★ |

| | |
|---|---|
| M-8170/3 | Hepatocarcinoma (C22.0) |

### Hepatocellular
| | |
|---|---|
| M-8180/3 | and bile duct carcinoma, mixed (C22.0) |
| M-8170/0 | adenoma (C22.0) |

### Hepatocellular, continued
Carcinoma
| | |
|---|---|
| M-8170/3 | NOS (C22.0) |
| M-8180/3 | and cholangiocarcinoma, combined (C22.0) |
| M-8174/3 | clear cell type (C22.0) |
| M-8171/3 | fibrolamellar (C22.0) |
| M-8175/3 | pleomorphic type (C22.0) |
| M-8173/3 | sarcomatoid (C22.0) |
| M-8172/3 | scirrhous (C22.0) |
| M-8173/3 | spindle cell variant (C22.0) |

| | |
|---|---|
| M-8180/3 | Hepatocholangiocarcinoma (C22.0) |

### Hepatoid
| | |
|---|---|
| M-8576/3 | adenocarcinoma |
| M-8576/3 | carcinoma |
| M-9071/3 | yolk sac tumor |

### Hepatoma
| | |
|---|---|
| M-8170/3 | NOS (C22.0) |
| M-8170/0 | benign (C22.0) |
| M-8970/3 | embryonal (C22.0) |
| M-8170/3 | malignant (C22.0) |

### Heterologous elements
Sertoli–Leydig cell tumor
| | |
|---|---|
| M-8634/1 | intermediate differentiation, with |
| M-8634/3 | poorly differentiated, with |
| M-8634/1 | retiform, with |

| | |
|---|---|
| M------- | Heterotopia, NOS *(see SNOMED)* |
| M------- | Heterotopia, nasal glial *(see SNOMED)* |
| M-8880/0 | Hibernoma |
| M-8402/3 | Hidradenocarcinoma (C44._) |

### Hidradenoma
| | |
|---|---|
| M-8400/0 | NOS (C44._) |
| M-8402/0 | clear cell (C44._) |
| M-8402/0 | nodular (C44._) |
| M-8402/0 | nodular, malignant (C44._) |
| M-8405/0 | papillary (C44._) |
| M-8405/0 | papilliferum (C44._) |

| | |
|---|---|
| M-8404/0 | Hidrocystoma (C44._) |
| M-8660/0 | Hilar cell tumor (C56.9) |

### Hilar lymph node
| | |
|---|---|
| C77.1 | NOS |
| C77.1 | pulmonary |

— 385 —

Alphabetic Index "H" (continued)

### Hilar lymph node, continued
| | |
|---|---|
| C77.2 | splenic |

| | |
|---|---|
| C34.0 | Hilus of lung |
| M-8660/0 | Hilus cell tumor (C56.9) |

### Hip
| | |
|---|---|
| C76.5 | NOS |
| C44.7 | NOS (carcinoma, melanoma, nevus) |
| C49.2 | NOS (sarcoma, lipoma) |
| C49.2 | adipose tissue |
| C47.2 | autonomic nervous system |
| C41.4 | bone |
| C49.2 | connective tissue |
| C49.2 | fatty tissue |
| C49.2 | fibrous tissue |
| C41.4 | joint |
| C47.2 | peripheral nerve |
| C44.7 | skin |
| C49.2 | soft tissue |
| C49.2 | subcutaneous tissue |
| C49.2 | tendon |
| C49.2 | tendon sheath |

| | |
|---|---|
| C71.2 | Hippocampus |

### Histiocytic
| | |
|---|---|
| M-9680/3 | lymphoma, NOS (see also lymphoma) |
| M-9755/3 | lymphoma, true |
| M-9750/3 | medullary reticulosis [obs] |
| M-9755/3 | sarcoma |

| | |
|---|---|
| M-9125/0 | Histiocytoid hemangioma |

### Histiocytoma
| | |
|---|---|
| M-8831/0 | NOS (C44._) |
| M-8832/0 | cutaneous, NOS (C44._) |
| M-8831/0 | deep |

Fibrous
| | |
|---|---|
| M-8830/0 | NOS |
| M-8836/1 | angiomatoid |
| M-8830/1 | atypical |
| M-8830/0 | benign |
| M-8830/3 | malignant |
| M-9252/0 | tendon sheath (C49._) |
| M-8831/0 | juvenile |

### Histiocytosis
| | |
|---|---|
| M------- | NOS (see SNOMED) |

Langerhans cell
| | |
|---|---|
| M-9751/3★ | NOS☆ |
| M-9751/3★ | disseminated☆ |
| M-9751/3★ | generalized☆ |
| M-9751/3★ | mono-ostotic☆ |
| M-9751/3★ | multifocal☆ |
| M-9751/3★ | poly-ostotic☆ |
| M-9751/3★ | unifocal☆ |

| | |
|---|---|
| M-9750/3 | malignant |
| M------ | sinus, with massive lymphadenopathy (see SNOMED) |
| M-9751/3★ | X, NOS [obs]☆ |
| M-9751/3★ | X, acute progressive☆ |

### Hodgkin disease (see also Hodgkin lymphoma)
| | |
|---|---|
| M-9650/3 | NOS |
| M-9651/3 | lymphocyte predominance, NOS [obs] |
| M-9651/3 | lymphocyte predominance, diffuse [obs] |
| M-9651/3 | lymphocytic-histiocytic predominance [obs] |

Nodular sclerosis
| | |
|---|---|
| M-9663/3 | NOS |
| M-9667/3 | lymphocyte depletion |
| M-9665/3 | lymphocyte predominance |
| M-9665/3 | mixed cellularity |
| M-9667/3 | syncytial variant |

| | |
|---|---|
| M-9661/3 | Hodgkin granuloma [obs] |

### Hodgkin lymphoma
| | |
|---|---|
| M-9650/3 | NOS |
| M-9596/3 | and non-Hodgkin lymphoma, composite |

Classical
| | |
|---|---|
| M-9653/3 | lymphocyte depletion, NOS |
| M-9654/3 | lymphocyte depletion, diffuse fibrosis |
| M-9655/3 | lymphocyte depletion, reticular |
| M-9651/3 | lymphocyte-rich |
| M-9652/3 | mixed cellularity, NOS |
| M-9663/3 | nodular sclerosis, NOS |
| M-9664/3 | nodular sclerosis, cellular phase |
| M-9665/3 | nodular sclerosis, grade 1 |
| M-9667/3 | nodular sclerosis, grade 2 |

— 386 —

Alphabetic Index "H" (continued), "I"

### Hodgkin lymphoma, continued
Lymphocyte depletion
- M-9653/3   NOS
- M-9655/3   depletion, reticular
- M-9654/3   diffuse fibrosis

- M-9659/3   lymphocyte predominance, nodular
- M-9651/3   lymphocyte-rich
- M-9652/3   mixed cellularity, NOS
- M-9659/3   nodular lymphocyte predominance

Nodular sclerosis
- M-9663/3   NOS
- M-9664/3   cellular phase
- M-9665/3   grade 1
- M-9667/3   grade 2

- M-9659/3 Hodgkin paragranuloma, NOS [obs]
- M-9659/3 Hodgkin paragranuloma, nodular [obs]
- M-9662/3 Hodgkin sarcoma [obs]
- M-8078/3 Horn formation, squamous cell carcinoma with
- M-9827/3 HTLV-1 positive, adult T-cell leukemia/lymphoma *(includes all variants)*

- C40.0   Humerus

### Hurthle cell
- M-8290/3   adenocarcinoma (C73.9)
- M-8290/0   adenoma (C73.9)
- M-8290/3   carcinoma (C73.9)
- M-8290/0   tumor (C73.9)

- M-8742/2 Hutchinson melanotic freckle, NOS (C44._)
- M-8742/3 Hutchinson melanotic freckle, malignant melanoma in   (C44._)
- M-8336/0 Hyalinizing trabecular adenoma (C73.9)
- M-9100/0 Hydatid mole (C58.9)

### Hydatidiform mole
- M-9100/0   NOS (C58.9)
- M-9100/0   complete (C58.9)
- M-9100/1   invasive (C58.9)
- M-9100/1   malignant (C58.9)
- M-9103/0   partial (C58.9)

- M-9173/0 Hygroma, NOS
- M-9173/0 Hygroma, cystic

- C52.9   Hymen
- C41.0   Hyoid bone

- M-9964/3 Hypereosinophilic syndrome
- M-8311/1 Hypernephroid tumor [obs]
- M-8312/3 Hypernephroma   (C64.9) [obs]

### Hyperplasia
- M-------   NOS *(see SNOMED)*
- M-------   adenomatous *(see SNOMED)*
- M-------   adenomyomatous *(see SNOMED)*
- M-------   angiofollicular, benign *(see SNOMED)*
- M-------   atypical *(see SNOMED)*
- M-------   glandular *(see SNOMED)*
- M-------   glandular and stromal *(see SNOMED)*
- M-------   lobular *(see SNOMED)*
- M-------   lymphoid, NOS *(see SNOMED)*
- M-------   nodular, NOS *(see SNOMED)*
- M-------   nodular focal *(see SNOMED)*
- M-------   papilliferous *(see SNOMED)*
- M-------   pseudoepitheliomatous *(see SNOMED)*
- M-------   stromal *(see SNOMED)*
- M-------   stromal and glandular *(see SNOMED)*

- M------- Hyperplastic polyp *(see SNOMED)*
- M-8213/0 Hyperplastic and adenomatous polyp, mixed (C18._)
- M------- Hyperplastic scar *(see SNOMED)*
- M-8508/3 Hypersecretory carcinoma, cystic (C50._)
- M------- Hyperthecosis *(see SNOMED)*
- M------- Hypertrophy, NOS *(see SNOMED)*
- M------- Hypertrophy, giant rugal *(see SNOMED)*

- C77.5   Hypogastric lymph node
- C72.5   Hypoglossal nerve
- C13.1   Hypopharyngeal aspect of aryepiglottic fold
- C13.9   Hypopharyngeal wall
- C13.9   Hypopharynx, NOS
- C13.2   Hypopharynx, posterior wall
- C75.1   Hypophysis
- C71.0   Hypothalamus

# I

### Idiopathic
- M-9961/3   myelofibrosis, chronic
- M-9962/3   thrombocythemia (C42.1)
- M-9962/3   thrombocythemia, hemorrhagic (C42.1)

— 387 —

## Alphabetic Index "I" (continued)

| | |
|---|---|
| C18.0 | Ileocecal junction |
| C18.0 | Ileocecal valve |
| C77.2 | Ileocolic lymph node |
| C17.2 | Ileum *(excludes ileocecal valve C18.0)* |

**Iliac**

| | |
|---|---|
| C49.5 | artery |
| C77.5 | lymph node |
| C49.5 | vein |
| C49.4 | Iliopsoas muscle |
| C41.4 | Ilium |

| | |
|---|---|
| M-9080/3 | Immature teratoma, NOS |
| M-9080/3 | Immature teratoma, malignant |
| M-9761/1 | Immunoblastic lymphadenopathy (IBL) [obs] |
| M-9684/3 | Immunoblastic sarcoma [obs] |
| M-9671/3 | Immunocytoma [obs] |
| M-9769/1 | Immunoglobulin deposition disease |

**Immunoproliferative**

| | |
|---|---|
| M-9760/3 | disease, NOS |
| M-9766/1 | angiocentric lesion |
| M-9764/3 | disease, small intestinal (C17._) |
| M-9766/1 | lesion, angiocentric |
| M-9764/3 | small intestinal disease (C17._) |

M-----/2 In situ *(see behavior code, page 27)*

**In situ** *(see coding guidelines, page 27)*
    Adenocarcinoma

| | |
|---|---|
| M-8140/2 | NOS |
| M-8210/2 | in a polyp, NOS |
| M-8210/2 | in adenomatous polyp |
| M-8210/2 | in polypoid adenoma |
| M-8210/2 | in tubular adenoma |
| M-8263/2 | in tubulovillous adenoma |
| M-8261/2 | in villous adenoma |

    Carcinoma

| | |
|---|---|
| M-8010/2 | NOS |
| M-8070/2 | epidermoid, NOS |
| M-8210/2 | in a polyp, NOS |
| M-8210/2 | in adenomatous polyp |
| M-8201/2 | cribriform carcinoma (C50._) |

    Ductal carcinoma

| | |
|---|---|
| M-8500/2 | NOS (C50._) |

*In situ, continued*

| | |
|---|---|
| M-8522/3 | and infiltrating lobular carcinoma (C50._) |
| M-8501/2 | comedo type (C50._) |
| M-8201/2 | cribriform type (C50._) |
| M-8507/2 | micropapillary (C50._) |
| M-8503/2 | papillary (C50._) |
| M-8230/2 | solid type (C50._) |
| M-8070/2 | epidermoid carcinoma, NOS |
| M-8076/2 | epidermoid carcinoma with questionable stromal invasion |

    Lobular carcinoma

| | |
|---|---|
| M-8520/2 | NOS (C50._) |
| M-8522/3 | and infiltrating duct (C50._) |
| M-8522/2 | and intraductal carcinoma (C50._) |
| M-8720/2 | melanoma |
| M-8050/2 | papillary carcinoma |
| M-8052/2 | papillary squamous cell carcinoma |

    Squamous cell carcinoma

| | |
|---|---|
| M-8070/2 | NOS |
| M-8052/2 | papillary |
| M-8076/2 | with questionable stromal invasion (C53._) |
| M-8120/2 | transitional cell carcinoma |
| M-8591/1 | Incompletely differentiated sex cord-gonadal stromal tumor |
| M-8254/3 | Indeterminate type bronchiolo-alveolar carcinoma (C34._) |
| M-9412/1 | Infancy, desmoplastic astrocytoma of |

**Infantile**

| | |
|---|---|
| M-9412/1 | astrocytoma, desmoplastic (C71._) |
| M-9071/3 | embryonal carcinoma |
| M-8814/3 | fibrosarcoma |
| M-9412/1 | ganglioglioma, desmoplastic |
| M-9131/0 | hemangioma |
| M-8824/1 | myofibromatosis |

**Inferior**

| | |
|---|---|
| C77.5 | epigastric lymph node |
| C77.2 | mesenteric lymph node |
| C49.4 | vena cava |

— 388 —

## Infiltrating

| | |
|---|---|
| M-8503/3 | and papillary adenocarcinoma (C50._) |
| M-8856/0 | angiolipoma |

Basal cell carcinoma

| | |
|---|---|
| M-8092/3 | NOS (C44._) |
| M-8092/3 | non-sclerosing (C44._) |
| M-8092/3 | sclerosing (C44._) |

Duct

| | |
|---|---|
| M-8500/3 | adenocarcinoma (C50._) |
| M-8523/3 | and colloid carcinoma (C50._) |
| M-8523/3 | and cribriform carcinoma (C50._) |
| M-8522/3 | and lobular carcinoma (C50._) |
| M-8522/3 | and lobular carcinoma in situ (C50._) |
| M-8523/3 | and mucinous carcinoma (C50._) |
| M-8523/3 | and tubular carcinoma (C50._) |
| M-8500/3 | carcinoma (C50._) |
| M-8541/3 | carcinoma and Paget disease, breast (C50._) |
| M-8523/3 | mixed with other types of carcinoma (C50._) |
| M-8521/3 | ductular carcinoma (C50._) |
| M-8856/0 | lipoma |

Lobular

| | |
|---|---|
| M-8520/3 | carcinoma, NOS (C50._) |
| M-8522/3 | carcinoma and ductal carcinoma in situ (C50._) |
| M-8524/3 | mixed with other types of carcinoma (C50._) |
| M-8503/3 | papillary adenocarcinoma |
| M------- | Infiltrative fasciitis *(see SNOMED)* |

## Inflammatory

| | |
|---|---|
| M-8530/3 | adenocarcinoma (C50._) |
| M-8530/3 | carcinoma (C50._) |
| M-8851/3 | liposarcoma |
| M-8825/1 | myofibroblastic tumor |
| M------- | polyp *(see SNOMED)* |
| M------- | pseudotumor *(see SNOMED)* |
| C77.3 | Infraclavicular lymph node |

## Infraclavicular region

| | |
|---|---|
| C76.1 | NOS |

## Infraclavicular region, continued

| | |
|---|---|
| C44.5 | NOS (carcinoma, melanoma, nevus) |
| C49.3 | NOS (sarcoma, lipoma) |
| C49.3 | adipose tissue |
| C47.3 | autonomic nervous system |
| C49.3 | connective tissue |
| C49.3 | fatty tissue |
| C49.3 | fibrous tissue |
| C77.3 | lymph node |
| C47.3 | peripheral nerve |
| C44.5 | skin |
| C49.3 | soft tissue |
| C49.3 | subcutaneous tissue |
| C71.7 | Infratentorial brain, NOS *(see also brain)* |
| C77.4 | Inguinal lymph node |

## Inguinal region

| | |
|---|---|
| C76.3 | NOS |
| C44.5 | NOS (carcinoma, melanoma, nevus) |
| C49.5 | NOS (sarcoma, lipoma) |
| C49.5 | adipose tissue |
| C47.5 | autonomic nervous system |
| C49.5 | connective tissue |
| C49.5 | fatty tissue |
| C49.5 | fibrous tissue |
| C77.4 | lymph node |
| C47.5 | peripheral nerve |
| C44.5 | skin |
| C49.5 | soft tissue |
| C49.5 | subcutaneous tissue |

## Inner

| | |
|---|---|
| C50.8 | breast |
| C44.1 | canthus |
| C30.1 | ear |

## Inner aspect of lip

| | |
|---|---|
| C00.5 | NOS |
| C00.4 | lower |
| C00.3 | upper |
| C41.4 | Innominate bone |
| C77.1 | Innominate lymph node |
| C71.0 | Insula |

| | |
|---|---|
| M-8337/3 | Insular carcinoma (C73.9) |
| M-8151/0 | Insulinoma, NOS (C25._) |
| M-8151/3 | Insulinoma, malignant (C25._) |

— 389 —

Alphabetic Index "I" (continued)

### Intercostal
| | |
|---|---|
| C77.1 | lymph node |
| C49.3 | muscle |
| C47.3 | nerve |

M-9757/3 Interdigitating cell sarcoma
M-9757/3 Interdigitating dendritic cell sarcoma
M----/-2 Intermediate differentiation
*(see grading code, page 30)*

### Intermediate
| | |
|---|---|
| M-8761/1 | and giant congenital nevus (C44._) |
| M-8044/3 | cell, small cell carcinoma |

### Differentiation
| | |
|---|---|
| M-9362/3 | pineal parenchymal tumor (C75.3) |
| M-8631/1 | Sertoli-Leydig cell tumor |
| M-8634/1 | Sertoli-Leydig cell tumor, with |
| | heterologous elements |
| | |
| M-9083/3 | malignant teratoma |

### Internal
| | |
|---|---|
| C71.0 | capsule |
| C06.0 | cheek |
| C00.5 | lip, NOS |
| C49.3 | mammary artery |
| C30.0 | nose |
| C53.0 | os |
| C67.5 | urethral orifice |

M------- Internal endometriosis *(see SNOMED)*

### Interstitial cell tumor
| | |
|---|---|
| M-8650/1 | NOS |
| M-8650/0 | benign |
| M-8650/3 | malignant |
| M-8966/0 | renomedullary (C64.9) |

| | |
|---|---|
| C41.2 | Intervertebral disc |
| C77.2 | Intestinal lymph node |
| C26.0 | Intestinal tract, NOS |

### Intestinal
| | |
|---|---|
| M-9764/3 | small, immunoproliferative disease |
| | (C17._) |
| M-8144/3 | type adenocarcinoma (C16._) |
| M-8144/3 | type carcinoma (C16._) |

### Intestine
| | |
|---|---|
| C26.0 | NOS |
| C18.9 | large *(excludes rectum, NOS C20.9 and rectosigmoid junction C19.9)* |
| C17.9 | small, NOS |
| | |
| C77.2 | Intra-abdominal lymph nodes |
| C76.2 | Intra-abdominal site, NOS |

M-9011/0 Intracanalicular fibroadenoma (C50._)
M-9195/3 Intracortical osteosarcoma (C40._, C41._)

### Intracranial
| | |
|---|---|
| C70.0 | arachnoid |
| C70.0 | meninges |
| C71.9 | site |

### Intracystic
| | |
|---|---|
| M-8504/3 | carcinoma, NOS |
| M-8504/2 | carcinoma, noninfiltrating |
| M-8504/3 | carcinoma, papillary |
| M-8504/3 | papillary adenocarcinoma |
| M-8504/0 | papillary adenoma |
| M-8504/3 | papillary carcinoma |
| M-8504/0 | papilloma |

M-8750/0 Intradermal nevus (C44._)

### Intraductal
### Adenocarcinoma
| | |
|---|---|
| M-8500/2 | noninfiltrating, NOS |
| M-8503/2 | noninfiltrating papillary (C50._) |
| M-8503/2 | papillary, NOS (C50._) |
| M-8503/2 | papillary, noninfiltrating (C50._) |
| M-8503/3 | papillary, with invasion (C50._) |
| | |
| M-8522/3 | and lobular carcinoma (C50._) |

### Carcinoma
| | |
|---|---|
| M-8500/2 | NOS (C50._) |
| M-8522/2 | and lobular carcinoma in situ (C50._) |
| M-8543/3 | and Paget disease, breast (C50._) |
| M-8507/2 | clinging (C50._) |
| M-8507/2 | micropapillary (C50._) |
| M-8500/2 | noninfiltrating, NOS |
| M-8503/2 | noninfiltrating, papillary (C50._) |
| M-8230/2 | solid type |

Alphabetic Index "I" (continued)

### Intraductal, continued
Papillary adenocarcinoma
| | |
|---|---|
| M-8503/2 | NOS (C50._) |
| M-8503/2 | noninfiltrating (C50._) |
| M-8503/3 | with invasion (C50._) |

| | |
|---|---|
| M-8503/2 | papillary carcinoma, NOS (C50._) |

Papillary-mucinous
| | |
|---|---|
| M-8453/0 | adenoma (C25._) |
| M-8453/3 | carcinoma, invasive (C25._) |
| M-8453/2 | carcinoma, non-invasive (C25._) |
| M-8453/1 | tumor with moderate dysplasia (C25._) |

| | |
|---|---|
| M-8503/0 | papilloma |
| M-8505/0 | papillomatosis, NOS |
| M-8505/0 | papillomatosis, diffuse |

### Intraepidermal
| | |
|---|---|
| M-8070/2 | carcinoma, NOS |
| M-8096/0 | epithelioma of Jadassohn (C44._) |
| M-8740/0 | nevus (C44._) |
| M-8081/2 | squamous cell carcinoma, Bowen type (C44._) |

| | |
|---|---|
| M-----/2 | Intraepithelial *(see behavior code, page 27)* |
| M-8010/2 | Intraepithelial carcinoma, NOS |
| M-8500/2 | Intraepithelial neoplasia 3, ductal (C50._) |

### Intraepithelial neoplasia, grade III
| | |
|---|---|
| M-8077/2 | anal (C21.1) |
| M-8077/2 | cervical (C53._) |
| M-8148/2 | glandular |
| M-8148/2 | prostatic (C61.9) |
| M-8077/2 | squamous |
| M-8077/2 | vaginal (C52._) |
| M-8077/2 | vulvar (C51._) |

| | |
|---|---|
| M-8070/2 | Intraepithelial squamous cell carcinoma |

| | |
|---|---|
| C22.1 | Intrahepatic bile duct |

| | |
|---|---|
| M-9132/0 | Intramuscular hemangioma |
| M-8856/0 | Intramuscular lipoma |
| M-9571/0 | Intraneural perineurioma |

| | |
|---|---|
| C69.4 | Intraocular |

### Intraosseous
| | |
|---|---|
| M-9270/3 | carcinoma, primary (C41.1) |
| M-9187/3 | osteosarcoma, low grade (C40._, C41._) |
| M-9187/3 | osteosarcoma, well differentiated (C40._, C41._) |

| | |
|---|---|
| C77.5 | Intrapelvic lymph node |
| C77.1 | Intrathoracic lymph node |
| C76.1 | Intrathoracic site, NOS |

| | |
|---|---|
| M-9064/2 | Intratubular germ cell neoplasia (C62._) |
| M-9064/2 | Intratubular malignant germ cells (C62._) |
| M-9133/3 | Intravascular bronchial alveolar tumor (C34._) [obs] |
| M-8890/1 | Intravascular leiomyomatosis |

| | |
|---|---|
| C32.0 | Intrinsic larynx |

| | |
|---|---|
| M-8503/3 | Invasion, intraductal papillary adenocarcinoma with (C50._) |

### Invasive
| | |
|---|---|
| M-8821/1 | fibroma |
| M-9100/1 | hydatidiform mole (C58.9) |
| M-8453/3 | intraductal papillary-mucinous carcinoma (C25._) |
| M-9100/1 | mole, NOS (C58.9) |

### Inverted
| | |
|---|---|
| M------- | follicular keratosis *(see SNOMED)* |
| M-8053/0 | papilloma, squamous cell |
| M-8121/1 | Schneiderian papilloma (C30.0, C31._) |
| M-8121/1 | transitional cell papilloma, NOS |
| M-8121/0 | transitional cell papilloma, benign |
| M-8121/1 | transitional papilloma, NOS |

| | |
|---|---|
| M-9160/0 | Involuting nevus (C44._) [obs] |
| M-8453/0 | IPMA (C25._)★ |
| M-8453/3 | IPMC, invasive (C25._)★ |
| M-8453/3 | IPMC, minimally invasive (C25._)★ |
| M-8453/2 | IPMC, non-invasive (C25._)★ |
| M-8453/0 | IPMN with low grade dysplasia (C25._)★ |
| M-8453/0 | IPMN with low grade dysplasia (C25._)★ |
| M-8453/0 | IPMN with moderate dysplasia (C25._)★ |

| | |
|---|---|
| C69.4 | Iris |
| C76.3 | Ischiorectal fossa |
| C41.4 | Ischium |
| C71.0 | Island of Reil |
| C25.4 | Islands of Langerhans |

— 391 —

Alphabetic Index "I" (continued), "J"

### Islet cell

| | |
|---|---|
| M-8150/3 | adenocarcinoma (C25._) |
| M-8150/0 | adenoma (C25._) |
| M-8150/0 | adenomatosis (C25._) |
| M-8154/3 | and exocrine adenocarcinoma, mixed (C25._) |
| M-8150/3 | carcinoma (C25._) |
| M-8150/1 | tumor, NOS (C25._) |
| M-8150/0 | tumor, benign |

| | |
|---|---|
| C25.4 | Islets of Langerhans |
| C54.0 | Isthmus uteri |

# J

### Jadassohn

| | |
|---|---|
| M-8780/0 | blue nevus (C44._) |
| M-8096/0 | intraepidermal epithelioma (C44._) |
| M------- | nevus sebaceus *(see SNOMED)* |

### Jaw

| | |
|---|---|
| C76.0 | NOS |
| C41.1 | bone, NOS |
| C41.1 | bone, lower |
| C41.0 | bone, upper |
| C44.3 | skin |

| | |
|---|---|
| C17.1 | Jejunum |

| | |
|---|---|
| M------- | Jessner, benign lymphocytic infiltrate *(see SNOMED)* |

### Joint

| | |
|---|---|
| C41.9 | NOS |
| C40.0 | acromioclavicular |
| C40.3 | ankle |
| C41.3 | costovertebral |
| C40.0 | elbow |
| C40.3 | foot |
| C40.1 | hand |
| C41.4 | hip |
| C40.2 | knee, NOS |
| C40.2 | knee, lateral meniscus |
| C40.2 | knee, medial meniscus |
| C40.9 | limb, NOS |
| C40.0 | shoulder |
| C41.3 | sternocostal |
| C41.1 | temporomandibular |

### *Joint, continued*

| | |
|---|---|
| C40.1 | wrist |

| | |
|---|---|
| C77.0 | Jugular lymph node |

| | |
|---|---|
| M-8690/1 | Jugular paraganglioma (C75.5) |
| M-8690/1 | Jugulare tumor, glomus, NOS (C75.5) |
| M-8690/1 | Jugulotympanic paraganglioma (C75.5) |

### Junction

| | |
|---|---|
| C21.8 | anorectal |
| C16.0 | cardioesophageal |
| C16.0 | esophagogastric |
| C16.0 | gastroesophageal |
| C05.8 | hard and soft palate |
| C18.0 | ileocecal |
| C19.9 | pelvirectal |
| C65.9 | pelviureteric |
| C19.9 | rectosigmoid |
| C05.8 | soft and hard palate |
| C53.8 | squamocolumnar of cervix |

| | |
|---|---|
| M-8740/0 | Junction nevus (C44._) |
| M-8740/0 | Junctional nevus, NOS (C44._) |
| M-8740/3 | Junctional nevus, malignant melanoma in (C44._) |

| | |
|---|---|
| C10.8 | Junctional region of oropharynx |
| C02.8 | Junctional zone of tongue |

### Juvenile

| | |
|---|---|
| M-9160/0 | angiofibroma |
| M------- | aponeurotic fibroma *(see SNOMED)* |
| M-9421/1 | astrocytoma (C71._) |
| | *Note: In North America, report as 9421/3* |
| M-8502/3 | carcinoma, breast (C50._) |
| M-9030/0 | fibroadenoma (C50._) |
| M-8622/1 | granulosa cell tumor (C56.9) |
| M-9131/0 | hemangioma |
| M-8831/0 | histiocytoma |
| M-8770/0 | melanoma (C44._) |
| M-8770/0 | nevus (C44._) |
| M------- | polyp *(see SNOMED)* |
| M------- | xanthogranuloma *(see SNOMED)* |

### Juxtacortical

| | |
|---|---|
| M-9221/0 | chondroma (C40._, C41._) |
| M-9221/3 | chondrosarcoma (C40._, C41._) |
| M-9192/3 | osteosarcoma (C40._, C41._) |

Alphabetic Index "J" (continued), "K", "L"

M-8361/0 Juxtaglomerular tumor (C64.9)

# K

M-9140/3 Kaposi sarcoma
M-9130/1 Kaposiform hemangioendothelioma
M------- Keloid (see SNOMED)

### Keratinizing
M-8071/3    epidermoid carcinoma
M-8071/3    squamous cell carcinoma, NOS
M-8071/3    squamous cell carcinoma, large cell

M------- Keratoacanthoma, NOS (see SNOMED)
M------- Keratocyst (see SNOMED)

### Keratosis
M-------    NOS (see SNOMED)
M-------    actinic (see SNOMED)
M-------    benign squamous (see SNOMED)
M-------    inverted follicular (see SNOMED)
M-------    obturans (see SNOMED)
M-------    seborrheic (see SNOMED)
M-------    senile (see SNOMED)

M-9142/0 Keratotic hemangioma, verrucous
M-8052/0 Keratotic papilloma

### Kidney
C64.9    NOS
C64.9    parenchyma
C65.9    pelvis

M-8162/3 Klatskin tumor (C22.1, C24.0)

### Knee
C76.5    NOS
C44.7    NOS (carcinoma, melanoma, nevus)
C49.2    NOS (sarcoma, lipoma)
C49.2    adipose tissue
C47.2    autonomic nervous system
C49.2    connective tissue
C49.2    fatty tissue
C49.2    fibrous tissue
C40.2    joint, NOS
C40.2    joint, lateral meniscus
C40.2    joint, medial meniscus
C40.3    patella

### Knee, continued
C47.2    peripheral nerve
C44.7    skin
C49.2    soft tissue
C49.2    subcutaneous tissue
C49.2    tendon
C49.2    tendon sheath

M-8490/6 Krukenberg tumor (C56.9)
M-9124/3 Kupffer cell sarcoma (C22.0)

# L

M------- L_ (see Leukemia, FAB, L_)

### Labia
C51.9    NOS
C51.0    majora, NOS
C51.0    majora, skin
C51.1    minora

C00.6    Labial commissure
C06.1    Labial sulcus

### Labium
C51.9    NOS
C51.0    majus
C51.1    minus

### Lacrimal
C69.5    duct, NOS
C69.5    duct, nasal
C69.5    gland
C69.5    sac

M-8204/0 Lactating adenoma (C50._)

C25.4    Langerhans, islands
C25.4    Langerhans, islets

### Langerhans cell
M-9751/3★    granulomatosis, NOS☆
M-9751/3★    granulomatosis, unifocal☆

Histiocytosis
M-9751/3★    NOS☆
M-9751/3★    disseminated☆
M-9751/3★    generalized☆

— 393 —

Alphabetic Index "L" (continued)

### Langerhans cell, continued

| | |
|---|---|
| M-9751/3★ | mono-ostotic☆ |
| M-9751/3★ | multifocal☆ |
| M-9751/3★ | poly-ostotic☆ |
| M-9751/3★ | unifocal☆ |
| | |
| M-9756/3 | sarcoma |

C18.9   Large bowel, NOS

M-8642/1 Large cell calcifying Sertoli cell tumor

### Large cell carcinoma

| | |
|---|---|
| M-8012/3 | NOS |
| M-8072/3 | epidermoid, nonkeratinizing |
| M-8013/3 | neuroendocrine |
| M-8071/3 | squamous cell, keratinizing |
| M-8072/3 | squamous cell, nonkeratinizing, NOS |
| M-8014/3 | with rhabdoid phenotype |

M-9474/3 Large cell medulloblastoma (C71.6)

M-8045/3 Large cell-small cell carcinoma, combined (C34.）

M-9831/1 Large granular lymphocytic leukemia, NK cell

M-9831/1 Large granular lymphocytosis, T-cell

C18.9   Large intestine *(excludes rectum, NOS C20.9 and rectosigmoid junction C19.9)*

### Laryngeal

| | |
|---|---|
| C32.1 | aspect of aryepiglottic fold |
| C32.3 | cartilage |
| C32.0 | commissure |
| | |
| C13.9 | Laryngopharynx |

### Larynx

| | |
|---|---|
| C32.9 | NOS |
| C32.3 | arytenoid cartilage |
| C32.3 | cricoid cartilage |
| C32.3 | cuneiform cartilage |
| C32.1 | epiglottis, NOS *(excludes anterior surface of epiglottis C10.1)* |
| C32.1 | epiglottis, posterior surface |
| C32.1 | extrinsic |
| C32.1 | false cord |
| C32.1 | false vocal cord |
| C32.0 | glottis |
| C32.0 | intrinsic |

### Larynx, continued

| | |
|---|---|
| C32.1 | laryngeal aspect of aryepiglottic fold |
| C32.3 | laryngeal cartilage |
| C32.0 | laryngeal commissure |
| C32.2 | subglottis |
| C32.1 | supraglottis |
| C32.3 | thyroid cartilage |
| C32.0 | true cord |
| C32.0 | true vocal cord |
| C32.1 | ventricular band |
| C32.0 | vocal cord, NOS |

### Lateral

| | |
|---|---|
| C04.1 | floor of mouth |
| C40.2 | meniscus of knee joint |
| C71.5 | ventricle, NOS |
| C71.5 | ventricle, choroid plexus |

### Lateral wall

| | |
|---|---|
| C67.2 | bladder |
| C10.2 | mesopharynx |
| C11.2 | nasopharynx |
| C10.2 | oropharynx |
| C14.0 | pharynx, NOS |

C49.3   Latissimus dorsi muscle

M-8520/2 LCIS, NOS (C50.）

C18.6   Left colon

### Leg

| | |
|---|---|
| C76.5 | NOS |
| C44.7 | NOS (carcinoma, melanoma, nevus) |
| C49.2 | NOS (sarcoma, lipoma) |
| C49.2 | adipose tissue |
| C47.2 | autonomic nervous system |
| C40.2 | bone |
| C49.2 | connective tissue |
| C49.2 | fatty tissue |
| C49.2 | fibrous tissue |
| C77.4 | lymph node |
| C49.2 | muscle |
| C47.2 | peripheral nerve |
| C49.2 | skeletal muscle |
| C44.7 | skin |
| C49.2 | soft tissue |
| C49.2 | subcutaneous tissue |
| C49.2 | tendon |
| C49.2 | tendon sheath |

— 394 —

Alphabetic Index "L" (continued)

M-8891/0 Leiomyoblastoma
M-8890/0 Leiomyofibroma

**Leiomyoma**
M-8890/0   NOS
M-8893/0   atypical
M-8893/0   bizarre
M-8892/0   cellular
M-8891/0   epithelioid
M-8898/1   metastasizing
M-8893/0   pleomorphic
M-8890/0   plexiform
M-8893/0   symplastic
M-8894/0   vascular

M-8890/1 Leiomyomatosis, NOS
M-8890/1 Leiomyomatosis, intravascular

**Leiomyosarcoma**
M-8890/3   NOS
M-8891/3   epithelioid
M-8896/3   myxoid

M-9702/3 Lennert lymphoma

C69.4    Lens, crystalline

M-8832/0 Lenticulare, dermatofibroma (C44._)
M-8744/3 Lentiginous melanoma, acral, malignant
          (C44._)
M-8746/3 Lentiginous melanoma, mucosal

**Lentigo**
M-------   NOS *(see SNOMED)*
M-8742/2   maligna (C44._)
M-8742/3   maligna melanoma (C44._)

M-9530/3 Leptomeningeal sarcoma (C70._)
M-9766/1 Lesion, angiocentric immunoproliferative
M-8762/1 Lesion, proliferative dermal, in congenital
          nevus (C44._)
M-8140/2 Lesion, stratified muchin-producting
          intraepithelial

C16.5    Lesser curvature of stomach, NOS *(not*
        *classifiable to C16.1 to C16.4)*

M-9751/3★Letterer-Siwe disease
M------- Leucokeratosis *(see SNOMED)*
M------- Leucoplakia, NOS *(see SNOMED)*

**Leukemia (C42.1)**
M-9800/3   NOS
M-9897/3   11q23 abnormalities, acute myeloid

       Acute
M-9801/3   NOS
M-9826/3   B-ALL *(see also M-9687/3)*
M-9870/3   basophilic
M-9805/3   bilineal
M-9805/3   biphenotypic
M-9826/3   Burkitt type *(see also M-9687/3)*
       [obs]
M-9837/3   cortical T ALL *(see also*
        *M-9729/3)*
M-9840/3   erythroid
M-9861/3   granulocytic *(FAB or WHO type*
        *not specified)*
M-9835/3   L2 type lymphoblastic, NOS *(see*
        *also M-9727/3)*
M-9835/3   lymphatic *(see also M-9727/3)*

       Lymphoblastic
M-9835/3     NOS *(see also M-9727/3)*
M-9816/3★    hypodiploid★
M-9835/3     L2 type, NOS *(see also*
        *M-9727/3)*
M-9826/3     mature B-cell type *(see also*
        *M-9687/3)*
M-9835/3     precursor-cell type *(see*
        *also M-9727/3)*

M-9835/3   lymphocytic *(see also M-9727/3)*
M-9835/3   lymphocytic, philadelphia
       chromosome(Ph1) positive▼
M-9836/3   lymphocytic(B-cell), philadelphia
       chromosome(Ph1) positive▼
M-9837/3   lymphocytic(T-cell), philadelphia
       chromosome(Ph1) positive▼
M-9835/3   lymphoid *(see also M-9727/3)*
M-9837/3   mature T ALL *(see also M-9729/3)*
M-9910/3   megakaryoblastic
M-9805/3   mixed lineage

       Mixed phenotype
M-9808/3★    B/myeloid, NOS★
M-9809/3★    T/myeloid, NOS★
M-9806/3★    with t(9;22)(q34;q11.2);
        BCR-ABL1★
M-9807/3★    with t(v;11q23); MLL
        rearranged★

— 395 —

Alphabetic Index "L" (continued)

### Leukemia, continued

| | |
|---|---|
| M-9891/3 | monoblastic *(includes all variants)* |
| M-9891/3 | · monoblastic and monocytic★ |
| M-9891/3 | monocytic *(includes all variants)* |
| M-9872/3 | myeloblastic |
| M-9861/3 | myelocytic *(FAB or WHO type not specified)* |
| M-9874/3 | myelocytic, with maturation |
| M-9861/3 | myelogenous *(FAB or WHO type not specified)* |
| | Myeloid |
| M-9861/3 | NOS *(FAB or WHO type not specified)* |
| M-9897/3 | 11q23 abnormalities |
| M-9896/3 | AML1(CBF-alpha)/ETO |
| M-9871/3 | CBF-beta/MYH11 |
| M-9871/3 | inv(16)(p13:q22) |
| M-9840/3 | M6 type |
| M-9872/3 | minimal differentiation |
| M-9897/3 | MLL |
| M-9866/3 | PML/RAR-alpha |
| M-9896/3 | t(8;21)(q22;q22) |
| M-9866/3 | t(15;17)(q22;q11-12) |
| M-9871/3 | t(16;16)(p13;q11) |
| M-9920/3 | therapy related, NOS☆ |
| M-9920/3 | therapy related, alkylating agent related |
| M-9920/3 | therapy related, epipodo-phyllotoxin related |
| M-9871/3 | with abnormal marrow eosinophils *(includes all variants)* |
| M-9869/3★ | with inv(3)(q21q26.2) or t(3;3)(q21;q26.2); RPN1-EVI1★ |
| M-9874/3 | with maturation |
| M-9895/3 | with multilineage dysplasia |
| M-9861/3 | with mutated CEBPA★ |
| M-9861/3 | with mutated NPM1★ |
| M-9895/3 | with myelodysplasia-related changes★ |
| M-9895/3 | with prior myelodysplastic syndrome |
| M-9911/3★ | with t(1;22)(p13;q13); RBM15-MKL1★ |
| M-9865/3★ | with t(6;9)(p23;q34); DEK-NUP214★ |
| M-9896/3 | with t(8;21)(q22;q22); RUNX1-RUNX1T1★ |

### Leukemia, continued

| | |
|---|---|
| M-9897/3 | with t(9;11)(p22;q23); MLLT3-MLL★ |
| M-9873/3 | without maturation |
| M-9895/3 | without prior myelodysplastic syndrome |
| M-9867/3 | myelomonocytic, NOS |
| M-9871/3 | myelomonocytic, with abnormal eosinophils |
| M-9861/3 | non-lymphocytic *(FAB or WHO type not specified)* |
| M-9836/3 | pre-B ALL *(see also M-9728/3)* |
| M-9836/3 | pre-pre-B ALL *(see also M-9728/3)* |
| M-9837/3 | Pre-T ALL *(see also M-9729/3)* |
| M-9836/3 | pro-B ALL *(see also M-9728/3)* |
| M-9837/3 | Pro-T ALL *(see also M-9729/3)* |
| M-9866/3 | promyelocytic, NOS *(includes variants)* |
| M-9866/3 | promyelocytic, PML/RAR-alpha |
| M-9866/3 | promyelocytic, t(15;17)(q22; q11-12) |
| M-9871/3 | with abnormal marrow eosinophils, myeloid *(includes all variants)* |
| M-9895/3 | with multilineage dysplasia, myeloid |
| M-9988/3 | with myelodyspasitic syndrome★ |
| M-9895/3 | with prior myelodysplastic syndrome, myeloid |
| M-9873/3 | without maturation, myeloid |
| M-9895/3 | without prior myelodysplastic syndrome, myeloid |
| | Adult |
| M-9827/3 | T-cell *(includes all variants)* |
| M-9827/3 | T-cell leukemia/lymphoma (HTLV-1 positive) *(includes all variants)* |
| M-9827/3 | T-cell lymphoma/leukemia *(includes all variants)* |
| M-9948/3 | aggressive NK-cell |
| | Aleukemic |
| M-9800/3 | NOS [obs] |
| M-9860/3 | granulocytic [obs] |
| M-9820/3 | lymphatic [obs] |
| M-9820/3 | lymphocytic [obs] |
| M-9820/3 | lymphoid [obs] |
| M-9860/3 | monocytic [obs] |

— 396 —

Alphabetic Index "L" (continued)

| | *Leukemia, continued* | | *Leukemia, continued* |
|---|---|---|---|
| M-9860/3 | myelogenous [obs] | | BCR/ABL |
| M-9860/3 | myeloid [obs] | M-9875/3 | chronic granulocytic |
| | | M-9876/3 | negative, atypical chronic myeloid |
| M-9920/3 | Alkylating agent related, therapy | M-9875/3 | positive, chronic myelogenous |
| | related, acute myeloid | | |
| M-9840/3 | AML M6 | M-9805/3 | bilineal, acute |
| M-9896/3 | AML1(CBF-alpha)/ETO, acute | M-9805/3 | biphenotypic, acute |
| | myeloid | M-9801/3 | blast cell |
| M-9896/3 | AML1(CBF-alpha)/ETO, FAB M2 | M-9826/3 | Burkitt cell *(see also M-9687/3)* |
| M-9876/3 | atypical chronic myeloid, BCR/ABL | M-9826/3 | Burkitt type, acute *(see also M-* |
| | negative | | *9687/3)*[obs] |
| M-9876/3 | atypical chronic myeloid, Philadelphia | M-9836/3 | C-ALL *(see also M-9728/3)* |
| | chromosome Ph1 negative | M-9871/3 | CBF-beta/MYH11, acute myeloid |
| M-9826/3 | B-ALL *(see also M-9687/3)* | | |
| | | | Chronic |
| | B-cell | M-9800/3 | NOS [obs] |
| M-9823/3 | chronic lymphocytic | M-9876/3 | atypical myeloid, BCR/ABL |
| | leukemia/small lymphocytic | | negative |
| | lymphoma *(see also M-9670/3)* | M-9876/3 | atypical myeloid, Philadelphia |
| | | | chromosome Ph1 negative |
| | Lymphoblastic | M-9823/3 | B-cell, lymphocytic leukemia/small |
| M-9811/3★ | NOS★ | | lymphocytic lymphoma *(see also* |
| M-9836/3 | precursor *(see also* | | *M-9670/3)* |
| | *M-9728/3)* | M-9964/3 | eosinophilic☆ |
| M-9815/3★ | with hyperdiploidy★ | | |
| M-9816/3★ | with hypodiploidy | | Granulocytic |
| | (Hypodiploid ALL)★ | M-9863/3 | NOS |
| M-9818/3★ | with t(1;19)(q23;p13.3); | M-9875/3 | BCR/ABL |
| | E2A-PBX1 (TCF3-PBX1)★ | M-9875/3 | Philadelphia chromosome Ph1 |
| M-9817/3★ | with t(5;14)(q31;q32); | | positive |
| | IL3-IGH★ | M-9875/3 | t(9;22)(q34;q11) |
| M-9812/3★ | with t(9;22)(q34;q11.2); | | |
| | BCR-ABL1★ | M-9946/3 | juvenile myelomonocytic |
| M-9814/3★ | with t(12;21)(p13;q22); | M-9823/3 | lymphatic *(see also M-9670/3)* |
| | TEL-AML1 | | |
| | (ETV6-RUNX1)★ | | Lymphocytic |
| M-9813/3★ | with t(v;11q23); MLL | M-9823/3 | NOS *(see also M-9670/3)* |
| | rearranged★ | M-9823/3 | B-cell type *(include all* |
| | | | *variants of BCLL) (see* |
| M-9591/3 | Splenic, unclassifiable★ | | *also M-9670/3)* |
| M-9823/3 | type, chronic lymphocytic, *(include* | M-9823/3 | leukemia/small lymphocytic |
| | *all variants of BCLL) (see also* | | lymphoma, B-cell *(see also* |
| | *M-9670/3)* | | *M-9670/3)* |
| M-9826/3 | type, mature, acute lymphoblastic, | | |
| | *(see also M-9687/3)* | M-9823/3 | lymphoid *(see also M-9670/3)* |
| M-9833/3 | type, prolymphocytic | M-9860/3 | monocytic [obs] |
| | | M-9863/3 | myelocytic, NOS |
| M-9870/3 | basophilic, acute | M-9874/3 | myelocytic, with maturation |

— 397 —

Alphabetic Index "L" (continued)

## Leukemia, continued

|            | Myelogenous |
|------------|-------------|
| M-9863/3   | NOS |
| M-9875/3   | BCR/ABL |
| M-9875/3   | Philadelphia chromosome Ph1 positive |
| M-9875/3   | t(9;22)(q34;q11) |
|            | Myeloid |
| M-9863/3   | NOS |
| M-9876/3   | BCR/ABL negative, atypical |
| M-9876/3   | Philadelphia chromosome Ph1 negative, atypical |
|            | Myelomonocytic |
| M-9945/3   | NOS |
| M-9945/3   | in transformation [obs] |
| M-9946/3   | juvenile |
| M-9945/3   | Type I |
| M-9945/3   | Type II |
| M-9963/3   | neutrophilic |
| M-9836/3   | common ALL *(see also M-9728/3)* |
| M-9836/3   | common precursor ALL *(see also M-9728/3)* |
| M-9837/3   | cortical T ALL *(see also M-9729/3)* |
| M-9860/3   | eosinophilic |
| M-9964/3   | eosinophilic, chronic |
| M-9920/3   | Epipodophyllotoxin related therapy related acute myeloid |
| M-9840/3   | erythroid, acute |
|            | FAB |
| M-9835/3   | L1 [obs] *(see also M-9727/3)* |
| M-9835/3   | L2 *(see also M-9727/3)* |
| M-9826/3   | L3 *(see also M-9687/3)* |
| M-9872/3   | M0 |
| M-9873/3   | M1 |
| M-9874/3   | M2, NOS |
| M-9896/3   | M2, AML1(CBF-alpha)/ETO |
| M-9896/3   | M2, t(8;21)(q22;q22) |
| M-9866/3   | M3 *(includes all variants)* |
| M-9867/3   | M4 |
| M-9871/3   | M4Eo |
| M-9891/3   | M5 *(includes all variants)* |
| M-9840/3   | M6 |
| M-9910/3   | M7 |
| M-9831/1   | granular lymphocytic, NK cell large |

## Leukemia, continued

| M-9831/3★ | granular lymphocytic, T-cell large |
|-----------|------------------------------------|
|           | Granulocytic |
| M-9860/3  | NOS |
| M-9861/3  | acute *(FAB or WHO type not specified)* |
| M-9860/3  | aleukemic [obs] |
|           | Chronic |
| M-9863/3  | NOS |
| M-9875/3  | BCR/ABL |
| M-9875/3  | Philadelphia chromosome (Ph1) positive |
| M-9875/3  | t(9;22)(q34;q11) |
| M-9860/3  | subacute [obs] |
| M-9940/3  | hairy cell |
| M-9591/3  | hairy cell, variant★ |
| M-9871/3  | inv(16)(p13:q22), acute myeloid |
| M-9946/3  | juvenile myelomonocytic |
| M-9946/3  | juvenile myelomonocytic, chronic |
| M-9831/3★ | large granular lymphocytic, NK cell |
| M-9831/3★ | large granular lymphocytic, T-cell |
| M-9835/3  | L2 type acute lymphoblastic, NOS |
|           | Lymphatic |
| M-9820/3  | NOS [obs] |
| M-9835/3  | acute *(see also M-9727/3)* |
| M-9820/3  | aleukemic [obs] |
| M-9823/3  | chronic *(see also M-9670/3)* |
| M-9820/3  | subacute [obs] |
|           | Lymphoblastic |
| M-9835/3  | NOS *(see also M-9727/3)* |
|           | Acute |
| M-9835/3  | NOS *(see also M-9685/3)* |
| M-9816/3★ | hypodiploid★ |
| M-9835/3  | L2 type, NOS |
| M-9826/3  | mature B-cell type *(see also M-9727/3)* |
| M-9835/3  | precursor-cell type *(see also M-9727/3)* |
|           | B(-cell) |
| M-9811/3★ | NOS★ |
| M-9815/3★ | with hyperdiploidy★ |

— 398 —

Alphabetic Index "L" (continued)

## Leukemia, continued

| | |
|---|---|
| M-9816/3★ | with hypodiploidy (Hypodiploid ALL)★ |
| M-9818/3★ | with t(1;19)(q23;p13.3); E2A-PBX1 (TCF3-PBX1)★ |
| M-9817/3★ | with t(5;14)(q31;q32); IL3-IGH★ |
| M-9812/3★ | with t(9;22)(q34;q11.2); BCR-ABL1★ |
| M-9814/3★ | with t(12;21)(p13;q22); TEL-AML1 (ETV6-RUNX1)★ |
| M-9813/3★ | with t(v;11q23); MLL rearranged★ |

**Precursor**

| | |
|---|---|
| M-9836/3 | B-cell (see also M-9728/3) |
| M-9835/3 | cell, not phenotyped (see also M-9727/3) |
| M-9837/3 | T-cell★ (see also M-9729/3) |

**Lymphocytic**

| | |
|---|---|
| M-9820/3 | NOS [obs] |
| M-9835/3 | acute (see also M-9727/3) |
| M-9535/3 | acute, philadelphia chromosome(Ph1) positive▼ |
| M-9536/3 | acute (B-cell), philadelphia chromosome(Ph1) positive▼ |
| M9537/3 | acute (T-cell), philadelphia chromosome(Ph1) positive▼ |
| M-9820/3 | aleukemic [obs] |
| M-9826/3 | B-ALL (see also M-9687/3) |
| M-9823/3 | B-cell chronic, leukemia/small lymphocytic lymphoma (see also M-9670/3) |
| M-9823/3 | chronic (see also M-9670/3) |
| M-9823/3 | chronic, B-cell type (includes all variants of BCLL) (see also M-9670/3) |
| M-9831/1 | NK cell large granular |
| M-9836/3 | pre-B ALL (see also M-9728/3) |
| M-9836/3 | pre-pre-B ALL (see also M-9728/3) |
| M-9836/3 | pro-B ALL (see also M-9728/3) |
| M-9820/3 | subacute [obs] |
| M-9831/3 | T-cell large granular☆ |

**Lymphoid**

| | |
|---|---|
| M-9820/3 | NOS |
| M-9835/3 | acute (see also M-9727/3) |

## Leukemia, continued

| | |
|---|---|
| M-9820/3 | aleukemic [obs] |
| M-9823/3 | chronic (see also M-9670/3) |
| M-9820/3 | subacute [obs] |
| M-9820/3 | lymphosarcoma cell [obs] |
| M-9840/3 | M6 type acute myeloid |
| M-9840/3 | M6A |
| M-9840/3 | M6B |
| M-9742/3 | mast cell (C42.1) |
| M-9826/3 | mature B-cell type, lymphoblastic, acute (see also M-9687/3) |

**Megakaryoblastic**

| | |
|---|---|
| M-9910/3 | acute |
| M-9911/3★ | acute , with t(1;22)(p13;q13); RBM15-MKL1★ |
| M-9911/3★ | with t(1;22)(p13;q13); RBM15-MKL1★ |
| M-9910/3 | megakaryocytic |
| M-9872/3 | minimal differentiation, acute myeloid |
| M-9805/3 | mixed lineage, acute |

**Mixed phenotype, acute**

| | |
|---|---|
| M-9808/3★ | B/myeloid, NOS★ |
| M-9809/3★ | T/myeloid, NOS★ |
| M-9806/3★ | with t(9;22)(q34;q11.2); BCR-ABL1★ |
| M-9807/3★ | with t(v;11q23); MLL rearranged★ |
| M-9897/3 | MLL, acute myeloid |

**Monoblastic**

| | |
|---|---|
| M-9891/3 | NOS (includes all variants) |
| M-9891/3 | acute★ |
| M-9891/3 | and monocytic★ |
| M-9895/3 | multilineage dysplasia, acute myeloid with |

**Monocytic**

| | |
|---|---|
| M-9860/3 | NOS |
| M-9891/3 | acute (includes all variants) |
| M-9891/3 | acute, monoblastic★ |
| M-9860/3 | aleukemic [obs] |
| M-9860/3 | chronic [obs] |
| M-9860/3 | subacute [obs] |
| M-9872/3 | Myeloblastic, acute |

— 399 —

Alphabetic Index "L" (continued)

### Leukemia, continued

|          | Myelocytic |
|----------|-----------|
| M-9860/3 | NOS |
| M-9861/3 | acute *(FAB or WHO type not specified)* |
| M-9874/3 | acute, with maturation |
| M-9863/3 | chronic, NOS |

|          | Myelogenous |
|----------|-----------|
| M-9860/3 | NOS |
| M-9861/3 | acute *(FAB or WHO type not specified)* |
| M-9860/3 | aleukemic [obs] |

|          | Chronic |
|----------|---------|
| M-9863/3 | NOS |
| M-9875/3 | BCR/ABL |
| M-9875/3 | Philadelphia chromosome Ph1 positive |
| M-9875/3 | t(9;22)(q34;q11) |
| M-9860/3 | subacute [obs] |

|          | Myeloid |
|----------|---------|
| M-9860/3 | NOS |
| M-9897/3 | 11q23 abnormalities, acute |
| M-9861/3 | acute, NOS *(FAB or WHO type not specified) (see also M-9930/3)* |

|          | Acute |
|----------|-------|
| M-9896/3 | AML1(CBF-alpha)/ETO |
| M-9871/3 | CBF-beta/MYH11 |
| M-9871/3 | inv(16)(p13:q22) |
| M-9840/3 | M6 type |
| M-9872/3 | minimal differentiation |
| M-9897/3 | MLL |
| M-9866/3 | PML/RAR-alpha |
| M-9896/3 | t(8;21)(q22;q22) |
| M-9866/3 | t(15;17)(q22;q11-12) |
| M-9871/3 | t(16;16)(p13;q11) |
| M-9920/3 | therapy related, NOS |
| M-9920/3 | therapy related, alkylating agent related |
| M-9920/3 | therapy related, epipodo-phyllotoxin related |
| M-9871/3 | with abnormal marrow eosinophils *(includes all variants)* |

### Leukemia, continued

| M-9869/3★ | with inv(3)(q21q26.2) or t(3;3)(q21;q26.2); RPN1-EVI1★ |
|-----------|--------|
| M-9874/3 | with maturation |
| M-9895/3 | with multilineage dysplasia |
| M-9861/3 | with mutated CEBPA★ |
| M-9861/3 | with mutated NPM1★ |
| M-9895/3 | with myelodysplasia-related changes★ |
| M-9895/3 | with prior myelodysplastic syndrome |
| M-9911/3★ | with t(1;22)(p13;q13); RBM15-MKL1★ |
| M-9866/3★ | with t(6;9)(p23;q34); DEK-NUP214★ |
| M-9896/3 | with t(8;21)(q22;q22); RUNX1-RUNX1T1★ |
| M-9897/3 | with t(9;11)(p22;q23); MLLT3-MLL★ |
| M-9873/3 | without maturation |
| M-9895/3 | without prior myelodysplastic syndrome |
| M-9860/3 | aleukemic [obs] |
| M-9876/3 | atypical chronic, BCR/ABL negative |
| M-9876/3 | atypical chronic, Philadelphia chromosome Ph1 negative |
| M-9898/3★ | associated with Down Syndrome★ |

|          | Chronic |
|----------|---------|
| M-9863/3 | NOS |
| M-9876/3 | BCR/ABL negative, atypical |
| M-9876/3 | Philadelphia chromosome Ph1 negative, atypical |

| M-9871/3 | inv(16)(p13:q22), acute |
|----------|--------|
| M-9860/3 | subacute [obs] |
| M-9871/3 | with abnormal marrow eosinophils, acute *(includes all variants)* |
| M-9874/3 | with maturation, acute |
| M-9895/3 | with multilineage dysplasia, acute |
| M-9895/3 | with prior myelodysplastic syndrome, acute |
| M-9873/3 | without maturation, acute |
| M-9895/3 | without prior myelodysplastic syndrome, acute |

— 400 —

Alphabetic Index "L" (continued)

### Leukemia, continued

|  | Myelomonocytic |
|---|---|
| M-9860/3 | NOS |
| M-9867/3 | acute |
| M-9871/3 | acute, with abnormal eosinophils |
| M-9945/3 | chronic, NOS |
| M-9945/3 | chronic, in transformation |
| M-9946/3 | chronic, juvenile |
| M-9945/3 | chronic, Type I |
| M-9945/3 | chronic, Type II |
| M-9945/3 | in transformation, chronic |
| M-9946/3 | juvenile |
| M-9946/3 | juvenile, chronic |
| M-9871/3 | with abnormal eosinophils, acute *(includes all variants)* |

| M-9948/3 | NK-cell, aggressive |
|---|---|
| M-9831/1 | NK-cell large granular lymphocytic |
| M-9963/3 | neutrophilic, chronic |
| M-9860/3 | non-lymphocytic, NOS |
| M-9861/3 | non-lymphocytic, acute *(FAB or WHO type not specified)* |

|  | Philadelphia chromosome Ph1 |
|---|---|
| M-9876/3 | negative, atypical chronic myeloid |
| M-9835/3 | positive, acute lymphocytic★ |
| M-9836/3 | positive, acute lymphocytic (B-cell) ★ |
| M-9837/3 | positive, acute lymphocytic (T-cell) ★ |
| M-9875/3 | positive, chronic granulocytic |
| M-9875/3 | positive, chronic myelogenous |

| M-9733/3 | plasma cell (C42.1) |
|---|---|
| M-9733/3 | plasmacytic (C42.1) |
| M-9836/3 | pre-B ALL *(see also M-9728/3)* |
| M-9836/3 | pre-pre-B ALL *(see also M-9728/3)* |
| M-9837/3 | pre-T ALL *(see also M-9729/3)* |

|  | Precursor |
|---|---|
| M-9836/3 | B-cell lymphoblastic *(see also M-9728/3)* |
| M-9835/3 | cell, acute lymphoblastic, not phenotyped *(see also M-9727/3)* |
| M-9835/3 | cell type, acute lymphoblastic *(see also M-9727/3)* |
| M-9837/3 | T-cell lymphoblastic *(see also M-9729/3)* |

### Leukemia, continued

| M-9895/3 | prior myelodysplastic syndrome, acute myeloid with |
|---|---|
| M-9895/3 | prior myelodysplastic syndrome, acute myeloid without |
| M-9836/3 | pro-B ALL *(see also M-9728/3)* |
| M-9837/3 | pro-T ALL *(see also M-9729/3)* |

|  | Prolymphocytic |
|---|---|
| M-9832/3 | NOS |
| M-9833/3 | B-cell type |
| M-9834/3 | T-cell type |

|  | Promyelocytic |
|---|---|
| M-9866/3 | acute, NOS *(includes variants)* |
| M-9866/3 | acute, PML/RAR-alpha |
| M-9866/3 | acute, t(15;17)(q22;q11-12) |

| M-9591/3 | Splenic B-cell, unclassifiable★ |
|---|---|
| M-9801/3 | stem cell |

|  | Subacute |
|---|---|
| M-9800/3 | NOS [obs] |
| M-9860/3 | granulocytic [obs] |
| M-9820/3 | lymphatic [obs] |
| M-9820/3 | lymphocytic [obs] |
| M-9820/3 | lymphoid [obs] |
| M-9860/3 | monocytic [obs] |
| M-9860/3 | myelogenous [obs] |
| M-9860/3 | myeloid [obs] |

|  | T-cell |
|---|---|
| M-9827/3 | adult *(includes all variants)* |
| M-9831/3 | large granular lymphocytic |
| M-9827/3 | leukemia/lymphoma (HTLV-1 positive), adult *(includes all variants)* |
| M-9837/3 | lymphoblastic★ |
| M-9837/3 | lymphoblastic, precursor *(see also M-9729/3)* |
| M-9827/3 | lymphoma/leukemia, adult *(includes all variants)* |
| M-9834/3 | type, prolymphocytic |

| M-9896/3 | t(8;21)(q22;q22), acute myeloid |
|---|---|
| M-9896/3 | t(8;21)(q22;q22), FAB M2 |
| M-9875/3 | t(9;22)(q34;q11), chronic granulocytic |
| M-9875/3 | t(9;22)(q34;q11), chronic myelogenous |
| M-9866/3 | t(15;17)(q22;q11-12), acute myeloid |

Alphabetic Index "L" (continued)

### Leukemia, continued

| | |
|---|---|
| M-9866/3 | t(15;17)(q22;q11-12), acute promyelocytic |
| M-9871/3 | t(16;16)(p13;q11), acute myeloid |
| | Therapy related acute myeloid |
| M-9920/3 | NOS |
| M-9920/3 | alkylating agent related |
| M-9920/3 | epipodophyllotoxin related |
| M-9801/3 | undifferentiated |
| M-9871/3 | with abnormal marrow eosinophils, acute myeloid *(includes all variants)* |
| M-9871/3 | with abnormal marrow eosinophils, acute myelomonocytic *(includes all variants)* |
| M-9874/3 | with maturation, acute myeloid |
| M-9895/3 | with multilineage dysplasia, acute myeloid |
| M-9895/3 | with prior myelodysplastic syndrome, acute myeloid |
| M-9873/3 | without maturation, acute myeloid |
| M-9895/3 | without prior myelodysplastic syndrome, acute myeloid |

### Leukemia-lymphoma

| | |
|---|---|
| M-9835/3 | acute lymphoblastic, NOS *(see also M-9727/3)* |
| M-9827/3 | adult T-cell *(includes all variants)* |
| M-9827/3 | adult T-cell (HTLV-1 positive) *(includes all variants)* |
| M-9823/3 | B-cell chronic lymphocytic leukemia/small lymphocytic lymphoma *(see also M-9670/3)* |
| | B lymphoblastic |
| M-9811/3★ | NOS★ |
| M-9815/3★ | with hyperdiploidy★ |
| M-9816/3★ | with hypodiploidy (Hypodiploid ALL)★ |
| M-9818/3★ | with t(1;19)(q23;p13.3); E2A-PBX1 (TCF3-PBX1)★ |
| M-9817/3★ | with t(5;14)(q31;q32); IL3-IGH★ |
| M-9812/3★ | with t(9;22)(q34;q11.2); BCR-ABL1★ |
| M-9814/3★ | with t(12;21)(p13;q22); TEL-AML1★ |
| M-9837/3 | T lymphoblastic★ |

M-9940/3 Leukemic reticuloendotheliosis

### Leydig cell tumor

| | |
|---|---|
| M-8650/1 | NOS (C62._) |
| M-8650/0 | benign (C62._) |
| M-8650/3 | malignant (C62._) |

### Leydig-Sertoli cell tumor

| | |
|---|---|
| M-8631/1 | NOS |
| M-8631/1 | intermediate differentiation |
| M-8634/1 | intermediate differentiation, with heterologous elements |
| M-8631/3 | poorly differentiated |
| M-8634/3 | poorly differentiated, with heterologous elements |
| M-8633/1 | retiform |
| M-8634/1 | retiform, with heterologous elements |
| M-8631/3 | sarcomatoid |
| M-8631/0 | well differentiated |

M-9493/0 Lhermitte-Duclos dysplastic gangliocytoma of cerebellum (C71.6)

### Lid

| | |
|---|---|
| C44.1 | NOS |
| C44.1 | lower |
| C44.1 | upper |

### Ligament

| | |
|---|---|
| C49.9 | NOS |
| C57.1 | broad |
| C57.2 | round |
| C57.3 | uterine |
| C57.3 | uterosacral |

M-9769/1 Light chain disease, systemic

| | |
|---|---|
| C69.1 | Limbus of cornea |
| C02.9 | Lingual, NOS |
| C02.4 | Lingual tonsil |
| C34.1 | Lingula, lung |

M-8142/3 Linitis plastica (C16._)

### Lip

| | |
|---|---|
| C00.9 | NOS *(excludes skin of lip C44.0)* |
| C00.6 | commissure |
| C00.6 | commissure, labial |
| C00.2 | external, NOS |
| C00.1 | external, lower |

— 402 —

Alphabetic Index "L" (continued)

### Lip, continued

| | |
|---|---|
| C00.0 | external, upper |
| C00.5 | frenulum, NOS |
| C00.5 | frenulum labii, NOS |
| C00.4 | frenulum, lower |
| C00.3 | frenulum, upper |
| C00.5 | inner aspect, NOS |
| C00.4 | inner aspect, lower |
| C00.3 | inner aspect, upper |
| C00.5 | internal, NOS |
| C00.6 | labial commissure |
| C00.1 | lower, NOS *(excludes skin of lower lip C44.0)* |
| C00.1 | lower, external |
| C00.4 | lower, frenulum |
| C00.4 | lower, inner aspect |
| C00.4 | lower, mucosa |
| C44.0 | lower, skin |
| C00.1 | lower, vermilion border |
| C00.5 | mucosa, NOS |
| C00.4 | mucosa, lower |
| C00.3 | mucosa, upper |
| C44.0 | skin, NOS |
| C00.0 | upper, NOS *(excludes skin of upper lip C44.0)* |
| C00.0 | upper, external |
| C00.3 | upper, frenulum |
| C00.3 | upper, inner aspect |
| C00.3 | upper, mucosa |
| C44.0 | upper, skin |
| C00.0 | upper, vermilion border |
| C00.2 | vermilion border, NOS |
| C00.1 | vermilion border, lower |
| C00.0 | vermilion border, upper |

### Lipid

| | |
|---|---|
| M-8670/0 | cell tumor of ovary (C56.9) |
| M-8641/0 | storage, Sertoli cell tumor with (C56.9) |
| M-8641/0 | storage, tubular androblastoma with (C56.9) |

M-8314/3 Lipid-rich carcinoma (C50._)
M-8641/0 Lipid-rich Sertoli cell tumor
M-8641/0 Lipidique, folliculome
M-8324/0 Lipoadenoma
M-8881/0 Lipoblastoma
M-8881/0 Lipoblastomatosis
M------- Lipogranuloma, NOS *(see SNOMED)*
M-8670/0 Lipoid cell tumor, ovary (C56.9)
M-8890/0 Lipoleiomyoma

### Lipoma

| | |
|---|---|
| M-8850/0 | NOS |
| M-8850/1 | atypical |
| M-8862/0 | chondroid |
| M-8881/0 | fetal, NOS |
| M-8880/0 | fetal fat cell |
| M-8856/0 | infiltrating |
| M-8856/0 | intramuscular |
| M-8854/0 | pleomorphic |
| M-8857/0 | spindle cell |

M-8851/3 Lipoma-like liposarcoma

### Lipomatosis

| | |
|---|---|
| M------- | NOS *(see SNOMED)* |
| M------- | diffuse *(see SNOMED)* |
| M-8881/0 | fetal |

M-9506/1 Lipomatous medulloblastoma (C71.6)
M-9506/1 Liponeurocytoma, cerebellar

### Liposarcoma

| | |
|---|---|
| M-8850/3 | NOS |
| M-8858/3 | dedifferentiated |
| M-8851/3 | differentiated |
| M-8857/3 | fibroblastic |
| M-8851/3 | inflammatory |
| M-8851/3 | lipoma-like |
| M-8855/3 | mixed |
| M-8852/3 | myxoid |
| M-8854/3 | pleomorphic |
| M-8853/3 | round cell |
| M-8851/3 | sclerosing |
| M-8850/1 | superficial well differentated |
| M-8851/3 | well differentiated |
| M-8850/1 | well differentiated, superficial soft tissue |

C22.0 Liver

M-8170/0 Liver cell adenoma (C22.0)
M-8170/3 Liver cell carcinoma (C22.0)

### Lobe

| | |
|---|---|
| C71.1 | frontal |
| C34.3 | lower, bronchus |
| C34.3 | lower, lung |
| C34.2 | middle, bronchus |
| C34.2 | middle, lung |
| C71.4 | occipital |

— 403 —

Alphabetic Index "L" (continued)

### Lobe, continued
| | |
|---|---|
| C71.3 | parietal |
| C71.2 | temporal |
| C34.1 | upper, bronchus |
| C34.1 | upper, lung |

### Lobular
| | |
|---|---|
| M-8520/3 | adenocarcinoma (C50._) |
| M-8522/3 | and ductal carcinoma (C50._) |
| M-8522/3 | and infiltrating duct carcinoma (C50._) |
| M-8522/3 | and intraductal carcinoma (C50._) |

|  | Carcinoma |
|---|---|
| M-8520/3 | NOS (C50._) |
| M-8520/2 | in situ (C50._) |
| M-8522/3 | in situ and infiltrating duct (C50._) |
| M-8522/2 | in situ and intraductal carcinoma (C50._) |
| M-8520/3 | infiltrating (C50._) |
| M-8522/3 | infiltrating, and ductal carcinoma in situ (C50._) |
| M-8520/2 | noninfiltrating (C50._) |

| | |
|---|---|
| M------- | hyperplasia *(see SNOMED)* |
| M-8524/3 | infiltrating, mixed with other types of carcinoma (C50._) |

| | |
|---|---|
| C44.2 | Lobule, ear |

| | |
|---|---|
| M-8815/0 | Localized fibrous tumor |

### Low grade
| | |
|---|---|
| M-8525/3 | adenocarcinoma, polymorphous |
| M-9400/3 | astrocytoma (C71._) |
| M-9400/3 | diffuse astrocytoma (C71._) |
| M-8931/3 | endometrial stromal sarcoma (C54.1) |
| M-9187/3 | osteosarcoma, intraosseous |

| | |
|---|---|
| M-----/1 | Low malignant potential *(see grading code, page 27)* |

### Low malignant potential
| | |
|---|---|
| M-8380/1 | endometrioid tumor |
| M-8472/1 | mucinous tumor, NOS (C56.9) |
| M-8473/1 | papillary mucinous tumor (C56.9) |
| M-8462/1 | papillary serous tumor (C56.9) |
| M-8130/1 | papillary transitional cell neoplasm (C67._) |
| M-8130/1 | papillary urothelial neoplasm (C67._) |
| M-8442/1 | serous tumor, NOS (C56.9) |

### Lower
| | |
|---|---|
| C03.1 | alveolar mucosa |
| C03.1 | alveolar ridge mucosa |
| C03.1 | alveolus |
| C50.8 | breast |
| C03.1 | gingiva |
| C03.1 | gum |
| C50.3 | inner quadrant of breast |
| C41.1 | jaw bone |
| C44.1 | lid |
| C00.1 | lip, NOS *(excludes skin of lower lip C44.0)* |
| C00.1 | lip, external |
| C00.4 | lip, frenulum |
| C00.4 | lip, inner aspect |
| C00.4 | lip, mucosa |
| C44.0 | lip, skin |
| C00.1 | lip, vermilion border |
| C34.3 | lobe, bronchus |
| C34.3 | lobe, lung |
| C50.5 | outer quadrant of breast |
| C15.5 | third of esophagus |
| C54.0 | uterine segment |

### Lower limb
| | |
|---|---|
| C76.5 | NOS |
| C44.7 | NOS (carcinoma, melanoma, nevus) |
| C49.2 | NOS (sarcoma, lipoma) |
| C49.2 | adipose tissue |
| C47.2 | autonomic nervous system |
| C49.2 | connective tissue |
| C49.2 | fatty tissue |
| C49.2 | fibrous tissue |
| C40.2 | long bones |
| C40.2 | long bones, joints |
| C77.4 | lymph node |
| C49.2 | muscle |
| C47.2 | peripheral nerve |
| C40.3 | short bones |
| C40.3 | short bones, joints |
| C49.2 | skeletal muscle |
| C44.7 | skin |
| C49.2 | soft tissue |
| C49.2 | subcutaneous tissue |
| C49.2 | tendon |
| C49.2 | tendon sheath |

### Lumbar
| | |
|---|---|
| C72.0 | cord |
| C77.2 | lymph node |

— 404 —

Alphabetic Index "L" (continued)

### Lumbar, continued

| | |
|---|---|
| C47.6 | nerve |
| C47.5 | Lumbosacral plexus |

### Lung

| | |
|---|---|
| C34.9 | NOS |
| C34.9 | bronchiole |
| C34.9 | bronchogenic |
| C34.9 | bronchus, NOS |
| C34.3 | bronchus, lower lobe |
| C34.0 | bronchus, main |
| C34.2 | bronchus, middle lobe |
| C34.1 | bronchus, upper lobe |
| C34.0 | carina |
| C34.0 | hilus |
| C34.1 | lingula |
| C34.3 | lower lobe |
| C34.3 | lower lobe, bronchus |
| C34.0 | main bronchus |
| C34.2 | middle lobe |
| C34.2 | middle lobe, bronchus |
| C34.9 | pulmonary, NOS |
| C34.1 | upper lobe |
| C34.1 | upper lobe, bronchus |

| | |
|---|---|
| M-8601/0 | Luteinized thecoma (C56.9) |
| M-8610/0 | Luteinoma (C56.9) |
| M-8610/0 | Luteoma, NOS (C56.9) |
| M------- | Luteoma, pregnancy *(see SNOMED)* |

| | |
|---|---|
| C------- | Lymph gland *(see lymph node)* |

### Lymph node

| | |
|---|---|
| C77.9 | NOS |
| C77.2 | abdominal |
| C77.2 | aortic |
| C77.3 | arm |
| C77.0 | auricular |
| C77.3 | axilla |
| C77.3 | axillary |
| C77.3 | brachial |
| C77.1 | bronchial |
| C77.1 | bronchopulmonary |
| C77.2 | celiac |
| C77.0 | cervical |
| C77.4 | Cloquet |
| C77.2 | colic |
| C77.2 | common duct |
| C77.3 | cubital |

### Lymph node, continued

| | |
|---|---|
| C77.1 | diaphragmatic |
| C77.5 | epigastric, inferior |
| C77.3 | epitrochlear |
| C77.1 | esophageal |
| C77.0 | face |
| C77.0 | facial |
| C77.4 | femoral |
| C77.2 | gastric |
| C77.4 | groin |
| C77.0 | head |
| C77.2 | hepatic |
| C77.1 | hilar, NOS |
| C77.1 | hilar, pulmonary |
| C77.2 | hilar, splenic |
| C77.5 | hypogastric |
| C77.2 | ileocolic |
| C77.5 | iliac |
| C77.5 | inferior epigastric |
| C77.2 | inferior mesenteric |
| C77.3 | infraclavicular |
| C77.4 | inguinal |
| C77.4 | inguinal region |
| C77.1 | innominate |
| C77.1 | intercostal |
| C77.2 | intestinal |
| C77.2 | intra-abdominal |
| C77.5 | intrapelvic |
| C77.1 | intrathoracic |
| C77.0 | jugular |
| C77.4 | leg |
| C77.4 | lower limb |
| C77.2 | lumbar |
| C77.0 | mandibular |
| C77.1 | mediastinal |
| C77.2 | mesenteric, NOS |
| C77.2 | mesenteric, inferior |
| C77.2 | mesenteric, superior |
| C77.2 | midcolic |
| C77.8 | multiple regions |
| C77.0 | neck |
| C77.5 | obturator |
| C77.0 | occipital |
| C77.2 | pancreatic |
| C77.2 | para-aortic |
| C77.5 | paracervical |
| C77.5 | parametrial |
| C77.1 | parasternal |
| C77.0 | parotid |
| C77.3 | pectoral |

— 405 —

Alphabetic Index "L" (continued)

### Lymph node, continued

| | |
|---|---|
| C77.5 | pelvic |
| C77.2 | periaortic |
| C77.2 | peripancreatic |
| C77.4 | popliteal |
| C77.2 | porta hepatis |
| C77.2 | portal |
| C77.0 | preauricular |
| C77.0 | prelaryngeal |
| C77.5 | presymphysial |
| C77.0 | pretracheal |
| C77.1 | pulmonary, NOS |
| C77.1 | pulmonary hilar |
| C77.2 | pyloric |
| C77.2 | retroperitoneal |
| C77.0 | retropharyngeal |
| C77.4 | Rosenmuller |
| C77.5 | sacral |
| C77.0 | scalene |
| C77.2 | splenic, NOS |
| C77.2 | splenic hilar |
| C77.3 | subclavicular |
| C77.4 | subinguinal |
| C77.0 | sublingual |
| C77.0 | submandibular |
| C77.0 | submaxillary |
| C77.0 | submental |
| C77.3 | subscapular |
| C77.2 | superior mesenteric |
| C77.0 | supraclavicular |
| C77.1 | thoracic |
| C77.4 | tibial |
| C77.1 | tracheal |
| C77.1 | tracheobronchial |
| C77.3 | upper limb |

C77.8    Lymph nodes of multiple regions

M-9767/1 Lymphadenopathy, angioimmunoblastic
    (AIL)
M-9705/3 Lymphadenopathy, angioimmunoblastic,
    with dysproteinemia (AILD), peripheral
    T-cell lymphoma, [obs]
M-9767/1 Lymphadenopathy, immunoblastic (IBL)
    [obs]
M-9170/3 Lymphangioendothelial sarcoma
M-9170/0 Lymphangioendothelioma, NOS
M-9170/3 Lymphangioendothelioma, malignant
M-9174/1 Lymphangioleiomyomatosis

### Lymphangioma

| | |
|---|---|
| M-9170/0 | NOS |
| M-9171/0 | capillary |
| M-9172/0 | cavernous |
| M-9173/0 | cystic |

M------- Lymphangiomatosis, systemic *(see*
    *SNOMED)*
M-9174/0 Lymphangiomyoma
M-9174/1 Lymphangiomyomatosis
M-9170/3 Lymphangiosarcoma

C49.9    Lymphatic, NOS

M-9835/3 Lymphoblastic leukemia-lymphoma, acute,
    NOS *(see also M-9727/3)*
M-9727/3 Lymphoblastoma [obs]
M-8583/1 Lymphocyte-rich thymoma, NOS (C37.9)
M-8583/3 Lymphocyte-rich thymoma, malignant
    (C37.9)

### Lymphocytic

| | |
|---|---|
| M------ | infiltrate of Jessner, benign *(see SNOMED)* |
| M-8583/1 | thymoma, NOS (C37.9) |
| M-8583/3 | thymoma, malignant (C37.9) |

M------ Lymphocytoma cutis, benign *(see*
    *SNOMED)*
M-9831/1 Lymphocytosis, large granular, NOS
M-9831/1 Lymphocytosis, T-cell large granular
M-8082/3 Lymphoepithelial carcinoma
M------- Lymphoepithelial lesion, benign *(see*
    *SNOMED)*
M-8082/3 Lymphoepithelioma
M-8082/3 Lymphoepithelioma-like carcinoma
M-9590/3 Lymphoma, NOS *{see Lymphoma*
    *(malignant)}*

### Lymphoma (malignant)

| | |
|---|---|
| M-9590/3 | NOS |
| M-9827/3 | adult T-cell *(includes all variants)* |
| M-9827/3 | adult T-cell leukemia/lymphoma (HTLV-1 positive) *(includes all variants)* |
| M-9827/3 | adult T-cell lymphoma/leukemia *(includes all variants)* |
| M-9709/3 | aggressive epidermotropic cytotoxic T-cell, CD8-positive, primary cutaneous★ |

— 406 —

Alphabetic Index "L" (continued)

### Lymphoma (malignant), continued

| | |
|---|---|
| M-9705/3 | AILD (Angioimmunoblastic Lymphadenopathy with Dysproteinemia), peripheral T-cell [obs] |
| M-9680/3 | anaplastic large B-cell |
| | Anaplastic large cell |
| M-9714/3 | NOS |
| M-9702/3 | ALK negative★ |
| M-9714/3 | ALK positive★ |
| M-9714/3 | CD 30+ |
| M-9718/3 | primary cutaneous (C44._) |
| M-9714/3 | T cell and Null cell type |
| M-9719/3 | angiocentric T-cell [obs] |
| M-9705/3 | angioimmunoblastic [obs] |
| M-9705/3 | angioimmunoblastic T-cell |
| M-9680/3 | angiotropic |
| M-9670/3 | B lymphocytic, small, NOS |
| | B-cell |
| M-9591/3 | NOS |
| M-9599/3★ | NOS★ |
| M-9680/3 | anaplastic large |
| M-9680/3 | diffuse large, NOS |
| M-9688/3★ | histiocyte-rich large★ |
| M-9680/3 | intravascular |
| M-9712/3★ | intravascular large (C49.9)★ |
| | Large |
| M-9680/3 | NOS |
| M-9737/3★ | ALK positive★ |
| M-9738/3★ | arising in HHV8-associated multicentric Castleman disease★ |
| M-9680/3 | diffuse, NOS |
| M-9680/3 | diffuse, associated with chronic inflammation★ |
| M-9680/3 | diffuse, centroblastic, NOS |
| M-9680/3 | diffuse, EBV positive lymphoma of the elderly★ |
| M-9684/3 | diffuse, immunoblastic, NOS |
| M-9680/3 | diffuse, primary, CNS (C70._, C71._, C72._)★ |
| M-9680/3 | diffuse, Primary cutaneous, leg type (C44.7)★ |
| M-9728/3 | lymphoblastic, precursor (see also M-9836/3) |

### Lymphoma (malignant), continued

| | |
|---|---|
| M-9699/3 | marginal zone, NOS |
| M-9679/3 | mediastinal large (C38.3) |
| M-9699/3 | monocytoid |
| M-9728/3 | precursor, lymphoblastic (see also M-9836/3) |
| M-9670/3 | small lymphocytic/chronic lymphocytic leukemia (see also M-9823/3) |
| M-9591/3 | small, splenic diffuse red pulp★ |
| M-9591/3 | Splenic, unclassifiable★ |
| M-9689/3 | splenic marginal zone (C42.2) |
| M-9688/3★ | T-cell rich/histiocyte-rich large |
| M-9688/3★ | T-cell rich large★ |
| M-9679/3 | thymic large (C37.9) |
| M-9596/3 | unclassifiable, with features intermediate between diffuse large B-cell lymphoma and classical Hodgkin lymphoma★ |
| M-9680/3 | unclassifiable, with features intermediate between diffuse large B-cell lymphoma and Burkitt lymphoma★ |
| M-9699/3 | BALT |
| M-9727/3 | Blastic NK cell [obs]★ |
| M-9699/3 | Bronchial associated lymphoid tissue |
| | Burkitt |
| M-9687/3 | NOS (includes all variants) |
| M-9687/3 | type, small noncleaved [obs] (includes all variants) |
| M-9687/3 | type, undifferentiated [obs] (includes all variants) |
| M-9687/3 | Burkitt-like |
| M-9714/3 | CD30+ anaplastic large cell |
| M-9718/3 | CD30+ large T-cell, primary cutaneous (C44._) |
| | Centroblastic |
| M-9680/3 | NOS |
| M-9680/3 | diffuse |
| M-9698/3 | follicular |
| M-9680/3 | large B-cell, diffuse, NOS |
| | Centroblastic-centrocytic |
| M-9675/3 | NOS [obs] |
| M-9675/3 | diffuse [obs] |
| M-9690/3 | follicular [obs] (see also M-9675/3) |

— 407 —

**Alphabetic Index "L"** (continued)

### Lymphoma (malignant), continued

| | |
|---|---|
| M-9673/3 | centrocytic [obs] *(includes all variants: blastic, pleomorphic, small cell)* |
| M-9680/3 | cleaved and noncleaved, large cell [obs] |

Cleaved cell
| | |
|---|---|
| M-9591/3 | NOS [obs] |
| M-9695/3 | follicular small |
| M-9680/3 | large, NOS [obs] |
| M-9680/3 | large, diffuse |
| M-9698/3 | large, follicular [obs] |
| M-9591/3 | small, NOS [obs] |
| M-9591/3 | small, diffuse [obs] |
| M-9695/3 | small, follicular [obs] |
| M-9680/3 | large cell, NOS [obs] |
| M-9691/3 | mixed small, and large cell, follicular [obs] |

| | |
|---|---|
| M-9596/3 | composite Hodgkin and non-Hodgkin |
| M-9727/3 | convoluted cell [obs] |

Cutaneous
| | |
|---|---|
| M-9709/3 | NOS (C44._) [obs] |
| M-9718/3 | CD30+ large T-cell, primary |
| M-9718/3 | primary, anaplastic large-cell (C44._) |
| M-9709/3 | primary, CD8-positive aggressive epidermotropic cytotoxic T-cell* |
| M-9709/3 | Primary, CD4-positive, small/medium T-cell* |
| M-9709/3 | T-cell, NOS (C44._) |

Diffuse
| | |
|---|---|
| M-9591/3 | NOS |
| M-9680/3 | centroblastic |
| M-9675/3 | centroblastic-centrocytic [obs] |
| M-9680/3 | histiocytic |

Large B-cell
| | |
|---|---|
| M-9680/3 | NOS |
| M-9737/3* | ALK positive* |
| M-9738/3* | arising in HHV8-associated multicentric Castleman disease* |
| M-9680/3 | associated with chronic inflammation* |
| M-9680/3 | centroblastic, NOS |
| M-9680/3 | EBV positive, elderly* |
| M-9684/3 | immunoblastic, NOS |

### Lymphoma (malignant), continued

| | |
|---|---|
| M-9680/3 | primary, CNS (C70._, C71._, C72._)* |
| M-9680/3 | Primary cutaneous, leg type (C44.7)* |

Large cell
| | |
|---|---|
| M-9680/3 | NOS [obs] |
| M-9680/3 | cleaved |
| M-9680/3 | noncleaved |

Lymphocytic
| | |
|---|---|
| M-9670/3 | NOS *(see also M-9823/3)* |
| M-9673/3 | intermediate differentiation [obs] *(includes all variants: blastic, pleomorphic, small cell)* |
| M-9591/3 | poorly differentiated [obs] |
| M-9670/3 | small *(see also M-9823/3)* |
| M-9670/3 | well differentiated *(see also M-9823/3)* |

Mixed
| | |
|---|---|
| M-9675/3 | cell type [obs] |
| M-9675/3 | lymphocytic-histiocytic [obs] |
| M-9675/3 | small and large cell [obs] |
| M-9680/3 | noncleaved, NOS [obs] |

Small
| | |
|---|---|
| M-9670/3 | cell *(see also M-9823/3)* |
| M-9591/3 | cell, noncleaved [obs] |
| M-9591/3 | cleaved cell [obs] |
| M-9670/3 | lymphocytic *(see also M-9823/3)* |
| M-9687/3 | noncleaved, Burkitt type |

| | |
|---|---|
| M-9717/3 | enteropathy associated T-cell lymphoma |
| M-9717/3 | enteropathy type intestinal T-cell lymphoma |
| M-9717/3 | enteropathy-type T-cell lymphoma |
| M-9719/3 | extranodal NK/T-cell, nasal type* |

Follicle center
| | |
|---|---|
| M-9690/3 | NOS *(see also M-9675/3)* |
| M-9690/3 | follicular *(see also M-9675/3)* |
| M-9597/3* | primary cutaneous* |

— 408 —

## Alphabetic Index "L" (continued)

### Lymphoma (malignant), continued

|  | Follicular |
| --- | --- |
| M-9690/3 | NOS (see also M-9675/3) |
| M-9698/3 | centroblastic |
| M-9690/3 | centroblastic-centrocytic [obs] (see also M-9675/3) |
| M-9690/3 | follicle center (see also M-9675/3) |
| M-9695/3 | grade 1 |
| M-9691/3 | grade 2 |
| M-9698/3 | grade 3A★ |
| M-9698/3 | grade 3B★ |
| M-9698/3 | large cell, NOS |
| M-9698/3 | large cell, noncleaved [obs] |
| M-9698/3 | large cleaved cell [obs] |
| M-9691/3 | mixed cell type [obs] |
| M-9691/3 | mixed small cleaved and large cell [obs] |
| M-9698/3 | noncleaved cell, NOS [obs] |
| M-9695/3 | small cleaved cell [obs] |
| | |
| M-9726/3★ | gamma-delta T-cell, primary cutaneous★ |
| M-9716/3 | hepatosplenic γδ (gamma-delta) cell |
| M-9716/3★ | hepatosplenic T-cell★ |
| M-9688/3★ | histiocyte-rich large B-cell |
| M-9688/3★ | histiocyte-rich/T-cell rich large B-cell |
| | |
| | Histiocytic |
| M-9680/3 | NOS [obs] |
| M-9680/3 | diffuse |
| M-9698/3 | nodular [obs] |
| M-9755/3 | true |
| | |
| M-9650/3 | Hodgkin (see Hodgkin lymphoma) |
| M-9596/3 | Hodgkin and non-Hodgkin, composite |
| M-9725/3★ | Hydroa vacciniforme-like★ |
| | |
| | Immunoblastic |
| M-9684/3 | NOS |
| M-9684/3 | large B-cell, diffuse, NOS |
| M-9684/3 | large cell |
| | |
| M-9673/3 | intermediate differentiation, lymphocytic, diffuse [obs] (includes all variants: blastic, pleomorphic, small cell) |
| M-9591/3 | intermediate differentiation, lymphocytic, nodular [obs] |
| | |
| M-9717/3 | intestinal T-cell |

### Lymphoma (malignant), continued

| M-9717/3 | intestinal T-cell, enteropathy type |
| --- | --- |
| M-9680/3 | intravascular B-cell |
| M-9712/3★ | intravascular large B-cell (C49.9) ★ |
| M-9714/3 | Ki-1+ large cell [obs] |
| | |
| | Large |
| M-9680/3 | NOS |
| | |
| | B-cell |
| M-9680/3 | NOS |
| M-9680/3 | anaplastic |
| M-9714/3 | anaplastic, ALK positive★ |
| M-9737/3★ | ALK positive★ |
| M-9738/3★ | arising in HHV8-associated multicentric Castleman disease★ |
| M-9680/3 | diffuse, NOS |
| M-9680/3 | diffuse, associated with chronic inflammation★ |
| M-9680/3 | diffuse, centroblastic, NOS |
| M-9680/3 | diffuse, EBV positive, elderly★ |
| M-9684/3 | diffuse, immunoblastic, NOS |
| M-9680/3 | diffuse, primary, CNS (C70._, C71._, C72._) ★ |
| M-9680/3 | diffuse, primary cutaneous, leg type (C44.7) ★ |
| M-9688/3★ | histiocyte-rich large |
| M-9712/3★ | intravascular (C49.9) |
| M-9679/3 | mediastinal (C38.3) |
| M-9688/3★ | T-cell rich |
| M-9688/3★ | T-cell rich/histiocyte-rich |
| M-9679/3 | thymic (C37.9) |
| | |
| | Cell |
| M-9714/3 | anaplastic, NOS |
| M-9702/3 | anaplastic, ALK negative★ |
| M-9680/3 | anaplastic, B-cell |
| M-9714/3 | anaplastic, CD30+ |
| M-9714/3 | anaplastic, T-cell and Null cell type |
| M-9714/3 | CD30+ anaplastic |
| M-9680/3 | cleaved, NOS [obs] |
| M-9680/3 | cleaved and noncleaved [obs] |
| M-9680/3 | cleaved, diffuse |
| M-9680/3 | diffuse, NOS [obs] |
| M-9698/3 | follicular, NOS |
| M-9684/3 | immunoblastic |
| M-9680/3 | noncleaved, NOS |
| M-9680/3 | noncleaved, diffuse |

— 409 —

## Alphabetic Index "L" (continued)

### Lymphoma (malignant), continued

| | |
|---|---|
| M-9698/3 | noncleaved, follicular [obs] |
| M-9702/3 | peripheral T-cell |
| M-9718/3 | primary cutaneous anaplastic (C44._) |
| M-9680/3 | cleaved cell, NOS [obs] |
| M-9698/3 | cleaved cell, follicular [obs] |
| M-9688/3★ | histiocyte-rich large B-cell |
| M-9714/3 | large cell (Ki-1+) [obs] |
| M-9675/3 | mixed small and large cell, diffuse [obs] |
| M-9691/3 | mixed small cleaved and large cell, follicular [obs] |
| M-9702/3 | peripheral T-cell, pleomorphic medium and large cell |
| M-9718/3 | primary cutaneous anaplastic large-cell (C44._) |
| | T-cell |
| M-9714/3 | and Null cell type, anaplastic |
| M-9718/3 | primary cutaneous CD30+ |
| M-9688/3★ | rich/histiocyte-rich large B-cell |
| M-9688/3★ | rich large B-cell |
| M-9702/3 | Lennert |
| | Lymphoblastic |
| M-9727/3 | NOS (see also M-9835/3) |
| M-9728/3 | precursor B-cell (see also M-9836/3) |
| M-9727/3 | precursor cell, NOS (see also M-9835/3) |
| M-9729/3 | precursor T-cell (see also M-9837/3) |
| | Lymphocytic |
| M-9670/3 | NOS (see also M-9823/3) |
| M-9670/3 | B, small, NOS (see also M-9823/3) |
| M-9670/3 | diffuse, NOS (see also M-9823/3) |
| M-9673/3 | diffuse, intermediate differentiation [obs] (includes all variants: blastic, pleomorphic, small cell) |
| M-9591/3 | diffuse, poorly differentiated [obs] |
| M-9670/3 | diffuse, small (see also M-9823/3) |
| M-9670/3 | diffuse, well differentiated (see also M-9823/3) |

### Lymphoma (malignant), continued

| | |
|---|---|
| M-9673/3 | intermediate differentiation, diffuse [obs] (includes all variants: blastic, pleomorphic, small cell) |
| | Nodular |
| M-9690/3 | NOS [obs] (see also M-9675/3) |
| M-9591/3 | intermediate differentiation [obs] |
| M-9695/3 | poorly differentiated [obs] |
| M-9698/3 | well differentiated [obs] |
| M-9591/3 | poorly differentiated, diffuse [obs] |
| M-9695/3 | poorly differentiated, nodular [obs] |
| | Small |
| M-9670/3 | NOS (see also M-9823/3) |
| M-9670/3 | B, NOS (see also M-9823/3) |
| M-9670/3 | /B-cell chronic lymphocytic leukemia (see also M-9823/3) |
| M-9670/3 | diffuse (see also M-9823/3) |
| M-9670/3 | well differentiated, diffuse (see also M-9823/3) |
| M-9698/3 | well differentiated, nodular [obs] |
| M-9675/3 | lymphocytic-histiocytic, mixed, diffuse [obs] |
| M-9691/3 | lymphocytic-histiocytic, mixed, nodular [obs] |
| M-9702/3 | lymphoepithelioid |
| | Lymphoid tissue |
| M-9699/3 | bronchial-associated |
| M-9699/3 | mucosa-associated |
| M-9699/3 | skin-associated |
| M-9671/3 | lymphoplasmacytic |
| M-9671/3 | lymphoplasmacytoid |
| M-9699/3 | MALT |
| M-9673/3 | mantle cell (includes all variants: blastic, pleomorphic, small cell) |
| M-9673/3 | mantle zone [obs] (includes all variants: blastic, pleomorphic, small cell) |
| | Marginal zone |
| M-9699/3 | NOS |
| M-9699/3 | B-cell, NOS |

— 410 —

Alphabetic Index "L" (continued)

## Lymphoma (malignant), continued

| | |
|---|---|
| M-9689/3 | B-cell, splenic (C42.2) |
| M-9699/3 | extranodal, mucosa-associated lymphoid tissue★ |
| M-9699/3 | nodal |
| M-9689/3 | splenic, NOS (C42.2) |
| M-9689/3 | splenic, B-cell (C42.2) |
| M-9702/3 | mature T-cell, NOS |
| M-9679/3 | mediastinal large B-cell (C38.3) |
| M-9764/3 | Mediterranean |
| M-9702/3 | medium and large cell, peripheral T-cell lymphoma, pleomorphic |

Mixed

| | |
|---|---|
| M-9675/3 | cell type, diffuse [obs] |
| M-9691/3 | cell type, follicular [obs] |
| M-9691/3 | cell type, nodular [obs] |
| M-9675/3 | lymphocytic-histiocytic, diffuse [obs] |
| M-9691/3 | lymphocytic-histiocytic, nodular [obs] |
| M-9675/3 | small and large cell, diffuse [obs] |
| M-9691/3 | small cleaved and large cell, follicular [obs] |
| M-9699/3 | monocytoid B-cell |
| M-9699/3 | mucosal-associated lymphoid tissue |
| M-9727/3 | NK cell, blastic [obs]★ |
| M-9719/3 | NK/T-cell, nasal and nasal-Type |
| M-9719/3 | NK/T-cell, extranodal, nasal type★ |
| M-9699/3 | nodal marginal zone |

Nodular

| | |
|---|---|
| M-9690/3 | NOS [obs] (see also M-9675/3) |
| M-9698/3 | histiocytic [obs] |

Lymphocytic

| | |
|---|---|
| M-9690/3 | NOS [obs] (see also M-9675/3) |
| M-9591/3 | intermediate differentiation [obs] |
| M-9695/3 | poorly differentiated [obs] |
| M-9698/3 | well differentiated [obs] |
| M-9691/3 | mixed cell type [obs] |
| M-9691/3 | mixed lymphocytic-histiocytic [obs] |

## Lymphoma (malignant), continued

| | |
|---|---|
| M-9591/3 | non-Burkitt undifferentiated cell [obs] |

Non-cleaved

| | |
|---|---|
| M-9680/3 | NOS |
| M-9680/3 | and cleaved large cell [obs] |
| M-9591/3 | cell, NOS |
| M-9698/3 | cell, follicular, NOS [obs] |
| M-9680/3 | diffuse, NOS [obs] |

Large cell

| | |
|---|---|
| M-9680/3 | NOS |
| M-9680/3 | diffuse |
| M-9698/3 | follicular [obs] |
| M-9687/3 | small, Burkitt type [obs] (includes all variants) |
| M-9591/3 | small cell, diffuse [obs] |
| M-9591/3 | non-Hodgkin, NOS |
| M-9596/3 | non-Hodgkin and Hodgkin, composite |
| M-9714/3 | null cell and T-cell type anaplastic large cell |
| M-9708/3 | panniculitis-like T-cell lymphoma, subcutaneous |

Peripheral T-cell

| | |
|---|---|
| M-9702/3 | NOS |
| M-9705/3 | AILD (Angioimmunoblastic Lymphadenopathy with Dysproteinemia) [obs] |
| M-9702/3 | large cell |
| M-9702/3 | pleomorphic medium and large cell |
| M-9702/3 | pleomorphic small cell |
| M-9735/3★ | plasmablastic★ |
| M-9671/3 | plasmacytic [obs] |
| M-9671/3 | plasmacytoid [obs] |
| M-9702/3 | pleomorphic medium and large cell, peripheral T-cell |
| M-9702/3 | pleomorphic small cell, peripheral T-cell |

Precursor

| | |
|---|---|
| M-9728/3 | B-cell lymphoblastic (see also M-9836/3) |
| M-9727/3 | cell lymphoblastic, NOS (see also M-9835/3) |
| M-9729/3 | T-cell lymphoblastic (see also M-9837/3) |

— 411 —

Alphabetic Index "L" (continued)

### Lymphoma (malignant), continued

| | |
|---|---|
| M-9718/3 | primary cutaneous anaplastic large-cell (C44.__) |
| M-9718/3 | primary cutaneous CD30+ large T-cell |
| M-9678/3 | primary effusion |

Poorly differentiated
| | |
|---|---|
| M-9591/3 | lymphocytic, diffuse [obs] |
| M-9695/3 | lymphocytic, nodular [obs] |
| M-9699/3 | SALT |
| M-9699/3 | Skin associated lymphoid tissue |

Small
| | |
|---|---|
| M-9675/3 | and large cell, mixed, diffuse [obs] |
| M-9670/3 | B lymphocytic, NOS (see also M-9823/3) |

Cell
| | |
|---|---|
| M-9670/3 | NOS (see also M-9823/3) |
| M-9670/3 | diffuse (see also M-9823/3) |
| M-9591/3 | noncleaved, diffuse [obs] |
| M-9702/3 | pleomorphic, peripheral T-cell |

Cleaved
| | |
|---|---|
| M-9691/3 | and large cell, mixed, follicular [obs] |
| M-9591/3 | cell, NOS [obs] |
| M-9591/3 | cell, diffuse [obs] |
| M-9695/3 | cleaved cell, follicular [obs] |
| M-9670/3 | lymphocytic, NOS (see also M-9823/3) |
| M-9670/3 | lymphocytic, B, NOS (see also M-9823/3) |
| M-9670/3 | lymphocytic/B-cell chronic lymphocytic leukemia (see also M-9823/3) |
| M-9670/3 | lymphocytic, diffuse, NOS (see also M-9823/3) |
| M-9709/3 | medium T-cell, CD4-positive, Primary cutaneous★ |
| M-9687/3 | noncleaved, Burkitt type [obs] (includes all variants) |

Splenic
| | |
|---|---|
| M-9591/3 | B-cell, unclassifiable★ |
| M-9591/3 | diffuse red pulp small B-cell★ |
| M-9689/3 | marginal zone, NOS (C42.2) |

### Lymphoma (malignant), continued

| | |
|---|---|
| M-9689/3 | marginal zone B-cell (C42.2) |
| M-9689/3 | with villous lymphocytes (C42.2) |
| M-9708/3 | subcutaneous panniculitis-like T-cell lymphoma |

T-cell
| | |
|---|---|
| M-9702/3 | NOS |
| M-9709/3 | NOS, cutaneous (C44.__) |
| M-9827/3 | adult (includes all variants) |
| M-9827/3 | adult T-cell leukemia/lymphoma (HTLV-1 positive) (includes all variants) |
| M-9827/3 | adult T-cell lymphoma/leukemia (includes all variants) |
| M-9709/3 | aggressive epidermotropic cytotoxic, CD8-positive, primary cutaneous★ |
| M-9714/3 | anaplastic large cell, T cell and Null cell type |
| M-9719/3 | angiocentric [obs] |
| M-9705/3 | angioimmunoblastic |
| M-9709/3 | cutaneous, NOS (C44.__) |
| M-9709/3 | cytotoxic, aggressive epidermotropic, CD8-positive, primary cutaneous★ |
| M-9717/3 | enteropathy associated |
| M-9717/3 | enteropathy-type |
| M-9717/3 | enteropathy type intestinal |
| M-9709/3 | epidermotropic cytotoxic, aggressive, CD8-positive, primary cutaneous★ |
| M-9726/3★ | gamma-delta, primary cutaneous★ |
| M-9716/3★ | hepatosplenic★ |
| M-9717/3 | intestinal |
| M-9702/3 | large cell, peripheral |
| M-9729/3 | lymphoblastic, precursor (see also M-9837/3) |
| M-9702/3 | mature, NOS |
| M-9702/3 | peripheral, NOS |
| M-9705/3 | peripheral, AILD (Angioimmunoblastic Lymphadenopathy with Dysproteinemia) [obs] |
| M-9702/3 | peripheral, large cell |
| M-9702/3 | peripheral, pleomorphic medium and large cell |
| M-9702/3 | peripheral, pleomorphic small cell |

— 412 —

Alphabetic Index "L" (continued), "M"

### Lymphoma (malignant), continued
| | |
|---|---|
| M-9729/3 | precursor, lymphoblastic *(see also M-9837/3)* |
| M-9718/3 | primary cutaneous CD30+ large |
| M-9688/3★ | rich/histiocyte-rich large B-cell |
| M-9688/3★ | rich large B-cell |
| M-9709/3 | small/medium, CD4-positive, primary cutaneous★ |
| M-9708/3 | subcutaneous panniculitis-like |
| | |
| M-9719/3 | T/NK-cell |
| M-9702/3 | T-zone |
| M-9679/3 | thymic large B-cell (C37.9) |
| M-9755/3 | true histiocytic |

Undifferentiated
| | |
|---|---|
| M-9687/3 | Burkitt type [obs]   (includes all variants) |
| M-9591/3 | cell, non-Burkitt [obs] |
| M-9591/3 | cell type, NOS [obs] |
| | |
| M-9725/3 | vacciniforme-like, hydroa★ |

Well-differentiated
| | |
|---|---|
| M-9670/3 | lymphocytic, diffuse   *(see also M-9823/3)* |
| M-9598/3 | lymphocytic, nodular [obs] |

M-9827/3 Lymphoma/leukemia, adult T-cell *(includes all variants)*

M-9591/3 Lymphoma/leukemia, Splenic B-cell, unclassifiable★

### Lymphomatoid
| | |
|---|---|
| M-9766/1 | granulomatosis☆ |
| M------- | hamartoma, angiomatous *(see SNOMED)* |
| M------- | hyperplasia, NOS *(see SNOMED)* |
| M-9718/3 | papulosis (C44._) |
| M------- | polyp, NOS *(see SNOMED)* |
| M------- | polyp, benign *(see SNOMED)* |
| M-8512/3 | stroma, medullary carcinoma with |

M-8561/0 Lymphomatosum, papillary cystadenoma (C07._, C08._)

M-9673/3 Lymphomatous polyposis, malignant *(includes all variants: blastic, pleomorphic, small cell)*

M-9530/0 Lymphoplasmacyte-rich meningioma (C70._)

### Lymphoproliferative
| | |
|---|---|
| M-9768/1 | disease, T-gamma |
| M-9970/1 | disorder, NOS |
| M-9718/3 | disorder, primary cutaneous CD30+ T-cell (C44._) |

### Lymphosarcoma
| | |
|---|---|
| M-9591/3 | NOS [obs] |
| M-9820/3 | cell leukemia [obs] |
| M-9591/3 | diffuse [obs] |

# M

M------- M_ *(see Leukemia, FAB, M_)*
M-8334/0 Macrofollicular adenoma (C73.9)
M-9761/3 Macroglobulinemia, Waldenstrom (C42.0) *(see also M-9671/3)*
M-8726/0 Magnocellular nevus (C69.4)

| | |
|---|---|
| C34.0 | Main bronchus |
| C08.9 | Major salivary gland, NOS |

M------- Malakoplakia *(see SNOMED)*

### Male
| | |
|---|---|
| C63.9 | genital organs, NOS |
| C63.9 | genital tract, NOS |
| C63.9 | genitourinary tract, NOS |

M-8110/0 Malherbe calcifying epithelioma (C44._)
M-8742/2 Maligna, lentigo   (C44._)
M-8742/3 Maligna melanoma, lentigo   (C44._)
M-8000/3 Malignancy
M-----/1 Malignancy, borderline *(see behavior code, page 27)*

### Malignant
| | |
|---|---|
| M------- | lymphoma *[see Lymphoma (malignant)]* |
| M-----/6 | metastatic site *(see behavior code, page 27)* |
| M-----/3 | primary site *(see behavior code, page 27)* |
| M-----/6 | secondary site *(see behavior code, page 27)* |
| M-----/9 | uncertain whether primary or metastatic *(see behavior code, page 27)* |

— 413 —

## Alphabetic Index "M" (continued)

M-9699/3 MALT lymphoma

C49.3     Mammary artery, internal

M------ Mammary duct ectasia *(see SNOMED)*

C50.9     Mammary gland

M-8540/3 Mammary Paget disease (C50._)
M-8244/3 MANEC*

C41.1     Mandible
C03.1     Mandibular gingiva
C77.0     Mandibular lymph node

M-9673/3 Mantle zone lymphoma [obs]

C42.1     Marrow, bone

M-8670/0 Masculinovoblastoma (C56.9)

C49.0     Masseter muscle

### Mast cell
M-9741/3     disease, systemic tissue
M-9742/3     leukemia (C42.1)
M-9740/3     sarcoma
M-9740/1     tumor, NOS
M-9740/3     tumor, malignant

### Mastocytoma
M-9740/1     NOS
M-9740/1     extracutaneous*
M-9740/3     malignant
M-9740/1     solitary, skin*

### Mastocytosis
M-9740/1     cutaneous*
M-9740/1     diffuse cutaneous*
M-9741/1*     indolent systemic*
M-9741/3     malignant
M-9741/3     systemic, Aggressive*
M-9741/3     Systemic, with associated hematological
              clonal non-mast cell disorder
              (AHNMD)*

C30.1     Mastoid antrum

M-8110/3 Matrical carcinoma (C44._)
M-9080/0 Mature teratoma

C41.0     Maxilla

### Maxillary
C31.0     antrum
C03.0     gingiva
C31.0     sinus

M-8470/0 MCA (C25._)*
M-8470/3 MCC, invasive (C25._)*
M-8470/3 MCC, microinvasive (C25._)*
M-8470/2 MCC, non-invasive (C25._)*
M-9989/3 MDS-U

C44.2     Meatus, external auditory
C17.3     Meckel diverticulum *(site of neoplasm)*
C40.2     Medial meniscus of knee joint
C47.1     Median nerve
C77.1     Mediastinal lymph node

### Mediastinum
C38.3     NOS
C38.1     anterior
C38.2     posterior

M-9764/3 Mediterranean lymphoma

C74.1     Medulla of adrenal gland
C71.7     Medulla oblongata

### Medullary
M-8510/3     adenocarcinoma
M-8700/0     adrenal, paraganglioma (C74.1)
M-8700/3     adrenal, paraganglioma, malignant
              (C74.1)

              Carcinoma
M-8510/3     NOS
M-8513/3     atypical (C50._)
M-8345/3     with amyloid stroma (C73.9)
M-8512/3     with lymphoid stroma

M-9186/3     osteosarcoma (C40._, C41._)
M-8700/0     paraganglioma, adrenal (C74.1)
M-8700/3     paraganglioma, adrenal, malignant
              (C74.1)
M-9750/3     reticulosis, histiocytic [obs]
M-8581/1     thymoma, NOS (C37.9)
M-8581/3     thymoma, malignant (C37.9)

— 414 —

Alphabetic Index "M" (continued)

### Medullary, continued

M-8346/3 Medullary–follicular carcinoma, mixed
(C73.9)
M-8347/3 Medullary–papillary carcinoma, mixed
(C73.9)

### Medulloblastoma

| | |
|---|---|
| M-9470/3 | NOS (C71.6) |
| M-9474/3 | anaplastic★ |
| M-9471/3 | desmoplastic (C71.6) |
| M-9471/3 | desmoplastic nodular (C71.6) |
| M-9474/3 | large cell (C71.6) |
| M-9506/1 | lipomatous (C71.6) |
| M-9470/3 | melanotic (C71.6) |
| M-9471/1 | with extensive nodularity★ |

M-9506/1 Medullocytoma (C71.6)

### Medulloepithelioma

| | |
|---|---|
| M-9501/3 | NOS |
| M-9501/0 | benign (C69.4) |
| M-9502/3 | teratoid (C69.4) |
| M-9502/0 | teratoid, benign (C69.4) |

M-9472/3 Medullomyoblastoma (C71.6)

### Megakaryocytic

| | |
|---|---|
| M-9910/3 | leukemia (C42.1) |
| M-9910/3 | leukemia, acute (C42.1) |
| M-9961/3 | myelosclerosis (C42.1) |

C44.1 Meibomian gland

M-9363/0 Melanoameloblastoma (C40._, C41._)
M-8720/0 Melanocytic nevus (C44._)
M-8761/3 Melanocytic nevus, congenital, malignant
melanoma in (C44._)

### Melanocytoma

| | |
|---|---|
| M-8726/0 | NOS |
| M-8726/0 | eyeball (C69.4) |
| M-8728/1 | meningeal (C70._) |

M-8728/0 Melanocytosis, diffuse (C70._)

### Melanoma

| | |
|---|---|
| M-8720/3 | NOS |
| M-8744/3 | acral lentiginous, malignant (C44._) |
| M-8730/3 | amelanotic (C44._) |
| M-8745/3 | amelanotic, desmoplastic (C44._) |

| | |
|---|---|
| M-8722/3 | balloon cell (C44._) |
| M-8745/3 | desmoplastic, amelanotic (C44._) |
| M-8745/3 | desmoplastic, malignant (C44._) |
| M-8770/3 | epithelioid and spindle cell, mixed |
| M-8771/3 | epithelioid cell |
| M-8720/2 | in situ |
| M-8770/0 | juvenile (C44._) |
| M-8744/3 | lentiginous, acral, malignant (C44._) |
| M-8742/3 | lentigo maligna (C44._) |

Malignant

| | |
|---|---|
| M-8720/3 | NOS (except juvenile melanoma M-8770/0) |
| M-8744/3 | acral lentiginous (C44._) |
| M-8745/3 | desmoplastic (C44._) |
| M-8761/3 | in congenital melanocytic nevus (C44._) |
| M-8761/3 | in giant pigmented nevus (C44._) |
| M-8742/3 | in Hutchinson melanotic freckle (C44._) |
| M-8740/3 | in junctional nevus (C44._) |
| M-8741/3 | in precancerous melanosis (C44._) |
| M-8745/3 | neurotropic (C44._) |
| M-8723/3 | regressing (C44._) |
| M-9044/3 | soft parts (C49._) |

| | |
|---|---|
| M-8746/3 | mucosal lentiginous |
| M-8745/3 | neurotropic, malignant (C44._) |
| M-8721/3 | nodular (C44._) |
| M-8723/3 | regressing, malignant (C44._) |

Spindle cell

| | |
|---|---|
| M-8772/3 | NOS |
| M-8770/3 | and epithelioid, mixed |
| M-8773/3 | type A (C69._) |
| M-8774/3 | type B (C69._) |

M-8743/3 superficial spreading (C44._)

M-8728/3 Melanomatosis, meningeal (C70._)

### Melanosis

| | |
|---|---|
| M------- | congenital (see SNOMED) |
| M-8741/2 | precancerous, NOS (C44._) |
| M-8741/3 | precancerous, malignant melanoma in (C44._) |

### Melanotic

M-8742/2 freckle, Hutchinson, NOS (C44._)

— 415 —

Alphabetic Index "M" (continued)

### Melanotic, continued

| | |
|---|---|
| M-8742/3 | freckle, Hutchinson, malignant melanoma in (C44._) |
| M-9470/3 | medulloblastoma (C71.6) |
| M-9540/3 | MPNST |
| M-9540/3 | MPNST, psammomatous |
| M-9363/0 | neuroectodermal tumor |
| M-9541/0 | neurofibroma |
| M-9363/0 | progonoma |
| M-9540/3 | psammomatous MPNST |
| M-9560/0 | schwannoma |

| | |
|---|---|
| C58.9 | Membranes, fetal |

### Meningeal

| | |
|---|---|
| M-8728/1 | melanocytoma (C70.9) |
| M-8728/3 | melanomatosis (C70.9) |
| M-9530/3 | sarcoma (C70._) |
| M-9539/3 | sarcomatosis (C70._) |

### Meninges

| | |
|---|---|
| C70.9 | NOS |
| C70.0 | cerebral |
| C70.0 | cranial |
| C70.0 | intracranial |
| C70.1 | spinal |

### Meningioma (C70._)

| | |
|---|---|
| M-9530/0 | NOS |
| M-9530/3 | anaplastic |
| M-9535/0 | angioblastic [obs] |
| M-9534/0 | angiomatous |
| M-9539/1 | atypical |
| M-9538/1 | chordoid |
| M-9538/1 | clear cell |
| M-9531/0 | endotheliomatous |
| M-9532/0 | fibroblastic |
| M-9532/0 | fibrous |
| M-9535/0 | hemangioblastic [obs] |
| M-9150/1 | hemangiopericytic [obs] |
| M-9530/0 | lymphoplasmacyte-rich |
| M-9530/3 | malignant |
| M-9531/0 | meningothelial |
| M-9530/0 | metaplastic |
| M-9530/0 | microcytic |
| M-9537/0 | mixed |
| M-9538/3 | papillary |
| M-9533/0 | psammomatous |
| M-9538/3 | rhabdoid |
| M-9530/0 | secretory |

### Meningioma (C70._), continued

| | |
|---|---|
| M-9531/0 | syncytial |
| M-9537/0 | transitional |

| | |
|---|---|
| M-9530/1 | Meningiomas, multiple (C70._) |
| M-9530/1 | Meningiomatosis, NOS (C70._) |
| M-9530/1 | Meningiomatosis, diffuse (C70._) |
| M-9531/0 | Meningothelial meningioma (C70._) |
| M-9530/3 | Meningothelial sarcoma (C70._) |

| | |
|---|---|
| C40.2 | Meniscus, lateral of knee joint |
| C40.2 | Meniscus, medial of knee joint |

| | |
|---|---|
| M-8247/3 | Merkel cell carcinoma (C44._) |
| M-8247/3 | Merkel cell tumor (C44._) |

### Mesenchymal

| | |
|---|---|
| M-9240/3 | chondrosarcoma |
| M-9540/3 | differentiation, MPNST with |
| M------- | hamartoma (see SNOMED) |
| M-8990/3 | sarcoma, mixed |
| M-8800/3 | tumor, malignant |
| M-8990/1 | tumor, mixed |

### Mesenchymoma

| | |
|---|---|
| M-8990/1 | NOS |
| M-8990/0 | benign |
| M-8990/3 | malignant |
| C49.4 | Mesenteric artery |

| | |
|---|---|
| M-8822/1 | Mesenteric fibromatosis (C48.1) |

### Mesenteric lymph node

| | |
|---|---|
| C77.2 | NOS |
| C77.2 | inferior |
| C77.2 | superior |

| | |
|---|---|
| C48.1 | Mesentery |
| C48.1 | Mesoappendix |

| | |
|---|---|
| M-8960/1 | Mesoblastic nephroma |

| | |
|---|---|
| C48.1 | Mesocolon |

| | |
|---|---|
| M-8951/3 | Mesodermal mixed tumor |

### Mesonephric

| | |
|---|---|
| M-9110/3 | adenocarcinoma |
| M-9110/0 | adenoma |
| M-9110/1 | tumor, NOS |

— 416 —

Alphabetic Index "M" (continued)

M-8310/3 Mesonephroid clear cell adenocarcinoma

### Mesonephroma
M-9110/3     NOS
M-9110/0     benign
M-9110/3     malignant

### Mesopharynx
C10.9     NOS
C10.2     lateral wall
C10.3     posterior wall

M-9052/0 Mesothelial papilloma

### Mesothelioma
M-9050/3     NOS
M-9050/0     benign
M-9053/3     biphasic, NOS
M-9053/3     biphasic, malignant
M-9055/1     cystic, NOS (C48._)
M-9055/0     cystic, benign (C48._)
M-9051/3     desmoplastic

     Epithelioid
M-9052/3     NOS
M-9052/0     benign
M-9052/3     malignant

     Fibrous
M-9051/3     NOS
M-9051/0     benign
M-9051/3     malignant

M-9050/3     malignant
M-9055/0     multicystic, benign
M-9052/0     papillary, well differentiated, benign
M-9051/3     sarcomatoid
M-9051/3     spindled

C57.1     Mesovarium
C40.1     Metacarpal bone

M-8325/0 Metanephric adenoma (C64.9)
M------- Metaphyseal fibrous defect *(see SNOMED)*

### Metaplasia
M-------     NOS *(see SNOMED)*
M-9961/3     agnogenic myeloid
M-8573/3     apocrine, adenocarcinoma with
M-8573/3     apocrine, carcinoma with

### Metaplasia, continued
M-8571/3     cartilaginous, adenocarcinoma with
M-8571/3     cartilaginous and osseous,
          adenocarcinoma with
M-------     glandular *(see SNOMED)*
M-------     myeloid *(see SNOMED)*
M-9961/3     myeloid, with myelofibrosis
M-9961/3     myeloid, with myelosclerosis
M-8571/3     osseous, adenocarcinoma with
M-8572/3     spindle cell, adenocarcinoma with
M-------     squamous *(see SNOMED)*
M-8570/3     squamous, adenocarcinoma with

M-8575/3 Metaplastic carcinoma, NOS
M-9530/0 Metaplastic meningioma (C70._)
M-8898/1 Metastasizing leiomyoma
M-----/6 Metastatic site, malignant *(see behavior code, page 27)*

### Metastatic
M-8140/6     adenocarcinoma, NOS
M-8010/6     carcinoma, NOS
M-8000/6     neoplasm
M-8490/6     signet ring cell carcinoma
M-8070/6     squamous cell carcinoma, NOS
M-8000/6     tumor

C40.3     Metatarsal bone

M-8095/3 Metatypical carcinoma (C44._)
M-9765/1 MGUS
M-8150/0 Microadenoma, pancreatic (C25._)★
M-8341/3 Microcarcinoma, papillary (C73.9)

### Microcystic
M-8202/0     adenoma (C25._)
M-8441/0     adenoma, serous
M-8407/3     adnexal carcinoma (C44._)
M-9530/0     meningioma (C70._)

M-8333/0 Microfollicular adenoma (C73.9)
M-9590/3 Microglioma (C71._) [obs]
M-8076/3 Microinvasive squamous cell carcinoma (C53._)
M-8097/3 Micronodular basal cell carcinoma (C44._)

### Micropapillary
M-8507/2     carcinoma, intraductal    (C50._)
M-8507/2     ductal carcinoma in situ (C50._)
M-8460/3     serous carcinoma (C56.9)

— 417 —

Alphabetic Index "M" (continued)

### Micropapillary, continued

| | |
|---|---|
| M-8131/3 | transitional cell carcinoma (C67._) |
| | |
| C71.7 | Midbrain |
| C77.2 | Midcolic lymph node |

### Middle

| | |
|---|---|
| C71.9 | cranial fossa |
| C30.1 | ear |
| C34.2 | lobe, bronchus |
| C34.2 | lobe, lung |
| C15.4 | third of esophagus |
| | |
| C50.8 | Midline of breast |
| C02.0 | Midline of tongue |
| | |
| M-9719/3 | Midline reticulosis, malignant [obs] |
| M-8335/3 | Minimally invasive follicular carcinoma (C73.9) |
| | |
| C06.9 | Minor salivary gland, NOS (see coding guidelines page 33 and note under C08) |
| | |
| M-8593/1 | Minor sex cord elements, stromal tumor with (C56.9) |

### Mixed

| | |
|---|---|
| M-8281/0 | acidophil-basophil adenoma (C75.1) |
| M-8281/3 | acidophil-basophil carcinoma (C75.1) |
| M-8154/3 | acinar-endocrine carcinoma (C25._) |
| M-8560/3 | adenocarcinoma and epidermoid carcinoma |
| M-8560/3 | adenocarcinoma and squamous cell carcinoma |
| M-8244/3 | adenocarcinoma-carcinoid |
| M-8213/0 | adenomatous and hyperplastic polyp (C18._) |
| M-8902/3 | alveolar rhabdomyosarcoma and embryonal rhabdomyosarcoma |
| M-8094/3 | basal-squamous cell carcinoma (C44._) |
| M-8281/0 | basophil-acidophil adenoma (C75.1) |
| M-8281/3 | basophil-acidophil carcinoma (C75.1) |
| M-8180/3 | bile duct and hepatocellular carcinoma (C22.0) |
| M-8244/3 | carcinoid-adenocarcinoma |

### Cell

| | |
|---|---|
| M-8323/3 | adenocarcinoma |
| M-8323/0 | adenoma |
| M-8375/0 | adrenal cortical adenoma (C74.0) |

### Mixed, continued

| | |
|---|---|
| M-8523/3 | duct, infiltrating, with other types of carcinoma (C50._) |
| M-8154/3 | ductal-endocrine carcinoma (C25._) |
| M-9081/3 | embryonal carcinoma and teratoma |
| M-8902/3 | embryonal rhabdomyosarcoma and alveolar rhabdomyosarcoma |
| M-8154/3 | endocrine-acinar carcinoma (C25._) |
| M-8154/3 | endocrine-ductal carcinoma (C25._) |
| M-9383/1 | ependymoma-subependymoma (C71._) |
| M-8560/3 | epidermoid carcinoma and adenocarcinoma |
| M-8770/3 | epithelioid and spindle cell melanoma |
| M-8154/3 | exocrine and islet cell adenocarcinoma (C25._) |
| M-8346/3 | follicular-medullary carcinoma (C73.9) |
| M-9085/3 | germ cell tumor |
| M-8560/0 | glandular and squamous cell   papilloma |
| M-9382/3 | glioma (C71._) |
| M-8180/3 | hepatocellular and bile duct carcinoma (C22.0) |
| M-8213/0 | hyperplastic and adenomatous polyp (C18._) |
| M-8523/3 | infiltrating duct with other types of carcinoma (C50._) |
| M-8524/3 | infiltrating lobular with other types of carcinoma (C50._) |
| M-8154/3 | islet cell and exocrine adenocarcinoma (C25._) |
| M-8855/3 | liposarcoma |
| M-8524/3 | lobular, infiltrating, with other types of carcinoma (C50._) |
| M-8346/3 | medullary-follicular carcinoma (C73.9) |
| M-8347/3 | medullary-papillary carcinoma (C73.9) |
| M-9537/0 | meningioma (C70._) |
| M-8990/3 | mesenchymal sarcoma |
| M-8990/1 | mesenchymal tumor |
| M-8951/3 | mesodermal tumor |
| M-8254/3 | mucinous and non-mucinous bronchiolo-alveolar carcinoma, (C34._) |
| M-8950/3 | Mullerian tumor (C54._) |
| M-8254/3 | non-mucinous and mucinous bronchiolo-alveolar carcinoma, (C34._) |
| M-8347/3 | papillary-medullary carcinoma (C73.9) |
| M-9362/3 | pineal tumor (C75.3) |
| M-9362/3 | pineocytoma-pineoblastoma (C75.3) |
| M-8902/3 | rhabdomyosarcoma, alveolar and embryonal |

— 418 —

## Mixed, continued

| | |
|---|---|
| M-9085/3 | seminoma and teratoma |
| M-8592/1 | sex cord-gonadal stromal tumor, mixed forms |
| M-8045/3 | small cell carcinoma |
| M-8770/3 | spindle cell and mixed epithelioid melanoma |
| M-8560/0 | squamous cell and glandular papilloma |
| M-8560/3 | squamous cell carcinoma and adenocarcinoma |
| M-8094/3 | squamous-basal cell carcinoma (C44._) |
| M-9383/1 | subependymoma-ependymoma (C71._) |
| M-8255/3 | subtypes, adenocarcinoma with |
| M-9081/3 | teratoma and embryonal carcinoma |
| M-9085/3 | teratoma and seminoma |

### Tumor

| | |
|---|---|
| M-8940/0 | NOS |
| M-8940/3 | malignant, NOS |
| M-8951/3 | mesodermal |
| M-8950/3 | Mullerian (C54._) |
| M-9362/3 | pineal (C75.3) |
| M-8940/0 | salivary gland type, NOS (C07._, C08._) |
| M-8940/3 | salivary gland type, malignant (C07._, C08._) |

### Type

| | |
|---|---|
| M-8902/3 | rhabdomyosarcoma |
| M-8582/1 | thymoma, NOS (C37.9) |
| M-8582/3 | thymoma, malignant (C37.9) |

| | |
|---|---|
| M-8453/1 | Moderate dysplasia, intraductal papillary-mucinous tumor with (C25._) |
| M-8470/1 | Moderate dysplasia, mucinous cystic tumor with (C25._) |
| M----/-2 | Moderately differentiated (see grading code, page 30) |
| M-8332/3 | Moderately differentiated, follicular adenocarcinoma (C73.9) |
| M-8332/3 | Moderately differentiated, follicular carcinoma (C73.9) |
| M----/-2 | Moderately well differentiated (see grading code, page 30) |

### Mole

| | |
|---|---|
| M-9100/0 | hydatid (C58.9) |

#### Hydatidiform

| | |
|---|---|
| M-9100/0 | NOS (C58.9) |

## Mole, continued

| | |
|---|---|
| M-9100/0 | complete (C58.9) |
| M-9100/1 | invasive (C58.9) |
| M-9100/1 | malignant (C58.9) |
| M-9103/0 | partial (C58.9) |
| M-9100/1 | invasive, NOS (C58.9) |

| | |
|---|---|
| M------- | Molluscum contagiosum (see SNOMED) |
| M------- | Molluscum sebaceum (see SNOMED) |
| M-9765/1 | Monoclonal gammopathy, NOS |
| M-9765/1 | Monoclonal gammopathy of undetermined significance |
| M-8146/0 | Monomorphic adenoma |
| M-9752/1 | Mono-ostotic Langerhans cell histiocytosis |
| M-9041/3 | Monophasic fibrous synovial sarcoma |
| C51.9 | Mons pubis |
| C51.9 | Mons veneris |
| M-9441/3 | Monstrocellular sarcoma (C71._) [obs] |
| M-8092/3 | Morpheic basal cell carcinoma (C44._) |

### Mouth

| | |
|---|---|
| C06.9 | NOS |
| C04.9 | floor, NOS |
| C04.0 | floor, anterior |
| C04.1 | floor, lateral |
| C05.9 | roof |
| C06.1 | vestibule |

### MPNST

| | |
|---|---|
| M-9540/3 | NOS |
| M-9540/3 | epithelioid |
| M-9540/3 | melanotic |
| M-9540/3 | melanotic psammomatous |
| M-9571/3 | perineural |
| M-9540/3 | with glandular differentiation |
| M-9540/3 | with mesenchymal differentiation |

| | |
|---|---|
| M-9762/3 | Mu heavy chain disease |
| M-8230/3 | Mucin formation, solid adenocarcinoma with |
| M-8230/3 | Mucin formation, solid carcinoma with |
| M-8481/3 | Mucin-producing adenocarcinoma |
| M-8481/3 | Mucin-producing carcinoma |
| M-8481/3 | Mucin-secreting adenocarcinoma |
| M-8481/3 | Mucin-secreting carcinoma |

### Mucinous

| | |
|---|---|
| M-9015/3 | adenocarcinofibroma |

Alphabetic Index "M" (continued)

### Mucinous, continued

| | |
|---|---|
| M-8480/3 | adenocarcinoma |
| M-8482/3 | adenocarcinoma, endocervical type |

Adenofibroma
| | |
|---|---|
| M-9015/0 | NOS |
| M-9015/3 | malignant |
| M-9015/1 | of borderline malignancy |

| | |
|---|---|
| M-8480/0 | adenoma |
| M-8523/3 | and infiltrating duct carcinoma (C50._) |
| M-8253/3 | bronchiolo-alveolar carcinoma (C34._) |
| M-8254/3 | bronchiolo-alveolar carcinoma, non-mucinous and, mixed (C34._) |
| M-8243/3 | carcinoid |
| M-8480/3 | carcinoma |
| M-9015/3 | cystadenocarcinofibroma |

Cystadenocarcinoma
| | |
|---|---|
| M-8470/3 | NOS (C56.9) |
| M-8470/2 | non-invasive (C25._) |
| M-8471/3 | papillary (C56.9) |

Cystadenofibroma
| | |
|---|---|
| M-9015/0 | NOS |
| M-9015/3 | malignant |
| M-9015/1 | of borderline malignancy |

Cystadenoma
| | |
|---|---|
| M-8470/0 | NOS (C56.9) |
| M-8472/1 | borderline malignancy (C56.9) |
| M-8471/0 | papillary, NOS (C56.9) |
| M-8473/1 | papillary, borderline malignancy (C56.9) |

| | |
|---|---|
| M-8470/0 | cystoma (C56.9) |

Tumor
| | |
|---|---|
| M-8472/1 | NOS, of low malignant potential (C56.9) |
| M-8472/1 | atypical proliferative (C56.9) |
| M-8472/1 | cystic, of borderline malignancy (C56.9) |
| M-8470/1 | cystic, with moderate dysplasia (C25._) |
| M-8473/1 | papillary, of low malignant potential (C56.9) |

### Mucinous-papillary

| | |
|---|---|
| M-8453/0 | adenoma, intraductal (C25._) |

### Mucinous-papillary, continued

| | |
|---|---|
| M-8453/3 | carcinoma, intraductal, invasive (C25._) |
| M-8453/2 | carcinoma, intraductal, non-invasive (C25._) |
| M-8453/1 | tumor, intraductal, with moderate dysplasia (C25._) |

| | |
|---|---|
| M-8243/3 | Mucocarcinoid tumor |
| M------- | Mucocele *(see SNOMED)* |
| M-8430/3 | Mucoepidermoid carcinoma |
| M-8430/1 | Mucoepidermoid tumor [obs] |

### Mucoid

| | |
|---|---|
| M-8480/3 | adenocarcinoma |
| M-8480/3 | carcinoma |
| M-8300/3 | cell adenocarcinoma (C75.1) |
| M-8300/0 | cell adenoma (C75.1) |

### Mucosa

| | |
|---|---|
| C03.9 | alveolar, NOS |
| C03.1 | alveolar, lower |
| C03.0 | alveolar, upper |
| C03.9 | alveolar ridge, NOS |
| C03.1 | alveolar ridge, lower |
| C03.0 | alveolar ridge, upper |
| C06.0 | buccal |
| C06.0 | cheek |
| C00.5 | lip, NOS |
| C00.4 | lip, lower |
| C00.3 | lip, upper |
| C30.0 | nasal |
| C06.9 | oral |

| | |
|---|---|
| M-8746/3 | Mucosal lentiginous melanoma |
| M-8480/3 | Mucous adenocarcinoma |
| M-8480/3 | Mucous carcinoma |
| M-8950/3 | Mullerian mixed tumor (C54._) |
| M-8091/3 | Multicentric basal cell carcinoma (C44._) |
| M-9055/0 | Multicystic mesothelioma, benign |
| M-9753/1 | Multifocal Langerhans cell histiocytosis |
| M-8091/3 | Multifocal superficial basal cell carcinoma (C44._) |
| M-9440/3 | Multiforme, glioblastoma (C71._) |
| M-9440/3 | Multiforme, spongioblastoma (C71._) |
| M-9985/3 | Multilineage dysplasia, refractory cytopenia with |
| M-8959/3 | Multilocular cystic nephroma, malignant (C64.9) |

— 420 —

## Multiple

| | |
|---|---|
| M-8360/1 | adenomas, endocrine |
| M-8221/0 | adenomatous polyps |
| M-8221/3 | adenomatous polyps, adenocarcinoma in |
| M-9140/3 | hemorrhagic sarcoma |
| M-9530/1 | meningiomas (C70._) |
| M-9732/3 | myeloma (C42.1) |
| M-9540/1 | neurofibromatosis |
| M-8221/0 | polyps, adenomatous |
| M-8221/3 | polyps, adenomatous, adenocarcinoma in |

| | |
|---|---|
| C75.8 | Multiple endocrine glands |
| C77.8 | Multiple regions, lymph nodes |

## Muscle

| | |
|---|---|
| C49.9 | NOS |
| C49.4 | abdomen |
| C49.4 | abdominal wall |
| C49.1 | arm |
| C49.6 | back |
| C49.1 | biceps brachii |
| C49.2 | biceps femoris |
| C49.1 | brachialis |
| C49.5 | buttock |
| C49.2 | calf |
| C49.3 | chest wall |
| C49.1 | coracobrachialis |
| C49.1 | deltoideus |
| C69.6 | extraocular |
| C49.0 | face |
| C49.1 | finger |
| C49.6 | flank |
| C49.2 | foot |
| C49.1 | forearm |
| C49.2 | gastrocnemius |
| C49.5 | gluteus maximus |
| C49.1 | hand |
| C49.0 | head |
| C49.4 | iliopsoas |
| C49.3 | intercostal |
| C49.3 | latissimus dorsi |
| C49.2 | leg |
| C49.0 | masseter |
| C49.0 | neck |
| C49.3 | pectoralis major |
| C49.5 | pelvis |
| C49.5 | perineum |
| C49.4 | psoas |

## Muscle, continued

| | |
|---|---|
| C49.2 | quadriceps femoris |
| C49.4 | rectus abdominis |
| C49.5 | sacrococcygeal region |
| C49.0 | scalp |
| C49.1 | shoulder |
| C49.9 | skeletal, NOS |
| C49.0 | sternocleidomastoid |
| C49.2 | thigh |
| C49.3 | thoracic wall |
| C49.3 | thorax |
| C49.1 | thumb |
| C49.2 | toe |
| C49.3 | trapezius |
| C49.1 | triceps brachii |
| C49.6 | trunk, NOS |

| | |
|---|---|
| M-8897/1 | Muscle tumor, smooth, NOS |
| M-8897/1 | Muscle tumor, smooth, uncertain malignant potential |
| M------- | Musculo-aponeurotic fibromatosis *(see SNOMED)* |
| M-9700/3 | Mycosis fungoides (C44._) |
| M-9975/3 | Myelodysplastic/myeloproliferative neoplasm, unclassifiable★ |

## Myelodysplastic syndrome

| | |
|---|---|
| M-9989/3 | NOS |
| M-9987/3 | alkylating agent related, therapy related |
| M-9987/3 | epipodophyllotoxin related, therapy related |
| M-9895/3 | prior, acute myeloid leukemia with |
| M-9895/3 | prior, acute myeloid leukemia without |

| | |
|---|---|
| | Therapy related |
| M-9987/3 | NOS |
| M-9987/3 | alkylating agent related |
| M-9987/3 | epipodophyllotoxin related |

| | |
|---|---|
| M-9989/3 | unclassifiable★ |
| M-9986/3 | with 5q deletion (5q−) syndrome |
| M-9986/3 | with isolated del (5q)★ |

## Myelofibrosis

| | |
|---|---|
| M------- | NOS *(see SNOMED)* |
| M-9931/3 | acute (C42.1) |
| M-9961/3 | as a result of myeloproliferative disease |
| M-9961/3 | chronic idiopathic |
| M-9961/3 | primary★ |

Alphabetic Index "M" (continued), "N"

### Myelofibrosis, continued
M-9961/3  with myeloid metaplasia
M-9931/3  with panmyelosis (C42.1)

### Myeloid
Metaplasia
M-9961/3  agnogenic
M-9961/3  with myelofibrosis
M-9961/3  with myelosclerosis

M-9930/3  sarcoma (see also M-9861/3)

M-8870/0 Myelolipoma

### Myeloma
M-9732/3  NOS (C42.1)
M-9732/3  multiple (C42.1)
M-9732/3  plasma cell (C42.1)
M-9731/3  solitary (C42.1)

M-9732/3 Myelomatosis (C42.1)

### Myeloproliferative disease
M-9960/3  NOS
M-9960/3  chronic (C42.1)
M-9961/3  myelofibrosis as a result of

M-9898/1*Myelopoiesis, transient abnormal*
M-9960/3 Myeloproliferative disorder, chronic

### Myelosclerosis
M-9931/3  acute, NOS (C42.1)
M-9931/3  malignant (C42.1) [obs]
M-9961/3  megakaryocytic
M-9961/3  with myeloid metaplasia☆

M-9840/3 Myelosis, erythremic, NOS (C42.1)
M-9840/3 Myelosis, erythremic, acute [obs]
M-9580/0 Myoblastoma, granular cell, NOS
M-9580/3 Myoblastoma, granular cell, malignant

C38.0  Myocardium

### Myoepithelial
M-8982/0  adenoma
M-8982/3  carcinoma
M-8982/0  tumor

M-8562/3 Myoepithelial-epithelial carcinoma
M-8982/0 Myoepithelioma

M-8982/3 Myoepithelioma, malignant

### Myofibroblastic tumor
M-8825/1  NOS
M-8825/1  inflammatory
M-8827/1  peribronchial (C34._)
M-8827/1  peribronchial, congenital (C34._)

M-8825/0 Myofibroblastoma
M-8824/0 Myofibroma
M-8824/1 Myofibromatosis
M-8824/1 Myofibromatosis, infantile
M-8895/0 Myoma

C54.2  Myometrium

M-8895/3 Myosarcoma
M-8931/3 Myosis, stromal, NOS (C54.1)
M-8931/3 Myosis, stromal, endolymphatic (C54.1)
M------ Myositis ossificans, NOS (see SNOMED)
M-8811/0 Myxofibroma, NOS
M-9320/0 Myxofibroma, odontogenic (C41._)

### Myxoid
M-9231/3  chondrosarcoma
M-8811/0  fibroma
M-8896/3  leiomyosarcoma
M-8852/3  liposarcoma

M-8852/0 Myxolipoma
M-8852/3 Myxoliposarcoma

### Myxoma
M-8840/0  NOS
M-9562/0  nerve sheath
M-9320/0  odontogenic (C41._)

M-9394/1 Myxopapillary ependymoma (C72.0)
M-8840/3 Myxosarcoma

# N

C53.0  Nabothian gland
C44.6  Nail, finger
C44.7  Nail, toe
C30.0  Naris

Alphabetic Index "N" (continued)

### Nasal

| | |
|---|---|
| C41.0 | bone |
| C30.0 | cartilage |
| C30.0 | cavity *(excludes nose, NOS C76.0)* |
| C69.5 | lacrimal duct |
| C30.0 | mucosa |
| C30.0 | septum, NOS *(excludes posterior margin of nasal septum C11.3)* |
| C11.3 | septum, posterior margin |
| C31.9 | sinus, accessory |
| C30.0 | turbinate |

M------- Nasal glial heterotopia *(see SNOMED)*
M------- Nasal glioma *(see SNOMED)*

| | |
|---|---|
| C69.5 | Nasal lacrimal duct |
| C69.5 | Nasolacrimal duct |

M------- Nasopalatine duct cyst *(see SNOMED)*

| | |
|---|---|
| C11.3 | Nasopharyngeal surface, soft palate |
| C11.9 | Nasopharyngeal wall |

### Nasopharynx

| | |
|---|---|
| C11.9 | NOS |
| C11.3 | anterior wall |
| C11.2 | lateral wall |
| C11.1 | posterior wall |
| C11.0 | roof |
| C11.0 | superior wall |

### Neck

| | |
|---|---|
| C76.0 | NOS |
| C44.4 | NOS (carcinoma, melanoma, nevus) |
| C49.0 | NOS (sarcoma, lipoma) |
| C49.0 | adipose tissue |
| C47.0 | autonomic nervous system |
| C49.0 | connective tissue |
| C49.0 | fatty tissue |
| C49.0 | fibrous tissue |
| C77.0 | lymph node |
| C49.0 | muscle |
| C47.0 | peripheral nerve |
| C49.0 | skeletal muscle |
| C44.4 | skin |
| C49.0 | soft tissue |
| C49.0 | subcutaneous tissue |
| C49.0 | tendon |
| C49.0 | tendon sheath |

| | |
|---|---|
| C67.5 | Neck, bladder |
| C25.7 | Neck, pancreas |

M------- Necrosis, fat *(see SNOMED)*

### Neoplasia

| | |
|---|---|
| M-8077/2 | anal intraepithelial, grade III (C21.1) |
| M-8077/0 | anal intraepithelial, low grade (C21.1)★ |
| M-8148/2 | biliary glandular intraepithelial, low grade★ |

biliary intraepithelial
| | |
|---|---|
| M-8148/2 | grade III (BilIN-III) ★ |
| M-8148/2 | high grade★ |
| M-8148/0 | low grade★ |

| | |
|---|---|
| M-8077/2 | cervical intraepithelial, grade III (C53._) |
| M-8077/0 | cervical intraepithelial, low grade (C53._)★ |
| M-8500/2 | ductal intraepithelial 3 (C50._) |
| M-8148/2 | esophageal intraepithelial, high grade (C16._)★▼1 |
| M-8148/2 | esophageal glandular intraepithelial, high grade (C16._)★ |
| M-8148/0 | esophageal glandular intraepithelial, low grade (C16._)★ |
| M-8077/2 | esophageal squamous intraepithelial, high grade (C15._)★ |
| M-8077/0 | esophageal squamous intraepithelial, low grade (C15._)★ |
| M-8148/2 | flat intraepithelial, high grade★ |
| M-8148/2 | flat intraepithelial glandular, high grade (C24.1)★ |

Glandular intraepithelial
| | |
|---|---|
| M-8148/0 | grade I★ |
| M-8148/0 | grade II★ |
| M-8148/2 | grade III★ |
| M-8148/2 | high grade★ |
| M-8148/0 | low grade★ |

| | |
|---|---|
| M-9064/2 | intratubular germ cell (C62._) |

Squamous intraepithelial
| | |
|---|---|
| M-8077/0 | grade I★ |
| M-8077/0 | grade II★ |
| M-8077/2 | grade III☆ |
| M-8077/2 | high grade★ |
| M-8077/0 | low grade★ |

Alphabetic Index "N" (continued)

### Neoplasia, continued

| | |
|---|---|
| M-8077/2 | vaginal intraepithelial, grade III (C52._) |
| M-8077/2 | vulvar intraepithelial, grade III (C51._) |

### Neoplasm

| | |
|---|---|
| M-8000/1 | NOS |
| M-8000/0 | benign |
| M-9727/3 | Blastic plasmacytoid dendritic cell★ |
| M-9727/3 | dendritic cell, blastic plasmacytoid |

Intracystic
  Papillary

| | |
|---|---|
| M-8503/3 | with associated invasive carcinoma (C23.9)★ |
| M-8503/2 | with high grade dysplasia (C23.9)★ |
| M-8503/2 | with high grade intraepithelial neoplasia (C23.9)★ |
| M-8503/0 | with intermediate grade intraepithelial neoplasia (C23.9)★ |
| M-8503/0 | with low grade intraepithelial neoplasia (C23.9)★ |

Intraductal
  Papillary

| | |
|---|---|
| M-8503/0 | NOS★ |
| M-8503/3 | with associated invasive carcinoma★ |
| M-8503/2 | with high grade dysplasia★ |
| M-8503/2 | with high grade intraepithelial neoplasia★ |
| M-8503/0 | with intermediate grade neoplasia (C22._, C24.0)★ |
| M-8503/0 | with low grade intraepithelial neoplasia (C22._, C24.0) ★ |

Papillary-mucinous

| | |
|---|---|
| M-8453/3 | with an associated invasive carcinoma (C25._)★ |
| M-8453/2 | with high grade dysplasia (C25._)★ |
| M-8453/0 | with low grade dysplasia (C25._)★ |
| M-8453/0 | with moderate dysplasia (C25._)★ |

| | |
|---|---|
| M-8503/2 | tubular-papillary, high grade★ |
| M-8503/0 | tubular-papillary, low grade★ |

### Neoplasm, continued

| | |
|---|---|
| M-8503/0 | intraglandular papillary, with low grade intraepithelial neoplasia (C22.1, C24.0)★ |
| M-8000/3 | malignant |
| M-8000/9 | malignant, uncertain whether primary or metastatic |
| M-8000/6 | metastatic |

Mucinous

| | |
|---|---|
| M-8470/3 | cystic, with an associated invasive carcinoma (C25._)★ |
| M-8470/2 | cystic, with high-grade dysplasia (C25._)★ |
| M-8470/2 | cystic, with high-grade intraepithelial neoplasia (C22._)★ |
| M-8470/0 | cystic with intermediate dysplasia (C25._)★ |
| M-8470/0 | cystic, with intermediate-grade intraepithelial neoplasia (C22._)★ |
| M-8470/0 | cystic with intermediate-grade dysplasia (C25._)★ |
| M-8470/0 | cystic with low-grade dysplasia (C25._)★ |
| M-8470/0 | cystic, with low-grade intraepithelial neoplasia (C22._)★ |
| M-8470/0 | cystic, with moderate dysplasia (C25._)★ |
| M-8480/1★ | low grade appendiceal (C18.1) |

| | |
|---|---|
| M-9920/3 | myeloid, therapy related★ |
| M-9975/3★ | myelodysplastic/myeloproliferative, unclassifiable★ |
| M-9975/3★ | myeloproliferative, unclassifiable★ |
| M-9960/3 | myeloproliferative, NOS★ |

Pancreatobiliary

| | |
|---|---|
| M-8163/0 | non-invasive★ |
| M-8163/2 | noninvasive papillary, with high grade dysplasia (C24.1) |
| M-8163/0 | noninvasive papillary, with low grade dysplasia★ |
| M-8163/2 | noninvasive papillary, with high grade intraepithelial neoplasia★ |
| M-8163/0 | noninvasive papillary, with low grade intraepithelial neoplasia★ |

| | |
|---|---|
| M-8452/1 | papillary and solid epithelial (C25._) |

— 424 —

Alphabetic Index "N" (continued)

### Neoplasm, continued

| | |
|---|---|
| M-8163/2 | papillary, pancreatobiliary-type, with high grade intraepithelial neoplasia (C24.1)★ |
| M-8130/1 | papillary transitional cell, low malignant potential (C67._) |
| M-8130/1 | papillary urothelial, low malignant potential (C67._) |
| M-9727/3 | plasmacytoid dendritic cell, blastic★ |
| M-8000/6 | secondary |
| M-8452/1 | solid and papillary epithelial (C25._) |
| M-8000/1 | uncertain whether benign or malignant |

### Neoplasms

| | |
|---|---|
| M-9967/3★ | myeloid and lymphoid, with FGFR1 abnormalities★ |
| M-9965/3★ | myeloid and lymphoid, with PDGFRA rearrangement★ |
| M-9966/3★ | myeloid, with PDGFRB rearrangement★ |

M-8960/3 Nephroblastoma, NOS (C64.9)
M-8959/1 Nephroblastoma, cystic partially differentiated (C64.9)
M-8965/0 Nephrogenic adenofibroma (C64.9)

### Nephroma

| | |
|---|---|
| M-8960/3 | NOS (C64.9) |
| M-8959/0 | cystic, benign (C64.9) |
| M-8959/3 | cystic, malignant (C64.9) |
| M-8959/3 | cystic, multilocular, malignant (C64.9) |
| M-8960/1 | mesoblastic |

### Nerve

| | |
|---|---|
| C47.9 | NOS |
| C72.5 | abducens |
| C72.5 | accessory, NOS |
| C72.5 | accessory, spinal |
| C72.4 | acoustic |
| C47.1 | brachial |
| C72.5 | cranial, NOS |
| C72.5 | facial |
| C47.2 | femoral |
| C72.5 | glossopharyngeal |
| C72.5 | hypoglossal |
| C47.3 | intercostal |
| C47.6 | lumbar |
| C47.1 | median |
| C47.2 | obturator |
| C72.5 | oculomotor |
| C72.2 | olfactory |

### Nerve, continued

| | |
|---|---|
| C72.3 | optic |
| C47.9 | peripheral, NOS |
| C47.1 | radial |
| C47.5 | sacral |
| C47.2 | sciatic |
| C47.9 | spinal, NOS |
| C72.5 | spinal accessory |
| C72.5 | trigeminal |
| C72.5 | trochlear |
| C47.1 | ulnar |
| C72.5 | vagus |

### Nerve sheath

| | |
|---|---|
| M-9562/0 | myxoma |
| M-9540/3 | tumor, malignant peripheral |
| M-9561/3 | tumor, malignant peripheral with rhabdomyoblastic differentiation |

### Nervous system

| | |
|---|---|
| C72.9 | NOS |
| C47.9 | autonomic, NOS |
| C72.9 | central |
| C47.9 | parasympathetic, NOS |
| C47.9 | sympathetic, NOS |

M-8150/0 Nesidioblastoma (C25._)
M-8240/3 NET G1★
M-8249/3 NET G2★
M-9560/0 Neurilemoma, NOS
M-9560/3 Neurilemoma, malignant [obs]
M-9560/3 Neurilemosarcoma [obs]
M-9560/0 Neurinoma
M-9560/1 Neurinomatosis
M-9505/1 Neuroastrocytoma [obs]

### Neuroblastoma

| | |
|---|---|
| M-9500/3 | NOS |
| M-9500/3 | central (C71._) |
| M-9522/3 | olfactory (C30.0) |

### Neurocytoma

| | |
|---|---|
| M-9506/1 | NOS |
| M-9506/1 | central |
| M-9506/1 | extraventricular★ |
| M-9521/3 | olfactory (C30.0) |

### Neuroectodermal tumor

| | |
|---|---|
| M-9364/3 | NOS |
| M-9473/3 | central primitive, NOS (C71._) |

— 425 —

Alphabetic Index "N" (continued)

### Neuroectodermal tumor, continued
| | |
|---|---|
| M-9363/0 | melanotic |
| M-9364/3 | peripheral |
| M-9364/3 | peripheral primitive, NOS |
| M-9473/3 | primitive, NOS |
| M-9473/3 | primitive, central, NOS (C71._) |

### Neuroendocrine
| | |
|---|---|
| M-8246/3 | carcinoma, NOS |
| M-8013/3 | carcinoma, large cell |
| M-8247/3 | carcinoma, primary cutaneous (C44._) |
| M-8041/3 | carcinoma, small cell |
| M-8574/3 | differentiation, adenocarcinoma with |
| M-8574/3 | differentiation, carcinoma with |

M-9413/0 Neuroepithelial tumor, dysembryoplastic
M-9503/3 Neuroepithelioma, NOS
M-9523/3 Neuroepithelioma, olfactory (C30.0)

### Neurofibroma
| | |
|---|---|
| M-9540/0 | NOS |
| M-9541/0 | melanotic |
| M-9550/0 | plexiform |

M-9540/1 Neurofibromatosis, NOS
M-9540/1 Neurofibromatosis, multiple
M-9540/3 Neurofibrosarcoma [obs]
M-9540/3 Neurogenic sarcoma [obs]
M-9520/3 Neurogenic tumor, olfactory
M-9506/1 Neurolipocytoma (C71.6)

### Neuroma
| | |
|---|---|
| M-9570/0 | NOS |
| M-9560/0 | acoustic (C72.4) |
| M------- | amputation (see SNOMED) |
| M-9550/0 | plexiform |
| M------- | traumatic (Morton) (see SNOMED) |

M-8725/0 Neuronevus (C44._)
M-9540/3 Neurosarcoma [obs]
M-9562/0 Neurothekeoma
M-8745/3 Neurotropic melanoma, malignant (C44._)
M-9991/3*Neutoropenia, refractory*
M------- Nevoxanthoendothelioma (see SNOMED)

### Nevus
| | |
|---|---|
| M-8720/0 | NOS (C44._) |
| M-8730/0 | achromic (C44._) |
| M------- | araneus (see SNOMED) |
| M-8722/0 | balloon cell (C44._) |

### Nevus, continued
| | |
|---|---|
| | Blue |
| M-8780/0 | NOS (C44._) |
| M-8790/0 | cellular (C44._) |
| M-8780/0 | Jadassohn (C44._) |
| M-8780/3 | malignant (C44._) |
| M-8760/0 | compound (C44._) |
| | Congenital |
| M-8761/1 | intermediate and giant (C44._) |
| M-8761/3 | melanocytic, malignant melanoma in (C44._) |
| M-8762/1 | proliferative dermal lesion in (C44._) |
| M-8761/0 | small (C44._) |
| M-8750/0 | dermal (C44._) |
| M-8760/0 | dermal and epidermal (C44._) |
| M-8727/0 | dysplastic (C44._) |
| M-8770/0 | epithelioid and spindle cell (C44._) |
| M-8771/0 | epithelioid cell (C44._) |
| M------- | flammeus (see SNOMED) |
| | Giant |
| M-8761/1 | and intermediate congenital (C44._) |
| M-8761/1 | pigmented, NOS (C44._) |
| M-8761/3 | pigmented, malignant melanoma in (C44._) |
| M-8720/0 | hairy (C44._) |
| M-8723/0 | halo (C44._) |
| M-8761/1 | intermediate and giant congenital (C44._) |
| M-8750/0 | intradermal (C44._) |
| M-8740/0 | intraepidermal (C44._) |
| M-9160/0 | involuting (C44._) [obs] |
| M-8780/0 | Jadassohn blue (C44._) |
| M------- | Jadassohn sebaceus (see SNOMED) |
| M-8740/0 | junction (C44._) |
| M-8740/0 | junctional, NOS (C44._) |
| M-8740/3 | junctional, malignant melanoma in (C44._) |
| M-8770/0 | juvenile (C44._) |
| M-8726/0 | magnocellular (C69.4) |
| M-8720/0 | melanocytic (C44._) |
| M-8761/3 | melanocytic, congenital, malignant melanoma (C44._) |
| M-8730/0 | nonpigmented (C44._) |

— 426 —

Alphabetic Index "N" (continued)

### Nevus, continued
Pigmented
| | |
|---|---|
| M-8720/0 | NOS (C44._) |
| M-8761/1 | giant, NOS (C44._) |
| M-8770/0 | spindle cell, Reed |

| | |
|---|---|
| M------- | portwine *(see SNOMED)* |
| M-8770/0 | Reed pigmented spindle cell |
| M-8723/0 | regressing (C44._) |
| M------- | sanguineous *(see SNOMED)* |
| M------- | sebaceus, Jadassohn *(see SNOMED)* |
| M-8761/0 | small congenital (C44._) |
| M------- | spider *(see SNOMED)* |

Spindle cell
| | |
|---|---|
| M-8772/0 | NOS (C44._) |
| M-8770/0 | and epithelioid cell (C44._) |
| M-8770/0 | pigmented, Reed |

| | |
|---|---|
| M-8770/0 | spitz (C44._) |
| M------- | strawberry *(see SNOMED)* |
| M------- | unius lateris *(see SNOMED)* |
| M------- | vascular *(see SNOMED)* |
| M------- | verrucosus *(see SNOMED)* |
| M------- | white sponge *(see SNOMED)* |

| | |
|---|---|
| C50.0 | Nipple |
| C------ | Node *(see lymph node)* |

### Nodular
| | |
|---|---|
| M-8097/3 | basal cell carcinoma (C44._) |
| M------- | fasciitis *(see SNOMED)* |
| M-8402/0 | hidradenoma (C44._) |
| M-8402/3 | hidradenoma, malignant (C44._) |
| M------- | hyperplasia, NOS *(see SNOMED)* |
| M------- | hyperplasia, focal *(see SNOMED)* |
| M-9471/3 | medulloblastoma, desmoplastic (C71.6) |
| M-8721/3 | melanoma (C44._) |
| M-8832/0 | subepidermal fibrosis (C44._) |
| M------- | tenosynovitis *(see SNOMED)* |

| | |
|---|---|
| M-8930/0 | Nodule, endometrial stromal (C54.1) |
| M-8693/1 | Nonchromaffin paraganglioma, NOS |
| M-8693/3 | Nonchromaffin paraganglioma, malignant |

### Nonencapsulated sclerosing
| | |
|---|---|
| M-8350/3 | adenocarcinoma (C73.9) |
| M-8350/3 | carcinoma (C73.9) |
| M-8350/3 | tumor (C73.9) |

| | |
|---|---|
| M------- | Non-Hodgkin lymphoma *(see lymphoma (malignant)]* |
| M-----/2 | Noninfiltrating *(see behavior code, page 27)* |

### Noninfiltrating
| | |
|---|---|
| M-8500/2 | adenocarcinoma, intraductal, NOS |
| M-8503/2 | adenocarcinoma, intraductal, papillary (C50._) |

Carcinoma
| | |
|---|---|
| M-8504/2 | intracystic |
| M-8500/2 | intraductal, NOS (C50._) |
| M-8503/2 | intraductal papillary (C50._) |
| M-8520/2 | lobular (C50._) |

| | |
|---|---|
| M-8501/2 | comedocarcinoma (C50._) |

| | |
|---|---|
| M-----/2 | Noninvasive *(see behavior code, page 27)* |

### Non-invasive carcinoma
| | |
|---|---|
| M-8453/2 | intraductal papillary-mucinous (C25._) |
| M-8052/2 | papillary squamous cell |
| M-8130/2 | papillary transitional cell (C67._) |
| M-8130/2 | papillary urothelial (C67._) |

| | |
|---|---|
| M-8470/2 | Non-invasive cystadenocarcinoma, mucinous (C25._) |

### Nonkeratinizing
| | |
|---|---|
| M-8072/3 | epidermoid carcinoma, large cell |
| M-8073/3 | epidermoid carcinoma, small cell |
| | Squamous cell carcinoma |
| M-8072/3 | NOS |
| M-8072/3 | large cell, NOS |
| M-8073/3 | small cell |

| | |
|---|---|
| M-9751/3 | Nonlipid reticuloendotheliosis [obs] |
| M-8254/3 | Non-mucinous and mucinous bronchiolo-alveolar carcinoma, mixed (C34._) |
| M-8252/3 | Non-mucinous bronchiolo-alveolar carcinoma (C34._) |
| M------- | Nonossifying fibroma *(see SNOMED)* |
| M-8730/0 | Nonpigmented nevus (C44._) |
| M-8092/3 | Non-sclerosing infiltrating basal cell carcinoma (C44._) |
| M-8046/3 | Non-small cell carcinoma (C34._) |
| M----/-7 | Non T-non B *(see cell designation code, page 31)* |

— 427 —

Alphabetic Index "N" (continued), "O"

### Nose
| | |
|---|---|
| C76.0 | NOS |
| C44.3 | ala nasi |
| C41.0 | bone |
| C30.0 | cartilage |
| C11.3 | choana |
| C44.3 | external |
| C30.0 | internal |
| C30.0 | mucosa |
| C30.0 | naris |
| C41.0 | nasal bone |
| C30.0 | nasal cavity (*excludes Nose, NOS C76.0*) |
| C30.0 | nostril |
| C30.0 | septum, NOS |
| C11.3 | septum, posterior margin |
| C44.3 | skin |
| C30.0 | turbinate |
| C30.0 | vestibule |

| | |
|---|---|
| C30.0 | Nostril |
| C41.2 | Nucleus pulposus |

M----/-7 Null cell (*see cell designation code, page 31*)

# O

M-8042/3 Oat cell carcinoma (C34._)

| | |
|---|---|
| C77.5 | Obturator lymph node |
| C47.2 | Obturator nerve |

### Occipital
| | |
|---|---|
| C41.0 | bone |
| C71.4 | lobe |
| C77.0 | lymph node |
| C71.4 | pole |

C72.5 Oculomotor nerve

M-9311/0 Odontoameloblastoma (C41._)

### Odontogenic
| | |
|---|---|
| M 9300/0 | adenomatoid tumor (C41._) |
| M-9270/3 | carcinoma (C41._) |
| M-9342/3 | carcinosarcoma (C41._) |

### Odontogenic, continued
| | |
|---|---|
| | Cyst |
| M------- | NOS (*see SNOMED*) |
| M-9301/0 | calcifying (C41._) |
| M------- | dentigerous (*see SNOMED*) |
| M------- | eruptive (*see SNOMED*) |
| M------- | gingival (*see SNOMED*) |
| M------- | primordial (*see SNOMED*) |

| | |
|---|---|
| | Fibroma |
| M-9321/0 | NOS (C41._) |
| M-9321/0 | central (C41._) |
| M-9322/0 | peripheral (C41._) |

| | |
|---|---|
| M-9330/3 | fibrosarcoma (C41._) |
| M-9302/0 | ghost cell tumor (C41._) |
| M-9320/0 | myxofibroma (C41._) |
| M-9320/0 | myxoma (C41._) |
| M-9270/3 | sarcoma (C41._) |

| | |
|---|---|
| | Tumor |
| M-9270/1 | NOS (C41._) |
| M-9300/0 | adenomatoid (C41._) |
| M-9270/0 | benign (C41._) |
| M-9340/0 | calcifying epithelial (C41._) |
| M-9341/1 | clear cell (C44._) |
| M-9270/3 | malignant (C41._) |
| M-9312/0 | squamous (C41._) |

### Odontoma
| | |
|---|---|
| M-9280/0 | NOS (C41._) |
| M-9282/0 | complex (C41._) |
| M-9281/0 | compound (C41._) |
| M-9290/0 | fibroameloblastic (C41._) |

M-9290/3 Odontosarcoma, ameloblastic (C41._)

C------- Oesophagus (*see esophagus*)

C72.2 Olfactory nerve

### Olfactory
| | |
|---|---|
| M-9522/3 | neuroblastoma (C30.0) |
| M-9521/3 | neurocytoma (C30.0) |
| M-9523/3 | neuroepithelioma (C30.0) |
| M-9520/3 | neurogenic tumor (C30.0) |

M-9382/3 Oligoastrocytoma (C71._)
M-9382/3 Oligoastrocytoma, anaplastic (C71._)
M-9460/3 Oligodendroblastoma (C71._) [obs]

Alphabetic Index "O" (continued)

M-9450/3 Oligodendroglioma, NOS (C71._)
M-9451/3 Oligodendroglioma, anaplastic (C71._)

C71.7 Olive
C48.1 Omentum

### Oncocytic
M-8290/3     adenocarcinoma
M-8290/0     adenoma
M-8290/3     carcinoma
M-8121/1     Schneiderian papilloma (C30.0, C31._)

M-8290/0 Oncocytoma
M-8290/0 Spindle cell oncocytoma (C75.1)★
M------- Oncocytosis *(see SNOMED)*

C71.0 Operculum

### Optic
C72.3     chiasm
C72.3     nerve
C72.3     tract

C06.9 Oral cavity
C06.9 Oral mucosa

### Orbit
C69.6     NOS
C69.6     autonomic nervous system
C69.6     connective tissue
C69.6     peripheral nerve
C69.6     soft tissue

C41.0 Orbital bone

M-9071/3 Orchioblastoma (C62._)

C71.0 Organ of Reil
C75.5 Organ of Zuckerkandl

M-8583/1 Organoid thymoma, NOS (C37.9)
M-8583/3 Organoid thymoma, malignant (C37.9)

### Organs
C26.9     digestive, NOS
C57.9     female genital, NOS
C63.9     male genital, NOS

C67.6 Orifice, ureteric
C67.5 Orifice, urethral, internal

### Oropharynx
C10.9     NOS
C10.8     junctional region
C10.2     lateral wall
C10.3     posterior wall

C53.1 Os, external
C53.0 Os, internal

### Osseous
M-9275/0     dysplasia, florid (C41._)
M-8571/3     metaplasia, adenocarcinoma with (C41._)
M-8571/3     metaplasia, adenocarcinoma with cartilaginous and (C41._)

### Ossifying
M-9262/0     fibroma (C40._, C41._)
M-8842/0     fibromyxoid tumor
M-8967/0     renal tumor (C64.9)

M------- Osteitis deformans *(see SNOMED)*
M------- Osteitis fibrosa cystica *(see SNOMED)*
M-9180/3 Osteoblastic sarcoma (C40._, C41._)
M-9200/0 Osteoblastoma, NOS (C40._, C41._)
M-9200/1 Osteoblastoma, aggressive (C40._, C41._)
M-9210/0 Osteocartilaginous exostosis (C40._, C41._)
M-9210/0 Osteochondroma (C40._, C41._)
M-9210/1 Osteochondromatosis, NOS (C40._, C41._)
M------- Osteochondromatosis, synovial *(see SNOMED)*
M-9180/3 Osteochondrosarcoma (C40._, C41._)
M-8035/3 Osteoclast-like giant cells, carcinoma with
M-9250/1 Osteoclastoma, NOS (C40._, C41._)
M-9250/3 Osteoclastoma, malignant (C40._, C41._)
M-9262/0 Osteofibroma (C40._, C41._)
M-9182/3 Osteofibrosarcoma (C40._, C41._)
M-9180/3 Osteogenic sarcoma, NOS (C40._, C41._)
M-9191/0 Osteoid osteoma, NOS (C40._, C41._)
M-9200/0 Osteoid osteoma, giant (C40._, C41._)

### Osteoma
M-9180/0     NOS (C40._, C41._)
M-9191/0     osteoid, NOS (C40._, C41._)
M-9200/0     osteoid, giant (C40._, C41._)

### Osteosarcoma
M-9180/3     NOS (C40._, C41._)
M-9186/3     central (C40._, C41._)
M-9186/3     central, conventional

— 429 —

Alphabetic Index "O" (continued), "P"

### Osteosarcoma, continued

| | |
|---|---|
| M-9181/3 | chondroblastic (C40._, C41._) |
| M-9182/3 | fibroblastic (C40._, C41._) |
| M-9184/3 | in Paget disease, bone (C40._, C41._) |
| M-9195/3 | intracortical (C40._, C41._) |
| M-9187/3 | intraosseous low grade |
| M-9187/3 | intraosseous well differentiated |
| M-9192/3 | juxtacortical (C40._, C41._) |
| M-9186/3 | medullary (C40._, C41._) |
| M-9192/3 | parosteal (C40._, C41._) |
| M-9193/3 | periosteal (C40._, C41._) |
| M-9185/3 | round cell |
| M-9185/3 | small cell (C40._, C41._) |
| M-9194/3 | surface, high grade (C40._, C41._) |
| M-9183/3 | telangiectatic (C40._, C41._) |

M-9101/3 Other germ cell elements, choriocarcinoma combined with

M-8523/3 Other types of carcinoma, infiltrating duct mixed with (C50._)

M-8524/3 Other types of carcinoma, infiltrating lobular mixed with (C50._)

| | |
|---|---|
| C50.8 | Outer breast |
| C44.1 | Outer canthus |

M-8590/1 Ovarian stromal tumor (C56.9)
M-9090/0 Ovarii, struma (C56.9)
M-9090/3 Ovarii, struma, malignant (C56.9)

| | |
|---|---|
| C56.9 | Ovary |
| C--.8 | Overlapping *(see note, page 45, and coding guidelines, page 25)* |

### Oxyphilic

| | |
|---|---|
| M-8290/3 | adenocarcinoma |
| M-8290/0 | adenoma |

#### Cell

| | |
|---|---|
| M-8290/0 | follicular adenoma (C73.9) |
| M-8290/3 | follicular carcinoma (C73.9) |
| M-8342/3 | papillary carcinoma (C73.9) |

# P

M-8936/1 Pacemaker cell tumor, gastrointestinal
M-9507/0 Pacinian tumor

### Paget disease

| | |
|---|---|
| M-8541/3 | and infiltrating duct carcinoma of breast (C50._) |
| M-8543/3 | and intraductal carcinoma of breast (C50._) |
| M------- | bone *(see SNOMED)* |
| M-9184/3 | bone, osteosarcoma in (C40._, C41._) |
| M-8540/3 | breast (C50._) |
| M-8542/3 | extramammary *(except Paget disease of bone)* |
| M-8542/2★ | extramammary (intraepidermoid carcinoma)★ |
| M-8540/3 | mammary (C50._) |
| M-8540/2★ | mammary (intraepidermoid carcinoma)★ |

M-9700/3 Pagetoid reticulosis

### Palate

| | |
|---|---|
| C05.9 | NOS |
| C05.0 | hard |
| C05.8 | junction of hard and soft |
| C05.1 | soft, NOS *(excludes nasopharyngeal surface C11.3)* |
| C11.3 | soft, nasopharyngeal surface |
| C09.9 | Palatine tonsil |
| C71.0 | Pallium |
| C44.6 | Palm, skin |

### Palmar

| | |
|---|---|
| C49.1 | aponeurosis |
| C49.1 | fascia |
| C44.6 | skin |
| C44.1 | Palpebra |

### Pancreas

| | |
|---|---|
| C25.9 | NOS |
| C25.1 | body |
| C25.3 | duct |
| C25.3 | duct, Santorini |
| C25.3 | duct, Wirsung |
| C25.4 | endocrine |
| C25.0 | head |
| C25.4 | islands of Langerhans |
| C25.4 | islets of Langerhans |
| C25.7 | neck |
| C25.2 | tail |

— 430 —

Alphabetic Index "P" (continued)

C25.3 Pancreatic duct
C77.2 Pancreatic lymph node

M-8971/3 Pancreatoblastoma (C25._)
M-9931/3 Panmyelosis, acute, NOS (C42.1)
M-9931/3 Panmyelosis with myelofibrosis (C42.1)

**Papillary**
    Adenocarcinoma
M-8260/3     NOS
M-8408/3     digital (C44._)
M-8408/3     eccrine (C44._)
M-8340/3     follicular variant (C73.9)
M-8503/3     infiltrating (C50._)
M-8504/3     intracystic
M-8503/2     intraductal, NOS (C50._)
M-8503/3     intraductal, with invasion (C50._)
M-8503/2     noninfiltrating intraductal (C50._)
M-8460/3     serous (C56.9)

M-9013/0  adenofibroma

    Adenoma
M-8260/0     NOS
M-8408/1     aggressive digital (C44._)
M-8408/0     eccrine (C44._)
M-8504/0     intracystic

M-8340/3  and follicular adenocarcinoma
M-8340/3  and follicular carcinoma
M-8503/3  and infiltrating adenocarcinoma (C50._)
M-8452/1  and solid epithelial neoplasm (C25._)
M-9135/1  angioendothelioma, endovascular

    Carcinoma
M-8050/3     NOS
M-8344/3     columnar cell (C73.9)
M-8350/3     diffuse sclerosing (C73.9)
M-8343/3     encapsulated (C73.9)
M-8052/3     epidermoid
M-8340/3     follicular variant (C73.9)
M-8050/2     in situ
M-8503/2     in situ, ductal (C50._)
M-8052/2     in situ, squamous cell
M-8504/3     intracystic
M-8503/2     intraductal, NOS (C50._)
M-8342/3     oxyphilic cell (C73.9)
M-8461/3     primary serous, peritoneum
        (C48.1)
M-8461/3     serous surface (C56.9)

*Papillary, continued*
M-8052/3     squamous cell
M-8052/2     squamous cell, non-invasive
M-8344/3     tall cell (C73.9)
M-8260/3     thyroid (C73.9)
M-8130/3     urothelial (C67._)
M-8130/2     urothelial, non-invasive (C67._)

M-9352/1  craniopharyngioma (C75.2)

    Cystadenocarcinoma
M-8450/3     NOS (C56.9)
M-8471/3     mucinous (C56.9)
M-8471/3     pseudomucinous (C56.9)
M-8460/3     serous C56.9)

    Cystadenoma
M-8450/0     NOS (C56.9)
M-8451/1     borderline malignancy (C56.9)
M-8561/0     lymphomatosum (C07._, C08._)
M-8471/0     mucinous, NOS (C56.9)
M-8473/1     mucinous, borderline malignancy
        (C56.9)
M-8471/0     pseudomucinous, NOS (C56.9)
M-8473/1     pseudomucinous, borderline
        malignancy (C56.9)
M-8460/0     serous, NOS (C56.9)
M-8462/1     serous, borderline malignancy
        (C56.9)

M-8452/1  cystic tumor (C25._)
M-8462/1  cystic tumor, serous, borderline
      malignancy (C56.9)
M-------  cystitis *(see SNOMED)*
M-8503/2  DCIS (C50._)
M-8503/2  ductal carcinoma in situ (C50._)
M-9135/1  endovascular, angioendothelioma
M-9393/3  ependymoma (C71._)
M-8052/3  epidermoid carcinoma
M-8452/1  epithelial neoplasm, solid and (C25._)
M-8340/3  follicular variant, adenocarcinoma
      (C73.9)
M-8405/0  hidradenoma (C44._)
M-8504/3  intracystic adenocarcinoma
M-8504/3  intracystic carcinoma
M-9538/3  meningioma (C70._)
M-9052/0  mesothelioma, well differentiated,
      benign
M-8341/3  microcarcinoma (C73.9)

— 431 —

Alphabetic Index "P" (continued)

## Papillary, continued

| | |
|---|---|
| M-8473/1 | mucinous tumor of low malignant potential (C56.9) |
| M-8461/3 | primary serous carcinoma, peritoneum (C48.1) |
| M-8260/3 | renal cell carcinoma (C64.9) |
| | Serous |
| M-8460/3 | adenocarcinoma (C56.9) |
| M-8460/3 | cystadenocarcinoma (C56.9) |
| M-8462/1 | tumor, atypical proliferative (C56.9) |
| M-8462/1 | tumor, low malignant potential (C56.9) |
| | Squamous cell |
| M-8052/3 | carcinoma |
| M-8052/2 | carcinoma in situ |
| M-8052/2 | carcinoma, non-invasive |
| M-8406/0 | syringadenoma (C44._) |
| M-8406/0 | syringocystadenoma (C44._) |
| | Transitional cell |
| M-8130/3 | carcinoma (C67._) |
| M-8130/2 | carcinoma, non-invasive (C67._) |
| M-8130/1 | neoplasm of low malignant potential (C67._) |
| | Urothelial |
| M-8130/3 | carcinoma (C67._) |
| M-8130/2 | carcinoma, non-invasive (C67._) |
| M-8130/1 | neoplasm of low malignant potential (C67._) |
| M-8347/3 | Papillary-medullary carcinoma, mixed (C73.9) |

## Papillary-mucinous

| | |
|---|---|
| M-8453/3 | carcinoma, intraductal, invasive (C25._) |
| M-8453/2 | carcinoma, intraductal, non-invasive (C25._) |
| M-8453/1 | tumor, intraductal, with moderate dysplasia (C25._) |
| M------- | Papilliferous hyperplasia (see SNOMED) |
| M-8405/0 | Papilliferum, hidradenoma (C44._) |
| M-8406/0 | Papilliferum, syringocystadenoma |
| M-8450/3 | Papillocystic adenocarcinoma |

## Papilloma

| | |
|---|---|
| M-8050/0 | NOS (except papilloma of bladder M-8120/1) |
| M------- | basal cell (see SNOMED) |
| M------- | basosquamous (see SNOMED) |
| M-8120/1 | bladder (C67._) |
| | Choroid plexus |
| M-9390/0 | NOS (C71.5) |
| M-9390/3 | anaplastic (C71.5) |
| M-9390/1 | atypical (C71.5) |
| M-9390/3 | malignant (C71.5) |
| M-8121/1 | columnar cell |
| M-8121/1 | cylindrical cell (C30.0, C31._) |
| M-8503/0 | ductal |
| M------- | fibroepithelial (see SNOMED) |
| M-8260/0 | glandular |
| M-8504/0 | intracystic |
| M-8503/0 | intraductal |
| M-8053/0 | inverted squamous cell |
| M-8052/0 | keratotic |
| M-9052/0 | mesothelial |
| M-8560/0 | mixed squamous cell and glandular |
| | Schneiderian |
| M-8121/0 | NOS (C30.0, C31._) |
| M-8121/1 | inverted (C30.0, C31._) |
| M-8121/1 | oncocytic (C30.0, C31._) |
| M-8461/0 | serous surface (C56.9) |
| | Sinonasal |
| M-8121/0 | NOS (C30.0, C31._) |
| M-8121/0 | exophytic (C30.0, C31._) |
| M-8121/0 | fungiform (C30.0, C31._) |
| M-8052/0 | squamous |
| | Squamous cell |
| M-8052/0 | NOS |
| M-8560/0 | and glandular, mixed |
| M-8053/0 | inverted |
| | Transitional |
| M-8120/0 | NOS |
| M-8120/1 | cell, NOS |
| M-8120/0 | cell, benign |
| M-8121/1 | cell, inverted, NOS |
| M-8121/0 | cell, inverted, benign |

Alphabetic Index "P" (continued)

*Papilloma, continued*

| | |
|---|---|
| M-8121/1 | inverted, NOS |
| M-8121/0 | inverted, benign |
| | |
| M-8120/1 | urothelial, NOS (C67._) |
| M-8051/0 | verrucous |
| M-8261/0 | villous |

**Papillomatosis**

| | |
|---|---|
| M-8060/0 | NOS |
| M-8264/0 | biliary (C22.1, C24.0) |
| M-8505/0 | diffuse intraductal |
| M-8264/0 | glandular |
| M-8505/0 | intraductal, NOS |
| M-8505/0 | intraductal, diffuse |
| M-8060/0 | squamous |
| M-8506/0 | subareolar duct (C50.0) |

M-8263/3 Papillotubular adenocarcinoma
M-8263/0 Papillotubular adenoma
M-9160/0 Papule, fibrous, of nose (C44.3) [obs]
M-9718/3 Papulosis, lymphomatoid (C44._)

| | |
|---|---|
| C75.5 | Para-aortic body |
| C77.2 | Para-aortic lymph node |
| C77.5 | Paracervical lymph node |

M-9373/0 Parachordoma
M-8345/3 Parafollicular cell carcinoma (C73.9)

**Paraganglioma**

| | |
|---|---|
| M-8680/1 | NOS |
| M-8700/0 | adrenal medullary (C74.1) |
| M-8700/3 | adrenal medullary, malignant (C74.1) |
| M-8691/1 | aortic body (C75.5) |
| M-8691/1 | aorticopulmonary (C75.5) |
| M-8680/0 | benign |
| M-8692/1 | carotid body (C75.4) |
| M-8700/0 | chromaffin |
| M-8693/1 | extra-adrenal, NOS |
| M-8693/3 | extra-adrenal, malignant |
| M-8683/0 | gangliocytic (C17.0) |
| M-8690/1 | jugular (C75.5) |
| M-8690/1 | jugulotympanic (C75.5) |
| M-8680/3 | malignant |
| M-8693/1 | nonchromaffin, NOS |
| M-8693/3 | nonchromaffin, malignant |
| M-8682/1 | parasympathetic |
| M-8681/1 | sympathetic |

| | |
|---|---|
| C75.5 | Paraganglion |

M-9659/3 Paragranuloma, Hodgkin, NOS [obs]
M-9659/3 Paragranuloma, Hodgkin, nodular [obs]

| | |
|---|---|
| C77.5 | Parametrial lymph node |
| C57.3 | Parametrium |
| C31.9 | Paranasal sinus |
| C72.9 | Parasellar |
| C77.1 | Parasternal lymph node |
| C47.9 | Parasympathetic nervous system, NOS |

M-8682/1 Parasympathetic paraganglioma

| | |
|---|---|
| C75.0 | Parathyroid gland |
| C68.1 | Paraurethral gland |
| C64.9 | Parenchyma, kidney |

M-9362/3 Parenchymal tumor, pineal, intermediate differentiation (C75.3)

**Parietal**

| | |
|---|---|
| C41.0 | bone |
| C71.3 | lobe |
| C38.4 | pleura |

M-8214/3 Parietal cell adenocarcinoma (C16._)
M-8214/3 Parietal cell carcinoma (C16._)

M-9192/3 Parosteal osteosarcoma (C40._, C41._)

**Parotid**

| | |
|---|---|
| C07.9 | NOS |
| C07.9 | gland |
| C07.9 | gland duct |
| C77.0 | lymph node |
| | |
| C57.1 | Parovarian region |

M-9103/0 Partial hydatidiform mole (C58.9)
M-8959/1 Partially differentiated nephroblastoma, cystic (C64.9)

| | |
|---|---|
| C40.3 | Patella |
| C77.3 | Pectoral lymph node |
| C49.3 | Pectoralis major muscle |
| C71.7 | Peduncle, cerebral |

**Pelvic**

| | |
|---|---|
| C41.4 | bone |

— 433 —

## Alphabetic Index "P" (continued)

### Pelvic, continued

| | |
|---|---|
| C18.7 | colon |
| C77.5 | lymph node |
| C48.1 | peritoneum |
| C76.3 | wall, NOS |
| | |
| C19.9 | Pelvirectal junction |

### Pelvis

| | |
|---|---|
| C76.3 | NOS |
| C49.5 | NOS (sarcoma, lipoma) |
| C47.5 | autonomic nervous system |
| C41.4 | bone |
| C49.5 | connective tissue |
| C49.5 | fibrous tissue |
| C49.5 | muscle |
| C47.5 | peripheral nerve |
| C49.5 | skeletal muscle |
| C49.5 | soft tissue |
| C76.3 | wall, NOS |
| | |
| C65.9 | Pelvis, kidney |
| C65.9 | Pelvis, renal |
| C65.9 | Pelviureteric junction |

### Penis

| | |
|---|---|
| C60.9 | NOS |
| C60.2 | body |
| C60.2 | corpus |
| C60.2 | corpus cavernosum |
| C60.0 | foreskin |
| C60.1 | glans |
| C60.0 | prepuce |
| C60.9 | skin |
| | |
| C48.0 | Periadrenal tissue |
| C24.1 | Periampullary |
| C44.5 | Perianal skin |
| C77.2 | Periaortic lymph node |
| | |
| M-9272/0 | Periapical cemental dysplasia (C41._) |
| M-9272/0 | Periapical cemento-osseous dysplasia (C41._) |
| M-8827/1 | Peribronchial myofibroblastic tumor, (C34._) |
| M-8827/1 | Peribronchial myofibroblastic tumor, congenital (C34._) |
| M-9012/0 | Pericanalicular fibroadenoma (C50._) |
| | |
| C38.0 | Pericardium |

| | |
|---|---|
| M-8391/0 | Perifollicular fibroma (C44._) |
| | |
| C48.0 | Perinephric tissue |

### Perineum

| | |
|---|---|
| C76.3 | NOS |
| C44.5 | NOS (carcinoma, melanoma, nevus) |
| C49.5 | NOS (sarcoma, lipoma) |
| C47.5 | autonomic nervous system |
| C49.5 | connective tissue |
| C49.5 | fibrous tissue |
| C47.5 | peripheral nerve |
| C49.5 | muscle |
| C49.5 | skeletal muscle |
| C44.5 | skin |
| C49.5 | soft tissue |
| C49.5 | subcutaneous tissue |
| | |
| M-9571/3 | Perineural MPNST |

### Perineurioma

| | |
|---|---|
| M-9571/0 | NOS |
| M-9571/0 | intraneural |
| M-9571/3 | malignant |
| M-9571/0 | soft tissue |
| | |
| C03.9 | Periodontal tissue |

### Periosteal

| | |
|---|---|
| M-9221/0 | chondroma (C40._, C41._) |
| M-9221/3 | chondrosarcoma (C40._, C41._) |
| M-8812/0 | fibroma (C40._, C41._) |
| M-8812/3 | fibrosarcoma (C40._, C41._) |
| M-9193/3 | osteosarcoma (C40._, C41._) |
| M-8812/3 | sarcoma, NOS (C40._, C41._) |
| | |
| C77.2 | Peripancreatic lymph node |
| C48.0 | Peripancreatic tissue |

### Peripheral

| | |
|---|---|
| M-9540/3 | nerve sheath tumor, malignant |
| M-9561/3 | nerve sheath tumor with rhabdomyoblastic differentiation, malignant |
| M-9364/3 | neuroectodermal tumor |
| M-9322/0 | odontogenic fibroma (C41._) |

### Peripheral nerve

| | |
|---|---|
| C47.9 | NOS |
| C47.4 | abdomen |

— 434 —

Alphabetic Index "P" (continued)

| | |
|---|---|
| | *Peripheral nerve, continued* |
| C47.4 | abdominal wall |
| C47.2 | ankle |
| C47.1 | antecubital space |
| C47.1 | arm |
| C47.3 | axilla |
| C47.6 | back |
| C47.5 | buttock |
| C47.2 | calf |
| C47.0 | cervical region |
| C47.0 | cheek |
| C47.3 | chest |
| C47.3 | chest wall |
| C47.0 | chin |
| C47.1 | elbow |
| C47.0 | face |
| C47.1 | finger |
| C47.6 | flank |
| C47.2 | foot |
| C47.1 | forearm |
| C47.0 | forehead |
| C47.5 | gluteal region |
| C47.5 | groin |
| C47.1 | hand |
| C47.0 | head |
| C47.2 | heel |
| C47.2 | hip |
| C47.3 | infraclavicular region |
| C47.5 | inguinal region |
| C47.2 | knee |
| C47.2 | leg |
| C47.0 | neck |
| C69.6 | orbit |
| C47.5 | pelvis |
| C47.5 | perineum |
| C47.2 | popliteal space |
| C47.0 | pterygoid fossa |
| C47.5 | sacrococcygeal region |
| C47.0 | scalp |
| C47.3 | scapular region |
| C47.1 | shoulder |
| C47.0 | supraclavicular region |
| C47.0 | temple |
| C47.2 | thigh |
| C47.3 | thoracic wall |
| C47.3 | thorax *(excludes thymus, heart and mediastinum C37._, C38._)* |
| C47.1 | thumb |
| C47.2 | toe |
| C47.6 | trunk |

| | |
|---|---|
| | *Peripheral nerve, continued* |
| C47.4 | umbilicus |
| C47.1 | wrist |
| | |
| C76.3 | Perirectal region, NOS |
| C48.0 | Perirenal tissue |
| C48.2 | Peritoneal cavity |
| | |
| M-8480/6 | Peritonei, pseudomyxoma |
| M-8480/3 | Peritonei, pseudomyxoma, with unknown primary site (C80.9) |

**Peritoneum**

| | |
|---|---|
| C48.2 | NOS |
| C48.2 | cavity |
| C48.1 | cul de sac |
| C48.1 | mesentery |
| C48.1 | mesoappendix |
| C48.1 | mesocolon |
| C48.1 | omentum |
| C48.1 | pelvic |
| C48.1 | pouch, Douglas |
| C48.1 | pouch, rectouterine |

M-------  Peutz-Jeghers polyp *(see SNOMED)*

| | |
|---|---|
| C40.3 | Phalanx of foot |
| C40.1 | Phalanx of hand |

**Pharyngeal**

| | |
|---|---|
| C11.3 | fornix |
| C11.1 | tonsil |
| C14.0 | wall, NOS |

**Pharynx**

| | |
|---|---|
| C14.0 | NOS |
| C14.0 | wall, NOS |
| C14.0 | wall, lateral, NOS |
| C14.0 | wall, posterior, NOS |

| | |
|---|---|
| M-8014/3 | Phenotype, large cell carcinoma with rhabdoid |
| M-8700/3 | Pheochromoblastoma (C74.1) |
| M-8700/0 | Pheochromocytoma, NOS (C74.1) |
| M-8700/3 | Pheochromocytoma, malignant (C74.1) |

**Phyllodes**

| | |
|---|---|
| | Cystosarcoma |
| M-9020/1 | NOS (C50._) |
| M-9020/0 | benign (C50._) [obs] |

— 435 —

Alphabetic Index "P" (continued)

### Phyllodes, continued
M-9020/3     malignant (C50._)

Tumor
M-9020/1     NOS (C50._)
M-9020/0     benign (C50._)
M-9020/1     borderline (C50._)
M-9020/3     malignant (C50._)

### Pia mater
C70.9     NOS
C70.0     cranial
C70.1     spinal

M-8640/1 Pick tubular adenoma

### Pigmented
M-8372/0     adenoma (C74.0)
M-8372/0     adrenal cortical adenoma (C74.0)
M-8090/3     basal cell carcinoma (C44._)
M-8833/3     dermatofibrosarcoma protuberans (C44._)

Nevus
M-8720/0     NOS (C44._)
M-8761/1     giant, NOS (C44._)
M-8761/3     giant, malignant melanoma in (C44._)

M-9560/0     schwannoma
M-8770/0     spindle cell nevus of Reed (C44._)
M-------     villonodular synovitis (see SNOMED)

M-9740/1 Pigmentosa, urticaria★
M------- Pilar cyst (see SNOMED)
M-8103/0 Pilar tumor (C44._)

C09.1     Pillar, faucial
C09.1     Pillar, tonsillar

M-9421/1 Pilocytic astrocytoma (C71._)
     Note: In North America, report as 9421/3
M-9421/1 Piloid astrocytoma (C71._)
     Note: In North America, report as 9421/3
M-8110/0 Pilomatricoma, NOS
M-8110/3 Pilomatricoma, malignant (C44._)
M-8110/3 Pilomatrix carcinoma (C44._)
M-8110/0 Pilomatrixoma, NOS (C44._)
M-8110/3 Pilomatrixoma, malignant (C44._)
M-8148/2 PIN III (C61.9)

M-9340/0 Pindborg tumor (C41._)

C75.3     Pineal gland

### Pineal tumor
M-9362/3     mixed (C75.3)
M-9362/3     parenchymal, intermediate differentiation (C75.3)
M-9362/3     transitional (C75.3)

M-9360/1 Pinealoma (C75.3)
M-9362/3 Pineoblastoma (C75.3)
M-9362/3 Pineoblastoma-pineocytoma, mixed (C75.3)
M-9361/1 Pineocytoma (C75.3)
M-9362/3 Pineocytoma-pineoblastoma, mixed (C75.3)

### Pinkus
M-8093/3     tumor
M-8093/3     type, fibroepithelial basal cell carcinoma
M-8093/3     type, fibroepithelioma

C44.2     Pinna
C12.9     Piriform fossa
C12.9     Piriform sinus
M-9431/1 Pituicytoma★

### Pituitary
C75.1     NOS
C75.1     fossa
C75.1     gland

M-8272/0 Pituitary adenoma, NOS (C75.1)
M-8272/3 Pituitary carcinoma, NOS (C75.1)

C58.9     Placenta

M-9104/1 Placental site trophoblastic tumor (C58.9)

### Plantar
C49.2     aponeurosis
C49.2     fascia
C44.7     skin

### Plasma cell
M-------     granuloma (see SNOMED)
M-9733/3     leukemia (C42.1)
M-9732/3     myeloma (C42.1)
M-------     pseudotumor (see SNOMED)
M-9731/3     tumor

— 436 —

Alphabetic Index "P" (continued)

M-9733/3 Plasmacytic leukemia (C42.1)
M-9671/3 Plasmacytic lymphoma [obs]

### Plasmacytoma
M-9731/3    NOS
M-9734/3    extramedullary *(not occurring in bone)*
M-9734/3    extraosseous★
M-9731/3    of bone (C40._, C41._)
M-9731/3    solitary

M-8142/3 Plastica, linitis (C16._)

### Pleomorphic
M-8940/0    adenoma
M-8941/3    adenoma, carcinoma in (C07._, C08._)
M-8022/3    carcinoma
M-8802/3    cell sarcoma
M-8893/0    leiomyoma
M-8854/0    lipoma
M-8854/3    liposarcoma
M-8901/3    rhabdomyosarcoma, NOS
M-8901/3    rhabdomyosarcoma, adult type
M-8910/3    rhabdomyosarcoma, embryonal
M-8175/3    type, hepatocellular carcinoma (C22.0)
M-9424/3    xanthoastrocytoma (C71._)

### Pleura
C38.4    NOS
C38.4    parietal
C38.4    visceral

M-8973/3 Pleuropulmonary blastoma

### Plexiform
M-8835/1    fibrohistiocytic tumor
M-9131/0    hemangioma
M-8890/0    leiomyoma
M-9550/0    neurofibroma
M-9550/0    neuroma
M-9560/0    schwannoma

### Plexus
C47.1    brachial
C47.0    cervical
C71.5    choroid
C47.5    lumbosacral
C47.5    sacral
C75.8    Pluriglandular

M-9473/3 PNET, NOS

M-9473/3 PNET, supratentorial
M-8972/3 Pneumoblastoma (C34._)
M-8254/3 Pneumocyte, type II and goblet cell type
         bronchiolo-alveolar carcinoma (C34._)
M-8252/3 Pneumocyte, type II, bronchiolo-alveolar
         carcinoma (C34._)
M-9423/3 Polar spongioblastoma (C71._)
M-9423/3 Polar spongioblastoma, primitive (C71._)
         [obs]
M-9423/3 Polare, spongioblastoma (C71._)

C71.1    Pole, frontal
C71.4    Pole, occipital

### Polycythemia
M-9950/3    proliferative
M-9950/3    rubra vera
M-------    secondary *(see SNOMED)*
M-9950/3    vera

M-9072/3 Polyembryoma
M-9072/3 Polyembryonal type embryonal carcinoma
M-8034/3 Polygonal cell carcinoma
M-9719/3 Polymorphic reticulosis [obs]
M-8525/3 Polymorphous low grade adenocarcinoma
         (C50._)
M-9753/1 Poly-ostotic Langerhans cell histiocytosis

### Polyp
M-------    NOS *(see SNOMED)*
M-8210/3    NOS, adenocarcinoma in
M-8210/2    NOS, adenocarcinoma in situ in
M-8210/3    NOS, carcinoma in
M-8210/2    NOS, carcinoma in situ in

            Adenomatous
M-8210/0        NOS
M-8210/3        adenocarcinoma in
M-8210/2        adenocarcinoma in situ
M-8210/3        carcinoma in
M-8210/2        carcinoma in situ in
M-8213/0        and hyperplastic, mixed (C18._)

M-8210/2    carcinoma in situ in, NOS
M-------    fibroepithelial *(see SNOMED)*
M-------    fibrous *(see SNOMED)*
M-------    hyperplastic *(see SNOMED)*
M-8213/0    hyperplastic and adenomatous polyp,
              mixed (C18._)
M-------    inflammatory *(see SNOMED)*

— 437 —

Alphabetic Index "P" (continued)

### Polyp, continued

| | |
|---|---|
| M------- | juvenile *(see SNOMED)* |
| M------- | lymphoid, NOS *(see SNOMED)* |
| M------- | lymphoid, benign *(see SNOMED)* |
| M------- | Peutz-Jeghers *(see SNOMED)* |
| M-8213/0 | sessile serrated* |

### Polypoid

| | |
|---|---|
| M-8210/0 | adenoma |
| M-8210/3 | adenoma, adenocarcinoma in |
| M-8210/2 | adenoma, adenocarcinoma in situ in |
| M-8932/0 | atypical adenomyoma |

### Polyposis

| | |
|---|---|
| M-8220/0 | adenomatous, coli (C18._) |
| M-8220/3 | adenomatous, coli, adenocarcinoma in (C18._) |
| M-8220/0 | coli, familial (C18._) |
| M-9673/3 | lymphomatous, malignant *(includes all variants: blastic, pleomorphic, small cell)* |
| M-8221/0 | multiple |

M-8221/0 Polyps, adenomatous, multiple
M-8221/3 Polyps, adenomatous, multiple, adenocarcinoma in
M-9071/3 Polyvesicular vitelline tumor

C71.7 Pons

M----/-3 Poorly differentiated *(see grading code, page 30)*
M-8631/3 Poorly differentiated Sertoli-Leydig cell tumor
M-8634/3 Poorly differentiated Sertoli-Leydig cell tumor, with heterologous elements

C77.4 Popliteal lymph node

### Popliteal space

| | |
|---|---|
| C76.5 | NOS |
| C44.7 | NOS (carcinoma, melanoma, nevus) |
| C49.2 | NOS (sarcoma, lipoma) |
| C49.2 | adipose tissue |
| C47.2 | autonomic nervous system |
| C49.2 | connective tissue |
| C49.2 | fatty tissue |
| C49.2 | fibrous tissue |
| C47.2 | peripheral nerve |
| C44.7 | skin |

### Popliteal space, continued

| | |
|---|---|
| C49.2 | soft tissue |
| C49.2 | subcutaneous tissue |
| C49.2 | tendon |
| C49.2 | tendon sheath |

M-8409/3 Porocarcinoma (C44._)
M-8409/0 Poroma, eccrine (C44._)
M-8409/3 Poroma, eccrine, malignant

C77.2 Porta hepatis lymph node
C77.2 Portal lymph node

M------- Portwine nevus *(see SNOMED)*

C13.0 Postcricoid region

### Posterior

| | |
|---|---|
| C71.9 | cranial fossa |
| C11.3 | margin of nasal septum |
| C38.2 | mediastinum |
| C32.1 | surface of epiglottis |
| C01.9 | third of tongue |
| C01.9 | tongue, NOS |

### Posterior wall

| | |
|---|---|
| C67.4 | bladder |
| C13.2 | hypopharynx |
| C10.3 | mesopharynx |
| C11.1 | nasopharynx |
| C10.3 | oropharynx |
| C14.0 | pharynx, NOS |
| C16.8 | stomach, NOS *(not classifiable to C16.1 to C16.4)* |

M-8936/1 Potential, uncertain malignant, gastrointestinal stromal tumor
M-8897/1 Potential, uncertain malignant, smooth muscle tumor

### Pouch

| | |
|---|---|
| C48.1 | Douglas |
| C75.1 | Rathke |
| C48.1 | rectouterine |

M-9350/1 Pouch, Rathke, tumor (C75.1)
M-9364/3 PPNET
C77.0 Preauricular lymph node

M-9836/3 Pre-B ALL *(see also M-9728/3)*

— 438 —

Alphabetic Index "P" (continued)

M-8741/2 Precancerous melanosis, NOS (C44._)
M-8741/3 Precancerous melanosis, malignant
     melanoma in (C44._)
M-8583/1 Predominantly cortical, thymoma, NOS
     (C37.9)
M-8583/3 Predominantly cortical, thymoma, malignant
     (C37.9)
M------- Pregnancy luteoma *(see SNOMED)*

C77.0 Prelaryngeal lymph node

M-9989/3 Preleukemia [obs]
M-9989/3 Preleukemic syndrome (C42.1) [obs]
M-9836/3 Pre-pre-B ALL *(see also M-9728/3)*

C60.0 Prepuce
C16.4 Prepylorus
C76.3 Presacral region, NOS
C77.5 Presymphysial lymph node

M-9837/3 Pre-T ALL *(see also M-9729/3)*

C77.0 Pretracheal lymph node

### Primary
M-9769/1    amyloidosis
M-9718/3    cutaneous CD30+ T-cell
     lymphoproliferative disorder (C44._)
M-8247/3    cutaneous neuroendocrine carcinoma
     (C44._)
M-9270/3    intraosseous carcinoma (C41._)
M-8461/3    serous papillary carcinoma of
     peritoneum (C48.1)

M-----/3 Primary site, malignant *(see Behavior code,*
     *page 27)*

C80.9 Primary site unknown

### Primitive
M-9473/3    neuroectodermal tumor, NOS
M-9473/3    neuroectodermal tumor, central, NOS
     (C71._)
M-9364/3    neuroectodermal tumor, peripheral,
     NOS
M-9423/3    polar spongioblastoma (C71._) [obs]

M------- Primordial cyst *(see SNOMED)*
M-9836/3 Pro-B ALL *(see also M-9728/3)*
M-9837/3 Pro-T ALL *(see also M-9729/3)*

M-8141/3 Productive fibrosis, carcinoma with
M-9363/0 Progonoma, melanotic
M-9754/3 Progressive histiocytosis X, acute
M-8271/0 Prolactinoma (C75.1)

### Proliferating
M-9000/1    Brenner tumor (C56.9)
M-8444/1    clear cell tumor, atypical (C56.9)
M-8442/1    serous tumor, atypical (C56.9)
M-8103/0    trichilemmal cyst
M-8103/0    trichilemmal tumor

### Proliferative
M-8762/1    dermal lesion in congenital nevus
     (C44._)
M-8380/1    endometrioid tumor, atypical
M-8472/1    mucinous tumor, atypical (C56.9)
M-8462/1    papillary serous tumor, atypical (C56.9)
M-9950/3    polycythemia

C61.9 Prostate, NOS
C61.9 Prostate gland

M-8148/2 Prostatic intraepithelial neoplasia, grade III
     (C61.9)

C68.0 Prostatic utricle

M-9410/3 Protoplasmic astrocytoma (C71._)
M-8832/3 Protuberans, dermatofibrosarcoma, NOS
     (C44._)
M-8833/3 Protuberans, dermatofibrosarcoma,
     pigmented (C44._)

C15.3 Proximal third of esophagus

### Psammomatous
M-9533/0    meningioma (C70._)
M-9540/3    MPNST, melanotic
M-9560/0    schwannoma

M------- Pseudoepitheliomatous hyperplasia *(see*
     *SNOMED)*
M-8075/3 Pseudoglandular squamous cell carcinoma
M------- Pseudolymphoma *(see SNOMED)*

### Pseudomucinous
M-8470/3    adenocarcinoma (C56.9)
M-8470/3    cystadenocarcinoma, NOS (C56.9)
M-8471/3    cystadenocarcinoma, papillary (C56.9)

— 439 —

Alphabetic Index "P" (continued), "Q", "R"

### Pseudomucinous, continued
Cystadenoma
M-8470/0      NOS (C56.9)
M-8472/1      borderline malignancy (C56.9)
M-8471/0      papillary, NOS (C56.9)
M-8473/1      papillary, borderline malignancy (C56.9)

M-8480/6 Pseudomyxoma peritonei
M-8480/3 Pseudomyxoma peritonei with unknown primary site (C80.9)
M-8452/3 Pseudopapillary carcinoma, solid (C25._)
M-8452/1 Pseudopapillary tumor, solid (C25._)
M------- Pseudopolyp, NOS *(see SNOMED)*
M------- Pseudosarcoma *(see SNOMED)*

### Pseudosarcomatous
M-8033/3      carcinoma
M-------      fasciitis *(see SNOMED)*
M-------      fibromatosis *(see SNOMED)*

### Pseudotumor
M-------      NOS *(see SNOMED)*
M-------      inflammatory *(see SNOMED)*
M-------      plasma cell *(see SNOMED)*

C49.4      Psoas muscle

### Pterygoid fossa
C49.0      NOS
C47.0      autonomic nervous system
C49.0      connective tissue
C49.0      fibrous tissue
C47.0      peripheral nerve
C49.0      soft tissue

M-9971/1*PTLD, NOS*

C41.4      Pubic bone
C51.9      Pudendum

### Pulmonary
C34.9      NOS
C77.1      lymph node, NOS
C77.1      lymph node, hilar

M-8250/1 Pulmonary adenomatosis (C34._)
M-8972/3 Pulmonary blastoma (C34._)

C71.0      Putamen

### Pyloric
C16.3      antrum
C16.4      canal
C77.2      lymph node

C16.4      Pylorus

M------- Pyogenic granuloma *(see SNOMED)*

C71.7      Pyramid
C12.9      Pyriform fossa
C12.9      Pyriform sinus

# Q

C49.2      Quadriceps femoris muscle

M-8076/2 Questionable stromal invasion, epidermoid carcinoma in situ with
M-8076/2 Questionable stromal invasion, squamous cell carcinoma in situ with
M-8080/2 Queyrat erythroplasia (C60._)

# R

M-9123/0 Racemose hemangioma

C49.1      Radial artery
C47.1      Radial nerve

M------- Radicular cyst *(see SNOMED)*

C40.0      Radius

M-9983/3 RAEB (C42.1)
M-9983/3 RAEB I (C42.1)
M-9983/3 RAEB II (C42.1)
M-9984/3 RAEB-T (C42.1)
M-9982/3 RARS (C42.1)

C75.1      Rathke pouch
M-9350/1 Rathke pouch tumor (C75.1)
M-9985/3 RCMD
M-9540/1 Recklinghausen disease *(except of bone)*
M------- Recklinghausen disease of bone *(see SNOMED)*

— 440 —

Alphabetic Index "R" (continued)

| | |
|---|---|
| C20.9 | Rectal ampulla |

**Rectosigmoid**

| | |
|---|---|
| C19.9 | NOS |
| C19.9 | colon |
| C19.9 | junction |

| | |
|---|---|
| C48.1 | Rectouterine pouch |
| C76.3 | Rectovaginal septum |
| C76.3 | Rectovesical septum |
| C20.9 | Rectum, NOS |
| C19.9 | Rectum and colon |
| C49.4 | Rectus abdominis muscle |

M-8770/0 Reed pigmented spindle cell nevus (C44._)

**Refractory anemia (C42.1)**

| | |
|---|---|
| M-9980/3 | NOS |
| M-9983/3 | with excess blasts (RAEB) |
| M-9984/3 | with excess blasts in transformation (RAEB-T) [obs] |
| M-9982/3 | with ringed sideroblasts (RARS) |
| M-9982/3 | with ring sideroblasts associated with marked thrombocytosis★ |
| M-9982/3 | with sideroblasts |
| M-9980/3 | without sideroblasts |

M-9985/3 Refractory cytopenia of childhood★
M-9985/3 Refractory cytopenia with multilineage dysplasia
M-9991/3★Refractory neutropenia★
M-9992/3★Refractory thrombocytopenia★
M-9514/1 Regressed, spontaneously, retinoblastoma (C69.2)
M-8723/3 Regressing malignant melanoma (C44._)
M-8723/0 Regressing nevus (C44._)

| | |
|---|---|
| C71.0 | Reil |
| C71.0 | Reil, Island of |
| C71.0 | Reil, organ of |

**Renal**

| | |
|---|---|
| C64.9 | NOS |
| C49.4 | artery |
| C65.9 | calyces |
| C65.9 | calyx |
| C65.9 | pelvis |

| | |
|---|---|
| M-8317/3 | carcinoma, chromophobe cell (C64.9) |
| M-8319/3 | carcinoma, collecting duct type (C64.9) |

*Renal, continued*
M-8967/0    tumor, ossifying (C64.9)

**Renal cell**
M-8312/3    adenocarcinoma (C64.9)

Carcinoma

| | |
|---|---|
| M-8312/3 | NOS (C64.9) |
| M-8317/3 | chromophobe type (C64.9) |
| M-8316/3 | cyst-associated (C64.9) |
| M-8260/3 | papillary (C64.9) |
| M-8318/3 | sarcomatoid (C64.9) |
| M-8318/3 | spindle cell (C64.9) |

M-8361/0 Reninoma (C64.9)
M-8966/0 Renomedullary fibroma (C64.9)
M-8966/0 Renomedullary interstitial cell tumor (C64.9)
M-8041/3 Reserve cell carcinoma

| | |
|---|---|
| C39.9 | Respiratory tract, NOS |
| C39.0 | Respiratory tract, upper, NOS |

**Rest**

| | |
|---|---|
| M------- | embryonal, NOS *(see SNOMED)* |
| M-8671/0 | tumor, adrenal |
| M------- | Walthard *(see SNOMED)* |

| | |
|---|---|
| C62.0 | Retained testis *(site of neoplasm)* |
| C42.3 | Reticuloendothelial system, NOS |

M-9940/3 Reticuloendotheliosis, leukemic
M-9751/3 Reticuloendotheliosis, nonlipid [obs]☆
M------- Reticulohistiocytic granuloma *(see SNOMED)*
M-8831/0 Reticulohistiocytoma

**Reticulosarcoma**

| | |
|---|---|
| M-9591/3 | NOS [obs] |
| M-9591/3 | diffuse [obs] |

**Reticulosis**

| | |
|---|---|
| M-9750/3 | histiocytic medullary [obs] |
| M-9719/3 | malignant, NOS [obs] |
| M-9719/3 | malignant midline [obs] |
| M-9700/3 | Pagetoid |
| M-9719/3 | polymorphic [obs] |

M-9591/3 Reticulum cell sarcoma, NOS [obs]
M-9591/3 Reticulum cell sarcoma, diffuse [obs]

Alphabetic Index "R" (continued), "S"

M-8633/1 Retiform Sertoli-Leydig cell tumor
M-8634/1 Retiform Sertoli-Leydig cell tumor, with
heterologous elements

C69.2　　Retina

M-9363/0 Retinal anlage tumor

**Retinoblastoma**
M-9510/3　NOS (C69.2)
M-9511/3　differentiated (C69.2)
M-9513/3　diffuse (C69.2)
M-9514/1　spontaneously regressed (C69.2)
M-9512/3　undifferentiated (C69.2)

M-9510/0 Retinocytoma (C69.2)

C69.6　　Retrobulbar tissue
C48.0　　Retrocecal tissue

**Retromolar**
C06.2　　area
C06.2　　triangle
C06.2　　trigone

M-8822/1 Retroperitoneal fibromatosis (C48.0)

C77.2　　Retroperitoneal lymph node
C48.0　　Retroperitoneal tissue
C48.0　　Retroperitoneum
C77.0　　Retropharyngeal lymph node
C14.0　　Retropharynx

**Rhabdoid**
M-9538/3　meningioma (C70._)
M-8014/3　phenotype, large cell carcinoma with
M-8963/3　sarcoma
M-8963/3　tumor, NOS
M-8963/3　tumor, malignant

M-9508/3 Rhabdoid/teratoid tumor, atypical (C71._)

**Rhabdomyoblastic differentiation**
M-9561/3　malignant peripheral nerve sheath
tumor with
M-9561/3　malignant schwannoma with
M-9561/3　MPNST with

**Rhabdomyoma**
M-8900/0　NOS

*Rhabdomyoma, continued*
M-8904/0　adult
M-8903/0　fetal
M-8905/0　genital (C51._, C52.9)
M-8904/0　glycogenic

**Rhabdomyosarcoma**
M-8900/3　NOS
M-8901/3　adult type
M-8920/3　alveolar
M-8902/3　alveolar and embryonal, mixed
M-8910/3　embryonal, NOS
M-8910/3　embryonal, pleomorphic
M-8902/3　mixed embryonal and alveolar
M-8902/3　mixed type
M-8901/3　pleomorphic, NOS
M-8912/3　spindle cell
M-8921/3　with ganglionic differentiation

M-8900/3 Rhabdosarcoma

C71.0　　Rhinencephalon
C41.3　　Rib
C18.2　　Right colon

M-8090/3 Rodent ulcer (C44._)

C05.9　　Roof of mouth
C11.0　　Roof of nasopharynx
C01.9　　Root of tongue
C11.2　　Rosenmuller fossa
C77.4　　Rosenmuller lymph node

**Round cell**
M-8041/3　carcinoma
M-8853/3　liposarcoma
M-9185/3　osteosarcoma (C40._, C41._)
M-8803/3　sarcoma
M-8806/3　tumor, desmoplastic small

C57.2　　Round ligament

M-9950/3 Rubra vera, polycythemia
M------- Rugal hypertrophy, giant *(see SNOMED)*

# S

C69.5　　Sac, lacrimal

－ 442 －

Alphabetic Index "S" (continued)

|        | **Sacral** |
|--------|------------|
| C72.0  | cord       |
| C77.5  | lymph node |
| C47.5  | nerve      |
| C47.5  | plexus     |

|        | **Sacrococcygeal region** |
|--------|---------------------------|
| C76.3  | NOS                       |
| C44.5  | NOS (carcinoma, melanoma, nevus) |
| C49.5  | NOS (sarcoma, lipoma)     |
| C49.5  | adipose tissue            |
| C47.5  | autonomic nervous system  |
| C49.5  | connective tissue         |
| C49.5  | fatty tissue              |
| C49.5  | fibrous tissue            |
| C49.5  | muscle                    |
| C47.5  | peripheral nerve          |
| C49.5  | skeletal muscle           |
| C44.5  | skin                      |
| C49.5  | soft tissue               |
| C49.5  | subcutaneous tissue       |

| C41.4 | Sacrum |
|-------|--------|

|        | **Salivary gland** |
|--------|--------------------|
| C08.9  | NOS *(excludes minor salivary gland, NOS C06.9; see coding guidelines, page 33 and note under C08)* |
| C08.9  | major, NOS         |
| C06.9  | minor, NOS *(see coding guidelines, page 33 and note under C08)* |

| M-8940/0 | Salivary gland type mixed tumor, NOS (C07._, C08._) |
|----------|--------------------------------------------------|
| M-8940/3 | Salivary gland type mixed tumor, malignant (C07._, C08._) |
| M------  | Salpingitis isthmica nodosa *(see SNOMED)* |
| M-9699/3 | SALT lymphoma |

| C25.3 | Santorini duct |
|-------|----------------|

| M------ | Sarcoid granuloma *(see SNOMED)* |
|---------|----------------------------------|

|          | **Sarcoma** |
|----------|-------------|
| M-8800/3 | NOS         |
| M-9581/3 | alveolar soft part |
| M-9330/3 | ameloblastic (C41._) |
| M-9471/3 | arachnoidal cerebellar, circumscribed (C71.6) [obs] |
| M-8910/3 | botryoid    |

| M-8910/3 | botryoides |
|----------|------------|
| M-9480/3 | cerebellar, NOS (C71.6) [obs] |
| M-9471/3 | circumscribed arachnoidal cerebellar (C71.6) [obs] |

|          | Clear cell |
|----------|------------|
| M-9044/3 | NOS *(except of kidney M-8964/3)* |
| M-8964/3 | of kidney (C64.9) |
| M-9044/3 | of tendons and aponeuroses (C49._) |

|          | Dendritic cell |
|----------|----------------|
| M-9757/3 | NOS            |
| M-9758/3 | follicular     |
| M-9757/3 | interdigitating |

| M-8991/3 | embryonal |
|----------|-----------|

|          | Endometrial |
|----------|-------------|
| M-8930/3 | NOS (C54.1) |
| M-8930/3 | stromal, NOS (C54.1) |
| M-8930/3 | stromal, high grade (C54.1) |
| M-8931/3 | stromal, low grade (C54.1) |

| M-8804/3 | epithelioid |
|----------|-------------|
| M-8804/3 | epithelioid cell |
| M-9260/3 | Ewing (C40._, C41._) |
| M-9364/3 | Extraskletal Ewing▼ |
| M-9758/3 | follicular dendritic cell |
| M-8936/3 | gastrointestinal stromal |
| M-8802/3 | giant cell *(except of bone M-9250/3)* |
| M-9250/3 | giant cell, bone (C40._, C41._) |
| M-8710/3 | glomoid |
| M-9930/3 | granulocytic |
| M-9130/3 | hemangioendothelial |
| M-9140/3 | hemorrhagic, multiple |
| M-9755/3 | histiocytic |
| M-9662/3 | Hodgkin [obs] |
| M-9684/3 | immunoblastic [obs] |
| M-9757/3 | interdigitating cell |
| M-9757/3 | interdigitating dendritic cell |
| M-9140/3 | Kaposi |
| M-9124/3 | Kupffer cell (C22.0) |
| M-9756/3 | Langerhans cell |
| M-9530/3 | leptomeningeal (C70._) |
| M-9170/3 | lymphangioendothelial (C70._) |
| M-9740/3 | mast cell |
| M-9530/3 | meningeal (C70._) |
| M-9530/3 | meningothelial (C70._) |
| M-8990/3 | mesenchymal, mixed |

— 443 —

Alphabetic Index "S" (continued)

### Sarcoma, continued

| | |
|---|---|
| M-9441/3 | monstrocellular [obs] (C71._) |
| M-9140/3 | multiple hemorrhagic |
| M-9930/3 | myeloid *(see also M-9861/3)* |
| M-9540/3 | neurogenic [obs] |
| M-9270/3 | odontogenic (C41._) |
| M-9180/3 | osteoblastic (C40._, C41._) |
| M-9180/3 | osteogenic, NOS (C40._, C41._) |
| M-8812/3 | periosteal, NOS (C40._, C41._) |
| M-8802/3 | pleomorphic cell |
| M-9591/3 | reticulum cell, NOS [obs] |
| M-9591/3 | reticulum cell, diffuse [obs] |
| M-8963/3 | rhabdoid |
| M-8803/3 | round cell |
| M-8803/3 | small cell |
| M-8800/3 | soft tissue |
| M-8801/3 | spindle cell |

Stromal

| | |
|---|---|
| M-8935/3 | NOS |
| M-8930/3 | endometrial, NOS (C54.1) |
| M-8930/3 | endometrial, high grade (C54.1) |
| M-8931/3 | endometrial, low grade (C54.1) |
| M-8936/3 | gastrointestinal |

Synovial

| | |
|---|---|
| M-9040/3 | NOS |
| M-9043/3 | biphasic |
| M-9042/3 | epithelioid cell |
| M-9041/3 | fibrous, monophasic |
| M-9041/3 | monophasic fibrous |
| M-9041/3 | spindle cell |

| | |
|---|---|
| M-8805/3 | undifferentiated |
| M-8991/3 | undifferentiated (liver) ▼ |

### Sarcomatoid

| | |
|---|---|
| M-8033/3 | carcinoma |
| M-8173/3 | carcinoma, hepatocellular (C22.0) |
| M-8318/3 | carcinoma, renal cell (C64.9) |
| M-8074/3 | carcinoma, squamous cell |
| M-8620/3 | granulosa cell tumor (C56.9) |
| M-9051/3 | mesothelioma |
| M-8318/3 | renal cell carcinoma (C64.9) |
| M-8631/3 | Sertoli–Leydig cell tumor |
| M-8074/3 | squamous cell carcinoma |
| M-8122/3 | transitional cell carcinoma |

| | |
|---|---|
| M-8800/9 | Sarcomatosis, NOS |
| M-9539/3 | Sarcomatosis, meningeal (C70._) |

| | |
|---|---|
| M-9442/3 | Sarcomatous component, glioblastoma with (C71._) |

| | |
|---|---|
| C77.0 | Scalene lymph node |

### Scalp

| | |
|---|---|
| C44.4 | NOS |
| C44.4 | NOS (carcinoma, melanoma, nevus) |
| C49.0 | NOS (sarcoma, lipoma) |
| C49.0 | adipose tissue |
| C47.0 | autonomic nervous system |
| C49.0 | connective tissue |
| C49.0 | fatty tissue |
| C49.0 | fibrous tissue |
| C49.0 | muscle |
| C47.0 | peripheral nerve |
| C49.0 | skeletal muscle |
| C44.4 | skin |
| C49.0 | soft tissue |
| C49.0 | subcutaneous tissue |

| | |
|---|---|
| C40.0 | Scapula |

### Scapular region

| | |
|---|---|
| C76.1 | NOS |
| C44.5 | NOS (carcinoma, melanoma, nevus) |
| C49.3 | NOS (sarcoma, lipoma) |
| C49.3 | adipose tissue |
| C47.3 | autonomic nervous system |
| C49.3 | connective tissue |
| C49.3 | fatty tissue |
| C49.3 | fibrous tissue |
| C47.3 | peripheral nerve |
| C44.5 | skin |
| C49.3 | soft tissue |
| C49.3 | subcutaneous tissue |

| | |
|---|---|
| M------ | Scar, hyperplastic *(see SNOMED)* |
| M-8082/3 | Schmincke tumor (C11._) |

### Schneiderian

| | |
|---|---|
| M-8121/3 | carcinoma (C30.0, C31._) |

Papilloma

| | |
|---|---|
| M-8121/0 | NOS (C30.0, C31._) |
| M-8121/1 | inverted (C30.0, C31._) |
| M-8121/1 | oncocytic (C30.0, C31._) |

### Schwannoma

| | |
|---|---|
| M-9560/0 | NOS |

### Schwannoma, continued

| | |
|---|---|
| M-9560/0 | ancient |
| M-9560/0 | cellular |
| M-9560/0 | degenerated |
| M-9560/3 | malignant, NOS [obs] |
| M-9561/3 | malignant, with rhabdomyoblastic differentiation |
| M-9560/0 | melanotic |
| M-9560/0 | pigmented |
| M-9560/0 | plexiform |
| M-9560/0 | psammomatous |
| M-9561/3 | with rhabdomyoblastic differentiation, malignant |

C47.2  Sciatic nerve

### Scirrhous

| | |
|---|---|
| M-8141/3 | adenocarcinoma |
| M-8141/3 | carcinoma |
| M-8172/3 | carcinoma, hepatocellular (C22.0) |

C69.4  Sclera

### Sclerosing

| | |
|---|---|
| M-8350/3 | adenocarcinoma, nonencapsulated (C73.9) |
| M------- | adenosis (see SNOMED) |
| M-8092/3 | basal cell carcinoma, infiltrating (C44._) |
| M-8350/3 | carcinoma, nonencapsulated (C73.9) |
| M-8350/3 | carcinoma, papillary, diffuse (C73.9) |
| M-8832/0 | hemangioma (C44._) |
| M-8172/3 | hepatic carcinoma (C22.0) |
| M-8851/3 | liposarcoma |
| M-8350/3 | papillary carcinoma, diffuse (C73.9) |
| M-8602/0 | stromal tumor (C56.9) |
| M-8407/3 | sweat duct carcinoma (C44._) |
| M-8350/3 | tumor, nonencapsulated (C73.9) |
| M-8602/0 | tumor, stromal (C56.9) |

| | |
|---|---|
| C62.1 | Scrotal testis |
| C63.2 | Scrotum, NOS |
| C63.2 | Scrotum, skin |

### Sebaceous

| | |
|---|---|
| M-8410/3 | adenocarcinoma (C44._) |
| M-8410/0 | adenoma (C44._) |
| M-8410/3 | carcinoma (C44._) |
| M------- | cyst (see SNOMED) |
| M-8410/0 | epithelioma (C44._) |

| | |
|---|---|
| M------- | Seborrheic keratosis (see SNOMED) |
| M------- | Seborrheic verruca (see SNOMED) |
| M-----/6 | Secondary site (see behavior code, page 27) |

### Secondary

| | |
|---|---|
| M-8010/6 | carcinoma |
| M-8000/6 | neoplasm |
| M------- | polycythemia (see SNOMED) |
| M-8000/6 | tumor |
| M-9084/3 | tumor, dermoid cyst with (C56.9) |

### Secretory

| | |
|---|---|
| M-8502/3 | carcinoma, breast (C50._) |
| M-9530/0 | meningioma (C70._) |
| M-8382/3 | variant, endometrioid adenocarcinoma |

C75.1  Sella turcica

M-9582/0  Sellar region granular cell tumor (C75.1)

| | |
|---|---|
| C40.2 | Semilunar cartilage |
| C63.7 | Seminal vesicle |

### Seminoma

| | |
|---|---|
| M-9061/3 | NOS (C62._) |
| M-9085/3 | and teratoma, mixed |
| M-9062/3 | anaplastic (C62._) |
| M-9063/3 | spermatocytic (C62._) |
| M-9062/3 | with high mitotic index (C62._) |

M-------  Senile keratosis (see SNOMED)

### Septum

| | |
|---|---|
| C30.0 | nasal, NOS (excludes posterior margin of nasal septum C11.3) |
| C11.3 | nasal, posterior margin |
| C76.3 | rectovaginal |
| C76.3 | rectovesical |
| C57.9 | urethrovaginal |
| C57.9 | vesicovaginal |

M-8241/3  Serotonin producing carcinoid

### Serous

| | |
|---|---|
| M-9014/3 | adenocarcinofibroma |
| M-8441/3 | adenocarcinoma, NOS (C56.9) |
| M-8460/3 | adenocarcinoma, papillary (C56.9) |

— 445 —

Alphabetic Index "S" (continued)

### Serous, continued

Adenofibroma
| | |
|---|---|
| M-9014/0 | NOS |
| M-9014/1 | borderline malignancy |
| M-9014/3 | malignant |
| | |
| M-8441/0 | adenoma, microcystic |
| M-8441/3 | carcinoma (C56.9) |
| M-8460/3 | carcinoma, micropapillary (C56.9) |
| M-9014/3 | cystadenocarcinofibroma |
| M-8441/3 | cystadenocarcinoma, NOS (C56.9) |
| M-8460/3 | cystadenocarcinoma, papillary (C56.9) |

Cystadenofibroma
| | |
|---|---|
| M-9014/0 | NOS |
| M-9014/1 | borderline malignancy |
| M-9014/3 | malignant |

Cystadenoma
| | |
|---|---|
| M-8441/0 | NOS (C56.9) |
| M-8442/1 | borderline malignancy (C56.9) |
| M-8460/0 | papillary, NOS (C56.9) |
| M-8462/1 | papillary, borderline malignancy (C56.9) |
| | |
| M-8441/0 | cystoma (C56.9) |
| M-8441/0 | microcystic adenoma |
| M-8461/3 | papillary carcinoma, primary, peritoneum (C48.1) |
| M-8462/1 | papillary cystic tumor of borderline malignancy (C56.9) |

Surface
| | |
|---|---|
| M-8461/3 | papillary carcinoma (C56.9) |
| M-8463/1 | papillary tumor of borderline malignancy (C56.9) |
| M-8461/0 | papilloma (C56.9) |

Tumor
| | |
|---|---|
| M-8442/1 | NOS, of low malignant potential (C56.9) |
| M-8442/1 | atypical proliferating (C56.9) |
| M-8462/1 | papillary, atypical proliferative (C56.9) |
| M-8462/1 | papillary, of low malignant potential (C56.9) |
| M-8213/0 | Serrated adenoma (C18._) |

### Sertoli cell
| | |
|---|---|
| M-8640/1 | adenoma |

### Sertoli cell, continued
| | |
|---|---|
| M-8640/3 | carcinoma (C62._) |

Tumor
| | |
|---|---|
| M-8640/1 | NOS |
| M-8642/1 | large cell calcifying |
| M-8641/0 | lipid-rich (C56.9) |
| M-8641/0 | with lipid storage (C56.9) |

### Sertoli-Leydig cell tumor
| | |
|---|---|
| M-8631/1 | NOS |
| M-8631/1 | intermediate differentiation |
| M-8634/1 | intermediate differentiation, with heterologous elements |
| M-8631/3 | poorly differentiated |
| M-8634/3 | poorly differentiated, with heterologous elements |
| M-8633/1 | retiform |
| M-8634/1 | retiform, with heterologous elements |
| M-8631/3 | sarcomatoid |
| M-8631/0 | well differentiated |
| | |
| M-8588/3 | SETTLE |
| M-8077/2 | Severe dysplasia, CIN III with (C53._) |

### Sex cord
| | |
|---|---|
| M-8593/1 | elements, stromal tumor with minor (C56.9) |
| M-8590/1 | tumor, NOS |
| M-8623/1 | tumor with annular tubules (C56.9) |

### Sex cord-gonadal stromal tumor
| | |
|---|---|
| M-8590/1 | NOS |
| M-8591/1 | incompletely differentiated |
| M-8592/1 | mixed forms |
| | |
| M-9701/3 | Sezary disease |
| M-9701/3 | Sezary syndrome |

### Shoulder
| | |
|---|---|
| C76.4 | NOS |
| C44.6 | NOS (carcinoma, melanoma, nevus) |
| C49.1 | NOS (sarcoma, lipoma) |
| C49.1 | adipose tissue |
| C47.1 | autonomic nervous system |
| C40.0 | bone |
| C49.1 | connective tissue |
| C49.1 | fatty tissue |
| C49.1 | fibrous tissue |
| C40.0 | girdle |

Alphabetic Index "S" (continued)

### Shoulder, continued

| | |
|---|---|
| C40.0 | joint |
| C49.1 | muscle |
| C47.1 | peripheral nerve |
| C49.1 | skeletal muscle |
| C44.6 | skin |
| C49.1 | soft tissue |
| C49.1 | subcutaneous tissue |

M-8974/1 Sialoblastoma(C07._)(C08._)

### Sideroblasts

| | |
|---|---|
| M-9982/3 | refractory anemia with (C42.1) |
| M-9982/3 | refractory anemia with ringed (C42.1) |
| M-9980/3 | refractory anemia without (C42.1) |

### Sigmoid

| | |
|---|---|
| C18.7 | NOS |
| C18.7 | colon |
| C18.7 | flexure of colon |

### Signet ring cell

| | |
|---|---|
| M-8490/3 | adenocarcinoma |
| M-8490/3 | carcinoma |
| M-8490/6 | carcinoma, metastatic |

M-8231/3 Simplex, carcinoma
M-9131/0 Simplex, hemangioma

### Sinonasal papilloma

| | |
|---|---|
| M-8121/0 | NOS (C30.0, C31._) |
| M-8121/0 | exophytic (C30.0, C31._) |
| M-8121/0 | fungiform (C30.0, C31._) |

### Sinus

| | |
|---|---|
| C31.9 | accessory, NOS |
| C31.9 | accessory, nasal |
| C31.1 | ethmoid |
| C31.2 | frontal |
| C31.0 | maxillary |
| C31.9 | paranasal |
| C12.9 | pyriform |
| C31.3 | sphenoid |

M------- Sinus histiocytosis with massive
lymphadenopathy *(see SNOMED)*
M-9071/3 Sinus tumor, endodermal

### Site

| | |
|---|---|
| C76.2 | intra-abdominal, NOS |

### Site, continued

| | |
|---|---|
| C71.9 | intracranial |
| C76.1 | intrathoracic, NOS |
| C80.9 | primary, unknown |
| | |
| C41.9 | Skeletal bone |

### Skeletal muscle

| | |
|---|---|
| C49.9 | NOS |
| C49.4 | abdominal wall |
| C49.1 | arm |
| C49.6 | back |
| C49.5 | buttock |
| C49.2 | calf |
| C49.3 | chest wall |
| C49.0 | face |
| C49.1 | finger |
| C49.6 | flank |
| C49.2 | foot |
| C49.1 | forearm |
| C49.1 | hand |
| C49.0 | head |
| C49.2 | leg |
| C49.0 | neck |
| C49.5 | perineum |
| C49.5 | sacrococcygeal region |
| C49.0 | scalp |
| C49.1 | shoulder |
| C49.2 | thigh |
| C49.3 | thoracic wall |
| C49.3 | thorax |
| C49.1 | thumb |
| C49.2 | toe |
| C49.6 | trunk, NOS |

### Skin

| | |
|---|---|
| C44.9 | NOS *(excludes skin of vulva C51._, skin of penis C60.9 and skin of scrotum C63.2)* |
| C44.5 | abdomen |
| C44.5 | abdominal wall |
| C44.3 | ala nasi |
| C44.7 | ankle |
| C44.6 | antecubital space |
| C44.5 | anus |
| C44.6 | arm |
| C44.2 | auditory canal, NOS |
| C44.2 | auditory canal, external |
| C44.2 | auditory meatus, external |
| C44.2 | auricle |

— 447 —

# Alphabetic Index "S" (continued)

## Skin, continued

| | |
|---|---|
| C44.2 | auricular canal, NOS |
| C44.2 | auricular canal, external |
| C44.5 | axilla |
| C44.5 | back |
| C44.5 | breast |
| C44.3 | brow |
| C44.5 | buttock |
| C44.7 | calf |
| C44.1 | canthus, NOS |
| C44.1 | canthus, inner |
| C44.1 | canthus, outer |
| C44.4 | cervical region |
| C44.3 | cheek, NOS |
| C44.3 | cheek, external |
| C44.5 | chest |
| C44.5 | chest wall |
| C44.3 | chin |
| C44.3 | columnella |
| C44.2 | concha |
| C44.2 | ear, NOS |
| C44.2 | ear canal |
| C44.2 | ear, external |
| C44.2 | ear lobule |
| C44.2 | earlobe |
| C44.6 | elbow |
| C44.2 | external ear |
| C44.3 | eyebrow |
| C44.1 | eyelid, NOS |
| C44.1 | eyelid, lower |
| C44.1 | eyelid, upper |
| C44.3 | face |
| C44.6 | finger |
| C44.5 | flank |
| C44.7 | foot |
| C44.6 | forearm |
| C44.3 | forehead |
| C44.5 | gluteal region |
| C44.5 | groin |
| C44.6 | hand |
| C44.4 | head, NOS |
| C44.7 | heel |
| C44.2 | helix |
| C44.7 | hip |
| C44.5 | infraclavicular region |
| C44.5 | inguinal region |
| C44.1 | inner canthus |
| C44.3 | jaw |
| C44.7 | knee |
| C51.0 | labia majora |

## Skin, continued

| | |
|---|---|
| C44.7 | leg |
| C44.1 | lid, NOS |
| C44.1 | lid, lower |
| C44.1 | lid, upper |
| C44.7 | limb, lower |
| C44.6 | limb, upper |
| C44.0 | lip, NOS |
| C44.0 | lip, lower |
| C44.0 | lip, upper |
| C44.2 | lobule, ear |
| C44.4 | neck |
| C44.3 | nose |
| C44.3 | nose, external |
| C44.1 | outer canthus |
| C44.6 | palm |
| C44.6 | palmar |
| C44.1 | palpebra |
| C60.9 | penis |
| C44.5 | perianal |
| C44.5 | perineum |
| C44.2 | pinna |
| C44.7 | plantar |
| C44.7 | popliteal space |
| C44.5 | sacrococcygeal region |
| C44.4 | scalp |
| C44.5 | scapular region |
| C63.2 | scrotum |
| C44.6 | shoulder |
| C44.7 | sole, foot |
| C44.4 | supraclavicular region |
| C44.3 | temple |
| C44.7 | thigh |
| C44.5 | thoracic wall |
| C44.5 | thorax |
| C44.6 | thumb |
| C44.7 | toe |
| C44.2 | tragus |
| C44.5 | trunk |
| C44.5 | umbilicus |
| C51.9 | vulva |
| C44.6 | wrist |

## Skin appendage

| | |
|---|---|
| M-8390/0 | adenoma (C44._) |
| M-8390/3 | carcinoma (C44._) |
| M-8390/0 | tumor, benign (C44._) |
| C41.0 | Skull, NOS |
| C41.0 | Skull, bone |

— 448 —

Alphabetic Index "S" (continued)

C17.9    Small bowel, NOS

**Small**
M-8761/0    congenital nevus (C44._)
M-9764/3    intestinal disease, immunoproliferative
            (C17._)
M-8806/3    round cell tumor, desmoplastic

**Small cell**
            Carcinoma
M-8041/3        NOS
M-8045/3        combined
M-8073/3        epidermoid, nonkeratinizing
M-8043/3        fusiform cell
M-8044/3        intermediate cell
M-8045/3        mixed
M-8041/3        neuroendocrine
M-8073/3        squamous cell, nonkeratinizing

M-9185/3    osteosarcoma (C40._, C41._)
M-8803/3    sarcoma
M-8002/3    type, malignant tumor

M-8045/3    Small cell-adenocarcinoma, combined
            (C34._)
M-8045/3    Small cell-large cell carcinoma, combined
            (C34._)
M-8045/3    Small cell-squamous cell carcinoma,
            combined (C34._)

**Small intestine**
C17.9        NOS
C17.0        duodenum
C17.2        ileum *(excludes ileocecal valve C18.0)*
C17.1        jejunum
C17.3        Meckel diverticulum *(site of neoplasm)*
C17.9        small bowel, NOS

M-9764/3    Small intestinal immunoproliferative disease
            (C17._)
M-8897/1    Smooth muscle tumor, NOS
M-8897/1    Smooth muscle tumor, uncertain malignant
            potential

C03.9    Socket, tooth

**Soft palate**
C05.1        NOS *(excludes nasopharyngeal surface
             C11.3)*
C05.8        and hard palate, junction

*Soft palate, continued*
C11.3        nasopharyngeal surface

M-9581/3 Soft part sarcoma, alveolar

**Soft parts**
M-9251/1        giant cell tumor, NOS
M-9251/3        giant cell tumor, malignant
M-9044/3        melanoma, malignant (C49._)

**Soft tissue**
C49.9        NOS
C49.4        abdomen
C49.4        abdominal wall
C49.2        ankle
C49.1        antecubital space
C49.1        arm
C49.3        axilla
C49.6        back
C49.5        buttock
C49.2        calf
C49.0        cervical region
C49.0        cheek
C49.3        chest
C49.3        chest wall
C49.0        chin
C49.1        elbow
C49.0        face
C49.1        finger
C49.6        flank
C49.2        foot
C49.1        forearm
C49.0        forehead
C49.5        gluteal region
C49.5        groin
C49.1        hand
C49.0        head
C49.2        heel
C49.2        hip
C49.3        infraclavicular region
C49.5        inguinal region
C49.2        knee
C49.2        leg
C49.0        neck
C69.6        orbit
C49.5        perineum
C49.2        popliteal space
C49.0        pterygoid fossa, NOS
C49.5        sacrococcygeal region
C49.0        scalp

— 449 —

Alphabetic Index "S" (continued)

### Soft tissue, continued

| | |
|---|---|
| C49.3 | scapular region |
| C49.1 | shoulder |
| C49.0 | supraclavicular region |
| C49.0 | temple |
| C49.2 | thigh |
| C49.3 | thoracic wall |
| C49.1 | thumb |
| C49.2 | toe |
| C49.6 | trunk, NOS |
| C49.4 | umbilicus |
| C49.1 | wrist |

| | |
|---|---|
| M-9571/0 | perineurioma |
| M-8800/3 | sarcoma |
| M-8850/1 | superficial, well differentiated liposarcoma |
| M-8800/0 | tumor, benign |
| M-8800/3 | tumor, malignant |

| | |
|---|---|
| C44.7 | Sole of foot |

### Solid

| | |
|---|---|
| M-8230/3 | adenocarcinoma with mucin formation |
| M-8452/1 | and cystic tumor (C25._) |
| M-8452/1 | and papillary epithelial neoplasm (C25._) |
| M-8230/3 | carcinoma, NOS |
| M-8230/3 | carcinoma with mucin formation |
| M-8452/3 | pseudopapillary carcinoma (C25._) |
| M-8452/1 | pseudopapillary tumor (C25._) |
| M-9080/1 | teratoma |
| M-8230/2 | type, ductal carcinoma in situ (C50._) |
| M-8230/2 | type, intraductal carcinoma |

### Solitary

| | |
|---|---|
| M------- | cyst (see SNOMED) |
| M-8815/0 | fibrous tumor |
| M-8815/3 | fibrous tumor, malignant |
| M-9731/3 | myeloma |
| M-9731/3 | plasmacytoma |

| | |
|---|---|
| M-8156/1 | Somatostatin cell tumor, NOS |
| M-8156/3 | Somatostatin cell tumor, malignant |
| M-8156/1 | Somatostatinoma, NOS |
| M-8156/3 | Somatostatinoma, malignant |

| | |
|---|---|
| C63.1 | Spermatic cord |

| | |
|---|---|
| M-9063/3 | Spermatocytic seminoma (C62._) |

| | |
|---|---|
| M-9063/3 | Spermatocytoma (C62._) |

| | |
|---|---|
| C41.0 | Sphenoid bone |
| C31.3 | Sphenoid sinus |
| C21.1 | Sphincter, anal |
| C24.0 | Sphincter of Oddi |

### Spider

| | |
|---|---|
| M------- | angioma (see SNOMED) |
| M------- | nevus (see SNOMED) |
| M------- | vascular (see SNOMED) |

### Spinal

| | |
|---|---|
| C72.5 | accessory nerve |
| C70.1 | arachnoid |
| C41.2 | column |
| C72.0 | cord |
| C70.1 | dura mater |
| C70.1 | meninges |
| C47.9 | nerve, NOS |
| C70.1 | pia mater |

### Spindle cell

| | |
|---|---|
| M-8770/3 | and epithelioid melanoma, mixed |
| M-8770/0 | and epithelioid nevus (C44._) |
| M-9130/1 | angioendothelioma |

Carcinoma

| | |
|---|---|
| M-8032/3 | NOS |
| M-8030/3 | and giant cell carcinoma |
| M-8572/3 | breast▼ |
| M-8074/3 | head & neck▼ |
| M-8318/3 | renal cell (C64.9) |

| | |
|---|---|
| M-8074/3 | epidermoid carcinoma |
| M-9136/1 | hemangioendothelioma |
| M-8857/0 | lipoma |

Melanoma

| | |
|---|---|
| M-8772/3 | NOS |
| M-8770/3 | and epithelioid melanoma, mixed |
| M-8773/3 | type A (C69._) |
| M-8774/3 | type B (C69._) |

| | |
|---|---|
| M-8572/3 | metaplasia, adenocarcinoma with |
| M-8772/0 | nevus (C44._) |
| M-8770/0 | nevus of Reed, pigmented (C44._) |
| M-8318/3 | renal cell carcinoma (C64.9) |
| M-8912/3 | rhabdomyosarcoma |
| M-8801/3 | sarcoma |

Alphabetic Index "S" (continued)

### Spindle cell, continued
| | |
|---|---|
| M-8074/3 | squamous cell carcinoma |
| M-9041/3 | synovial sarcoma |
| M-8581/1 | thymoma, NOS (C37.9) |
| M-8581/3 | thymoma, malignant (C37.9) |
| M-8122/3 | transitional cell carcinoma |
| M-8004/3 | type, malignant tumor |
| M-8173/3 | variant, hepatocellular carcinoma (C22.0) |

M-8588/3 Spindle epithelial tumor with thymus-like differentiation

M-8588/3 Spindle epithelial tumor with thymus-like element

M-9051/3 Spindled mesothelioma

C41.2  Spine

### Spiradenoma
| | |
|---|---|
| M-8403/0 | NOS (C44._) |
| M-8403/0 | eccrine  (C44._) |
| M-8403/3 | eccrine, malignant  (C44._) |

M-8770/0 Spitz nevus (C44._)

C42.2  Spleen

### Splenic
| | |
|---|---|
| C18.5 | flexure of colon |
| C77.2 | lymph node, NOS |
| C77.2 | lymph node, hilar |

M------- Sponge nevus, white *(see SNOMED)*

### Spongioblastoma
| | |
|---|---|
| M-9421/1 | NOS (C71._) [obs] |
| M-9440/3 | multiforme (C71._) |
| M-9423/3 | polar (C71._) |
| M-9423/3 | polare (C71._) |
| M-9423/3 | primitive polar (C71._) [obs] |

M-9504/3 Spongioneuroblastoma
M-9514/1 Spontaneously regressed retinoblastoma (C69.2)

C53.8  Squamocolumnar junction, cervix

### Squamous
| | |
|---|---|
| M-8070/3 | carcinoma |
| M-8077/2 | intraepithelial neoplasia, grade III |

### Squamous, continued
| | |
|---|---|
| M------- | keratosis, benign *(see SNOMED)* |
| M------- | metaplasia *(see SNOMED)* |
| M-9312/0 | odontogenic tumor (C41._) |
| M-8052/0 | papilloma |
| M-8060/0 | papillomatosis |

### Squamous cell
Carcinoma
| | |
|---|---|
| M-8070/3 | NOS |
| M-8075/3 | acantholytic |
| M-8075/3 | adenoid |
| M-8560/3 | and adenocarcinoma, mixed |
| M-8083/3 | basaloid |
| M-8081/2 | Bowen type, intraepidermal (C44._) |
| M-8084/3 | clear cell type |
| M-8070/2 | in situ, NOS |
| M-8076/2 | in situ with questionable stromal invasion |
| M-8081/2 | intraepidermal, Bowen type (C44._) |
| M-8070/2 | intraepithelial |
| M-8071/3 | keratinizing, NOS |
| M-8071/3 | large cell, keratinizing |
| M-8072/3 | large cell, nonkeratinizing, NOS |
| M-8070/6 | metastatic, NOS |
| M-8076/3 | microinvasive |
| M-8072/3 | nonkeratinizing, NOS |
| M-8052/3 | papillary |
| M-8052/2 | papillary, in situ |
| M-8052/2 | papillary, non-invasive |
| M-8075/3 | pseudoglandular |
| M-8074/3 | sarcomatoid |
| M-8073/3 | small cell, nonkeratinizing |
| M-8074/3 | spindle cell |
| M-8051/3 | verrucous |
| | |
| M-8078/3 | with horn formation |
| | |
| M-8070/3 | epithelioma |
| M-8570/3 | metaplasia, adenocarcinoma with |

Papilloma
| | |
|---|---|
| M-8052/0 | NOS |
| M-8560/0 | and glandular papilloma, mixed |
| M-8053/0 | inverted |

M-8094/3 Squamous-basal cell carcinoma, mixed (C44._)
M-8045/3 Squamous cell-small cell carcinoma, combined (C34._)

— 451 —

## Alphabetic Index "S" (continued)

M------- Steatocystoma multiplex *(see SNOMED)*

C71.7     Stem, brain

M-9801/3 Stem cell leukemia

C07.9     Stensen duct
C49.0     Sternocleidomastoid muscle
C41.3     Sternocostal joint
C41.3     Sternum

M-8670/0 Steroid cell tumor, NOS (C56.9)
M-8670/3 Steroid cell tumor, malignant (C56.9)

### Stomach
| | |
|---|---|
| C16.9 | NOS |
| C16.8 | anterior wall, NOS *(not classifiable to C16.1 to C16.4)* |
| C16.3 | antrum |
| C16.3 | antrum, gastric |
| C16.3 | antrum, pyloric |
| C16.2 | body |
| C16.0 | cardia, NOS |
| C16.0 | cardia, gastric |
| C16.0 | cardioesophageal junction |
| C16.2 | corpus |
| C16.2 | corpus, gastric |
| C16.0 | esophagogastric junction |
| C16.1 | fundus |
| C16.1 | fundus, gastric |
| C16.0 | gastroesophageal junction |
| C16.6 | greater curvature, NOS *(not classifiable to C16.1 to C16.4)* |
| C16.5 | lesser curvature, NOS *(not classifiable to C16.1 to C16.4)* |
| C16.8 | posterior wall, NOS *(not classifiable to C16.1 to C16.4)* |
| C16.4 | prepylorus |
| C16.3 | pyloric antrum |
| C16.4 | pyloric canal |
| C16.4 | pylorus |

M-8641/0 Storage, lipid, Sertoli cell tumor with
M-8641/0 Storage, lipid, tubular androblastoma with
M------- Strawberry nevus *(see SNOMED)*

C54.1     Stroma, endometrial

M-8345/3 Stroma, medullary carcinoma with amyloid (C73.9)

M-8512/3 Stroma, medullary carcinoma with lymphoid

### Stromal
| | |
|---|---|
| M-8931/3 | endometriosis (C54.1) |
| M------- | hyperplasia *(see SNOMED)* |
| M-8931/3 | myosis, NOS (C54.1) |
| M-8931/3 | myosis, endolymphatic (C54.1) |
| M-8930/0 | nodule, endometrial   (C54.1) |

Sarcoma
| | |
|---|---|
| M-8935/3 | NOS |
| M-8930/3 | endometrial, NOS (C54.1) |
| M-8930/3 | endometrial,   high grade (C54.1) |
| M-8931/3 | endometrial, low grade (C54.1) |
| M-8936/3 | gastrointestinal |

Tumor
| | |
|---|---|
| M-8935/1 | NOS |
| M-8935/0 | benign |
| M-8936/1 | gastrointestinal, NOS |
| M-8936/0 | gastrointestinal, benign |
| M-8936/3 | gastrointestinal, malignant |
| M-8936/1 | gastrointestinal, uncertain malignant potential |
| M-8590/1 | gonadal |
| M-8590/1 | ovarian (C56.9) |
| M-8602/0 | sclerosing (C56.9) |
| M-8590/1 | sex cord-gonadal |
| M-8591/1 | sex cord-gonadal, incompletely differentiated |
| M-8592/1 | sex cord-gonadal, mixed forms |
| M-8590/1 | testicular (C62._) |
| M-8593/1 | with minor sex cord elements (C56.9) |

M-8931/3 Stromatosis, endometrial (C54.1)

### Struma ovarii
| | |
|---|---|
| M-9090/0 | NOS (C56.9) |
| M-9091/1 | and carcinoid (C56.9) |
| M-9090/3 | malignant (C56.9) |

M-9091/1 Strumal carcinoid (C56.9)

C53.8     Stump, cervical

M-8506/0 Subareolar duct papillomatosis (C50.0)

C49.3     Subclavian artery
C77.3     Subclavicular lymph node

Alphabetic Index "S" (continued)

### Subcutaneous tissue

| | |
|---|---|
| C49.9 | NOS |
| C49.4 | abdomen |
| C49.4 | abdominal wall |
| C49.2 | ankle |
| C49.1 | antecubital space |
| C49.1 | arm |
| C49.3 | axilla |
| C49.6 | back |
| C49.5 | buttock |
| C49.2 | calf |
| C49.0 | cervical region |
| C49.0 | cheek |
| C49.3 | chest |
| C49.3 | chest wall |
| C49.0 | chin |
| C49.1 | elbow |
| C49.0 | face |
| C49.1 | finger |
| C49.6 | flank |
| C49.2 | foot |
| C49.1 | forearm |
| C49.0 | forehead |
| C49.5 | gluteal region |
| C49.5 | groin |
| C49.1 | hand |
| C49.0 | head |
| C49.2 | heel |
| C49.2 | hip |
| C49.3 | infraclavicular region |
| C49.5 | inguinal region |
| C49.2 | knee |
| C49.2 | leg |
| C49.0 | neck |
| C49.5 | perineum |
| C49.2 | popliteal space |
| C49.5 | sacrococcygeal region |
| C49.0 | scalp |
| C49.3 | scapular region |
| C49.1 | shoulder |
| C49.0 | supraclavicular region |
| C49.0 | temple |
| C49.2 | thigh |
| C49.3 | thoracic wall |
| C49.3 | thorax |
| C49.1 | thumb |
| C49.2 | toe |
| C49.6 | trunk, NOS |
| C49.4 | umbilicus |
| C49.1 | wrist |

### Subependymal

| | |
|---|---|
| M-9383/1 | astrocytoma, NOS (C71._) |
| M-9384/1 | astrocytoma, giant cell (C71._) |
| M-9383/1 | glioma (C71._) |

| | |
|---|---|
| M-9383/1 | Subependymoma (C71._) |
| M-9383/1 | Subependymoma-ependymoma, mixed (C71._) |
| M-8832/0 | Subepidermal nodular fibrosis (C44._) |

| | |
|---|---|
| C32.2 | Subglottis |
| C77.4 | Subinguinal lymph node |

### Sublingual

| | |
|---|---|
| C08.1 | gland |
| C08.1 | gland duct |
| C77.0 | lymph node |

| | |
|---|---|
| C08.0 | Submandibular gland |
| C77.0 | Submandibular lymph node |

### Submaxillary

| | |
|---|---|
| C08.0 | gland |
| C08.0 | gland duct |
| C77.0 | lymph node |

| | |
|---|---|
| C77.0 | Submental lymph node |
| C77.3 | Subscapular lymph node |

### Sulcus

| | |
|---|---|
| C06.1 | alveolar |
| C06.1 | buccal |
| C06.1 | labial |

### Superficial

| | |
|---|---|
| M-8091/3 | basal cell carcinoma, multifocal (C44._) |
| M-8850/1 | soft tissue, well differentiated liposarcoma |
| M-8143/3 | spreading adenocarcinoma |
| M-8743/3 | spreading melanoma (C44._) |
| M-8850/1 | well differentated liposarcoma |

### Superior

| | |
|---|---|
| C77.2 | mesenteric lymph node |
| C49.3 | vena cava |
| C11.0 | wall of nasopharynx |

| | |
|---|---|
| C77.0 | Supraclavicular lymph node |

**Alphabetic Index "S"** (continued)

**Supraclavicular region**

| | |
|---|---|
| C76.0 | NOS |
| C44.4 | NOS (carcinoma, melanoma, nevus) |
| C49.0 | NOS (sarcoma, lipoma) |
| C49.0 | adipose tissue |
| C47.0 | autonomic nervous system |
| C49.0 | connective tissue |
| C49.0 | fatty tissue |
| C49.0 | fibrous tissue |
| C77.0 | lymph node |
| C47.0 | peripheral nerve |
| C44.4 | skin |
| C49.0 | soft tissue |
| C49.0 | subcutaneous tissue |

| | |
|---|---|
| C32.1 | Supraglottis |
| C74.9 | Suprarenal gland |
| C71.9 | Suprasellar |
| C71.0 | Supratentorial brain, NOS *(see also brain)* |

M-9473/3 Supratentorial PNET

**Surface**

| | |
|---|---|
| M-9194/3 | osteosarcoma, high grade (C40._, C41._) |
| M-8461/3 | papillary carcinoma, serous (C56.9) |
| M-8463/1 | papillary tumor, serous surface, borderline malignancy (C56.9) |
| M-8461/0 | papilloma, serous (C56.9) |

M-8407/3 Sweat duct carcinoma, sclerosing (C44._)

**Sweat gland**

| | |
|---|---|
| M-8400/3 | adenocarcinoma (C44._) |
| M-8400/0 | adenoma (C44._) |
| M-8400/3 | carcinoma (C44._) |

Tumor

| | |
|---|---|
| M-8400/1 | NOS (C44._) |
| M-8400/0 | benign (C44._) |
| M-8400/3 | malignant (C44._) |

C47.9 Sympathetic nervous system, NOS

M-8681/1 Sympathetic paraganglioma
M-9500/3 Sympathicoblastoma

C41.4 Symphysis pubis

M-8893/0 Symplastic leiomyoma

M-9531/0 Syncytial meningioma (C70._)

**Syndrome**

| | |
|---|---|
| M-9986/3 | 5q deletion (5q⁻), with myelodysplastic syndrome |
| M-9964/3 | hypereosinophilic☆ |

Myelodysplastic

| | |
|---|---|
| M-9989/3 | NOS (C42.1) |
| M-9895/3 | prior, acute myeloid leukemia with |
| M-9895/3 | prior, acute myeloid leukemia without |
| M-9989/3 | unclassifiable★ |
| M-9986/3 | with 5q deletion (5q⁻) syndrome |
| M-9988/3 | with acute leukemia |
| M-9986/3★ | with isolated del (5q)★ |

| | |
|---|---|
| M-9989/3 | preleukemic (C42.1) [obs] |
| M-9701/3 | Sezary |

C49.9 Synovia, NOS

M------- Synovial chondromatosis *(see SNOMED)*
M------- Synovial osteochondromatosis *(see SNOMED)*

**Synovial sarcoma**

| | |
|---|---|
| M-9040/3 | NOS |
| M-9043/3 | biphasic |
| M-9042/3 | epithelioid cell |
| M-9041/3 | monophasic fibrous |
| M-9041/3 | spindle cell |

**Synovioma**

| | |
|---|---|
| M-9040/3 | NOS |
| M-9040/0 | benign |
| M-9040/3 | malignant |

M------- Synovitis, pigmented villonodular *(see SNOMED)*
M-8400/0 Syringadenoma, NOS (C44._)
M-8406/0 Syringadenoma, papillary (C44._)
M-8406/0 Syringocystadenoma, papillary (C44._)
M-8406/0 Syringocystadenoma papilliferum (C44._)
M-8392/0 Syringofibroadenoma (C44._)

**Syringoma**

| | |
|---|---|
| M-8407/0 | NOS (C44._) |
| M-8940/0 | chondroid (C44._) |
| M-8940/3 | chondroid, malignant (C44._) |

— 454 —

Alphabetic Index "S" (continued), "T"

M-8407/3 Syringomatous carcinoma (C44._)

### Systemic
M-------     hemangiomatosis *(see SNOMED)*
M-9769/1   light chain disease
M-------     lymphangiomatosis *(see SNOMED)*
M-9741/3   tissue mast cell disease

# T

M----/-5 T-cell *(see cell designation code, page 31)*
M-9831/1 T-cell large granular lymphocytosis
M-9718/3 T-cell lymphoproliferative disorder, primary
        cutaneous CD30+ (C44._)
M-9768/1 T-gamma lymphoproliferative disease

### Tail
| | |
|---|---|
| C25.2 | pancreas |
| C50.6 | breast, NOS |
| C50.6 | breast, axillary |

M-9837/3 T ALL, cortical *(see also M-9729/3)*
M-9837/3 T ALL, mature *(see also M-9729/3)*
M-8344/3 Tall cell papillary carcinoma (C73.9)
M-9391/3 Tanycytic ependymoma (C71._)

| | |
|---|---|
| C71.8 | Tapetum |
| C40.3 | Tarsal bone |

M-9183/3 Telangiectatic osteosarcoma (C40._, C41._)

### Temple
| | |
|---|---|
| C44.3 | NOS |
| C44.3 | NOS (carcinoma, melanoma, nevus) |
| C49.0 | NOS (sarcoma, lipoma) |
| C49.0 | adipose tissue |
| C47.0 | autonomic nervous system |
| C49.0 | connective tissue |
| C49.0 | fatty tissue |
| C49.0 | fibrous tissue |
| C47.0 | peripheral nerve |
| C44.3 | skin |
| C49.0 | soft tissue |
| C49.0 | subcutaneous tissue |
| C41.0 | Temporal bone |
| C71.2 | Temporal lobe |
| C41.1 | Temporomandibular joint |

### Tendon
| | |
|---|---|
| C49.9 | NOS |
| C49.2 | ankle |
| C49.1 | arm |
| C49.6 | back |
| C49.2 | calf |
| C49.1 | finger |
| C49.6 | flank |
| C49.2 | foot |
| C49.1 | forearm |
| C49.1 | hand |
| C49.2 | heel |
| C49.2 | hip |
| C49.2 | knee |
| C49.2 | leg |
| C49.0 | neck |
| C49.2 | popliteal space |
| C49.2 | thigh |
| C49.1 | thumb |
| C49.2 | toe |
| C49.1 | wrist |

### Tendon sheath
| | |
|---|---|
| C49.9 | NOS |
| C49.2 | ankle |
| C49.1 | arm |
| C49.6 | back |
| C49.2 | calf |
| C49.1 | finger |
| C49.2 | foot |
| C49.1 | forearm |
| C49.1 | hand |
| C49.2 | heel |
| C49.2 | hip |
| C49.2 | knee |
| C49.2 | leg |
| C49.0 | neck |
| C49.2 | popliteal space |
| C49.2 | thigh |
| C49.1 | thumb |
| C49.2 | toe |
| C49.1 | wrist |

M-9252/0 Tenosynovial giant cell tumor (C49._)
M-9252/3 Tenosynovial giant cell tumor, malignant
      (C49._)
M------- Tenosynovitis, nodular *(see SNOMED)*

| | |
|---|---|
| C70.0 | Tentorium, NOS |
| C70.0 | Tentorium cerebelli |

— 455 —

Alphabetic Index "T" (continued)

M-9080/3 Teratoblastoma, malignant
M-9081/3 Teratocarcinoma
M-9502/3 Teratoid medulloepithelioma (C69.4)
M-9502/0 Teratoid medulloepithelioma, benign
(C69.4)
M-9508/3 Teratoid/rhabdoid tumor, atypical (C71._)

### Teratoma
M-9080/1 NOS
M-9080/0 adult, NOS
M-9080/0 adult, cystic
M-9082/3 anaplastic, malignant
M-9081/3 and embryonal carcinoma, mixed
M-9085/3 and seminoma, mixed
M-9080/0 benign
M-9101/3 combined with choriocarcinoma
M-9080/0 cystic, NOS
M-9080/0 cystic, adult
M-9080/0 differentiated
M-9080/3 embryonal
M-9080/3 immature, NOS
M-9080/3 immature, malignant
M-9083/3 intermediate, malignant

Malignant
M-9080/3 NOS
M-9082/3 anaplastic
M-9083/3 intermediate
M-9102/3 trophoblastic
M-9082/3 undifferentiated

M-9080/0 mature
M-9080/1 solid
M-9102/3 trophoblastic, malignant
M-9082/3 undifferentiated, malignant
M-9084/3 with malignant transformation

M-8525/3 Terminal duct adenocarcinoma

C62.9 Testicle, NOS

M-8640/1 Testicular adenoma (C62._)
M-8590/1 Testicular stromal tumor (C62._)

### Testis
C62.9 NOS
C62.1 descended
C62.0 ectopic *(site of neoplasm)*
C62.0 retained *(site of neoplasm)*
C62.1 scrotal

### *Testis, continued*
C62.0 undescended *(site of neoplasm)*

C71.0 Thalamus

M-8621/1 Theca cell-granulosa cell tumor (C56.9)
M-8600/0 Theca cell tumor (C56.9)

### Thecoma
M-8600/0 NOS (C56.9)
M-8601/0 luteinized (C56.9)
M-8600/3 malignant (C56.9)

### Therapy-related
Acute myeloid leukemia
M-9920/3 NOS
M-9920/3 alkylating agent related
M-9920/3 epipodophyllotoxin related

Myelodysplastic syndrome
M-9987/3 NOS
M-9987/3 alkylating agent related
M-9987/3 epipodophyllotoxin related

M-9920/3 myeloid neoplasm★

### Thigh
C76.5 NOS
C44.7 NOS (carcinoma, melanoma, nevus)
C49.2 NOS (sarcoma, lipoma)
C49.2 adipose tissue
C47.2 autonomic nervous system
C49.2 connective tissue
C49.2 fatty tissue
C49.2 fibrous tissue
C49.2 muscle
C47.2 peripheral nerve
C49.2 skeletal muscle
C44.7 skin
C49.2 soft tissue
C49.2 subcutaneous tissue
C49.2 tendon
C49.2 tendon sheath

C71.5 Third ventricle, NOS
C71.5 Third ventricle, choroid plexus

### Thoracic
C72.0 cord
C49.3 duct

— 456 —

Alphabetic Index "T" (continued)

### Thoracic, continued
| | |
|---|---|
| C15.1 | esophagus |
| C77.1 | lymph node |

### Thoracic wall
| | |
|---|---|
| C76.1 | NOS |
| C44.5 | NOS (carcinoma, melanoma, nevus) |
| C49.3 | NOS (sarcoma, lipoma) |
| C49.3 | adipose tissue |
| C47.3 | autonomic nervous system |
| C49.3 | connective tissue |
| C49.3 | fatty tissue |
| C49.3 | fibrous tissue |
| C49.3 | muscle |
| C47.3 | peripheral nerve |
| C49.3 | skeletal muscle |
| C44.5 | skin |
| C49.3 | soft tissue |
| C49.3 | subcutaneous tissue |

### Thorax
| | |
|---|---|
| C76.1 | NOS |
| C47.3 | autonomic nervous system |
| C49.3 | connective tissue *(excludes thymus, heart and mediastinum C37._, C38._)* |
| C49.3 | muscle |
| C47.3 | peripheral nerve |
| C49.3 | skeletal muscle |
| C44.5 | skin |
| C49.3 | subcutaneous tissue |

| | |
|---|---|
| C14.0 | Throat |

### Thrombocythemia
| | |
|---|---|
| M-9962/3 | essential (C42.1) |
| M-9962/3 | essential, hemorrhagic (C42.1) |
| M-9962/3 | idiopathic (C42.1) |
| M-9962/3 | idiopathic, hemorrhagic (C42.1) |

M-9992/3★Thrombocytopenia, refractory★

### Thumb
| | |
|---|---|
| C76.4 | NOS |
| C44.6 | NOS (carcinoma, melanoma, nevus) |
| C49.1 | NOS (sarcoma, lipoma) |
| C47.1 | autonomic nervous system |
| C40.1 | bone |
| C49.1 | connective tissue |
| C49.1 | fibrous tissue |
| C49.1 | muscle |

### Thumb, continued
| | |
|---|---|
| C47.1 | peripheral nerve |
| C49.1 | skeletal muscle |
| C44.6 | skin |
| C49.1 | soft tissue |
| C49.1 | subcutaneous tissue |
| C49.1 | tendon |
| C49.1 | tendon sheath |

| | |
|---|---|
| M-8586/3 | Thymic carcinoma, NOS (C37.9) |
| M-8585/3 | Thymic carcinoma, well differentiated (C37.9) |

### Thymoma
| | |
|---|---|
| M-8580/1 | NOS (C37.9) |
| M-8580/3 | NOS, malignant (C37.9) |
| M-8585/1 | atypical, NOS (C37.9) |
| M-8585/3 | atypical, malignant (C37.9) |
| M-8580/0 | benign (C37.9) |
| M-8584/1 | cortical, NOS (C37.9) |
| M-8584/3 | cortical, malignant (C37.9) |
| M-8587/0 | ectopic hamartomatous |
| M-8585/1 | epithelial, NOS (C37.9) |
| M-8585/3 | epithelial, malignant (C37.9) |
| M-8587/0 | hamartomatous, ectopic |
| M-8583/1 | lymphocyte-rich, NOS (C37.9) |
| M-8583/3 | lymphocyte-rich, malignant (C37.9) |
| M-8583/1 | lymphocytic, NOS (C37.9) |
| M-8583/3 | lymphocytic, malignant (C37.9) |
| M-8580/3 | malignant, NOS (C37.9) |
| M-8581/1 | medullary, NOS (C37.9) |
| M-8581/3 | medullary, malignant (C37.9) |
| M-8582/1 | mixed type, NOS (C37.9) |
| M-8582/3 | mixed type, malignant (C37.9) |
| M-8583/1 | organoid, NOS (C37.9) |
| M-8583/3 | organoid, malignant (C37.9) |
| M-8583/1 | predominantly cortical, NOS (C37.9) |
| M-8583/3 | predominantly cortical, malignant (C37.9) |
| M-8581/1 | spindle cell, NOS (C37.9) |
| M-8581/3 | spindle cell, malignant (C37.9) |
| M-8581/1 | type A, NOS (C37.9) |
| M-8581/3 | type A, malignant (C37.9) |
| M-8582/1 | type AB, NOS (C37.9) |
| M-8582/3 | type AB, malignant (C37.9) |
| M-8583/1 | type B1, NOS (C37.9) |
| M-8583/3 | type B1, malignant (C37.9) |
| M-8584/1 | type B2, NOS (C37.9) |
| M-8584/3 | type B2, malignant (C37.9) |
| M-8585/1 | type B3, NOS (C37.9) |

— 457 —

Alphabetic Index "T" (continued)

*Thymoma, continued*

| | |
|---|---|
| M-8585/3 | type B3, malignant (C37.9) |
| M-8586/3 | type C (C37.9) |
| C37.9 | Thymus |

**Thymus—like**

| | |
|---|---|
| M-8589/3 | differentiation, carcinoma showing |
| M-8588/3 | differentiation, spindle epithelial tumor with thymus—like |
| M-8589/3 | element, carcinoma showing |
| M-8588/3 | element, spindle epithelial tumor with |
| C73.9 | Thyroglossal duct |
| M------- | Thyroglossal duct cyst *(see SNOMED)* |

**Thyroid**

| | |
|---|---|
| C73.9 | NOS |
| C32.3 | cartilage |
| C73.9 | gland |
| C40.2 | Tibia |
| M-9261/3 | Tibial adamantinoma (C40.2) |
| C77.4 | Tibial lymph node |
| C02.1 | Tip of tongue |

**Toe**

| | |
|---|---|
| C76.5 | NOS |
| C44.7 | NOS (carcinoma, melanoma, nevus) |
| C49.2 | NOS (sarcoma, lipoma) |
| C47.2 | autonomic nervous system |
| C40.3 | bone |
| C49.2 | connective tissue |
| C49.2 | fibrous tissue |
| C49.2 | muscle |
| C47.2 | peripheral nerve |
| C49.2 | skeletal muscle |
| C44.7 | nail |
| C44.7 | skin |
| C49.2 | soft tissue |
| C49.2 | subcutaneous tissue |
| C49.2 | tendon |
| C49.2 | tendon sheath |

**Tongue**

| | |
|---|---|
| C02.9 | NOS |
| C02.3 | anterior, NOS |

*Tongue, continued*

| | |
|---|---|
| C02.0 | anterior, dorsal surface |
| C02.2 | anterior, ventral surface |
| C02.3 | anterior 2/3, NOS |
| C02.0 | anterior 2/3, dorsal surface |
| C02.2 | anterior 2/3, ventral surface |
| C01.9 | base, NOS |
| C01.9 | base, dorsal surface |
| C02.1 | border |
| C02.0 | dorsal surface, NOS |
| C01.9 | dorsal surface of base |
| C02.2 | frenulum linguae |
| C02.8 | junctional zone |
| C02.9 | lingual, NOS |
| C02.4 | lingual tonsil |
| C02.0 | midline |
| C01.9 | posterior, NOS |
| C01.9 | posterior third |
| C01.9 | root |
| C02.1 | tip |
| C02.2 | ventral surface, NOS |
| C02.2 | ventral surface, anterior |
| C02.2 | ventral surface, anterior 2/3 |

**Tonsil**

| | |
|---|---|
| C09.9 | NOS *(excludes lingual tonsil C02.4 and pharyngeal tonsil C11.1)* |
| C09.9 | faucial |
| C02.4 | lingual |
| C09.9 | palatine |
| C11.1 | pharyngeal |
| C09.0 | Tonsillar fossa |
| C09.1 | Tonsillar pillar |
| C03.9 | Tooth socket |

**Trabecular**

| | |
|---|---|
| M-8190/3 | adenocarcinoma |
| M-8190/0 | adenoma |
| M-8336/0 | adenoma, hyalinizing (C73.9) |
| M-8190/3 | carcinoma |
| M-8332/3 | follicular adenocarcinoma (C73.9) |
| M-8332/3 | follicular carcinoma (C73.9) |
| C33.9 | Trachea |
| C77.1 | Tracheal lymph node |
| C77.1 | Tracheobronchial lymph node |

**Tract**

| | |
|---|---|
| C26.9 | alimentary, NOS |

— 458 —

## Alphabetic Index "T" (continued)

|         | *Tract, continued*        |
|---------|---------------------------|
| C24.9   | biliary, NOS              |
| C57.9   | female genital, NOS       |
| C26.9   | gastrointestinal, NOS     |
| C57.9   | genitourinary, female, NOS|
| C63.9   | genitourinary, male, NOS  |
| C26.0   | intestinal, NOS           |
| C63.9   | male genital, NOS         |
| C72.3   | optic                     |
| C39.9   | respiratory, NOS          |
| C39.0   | upper respiratory, NOS    |
| C69.4   | uveal                     |

| C44.2   | Tragus |
|---------|--------|

| M-9084/3 | Transformation, malignant, dermoid cyst with (C56.9) |
|----------|------------------------------------------------------|
| M-9084/3 | Transformation, malignant, teratoma with |

|          | **Transitional**          |
|----------|---------------------------|
| M-8120/3 | carcinoma                 |
| M-9537/0 | meningioma (C70._)        |
| M-8120/0 | papilloma                 |
| M-8121/1 | papilloma, inverted, NOS  |
| M-8121/0 | papilloma, inverted, benign |
| M-9362/3 | pineal tumor (C75.3)      |

|          | **Transitional cell**     |
|----------|---------------------------|
|          | Carcinoma                 |
| M-8120/3 | NOS                       |
| M-8120/2 | in situ                   |
| M-8131/3 | micropapillary (C67._)    |
| M-8130/3 | papillary  (C67._)        |
| M-8130/2 | papillary, non-invasive (C67._) |
| M-8122/3 | sarcomatoid               |
| M-8122/3 | spindle cell              |
| M-8130/1 | neoplasm, papillary, low malignant potential (C67._) |
|          | Papilloma                 |
| M-8120/1 | NOS                       |
| M-8120/0 | benign                    |
| M-8121/1 | inverted, NOS             |
| M-8121/0 | inverted, benign          |

| C18.4   | Transverse colon  |
|---------|-------------------|
| C49.3   | Trapezius muscle  |

| M------- | Traumatic neuroma *(see SNOMED)* |
|----------|----------------------------------|

| C06.2   | Triangle, retromolar     |
|---------|--------------------------|
| C49.1   | Triceps brachii muscle   |

|          | **Trichilemmal**         |
|----------|--------------------------|
| M-8102/3 | carcinoma (C44._)        |
| M-8103/0 | cyst, proliferating      |
| M-8103/0 | tumor, proliferating     |

| M-8102/3 | Trichilemmocarcinoma (C44._) |
|----------|------------------------------|
| M-8102/0 | Trichilemmoma (C44._)        |
| M-8391/0 | Trichodiscoma (C44._)        |
| M-8100/0 | Trichoepithelioma (C44._)    |
| M-8101/0 | Trichofolliculoma (C44._)    |

| C72.5   | Trigeminal nerve   |
|---------|--------------------|
| C67.0   | Trigone, bladder   |
| C06.2   | Trigone, retromolar|

| M-9561/3 | Triton tumor, malignant |
|----------|-------------------------|

| C72.5   | Trochlear nerve |
|---------|-----------------|

|          | **Trophoblastic**              |
|----------|--------------------------------|
| M-9102/3 | malignant teratoma             |
| M-9105/3 | tumor, epithelioid             |
| M-9104/1 | tumor, placental site (C58.9)  |

| C32.0   | True cord |
|---------|-----------|

| M-9755/3 | True histiocytic lymphoma |
|----------|---------------------------|

| C32.0   | True vocal cord |
|---------|-----------------|

|         | **Trunk**                        |
|---------|----------------------------------|
| C76.7   | NOS                              |
| C44.5   | NOS (carcinoma, melanoma, nevus) |
| C49.6   | NOS (sarcoma, lipoma)            |
| C49.6   | adipose tissue                   |
| C47.6   | autonomic nervous system         |
| C49.6   | connective tissue                |
| C49.6   | fatty tissue                     |
| C49.6   | fibrous tissue                   |
| C49.6   | muscle                           |
| C47.6   | peripheral nerve                 |
| C49.6   | skeletal muscle                  |
| C44.5   | skin                             |
| C49.6   | soft tissue                      |
| C49.6   | subcutaneous tissue              |

Alphabetic Index "T" (continued)

## Tube

| | |
|---|---|
| C30.1 | auditory |
| C30.1 | eustachian |
| C57.0 | fallopian |
| C57.0 | uterine |
| | |
| C57.8 | Tubo-ovarian |

## Tubular

| | |
|---|---|
| M-8211/3 | adenocarcinoma |

Adenoma

| | |
|---|---|
| M-8211/0 | NOS |
| M-8210/3 | adenocarcinoma in |
| M-8210/2 | adenocarcinoma in situ in |
| M-8640/1 | Pick |
| | |
| M-8523/3 | and infiltrating duct carcinoma (C50._) |
| M-8640/1 | androblastoma, NOS |
| M-8641/0 | androblastoma with lipid storage (C56.9) |
| M-8245/1 | carcinoid |
| M-8211/3 | carcinoma |

| | |
|---|---|
| M-8623/1 | Tubules, annular, sex cord tumor with (C56.9) |
| M-8263/3 | Tubulopapillary adenocarcinoma |

## Tubulovillous adenoma

| | |
|---|---|
| M-8263/0 | NOS |
| M-8263/3 | adenocarcinoma in |
| M-8263/2 | adenocarcinoma in situ in |
| | |
| M-9161/0 | Tufted hemangioma, acquired |

## Tumor

| | |
|---|---|
| M-8000/1 | NOS |
| M-8550/1 | acinar cell [obs] |
| M-8550/1 | acinic cell [obs] |
| M-8158/1★ | ACTH-producing★ |
| M-8245/3 | adenocarcinoid |
| M-9054/0 | adenomatoid, NOS |
| M-9300/0 | adenomatoid, odontogenic (C41._) |
| M-8390/0 | adnexal, benign (C44._) |

Adrenal cortical

| | |
|---|---|
| M-8370/0 | NOS (C74.0) |
| M-8370/0 | benign (C74.0) |
| M-8370/3 | malignant (C74.0) |

## Tumor, continued

| | |
|---|---|
| M-8671/0 | adrenal rest |
| M-8152/1 | alpha cell, NOS (C25._) |
| M-8152/3 | alpha cell, malignant (C25._) |
| M-9133/3 | alveolar, intravascular bronchial (C34._) [obs] |
| M------- | amyloid (see SNOMED) |
| M-8691/1 | aortic body (C75.5) |
| M-9365/3 | Askin |
| M-8249/3 | atypical carcinoid |
| M-9508/3 | atypical teratoid/rhabdoid (C71._) |
| M-8936/1 | autonomic nerve, gastrointestinal |
| M-8090/1 | basal cell (C44._) |
| M-8833/3 | Bednar (C44._) |
| M-8000/0 | benign |
| M-8000/0 | benign, unclassified |
| M-8151/3 | beta cell, malignant |

Brenner

| | |
|---|---|
| M-9000/0 | NOS (C56.9) |
| M-9000/1 | borderline malignancy (C56.9) |
| M-9000/3 | malignant (C56.9) |
| M-9000/1 | proliferating (C56.9) |
| | |
| M-9133/3 | bronchial alveolar, intravascular (C34._) [obs] |
| M-8100/0 | Brooke (C44._) |
| M-8880/0 | brown fat |
| M-9687/3 | Burkitt [obs] (includes all variants) |

Carcinoid

| | |
|---|---|
| M-8240/3 | NOS |
| M-8240/1 | argentaffin, NOS |
| M-8241/3 | argentaffin, malignant (except of appendix M-8240/1) |
| M-8249/3 | atypical |
| M-8240/1 | uncertain malignant potential |
| | |
| M-8692/1 | carotid body (C75.4) |

Cells

| | |
|---|---|
| M-8001/1 | NOS |
| M-8001/0 | benign |
| M-8001/3 | malignant |
| M-8001/1 | uncertain whether benign or malignant |
| | |
| M-9473/3 | central primitive neuroectodermal, NOS (C71._) |

— 460 —

## Alphabetic Index "T" (continued)

*Tumor, continued*

| | |
|---|---|
| M-9230/0 | chondromatous giant cell (C40._, C41._) |
| M-8700/0 | chromaffin |
| | Clear cell |
| M-8005/0 | NOS |
| M-8444/1 | atypical proliferating (C56.9) |
| M-8313/1 | borderline (C56.9) ★ |
| M-8444/1 | cystic, borderline malignancy (C56.9) |
| M-8005/3 | type, malignant |
| M-9230/0 | Codman (C40._, C41._) |
| | Cystic |
| M-8452/1 | and solid (C25._) |
| M-8454/0 | atrio-ventricular node (C38.0) |
| M-8444/1 | clear cell, borderline malignancy (C56.9) |
| M-8470/0 | mucinous, with moderate dysplasia (C25._) |
| M-8452/1 | papillary (C25._) |
| M-9135/1 | Dabska |
| M-9758/3 | dendritic cell, follicular |
| M-9757/3 | dendritic cell, indeterminate★ |
| M-8806/3 | desmoplastic small round cell |
| M-9413/0 | dysembryoplastic neuroepithelial(C71._) |
| M-8000/6 | embolus |
| M-9071/3 | endodermal sinus |
| | Endocrine |
| M-8158/1★ | functioning, NOS★ |
| M-8150/1 | pancreatic, NOS (C25._)★ |
| M-8150/0 | pancreatic, benign (C25._)★ |
| M-8150/3 | pancreatic, nonfunctioning★ |
| M-8150/3 | pancreatic, malignent★ |
| M-8380/1 | endometrioid, atypical proliferative |
| M-8380/1 | endometrioid, low malignant potential |
| M-8242/3 | enterochromaffin-like cell, malignant |
| M-8010/0 | epithelial, benign |
| M-8323/0 | epithelial borderline, mixed (C56.9) ★ |
| M-8010/3 | epithelial, malignant |
| M-8975/1 | epithelial stromal, Calcifying nested (C22.0)★ |
| M-9260/3 | Ewing (C40._, C41._) |
| M-9759/3 | fibroblastic reticular cell★ |

*Tumor, continued*

| | |
|---|---|
| M-8835/1 | fibrohistiocytic, plexiform |
| M-8842/0 | fibromyxoid, ossifying |
| | Fibrous |
| M-8815/0 | localized |
| M-8815/0 | solitary |
| M-8815/3 | solitary, malignant |
| M-9756/3 | follicular dendritic cell |
| M-8004/3 | fusiform cell type, malignant |
| M-8153/1 | G cell, NOS |
| M-8153/3 | G cell, malignant |
| M-8153/1 | gastrin cell tumor |
| M-8153/3 | gastrin cell tumor, malignant |
| | Gastrointestinal |
| M-8936/1 | autonomic nerve |
| M-8936/1 | pacemaker cell |
| M-8936/1 | stromal, NOS |
| M-8936/0 | stromal, benign |
| M-8936/3 | stromal, malignant |
| M-8936/1 | stromal, uncertain malignant potential |
| | Germ cell |
| M-9064/3 | NOS |
| M-9085/3 | mixed |
| M-9065/3 | nonseminomatous (C62._) |
| M-9302/0 | ghost cell, odontogenic (C41._) |
| | Giant cell |
| M-9250/1 | bone, NOS (C40._, C41._) |
| M-9250/3 | bone, malignant (C40._, C41._) |
| M-9230/0 | chondromatous (C40._, C41._) |
| M-9251/1 | soft parts, NOS |
| M-9251/3 | soft parts, malignant |
| M-9252/0 | tendon sheath (C49._) |
| M-9252/3 | tendon sheath, malignant (C49._) |
| M-9252/0 | tenosynovial (C49._) |
| M-9252/3 | tenosynovial, malignant (C49._) |
| M-8003/3 | type, malignant |
| M-9509/1 | glioneuronal, papillary★ |
| M-9509/1 | glioneuronal, rosette-forming★ |
| | Glomus |
| M-8711/0 | NOS |
| M-8690/1 | jugulare, NOS (C75.5) |

— 461 —

Alphabetic Index "T" (continued)

### Tumor, continued

| | |
|---|---|
| M-8711/3 | malignant |
| M-8152/1 | glucagon-like peptide-producing★ |
| M-8590/1 | gonadal stromal |

Gonadal stromal-sex cord

| | |
|---|---|
| M-8590/1 | NOS |
| M-8591/1 | incompletely differentiated |
| M-8592/1 | mixed forms |

Granular cell

| | |
|---|---|
| M-9580/0 | NOS |
| M-9580/3 | malignant |
| M-9582/0 | sellar region (C75.1) |

Granulosa cell

| | |
|---|---|
| M-8620/1 | NOS (C56.9) |
| M-8620/1 | adult type (C56.9) |
| M-8622/1 | juvenile (C56.9) |
| M-8620/3 | malignant (C56.9) |
| M-8620/3 | sarcomatoid (C56.9) |

| | |
|---|---|
| M-8621/1 | granulosa cell-theca cell (C56.9) |
| M-8312/3 | Grawitz [obs] (C64.9) |
| M-8660/0 | hilar cell (C56.9) |
| M-8660/0 | hilus cell (C56.9) |
| M-8290/0 | Hurthle cell (C73.9) |
| M-8311/1 | hypernephroid [obs] |
| M-9757/3 | indeterminate dendritic cell★ |

Interstitial cell

| | |
|---|---|
| M-8650/1 | NOS |
| M-8650/0 | benign |
| M-8650/3 | malignant |

Intracystic

| | |
|---|---|
| M-8503/2 | papillary, with high grade entraepithelial neoplasia (C23.9) ★ |
| M-8503/2 | papillary, with high grade dysplasia (C23.9)★ |
| M-8503/2 | papillary, with high grade intraepithelial neoplasia (C23.9)★ |

Intraductal

| | |
|---|---|
| M-8503/2 | papillary, with high grade dysplasia★ |

### Tumor, continued

| | |
|---|---|
| M-8503/2 | papiilary, with high grade inraepithelial★ |

Papillary-mucinous

| | |
|---|---|
| M-8453/0 | with low grade dysplasia (C25.)★ |
| M-8453/0 | with intermediate dysplasia (C25.)★ |
| M-8453/0 | with moderate dysplasia (C25.)★ |
| M-9133/3 | intravascular bronchial alveolar (C34.) [obs] |
| M-8150/1 | islet cell, NOS (C25.)☆ |
| M-8150/0 | islet cell, benign (C25.) |
| M-8622/1 | juvenile granulosa cell (C56.9) |
| M-8361/0 | juxtaglomerular (C64.9) |
| M-8162/3 | Klatskin (C22.1, C24.0) |
| M-8490/6 | Krukenberg |
| M-8152/1 | L-cell★ |

Leydig cell

| | |
|---|---|
| M-8650/1 | NOS (C62.) |
| M-8650/0 | benign (C62.) |
| M-8650/3 | malignant (C62.) |
| M-8631/0 | Leydig-Sertoli cell, well differentiated |
| M-8670/0 | lipid cell, ovary (C56.9) |
| M-8670/0 | lipoid cell, ovary (C56.9) |

Malignant

| | |
|---|---|
| M-8000/3 | NOS |
| M-8005/3 | clear cell type |
| M-8004/3 | fusiform cell type |
| M-8003/3 | giant cell type |
| M-8800/3 | mesenchymal |
| M-8940/3 | mixed, NOS |
| M-8940/3 | mixed, salivary gland type (C07._, C08.) |
| M-9540/3 | peripheral nerve sheath |
| M-8002/3 | small cell type |
| M-8004/3 | spindle cell type |
| M-8000/3 | unclassified |
| M-8000/9 | unclassified, uncertain whether primary or metastatic |
| M-9740/1 | mast cell, NOS |
| M-9740/3 | mast cell, malignant |
| M-9363/0 | melanotic neuroectodermal |

— 462 —

**Alphabetic Index "T"** (continued)

### Tumor, continued

| | |
|---|---|
| M-8247/3 | Merkel cell (C44._) |
| M-8800/3 | mesenchymal, malignant |
| M-8990/1 | mesenchymal, mixed |
| M-8951/3 | mesodermal mixed |
| M-9110/1 | mesonephric, NOS |
| M-8000/6 | metastatic |

Mixed
| | |
|---|---|
| M-8940/0 | NOS |
| M-8323/0 | epithelial borderline (C56.9) ★ |
| M-9085/3 | germ cell |
| M-8940/3 | malignant, NOS |
| M-8990/1 | mesenchymal |
| M-8951/3 | mesodermal |
| M-8154/3☆ | pancreatic endocrine and exocrine, malignant (C25._)★ |
| M-8940/0 | salivary gland type, NOS (C07._, C08._) |
| M-8940/3 | salivary gland type, malignant (C07._, C08._) |

Mucinous
| | |
|---|---|
| M-8472/1 | atypical proliferative (C56.9) |
| M-8472/1 | cystic, of borderline malignancy (C56.9) |
| M-8470/3 | cystic, with an associated invasive carcinoma (C25._)★ |
| M-8470/2 | cystic, with high-grade dysplasia (C25._)★ |
| M-8470/0 | cystic, with intermediate dysplasia (C25._)★ |
| M-8470/0 | cystic, with low grade dysplasia (C25._)★ |
| M-8470/0 | cystic, with moderate dysplasia (C25._)★ |
| M-8472/1 | NOS, of low malignant potential (C56.9) |
| M-8473/1 | papillary, of low malignant potential (C56.9) |

| | |
|---|---|
| M-8453/1 | mucinous-papillary, intraductal, with moderate dysplasia (C25._) |
| M-8243/3 | mucocarcinoid |
| M-8430/1 | mucoepidermoid [obs] |
| M-8950/3 | Mullerian mixed (C54._) |
| M-8982/0 | myoepithelial |

Myofibroblastic
| | |
|---|---|
| M-8825/1 | NOS |

### Tumor, continued

| | |
|---|---|
| M-8827/1 | congenital peribronchial |
| M-8825/1 | inflammatory |
| M-8827/1 | peribronchial (C34._) |

| | |
|---|---|
| M-9540/3 | nerve sheath, malignant peripheral |
| M-9561/3 | nerve sheath, malignant peripheral, with rhabdomyoblastic differentiation |

Neuroectodermal
| | |
|---|---|
| M-9364/3 | NOS |
| M-9473/3 | central primitive, NOS (C71._) |
| M-9363/0 | melanotic |
| M-9364/3 | peripheral |
| M-9473/3 | primitive, NOS |

| | |
|---|---|
| M-8249/3 | neuroendocrine, grade 2★ |
| M-8240/3 | neuroendocrine, grade 1★ |
| M-9413/0 | neuroepithelial, dysembryoplastic |
| M-9520/3 | neurogenic, olfactory |
| M-8350/3 | nonencapsulated sclerosing (C73.9) |
| M-9065/3 | nonseminomatous germ cell   (C62._) |

Odontogenic
| | |
|---|---|
| M-9270/1 | NOS (C41._) |
| M-9300/0 | adenomatoid (C41._) |
| M-9270/0 | benign (C41._) |
| M-9340/0 | calcifying epithelial (C41._) |
| M-9341/1 | clear cell (C41._) |
| M-9302/0 | ghost cell (C41._) |
| M-9270/3 | malignant (C41._) |
| M-9312/0 | squamous (C41._) |

| | |
|---|---|
| M-9520/3 | olfactory neurogenic |
| M-8842/0 | ossifying fibromyxoid |
| M-8967/0 | ossifying renal (C64.9) |
| M-8590/1 | ovarian stromal (C56.9) |
| M-8936/1 | pacemaker cell, gastrointestinal |
| M-9507/0 | Pacinian |

Pancreatic endocrine
| | |
|---|---|
| M-8150/1 | NOS (C25._)★ |
| M-8150/0 | benign (C25._)★ |
| M-8150/3 | malignant★ |
| M-8150/3 | nonfunctioning★ |

| | |
|---|---|
| M-8152/1 | Pancreatic peptide and pancreatic peptide-like peptide within terminal tyrosine amide producing★ |

— 463 —

## Alphabetic Index "T" (continued)

### Tumor, continued

Papillary
| | |
|---|---|
| M-8452/1 | cystic (C25._) |
| M-8473/1 | mucinous, of low malignant potential (C56.9) |
| M-9395/3 | pineal region* |
| M-8462/1 | serous, atypical proliferative (C56.9) |
| M-8462/1 | serous, of low malignant potential (C56.9) |
| M-8453/1 | papillary-mucinous, intraductal, with moderate dysplasia (C25._) |
| M-9362/3 | parenchymal, pineal, intermediate differentiation (C75.3) |

Peripheral
| | |
|---|---|
| M-9540/3 | nerve sheath, malignant |
| M-9561/3 | nerve sheath, malignant, with rhabdomyoblastic differentiation |
| M-9364/3 | neuroectodermal |
| M-9364/3 | primitive neuroectodermal, NOS |

Phyllodes
| | |
|---|---|
| M-9020/1 | NOS (C50._) |
| M-9020/0 | benign (C50._) |
| M-9020/1 | borderline (C50._) |
| M-9020/3 | malignant (C50._) |

| | |
|---|---|
| M-8103/0 | pilar (C44._) |
| M-9340/0 | Pindborg (C41._) |

Pineal
| | |
|---|---|
| M-9362/3 | mixed (C75.3) |
| M-9362/3 | parenchymal, intermediate differentiation (C75.3) |
| M-9362/3 | transitional (C75.3) |
| M-8093/3 | Pinkus |
| M-9104/1 | placental site trophoblastic (C58.9) |
| M-9731/3 | plasma cell |
| M-8835/1 | plexiform fibrohistiocytic |
| M-9071/3 | polyvesicular vitelline |
| M-8152/1 | PP/PYY producing* |

Primitive neuroectodermal
| | |
|---|---|
| M-9473/3 | NOS |
| M-9473/3 | central, NOS (C71._) |
| M-9364/3 | peripheral, NOS |

### Tumor, continued

| | |
|---|---|
| M-8103/0 | proliferating trichilemmal |
| M-8452/1 | pseudopapillary, solid (C25._) |
| M-9350/1 | Rathke pouch (C75.1) |
| M-8967/0 | renal, ossifying (C64.9) |
| M-8966/0 | renomedullary interstitial cell (C64.9) |
| M-9363/0 | retinal anlage |
| M-8963/3 | rhabdoid, NOS |
| M-8963/3 | rhabdoid, malignant |
| M-9508/3 | rhabdoid/teratoid, atypical (C71._) |
| M-8806/3 | round cell, desmoplastic small |
| M-8082/3 | Schmincke (C11._) |
| M-8350/3 | sclerosing, nonencapsulated (C73.9) |
| M-8602/0 | sclerosing stromal (C56.9) |
| M-8000/6 | secondary |
| M-9084/3 | secondary, dermoid cyst with |

Serous
| | |
|---|---|
| M-8442/1 | NOS, of low malignant potential (C56.9) |
| M-8442/1 | atypical proliferating (C56.9) |
| M-8462/1 | papillary cystic, of borderline malignancy (C56.9) |
| M-8462/1 | papillary, of low malignant potential (C56.9) |
| M-8463/1 | surface papillary, of borderline malignancy (C56.9) |

Sertoli cell
| | |
|---|---|
| M-8640/1 | NOS (C56.9) |
| M-8642/1 | large cell calcifying |
| M-8641/0 | lipid-rich (C56.9) |
| M-8641/0 | with lipid storage |

Sertoli-Leydig cell
| | |
|---|---|
| M-8631/1 | NOS |
| M-8631/1 | intermediate differentiation |
| M-8634/1 | intermediate differentiation, with heterologous elements |
| M-8631/3 | poorly differentiated |
| M-8634/3 | poorly differntiated, with heterologous elements |
| M-8633/1 | retiform |
| M-8634/1 | retiform, with heterologous elements |
| M-8631/3 | sarcomatoid |
| M-8631/0 | well differentiated |

| | |
|---|---|
| M-8590/1 | sex cord, NOS |

Alphabetic Index "T" (continued), "U"

### Tumor, continued

| | |
|---|---|
| M-8623/1 | sex cord, with annular tubules (C56.9) |
| | |
| | Sex cord-gonadal stromal |
| M-8590/1 | NOS |
| M-8591/1 | incompletely differentiated |
| M-8592/1 | mixed forms |
| M-9071/3 | sinus, endodermal |
| M-8390/0 | skin appendage, benign (C44._) |
| M-8002/3 | small cell type, malignant |
| M-8806/3 | small round cell, desmoplastic |
| M-8897/1 | smooth muscle, NOS |
| M-8897/1 | smooth muscle, uncertain malignant potential |
| M-8800/0 | soft tissue, benign |
| M-8800/3 | soft tissue, malignant |
| M-8452/1 | solid and cystic (C25._) |
| M-8156/1 | somatostatin cell tumor, NOS |
| M-8156/3 | somatostatin cell tumor, malignant |
| | |
| | Spindle |
| M-8004/3 | cell type, malignant |
| M-8588/3 | epithelial, with thymus-like differentiation |
| M-8588/3 | epithelial, with thymus-like element |
| | |
| M-9312/0 | squamous odontogenic (C41._) |
| M-8670/0 | steroid cell, NOS |
| M-8670/3 | steroid cell, malignant |
| | |
| | Stromal |
| M-8935/1 | NOS |
| M-8935/0 | benign |
| M-8936/0 | gastrointestinal, benign |
| M-8936/3 | gastrointestinal, malignant |
| M-8936/1 | gastrointestinal, uncertain malignant potential |
| M-8602/0 | sclerosing (C56.9) |
| M-8593/1 | with minor sex cord elements (C56.9) |
| | |
| | Sweat gland |
| M-8400/1 | NOS (C44._) |
| M-8400/0 | benign (C44._) |
| M-8400/3 | malignant (C44._) |
| | |
| M-9252/0 | tenosynovial giant cell (C49._) |
| M-9252/3 | tenosynovial giant cell, malignant (C49._) |

### Tumor, continued

| | |
|---|---|
| M-9508/3 | teratoid/rhabdoid, atypical (C71._) |
| M-8590/1 | testicular stromal (C62._) |
| M-8600/0 | theca cell (C56.9) |
| M-8621/1 | theca cell-granulosa cell (C56.9) |
| M-9362/3 | transitional pineal (C75.3) |
| M-8103/0 | trichilemmal, proliferating |
| M-9561/3 | Triton, malignant |
| M-9105/3 | trophoblastic, epithelioid |
| M-9104/1 | trophoblastic, placental site (C58.9) |
| M-8200/0 | turban (C44.4) |
| | |
| | Unclassified |
| M-8000/0 | benign |
| M-8000/1 | borderline malignancy |
| M-8000/3 | malignant |
| M-8000/9 | malignant, uncertain whether primary or metastatic |
| M-8000/1 | uncertain whether benign or malignant |
| | |
| M-9071/3 | vitelline, polyvesicular |
| M-8561/0 | Warthin (C07._, C08._) |
| M-8960/3 | Wilms (C64.9) |
| M-9110/1 | Wolffian duct |
| M-9071/3 | yolk sac |
| M-9071/3 | yolk sac, hepatoid |
| | |
| M------- | Tumoral calcinosis (see SNOMED) |
| M-8040/1 | Tumorlet, NOS |
| M-8040/0 | Tumorlet, benign |
| | |
| C63.7 | Tunica vaginalis |
| | |
| M-8200/0 | Turban tumor (C44.4) |
| | |
| C30.0 | Turbinate, nasal |
| C30.1 | Tympanic cavity |
| | |
| M-8240/3 | Typical carcinoid |

# U

| | |
|---|---|
| M-8090/3 | Ulcer, rodent (C44._) |
| | |
| C40.0 | Ulna |
| C49.1 | Ulnar artery |
| C47.1 | Ulnar nerve |

— 465 —

Alphabetic Index "U" (continued)

### Umbilicus

| | |
|---|---|
| C44.5 | NOS |
| C44.5 | NOS (carcinoma, melanoma, nevus) |
| C49.4 | NOS (sarcoma, lipoma) |
| C47.4 | autonomic nervous system |
| C49.4 | connective tissue |
| C49.4 | fibrous tissue |
| C47.4 | peripheral nerve |
| C44.5 | skin |
| C49.4 | soft tissue |
| C49.4 | subcutaneous tissue |

### Uncertain malignant potential

| | |
|---|---|
| M-8240/1 | tumor, carcinoid |
| M-8936/1 | tumor, gastrointestinal stromal |
| M-8897/1 | tumor, smooth muscle |
| M-----/1 | Uncertain whether benign or malignant *(see behavior code, page 27)* |
| M-----/9 | Uncertain whether primary or metastatic site *(see behavior code, page 27)* |

### Unclassified tumor

| | |
|---|---|
| M-8000/0 | benign |
| M-8000/1 | borderline malignancy |
| M-8000/3 | malignant |
| M-8000/9 | malignant, uncertain whether primary or metastatic |
| M-8000/1 | uncertain whether benign or malignant |
| C71.2 | Uncus |
| C62.0 | Undescended testis *(site of neoplasm)* |
| M-9765/1 | Undetermined significance, monoclonal gammopathy of |
| M---/-4 | Undifferentiated *(see grading code, page 30)* |

### Undifferentiated

| | |
|---|---|
| M-8020/3 | carcinoma, NOS |
| M-9512/3 | retinoblastoma (C69.2) |
| M-8805/3 | sarcoma |
| M-8991/3 | sarcoma (liver) ★ |
| M-9082/3 | teratoma, malignant |
| M-9752/1 | Unifocal Langerhans cell granulomatosis |
| M-9752/1 | Unifocal Langerhans cell histiocytosis |
| C80.9 | Unknown primary site |

| | |
|---|---|
| M-8480/3 | Unknown primary site, pseudomyxoma peritonei with (C80.9) |

### Upper

| | |
|---|---|
| C03.0 | alveolar mucosa |
| C03.0 | alveolar ridge mucosa |
| C03.0 | alveolus |
| C50.8 | breast |
| C03.0 | gingiva |
| C03.0 | gum |
| C50.2 | inner quadrant of breast |
| C41.0 | jaw bone |
| C44.1 | lid |
| C00.0 | lip, NOS *(excludes skin of upper lip C44.0)* |
| C00.0 | lip, external |
| C00.3 | lip, frenulum |
| C00.3 | lip, inner aspect |
| C00.3 | lip, mucosa |
| C44.0 | lip, skin |
| C00.0 | lip, vermilion border |
| C34.1 | lobe, bronchus |
| C34.1 | lobe, lung |
| C50.4 | outer quadrant of breast |
| C39.0 | respiratory tract, NOS |
| C15.3 | third of esophagus |

### Upper limb

| | |
|---|---|
| C76.4 | NOS |
| C44.6 | NOS (carcinoma, melanoma, nevus) |
| C49.1 | NOS (sarcoma, lipoma) |
| C49.1 | adipose tissue |
| C47.1 | autonomic nervous system |
| C49.1 | connective tissue |
| C49.1 | fatty tissue |
| C49.1 | fibrous tissue |
| C40.0 | long bone |
| C40.0 | long bones, joints |
| C77.3 | lymph node |
| C49.1 | muscle |
| C47.1 | peripheral nerve |
| C49.1 | skeletal muscle |
| C40.1 | short bone |
| C40.1 | short bones, joints |
| C44.6 | skin |
| C49.1 | soft tissue |
| C49.1 | subcutaneous tissue |
| C49.1 | tendon |
| C49.1 | tendon sheath |

— 466 —

Alphabetic Index "U" (continued), "V"

| | |
|---|---|
| C67.7 | Urachus |
| C66.9 | Ureter |
| C67.6 | Ureteric orifice |
| C68.0 | Urethra |
| C68.0 | Urethral gland |
| C67.5 | Urethral orifice, internal |
| C57.9 | Urethrovaginal septum |
| C67.9 | Urinary bladder, NOS *(see also bladder)* |
| C68.9 | Urinary system, NOS |

**Urothelial**

| | |
|---|---|
| M-8120/3 | carcinoma, NOS (C67._) |
| M-8120/2 | carcinoma in situ   (C67._) |
| M-8130/3 | carcinoma, papillary (C67._) |
| M-8130/2 | carcinoma, papillary, non-invasive (C67._) |
| M-8130/1 | neoplasm, papillary, of low malignant potential (C67._) |
| M-8120/1 | papilloma, NOS   (C67._) |

**Uterine**

| | |
|---|---|
| C55.9 | NOS |
| C57.4 | adnexa |
| C53.9 | cervix |
| C57.3 | ligament |
| C54.0 | lower segment |
| C57.0 | tube |

| | |
|---|---|
| C57.8 | Utero-ovarian |
| C57.3 | Uterosacral ligament |

**Uterus**

| | |
|---|---|
| C55.9 | NOS |
| C57.4 | adnexa, NOS |
| C57.4 | adnexa, uterine |
| C54.9 | body |
| C53.0 | cervical canal |
| C53.8 | cervical stump |
| C53.9 | cervix, NOS |
| C53.8 | cervix, squamocolumnar junction |
| C53.9 | cervix uteri |
| C54.9 | corpus uteri |
| C53.0 | endocervical canal |
| C53.0 | endocervical gland |
| C53.0 | endocervix |
| C54.1 | endometrial gland |
| C54.1 | endometrial stroma |
| C54.1 | endometrium |
| C53.1 | exocervix |
| C53.1 | external os |

*Uterus, continued*

| | |
|---|---|
| C58.9 | fetal membranes |
| C54.3 | fundus uteri |
| C53.0 | internal os |
| C54.0 | isthmus uteri |
| C57.1 | ligament, broad |
| C57.2 | ligament, round |
| C57.3 | ligament, uterine |
| C57.3 | ligament, uterosacral |
| C54.0 | lower uterine segment |
| C54.2 | myometrium |
| C53.0 | Nabothian gland |
| C57.3 | parametrium |
| C58.9 | placenta |
| C53.8 | squamocolumnar junction of cervix |
| C57.4 | uterine adnexa |
| C53.9 | uterine cervix |

| | |
|---|---|
| M-8890/0 | Uterus, fibroid (C55.9) |

| | |
|---|---|
| C68.0 | Utricle, prostatic |
| C69.4 | Uveal tract |
| C05.2 | Uvula |

# V

| | |
|---|---|
| C52.9 | Vagina, NOS |
| C52.9 | Vagina, fornix |

| | |
|---|---|
| M-8077/2 | Vaginal intraepithelial neoplasia, grade III (C52._) |

| | |
|---|---|
| C52.9 | Vaginal vault |
| C72.5 | Vagus nerve |

| | |
|---|---|
| M-8077/2 | VAIN III (C52._) |

| | |
|---|---|
| C10.0 | Vallecula |
| C18.0 | Valve, ileocecal |
| C63.1 | Vas deferens |

**Vascular**

| | |
|---|---|
| M-8894/0 | leiomyoma |
| M------ | nevus *(see SNOMED)* |
| M------ | spider *(see SNOMED)* |

| | |
|---|---|
| C52.9 | Vault, vaginal |
| C49.9 | Vein, NOS |

Alphabetic Index "V" (continued), "W"

| | |
|---|---|
| C49.5 | Vein, iliac |

**Vena cava**

| | |
|---|---|
| C49.4 | NOS |
| C49.4 | abdominal |
| C49.4 | inferior |
| C49.3 | superior |

M-9122/0 Venous hemangioma

**Ventral surface of tongue**

| | |
|---|---|
| C02.2 | NOS |
| C02.2 | anterior |
| C02.2 | anterior 2/3 |

**Ventricle**

| | |
|---|---|
| C71.5 | NOS |
| C38.0 | cardiac |
| C71.5 | cerebral |
| C71.7 | fourth, NOS |
| C71.7 | fourth, choroid plexus |
| C71.5 | lateral, NOS |
| C71.5 | lateral, choroid plexus |
| C71.5 | third, NOS |
| C71.5 | third, choroid plexus |

| | |
|---|---|
| C32.1 | Ventricular band of larynx |

**Vermilion border**

| | |
|---|---|
| C00.2 | lip, NOS |
| C00.1 | lower lip |
| C00.0 | upper lip |

| | |
|---|---|
| C71.6 | Vermis of cerebellum |

**Verruca**

| | |
|---|---|
| M------- | NOS *(see SNOMED)* |
| M------- | plana *(see SNOMED)* |
| M------- | seborrheic *(see SNOMED)* |
| M------- | vulgaris *(see SNOMED)* |

**Verrucous**

| | |
|---|---|
| M-8051/3 | carcinoma, NOS |
| M-8051/3 | carcinoma, epidermoid |
| M-8051/3 | carcinoma, squamous cell |
| M-9142/0 | keratotic hemangioma |
| M-8051/0 | papilloma |

| | |
|---|---|
| C41.2 | Vertebra |

| | |
|---|---|
| C41.2 | Vertebral column *(excludes sacrum and coccyx C41.4)* |
| C63.7 | Vesicle, seminal |
| C57.9 | Vesicocervical tissue |
| C57.9 | Vesicovaginal septum |
| C49.9 | Vessel, NOS |
| C06.1 | Vestibule of mouth |
| C30.0 | Vestibule of nose |

| | |
|---|---|
| M-8263/0 | Villoglandular adenoma |
| M----- | Villonodular pigmented synovitis *(see SNOMED)* |

**Villous**

| | |
|---|---|
| M-8262/3 | adenocarcinoma |
| M-8261/0 | adenoma, NOS |
| M-8261/3 | adenoma, adenocarcinoma in |
| M-8261/2 | adenoma, adenocarcinoma in situ in |
| M-8261/0 | papilloma |

| | |
|---|---|
| M-8077/2 | VIN III (C51._) |
| M-8155/1 | Vipoma, NOS |
| M-8155/3 | Vipoma, malignant |

| | |
|---|---|
| C38.4 | Visceral pleura |

| | |
|---|---|
| M-9071/3 | Vitelline tumor, polyvesicular |

**Vocal cord**

| | |
|---|---|
| C32.0 | NOS |
| C32.1 | false |
| C32.0 | true |

| | |
|---|---|
| M-9540/1 | Von Recklinghausen disease *(except of bone)* |
| M------- | Von Recklinghausen disease, bone *(see SNOMED)* |

| | |
|---|---|
| C51.9 | Vulva, NOS |
| C51.9 | Vulva, skin |

| | |
|---|---|
| M-8077/2 | Vulvar intraepithelial neoplasia, grade III (C51._) |

# W

| | |
|---|---|
| M-9761/3 | Waldenstrom macroglobulinemia (C42.0) *(see also M-9671/3)* |
| C14.2 | Waldeyer ring |

— 468 —

Alphabetic Index "W" (continued), "X", "Y", "Z"

M------ Walthard rest *(see SNOMED)*
M-8561/0 Warthin tumor (C07._, C08._)
M-8051/3 Warty carcinoma

### Water-clear cell
M-8322/3    adenocarcinoma (C75.0)
M-8322/0    adenoma (C75.0)
M-8322/3    carcinoma (C75.0)

M---/-1   Well differentiated *(see grading code, page 30)*

### Well differentiated
M-8331/3    follicular adenocarcinoma (C73.9)
M-8331/3    follicular carcinoma (C73.9)

        Liposarcoma
M-8851/3     NOS
M-8850/1     superficial
M-8850/1     superficial soft tissue

M-9187/3    osteosarcoma, intraosseous
M-9052/0    papillary mesothelioma, benign
M-8631/0    Sertoli-Leydig cell tumor
M-8585/3    thymic carcinoma (C37.9)

C08.0    Wharton duct
C71.0    White matter, central
C71.0    White matter, cerebral

M------ White sponge nevus *(see SNOMED)*
M-8960/3 Wilms tumor (C64.9)

C25.3    Wirsung duct
C57.7    Wolffian body
C57.7    Wolffian duct

### Wolffian duct
M-9110/0    adenoma
M-9110/3    carcinoma
M-9110/1    tumor

### Wrist
C76.4    NOS
C44.6    NOS (carcinoma, melanoma, nevus)
C49.1    NOS (sarcoma, lipoma)
C40.1    bone
C49.1    connective tissue
C49.1    fibrous tissue
C40.1    joint

*Wrist, continued*
C44.6    skin
C49.1    soft tissue
C49.1    subcutaneous tissue
C49.1    tendon
C49.1    tendon sheath

# X

M-9424/3 Xanthoastrocytoma, pleomorphic (C71._)
M-8830/0 Xanthofibroma
M------ Xanthogranuloma, NOS *(see SNOMED)*
M------ Xanthogranuloma, juvenile *(see SNOMED)*
M------ Xanthoma, NOS *(see SNOMED)*
M------ Xeroderma pigmentosum *(see SNOMED)*

# Y

M-9071/3 Yolk sac tumor
M-9071/3 Yolk sac tumor, hepatoid

# Z

C21.2    Zone, cloacogenic
C02.8    Zone, junctional of tongue
C75.5    Zuckerkandl organ
C41.0    Zygomatic bone

# 付録1：ICD－O第3版で新しく設けられたコード

（下記の4桁形態コードは、ICD－O第2巻には存在していない）
コード番号を伴っていない用語は1つ前のコード番号を伴う用語の同義語である

| | | | |
|---|---|---|---|
| 8005／0 | 明細胞腫瘍, NOS | 8005／0 | Clear cell tumor, NOS |
| 8005／3 | 悪性腫瘍, 明細胞型 | 8005／3 | Malignant tumor, clear cell type |
| 8013／3 | 大細胞神経内分泌癌 | 8013／3 | Large cell neuroendocrine carcinoma |
| 8014／3 | ラブドイド型を伴う大細胞癌 | 8014／3 | Large cell carcinoma with rhabdoid phenotype |
| 8015／3 | 硝子細胞癌 | 8015／3 | Glassy cell carcinoma |
| 8035／3 | 破骨細胞様巨細胞を伴う癌 | 8035／3 | Carcinoma with osteoclast-like giant cells |
| 8046／3 | 非小細胞癌(C34._) | 8046／3 | Non-small cell carcinoma (C34._) |
| 8078／3 | 角化真珠を伴う扁平上皮癌 | 8078／3 | Squamous cell carcinoma with horn formation |
| 8083／3 | 基底細胞様扁平上皮癌 | 8083／3 | Basaloid squamous cell carcinoma |
| 8084／3 | 扁平上皮癌, 明細胞型 | 8084／3 | Squamous cell carcinoma, clear cell type |
| 8097／3 | 基底細胞癌, 結節性(C44._) | 8097／3 | Basal cell carcinoma, nodular (C44._) |
| | 基底細胞癌, 小結節性(C44._) | | Basal cell carcinoma, micronodular (C44._) |
| 8098／3 | 腺様基底細胞癌(C53._) | 8098／3 | Adenoid basal carcinoma (C53._) |
| 8103／0 | 毛髪癌(C44._) | 8103／0 | Pilar tumor (C44._) |
| | 増殖性毛根鞘のう胞 | | Proliferating trichilemmal cyst |
| | 増殖性毛根鞘腫瘍 | | Proliferating trichilemmal tumor |
| 8131／3 | 移行上皮癌, 微小乳頭状(C67._) | 8131／3 | Transitional cell carcinoma, micropapillary (C67._) |
| 8148／2 | 上皮内腺腫瘍, Ⅲ度 | 8148／2 | Glandular intraepithelial neoplasia, grade III |
| | 前立腺上皮内腫瘍, Ⅲ度(C61.9) | | Prostatic intraepithelial neoplasia, grade III (C61.9) |
| | PIN Ⅲ (C61.9) | | PIN III (C61.9) |
| 8149／0 | 小管状腺腫 | 8149／0 | Canalicular adenoma |
| 8156／1 | ソマトスタチン産生腫瘍, NOS | 8156／1 | Somatostatinoma, NOS |
| | ソマトスタチン細胞腫瘍, NOS | | Somatostatin cell tumor, NOS |
| 8156／3 | ソマトスタチン産生腫瘍, 悪性 | 8156／3 | Somatostatinoma, malignant |
| | ソマトスタチン細胞腫瘍, 悪性 | | Somatostatin cell tumor, malignant |
| 8157／1 | 腸グルカゴン腫瘍, NOS | 8157／1 | Enteroglucagonoma, NOS |
| 8157／3 | 腸グルカゴン腫瘍, 悪性 | 8157／3 | Enteroglucagonoma, malignant |

| | | | |
|---|---|---|---|
| 8172／3 | 肝細胞癌, 硬性(C22.0) | 8172／3 | Hepatocellular carcinoma, scirrhous (C22.0) |
| | 硬化性肝癌(C22.0) | | Sclerosing hepatic carcinoma (C22.0) |
| 8173／3 | 肝細胞癌, 紡錘形細胞変異型(C22.0) | 8173／3 | Hepatocellular carcinoma, spindle cell variant (C22.0) |
| | 肝細胞癌, 肉腫様(C22.0) | | Hepatocellular carcinoma, sarcomatoid (C22.0) |
| 8174／3 | 肝細胞癌, 明細胞型(C22.0) | 8174／3 | Hepatocellular carcinoma, clear cell type (C22.0) |
| 8175／3 | 肝細胞癌, 多形型(C22.0) | 8175／3 | Hepatocellular carcinoma, pleomorphic type (C22.0) |
| 8204／0 | 乳汁分泌性腺腫(C50._) | 8204／0 | Lactating adenoma (C50._) |
| 8212／0 | 扁平腺腫 | 8212／0 | Flat adenoma |
| 8213／0 | 鋸歯状腺腫(C18._) | 8213／0 | Serrated adenoma (C18._) |
| | 腺腫性・過形成性混合ポリープ(C18._) | | Mixed adenomatous and hyperplastic polyp (C18._) |
| 8214／3 | 壁細胞癌(C16._) | 8214／3 | Parietal cell carcinoma (C16._) |
| | 壁細胞腺癌(C16._) | | Parietal cell adenocarcinoma (C16._) |
| 8215／3 | 肛門腺腺癌(C21.1) | 8215／3 | Adenocarcinoma of anal glands (C21.1) |
| | 肛門管腺癌(C21.1) | | Adenocarcinoma of anal ducts (C21.1) |
| 8242／1 | 腸クロム親和性様細胞カルチノイド, NOS | 8242／1 | Enterochromaffin-like cell carcinoid, NOS |
| | ECL細胞カルチノイド, NOS | | ECL cell carcinoid, NOS |
| 8242／3 | 腸クロム親和性様細胞腫瘍, 悪性 | 8242／3 | Enterochromaffin-like cell tumor, malignant |
| | ECL細胞カルチノイド, 悪性 | | ECL cell carcinoid, malignant |
| 8249／3 | 異型カルチノイド腫瘍 | 8249／3 | Atypical carcinoid tumor |
| 8252／3 | 細気管支肺胞上皮癌, 非粘液性 (C34._) | 8252／3 | Bronchiolo-alveolar carcinoma, non-mucinous (C34._) |
| | 細気管支肺胞上皮癌, クララ細胞 (C34._) | | Bronchiolo-alveolar carcinoma, Clara cell(C34._) |
| | 細気管支肺胞上皮癌, II型肺胞(上皮)細胞(C34._) | | Bronchiolo-alveolar carcinoma, type II pneumocyte (C34._) |
| 8253／3 | 細気管支肺胞上皮癌, 粘液性(C34._) | 8253／3 | Bronchiolo-alveolar carcinoma, mucinous (C34._) |
| | 細気管支肺胞上皮癌, 杯細胞型 (C34._) | | Bronchiolo-alveolar carcinoma, goblet cell type (C34._) |
| 8254／3 | 細気管支肺胞上皮癌, 粘液性及び非粘液性混合型(C34._) | 8254／3 | Bronchiolo-alveolar carcinoma, mixed mucinous and non-mucinous (C34._) |

| | | | |
|---|---|---|---|
| | 細気管支肺胞上皮癌, クララ細胞及び胚細胞型(C34._) | | Bronchiolo-alveolar carcinoma, Clara cell and goblet cell type (C34._) |
| | 細気管支肺胞上皮癌, Ⅱ型肺胞細胞及び胚細胞型(C34._) | | Bronchiolo-alveolar carcinoma, type Ⅱ pneumocyte and goblet cell type (C34._) |
| | 細気管支肺胞上皮癌, 中間型(C34._) | | Bronchiolo-alveolar carcinoma, indeterminate type (C34._) |
| 8255／3 | 亜型の混在を伴う腺癌 | 8255／3 | Adenocarcinoma with mixed subtypes |
| | 他の癌腫を伴う腺癌 | | Adenocarcinoma combined with other types of carcinoma |
| 8264／0 | 乳頭腫症, 腺状 | 8264／0 | Papillomatosis, glandular |
| | 胆管乳頭腫症(C22.1, C24.0) | | Biliary papillomatosis (C22.1, C24.0) |
| 8272／0 | 下垂体腺腫, NOS(C75.1) | 8272／0 | Pituitary adenoma, NOS (C75.1) |
| 8272／3 | 下垂体癌, NOS(C75.1) | 8272／3 | Pituitary carcinoma, NOS (C75.1) |
| 8316／3 | のう胞随伴性腎細胞癌(C64.9) | 8316／3 | Cyst-associated renal cell carcinoma (C64.9) |
| 8317／3 | 腎細胞癌, 嫌色素性型(C64.9) | 8317／3 | Renal cell carcinoma, chromophobe type(C64.9) |
| | 嫌色素性細胞腎癌(C64.9) | | Chromophobe cell renal carcinoma (C64.9) |
| 8318／3 | 腎細胞癌, 肉腫様(C64.9) | 8318／3 | Renal cell carcinoma, sarcomatoid (C64.9) |
| | 腎細胞癌, 紡錘形細胞(C64.9) | | Renal cell carcinoma, spindle cell (C64.9) |
| 8319／3 | 集合管癌(C64.9) | 8319／3 | Collecting duct carcinoma (C64.9) |
| | ベリーニ管癌(C64.9) | | Bellini duct carcinoma (C64.9) |
| | 腎癌, 集合管型(C64.9) | | Renal carcinoma, collecting duct type (C64.9) |
| 8325／0 | 後腎腺腫(C64.9) | 8325／0 | Metanephric adenoma (C64.9) |
| 8335／3 | ろ胞癌, 微少浸潤性(C73.9) | 8335／3 | Follicular carcinoma, minimally invasive (C73.9) |
| | ろ胞癌, 被胞性(C73.9) | | Follicular carcinoma, encapsulated (C73.9) |
| 8336／0 | 硝子化索状腺腫(C73.9) | 8336／0 | Hyalinizing trabecular adenoma (C73.9) |
| 8337／3 | 島状癌(C73.9) | 8337／3 | Insular carcinoma (C73.9) |
| 8341／3 | 微小乳頭癌(C73.9) | 8341／3 | Papillary microcarcinoma (C73.9) |
| 8342／3 | 乳頭癌, 好酸性細胞(C73.9) | 8342／3 | Papillary carcinoma, oxyphilic cell (C73.9) |
| 8343／3 | 乳頭癌, 被包性(C73.9) | 8343／3 | Papillary carcinoma, encapsulated (C73.9) |

| | | | |
|---|---|---|---|
| 8344／3 | 乳頭癌, 円柱上皮細胞(C73.9) | 8344／3 | Papillary carcinoma, columnar cell (C73.9) |
| | 乳頭癌, tall細胞(C73.9) | | Papillary carcinoma, tall cell (C73.9) |
| 8346／3 | 髄様・ろ胞混合癌(C73.9) | 8346／3 | Mixed medullary-follicular carcinoma (C73.9) |
| 8347／3 | 髄様・乳頭混合癌(C73.9) | 8347／3 | Mixed medullary-papillary carcinoma (C73.9) |
| 8382／3 | 類内膜腺癌, 分泌変異型 | 8382／3 | Endometrioid adenocarcinoma, secretory variant |
| 8383／3 | 類内膜腺癌, 繊毛細胞変異型 | 8383／3 | Endometrioid adenocarcinoma, ciliated cell variant |
| 8384／3 | 腺癌, 内頚部型 | 8384／3 | Adenocarcinoma, endocervical type |
| 8391／0 | 毛包線維腫(C44._) | 8391／0 | Follicular fibroma (C44._) |
| | 毛盤腫(C44._) | | Trichodiscoma (C44._) |
| | 線維毛包腫(C44._) | | Fibrofolliculoma (C44._) |
| | 毛包周囲性線維腫(C44._) | | Perifollicular fibroma (C44._) |
| 8392／0 | 汗腺線維腺腫(C44._) | 8392／0 | Syringofibroadenoma (C44._) |
| 8409／3 | エクリン汗孔腫, 悪性 | 8409／3 | Eccrine poroma, malignant |
| | 汗孔癌(C44._) | | Porocarcinoma (C44._) |
| 8413／3 | エクリン腺癌(C44._) | 8413／3 | Eccrine adenocarcinoma (C44._) |
| 8443／0 | 明細胞のう胞腺腫(C56.9) | 8443／0 | Clear cell cystadenoma (C56.9) |
| 8444／1 | 境界悪性明細胞のう胞腫瘍(C56.9) | 8444／1 | Clear cell cystic tumor of borderline malignancy (C56.9) |
| | 異型増殖性明細胞腫瘍(C56.9) | | Atypical proliferating clear cell tumor (C56.9) |
| 8453／0 | 導管内乳頭状粘液腺腫(C25._) | 8453／0 | Intraductal papillary-mucinous adenoma (C25._) |
| 8453／1 | 中等度異形成を伴う導管内乳頭状粘液腺腫(C25._) | 8453／1 | Intraductal papillary-mucinous tumor with moderate dysplasia (C25._) |
| 8453／2 | 導管内乳頭状粘液癌, 非浸潤性(C25._) | 8453／2 | Intraductal papillary-mucinous carcinoma, non-invasive (C25._) |
| 8453／3 | 導管内乳頭状粘液癌, 浸潤性(C25._) | 8453／3 | Intraductal papillary-mucinous carcinoma, invasive (C25._) |
| 8454／0 | 房室結節のう胞腫瘍(C38.0) | 8454／0 | Cystic tumor of atrio-ventricular node (C38.0) |
| 8463／1 | 境界悪性漿液性表在性乳頭腫瘍(C56.9) | 8463／1 | Serous surface papillary tumor of borderline malignancy (C56.9) |
| 8482／3 | 粘液性腺癌, 内頚部型 | 8482／3 | Mucinous adenocarcinoma, endocervical type |

| | | | |
|---|---|---|---|
| 8507／2 | 導管内小微乳頭状癌(C50._) | 8507／2 | Intraductal micropapillary carcinoma (C50._) |
| | 上皮内導管癌, 微小乳頭状型(C50._) | | Ductal carcinoma in situ, micropapillary (C50._) |
| | 導管内癌, 匍匐状(C50._) | | Intraductal carcinoma, clinging (C50._) |
| 8508／3 | のう胞状高分泌癌(C50._) | 8508／3 | Cystic hypersecretory carcinoma (C50._) |
| 8513／3 | 異型髄様癌(C50._) | 8513／3 | Atypical medullary carcinoma (C50._) |
| 8514／3 | 導管癌, 線維形成型 | 8514／3 | Duct carcinoma, desmoplastic type |
| 8523／3 | 他の型の癌を伴う浸潤性導管癌(C50._) | 8523／3 | Infiltrating duct mixed with other types of carcinoma (C50._) |
| | 浸潤性導管・篩状癌(C50._) | | Infiltrating duct and cribriform carcinoma (C50._) |
| | 浸潤性導管・粘液癌(C50._) | | Infiltrating duct and mucinous carcinoma (C50._) |
| | 浸潤性導管・管状癌(C50._) | | Infiltrating duct and tubular carcinoma (C50._) |
| | 浸潤性導管・膠様癌(C50._) | | Infiltrating duct and colloid carcinoma (C50._) |
| 8524／3 | 他の型の癌を伴う浸潤性小葉癌(C50._) | 8524／3 | Infiltrating lobular mixed with other types of carcinoma (C50._) |
| 8525／3 | 多形低悪性度腺癌 | 8525／3 | Polymorphous low grade adenocarcinoma |
| | 終末導管腺癌 | | Terminal duct adenocarcinoma |
| 8551／3 | 腺房細胞のう胞腺癌 | 8551／3 | Acinar cell cystadenocarcinoma |
| 8574／3 | 神経内分泌への分化を伴う腺癌 | 8574／3 | Adenocarcinoma with neuroendocrine differentiation |
| | 神経内分泌への分化を伴う癌腫 | | Carcinoma with neuroendocrine differentiation |
| 8575／3 | 化生癌, NOS | 8575／3 | Metaplastic carcinoma, NOS |
| 8576／3 | 肝様腺癌 | 8576／3 | Hepatoid adenocarcinoma |
| | 肝様癌 | | Hepatoid carcinoma |
| 8581／1 | 胸腺腫, A型, NOS(C37.9) | 8581／1 | Thymoma, type A, NOS (C37.9) |
| | 胸腺腫, 紡錘形細胞, NOS(C37.9) | | Thymoma, spindle cell, NOS (C37.9) |
| | 胸腺腫, 髄様, NOS(C37.9) | | Thymoma, medullary, NOS (C37.9) |
| 8581／3 | 胸腺腫, A型, 悪性(C37.9) | 8581／3 | Thymoma, type A, malignant (C37.9) |
| | 胸腺腫, 紡錘形細胞, 悪性(C37.9) | | Thymoma, spindle cell, malignant (C37.9) |
| | 胸腺腫, 髄様, 悪性(C37.9) | | Thymoma, medullary, malignant (C37.9) |
| 8582／1 | 胸腺腫, AB型, NOS(C37.9) | 8582／1 | Thymoma, type AB, NOS (C37.9) |

| | | | |
|---|---|---|---|
| | 胸腺腫, 混合型, NOS（C37.9） | | Thymoma, mixed type, NOS (C37.9) |
| 8582／3 | 胸腺腫, ＡＢ型, 悪性（C37.9） | 8582／3 | Thymoma, type AB, malignant (C37.9) |
| | 胸腺腫, 混合型, 悪性（C37.9） | | Thymoma, mixed type, malignant (C37.9) |
| 8583／1 | 胸腺腫, Ｂ１型, NOS（C37.9） | 8583／1 | Thymoma, type B1, NOS (C37.9) |
| | 胸腺腫, 高リンパ球性, NOS（C37.9） | | Thymoma, lymphocyte-rich, NOS (C37.9) |
| | 胸腺腫, リンパ球性, NOS（C37.9） | | Thymoma, lymphocytic, NOS (C37.9) |
| | 胸腺腫, 皮質優位型, NOS（C37.9） | | Thymoma, predominantly cortical, NOS (C37.9) |
| | 胸腺腫, 器官様, NOS（C37.9） | | Thymoma, organoid, NOS (C37.9) |
| 8583／3 | 胸腺腫, Ｂ１型, 悪性（C37.9） | 8583／3 | Thymoma, type B1, malignant (C37.9) |
| | 胸腺腫, 高リンパ球性, 悪性（C37.9） | | Thymoma, lymphocyte-rich, malignant (C37.9) |
| | 胸腺腫, リンパ球性, 悪性（C37.9） | | Thymoma, lymphocytic, malignant (C37.9) |
| | 胸腺腫, 皮質優位型, 悪性（C37.9） | | Thymoma, predominantly cortical, malignant (C37.9) |
| | 胸腺腫, 器官様, 悪性（C37.9） | | Thymoma, organoid, malignant (C37.9) |
| 8584／1 | 胸腺腫, Ｂ２型, NOS（C37.9） | 8584／1 | Thymoma, type B2, NOS (C37.9) |
| | 胸腺腫, 皮質型, NOS（C37.9） | | Thymoma, cortical, NOS (C37.9) |
| 8584／3 | 胸腺腫, Ｂ２型, 悪性（C37.9） | 8584／3 | Thymoma, type B2, malignant (C37.9) |
| | 胸腺腫, 皮質型, 悪性（C37.9） | | Thymoma, cortical, malignant (C37.9) |
| 8585／1 | 胸腺腫, Ｂ３型, NOS（C37.9） | 8585／1 | Thymoma, type B3, NOS (C37.9) |
| | 胸腺腫, 上皮性, NOS（C37.9） | | Thymoma, epithelial, NOS (C37.9) |
| | 胸腺腫, 非定型的, NOS（C37.9） | | Thymoma, atypical, NOS (C37.9) |
| 8585／3 | 胸腺腫, Ｂ３型, 悪性（C37.9） | 8585／3 | Thymoma, type B3, malignant (C37.9) |
| | 胸腺腫, 上皮性, 悪性（C37.9） | | Thymoma, epithelial, malignant (C37.9) |
| | 胸腺腫, 非定型的, 悪性（C37.9） | | Thymoma, atypical, malignant (C37.9) |
| | 高分化型胸腺癌（C37.9） | | Well differentiated thymic carcinoma (C37.9) |
| 8586／3 | 胸腺腫, C型（C37.9） | 8586／3 | Thymoma, type C (C37.9) |
| 8587／0 | 異所性過誤腫性胸腺腫 | 8587／0 | Ectopic hamartomatous thymoma |
| 8588／3 | 胸腺様成分を伴う紡錘形上皮性腫瘍 | 8588／3 | Spindle epithelial tumor with thymus-like element |
| | 胸腺様分化を伴う紡錘形上皮性腫瘍 | | Spindle epithelial tumor with thymus-like differentiation |
| | SETTLE | | SETTLE |
| 8589／3 | 胸腺様成分を示す癌腫 | 8589／3 | Carcinoma showing thymus-like element |

— 476 —

|  | 胸腺様分化を示す癌腫 |  | Carcinoma showing thymus-like differentiation |
|---|---|---|---|
|  | CASTLE |  | CASTLE |
| 8591／1 | 性索・性腺間質腫瘍, 不全分化型 | 8591／1 | Sex cord-gonadal stromal tumor, incompletely differentiated |
| 8592／1 | 性索・性腺間質腫瘍, 混合型 | 8592／1 | Sex cord-gonadal stromal tumor, mixed forms |
| 8593／1 | 微少性索成分を伴う間質腫瘍(C56.9) | 8593／1 | Stromal tumor with minor sex cord elements (C56.9) |
| 8633／1 | セルトリ・ライディッヒ細胞腫瘍, 網様 | 8633／1 | Sertoli-Leydig cell tumor, retiform |
| 8634／1 | 異所性成分を伴うセルトリ・ライディッヒ細胞腫瘍, 中分化型 | 8634／1 | Sertoli-Leydig cell tumor, intermediate differentiation, with heterologous elements |
|  | 異所性成分を伴うセルトリ・ライディッヒ細胞腫瘍, 網様 |  | Sertoli-Leydig cell tumor, retiform, with heterologous elements |
| 8634／3 | 異所性成分を伴うセルトリ・ライディッヒ細胞腫瘍, 低分化型 | 8634／3 | Sertoli-Leydig cell tumor, poorly differentiated, with heterologous elements |
| 8642／1 | 大細胞石灰化セルトリ細胞腫瘍 | 8642／1 | Large cell calcifying Sertoli cell tumor |
| 8728／0 | びまん性黒色細胞腫症(C70.9) | 8728／0 | Diffuse melanocytosis (C70.9) |
| 8728／1 | 髄膜黒色細胞腫(C70.9) | 8728／1 | Meningeal melanocytoma (C70.9) |
| 8728／3 | 髄膜黒色腫症(C70.9) | 8728／3 | Meningeal melanomatosis (C70.9) |
| 8746／3 | 粘膜黒子性黒色腫 | 8746／3 | Mucosal lentiginous melanoma |
| 8762／1 | 先天性母斑内増殖性皮膚病変(C44._) | 8762／1 | Proliferative dermal lesion in congenital nevus (C44._) |
| 8805／3 | 未分化肉腫 | 8805／3 | Undifferentiated sarcoma |
| 8806／3 | 線維形成性小円形細胞腫瘍 | 8806／3 | Desmoplastic small round cell tumor |
| 8815／0 | 孤立性線維性腫瘍 | 8815／0 | Solitary fibrous tumor |
|  | 限局性線維性腫瘍 |  | Localized fibrous tumor |
| 8815／3 | 孤立性線維性腫瘍, 悪性 | 8815／3 | Solitary fibrous tumor, malignant |
| 8825／0 | 筋線維芽腫 | 8825／0 | Myofibroblastoma |
| 8825／1 | 筋線維芽腫性腫瘍, NOS | 8825／1 | Myofibroblastic tumor, NOS |
|  | 炎症性筋線維芽腫性腫瘍 |  | Inflammatory myofibroblastic tumor |
| 8826／0 | 血管筋線維芽腫 | 8826／0 | Angiomyofibroblastoma |
| 8827／1 | 筋線維芽腫性腫瘍, 気管支周囲性 (C34._) | 8827／1 | Myofibroblastic tumor, peribronchial (C34._) |
|  | 先天性気管支周囲性筋線維芽腫性腫瘍 (C34._) |  | Congenital peribronchial myofibroblastic tumor (C34._) |
| 8831／0 | 深在性組織球腫 | 8831／0 | Deep histiocytoma |
|  | 若年性組織球腫 |  | Juvenile histiocytoma |

| | 細網組織球腫 | | Reticulohistiocytoma |
|---|---|---|---|
| 8834／1 | 巨細胞性線維芽腫 | 8834／1 | Giant cell fibroblastoma |
| 8835／1 | 叢状線維組織球性腫瘍 | 8835／1 | Plexiform fibrohistiocytic tumor |
| 8836／1 | 血管腫様線維性組織球腫 | 8836／1 | Angiomatoid fibrous histiocytoma |
| 8842／0 | 骨化性線維粘液腫様腫瘍 | 8842／0 | Ossifying fibromyxoid tumor |
| 8862／0 | 軟骨様脂肪腫 | 8862／0 | Chondroid lipoma |
| 8898／1 | 転移性平滑筋腫 | 8898／1 | Metastasizing leiomyoma |
| 8905／0 | 性器横紋筋腫(C51._, C52.9) | 8905／0 | Genital rhabdomyoma (C51._, C52.9) |
| 8912／3 | 紡錘形細胞横紋筋肉腫 | 8912／3 | Spindle cell rhabdomyosarcoma |
| 8921／3 | 神経節への分化を伴う横紋筋肉腫 | 8921／3 | Rhabdomyosarcoma with ganglionic differentiation |
| | 外胚葉性間葉腫 | | Ectomesenchymoma |
| 8934／3 | 癌線維腫 | 8934／3 | Carcinofibroma |
| 8935／1 | 間質腫瘍, NOS | 8935／1 | Stromal tumor, NOS |
| 8935／3 | 間質肉腫, NOS | 8935／3 | Stromal sarcoma, NOS |
| 8936／0 | 胃腸間質腫瘍, 良性 | 8936／0 | Gastrointestinal stromal tumor, benign |
| | GIST, 良性 | | GIST, benign |
| 8936／1 | 胃腸間質腫瘍, NOS | 8936／1 | Gastrointestinal stromal tumor, NOS |
| | GIST, NOS | | GIST, NOS |
| | 胃腸間質腫瘍, 悪性度不明確 | | Gastrointestinal stromal tumor, uncertain malignant potential |
| | 胃腸自律神経腫瘍 | | Gastrointestinal autonomic nerve tumor |
| | GANT | | GANT |
| | 胃腸ペースメーカ細胞腫瘍 | | Gastrointestinal pacemaker cell tumor |
| 8936／3 | 胃腸間質肉腫 | 8936／3 | Gastrointestinal stromal sarcoma |
| | 胃腸管間質腫瘍, 悪性 | | Gastrointestinal stromal tumor, malignant |
| | GIST, 悪性 | | GIST, malignant |
| 8959／0 | 良性のう胞腎腫(C64.9) | 8959／0 | Benign cystic nephroma (C64.9) |
| 8959／1 | のう胞性部分的分化を示す腎芽腫 (C64.9) | 8959／1 | Cystic partially differentiated nephroblastoma (C64.9) |
| 8959／3 | 悪性のう胞腎腫(C64.9) | 8959／3 | Malignant cystic nephroma (C64.9) |
| | 悪性多房性のう胞腎腫(C64.9) | | Malignant multilocular cystic nephroma (C64.9) |
| 8965／0 | 腎性腺線維腫(C64.9) | 8965／0 | Nephrogenic adenofibroma (C64.9) |
| 8966／0 | 腎髄質間質細胞腫瘍(C64.9) | 8966／0 | Renomedullary interstitial cell tumor (C64.9) |
| | 腎髄様線維腫(C64.9) | | Renomedullary fibroma (C64.9) |
| 8967／0 | 骨化性腎腫瘍(C64.9) | 8967／0 | Ossifying renal tumor (C64.9) |
| 8973／3 | 胸膜肺芽腫 | 8973／3 | Pleuropulmonary blastoma |

| | | | |
|---|---|---|---|
| 8974／1 | 唾液腺芽腫 | 8974／1 | Sialoblastoma |
| 8983／0 | 腺筋上皮腫(C50._) | 8983／0 | Adenomyoepithelioma (C50._) |
| 9065／3 | 胚細胞腫瘍, 非セミノーマ性(C62._) | 9065／3 | Germ cell tumor, nonseminomatous (C62._) |
| 9105／3 | トロホブラスト性腫瘍, 類上皮性 | 9105／3 | Trophoblastic tumor, epithelioid |
| 9135／1 | 血管内乳頭状血管内皮腫 ダブスカ腫瘍 | 9135／1 | Endovascular papillary angioendothelioma Dabska tumor |
| 9136／1 | 紡錘形細胞血管内皮腫 紡錘形細胞血管内皮腫 | 9136／1 | Spindle cell hemangioendothelioma Spindle cell angioendothelioma |
| 9186／3 | 中心性骨肉腫(C40._, C41._) 通常型中心性骨肉腫(C40._, C41._) 髄様骨肉腫(C40._, C41._) | 9186／3 | Central osteosarcoma (C40._, C41._) Conventional central osteosarcoma (C40._,C41._) Medullary osteosarcoma (C40._, C41._) |
| 9187／3 | 骨内高分化型骨肉腫(C40._, C41._) 骨内低悪性度骨肉腫(C40._, C41._) | 9187／3 | Intraosseous well differentiated osteosarcoma (C40._, C41._) Intraosseous low grade osteosarcoma (C40._, C41._) |
| 9193／3 | 骨膜性骨肉腫(C40._, C41._) | 9193／3 | Periosteal osteosarcoma (C40._, C41._) |
| 9194／3 | 高悪性度表在性骨肉腫(C40._, C41._) | 9194／3 | High grade surface osteosarcoma (C40._, C41._) |
| 9195／3 | 皮質内骨肉腫(C40._, C41._) | 9195／3 | Intracortical osteosarcoma (C40._,C41._) |
| 9242／3 | 明細胞軟骨肉腫(C40._, C41._) | 9242／3 | Clear cell chondrosarcoma (C40._,C41._) |
| 9243／3 | 脱分化型軟骨肉腫(C40._, C41._) | 9243／3 | Dedifferentiated chondrosarcoma (C40._,C41._) |
| 9252／0 | 腱滑膜巨細胞腫瘍(C49._) 腱鞘線維組織球腫(C49._) 腱鞘巨細胞腫瘍(C49._) | 9252／0 | Tenosynovial giant cell tumor (C49._) Fibrous histiocytoma of tendon sheath (C49._) Giant cell tumor of tendon sheath (C49._) |
| 9252／3 | 悪性腱滑膜巨細胞腫瘍(C49._) 腱鞘巨細胞腫瘍, 悪性(C49._) | 9252／3 | Malignant tenosynovial giant cell tumor (C49._) Giant cell tumor of tendon sheath, malignant (C49._) |
| 9341／1 | 明細胞歯原性腫瘍 | 9341／1 | Clear cell odontogenic tumor |
| 9342／3 | 歯原性癌肉腫 | 9342／3 | Odontogenic carcinosarcoma |
| 9351／1 | 頭蓋咽頭腫, エナメル上皮腫様(C75.2) | 9351／1 | Craniopharyngioma, adamantinomatous (C75.2) |
| 9352／1 | 頭蓋咽頭腫, 乳頭状(C75.2) | 9352／1 | Craniopharyngioma, papillary (C75.2) |
| 9365／3 | アスキン腫瘍 | 9365／3 | Askin tumor |
| 9371／3 | 軟骨様脊索腫 | 9371／3 | Chondroid chordoma |

| | | | |
|---|---|---|---|
| 9372／3 | 脱分化型脊索腫 | 9372／3 | Dedifferentiated chordoma |
| 9373／0 | 傍脊索腫 | 9373／0 | Parachordoma |
| 9412／1 | 線維形成性乳児アストロサイトーマ (C71._) | 9412／1 | Desmoplastic infantile astrocytoma (C71._) |
| | 線維形成性乳児神経節膠腫(C71._) | | Desmoplastic infantile ganglioglioma (C71._) |
| 9413／0 | 胎生期発育不全性神経上皮腫瘍 | 9413／0 | Dysembryoplastic neuroepithelial tumor |
| 9444／1 | 脈絡そうグリオーマ(C71._) | 9444／1 | Chordoid glioma (C71._) |
| | 第3脳室脈絡そうグリオーマ(C71.5) | | Chordoid glioma of third ventricle (C71.5) |
| 9474／3 | 大細胞髄芽腫(C71.6) | 9474／3 | Large cell medulloblastoma (C71.6) |
| 9493／0 | 小脳異形成性神経節細胞腫(レルミット・デュクロス)(C71.6) | 9493／0 | Dysplastic gangliocytoma of cerebellum (Lhermitte-Duclos) (C71.6) |
| 9508／3 | 異型奇形腫様／ラブドイド腫瘍(C71._) | 9508／3 | Atypical teratoid/rhabdoid tumor (C71._) |
| 9513／3 | 網膜芽腫, びまん性(C69.2) | 9513／3 | Retinoblastoma, diffuse (C69.2) |
| 9514／1 | 網膜芽腫, 自然消退性(C69.2) | 9514／1 | Retinoblastoma, spontaneously regressed (C69.2) |
| 9571／0 | 神経周膜腫, NOS | 9571／0 | Perineurioma, NOS |
| | 神経内神経周膜腫 | | Intraneural perineurioma |
| | 軟部組織神経周膜腫 | | Soft tissue perineurioma |
| 9571／3 | 神経周膜腫, 悪性 | 9571／3 | Perineurioma, malignant |
| | 神経周膜腫, MPNST | | Perineural MPNST |
| 9582／0 | トルコ鞍部顆粒細胞腫瘍(C75.1) | 9582／0 | Granular cell tumor of the sellar region (C75.1) |
| 9596／3 | 複合ホジキン及び非ホジキンリンパ腫 | 9596／3 | Composite Hodgkin and non-Hodgkin lymphoma |
| 9651／3 | ホジキンリンパ腫, 高リンパ球型 | 9651／3 | Hodgkin lymphoma, lymphocyte-rich |
| | 古典的ホジキンリンパ腫, 高リンパ球型 | | Classical Hodgkin lymphoma, lymphocyte-rich |
| 9678／3 | 原発性滲出性リンパ腫 | 9678／3 | Primary effusion lymphoma |
| 9679／3 | 縦隔大細胞性B細胞リンパ腫(C38.3) | 9679／3 | Mediastinal large B-cell lymphoma (C38.3) |
| | 胸腺大細胞性B細胞リンパ腫(C37.9) | | Thymic large B-cell lymphoma (C37.9) |
| 9689／3 | 脾性辺縁層B細胞リンパ腫(C42.2) | 9689／3 | Splenic marginal zone B-cell lymphoma (C42.2) |
| | 脾性辺縁層リンパ腫, NOS(C42.2) | | Splenic marginal zone lymphoma, NOS (C42.2) |
| | 絨毛リンパ球を伴う脾性リンパ腫(C42.2) | | Splenic lymphoma with villous lymphocytes (C42.2) |

| | | | |
|---|---|---|---|
| 9699／3 | 辺縁層B細胞リンパ腫, NOS | 9699／3 | Marginal zone B-cell lymphoma, NOS |
| | 辺縁層リンパ腫, NOS* | | Marginal zone lymphoma, NOS* |
| | 粘膜関連リンパ様組織リンパ腫* | | Mucosal-associated lymphoid tissue lymphoma* |
| | MALTリンパ腫* | | MALT lymphoma* |
| | 気管支関連リンパ様組織リンパ腫 | | Bronchial-associated lymphoid tissue lymphoma |
| | BALTリンパ腫 | | BALT lymphoma |
| | 皮膚関連リンパ様組織リンパ腫 | | Skin-associated lymphoid tissue lymphoma |
| | SALTリンパ腫 | | SALT lymphoma |
| | 節内性辺縁層リンパ腫 | | Nodal marginal zone lymphoma |
| 9708／3 | 皮下脂肪組織炎様T細胞リンパ腫 | 9708／3 | Subcutaneous panniculitis-like T-cell lymphoma |
| 9716／3 | 肝脾型γσ（ガンマ・デルタ）細胞リンパ腫 | 9716／3 | Hepatosplenic γδ (gamma-delta) cell lymphoma |
| 9717／3 | 腸管T細胞リンパ腫 | 9717／3 | Intestinal T-cell lymphoma |
| | 腸症型腸管T細胞リンパ腫 | | Enteropathy type intestinal T-cell lymphoma |
| | 腸症関連T細胞リンパ腫 | | Enteropathy associated T-cell lymphoma |
| 9718／3 | 原発性皮膚CD30+T細胞リンパ増殖性疾患(C44._) | 9718／3 | Primary cutaneous CD30+ T-cell lymphoproliferative disorder (C44._) |
| | リンパ腫様丘疹症(C44._) | | Lymphomatoid papulosis (C44._) |
| | 原発性皮膚未分化大細胞リンパ腫(C44._) | | Primary cutaneous anaplastic large cell lymphoma (C44._) |
| | 原発性皮膚CD30+大T細胞リンパ腫(C44._) | | Primary cutaneous CD30+ large T-cell lymphoma (C44._) |
| 9719／3 | NK／T細胞リンパ腫, 鼻腔及び鼻腔型 | 9719／3 | NK/T-cell lymphoma, nasal and nasal-type |
| | T／NK細胞リンパ腫 | | T/NK-cell lymphoma |
| 9727／3 | 前駆細胞リンパ芽球性リンパ腫, NOS（M-9835／3も参照） | 9727／3 | Precursor cell lymphoblastic lymphoma, NOS (see also M-9835/3) |
| 9728／3 | 前駆B細胞リンパ芽球性リンパ腫（M-9836／3も参照） | 9728／3 | Precursor B-cell lymphoblastic lymphoma (see also M-9836/3) |
| 9729／3 | 前駆T細胞リンパ芽球性リンパ腫（M-9837／3も参照） | 9729／3 | Precursor T-cell lymphoblastic lymphoma (see also M-9837/3) |
| 9751／1 | ランゲルハンス細胞組織球症, NOS | 9751／1 | Langerhans cell histiocytosis, NOS |
| | ランゲルハンス肉芽腫症 | | Langerhans cell granulomatosis |
| | 組織球症X, NOS[obs] | | Histiocytosis X, NOS [obs] |

| | | | |
|---|---|---|---|
| 9752／1 | ランゲルハンス細胞組織球症, 単局性 | 9752／1 | Langerhans cell histiocytosis, unifocal |
| | ランゲルハンス肉芽腫症, 単局性 | | Langerhans cell granulomatosis, unifocal |
| | ランゲルハンス細胞組織球症, 単骨浸透性 | | Langerhans cell histiocytosis, mono-ostotic |
| | 好酸球性肉芽腫 | | Eosinophilic granuloma |
| 9753／1 | ランゲルハンス細胞組織球症, 多病巣性 | 9753／1 | Langerhans cell histiocytosis, multifocal |
| | ランゲルハンス細胞組織球症, 多骨浸透性 | | Langerhans cell histiocytosis, poly-ostotic |
| | ハンド・シューラー・クリスチャン病[obs] | | Hand-Schüller-Christian disease [obs] |
| 9754／3 | ランゲルハンス細胞組織球症, 播種性 | 9754／3 | Langerhans cell histiocytosis, disseminated |
| | ランゲルハンス細胞組織球症, 全身性 | | Langerhans cell histiocytosis, generalized |
| 9755／3 | 組織球肉腫 | 9755／3 | Histiocytic sarcoma |
| 9756／3 | ランゲルハンス細胞肉腫 | 9756／3 | Langerhans cell sarcoma |
| 9757／3 | 指間樹状細胞肉腫 | 9757／3 | Interdigitating dendritic cell sarcoma |
| | 樹枝状細胞肉腫 | | Interdigitating cell sarcoma |
| | 樹状細胞肉腫, NOS | | Dendritic cell sarcoma, NOS |
| 9758／3 | ろ胞性樹状細胞肉腫 | 9758／3 | Follicular dendritic cell sarcoma |
| | ろ胞性樹状細胞腫瘍 | | Follicular dendritic cell tumor |
| 9769／1 | 免疫グロブリン沈着病 | 9769／1 | Immunoglobulin deposition disease |
| | 全身性L鎖病 | | Systemic light chain disease |
| | 原発性アミロイド症 | | Primary amyloidosis |
| 9805／3 | 急性多形質性白血病 | 9805／3 | Acute biphenotypic leukemia |
| | 急性混合系白血病 | | Acute mixed lineage leukemia |
| | 急性多系統 白血病 | | Acute bilineal leukemia |
| 9831／1 | T細胞大顆粒リンパ球性白血病 | 9831／1 | T-cell large granular lymphocytic leukemia |
| | T細胞大顆粒リンパ球増加症 | | T-cell large granular lymphocytosis |
| | NK細胞大顆粒リンパ球性白血病 | | NK-cell large granular lymphocytic leukemia |
| | 大顆粒リンパ球増加症, NOS | | Large granular lymphocytosis, NOS |
| 9833／3 | 前リンパ球性白血病, B細胞型 | 9833／3 | Prolymphocytic leukemia, B-cell type |
| 9834／3 | 前リンパ球性白血病, T細胞型 | 9834／3 | Prolymphocytic leukemia, T-cell type |
| 9835／3 | 前駆細胞リンパ芽球性白血病, NOS（M-9727／3も参照） | 9835／3 | Precursor cell lymphoblastic leukemia, NOS (*see also M-9727/3*) |
| | 前駆細胞リンパ芽球性白血病, 非表現型 | | Precursor cell lymphoblastic leukemia, not phenotyped |
| | 急性リンパ芽球性白血病, 前駆細胞型 | | Acute lymphoblastic leukemia, precursor-cell type |

| | 急性リンパ芽球性白血病性リンパ腫, NOS | | Acute lymphoblastic leukemia-lymphoma, NOS |
|---|---|---|---|
| | FAB L1[obs] | | FAB L1 [obs] |
| | 急性リンパ芽球性白血病, L2型, NOS** | | Acute lymphoblastic leukemia, L2 type, NOS** |
| | FAB L2** | | FAB L2** |
| 9836／3 | 前駆B細胞リンパ芽球性白血病, NOS（M-9728／3も参照） | 9836／3 | Precursor B-cell lymphoblastic leukemia (see also M-9728/3) |
| | 前BALL | | Pro-B ALL |
| | 共通前駆BALL | | Common precursor B ALL |
| | 前BALL | | Pre-B ALL |
| | 前前BALL | | Pre-pre-B ALL |
| | 共通ALL | | Common ALL |
| | cALL | | c-ALL |
| 9837／3 | 前駆T細胞リンパ芽球性白血病, NOS（M-9729／3も参照） | 9837／3 | Precursor T-cell lymphoblastic leukemia (see also M-9729/3) |
| | 前TALL | | Pro-T ALL |
| | 前TALL | | Pre-T ALL |
| | 皮質性TALL | | Cortical T ALL |
| | 成熟TALL | | Mature T ALL |
| 9871／3 | 異常骨髄好酸球を伴う急性骨髄性白血病(すべての変異体を含む)** | 9871／3 | Acute myeloid leukemia with abnormal marrow eosinophils (Includes all variants)** |
| | 急性骨髄性白血病, inv(16)(p13;q22) | | Acute myeloid leukemia, inv(16)(p13;q22) |
| | 急性骨髄性白血病, t(16;16)(p13;q11) | | Acute myeloid leukemia, t(16;16)(p13;q11) |
| | 急性骨髄性白血病, CBF－ベータ／MYH11 | | Acute myeloid leukemia, CBF-beta/MYH11 |
| | 異常骨髄好酸球を伴う急性骨髄単球性白血病 | | Acute myelomonocytic leukemia with abnormal eosinophils |
| | FAB M4Eo | | FAB M4Eo |
| 9872／3 | 急性骨髄性白血病, 最小分化** | 9872／3 | Acute myeloid leukemia, minimal differentiation** |
| | FAB M0** | | FAB M0** |
| 9873／3 | 成熟を伴わない急性骨髄性白血病** | 9873／3 | Acute myeloid leukemia without maturation** |
| | FAB M1 | | FAB M1 |
| 9874／3 | 成熟を伴う急性骨髄性白血病** | 9874／3 | Acute myeloid leukemia with maturation** |

|  | FAB M2, NOS** | | FAB M2, NOS** |
|---|---|---|---|
| 9875／3 | 慢性骨髄性白血病, BCR／ABL陽性 | 9875／3 | Chronic myelogenous leukemia, BCR/ABL positive |
|  | 慢性骨髄性白血病, フィラデルフィア染色体（Ph1）陽性 |  | Chronic myelogenous leukemia, Philadelphia chromosome (Ph1) positive |
|  | 慢性骨髄性白血病, t(9;22)(q34;q11) |  | Chronic myelogenous leukemia, t(9;22)(q34;q11) |
|  | 慢性顆粒球性白血病, フィラデルフィア染色体（Ph1）陽性 |  | Chronic granulocytic leukemia, Philadelphia chromosome (Ph1) positive |
|  | 慢性顆粒球性白血病, t(9;22)(q34;q11) |  | Chronic granulocytic leukemia, t(9;22)(q34;q11) |
|  | 慢性顆粒球性白血病, BCR／ABL |  | Chronic granulocytic leukemia, BCR/ABL |
| 9876／3 | 異型性慢性骨髄性白血病, BCR／ABL陰性 | 9876／3 | Atypical chronic myeloid leukemia, BCR/ABL negative |
|  | 異型性慢性骨髄性白血病, フィラデルフィア染色体（Ph1）陰性 |  | Atypical chronic myeloid leukemia, Philadelphia chromosome (Ph1) negative |
| 9895／3 | 多系統形成異常を伴う急性骨髄性白血病 | 9895／3 | Acute myeloid leukemia with multilineage dysplasia |
|  | 既往に骨髄異形成症候群を伴う急性骨髄性白血病 |  | Acute myeloid leukemia with prior myelodysplastic syndrome |
|  | 既往に骨髄異形成症候群を伴わない急性骨髄性白血病 |  | Acute myeloid leukemia without prior myelodysplastic syndrome |
| 9896／3 | 急性骨髄性白血病, t(8;21)(q22;q22) | 9896／3 | Acute myeloid leukemia, t(8;21)(q22;q22) |
|  | 急性骨髄性白血病, AML1（CBF－アルファ）／ETO |  | Acute myeloid leukemia, AML1(CBF-alpha)/ETO |
|  | FAB M2, t(8;21)(q22;q22) |  | FAB M2, t(8;21)(q22;q22) |
|  | FAB M2, AML1（CBF－アルファ）／ETO |  | FAB M2, AML1(CBF-alpha)/ETO |
| 9897／3 | 急性骨髄性白血病, 11q23異常 | 9897／3 | Acute myeloid leukemia, 11q23 abnormalities |
|  | 急性骨髄性白血病, MLL |  | Acute myeloid leukemia, MLL |
| 9920／3 | 治療関連急性骨髄性白血病, NOS | 9920／3 | Therapy-related acute myeloid leukemia, NOS |
|  | 治療関連急性骨髄性白血病, アルキル化剤関連 |  | Therapy-related acute myeloid leukemia, alkylating agent related |

| | | | |
|---|---|---|---|
| | 治療関連急性骨髄性白血病, エピポド<br>フィロトキシン関連 | | Therapy-related acute myeloid<br>leukemia, epipodophyllotoxin-related |
| | 慢性骨髄単球性白血病, Ⅰ型 | | Chronic myelomonocytic leukemia,<br>Type I |
| | 慢性骨髄単球性白血病, Ⅱ型 | | Chronic myelomonocytic leukemia,<br>Type II |
| | トランスフォーメーションした慢性骨髄単<br>球性白血病[obs] | | Chronic myelomonocytic leukemia in<br>transformation [obs] |
| 9945／3 | 慢性骨髄単球性白血病, NOS | 9945／3 | Chronic myelomonocytic leukemia, NOS |
| 9946／3 | 若年性骨髄単球性白血病 | 9946／3 | Juvenile myelomonocytic leukemia |
| | 若年性慢性骨髄単球性白血病 | | Juvenile chronic myelomonocytic<br>leukemia |
| 9948／3 | 活動性NK細胞白血病 | 9948／3 | Aggressive NK-cell leukemia |
| 9963／3 | 慢性好中球性白血病 | 9963／3 | Chronic neutrophilic leukemia |
| 9964／3 | 好酸球増多症候群 | 9964／3 | Hypereosinophilic syndrome |
| | 慢性好酸球性白血病 | | Chronic eosinophilic leukemia |
| 9985／3 | 多系統形成異常を伴う不応性血球減少 | 9985／3 | Refractory cytopenia with multilineage<br>dysplasia |
| 9986／3 | 5q欠失(5q−)症候群を伴う骨髄異形成<br>症候群 | 9986／3 | Myelodysplastic syndrome with 5q<br>deletion (5q−) syndrome |
| 9987／3 | 治療関連骨髄異形成症候群, NOS | 9987／3 | Therapy-related myelodysplastic<br>syndrome, NOS |
| | 治療関連骨髄異形成症候群, アルキル<br>化剤関連による | | Therapy-related myelodysplastic<br>syndrome, alkylating agent related |
| | 治療関連骨髄異形成症候群, エピポド<br>フィロトキシン関連による | | Therapy-related myelodysplastic<br>syndrome, epipodophyllotoxin-related |

$\ast\ast$米国及びカナダで使用されたコード
(1998-2000)

$\ast\ast$Code used in United States and Canada
(1998-2000)

# 付録2 : 新しい形態用語及び類義語

(4桁の形態コードそのものは、ICD-O第2巻に収載されており、ICD-O第3巻で用語の名称が変更になったもの)

| | | | |
|---|---|---|---|
| 8000／1 | 分類されない腫瘍, 境界悪性領域 | 8000／1 | Unclassified tumor, borderline malignancy |
| 8033／3 | 肉腫様癌 | 8033／3 | Sarcomatoid carcinoma |
| 8040／0 | ツモレット, 良性 | 8040／0 | Tumorlet, benign |
| 8040／1 | ツモレット, NOS | 8040／1 | Tumorlet, NOS |
| 8041／3 | 小細胞神経内分泌癌 | 8041／3 | Small cell neuroendocrine carcinoma |
| 8045／3 | 小細胞混合癌 | 8045／3 | Combined small cell carcinoma |
| | 小細胞・大細胞混合癌 | | Mixed small cell carcinoma |
| | 小細胞・腺混合癌 | | Combined small cell-large cell carcinoma |
| | 小細胞・扁平上皮混合癌 | | Combined small cell-adenocarcinoma |
| 8051／3 | コンジローム様癌 | 8051／3 | Condylomatous carcinoma |
| | ゆう状癌 | | Warty carcinoma |
| 8052／2 | 乳頭状扁平上皮癌, 非浸潤性 | 8052／2 | Papillary squamous cell carcinoma, non-invasive |
| | 乳頭状扁平上皮内癌 | | Papillary squamous cell carcinoma in situ |
| 8053／0 | 扁平上皮乳頭腫, 内反性 | 8053／0 | Squamous cell papilloma, inverted |
| 8060／0 | 扁平上皮乳頭腫症 | 8060／0 | Squamous papillomatosis |
| 8074／3 | 扁平上皮癌, 肉腫様 | 8074／3 | Squamous cell carcinoma, sarcomatoid |
| 8075／3 | 扁平上皮癌, 棘融解性 | 8075／3 | Squamous cell carcinoma, acantholytic |
| 8077／2 | 扁平上皮内腫瘍, Ⅲ度 | 8077／2 | Squamous intraepithelial neoplasia grade III |
| | 腟上皮内腫瘍, Ⅲ度(C52._) | | Vaginal intraepithelial neoplasia, grade III (C52._) |
| | 外陰上皮内腫瘍, Ⅲ度(C51._) | | Vulvar intraepithelial neoplasia, grade III(C51._) |
| | 肛門上皮内腫瘍, Ⅲ度(C21.1) | | Anal intraepithelial neoplasia, grade III(C21.1) |
| | AIN Ⅲ(C21.1) | | AIN III (C21.1) |
| 8082／3 | リンパ上皮腫様癌 | 8082／3 | Lymphoepithelioma-like carcinoma |
| 8091／3 | 多病巣性表在性基底細胞癌(C44._) | 8091／3 | Multifocal superficial basal cell carcinoma (C44._) |
| 8092／3 | 浸潤性基底細胞癌, NOS(C44._) | 8092／3 | Infiltrating basal cell carcinoma, NOS (C44._) |
| | 浸潤性基底細胞癌, 非硬化性(C44._) | | Infiltrating basal cell carcinoma, non-sclerosing (C44._) |

| | | | |
|---|---|---|---|
| | 浸潤性基底細胞癌, 硬化性(C44._) | | Infiltrating basal cell carcinoma, sclerosing (C44._) |
| | 基底細胞癌, morpheic(C44._) | | Basal cell carcinoma, morpheic (C44._) |
| | 基底細胞癌, 線維形成型(C44._) | | Basal cell carcinoma, desmoplastic type (C44._) |
| 8093／3 | 線維上皮腫, ピンカス型 | 8093／3 | Fibroepithelioma of Pinkus type |
| | 線維上皮性基底細胞癌, ピンカス型 | | Fibroepithelial basal cell carcinoma, Pinkus type |
| | ピンカス腫瘍 | | Pinkus tumor |
| | 線維上皮腫, NOS | | Fibroepithelioma, NOS |
| 8102／3 | 毛根鞘癌(C44._) | 8102／3 | Trichilemmocarcinoma (C44._) |
| | | | Trichilemmal carcinoma (C44._) |
| 8110／0 | 毛基質性上皮腫, NOS(C44._) | 8110／0 | Pilomatricoma, NOS (C44._) |
| 8110／3 | 毛基質性上皮腫, 悪性(C44._) | 8110／3 | Pilomatricoma, malignant (C44._) |
| | 基質癌(C44._) | | Matrical carcinoma (C44._) |
| 8120／1 | 移行上皮乳頭腫, NOS | 8120／1 | Transitional cell papilloma, NOS |
| 8120／2 | 上皮内尿路上皮癌 | 8120／2 | Urothelial carcinoma in situ |
| 8121／0 | 洞鼻乳頭腫, NOS(C30.0, C31._) | 8121／0 | Sinonasal papilloma, NOS (C30.0, C31._) |
| | 洞鼻乳頭腫, 外向型(C30.0, C31._) | | Sinonasal papilloma, exophytic (C30.0, C31._) |
| | 洞鼻乳頭腫, 茸状(C30.0, C31._) | | Sinonasal papilloma, fungiform (C30.0,C31._) |
| | 移行上皮乳頭腫, 内反性, 良性 | | Transitional cell papilloma, inverted, benign |
| | 移行上皮乳頭腫, 内反性, 良性 | | Transitional papilloma, inverted, benign |
| 8121／1 | 移行上皮乳頭腫, 内反性, NOS | 8121／1 | Transitional papilloma, inverted, NOS |
| | シュナイダー乳頭腫, 内反性(C30.0, C31._) | | Schneiderian papilloma, inverted (C30.0, C31._) |
| | 円柱上皮細胞乳頭腫 | | Columnar cell papilloma |
| | 円柱細胞乳頭腫(C30.0, C31._) | | Cylindrical cell papilloma (C30.0, C31._) |
| | 膨大細胞性シュナイダー乳頭腫(C30.0, C31._) | | Oncocytic Schneiderian papilloma (C30.0, C31._) |
| 8121／3 | 円柱細胞癌(C30.0, C31._) | 8121／3 | Cylindrical cell carcinoma (C30.0, C31._) |
| 8122／3 | 移行上皮癌, 肉腫様 | 8122／3 | Transitional cell carcinoma, sarcomatoid |
| 8130／1 | 低悪性度乳頭状移行上皮腫瘍(C67._) | 8130／1 | Papillary transitional cell neoplasm of low malignant potential (C67._) |
| | 低悪性度乳頭状尿路上皮腫瘍(C67._) | | Papillary urothelial neoplasm of low malignant potential (C67._) |

— 487 —

| | | | |
|---|---|---|---|
| 8130／2 | 乳頭状移行上皮癌, 非浸潤性 (C67._) | 8130／2 | Papillary transitional cell carcinoma, non-invasive (C67._) |
| | 乳頭状尿路上皮癌, 非浸潤性 (C67._) | | Papillary urothelial carcinoma, non-invasive (C67._) |
| 8130／3 | 乳頭状尿路上皮癌 (C67._) | 8130／3 | Papillary urothelial carcinoma (C67._) |
| 8140／1 | 異型腺腫 | 8140／1 | Atypical adenoma |
| 8150／0 | 島細胞腺腫症 (C25._) | 8150／0 | Islet cell adenomatosis (C25._) |
| 8150／1 | 島細胞腫瘍, NOS (C25._) | 8150／1 | Islet cell tumor, NOS (C25._) |
| 8152／1 | アルファ細胞腫瘍, NOS (C25._) | 8152／1 | Alpha cell tumor, NOS (C25._) |
| 8153／1 | ガストリン細胞腫瘍 | 8153／1 | Gastrin cell tumor |
| 8153／3 | ガストリン細胞腫瘍, 悪性 | 8153／3 | Gastrin cell tumor, malignant |
| 8154／3 | 小葉・内分泌混合癌 (C25._) | 8154／3 | Mixed acinar-endocrine carcinoma (C25._) |
| | 導管・内分泌混合癌 (C25._) | | Mixed ductal-endocrine carcinoma (C25._) |
| 8155／3 | VIP産生腫瘍, 悪性 | 8155／3 | Vipoma, malignant |
| 8201／2 | 篩状上皮内癌 (C50._) | 8201／2 | Cribriform carcinoma in situ (C50._) |
| 8201／3 | 篩状癌, NOS | 8201／3 | Cribriform carcinoma, NOS |
| 8230／2 | 導管上皮内癌, 充実型 (C50._) | 8230／2 | Ductal carcinoma in situ, solid type (C50._) |
| | 導管内癌, 充実型 | | Intraductal carcinoma, solid type |
| 8230／3 | ムチン産生を伴う充実性癌 | 8230／3 | Solid carcinoma with mucin formation |
| | ムチン産生を伴う充実性腺癌 | | Solid adenocarcinoma with mucin formation |
| 8240／1 | 悪性度不詳のカルチノイド腫瘍 | 8240／1 | Carcinoid tumor of uncertain malignant potential |
| 8240／3 | 定型的カルチノイド | 8240／3 | Typical carcinoid |
| 8241／3 | 腸クロム親和性細胞カルチノイド | 8241／3 | Enterochromaffin cell carcinoid |
| | EC細胞カルチノイド | | EC cell carcinoid |
| | セロトニン産生カルチノイド | | Serotonin producing carcinoid |
| 8244／3 | カルチノイド腺癌混合癌 | 8244／3 | Mixed carcinoid-adenocarcinoma |
| 8245／1 | 管状カルチノイド | 8245／1 | Tubular carcinoid |
| 8247／3 | 原発性皮膚神経内分泌癌 (C44._) | 8247／3 | Primary cutaneous neuroendocrine carcinoma (C44._) |
| 8260／0 | 腺状乳頭腫 | 8260／0 | Glandular papilloma |
| 8260／3 | 甲状腺乳頭癌 (C73.9) | 8260／3 | Papillary carcinoma of thyroid (C73.9) |
| | 乳頭状腎細胞癌 (C64.9) | | Papillary renal cell carcinoma (C64.9) |
| 8263／3 | 乳頭腺管腺癌 | 8263／3 | Papillotubular adenocarcinoma |
| | 管状乳頭状腺癌 | | Tubulopapillary adenocarcinoma |

| | | | | |
|---|---|---|---|---|
| 8290／0 | ろ胞腺腫, 好酸性細胞型(C73.9) | 8290／0 | Follicular adenoma, oxyphilic cell (C73.9) |
| 8290／3 | ろ胞癌, 好酸性細胞(C73.9) | 8290／3 | Follicular carcinoma, oxyphilic cell (C73.9) |
| 8313／1 | 境界悪性明細胞腺線維腫(C56.9) | 8313／1 | Clear cell adenofibroma of borderline malignancy (C56.9) |
| | 境界悪性明細胞のう腺線維腫(C56.9) | | Clear cell cystadenofibroma of borderline malignancy (C56.9) |
| 8313／3 | 明細胞腺癌線維腫(C56.9) | 8313／3 | Clear cell adenocarcinofibroma (C56.9) |
| | 明細胞のう腺癌線維腫(C56.9) | | Clear cell cystadenocarcinofibroma (C56.9) |
| 8330／1 | 異型ろ胞腺腫(C73.9) | 8330／1 | Atypical follicular adenoma (C73.9) |
| 8333／3 | 胎児性腺癌 | 8333／3 | Fetal adenocarcinoma |
| 8350／3 | 乳頭癌, び慢性硬化(C73.9) | 8350／3 | Papillary carcinoma, diffuse sclerosing (C73.9) |
| 8372／0 | 色素沈着性腺腫(C74.0) | 8372／0 | Pigmented adenoma (C74.0) |
| 8380／1 | 異型増殖性類内膜腫瘍 | 8380／1 | Atypical proliferative endometrioid tumor |
| 8401／0 | アポクリンのう胞腺腫 | 8401／0 | Apocrine cystadenoma |
| 8402／3 | 結節性汗腺腫, 悪性(C44._) | 8402／3 | Nodular hidradenoma, malignant (C44._) |
| | 汗腺癌(C44._) | | Hidradenocarcinoma (C44._) |
| 8403／3 | 悪性エクリンらせん腺腫(C44._) | 8403／3 | Malignant eccrine spiradenoma (C44._) |
| 8404／0 | エクリンのう胞腺腫(C44._) | 8404／0 | Eccrine cystadenoma (C44._) |
| 8405／0 | 乳頭状汗腺腫 | 8405／0 | Hidradenoma papilliferum |
| 8406／0 | 乳頭状汗のう胞腺腫 | 8406／0 | Syringocystadenoma papilliferum |
| 8407／3 | 硬化性汗管癌(C44._) | 8407／3 | Sclerosing sweat duct carcinoma (C44._) |
| | 汗管腫様癌(C44._) | | Syringomatous carcinoma (C44._) |
| | 微小のう胞性付属器癌(C44._) | | Microcystic adnexal carcinoma (C44._) |
| 8408／1 | 侵襲性指状乳頭状腺腫(C44._) | 8408／1 | Aggressive digital papillary adenoma (C44._) |
| 8408／3 | エクリン乳頭状腺癌(C44._) | 8408／3 | Eccrine papillary adenocarcinoma (C44._) |
| | 指状乳頭状腺癌(C44._) | | Digital papillary adenocarcinoma (C44._) |
| 8410／0 | 脂腺上皮腫(C44._) | 8410／0 | Sebaceous epithelioma (C44._) |
| 8441／0 | 漿液性微小のう胞腺腫 | 8441／0 | Serous microcystic adenoma |
| 8441／3 | 漿液性癌, NOS | 8441／3 | Serous carcinoma, NOS |
| 8442／1 | 異型増殖性漿液性腫瘍(C56.9) | 8442／1 | Atypical proliferating serous tumor (C56.9) |
| 8452／1 | 充実性偽乳頭状腫瘍(C25._) | 8452／1 | Solid pseudopapillary tumor (C25._) |

| | | | |
|---|---|---|---|
| | 充実性・乳頭状上皮性腫瘍(C25._) | | Solid and papillary epithelial neoplasm (C25._) |
| | 充実性・のう胞腫瘍(C25._) | | Solid and cystic tumor (C25._) |
| 8452／3 | 充実性偽乳頭状癌(C25._) | 8452／3 | Solid pseudopapillary carcinoma (C25._) |
| 8460／3 | 微小乳頭状漿液性癌(C56.9) | 8460／3 | Micropapillary serous carcinoma (C56.9) |
| 8461／3 | 腹膜原発性漿液性乳頭癌(C48.1) | 8461／3 | Primary serous papillary carcinoma of peritoneum (C48.1) |
| 8462／1 | 境界悪性漿液性乳頭状のう胞腫瘍 (C56.9) | 8462／1 | Serous papillary cystic tumor of borderline malignancy (C56.9) |
| | 異型増殖性乳頭状漿液性腫瘍(C56.9) | | Atypical proliferative papillary serous tumor (C56.9) |
| 8470／1 | 中等度異形成を伴う粘液性のう胞腫瘍 (C25._) | 8470／1 | Mucinous cystic tumor with moderate dysplasia (C25._) |
| 8470／2 | 粘液性のう胞腺癌, 非浸潤性(C25._) | 8470／2 | Mucinous cystadenocarcinoma, non-invasive (C25._) |
| 8472／1 | 境界悪性粘液性のう胞腫瘍(C56.9) | 8472／1 | Mucinous cystic tumor of borderline malignancy (C56.9) |
| | 異型増殖性粘液性腫瘍(C56.9) | | Atypical proliferative mucinous tumor (C56.9) |
| 8480／3 | 原発部位不詳の腹膜偽粘液腫(C80.9) | 8480／3 | Pseudomyxoma peritonei with unknown primary site (C80.9) |
| 8500／2 | 上皮内導管癌, NOS(C50._) | 8500／2 | Ductal carcinoma in situ, NOS (C50._) |
| | DCIS, NOS(C50._) | | DCIS, NOS (C50._) |
| | 導管上皮内腫瘍3度(C50._) | | Ductal intraepithelial neoplasia 3 (C50._) |
| | DIN3(C50._) | | DIN 3 (C50._) |
| 8501／2 | 上皮内導管癌, 面皰型(C50._) | 8501／2 | Ductal carcinoma in situ, comedo type (C50._) |
| | DCIS, 面皰型(C50._) | | DCIS, comedo type (C50._) |
| 8503／2 | 上皮内導管癌, 乳頭状(C50._) | 8503／2 | Ductal carcinoma in situ, papillary (C50._) |
| | DCIS, 乳頭状(C50._) | | DCIS, papillary (C50._) |
| 8503／3 | 浸潤性乳頭腺癌 | 8503／3 | Infiltrating papillary adenocarcinoma |
| 8520／2 | LCIS, NOS(C50._) | 8520／2 | LCIS, NOS (C50._) |
| 8522／3 | 浸潤性小葉癌及び上皮内導管癌 (C50._) | 8522／3 | Infiltrating lobular carcinoma and ductal carcinoma in situ (C50._) |
| 8560／0 | 扁平上皮・腺混合乳頭腫 | 8560／0 | Mixed squamous cell and glandular papilloma |

| | | | |
|---|---|---|---|
| 8620／1 | 顆粒膜細胞腫瘍, 成人型(C56.9) | 8620／1 | Granulosa cell tumor, adult type (C56.9) |
| 8620／3 | 顆粒膜細胞腫瘍, 肉腫様(C56.9) | 8620／3 | Granulosa cell tumor, sarcomatoid (C56.9) |
| 8631／0 | セルトリ・ライディッヒ細胞腫瘍, 高分化型 | 8631／0 | Sertoli-Leydig cell tumor, well differentiated |
| 8631／1 | 中分化型セルトリ・ライディッヒ細胞腫瘍 | 8631／1 | Sertoli-Leydig cell tumor of intermediate　differentiation |
| | セルトリ・ライディッヒ細胞腫瘍, NOS | | Sertoli-Leydig cell tumor, NOS |
| 8631／3 | セルトリ・ライディッヒ細胞腫瘍, 低分化型 | 8631／3 | Sertoli-Leydig cell tumor, poorly differentiated |
| | セルトリ・ライディッヒ細胞腫瘍, 肉腫様 | | Sertoli-Leydig cell tumor, sarcomatoid |
| 8641／0 | 高脂質セルトリ細胞腫瘍 | 8641／0 | Lipid-rich Sertoli cell tumor (C56.9) |
| 8670／0 | ステロイド細胞腫瘍, NOS | 8670／0 | Steroid cell tumor, NOS |
| 8670／3 | ステロイド細胞腫瘍, 悪性 | 8670／3 | Steroid cell tumor, malignant |
| 8680／0 | 傍神経節腫, 良性 | 8680／0 | Paraganglioma, benign |
| 8690／1 | 副交感神経性傍神経節腫(C75.5) | 8690／1 | Jugulotympanic paraganglioma (C75.5) |
| 8691／1 | 大動脈肺性傍神経節腫(C75.5) | 8691／1 | Aorticopulmonary paraganglioma (C75.5) |
| 8700／0 | 副腎髄質傍神経節腫(C74.1) | 8700／0 | Adrenal medullary paraganglioma (C74.1) |
| 8700／3 | 副腎髄質傍神経節腫, 悪性(C74.1) | 8700／3 | Adrenal medullary paraganglioma, malignant (C74.1) |
| 8711／3 | グロムス腫瘍, 悪性 | 8711／3 | Glomus tumor, malignant |
| 8726／0 | 黒色細胞腫, NOS | 8726／0 | Melanocytoma, NOS |
| 8745／3 | 線維形成性黒色腫, 無色素性(C44._) | 8745／3 | Desmoplastic melanoma, amelanotic (C44._) |
| 8761／0 | 小型先天性母斑(C44._) | 8761／0 | Small congenital nevus (C44._) |
| 8761／1 | 中型・巨大先天性母斑(C44._) | 8761／1 | Intermediate and giant congenital nevus (C44._) |
| 8761／3 | 先天性メラニン細胞性母斑内悪性黒色腫(C44._) | 8761／3 | Malignant melanoma in congenital melanocytic nevus (C44._) |
| 8770／0 | リード色素性紡錘形細胞母斑(C44._) | 8770／0 | Pigmented spindle cell nevus of Reed (C44._) |
| 8810／1 | 富細胞性線維腫(C56.9) | 8810／1 | Cellular fibroma (C56.9) |
| 8824／1 | 乳児性筋線維腫症 | 8824／1 | Infantile myofibromatosis |
| 8830／0 | 良性線維性組織球腫 | 8830／0 | Benign fibrous histiocytoma |
| 8832／0 | 皮膚組織球腫, NOS(C44._) | 8832／0 | Cutaneous histiocytoma, NOS (C44._) |
| 8841／1 | 活動性血管粘液腫 | 8841／1 | Aggressive angiomyxoma |
| 8850／1 | 異型脂肪腫 | 8850／1 | Atypical lipoma |

|  |  |  |  |
|---|---|---|---|
|  | 表在性高分化型脂肪肉腫 |  | Superficial well differentated liposarcoma |
|  | 表在性軟部組織高分化型脂肪肉腫 |  | Well differentiated liposarcoma of superficial soft tissue |
| 8851／3 | 脂肪腫様脂肪肉腫 | 8851／3 | Lipoma-like liposarcoma |
|  | 硬化性脂肪肉腫 |  | Sclerosing liposarcoma |
|  | 炎症性脂肪肉腫 |  | Inflammatory liposarcoma |
| 8857／3 | 線維芽細胞性脂肪肉腫 | 8857／3 | Fibroblastic liposarcoma |
| 8890／0 | 叢状平滑筋腫 | 8890／0 | Plexiform leiomyoma |
|  | 脂肪平滑筋腫 |  | Lipoleiomyoma |
| 8893／0 | 合胞体平滑筋腫 | 8893／0 | Symplastic leiomyoma |
|  | 異型平滑筋腫 |  | Atypical leiomyoma |
|  | 多形性平滑筋腫 |  | Pleomorphic leiomyoma |
| 8897／1 | 悪性度不明の平滑筋腫瘍 | 8897／1 | Smooth muscle tumor of uncertain malignant potential |
| 8901／3 | 多形横紋筋肉腫, 成人型 | 8901／3 | Pleomorphic rhabdomyosarcoma, adult type |
| 8902／3 | 混合胎芽性横紋筋肉腫・胞巣状横紋筋肉腫 | 8902／3 | Mixed embryonal rhabdomyosarcoma and alveolar rhabdomyosarcoma |
| 8905／0 | 性器横紋筋腫(C51._, C52.9) | 8905／0 | Genital rhabdomyoma (C51._, C52.9) |
| 8910／3 | 胎芽性横紋筋肉腫, 多形性 | 8910／3 | Embryonal rhabdomyosarcoma, pleomorphic |
| 8930／3 | 子宮内膜間質肉腫, 高度(C54.1) | 8930／3 | Endometrial stromal sarcoma, high grade (C54.1) |
| 8931／3 | 子宮内膜間質肉腫, 軽度(C54.1) | 8931／3 | Endometrial stromal sarcoma, low grade (C54.1) |
| 8932／0 | 異型ポリープ状腺筋腫 | 8932／0 | Atypical polypoid adenomyoma |
| 8940／3 | 悪性軟骨様汗管腫(C44._) | 8940／3 | Malignant chondroid syringoma (C44._) |
| 8963／3 | 悪性ラブドイド腫瘍 | 8963／3 | Malignant rhabdoid tumor |
|  | ラブドイド腫瘍, NOS |  | Rhabdoid tumor, NOS |
| 8982／0 | 筋上皮性腺腫 | 8982／0 | Myoepithelial adenoma |
| 8982／3 | 悪性筋上皮腫 | 8982／3 | Malignant myoepithelioma |
|  | 筋上皮性癌 |  | Myoepithelial carcinoma |
| 9014／1 | 境界悪性漿液性腺線維腫 | 9014／1 | Serous adenofibroma of borderline malignancy |
|  | 境界悪性のう胞腺線維腫 |  | Serous cystadenofibroma of borderline malignancy |
| 9014／3 | 漿液性腺癌線維腫 | 9014／3 | Serous adenocarcinofibroma |
|  | 悪性漿液性腺線維腫 |  | Malignant serous adenofibroma |
|  | 漿液性のう胞腺癌線維腫 |  | Serous cystadenocarcinofibroma |

| | | | |
|---|---|---|---|
| | 悪性漿液性のう胞腺線維腫 | | Malignant serous cystadenofibroma |
| 9015／1 | 悪性度境界粘液性腺線維腫 | 9015／1 | Mucinous adenofibroma of borderline malignancy |
| | 悪性度境界粘液性のう胞腺線維腫 | | Mucinous cystadenofibroma of borderline malignancy |
| 9015／3 | 粘液性腺癌線維腫 | 9015／3 | Mucinous adenocarcinofibroma |
| | 悪性粘液性腺線維腫 | | Malignant mucinous adenofibroma |
| | 粘液性のう胞腺癌線維腫 | | Mucinous cystadenocarcinofibroma |
| | 悪性粘液性のう胞腺線維腫 | | Malignant mucinous cystadenofibroma |
| 9020／1 | 葉状腫瘍, NOS (C50._) | 9020／1 | Phyllodes tumor, NOS (C50._) |
| 9041／3 | 滑膜肉腫, 単相性線維性 | 9041／3 | Synovial sarcoma, monophasic fibrous |
| 9051／3 | 紡錘形中皮腫 | 9051／3 | Spindled mesothelioma |
| | 肉腫様中皮腫 | | Sarcomatoid mesothelioma |
| | 線維形成性中皮腫 | | Desmoplastic mesothelioma |
| 9052／0 | 高分化乳頭状中皮腫, 良性 | 9052／0 | Well differentiated papillary mesothelioma, benign |
| | 中皮性乳頭腫 | | Mesothelial papilloma |
| 9055／0 | 多のう胞性中皮腫, 良性 | 9055／0 | Multicystic mesothelioma, benign |
| | のう胞性中皮腫, 良性 (C48._) | | Cystic mesothelioma, benign (C48._) |
| 9062／3 | 高度有糸分裂を伴うセミノーマ (C62._) | 9062／3 | Seminoma with high mitotic index (C62._) |
| 9064／2 | 管内性悪性胚細胞 (C62._) | 9064／2 | Intratubular malignant germ cells (C62._) |
| | 管内性胚細胞腫瘍 (C62._) | | Intratubular germ cell neoplasia (C62._) |
| 9071／3 | ヘパトイド卵黄のう腫瘍 | 9071／3 | Hepatoid yolk sac tumor |
| 9080／3 | 未熟奇形腫, 悪性 | 9080／3 | Immature teratoma, malignant |
| 9084／3 | 続発性腫瘍を伴う皮様のう胞 | 9084／3 | Dermoid cyst with secondary tumor |
| 9085／3 | 混合性奇形腫・セミノーマ | 9085／3 | Mixed teratoma and seminoma |
| 9110／1 | ウォルフ管腫瘍 | 9110／1 | Wolffian duct tumor |
| 9130／1 | カポジ型血管内皮腫 | 9130／1 | Kaposiform hemangioendothelioma |
| 9160／0 | 巨細胞血管線維腫 | 9160／0 | Giant cell angiofibroma |
| | 富細胞性血管線維腫 | | Cellular angiofibroma |
| 9161／0 | 後天性房状血管腫 | 9161／0 | Acquired tufted hemangioma |
| 9174／1 | リンパ管平滑筋症 | 9174／1 | Lymphangioleiomyomatosis |
| 9185／3 | 円形細胞性骨肉腫 (C40._, C41._) | 9185／3 | Round cell osteosarcoma (C40._, C41._) |
| 9221／3 | 骨膜性軟骨肉腫 (C40._, C41._) | 9221／3 | Periosteal chondrosarcoma (C40._,C41._) |
| 9270／3 | 原発性骨内癌 | 9270／3 | Primary intraosseous carcinoma |
| 9271／0 | エナメル上皮線維象牙質腫 | 9271／0 | Ameloblastic fibrodentinoma |
| 9274／0 | セメント質骨化性線維腫 | 9274／0 | Cemento-ossifying fibroma |

| | | | |
|---|---|---|---|
| 9290／3 | エナメル上皮線維象牙肉腫 | 9290／3 | Ameloblastic fibrodentinosarcoma |
| | エナメル上皮線維・象牙肉腫 | | Ameloblastic fibro-odontosarcoma |
| 9362／3 | 混合松果体腫瘍(C75.3) | 9362／3 | Mixed pineal tumor (C75.3) |
| | 混合松果体細胞腫・松果体芽腫 (C75.3) | | Mixed pineocytoma-pineoblastoma (C75.3) |
| | 中程度分化型松果体間質性腫瘍 (C75.3) | | Pineal parenchymal tumor of intermediate differentiation (C75.3) |
| | 移行型松果体腫瘍(C75.3) | | Transitional pineal tumor (C75.3) |
| 9364／3 | 末梢性原始神経外胚葉腫瘍, NOS | 9364／3 | Peripheral primitive neuroectodermal tumor, NOS |
| | PPNET | | PPNET |
| 9382／3 | 退行性希突起アストロサイトーマ(C71._) | 9382／3 | Anaplastic oligoastrocytoma (C71._) |
| 9383／1 | 混合上衣下腫・上衣腫(C71._) | 9383／1 | Mixed subependymoma-ependymoma (C71._) |
| 9390／1 | 異型脈絡そう乳頭腫(C71.5) | 9390／1 | Atypical choroid plexus papilloma (C71.5) |
| 9390／3 | 脈絡そう癌(C71.5) | 9390／3 | Choroid plexus carcinoma (C71.5) |
| 9391／3 | 富細胞性上衣腫(C71._) | 9391／3 | Cellular ependymoma (C71._) |
| | 明細胞上衣腫(C71._) | | Clear cell ependymoma (C71._) |
| | なめし皮様細胞性上衣腫(C71._) | | Tanycytic ependymoma (C71._) |
| 9400／3 | びまん性アストロサイトーマ(C71._) | 9400／3 | Diffuse astrocytoma (C71._) |
| | アストロサイトーマ, 低悪性度(C71._) | | Astrocytoma, low grade (C71._) |
| | びまん性アストロサイトーマ, 低悪性度 (C71._) | | Diffuse astrocytoma, low grade (C71._) |
| 9423／3 | 極性海綿芽腫(C71._) | 9423／3 | Polar spongioblastoma (C71._) |
| 9442／1 | 膠芽線維腫(C71._) | 9442／1 | Gliofibroma (C71._) |
| 9470／3 | 黒色髄芽腫(C71.6) | 9470／3 | Melanotic medulloblastoma (C71.6) |
| 9471／3 | 線維形成性結節性髄芽腫(C71.6) | 9471／3 | Desmoplastic nodular medulloblastoma (C71.6) |
| 9473／3 | PNET, NOS | 9473／3 | PNET, NOS |
| | 中枢性原始神経外胚葉腫瘍, NOS (C71._) | | Central primitive neuroectodermal tumor, NOS(C71._) |
| | CPNET(C71._) | | CPNET (C71._) |
| | テント上PNET(C71._) | | Supratentorial PNET (C71._) |
| 9500／3 | 中枢神経芽腫(C71._) | 9500／3 | Central neuroblastoma (C71._) |
| 9501／0 | 網膜上皮腫, 良性(C69._) | 9501／0 | Diktyoma, benign (C69._) |
| 9501／3 | 網膜上皮腫, 悪性(C69._) | 9501／3 | Diktyoma, malignant (C69._) |
| 9502／0 | 奇形腫様髄上皮腫, 良性(C69.4) | 9502／0 | Teratoid medulloepithelioma, benign (C69.4) |
| 9505／3 | 神経節膠腫, 退形成性 | 9505／3 | Ganglioglioma, anaplastic |

| | | | |
|---|---|---|---|
| 9506/1 | 中枢神経細胞腫 | 9506/1 | Central neurocytoma |
| | 小脳脂肪神経細胞腫(C71.6) | | Cerebellar liponeurocytoma (C71.6) |
| | 脂肪腫様髄芽腫(C71.6) | | Lipomatous medulloblastoma (C71.6) |
| | 神経脂肪腫(C71.6) | | Neurolipocytoma (C71.6) |
| | 髄芽細胞腫(C71.6) | | Medullocytoma (C71.6) |
| 9510/0 | 網膜細胞腫(C69.2) | 9510/0 | Retinocytoma (C69.2) |
| 9521/3 | 嗅神経細胞腫(C30.0) | 9521/3 | Olfactory neurocytoma (C30.0) |
| 9530/0 | 小細胞性髄膜腫 | 9530/0 | Microcystic meningioma |
| | 分泌性髄膜腫 | | Secretory meningioma |
| | 高リンパ形質細胞性髄膜腫 | | Lymphoplasmacyte-rich meningioma |
| | 化生性髄膜腫 | | Metaplastic meningioma |
| 9530/3 | 髄膜腫, 未分化型 | 9530/3 | Meningioma, anaplastic |
| 9538/1 | 明細胞性髄膜腫 | 9538/1 | Clear cell meningioma |
| | 脊索様髄膜腫 | | Chordoid meningioma |
| 9538/3 | ラブドイド髄膜腫 | 9538/3 | Rhabdoid meningioma |
| 9539/1 | 異型髄膜腫 | 9539/1 | Atypical meningioma |
| 9540/3 | 悪性末梢神経鞘性腫瘍 | 9540/3 | Malignant peripheral nerve sheath tumor |
| | MPNST, NOS | | MPNST, NOS |
| | 腺分化を伴うMPNST | | MPNST with glandular differentiation |
| | 類上皮MPNST | | Epithelioid MPNST |
| | 間葉分化を伴うMPNST | | MPNST with mesenchymal differentiation |
| | メラニン性MPNST | | Melanotic MPNST |
| | メラニン性砂粒腫状MPNST | | Melanotic psammomatous MPNST |
| 9560/0 | メラニン性シュワン腫 | 9560/0 | Melanotic schwannoma |
| | つる状シュワン腫 | | Plexiform schwannoma |
| | 富細胞性シュワン腫 | | Cellular schwannoma |
| | 変性シュワン腫 | | Degenerated schwannoma |
| | 陳旧性 シュワン腫 | | Ancient schwannoma |
| | 砂粒腫状シュワン腫 | | Psammomatous schwannoma |
| 9561/3 | 横紋筋芽細胞分化を伴う悪性末梢神経鞘腫瘍 | 9561/3 | Malignant peripheral nerve sheath tumor with rhabdomyoblastic differentiation |
| | 横紋筋芽細胞分化を伴うMPNST | | MPNST with rhabdomyoblastic differentiation |
| 9591/3 | B細胞リンパ腫, NOS | 9591/3 | B cell lymphoma, NOS |
| 9652/3 | 古典的ホジキンリンパ腫, 混合細胞型, NOS | 9652/3 | Classical Hodgkin lymphoma, mixed cellularity, NOS |

| | | | |
|---|---|---|---|
| 9653／3 | 古典的ホジキンリンパ腫, リンパ球減少型, NOS | 9653／3 | Classical Hodgkin lymphoma, lymphocyte depletion, NOS |
| 9654／3 | 古典的ホジキンリンパ腫, リンパ球減少型, びまん性線維症性 | 9654／3 | Classical Hodgkin lymphoma, lymphocyte depletion, diffuse fibrosis |
| 9655／3 | 古典的ホジキンリンパ腫, リンパ球減少型, 細網型 | 9655／3 | Classical Hodgkin lymphoma, lymphocyte depletion, reticular |
| 9663／3 | 古典的ホジキンリンパ腫, 結節性硬化型, NOS | 9663／3 | Classical Hodgkin lymphoma, nodular sclerosis, NOS |
| 9664／3 | 古典的ホジキンリンパ腫, 結節性硬化型, 細胞期 | 9664／3 | Classical Hodgkin lymphoma, nodular sclerosis, cellular phase |
| 9665／3 | ホジキンリンパ腫, 結節硬化型, 悪性度1 | 9665／3 | Hodgkin lymphoma, nodular sclerosis, grade 1 |
| | 古典的ホジキンリンパ腫, 結節硬化型, 悪性度1 | | Classical Hodgkin lymphoma, nodular sclerosis, grade 1 |
| 9667／3 | ホジキンリンパ腫, 結節硬化型, 悪性度2 | 9667／3 | Hodgkin lymphoma, nodular sclerosis, grade 2 |
| | 古典的ホジキンリンパ腫, 結節硬化型, 悪性度2 | | Classical Hodgkin lymphoma, nodular sclerosis, grade 2 |
| 9670／3 | 悪性リンパ腫, 小Bリンパ球性, NOS（M-9823／3も参照） | 9670／3 | Malignant lymphoma, small B lymphocytic, NOS (*see also M-9823／3*) |
| | 悪性リンパ腫, 小リンパ球性, NOS | | Malignant lymphoma, small lymphocytic, NOS |
| | 悪性リンパ腫, 小細胞びまん性 | | Malignant lymphoma, small cell diffuse |
| 9673／3 | マントル細胞リンパ腫 | 9673／3 | Mantle cell lymphoma |
| 9680／3 | 悪性リンパ腫, 大細胞性B細胞型, びまん性, 胚中心芽球型, NOS | 9680／3 | Malignant lymphoma, large B-cell, diffuse, centroblastic, NOS |
| | 血管内大細胞性B細胞型リンパ腫（C49.9） | | Intravascular large B-cell lymphoma (C49.9) |
| | 血管内B細胞型リンパ腫 | | Intravascular B-cell lymphoma |
| | 血管中心性リンパ腫 | | Angiotropic lymphoma |
| | 高組織球大細胞性B細胞型リンパ腫* | | Histiocyte-rich large B-cell lymphoma* |
| | 高T細胞／高組織球大細胞性B細胞型リンパ腫 | | T-cell rich／histiocyte-rich large B-cell lymphoma |
| | 未分化大細胞性B細胞型リンパ腫 | | Anaplastic large B-cell lymphoma |
| 9684／3 | 悪性リンパ腫, 大細胞性B細胞型, びまん性, 免疫芽球型, NOS | 9684／3 | Malignant lymphoma, large B-cell, diffuse, immunoblastic, NOS |
| | 形質芽球型リンパ腫 | | Plasmablastic lymphoma |
| 9687／3 | バーキット様リンパ腫 | 9687／3 | Burkitt-like lymphoma |

| | | | |
|---|---|---|---|
| 9690／3 | ろ胞性リンパ腫, NOS（M-9675／3も<br>参照） | 9690／3 | Follicular lymphoma, NOS (*see also M-<br>9675／3*) |
| | 悪性リンパ腫, ろ胞中心, ろ胞性 | | Malignant lymphoma, follicle center,<br>follicular |
| | 悪性リンパ腫, ろ胞中心, ろ胞性, NOS | | Malignant lymphoma, follicle center,<br>NOS |
| 9691／3 | ろ胞性リンパ腫, 悪性度2 | 9691／3 | Follicular lymphoma, grade 2 |
| 9695／3 | ろ胞性リンパ腫, 悪性度1 | 9695／3 | Follicular lymphoma, grade 1 |
| 9698／3 | ろ胞性リンパ腫, 悪性度3 | 9698／3 | Follicular lymphoma, grade 3 |
| 9700／3 | パジェット病様細網症 | 9700／3 | Pagetoid reticulosis |
| 9702／3 | 成熟T細胞リンパ腫, NOS | 9702／3 | Mature T-cell lymphoma, NOS |
| | T細胞リンパ腫, NOS | | T-cell lymphoma, NOS |
| | 末梢性T細胞リンパ腫, 大細胞 | | Peripheral T-cell lymphoma, large cell |
| 9709／3 | 皮膚T細胞リンパ腫, NOS（C44._） | 9709／3 | Cutaneous T-cell lymphoma, NOS<br>(C44._) |
| 9714／3 | 未分化大細胞リンパ腫, T細胞及びヌル<br>細胞型 | 9714／3 | Anaplastic large cell lymphoma, T cell<br>and Null cell type |
| | 未分化大細胞リンパ腫, NOS | | Anaplastic large cell lymphoma, NOS |
| | 未分化大細胞リンパ腫 CD30+ | | Anaplastic large cell lymphoma, CD30+ |
| 9731／3 | 骨の形質細胞腫（C40._, C41._） | 9731／3 | Plasmacytoma of bone (C40._, C41._) |
| 9762／3 | 重鎖病, NOS | 9762／3 | Heavy chain disease, NOS |
| | ミュー重鎖病 | | Mu heavy chain disease |
| 9765／1 | 量的に有意性のない単クローン性異常<br>免疫グロブリン血症 | 9765／1 | Monoclonal gammopathy of<br>undetermined significance |
| | MGUS | | MGUS |
| 9801／3 | 幹細胞白血病 | 9801／3 | Stem cell leukemia |
| 9823／3 | B細胞慢性リンパ球性白血病／小リンパ<br>球性リンパ腫（M-9670／3も参照） | 9823／3 | B-cell chronic lymphocytic leukemia／<br>small lymphocytic lymphoma (*see also<br>M-9670／3*) |
| | 慢性リンパ球性白血病, B細胞型（BCL<br>Lのすべての変異体を含む） | | Chronic lymphocytic leukemia, B-cell<br>type (includes all variants of BCLL) |
| 9826／3 | バーキット細胞性白血病（M-9687／3も<br>参照） | 9826／3 | Burkitt cell leukemia (*see also M-9687<br>／3*) |
| | B-ALL[obs] | | B-ALL [obs] |
| | FABL3[obs] | | FAB L3 [obs] |
| | 急性リンパ芽球性白血病, 成熟B細胞型 | | Acute lymphoblastic leukemia, mature<br>B-cell type |
| 9827／3 | 成人T細胞性白血病／リンパ腫（HTL<br>V-1陽性）すべての変異体を含む | 9827／3 | Adult T-cell leukemia／lymphoma<br>(HTLV-1positive) Includes all variants |
| 9840／3 | 急性骨髄性白血病, M6型 | 9840／3 | Acute myeloid leukemia, M6 type |

|  | 急性赤血性白血病 |  | Acute erythroid leukemia |
|---|---|---|---|
|  | M6A |  | M6A |
|  | M6B |  | M6B |
|  | FAB M6 |  | FAB M6 |
|  | AML M6 |  | AML M6 |
| 9860／3 | 非リンパ球性白血病, NOS | 9860／3 | Non-lymphocytic leukemia, NOS |
| 9861／3 | 急性骨髄性白血病, NOS（FAB又は<br>WHO型の明示されないもの）(M-<br>9930／3も参照) | 9861／3 | Acute myeloid leukemia, NOS (FAB or<br>WHO type not specified) (*see also M-<br>9930／3*) |
|  | 急性非リンパ球性白血病 |  | Acute non-lymphocytic leukemia |
| 9866／3 | 急性前骨髄球性白血病, t(15;17)<br>(q22;q11-12) | 9866／3 | Acute promyelocytic leukemia, t(15;17)<br>(q22;q11-12) |
|  | 急性前骨髄球性白血病, PML／RAR<br>－アルファ |  | Acute promyelocytic leukemia, PML／<br>RAR-alpha |
|  | 急性骨髄性白血病, t(15;17)(q22;q11-<br>12) |  | Acute myeloid leukemia, t(15;17)<br>(q22;q11-12) |
|  | 急性骨髄性白血病, PML／RAR－ア<br>ルファ |  | Acute myeloid leukemia, PML／RAR-<br>alpha |
|  | FAB M3(すべての変異体を含む) |  | FAB M3 (includes all variants) |
| 9867／3 | FAB M4 | 9867／3 | FAB M4 |
| 9870／3 | 急性好塩基球性白血病 | 9870／3 | Acute basophilic leukemia |
| 9891／3 | FAB M5(すべての変異体を含む) | 9891／3 | FAB M5 (includes all variants) |
| 9910／3 | FAB M7 | 9910／3 | FAB M7 |
| 9930／3 | 骨髄性肉腫(M-9861／3も参照) | 9930／3 | Myeloid sarcoma (*see also M-9861／3*) |
| 9931／3 | 骨髄線維症を伴う急性汎骨髄症<br>(C42.1) | 9931／3 | Acute panmyelosis with myelofibrosis<br>(C42.1) |
|  | 急性骨髄硬化症, NOS |  | Acute myelosclerosis, NOS |
|  | 悪性骨髄硬化症[obs] |  | Malignant myelosclerosis [obs] |
| 9940／3 | 有毛細胞白血病変異体 | 9940／3 | Hairy cell leukemia variant |
| 9950／3 | 増殖性赤血球増加症 | 9950／3 | Proliferative polycythemia |
| 9961／3 | 骨髄増殖性疾患の結果としての骨髄線<br>維症 | 9961／3 | Myelofibrosis as a result of<br>myeloproliferative disease |
|  | 慢性特発性骨髄線維症 |  | Chronic idiopathic myelofibrosis |
|  | 原因不明骨髄様化生 |  | Agnogenic myeloid metaplasia |
| 9982／3 | 環状鉄芽球を伴う不応性貧血 | 9982／3 | Refractory anemia with ringed<br>sideroblasts |
|  | PARS |  | RARS |
| 9983／3 | RAEB | 9983／3 | RAEB |
|  | RAEB Ⅰ |  | RAEB I |
|  | RAEB Ⅱ |  | RAEB II |

9984／3　RAEB　T

*アメリカのみ使用(1995-2000)

9984／3　RAEB-T

*Code used in United States only (1995-2000)

# 付録 3 ： 形態コードが変更された用語

| 旧形態コード<br>(ICD−O2) | 用語 | 原語 | 新形態コード<br>(ICD−O3) |
|---|---|---|---|
| 8241／1 | カルチノイド腫瘍, 銀親和性, NOS | Carcinoid tumor, argentaffin, NOS | 8240／1 |
| 8241／1 | 銀親和性細胞腫, NOS[obs] | Argentaffinoma, NOS [obs] | 8240／1 |
| 8400／0 | 結節性汗腺腫(C44._) | Nodular hidradenoma (C44._) | 8402／0 |
| 8402／0 | エクリン汗孔腫(C44._) | Eccrine poroma (C44._) | 8409／0 |
| 8510／3 | 傍濾胞細胞癌(C73.9) | Parafollicular cell carcinoma (C73.9) | 8345／3 |
| 8510／3 | C細胞癌(C73.9) | C cell carcinoma (C73.9) | 8345／3 |
| 8511／3 | アミロイド間質を伴う髄様癌(C73.9) | Medullary carcinoma with amyloid stroma (C73.9) | 8345／3 |
| 8580／3 | 胸腺癌, NOS(C37.9) | Thymic carcinoma, NOS (C37.9) | 8586／3 |
| 8724／0 | 鼻線維性丘疹(C44.3)[obs] | Fibrous papule of nose (C44.3) [obs] | 9160／0 |
| 8724／0 | 退縮性母斑(C44._)[obs] | Involuting nevus (C44._) [obs] | 9160／0 |
| 8803／3 | アスキン腫瘍 | Askin tumor | 9365／3 |
| 8832／0 | 組織球腫, NOS | Histiocytoma, NOS | 8831／0 |
| 8890／0 | 筋線維腫 | Myofibroma | 8824／0 |
| 8930／3 | 間質肉腫, NOS | Stromal sarcoma, NOS | 8935／3 |
| 9126／3 | 組織球様血管腫 | Histiocytoid hemangioma | 9125／0 |
| 9190／3 | 傍骨性骨肉腫(C40._, C41._) | Parosteal osteosarcoma (C40._, C41._) | 9192／3 |
| 9190／3 | 傍皮質骨肉腫(C40._, C41._) | Juxtacortical osteosarcoma (C40._, C41._) | 9192／3 |
| 9190／3 | 骨膜性骨肉腫(C40._, C41._) | Periosteal osteosarcoma (C40._, C41._) | 9193／3 |
| 9422／3 | 海綿芽腫, NOS(C71._)[obs] | Spongioblastoma, NOS (C71._) [obs] | 9421／1 |
| 9443／3 | 原始極性海綿芽腫(C71._)[obs] | Primitive polar spongioblastoma (C71._) [obs] | 9423／3 |
| 9481／3 | 怪奇細胞性肉腫(C71._)[obs] | Monstrocellular sarcoma (C71._) [obs] | 9441／3 |
| 9490／0 | 神経節細胞腫 | Gangliocytoma | 9492／0 |
| 9536／0 | 血管外皮細胞性髄膜腫(C70._)[obs] | Hemangiopericytic meningioma (C70._) [obs] | 9150／1 |
| 9592／3 | リンパ球肉腫, NOS[obs] | Lymphosarcoma, NOS [obs] | 9591／3 |
| 9592／3 | リンパ球肉腫, びまん性[obs] | Lymphosarcoma, diffuse [obs] | 9591／3 |
| 9593／3 | 細網細胞肉腫, NOS[obs] | Reticulum cell sarcoma, NOS [obs] | 9591／3 |
| 9593／3 | 細網細胞肉腫, びまん性[obs] | Reticulum cell sarcoma, diffuse [obs] | 9591／3 |
| 9593／3 | 細網肉腫, NOS[obs] | Reticulosarcoma, NOS [obs] | 9591／3 |
| 9593／3 | 細網肉腫, びまん性[obs] | Reticulosarcoma, diffuse [obs] | 9591／3 |
| 9594／3 | 小膠細胞腫(C71._)[obs] | Microglioma (C71._) [obs] | 9590／3 |
| 9593／3 | 悪性リンパ腫, びまん性, NOS | Malignant lymphoma, diffuse, NOS | 9591／3 |

| | | |
|---|---|---|
| 9657／3 | ホジキン病, リンパ球優勢型, NOS[obs] | Hodgkin disease, lymphocyte predominance, NOS [obs] | 9651／3 |
| 9657／3 | ホジキン病, リンパ球性・組織球性優勢型[obs] | Hodgkin disease, lymphocytic-histiocytic predominance [obs] | 9651／3 |
| 9658／3 | ホジキン病, リンパ球優勢型, びまん性[obs] | Hodgkin disease, lymphocyte predominance, diffuse [obs] | 9651／3 |
| 9660／3 | ホジキン傍肉芽腫, NOS[obs] | Hodgkin paragranuloma, NOS [obs] | 9659／3 |
| 9660／3 | ホジキン傍肉芽腫, 結節性[obs] | Hodgkin paragranuloma, nodular [obs] | 9659／3 |
| 9666／3 | ホジキン病, 結節硬化型, 混合細胞型 | Hodgkin disease, nodular sclerosis, mixed cellularity | 9665／3 |
| 9672／3 | 悪性リンパ腫, 小切れ込み核型細胞, びまん性[obs] | Malignant lymphoma, small cleaved cell, diffuse [obs] | 9591／3 |
| 9672／3 | 悪性リンパ腫, リンパ球性, 低分化, びまん性[obs] | Malignant lymphoma, lymphocytic, poorly differentiated, diffuse [obs] | 9591／3 |
| 9672／3 | 悪性リンパ腫, 小切れ込み核型細胞, NOS[obs] | Malignant lymphoma, small cleaved cell, NOS [obs] | 9591／3 |
| 9672／3 | 悪性リンパ腫, 切れ込み核型細胞, NOS[obs] | Malignant lymphoma, cleaved cell, NOS [obs] | 9591／3 |
| 9674／3 | 悪性リンパ腫, 中心細胞性[obs] | Malignant lymphoma, centrocytic [obs] | 9673／3 |
| 9676／3 | 悪性リンパ腫, 胚中心芽細胞・胚中心型, びまん性[obs] | Malignant lymphoma, centroblastic-centrocytic, diffuse [obs] | 9675／3 |
| 9676／3 | 悪性リンパ腫, 胚中心芽細胞・胚中心細胞型, NOS[obs] | Malignant lymphoma, centroblastic-centrocytic, NOS [obs] | 9675／3 |
| 9677／3 | 悪性リンパ腫性ポリポーシス | Malignant lymphomatous polyposis | 9673／3 |
| 9681／3 | 悪性リンパ腫, 大切れ込み核型細胞型, NOS[obs] | Malignant lymphoma, large cleaved cell, NOS [obs] | 9680／3 |
| 9681／3 | 悪性リンパ腫, 大細胞型, 切れ込み核型, びまん性 | Malignant lymphoma, large cell, cleaved, diffuse | 9680／3 |
| 9681／3 | 悪性リンパ腫, 大細胞型, 切れ込み核型, NOS[obs] | Malignant lymphoma, large cell, cleaved, NOS [obs] | 9680／3 |
| 9682／3 | 悪性リンパ腫, 大細胞型, 非切れ込み核型, びまん性 | Malignant lymphoma, large cell, noncleaved, diffuse | 9680／3 |
| 9682／3 | 悪性リンパ腫, 大細胞型, 非切れ込み核型, NOS | Malignant lymphoma, large cell, noncleaved, NOS | 9680／3 |
| 9682／3 | 悪性リンパ腫, 非切れ込み核型, びまん性, NOS[obs] | Malignant lymphoma, noncleaved, diffuse, NOS [obs] | 9680／3 |
| 9682／3 | 悪性リンパ腫, 非切れ込み核型, NOS | Malignant lymphoma, noncleaved, NOS | 9680／3 |
| 9683／3 | 悪性リンパ腫, 胚中心芽球型, NOS | Malignant lymphoma, centroblastic, NOS | 9680／3 |

| | | | |
|---|---|---|---|
| 9683／3 | 悪性リンパ腫, 胚中心芽球型, びまん性 | Malignant lymphoma, centroblastic, diffuse | 9680／3 |
| 9685／3 | 悪性リンパ腫, リンパ芽球性, NOS（M-9821／3も参照） | Malignant lymphoma, lymphoblastic, NOS (see also M-9821／3) | 9727／3 |
| 9685／3 | 悪性リンパ腫, くびれ状細胞[obs] | Malignant lymphoma, convoluted cell [obs] | 9727／3 |
| 9685／3 | リンパ芽球腫[obs] | Lymphoblastoma [obs] | 9727／3 |
| 9686／3 | 悪性リンパ腫, 小細胞, 非切れ込み核型, びまん性[obs] | Malignant lymphoma, small cell, noncleaved, diffuse [obs] | 9591／3 |
| 9686／3 | 悪性リンパ腫, 未分化細胞, 非バーキット[obs] | Malignant lymphoma, undifferentiated cell, non-Burkitt [obs] | 9591／3 |
| 9686／3 | 悪性リンパ腫, 未分化細胞型, NOS [obs] | Malignant lymphoma, undifferentiated cell type, NOS [obs] | 9591／3 |
| 9688／3* | 高T細胞大細胞性B細胞型リンパ腫* | T-cell rich large B-cell lymphoma* | 9680／3 |
| 9692／3 | 悪性リンパ腫, 胚中心芽球・胚中心細胞型, ろ胞性[obs] | Malignant lymphoma, centroblastic-centrocytic, follicular [obs] | 9690／3 |
| 9693／3 | 悪性リンパ腫, リンパ球性, 高分化型, 結節性[obs] | Malignant lymphoma, lymphocytic, well differentiated, nodular [obs] | 9698／3 |
| 9694／3 | 悪性リンパ腫, リンパ球性, 中程度分化, 結節性[obs] | Malignant lymphoma, lymphocytic, intermediate differentiation, nodular [obs] | 9591／3 |
| 9696／3 | 悪性リンパ腫, リンパ球性, 低分化, 結節性[obs] | Malignant lymphoma, lymphocytic, poorly differentiated, nodular [obs] | 9695／3 |
| 9697／3 | 悪性リンパ腫, 胚中心芽球型, ろ胞性 | Malignant lymphoma, centroblastic, follicular | 9698／3 |
| 9703／3 | Tゾーンリンパ腫 | T-zone lymphoma | 9702／3 |
| 9704／3 | リンパ類上皮性リンパ腫 | Lymphoepithelioid lymphoma | 9702／3 |
| 9704／3 | レナートリンパ腫 | Lennert lymphoma | 9702／3 |
| 9706／3 | 末梢性T細胞リンパ腫, 多形性小細胞 | Peripheral T-cell lymphoma, pleomorphic small cell | 9702／3 |
| 9707／3 | 末梢性T細胞リンパ腫, 多形性中及び大細胞 | Peripheral T-cell lymphoma, pleomorphic medium and large cell | 9702／3 |
| 9710／3 | 辺縁層リンパ腫, NOS* | Marginal zone lymphoma, NOS* | 9699／3 |
| 9711／3 | 単球様B細胞リンパ腫 | Monocytoid B-cell lymphoma | 9699／3 |
| 9712／3 | 血管内皮細胞腫症 | Angioendotheliomatosis | 9680／3 |
| 9713／3 | 血管中心性T細胞リンパ腫[obs] | Angiocentric T-cell lymphoma [obs] | 9719／3 |
| 9713／3 | 悪性細網症, NOS[obs] | Malignant reticulosis, NOS [obs] | 9719／3 |
| 9713／3 | 悪性正中線細網症[obs] | Malignant midline reticulosis [obs] | 9719／3 |
| 9713／3 | 多形性細網症[obs] | Polymorphic reticulosis [obs] | 9719／3 |

| 9715/3 | 粘膜関連リンパ様組織リンパ腫* | Mucosal-associated lymphoid tissue lymphoma* | 9699/3 |
|---|---|---|---|
| 9715/3 | MALTリンパ腫* | MALT lymphoma* | 9699/3 |
| 9720/3 | 悪性組織球症 | Malignant histiocytosis | 9750/3 |
| 9720/3 | 組織球性骨髄細網症[obs] | Histiocytic medullary reticulosis [obs] | 9750/3 |
| 9722/3 | レッテラー・ジーベ病 | Letterer-Siwe disease | 9754/3 |
| 9722/3 | 急性進行性組織球症X | Acute progressive histiocytosis X | 9754/3 |
| 9722/3 | 非脂質性細網上皮増殖症[obs] | Nonlipid reticuloendotheliosis [obs] | 9754/3 |
| 9723/3 | 真性組織球肉腫症 | True histiocytic lymphoma | 9755/3 |
| 9731/3 | 形質細胞腫, 髄外(骨に起きていないもの) | Plasmacytoma, extramedullary (not occurring in bone) | 9734/3 |
| 9763/3 | ガンマ重鎖病 | Gamma heavy chain disease | 9762/3 |
| 9763/3 | フランクリン病 | Franklin disease | 9762/3 |
| 9802/3 | 亜急性白血病, NOS[obs] | Subacute leukemia, NOS [obs] | 9800/3 |
| 9803/3 | 慢性白血病, NOS[obs] | Chronic leukemia, NOS [obs] | 9800/3 |
| 9804/3 | 非白血性白血病, NOS[obs] | Aleukemic leukemia, NOS [obs] | 9800/3 |
| 9821/3 | 急性リンパ球性白血病 | Acute lymphocytic leukemia | 9835/3 |
| 9821/3 | 急性リンパ球様白血病 | Acute lymphoid leukemia | 9835/3 |
| 9821/3 | 急性リンパ性白血病 | Acute lymphatic leukemia | 9835/3 |
| 9821/3 | リンパ芽球性白血病, NOS | Lymphoblastic leukemia, NOS | 9835/3 |
| 9821/3 | FAB L1[obs] ** | FAB L1 [obs] ** | 9835/3 |
| 9822/3 | 亜急性リンパ性白血病[obs] | Subacute lymphoid leukemia [obs] | 9820/3 |
| 9822/3 | 亜急性リンパ球性白血病[obs] | Subacute lymphocytic leukemia [obs] | 9820/3 |
| 9822/3 | 亜急性リンパ球性白血病[obs] | Subacute lymphatic leukemia [obs] | 9820/3 |
| 9824/3 | 非白血性リンパ様白血病[obs] | Aleukemic lymphoid leukemia [obs] | 9820/3 |
| 9824/3 | 非白血性リンパ球性白血病[obs] | Aleukemic lymphocytic leukemia [obs] | 9820/3 |
| 9824/3 | 非白血性リンパ球性白血病[obs] | Aleukemic lymphatic leukemia [obs] | 9820/3 |
| 9825/3 | 前リンパ球性白血病, NOS | Prolymphocytic leukemia, NOS | 9832/3 |
| 9828/3 | 急性リンパ芽球性白血病, L2型, NOS** | Acute lymphoblastic leukemia, L2 type, NOS** | 9835/3 |
| 9828/3 | FAB L2** | FAB L2** | 9835/3 |
| 9730/3 | 形質細胞性白血病(C42.1) | Plasma cell leukemia (C42.1) | 9733/3 |
| 9730/3 | 形質細胞性白血病(C42.1) | Plasmacytic leukemia (C42.1) | 9733/3 |
| 9841/3 | 急性赤白血病[obs] | Acute erythremia [obs] | 9840/3 |
| 9841/3 | ディ・グリエルモ病[obs] | Di Guglielmo disease [obs] | 9840/3 |
| 9841/3 | 急性赤血症性骨髄症[obs] | Acute erythremic myelosis [obs] | 9840/3 |
| 9842/3 | 慢性赤血病[obs] | Chronic erythremia [obs] | 9950/3 |
| 9850/3 | リンパ肉腫細胞白血病[obs] | Lymphosarcoma cell leukemia [obs] | 9820/3 |
| 9862/3 | 亜急性骨髄性白血病[obs] | Subacute myeloid leukemia [obs] | 9860/3 |
| 9862/3 | 亜急性顆粒球性白血病[obs] | Subacute granulocytic leukemia [obs] | 9860/3 |

| | | | |
|---|---|---|---|
| 9862／3 | 亜急性骨髄原性白血病[obs] | Subacute myelogenous leukemia [obs] | 9860／3 |
| 9864／3 | 非白血性骨髄性白血病[obs] | Aleukemic myeloid leukemia [obs] | 9860／3 |
| 9864／3 | 非白血性顆粒球性白血病[obs] | Aleukemic granulocytic leukemia [obs] | 9860／3 |
| 9864／3 | 非白血性骨髄原性白血病[obs] | Aleukemic myelogenous leukemia [obs] | 9860／3 |
| 9868／3 | 慢性骨髄単球性白血病, NOS | Chronic myelomonocytic leukemia, NOS | 9945／3 |
| 9880／3 | 好酸球性白血病 | Eosinophilic leukemia | 9860／3 |
| 9890／3 | 単球性白血病, NOS | Monocytic leukemia, NOS | 9860／3 |
| 9892／3 | 亜急性単球性白血病[obs] | Subacute monocytic leukemia [obs] | 9860／3 |
| 9893／3 | 慢性単球性白血病[obs] | Chronic monocytic leukemia [obs] | 9860／3 |
| 9894／3 | 非白血性単球性白血病[obs] | Aleukemic monocytic leukemia [obs] | 9860／3 |
| 9900／3 | 肥満細胞白血病(C42.1) | Mast cell leukemia (C42.1) | 9742／3 |
| 9932／3 | 急性骨髄線維症 | Acute myelofibrosis | 9931／3 |
| 9941／3 | 白血性細網内皮症 | Leukemic reticuloendotheliosis | 9940／3 |
| 9960／1 | 骨髄増殖性疾患, NOS | Myeloproliferative disease, NOS | 9975／1 |
| 9981／1 | 鉄芽球を伴わない不応性貧血 | Refractory anemia without sideroblasts | 9980／3 |

＊アメリカのみ使用(1995-2000)

＊＊アメリカのみ使用(1998-2000)

*Code used in United States only (1995-2000)

**Code used in United States only (1998-2000)

# 付録4：腫瘍様病変から新生物に変更された用語

| | 用語 | 原語 | 新形態コード (ICD−O3) |
|---|---|---|---|
| M------ | 細網組織球腫 | Reticulohistiocytoma | 8831／0 |
| M------ | リンパ腫様丘疹症(C44._) | Lymphomatoid papulosis (C44._) | 9718／3 |
| M------ | 腱鞘巨細胞腫瘍(C49._) | Giant cell tumor of tendon sheath (C49._) | 9252／0 |
| M------ | 組織球症X, NOS[obs] | Histiocytosis X, NOS [obs] | 9751／1 |
| M------ | 好酸球性肉芽腫 | Eosinophilic granuloma | 9752／1 |
| M------ | ハンド・シューラー・クリスチャン病[obs] | Hand Schüller Christian disease [obs] | 9753／1 |

# 付録5：ICD−O第3版から削除された用語

| 旧形態コード (ICD−O2) | 用語 | | 原語 |
|---|---|---|---|

| 8077／2 | 子宮頚部, 外陰及び膣の上皮内腫瘍, 異型度 Ⅲ | 8077／2 | Intraepithelial neoplasia, grade III of cervix, vulva and vagina |
| | （扁平上皮内腫瘍, 異型度Ⅲ；子宮頚部上皮内腫瘍, 異型度Ⅲ；膣の上皮内腫瘍, 異型度Ⅲ；外陰の上皮内腫瘍, 異型度Ⅲに置き換えられた） | | （replaced with Squamous intraepithelial neoplasia, gradeIII; Cervical intraepithelial neioplasia, grade III; Vaginal intraepithelial neoplasia, grade III; Vulvar intraepithelial neoplasia, grade III） |
| 8092／3 | 基底細胞癌, 斑状硬化 | 8092／3 | Basal cell carcinoma, morphea |
| | （基底細胞癌, morpheicに置き換えられた） | | （replaced with Basal cell carcinoma, morpheic） |
| 8152／0 | アルファ細胞腺腫 | 8152／0 | Alpha cell adenoma |
| | （8152／1 アルファ細胞腫瘍, NOSに置き換えられた） | | （replaced with 8152／1 Alpha cell tumor, NOS） |
| 8332／3 | 増殖性甲状腺腫(C73.9)[obs] | 8332／3 | Wuchernde Struma Langhnas (C73.9) [obs] |
| | （削除） | | （deleted） |
| 8810／0 | 硬線維腫 | 8810／0 | Fibroma durum |
| | （削除） | | （deleted） |
| 8851／0 | 軟線維腫 | 8851／0 | Fibroma molle |
| | （削除） | | （deleted） |
| 8851／0 | 軟線維腫 | 8851／0 | Soft fibroma |
| | （削除） | | （deleted） |
| 9053／0 | 中皮腫, 二相性, 良性 | 9053／0 | Mesothelioma, biphasic, benign |
| | （削除） | | （deleted） |
| 9190／3 | 傍皮質骨原性肉腫(C40._, C41._)[obs] | 9190／3 | Juxtacortical osteogenic sarcoma (C40._, C41._)[obs] |
| | （9192／3 傍皮質骨肉腫に置き換えられた） | | （replaced with 9192／3 Juxtacortical osteosarcoma） |
| 9190／3 | 骨膜性骨原性肉腫(C40._, C41._) | 9190／3 | Periosteal osteogenic sarcoma (C40._, C41._) |
| | （9193／3 骨膜性骨肉腫に置き換えられた） | | （replaced with 9193／3 Periosteal osteosarcoma ） |
| 9382／3 | 希突起・星細胞混合グリオーマ | 9382／3 | Mixed oligoastrocytoma |
| | （希突起アストロサイトーマに置き換えられた） | | （replaced with Oligoastrocytoma） |

— 506 —

| 9531／0 | 髄膜上皮腫性髄膜腫 | 9531／0 | Meningotheliomatous meningioma |
|---|---|---|---|
| | （髄膜性髄膜腫に置き換えられた） | | (replaced with Meningothelial meningioma) |
| 9560／0 | メラニン細胞性シュワン腫 | 9560／0 | Melanocytic schwannoma |
| | （メラニン性シュワン腫に置き換えられた） | | (replaced with Melanotic schwannoma) |
| 9722／3 | 急性進行性分化型組織球症 | 9722／3 | Acute differentiated progressive histiocytosis |
| | （9754／3 急性進行性組織球症Xに置き換えられた） | | (replaced with 9754／3 Acute progressive hisiocytosis X) |

# 付録6：性状コードが変更された用語
## 境界悪性から悪性に変更された用語

| 旧形態コード<br>(ICD-O2) | 用語 | 原語 | 新形態コード<br>(ICD-O3) |
|---|---|---|---|
| 8931／1 | 子宮内膜間質肉腫, 軽度(C54.1) | Endometrial stromal sarcoma, low grade (C54.1) | 8931／3 |
| 8931／1 | リンパ管内間質筋症(C54.1) | Endolymphatic stromal myosis (C54.1) | 8931／3 |
| 8931／1 | 子宮内膜間質症(C54.1) | Endometrial stromatosis (C54.1) | 8931／3 |
| 8931／1 | 間質子宮内膜症(C54.1) | Stromal endometriosis (C54.1) | 8931／3 |
| 8931／1 | 間質筋症, NOS(C54.1) | Stromal myosis, NOS (C54.1) | 8931／3 |
| 9393／1 | 乳頭状上皮腫(C71._) | Papillary ependymoma (C71._) | 9393／3 |
| 9538／1 | 乳頭状髄膜腫 | Papillary meningioma | 9538／3 |
| 9950／1 | 真性赤血球増加症 | Polycythemia vera | 9950／3 |
| 9950／1 | 真性赤血球増加症 | Polycythemia rubra vera | 9950／3 |
| 9960／1 | 慢性骨髄増殖性疾患, NOS | Chronic myeloproliferative disease, NOS | 9960／3 |
| 9960／1 | 慢性骨髄増殖性疾患 | Chronic myeloproliferative disorder | 9960／3 |
| 9961／1 | 骨髄化生を伴う骨髄硬化症 | Myelosclerosis with myeloid metaplasia | 9961／3 |
| 9961／1 | 骨髄巨核球性骨髄硬化症 | Megakaryocytic myelosclerosis | 9961／3 |
| 9961／1 | 骨髄化生を伴う骨髄線維症 | Myelofibrosis with myeloid metaplasia | 9961／3 |
| 9962／1 | 本態性血小板血症 | Essential thrombocythemia | 9962／3 |
| 9962／1 | 特発性血小板血症 | Idiopathic thrombocythemia | 9962／3 |
| 9962／1 | 本態性出血性血小板血症 | Essential hemorrhagic thrombocythemia | 9962／3 |
| 9962／1 | 特発性出血性血小板血症 | Idiopathic hemorrhagic thrombocythemia | 9962／3 |
| 9981／1 | 不応性貧血 | Refractory anemia | 9980／3 |
| 9981／1 | 鉄芽球を伴わない不応性貧血 | Refractory anemia without sideroblasts | 9980／3 |
| 9982／1 | 鉄芽球を伴う不応性貧血 | Refractory anemia with sideroblasts | 9982／3 |
| 9983／1 | 芽球増加を伴う不応性貧血 | Refractory anemia with excess blasts | 9983／3 |
| 9984／1 | 白血病移行期芽球過剰性不応性貧血[obs] | Refractory anemia with excess blasts in transformation [obs] | 9984／3 |
| 9989／1 | 骨髄異形成症候群, NOS | Myelodysplastic syndrome, NOS | 9989／3 |
| 9989／1 | 前白血病[obs] | Preleukemia [obs] | 9989／3 |
| 9989／1 | 前白血病症候群[obs] | Preleukemic syndrome [obs] | 9989／3 |

## 悪性から境界悪性に変更された用語

| 旧形態コード<br>(ICD−O2) | 用語 | 原語 | 新形態コード<br>(ICD−O3) |
|---|---|---|---|
| 8442／3 | 漿液性のう胞腺腫, 境界悪性(C56.9) | Serous cystadenoma, borderline malignancy (C56.9) | 8442／1 |
| 8442／3 | 漿液性腫瘍, NOS, 低悪性度(C56.9) | Serous tumor, NOS, of low malignant potential (C56.9) | 8442／1 |
| 8451／3 | 乳頭状のう胞腺腫, 境界悪性(C56.9) | Papillary cystadenoma, borderline malignancy (C56.9) | 8451／1 |
| 8462／3 | 境界悪性漿液性乳頭状のう胞腫瘍<br>(C56.9) | Serous papillary cystic tumor of borderline malignancy (C56.9) | 8462／1 |
| 8462／3 | 乳頭状漿液性のう胞腺腫, 境界悪性<br>(C56.9) | Papillary serous cystadenoma, borderline malignancy (C56.9) | 8462／1 |
| 8462／3 | 低悪性度乳頭状漿液性腫瘍(C56.9) | Papillary serous tumor of low malignant potential (C56.9) | 8462／1 |
| 8462／3 | 異型増殖性乳頭状漿液性腫瘍(C56.9) | Atypical proliferative papillary serous tumor (C56.9) | 8462／1 |
| 8472／3 | 境界悪性粘液性のう胞腫瘍(C56.9) | Mucinous cystic tumor of borderline malignancy (C56.9) | 8472／1 |
| 8472／3 | 粘液性のう胞腺腫, 境界悪性(C56.9) | Mucinous cystadenoma, borderline malignancy (C56.9) | 8472／1 |
| 8472／3 | 偽粘液性のう胞腺腫, 境界悪性(C56.9) | Pseudomucinous cystadenoma, borderline malignancy (C56.9) | 8472／1 |
| 8472／3 | 低悪性度粘液性腫瘍, NOS(C56.9) | Mucinous tumor, NOS, of low malignant potential (C56.9) | 8472／1 |
| 8473／3 | 境界悪性乳頭状粘液性のう胞腺腫<br>(C56.9) | Papillary mucinous cystadenoma, borderline malignancy (C56.9) | 8473／1 |
| 8473／3 | 乳頭状偽粘液性のう胞腺腫, 境界悪性<br>(C56.9) | Papillary pseudomucinous cystadenoma, borderline malignancy (C56.9) | 8473／1 |
| 8473／3 | 低悪性度乳頭状粘液性腫瘍(C56.9) | Papillary mucinous tumor of low malignant potential (C56.9) | 8473／1 |
| 9421／3 | 毛細胞性アストロサイトーマ(C71._) | Pilocytic astrocytoma (C71._) | 9421／1 |
| 9421／3 | 毛様アストロサイトーマ(C71._) | Piloid astrocytoma (C71._) | 9421／1 |
| 9421／3 | 若年性アストロサイトーマ(C71._) | Juvenile astrocytoma (C71._) | 9421／1 |
| 9422／3 | 海綿芽腫, NOS(C71._)[obs] | Spongioblastoma, NOS (C71._) [obs] | 9421／1 |

## 良性から境界悪性に変化した用語

| 旧形態コード<br>(ICD−O2) | 用語 | 原語 | 新形態コード<br>(ICD−O3) |
|---|---|---|---|
| 8020／0 | 移行上皮乳頭腫, NOS | Transitional cell papilloma, NOS | 8120／1 |
| 8052／0 | グルカゴノーマ, NOS（C25.＿） | Glucagonoma, NOS (C25.＿) | 8152／1 |
| 8580／0 | 胸腺腫, NOS（C37.9） | Thymoma, NOS (C37.9) | 8580／1 |
| 8640／0 | セルトリ細胞腫瘍, NOS | Sertoli cell tumor, NOS | 8640／1 |
| 8640／0 | ピック管状腺腫 | Pick tubular adenoma | 8640／1 |
| 8640／0 | セルトリ細胞腺腫 | Sertoli cell adenoma | 8640／1 |
| 8640／0 | 管状アンドロブラストーマ, NOS | Tubular androblastoma, NOS | 8640／1 |
| 8640／0 | 精巣腺腫 | Testicular adenoma | 8640／1 |
| 9506／0 | 神経細胞腫 | Neurocytoma | 9506／1 |

## 境界悪性から良性に変化した用語

| 旧形態コード<br>(ICD−O2) | 用語 | 原語 | 新形態コード<br>(ICD−O3) |
|---|---|---|---|
| 8261／1 | 絨毛状腺腫, NOS | Villous adenoma, NOS | 8261／0 |
| 8261／1 | 絨毛状乳頭腫 | Villous papilloma | 8261／0 |
| 8361／1 | 傍糸球体腫瘍（C64.9） | Juxtaglomerular tumor (C64.9) | 8361／0 |
| 8361／1 | レニン産生腫瘍（C64.9） | Reninoma (C64.9) | 8361／0 |
| 8823／1 | 線維形成性線維腫 | Desmoplastic fibroma | 8823／0 |
| 9080／1 | 成熟奇形腫 | Mature teratoma | 9080／0 |

# 付録７：ICD－Ｏ第３版（一部改正2012）で 新しく設けられたコード

（下記の5桁形態コードは、ICD－Ｏ第3版（2000）には存在していない）
コード番号を伴っていない用語は1つ前のコード番号を伴う用語の同義語である

| | |
|---|---|
| 8077／0★ 扁平上皮内腫瘍, 低異型度 | 8077／0★ Squamous intraepithelial neoplasia, low grade |
| 肛門上皮内腫瘍, 低異型度(C21.1) | Anal intraepithelial neoplasia, low grade (C21.1) |
| 子宮頸上皮内腫瘍, 低異型度(C53._) | Cervical intraepithelial neoplasia, low grade (C53._) |
| 食道扁平上皮内腫瘍(異形成), 低異型度(C53._) | Esophageal squamous intraepithelial neoplasia (dysplasia), low grade (C15._) |
| 8148／0★ 上皮内腺腫瘍, 低異型度 | 8148／0★ Glandular intraepithelial neoplasia, low grade |
| 胆管上皮内腫瘍, 低異型度 | Biliary glandular intraepithelial neoplasia, low grade |
| 食道腺上皮異形成(上皮内腫瘍), 低異型度(C16._) | Esophageal glandular dysplasia (intraepithelial neoplasia), low grade (C16._) |
| 8158／1★ 機能性内分泌腫瘍、NOS <br> ACTH産生腫瘍 | 8158／1★ Endocrine tumor, functioning, NOS <br> ACTH-producing tumor |
| 8163／0★ 膵胆管腫瘍、非浸潤性 | 8163／0★ Pancreatobiliary neoplasm, non-invasive |
| 軽度異形成を伴う非浸潤性乳頭状膵胆管腫瘍 | Noninvasive pancreatobiliary papillary neoplasm with low grade dysplasia |
| 低異型度上皮内腫瘍を伴う非浸潤性乳頭状膵胆管腫瘍 | Noninvasive pancreatobiliary papillary neoplasm with low grade intraepithelial neoplasia |
| 8163／2★ 高異型度上皮内腫瘍を伴う乳頭状腫瘍, 膵胆管型(C24.1) | 8163／2★ Pancreatobiliary neoplasm, non-invasive (C24.1) |
| 高度異形成を伴う非浸潤性乳頭状膵胆管腫瘍(C24.1) | Noninvasive pancreatobiliary papillary neoplasm with high grade dysplasia (C24.1) |
| 高異型度上皮内腫瘍を伴う非浸潤性乳頭状膵胆管腫瘍(C24.1) | Noninvasive pancreatobiliary papillary neoplasm with high grade intraepithelial neoplasia(C24.1) |
| 8163／3★ 膵胆管(上皮)型癌(C24.1) | 8163／3★ Pancreatobiliary-type carcinoma (C24.1) |
| 膵胆管(上皮)型腺癌(C24.1) | Adenocarcinoma, pancreatobiliary type (C24.1) |
| 8213／3★ 鋸歯状腺癌 | 8213／3★ Serrated adenocarcinoma |
| 8265／3★ 微小乳頭状癌、NOS (C18._, C19.9, C20.9) | 8265／3★ Micropapillary carcinoma, NOS (C18._, C19.9, C20.9) |
| 8480／1★ 低異型度虫垂粘液腫瘍(C18.1) | 8480／1★ Low grade appendiceal mucinous neoplasm (C18.1) |
| 8552／3★ 混合型腺房腺管癌 | 8552／3★ Mixed acinar-ductal carcinoma |
| 8975／1★ 石灰化ネスト化間質上皮腫瘍(C22.0) | 8975／1★ Calcifying nested epithelial stromal tumor (C22.0) |
| 9395／3★ 松果体部乳頭状腫瘍 | 9395／3★ Papillary tumor of the pineal region |
| 9425／3★ 毛様細胞性星細胞腫 | 9425／3★ Pilomyxoid astrocytoma |
| 9431／1★ 血管中心性膠腫 | 9431／1★ Angiocentric glioma |
| 9432／1★ 下垂体細胞腫 | 9432／1★ Pituicytoma |
| 9509／1★ 乳頭状グリア神経細胞腫瘍 | 9509／1★ Papillary glioneuronal tumor |

|  | ロゼット形成性グリア神経細胞腫瘍 |  | Rosette-forming glioneuronal tumor |
| 9597／3★ | 皮膚原発濾胞中心リンパ腫 | 9597／3★ | Primary cutaneous follicle centre lymphoma |
| 9688／3★ | T細胞／組織球豊富型大細胞型B細胞リンパ腫 ※2 | 9688／3★ | T-cell rich／histiocyte rich large B-cell lymphoma ※2 |
| 9712／3★ | 血管内大細胞型B細胞リンパ腫（C49.9） | 9712／3★ | Intravascular large B-cell lymphoma (C49.9) |
| 9724／3★ | 小児期全身性EBV陽性T細胞リンパ増殖異常症 | 9724／3★ | Systemic EBV positive T-cell lymphoproliferative disease of childhood |
| 9725／3★ | 種痘様水疱症類似リンパ腫 | 9725／3★ | Hydroa vacciniforme-like lymphoma |
| 9726／3★ | 原発性皮膚ガンマ・デルタT細胞性リンパ腫 | 9726／3★ | Primary cutaneous gamma-delta T-cell lymphoma |
| 9735／3★ | 形質芽細胞リンパ腫 | 9735／3★ | Plasmablastic lymphoma |
| 9737／3★ | ALK陽性大細胞型B細胞リンパ腫 | 9737／3★ | ALK positive large B-cell lymphoma |
| 9738／3★ | HHV8関連キャッスルマン病に発生する大細胞型B細胞リンパ腫 | 9738／3★ | Large B-cell lymphoma arising in HHV8-associated multicentric Castleman disease |
| 9741／1★ | 無症候性全身性肥満細胞症 | 9741／1★ | Indolent systemic mastocytosis |
| 9751／3★ | ランゲルハンス細胞組織球症, NOS※1 （9751／1から性状コード変更）☆ | 9751／3★ | Langerhans cell histiocytosis, NOS※1 (behavior code change) ☆ |
| 9806／3★ | 混合表現性急性白血病, t(9;22)(q34;q11.2); BCR-ABL1 | 9806／3★ | Mixed phenotype acute leukemia with t(9;22)(q34;q11.2); BCR-ABL1 |
| 9807／3★ | 混合形質性急性白血病, t(v;11q23); 骨髄性白血病／MLL再構成を伴う | 9807／3★ | Mixed phenotype acute leukemia with t(v;11q23); MLL rearranged |
| 9808／3★ | 混合形質性急性白血病, t(v;11q23); B細胞性／骨髄性, NOS | 9808／3★ | Mixed phenotype acute leukemia B／myeloid, NOS |
| 9809／3★ | 混合形質性急性白血病, t(v;11q23); T細胞性／骨髄性, NOS | 9809／3★ | Mixed phenotype acute leukemia T／myeloid, NOS |
| 9811／3★ | B細胞リンパ芽球性白血病／リンパ腫, NOS | 9811／3★ | B lymphoblastic leukemia／lymphoma, NOS |
| 9812／3★ | B細胞リンパ芽球性白血病／リンパ腫, t(9;22)(q34;q11.2); BCR-ABL1 | 9812／3★ | B lymphoblastic leukemia／lymphoma with t(9;22)(q34;q11.2); BCR-ABL1 |
| 9813／3★ | B細胞リンパ芽球性白血病／リンパ腫, t(v;11q23); MLL再構成を伴う | 9813／3★ | B lymphoblastic leukemia／lymphoma with t(v;11q23); MLL rearranged |
| 9814／3★ | B細胞リンパ芽球性白血病／リンパ腫, t(12;21)(p13;q22); TEL-AML1 (ETV6-RUNX1) | 9814／3★ | B lymphoblastic leukemia／lymphoma with t(12;21)(p13;q22); TEL-AML1 (ETV6-RUNX1) |
| 9815／3★ | 高二倍性B細胞リンパ芽球性白血病／リンパ腫 | 9815／3★ | B lymphoblastic leukemia／lymphoma with hyperdiploidy |
| 9816／3★ | 低二倍性B細胞リンパ芽球性白血病／リンパ腫, (Hypodiploid ALL) | 9816／3★ | B lymphoblastic leukemia／lymphoma with hypodiploidy (Hypodiploid ALL) |
| 9817／3★ | B細胞リンパ芽球性白血病／リンパ腫, t(5;14)(q31;q32); IL3-IGH | 9817／3★ | B lymphoblastic leukemia／lymphoma with t(5;14)(q31;q32); IL3-IGH |
| 9818／3★ | B細胞リンパ芽球性白血病／リンパ腫, t(1;19)(q23;p13.3); E2A-PBX1 (TCF3-PBX1) | 9818／3★ | B lymphoblastic leukemia／lymphoma with t(1;19)(q23;p13.3); E2A-PBX1 (TCF3-PBX1) |
| 9831／3★ | T細胞大顆粒リンパ球性白血病 ※1 （9831／1から性状コード変更）☆ | 9831／3★ | T-cell large granular lymphocytic leukemia (behavior code change from 9831／1) |
| 9865／3★ | 急性骨髄性白血病, t(6;9)(p23;q34); DEK-NUP214 | 9865／3★ | Acute myeloid leukemia, with t(6;9)(p23;q34); DEK-NUP214 |

| | | |
|---|---|---|
| 9869／3* | 急性骨髄性白血病,<br>inv(3)(q21q26.2) <u>or</u> t(3;3)(q21;q26.2);<br>RPN1-EVI1 | |
| 9898／1* | 一過性異常骨髄造血1 | |
| 9898／3* | ダウン症候群に伴う骨髄性白血病 | |
| 9911／3* | 急性骨髄性白血病(巨核芽球性),<br>t(1;22)(p13;q13); RBM15-MKL1 | |
| 9965／3* | PDGFRA再構成を伴う骨髄系とリンパ系<br>腫瘍 | |
| 9966／3* | PDGFRB再構成を伴う骨髄系腫瘍 | |
| 9967／3* | FGFR1異常を伴う骨髄系とリンパ系腫瘍 | |
| 9971／1* | 移植後リンパ増殖異常症, NOS | |
| 9971／3* | 多彩浸潤型移植後リンパ増殖異常症 | |
| 9975／3* | 骨髄増殖性腫瘍, 分類不能型 | |
| | 骨髄異形成／骨髄増殖性腫瘍,<br>分類不能型 | |
| 9991／3* | 不応性好中球減少症 | |
| 9992／3* | 不応性血小板減少症 | |

| | |
|---|---|
| 9869／3* | Acute myeloid leukemia, with<br>inv(3)(q21q26.2) or t(3;3)(q21;q26.2);<br>RPN1-EVI1 |
| 9898／1* | Transient abnormal myelopoiesis |
| 9898／3* | Myeloid leukemia associated with<br>Down syndrome |
| 9911／3* | Acute myeloid leukemia<br>（megakaryoblastic）, with<br>t(1;22)(p13;q13); RBM15-MKL1 |
| 9965／3* | Myeloid and lymphoid neoplasms with<br>PDGFRA rearrangement |
| 9966／3* | Myeloid neoplasms with PDGFRB<br>rearrangement |
| 9967／3* | Myeloid and lymphoid neoplasms with<br>FGFR1 abnormalities |
| 9971／1* | Post transplant lymphoproliferative<br>disorder, NOS<br>PTLD, NOS |
| 9971／3* | Polymorphic post transplant<br>lymphoproliferative disorder |
| 9975／3* | Myloproliferative neoplasm,<br>unclassifiable<br>Myelodysplastic／myeloproliferative<br>neoplasm, unclassifiable |
| 9991／3* | Refractory neutropenia |
| 9992／3* | Refractory thrombocytopenia |

# 付録8：ICD－O第3版（一部改正2012）で新しい形態用語及び類義語

（4桁の形態コードそのものは、ICD－O第3版（2000）に収載されており、
ICD－O第3版（一部改正2012）で用語の名称が変更になったもの）

| | | | |
|---|---|---|---|
| 8077／2 | 扁平上皮内腫瘍、高異型度★ | 8077／2 | Squamous intraepithelial neoplasia, high grade★ |
| | 食道扁平上皮内腫瘍（異形成）、高異型度（C15._)★ | | Esophageal squamous intraepithelial neoplasia (dysplasia), high grade (C15._)★ |
| 8148／2 | 上皮内腺腫瘍、高異型度★ | 8148／2 | Glandular intraepithelial neoplasia, high grade★ |
| | 平坦型上皮内腫瘍、高異型度★ | | Flat intraepithelial neoplasia, high grade★ |
| | 平坦型上皮内腺腫瘍、高異型度（C24.1)★ | | Flat intraepithelial glandular neoplasia, high grade (C24.1)★ |
| | 平坦型上皮内腫瘍（異形成）、高異型度（C24.1)★ | | Flat intraepithelial neoplasia (dysplasia), high grade (C24.1)★ |
| | 胆管上皮内腫瘍、高異型度★ | | Biliary intraepithelial neoplasia, high grade★ |
| | 胆管上皮内腫瘍、Ⅲ度（BilIN-3)★ | | Biliary intraepithelial neoplasia, grade 3 (BilIN-3)★ |
| | 食道腺上皮異形成（上皮内腫瘍）、高異型度（C16._)★ | | Esophageal glandular dysplasia (intraepithelial neoplasia), high grade (C16._)★ |
| 8150／0 | 膵内分泌腫瘍、良性（C25._)★ | 8150／0 | Pancreatic endocrine tumor, benign (C25._)★ |
| | 膵微小腺腫（C25._)★ | | Pancreatic microadenoma (C25._)★ |
| 8150／1 | 膵内分泌腫瘍、NOS（C25._)★ | 8150／1 | Pancreatic endocrine tumor, NOS (C25._)★ |
| 8150／3 | 膵内分泌腫瘍、悪性★ | 8150／3 | Pancreatic endocrine tumor, malignant★ |
| | 膵内分泌腫瘍、非機能性★ | | Pancreatic endocrine tumor, nonfunctioning★ |
| 8152／1 | L細胞腫瘍★ | 8152／1 | L-cell tumor★ |
| | グルカゴン様ペプチド産生腫瘍★ | | Glucagon-like peptide-producing tumor★ |
| | 膵ペプチドと膵ペプチド様ペプチドを伴うチロシンアミノ産生腫瘍★ | | Pancreatic peptide and pancreatic peptide-like peptide within terminal tyrosine amide producing tumor★ |
| | PP／PYY産生腫瘍★ | | PP／PYY producing tumor★ |

| 8154／3 | 膵内分泌・外分泌細胞混合腫瘍、悪性 (C25._) ★ | 8154／3 | Mixed pancreatic endocrine and exocrine tumor, malignant (C25._)★ |
| | 内分泌・外分泌細胞混合腺癌 (C25._)★ | | Mixed endocrine and exocrine adenocarcinoma (C25._)★ |
| | 小葉・内分泌・導管混合癌★ | | Mixed acinar-endocrine-ductal carcinoma★ |
| 8201／3 | 篩状面皰型癌 (C18._, C19.9, C20.9)★ | 8201／3 | Cribriform comedo-type carcinoma (C18._, C19.9, C20.9)★ |
| | 腺癌、篩状面皰型 (C18._, C19.9, C20.9) ★ | | Adenocarcinoma, cribriform comedo-type (C18._, C19.9, C20.9) ★ |
| 8213／0 | 鋸歯状腺腫★ | 8213／0 | Traditional serrated adenoma★ |
| | 広基性鋸歯状腺腫★ | | Sessile serrated adenoma★ |
| | 広基性鋸歯状ポリープ★ | | Sessile serrated polyp★ |
| | (通常型) 広基性鋸歯状腺腫★ | | Traditional sessile serrated adenoma★ |
| 8240／3 | 神経内分泌腫瘍、異型度Ⅰ★ | 8240／3 | Neuroendocrine tumor, grade 1★ |
| | 神経内分泌癌、低異型度★ | | Neuroendocrine carcinoma, low grade★ |
| | 神経内分泌癌、高分化★ | | Neuroendocrine carcinoma, well-differentiated★ |
| 8244／3 | 腺神経内分泌癌★ | 8244／3 | Mixed adenoneuroendocrine carcinom★ |
| | カルチノイドと腺癌の混合癌★ | | Combined／mixed carcinoid and adenocarcinoma★ |
| | MANEC★ | | MANEC★ |
| 8249／3 | 神経内分泌腫瘍、異型度Ⅱ★ | 8249／3 | Neuroendocrine tumor, grade 2★ |
| | 神経内分泌癌、中分化★ | | Neuroendocrine carcinoma, moderately differentiated★ |
| 8263／0 | 管状乳頭状腺腫★ | 8263／0 | Tubulo-papillary adenoma★ |
| 8290／0 | 紡錘細胞膨大細胞腫(C75.1)★ | 8290／0 | Spindle cell oncocytoma (C75.1)★ |
| 8453／0 | 軽度異形成を伴う導管内乳頭状粘液腫瘍 (C25._)★ | 8453／0 | Intraductal papillary-mucinous tumor with low grade dysplasia (C25._)★ |
| | | | Intraductal papillary-mucinous neoplasm with low grade dysplasia (C25._)★ |
| | 中等度異形成を伴う導管内乳頭状粘液腫瘍 (C25._)★ | | Intraductal papillary-mucinous neoplasm with moderate dysplasia (C25._)★ |
| | | | Intraductal papillary-mucinous tumor with intermediate dysplasia (C25._)★ |
| 8453／2 | 高等度異形成を伴う導管内乳頭状粘液腫瘍★ | 8453／2 | Intraductal papillary mucinous neoplasm with high grade dysplasia★ |

| | | | |
|---|---|---|---|
| 8453／3 | 浸潤癌を伴う導管内乳頭状粘液腫瘍★ | 8453／3 | Intraductal papillary mucinous neoplasm with an associated invasive carcinom★ |
| 8470／0 | 軽度異形成を伴う粘液性のう胞腫瘍 (C25.)★ | 8470／0 | Mucinous cystic tumor with low grade dysplasia (C25.)★ |
| | 低異型型度上皮内腫瘍を伴う粘液性のう胞腫瘍 (C22.)★ | | Mucinous cystic neoplasm with low-grade intraepithelial neoplasia (C22.)★ |
| | 中型異型度上皮内腫瘍を伴う粘液性のう胞腫瘍 (C22.)★ | | Mucinous cystic neoplasm with low-grade dysplasia (C25.)★ |
| | 軽度異形成を伴う粘液性のう胞腫瘍 (C25.)★ | | Mucinous cystic neoplasm with low-grade dysplasia (C25.)★ |
| | 中等度異形成を伴う粘液性のう胞腫瘍 (C25.)★ | | Mucinous cystic neoplasm with intermediate-grade dysplasia (C25.)★ |
| | | | Mucinous cystic tumor with intermediate dysplasia (C25.)★ |
| 8470／2 | 高等度異形成を伴う粘液性のう胞腫瘍 (C25.)★ | 8470／2 | Mucinous cystic tumor with high-grade dysplasia (C25.)★ |
| | | | Mucinous cystic neoplasm with high-grade dysplasia (C25.)★ |
| | 高異型度上皮内腫瘍を伴う粘液性のう胞腫瘍 (C22.)★ | | Mucinous cystic neoplasm with high-grade intraepithelial neoplasia (C22.)★ |
| 8470／3 | 浸潤癌を伴う粘液性のう胞腫瘍 (C25.)★ | 8470／3 | Mucinous cystic tumor with an associated invasive carcinoma (C25.)★ |
| | | | Mucinous cystic neoplasm with an associated invasive carcinoma (C25.)★ |
| 8490／3 | 低粘着性癌★ | 8490／3 | Poorly cohesive carcinoma★ |
| 8503／0 | 導管内乳頭状腫瘍、NOS★ | 8503／0 | Intraductal papillary neoplasm, NOS★ |
| | 低異型度上皮内腫瘍を伴う導管内乳頭状腫瘍 (C22._, C24.0)★ | | Intraductal papillary neoplasm with low grade intraepithelial neoplasia (C22._, C24.0)★ |
| | 中異型度上皮内腫瘍を伴う導管内乳頭状腫瘍(C22._, C24.0)★ | | Intraductal papillary neoplasm with intermediate grade intraepithelial neoplasia (C22._, C24.0)★ |
| | 低異型度上皮内腫瘍を伴うのう胞内乳頭状腫瘍 (C23.9)★ | | Intracystic papillary neoplasm with low grade intraepithelial neoplasia (C23.9)★ |

| | | | |
|---|---|---|---|
| | 中異型度上皮内腫瘍を伴うのう胞内乳頭状腫瘍 (C23.9)★ | | Intracystic papillary neoplasm with intermediate grade intraepithelial neoplasia (C23.9)★ |
| | 低異型度上皮内腫瘍を伴う腺内乳頭状腫瘍 (C22.1, C24.0)★ | | Intraglandular papillary neoplasm with low grade intraepithelial neoplasia (C22.1, C24.0)★ |
| | 導管内管状乳頭状腫瘍、低異型度★ | | Intraductal tubular-papillary neoplasm, low grade★ |
| 8503／2 | 高異型度上皮内腫瘍を伴う導管内乳頭状腫瘍★ | 8503／2 | Intraductal papillary neoplasm with high grade intraepithelial neoplasia★ |
| | | | Intraductal papillary tumor with high grade intraepithelial neoplasia★ |
| | 高度異形成を伴う導管内乳頭状腫瘍★ | | Intraductal papillary neoplasm with high grade dysplasia★ |
| | | | Intraductal papillary tumor with high grade dysplasia★ |
| | 高異型度上皮内腫瘍を伴うのう胞内乳頭状腫瘍(C23.9)★ | | Intracystic papillary neoplasm with high grade intraepithelial neoplasia (C23.9)★ |
| | | | Intracystic papillary tumor with high grade intraepithelial neoplasia (C23.9)★ |
| | 高度異形成を伴うのう胞内乳頭状腫瘍 (C23.9)★ | | Intracystic papillary neoplasm with high grade dysplasia (C23.9)★ |
| | | | Intracystic papillary tumor with high grade dysplasia (C23.9)★ |
| | 導管内管状乳頭状腫瘍, 高異型度★ | | Intraductal tubular-papillary neoplasm, high grade★ |
| 8503／3 | 浸潤癌成分を伴う導管内乳頭状腫瘍★ | 8503／3 | Intraductal papillary neoplasm with associated invasive carcinoma★ |
| | 浸潤癌成分を伴うのう胞内乳頭状腫瘍 (C23.9)★ | | Intracystic papillary neoplasm with associated invasive carcinoma (C23.9)★ |
| 8811／0 | つる状線維粘液腫★ | 8811／0 | Plexiform fibromyxoma★ |
| 8970／3 | 類上皮型肝芽腫(C22.0)★ | 8970／3 | Hepatoblastoma, epithelioid (C22.0)★ |
| | 上皮間葉混合型肝芽腫(C22.0)★ | | Hepatoblastoma, mixed epithelial-mesenchymal (C22.0)★ |
| 9471／3 | 高度結節性髄芽腫★ | 9471／3 | Medulloblastoma with extensive nodularity★ |
| 9474／3 | 退形成性髄芽腫★ | 9474／3 | Anaplastic medulloblastoma★ |

| | | | |
|---|---|---|---|
| 9506／1 | 脳室外神経細胞腫★ | 9506／1 | Extraventricular neurocytoma★ |
| 9591／3 | 脾性B細胞リンパ腫／白血病、NOS★ | 9591／3 | Splenic B-cell lymphoma／leukemia, unclassifiable★ |
| | 脾びまん性赤脾髄小B細胞リンパ腫★ | | Splenic diffuse red pulp small B-cell lymphoma |
| | 有毛細胞白血病亜型★ | | Hairy cell leukemia variant★ |
| 9596／3 | 分類不能型B細胞リンパ腫, びまん性大細胞型B細胞リンパ腫と古典的ホジキンリンパ腫との中間型★ | 9596／3 | B-cell lymphoma, unclassifiable, with features intermediate between diffuse large B-cell lymphoma and classical Hodgkin lymphoma★ |
| 9680／3 | 慢性炎症に伴うびまん性大細胞型B細胞リンパ腫★ | 9680／3 | Diffuse large B-cell lymphoma associated with chronic inflammation★ |
| | 分類不能型B細胞リンパ腫, びまん性大細胞型B細胞リンパ腫とバーキットリンパ腫との中間型★ | | B-cell lymphoma, unclassifiable, with features intermediate between diffuse large B-cell lymphoma and Burkitt lymphoma★ |
| | EBV陽性老人性びまん性大細胞型B細胞リンパ腫★ | | EBV positive diffuse large B-cell lymphoma of the elderly★ |
| | 中枢神経系原発びまん性大細胞性B細胞リンパ腫 (C70._, C71._, C72._)★ | | Primary diffuse large B-cell lymphoma of the CNS (C70._, C71._, C72._)★ |
| | 皮膚原発びまん性大細胞型B細胞リンパ腫, 下肢型(C44.7)★ | | Primary cutaneous DLBCL, leg type (C44.7)★ |
| 9698／3 | 濾胞性リンパ腫、悪性度3A★ | 9698／3 | Follicular lymphoma, grade 3A★ |
| | 濾胞性リンパ腫、悪性度3B★ | | Follicular lymphoma, grade 3B★ |
| 9699／3 | 節外性粘膜関連リンパ組織型辺縁帯リンパ腫★ | 9699／3 | Extranodal marginal zone lymphoma of mucosa-associated lymphoid tissue★ |
| 9702／3 | 未分化大細胞リンパ腫, ALK陰性★ | 9702／3 | Anaplastic large cell lymphoma, ALK negative★ |
| 9709／3 | 原発性皮膚CD8陽性アグレッシブ表皮向性細胞傷害性T細胞リンパ腫★ | 9709／3 | Primary cutaneous CD8-positive aggressive epidermotropic cytotoxic T-cell lymphoma★ |
| | 原発性皮膚CD4陽性小／中T細胞リンパ腫★ | | Primary cutaneous CD4-positive small／medium T-cell lymphoma★ |
| 9714／3 | 未分化大細胞リンパ腫, ALK陽性★ | 9714／3 | Anaplastic large cell lymphoma, ALK positive★ |
| 9716／3 | 肝脾T細胞リンパ腫★ | 9716／3 | Hepatosplenic T-cell lymphoma★ |
| 9719／3 | 節外性鼻型T細胞リンパ腫★ | 9719／3 | Extranodal NK／T-cell lymphoma, nasal type★ |
| 9727／3 | 芽球性形質細胞様樹状細胞腫瘍★ | 9727／3 | Blastic plasmacytoid dendritic cell neoplasm★ |

| | | | |
|---|---|---|---|
| | 芽球性NK細胞リンパ腫 [obs]★ | | Blastic NK cell lymphoma [obs]★ |
| 9734／3 | 骨外性形質細胞腫★ | 9734／3 | Extraosseous plasmacytoma★ |
| 9740／1 | 皮膚肥満細胞症★ | 9740／1 | Cutaneous mastocytosis★ |
| | 色素性じんま疹★ | | Urticaria pigmentosa★ |
| | びまん性皮膚肥満細胞症★ | | Diffuse cutaneous mastocytosis★ |
| | 皮膚の孤立性肥満細胞腫★ | | Solitary mastocytoma of skin★ |
| | 皮膚外性肥満細胞腫★ | | Extracutaneous mastocytoma★ |
| 9741／3 | 肥満細胞以外のクローナルな造血細胞異常を伴う全身性肥満細胞症★ | 9741／3 | Systemic mastocytosis with associated hematological clonal non-mast cell disorder★ |
| | AHNMDを伴う全身性肥満細胞症 | | Systemic mastocytosis with AHNMD |
| | アグレッシブ全身性肥満細胞症★ | | Aggressive systemic mastocytosis★ |
| 9757／3 | 未定型樹状細胞腫瘍★ | 9757／3 | Indeterminate dendritic cell tumor★ |
| 9831／3 | NK細胞慢性リンパ増殖症★ | 9831／3 | Chronic lymphoproliferative disorder of NK cells★ |
| 9837／3 | T細胞リンパ芽球性白血病／リンパ腫★ | 9837／3 | T lymphoblastic leukemia／lymphoma★ |
| 9861／3 | NPM1変異を伴う急性骨髄性白血病★ | 9861／3 | Acute myeloid leukemia with mutated NPM1★ |
| | CEBPA変異を伴う急性骨髄性白血病★ | | Acute myeloid leukemia with mutated CEBPA★ |
| 9891／3 | 急性単芽球性／単球性白血病★ | 9891／3 | Acute monoblastic and monocytic leukemia★ |
| 9895／3 | 骨髄異形成変化を伴う急性骨髄性白血病★ | 9895／3 | Acute myeloid leukemia with myelodysplasia-related changes★ |
| 9896／3 | 急性骨髄性白血病、t(8;21)(q22;q22); RUNX1-RUNX1T1★ | 9896／3 | Acute myeloid leukemia with t(8;21)(q22;q22); RUNX1-RUNX1T1★ |
| 9897／3 | 急性骨髄性白血病、t(9;11)(p22;q23); MLLT3-MLL★ | 9897／3 | Acute myeloid leukemia with t(9;11)(p22;q23); MLLT3-MLL★ |
| 9920／3 | 治療関連骨髄系腫瘍★ | 9920／3 | Therapy related myeloid neoplasm★ |
| 9960／3 | 骨髄増殖性腫瘍, NOS★ | 9960／3 | Myeloproliferative neoplasm, NOS★ |
| 9961／3 | 原発性骨髄線維症★ | 9961／3 | Primary myelofibrosis★ |
| 9964／3 | 慢性好酸球性白血病、NOS★ | 9964／3 | Chronic eosinophilic leukemia, NOS★ |
| 9982／3 | 著明な血小板増加症と関連する環状鉄芽球を伴う不応性貧血★ | 9982／3 | Refractory anemia with ring sideroblasts associated with marked thrombocytosis★ |
| 9985／3 | 小児不応性血球減少★ | 9985／3 | Refractory cytopenia of childhood★ |
| 9986／3 | (5q)単独欠損を伴う骨髄異形成症候群★ | 9986／3 | Myelodysplastic syndrome with isolated del (5q)★ |
| 9989／3 | 骨髄異形成症候群、分類不能★ | 9989／3 | Myelodysplastic syndrome, unclassifiable★ |

# 付録9：ICD－O第3版（一部改正2012）で
# 形態コードが変更された用語

| 旧 | 用語 | 原語 | 新 |
|---|---|---|---|
| 8157／1 | 腸グルカゴン腫瘍、NOS | Enteroglucagonoma, NOS | **8152／1** |
| 8157／3 | 腸グルカゴン腫瘍、悪性 | Enteroglucagonoma, malignant | **8152／3** |
| 9680／3 | T細胞／高組織球大細胞性B細胞型リンパ腫 | T-cell／histiocyte rich large B-cell lymphoma | **9688／3** |
| 9684／3 | 形質芽球型リンパ腫 | Plasmablastic lymphoma | **9735／3** |
| 9752／1 | ランゲルハンス細胞組織球症、単局性 [obs] | Langerhans cell histiocytosis, unifocal [obs] | **9751／3** |
| 9752／1 | ランゲルハンス肉芽腫症、単局性 [obs] | Langerhans cell granulomatosis, unifocal [obs] | **9751／3** |
| 9752／1 | ランゲルハンス細胞組織球症、単骨浸透性 [obs] | Langerhans cell histiocytosis, mono-ostotic [obs] | **9751／3** |
| 9752／1 | 好酸球肉芽腫 | eosinophilicgranuloma | **9751／3** |
| 9753／1 | ランゲルハンス細胞組織球症、多病巣性 [obs] | Langerhans cell histiocytosis, multifocal [obs] | **9751／3** |
| 9753／1 | ランゲルハンス細胞組織球症、多骨浸透性 [obs] | Langerhans cell histiocytosis, poly-ostotic [obs] | **9751／3** |
| 9753／1 | ハンド・シューラー・クリスチャン病 [obs] | Hand-Schuller-Christian disease [obs] | **9751／3** |
| 9754／3 | ランゲルハンス細胞組織球症、播種性 [obs] | Langerhans cell histiocytosis, disseminated [obs] | **9751／3** |
| 9754／3 | ランゲルハンス細胞組織球症、全身性 [obs] | Langerhans cell histiocytosis, generalized [obs] | **9751／3** |
| 9754／3 | レッテラー・ジーベ病 [obs] | Letterer-Siwe disease [obs] | **9751／3** |
| 9754／3 | 急性進行性組織球症 X [obs] | Acute progressive histiocytosis X [obs] | **9751／3** |
| 9754／3 | 非脂質性細網上皮増殖症 [obs] | Nonlipid reticuloendotheliosis [obs] | **9751／3** |
| 9975／1 | 骨髄増殖性疾患、NOS [obs] | Myeloproliferative disease, NOS [obs] | **9960／3** |

# 付録10：ICD−O第３版（一部改正2012）から削除された用語

| 旧形態コード<br>(ICD−O3) | 用語 | 旧形態コード | 原語 |
|---|---|---|---|
| 8152／1 | グルカゴノーマ, NOS（C25._）<br>（腸グルカゴン腫瘍に置き換えられた） | 8152／1 | Glucagonoma, NOS(C25._)<br>(replaced with Enteroglucagonoma, NOS) |
| 8152／3 | グルカゴノーマ, 悪性（C25._）<br>（腸グルカゴン腫瘍、悪性に置き換えられた） | 8152／3 | Glucagonoma, malignant (C25._)<br>(replaced with Enteroglucagonoma, malignant) |
| 8240／1 | カルチノイド腫瘍, NOS, 虫垂（C18.1）<br>（8240／3 カルチノイド腫瘍, NOSに置き換えられた） | 8240／1 | Carcinoid tumor, NOS, of appendix (C18.1)<br>(replaced with 8240／3 Carcinoid tumor, NOS) |
| 8240／1 | 虫垂カルチノイド, NOS（C18.1）<br>（8240／3 カルチノイド, NOSに置き換えられた） | 8240／1 | Carcinoid, NOS, of appendix (C18.1)<br>(replaced with 8240／3 Carcinoid, NOS) |
| 9766／1 | リンパ様肉芽腫症<br>（リンパ腫様肉芽腫症に置き換えられた） | 9766／1 | Lymphoid granulomatosis<br>(replaced with lymphomatoid granulomatosis) |
| 9975／1 | 骨髄増殖性疾患、NOS [obs]<br>（9975／3 骨髄増殖性新生物（腫瘍）, 分類不能に置き換えかれた） | 9975／1 | Myeloproliferative disease, NOS [obs]<br>(replaced with 9975／3 Myloproliferative neoplasm, unclassifiable) |

# 付録11：ICD−O第3版（一部改正2012）で性状コードが変更された用語

## 境界悪性から悪性に変更された用語

| 旧 | 用語 | 原語 | 新 |
|---|---|---|---|
| 8240／1 | カルチノイド腫瘍、NOS、虫垂 (C18.1) | Carcinoid tumor, NOS, of appendix (C18.1) | **8240／3** |
| 8240／1 | 虫垂カルチノイド、NOS (C18.1) | Carcinoid, NOS, of appendix (C18.1) | **8240／3** |
| 9751／1 | ランゲルハンス細胞組織球症、NOS [obs] | Langerhans cell histiocytosis, NOS [obs] | **9751／3** |
| 9751／1 | ランゲルハンス肉芽腫症 [obs] | Langerhans cell granulomatosis [obs] | **9751／3** |
| 9751／1 | 組織球症 X、NOS [obs] | Histiocytosis X, NOS [obs] | **9751／3** |
| 9831／1 | T細胞大顆粒リンパ球性白血病 | T-cell large granular lymphocytic leukemia | **9831／3** |
| | T細胞大顆粒リンパ球増加症 | T-cell large granular lymphocytosis | |
| | NK細胞大顆粒リンパ球性白血病 | NK-cell large granular lymphocytic leukemia | |
| | 大顆粒リンパ球増加症, NOS | Large granular lymphocytosis, NOS | |

## 境界悪性から良性に変更された用語

| 8453／1 | 中等度異形成を伴う導管内乳頭状粘液腫瘍 (C25.1) | Intraductal papillary-mucinous tumor with moderate dysplasia (C25.1) | **8453／0** |
|---|---|---|---|
| 8470／1 | 中等度異形成を伴う粘液性のう胞腫瘍 (C25._) | Mucinous cystic tumor with moderate dysplasia (C25._) | **8470／0** |

# 付録12：ICD−O第3版（一部改正2012）で第一選択用語から同義語に変更された用語

| | 用語 | 原語 |
|---|---|---|
| 8077／2 | 扁平上皮内腫瘍、Ⅲ度 | Squamous intraepithelial neoplasia, grade III |
| 8148／2 | 上皮内腺腫瘍、Ⅲ度 | Glandular intraepithelial neoplasia, grade III |
| 8150／0 | 島細胞腺腫（C25._） | Islet cell adenoma (C25._) |
| 8150／1 | 島細胞腫瘍、NOS（C25._） | Islet cell tumor, NOS (C25._) |
| 8150／3 | 島細胞癌（C25._） | Islet cell carcinoma (C25._) |
| 8154／3 | 島細胞・外分泌細胞混合腺癌（C25._） | Mixed islet cell and exocrine adenocarcinoma (C25._) |
| 8244／3 | 複合カルチノイド | Composite carcinoid |
| 9716／3 | 肝脾型(ガンマ・デルタ)細胞リンパ腫 | Hepatosplenicys (gamma-delta) cell lymphoma |
| 9895／3 | 多系統形成異常を伴う急性骨髄性白血病 | Acute myeloid leukemia with multilineage dysplasia |
| 9920／3 | 治療関連急性骨髄性白血病 | Therapy-related acute myeloid leukemia, NOS |
| 9960／3 | 慢性骨髄増殖性疾患、NOS | Chronic myeloproliferative disease, NOS |
| 9961／3 | 骨髄化生を伴う骨髄硬化症 | Myelosclerosis with myeloid metaplasia |
| 9964／3 | 好酸球増多症候群 | Hypereosinophilic syndrome |

定価（本体　6,500円＋税）
（送料　実　費）

平成 30 年 7 月 2 日　発　行

国際疾病分類
腫瘍学（NCC監修）
第 3.1 版

| | | |
|---|---|---|
| 編　　集 | 厚生労働省政策統括官（統計・情報政策担当） | |
| 監　　修 | 国立研究開発法人 国立がん研究センター | |
| 発　　行 | 一般財団法人　厚生労働統計協会 | |
| | 郵便番号 103-0001 | |
| | 東京都中央区日本橋小伝馬町 4 番 9 号 | |
| | 電　話　03－5623－4123 | |
| 印　　刷 | 統 計 印 刷 工 業 株 式 会 社 | |